桐朋中学

JN108064

〈収録内容〉

2024 年度 ……………………… 第１回（算・理・社・国）
第２回（算・理・社・国）

2023 年度 ……………………… 第１回（算・理・社・国）
第２回（算・理・社・国）

2022 年度 ……………………… 第１回（算・理・社・国）
第２回（算・理・社・国）

2021 年度 ……………………… 第１回（算・理・社・国）
第２回（算・理・社・国）

※第 2 回国語の大問二は、問題に使用された作品の著作権者が二次使用の許可を出していないため、問題を掲載しておりません。

2020 年度 ……………………… 第１回（算・理・社・国）
第２回（算・理・社・国）

DL 2019 年度 ……………………… 第１回（算・理・社・国）

※第 1 回国語の大問一は、問題に使用された作品の著作権者が二次使用の許可を出していないため、問題の一部を掲載しておりません。

DL 平成 30 年度 ……………………… 第１回（算・理・社・国）

※第 1 回社会の大問 2 は、問題に使用された作品の著作権者が二次使用の許可を出していないため、問題の一部を掲載しておりません。

DL 平成 29 年度 ……………………… 第１回（算・理・社・国）

DL 平成 28 年度 ……………………… 第１回（算・理・社・国）

便利な DL コンテンツは右の QR コードから

国語の問題は
紙面に掲載

⇒ 

※データのダウンロードは 2025 年３月末日まで。
※データへのアクセスには、右記のパスワードの入力が必要となります。 ⇒ 030736

〈合格最低点〉

2024年度	188点／217点	2019年度	190点／211点
2023年度	193点／216点	2018年度	188点／194点
2022年度	201点／206点	2017年度	204点
2021年度	200点／204点	2016年度	204点
2020年度	199点／211点		

※2018～2024年度の点数は、第1回／第2回

本書の特長

実戦力がつく入試過去問題集

▶ 問題 ………… 実際の入試問題を見やすく再編集。
▶ 解答用紙 …… 実戦対応仕様で収録。
▶ 解答解説 …… 詳しくわかりやすい解説には、難易度の目安がわかる「基本・重要・やや難」の分類マークつき（下記参照）。各科末尾には合格へと導く「ワンポイントアドバイス」を配置。採点に便利な配点つき。

入試に役立つ分類マーク 

基本 確実な得点源！
受験生の90%以上が正解できるような基礎的、かつ平易な問題。
何度もくり返して学習し、ケアレスミスも防げるようにしておこう。

重要 受験生なら何としても正解したい！
入試では典型的な問題で、長年にわたり、多くの学校でよく出題される問題。
各単元の内容理解を深めるのにも役立てよう。

やや難 これが解ければ合格に近づく！
受験生にとっては、かなり手ごたえのある問題。
合格者の正解率が低い場合もあるので、あきらめずにじっくりと取り組んでみよう。

合格への対策、実力錬成のための内容が充実

▶ 各科目の出題傾向の分析、合否を分けた問題の確認で、入試対策を強化！
▶ その他、学校紹介、過去問の効果的な使い方など、学習意欲を高める要素が満載！

解答用紙ダウンロード 解答用紙はプリントアウトしてご利用いただけます。弊社ＨＰの商品詳細ページよりダウンロードしてください。トビラのＱＲコードからアクセス可。

famima PRINT 原本とほぼ同じサイズの解答用紙は、全国のファミリーマートに設置しているマルチコピー機のファミマプリントで購入いただけます。※一部の店舗で取り扱いがない場合がございます。詳細はファミマプリント（http://fp.famima.com/）をご確認ください。

UD FONT 見やすく読みまちがえにくいユニバーサルデザインフォントを採用しています。

桐朋 中学校

充実した施設を持つ恵まれた環境 選択科目主体の高レベル授業で 東大ほか難関大学に多数合格

生徒数 787名
〒186-0004
東京都国立市中3-1-10
☎042-577-2171
中央線国立駅、南武線谷保駅
各徒歩15分

URL	https://www.toho.ed.jp/

プロフィール 豊かな個性を育む中高一貫校

1941（昭和16）年、山水育英会を母体に、第一山水中学校を設立。その後、1948年に桐朋中学高等学校となった。一人ひとりの人間を大切にし、豊かな個性と自主の精神を育む"人間教育"が創立以来の基本方針。「自主的態度を養う、他人を敬愛する、勤労を愛好する」を教育目標に、豊かな心と高い知性を持つ創造的人間の育成を目指している。

環境 静かな文教地区に充実した教育施設

文教地区国立市のほぼ中央に位置し、一橋大学や国立高校が隣接している。23000坪の敷地に小学校から高校までの校舎と広いグラウンドを配し、それら施設全体が武蔵野の名残をとどめる林に囲まれている。2014年に共用棟・高校棟、2015年に中学棟の新校舎が完成。コンピュータ教室・理科実験室・プラネタリウム・音楽室・美術室などの特別教室や体育館やプール、さらに約６万５千冊の蔵書がある図書館や視聴覚室、食堂など施設も充実。

カリキュラム 選択科目の充実で生徒の進路に対応

中高６ヵ年を通じて、中等教育で必要とされる学習を総合的にバランスよく配置し、アカデミックな雰囲気の中で学ぶ楽しさを知ってもらえるようカリキュラムを工夫している。

中学では基礎学力の充実を重点に、独自の教材やプリントを使って系統的な学習をし、思考力と表現力を伸ばす。総合学習にも早くから取り組んでおり、各種行事や夏休みの自由研究など「豊かな人間性」を培う教育を目指している。また、全員に等しく確かな基礎学力を身につけさせたいという考えから、選択授業は置かず、高校課程の先取りも数学だけにとどめている。

高校では各人の志望や適性が活かせるよう、必修科目と選択科目がバランスよく配置されている。各教科は「必修」「必修選択」「任意選択（２年次より）」に分かれ、学年が上がるにつれて選択の幅が広がり、３年次には選択科目主体のカリキュラムになる。さらにいくつかの科目で段階別授業を採用。２年から３年にかけての授業では実践的な問題演習も増え、授業に沿って学習を進めることによって、大学進学に見合う学力をつけていく。

「文武両道」という言葉が似合う生徒たち

学校生活 高校からは私服通学もＯＫ

生徒の自主性を尊重し、クラブ活動は自由参加である。19の運動部、17の文化部、７つの同好会があり、ここ数年は、中学で陸上部、将棋部囲碁が全国大会に出場、野球部、サッカー部、バスケットボール部、バレーボール部、体操部などが都大会に出場。2012年は、陸上部走り高跳びで全国大会１位、2013年は走り幅跳びで全国大会７位という成績を修めた。また、卓球部が全国大会で１勝をあげた。高校でも、陸上部、テニス部、スキー部、卓球部、将棋部囲碁班が全国大会に、水球部、ゴルフ部が関東大会に、バスケットボール部、サッカー部、バレーボール部など多くのクラブが都大会に出場している。

自分のために自分で選んで自分で学ぶカリキュラム

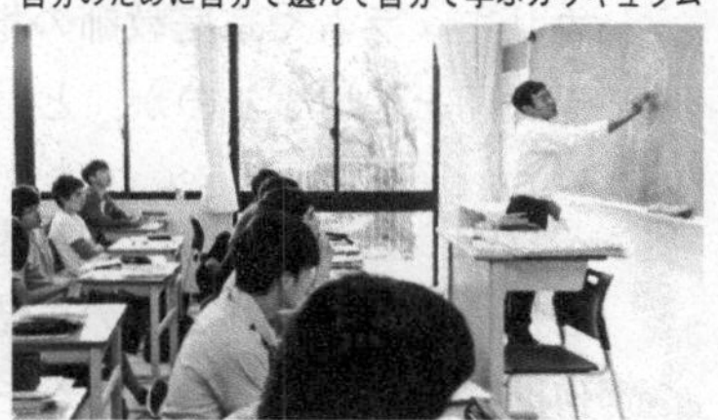

「行事は生徒が創る」が本校の方針。中学１年の遠足から高校２年の修学旅行まですべての行事が生徒の委員会を中心に企画され実行されていく。遠足委員は下見をしてコースを確かめたり、修学旅行はクラスごとにコースを決めたりする。６月の桐朋祭（文化祭）は最大の行事で、テーマを掲げ全員参加を目指し、委員たちが奮闘する。

進路 難関大学に進学 抜群の合格実績

合格実績は首都圏でもトップクラスで、毎年、東大や一橋大、東京工業大などの国公立大をはじめ、早稲田大、慶應義塾大などの難関私立大へ、多数の合格者を輩出している。

2023年度は、東大７名、一橋大７名、東京工業大３名など国公立大に73名、早稲田大52名、慶應義塾大43名、中央大47名など私立大に564名が現役合格した。

2024年度入試要項

試験日 2/1（第１回） 2/2（第２回）
試験科目 国・算・理・社

2024年度	募集定員	受験者数	合格者数	競争率
第１回	約120	347	142	2.4
第２回	約60	515	228	2.3

過去問の効果的な使い方

① **はじめに**　ここでは，受験生のみなさんが，ご家庭で過去問を利用される場合の，一般的な活用法を説明していきます。もし，塾に通われていたり，家庭教師の指導のもとで学習されていたりする場合は，その先生方の指示にしたがって，過去問を活用してください。その理由は，通常，塾のカリキュラムや家庭教師の指導計画の中に過去問学習が含まれており，どの時期から，どのように過去問を活用するのか，という具体的な方法がそれぞれの場合で異なるからです。

② **目的**　言うまでもなく，志望校の入学試験に合格することが，過去問学習の第一の目的です。そのためには，それぞれの志望校の入試問題について，どのようなレベルのどのような分野の問題が何問，出題されているのかを確認し，近年の出題傾向を探り，合格点を得るための試行錯誤をして，各校の入学試験について自分なりの感触を得ることが必要になります。過去問学習は，このための重要な過程であり，合格に向けて，新たに実力を養成していく機会なのです。

③ **開始時期**　過去問との取り組みは，通常，全分野の学習が一通り終了した時期，すなわち6年生の7月から8月にかけて始まります。しかし，各分野の基本が身についていない場合や，反対に短期間で過去問学習をこなせるだけの実力がある場合は，9月以降が過去問学習の開始時期になります。

④ **活用法**　各年度の入試問題を全問マスターしよう，と思う必要はありません。完璧を目標にすると挫折しやすいものです。できるかぎり多くの問題を解けるにこしたことはありませんが，それよりも重要なのは，現実に各志望校に合格するために，どの問題が解けなければいけないか，どの問題は解けなくてもよいか，という眼力を養うことです。

算数

どの問題を解き，どの問題は解けなくてもよいのかを見極めるには相当の実力が必要になりますし，この段階にいきなり到達するのは容易ではないので，この前段階の一般的な過去問学習法，活用法を2つの場合に分けて説明します。

☆偏差値がほぼ55以上ある場合

掲載順の通り，新しい年度から順に年度ごとに3年度分以上，解いていきます。

ポイント1…問題集に直接書き込んで解くのではなく，各問題の計算法や解き方を，明快にわかるように意識してノートに書き記す。

ポイント2…答えの正誤を点検し，解けなかった問題に印をつける。特に，解説の 基本 重要 がついている問題で解けなかった問題をよく復習する。

ポイント3…1回目にできなかった問題を解き直す。同様に，2回目，3回目，…と解けなければいけない問題を解き直す。

ポイント4…難問を解く必要はなく，基本をおろそかにしないこと。

☆偏差値が50前後かそれ以下の場合

ポイント1～4以外に，志望校の出題内容で「計算問題・一行問題」の比重が大きい場合，これらの問題をまず優先してマスターするとか，例えば，大問2までをマスターしてしまうとよいでしょう。

理科

理科は[1]から順番に解くことにほとんど意味はありません。理科は，性格の違う4つの分野が合わさった科目です。また，同じ分野でも単なる知識問題なのか，あるいは実験や観察の考察問題なのかによってもかかる時間がずいぶんちがいます。記述，計算，描図など，出題形式もさまざまです。ですから，解く順番の上手，下手で，10点以上の差がつくこともあります。

過去問を解き始める時も，はじめに1回分の試験問題の全体を見通して，解く順番を決めましょう。得意分野から解くのもよいでしょう。短時間で解けそうな問題を見つけて手をつけるのも効果的です。くれぐれも，難問に時間を取られすぎないように，わからない問題はスキップして，早めに全体を解き終えることを意識しましょう。

社会

社会は[1]から順番に解いていってかまいません。ただし，時間のかかりそうな，「地形図の読み取り」，「統計の読み取り」，「計算が必要な問題」，「字数の多い論述問題」などは後回しにするのが賢明です。また，3分野(地理・歴史・政治)の中で極端に得意，不得意がある受験生は，得意分野から手をつけるべきです。

過去問を解くときは，試験時間を有効に活用できるよう，時間は常に意識しなければなりません。ただし，時間に追われて雑にならないようにする注意が必要です。“誤っているもの”を選ぶ設問なのに“正しいもの”を選んでしまった，“すべて選びなさい”という設問なのに一つしか選ばなかったなどが致命的なミスになってしまいます。問題文の“正しいもの”，“誤っているもの”，“一つ選び”，“すべて選び”などに下線を引いて，一つ一つ確認しながら問題を解くとよいでしょう。

過去問を解き終わったら，自己採点し，受験生自身でふり返りをしましょう。できなかった問題については，なぜできなかったのかについての分析が必要です。例えば，「知識が必要な問題」ができなかったのか，「問題文や資料から判断する問題」ができなかったのかで，これから取り組むべきことも大きく異なってくるはずです。また，正解できた問題も，「勘で解いた」，「確信が持てない」といったときはふり返りが必要です。問題集の解説を読んでも納得がいかないときは，塾の先生などに質問をして，理解するようにしましょう。

国語

過去問に取り組む一番の目的は，志望校の傾向をつかみ，本番でどのように入試問題と向かい合うべきか考えることです。素材文の傾向，設問の傾向，問題数の傾向など，十分に研究していきましょう。

取り組む際は，まず解答用紙を確認しましょう。漢字や語句問題の量，記述問題の種類や量などが，解答用紙を見て，わかります。次に，ページをめくり，問題用紙全体を確認しましょう。どのような問題配列になっているのか，問題の難度はどの程度か，などを確認して，どの問題から取り組むべきかを判断するとよいでしょう。

一般的に「漢字」→「語句問題」→「読解問題」という形で取り組むと，効率よく時間を使うことができます。

また，解答用紙は，必ず，実際の大きさのものを使用しましょう。字数指定のない記述問題などは，解答欄の大きさから，書く量を考えていきましょう。

――出題傾向と対策　合否を分けた問題の徹底分析――

出題傾向と内容

例年，大問数は7題，小問数は20問程度である。2は短行問題であり，3以降の大問は，読解・思考・計算力を試す問題である。大問のなかには，答えだけではなく考え方を記述する問題がふくまれる。時間内に解答するために，問題の難易度を判断して，問題を取捨選択できるようにしよう。

読解のポイント　後半の問題文は比較的長いので，条件を整理することが必要である。

立式のポイント　本校の問題では等式に複数の文字を使うものも出題される。複数の内容をそれぞれ文字や記号で表したり，消去したりする計算方法にも慣れておこう。

出題分野1 〈数と計算〉…「四則計算」は例年，出題される。「数の性質」も出題率が高く，さまざまなパターンで問われる。

2 〈図形〉…「平面図形」も例年，出題される。複雑な図形からポイントとなる図形を素早く見ぬくことを目標にして，面積を変えずに形を変えることにも慣れておこう。

3 〈速さ〉…「速さ」も他分野との融合問題で出題されやすく，割合・比・図形とからめた速さの問題が出題されやすい。

4 〈割合〉…「割合と比」も他分野との融合問題で出題されやすく，十分な応用力を身につけよう。

5 〈推理〉…「場合の数」「数列・規則性」だけを問う出題もあるが，他分野の問題を解く過程で「場合の数」の数え方（配列法）や「規則性」を利用することも多い。

6 〈その他〉…「和差算」,「鶴カメ算」,「平均算」,「消去算」などからよく出題されており，「植木算・方陣算」の出題率が低い。「消去算」の計算法に慣れておこう。

出題率の高い分野

❶割合と比　❷平面図形・面積　❸速さの三公式と比　❹数の性質　❺統計と表　❻消去算

来年度の予想と対策

出題分野1 〈数と計算〉…「四則計算」はそれほど難しくない。「数の性質」を重点的に練習しよう。

2 〈図形〉…「平面図形」は例年．出題されているが,「立体図形」の対策も忘れずに。

3 〈速さ〉…「速さ」は他分野との融合問題で出題されやすい。

4 〈割合〉…「割合と比」も他分野との融合問題で出題されやすい。

5 〈推理〉…「場合の数」「数列・規則性」は出題されやすい。「推理」問題の対策として問題文の条件を整理する練習をしよう。

6 〈その他〉…「消去算」の解き方をマスターしておこう。

学習のポイント

●大問数7題　小問数20問程度　　●試験時間50分　100点満点

●図形・速さ・割合の分野でも「比」がからむ問題が出題されやすい。「文字と式」に注意。

年度別出題内容の分析表 算数

（よく出ている順に，☆◎○の3段階で示してあります。）

	出題内容	26年	27年	28年		29年		30年		2019年	
				1回	2回	1回	2回	1回	2回	1回	2回
数と計算	四則計算	○	○	○	○	○	○	○	○	○	○
	単位の換算			○		○	○	◎			○
	演算記号・文字と式		○		☆	☆			◎		
	数の性質	☆	○		☆	☆	☆	☆		○	☆
	概　数										
図形	平面図形・面積	☆	☆	☆	☆	☆	☆	◎	☆	☆	☆
	立体図形・体積と容積		○	☆						○	☆
	相似（縮図と拡大図）			○	◎	○	○	◎	◎	○	
	図形や点の移動・対称な図形				☆				☆		
	グラフ								◎		
速さ	速さの三公式と比		○	◎	☆		◎	☆	☆	☆	☆
	旅人算		○		○						☆
	時計算										
	通過算		○								○
	流水算						◎			☆	
割合	割合と比	☆	☆	◎	☆	◎	☆	◎	☆	◎	☆
	濃　度								○		
	売買算				○		○				
	相当算		○			○					○
	倍数算・分配算										
	仕事算・ニュートン算		○		○		◎		◎	○	
	比例と反比例・2量の関係										
推理	場合の数・確からしさ			○		○	◎	☆		○	
	論理・推理・集合			◎						○	
	数列・規則性・N進法								☆		
	統計と表						☆				
その他	和差算・過不足算・差集め算	○		☆		○					○
	鶴カメ算							○			
	平均算	○		☆			○				◎
	年令算					○					
	植木算・方陣算										
	消去算	○			☆		○	○	○	○	○

桐朋中学校

（よく出ている順に，☆◎○の３段階で示してあります。）

出題内容		2020年		2021年		2022年		2023年		2024年	
		1回	2回	1回	2回	1回	2回	1回	2回	1回	2回
数と計算	四則計算	○	○	○	○	○	○	○	○	○	○
	単位の換算			○	○	○	○	○		○	◎
	演算記号・文字と式			☆					☆		☆
	数の性質	☆	◎	☆	☆	☆	◎	☆	☆	○	☆
	概　数										
図形	平面図形・面積	☆	☆	☆	◎	☆	☆	○	☆	☆	☆
	立体図形・体積と容積		☆				◎				☆
	相似（縮図と拡大図）				○						
	図形や点の移動・対称な図形	☆	☆				☆				
	グラフ		☆								☆
速さ	速さの三公式と比	☆	☆	◎	☆	◎	☆	☆	○	☆	◎
	旅人算		◎			○			○		○
	時計算										
	通過算										
	流水算				☆						
割合	割合と比	☆	☆	☆	☆	☆	☆	☆	☆	☆	☆
	濃　度			☆							
	売買算	○					○	◎			○
	相当算	○		○	○						
	倍数算・分配算		○								○
	仕事算・ニュートン算	○			☆			◎			
	比例と反比例・2量の関係										
推理	場合の数・確からしさ		○			☆	☆				
	論理・推理・集合			☆			○				
	数列・規則性・N進法		◎		☆			○		☆	☆
	統計と表	☆		☆		☆	◎	☆		☆	
その他	和差算・過不足算・差集め算				○						
	鶴カメ算	○		○		○		◎			
	平均算		◎		○	○			☆	☆	
	年令算				○						
	植木算・方陣算					○					
	消去算		○		◎	◎	◎	○	○		

桐朋中学校

2024年度 桐朋中学校 合否を分けた問題 算数

第1回　4　(1)「統計と表，平均算」

よく出題される「平均算」の問題ではあるが，問題レベルが単純ではなく，問題レベルがさらに複雑になっている。
では，何を手がかりにして解いたらいいのか？

【問題】

だいすけ君は算数のテストを7回受けた。
1回目の得点は73点で，3回ごとの得点の平均は右表のようになっている。

1回目から3回目まで	79点
2回目から4回目まで	84点
3回目から5回目まで	88点
4回目から6回目まで	89点
5回目から7回目まで	90点

(1)　2回目の得点と5回目の得点では，どちらが何点高いか。

【考え方】

2回目と3回目の合計得点…79×3－73＝164(点)－ア
4回目の得点…84×3－164＝88(点)
3回目と5回目の合計得点…88×2＝176(点)－イ　←1回目の得点
したがって，イ－アより，5回目のほうが
176－164＝12(点)高い

受験生に贈る「数の言葉」――――――――「ガリヴァ旅行記のなかの数と図形」
作者　ジョナサン・スウィフト(1667～1745)
…アイルランド　ダブリン生まれの司祭

リリパット国…1699年11月，漂流の後に船医ガリヴァが流れ着いた南インド洋の島国
①人間の身長…約15cm未満　②タワーの高さ…約1.5m
③ガリヴァがつながれた足の鎖の長さ…約1.8m　④高木の高さ…約2.1m
⑤ガリヴァとリリパット国民の身長比…12：1　⑥ガリヴァとかれらの体積比…1728：1

ブロブディンナグ国…1703年6月，ガリヴァの船が行き着いた北米の国
①草丈…6m以上　②麦の高さ…約12m　③柵(さく)の高さ…36m以上
④ベッドの高さ…7.2m　⑤ネズミの尻尾(しっぽ)…約1.77m

北太平洋の島国…1707年，北緯46度西経177度に近い国
王宮内コース料理　①羊の肩肉…正三角形　②牛肉…菱形　③プディング…サイクロイド形
④パン…円錐形(コーン)・円柱形(シリンダ)・平行四辺形・その他

2023年度 桐朋中学校 合否を分けた問題 算数

第1回 ③「割合と比，仕事算，鶴亀算」

> よく出題される問題であり，なるべく簡単に計算できる方法を考えて取り組もう。
> では，具体的に，どう解いたらいいのか？

【問題】

グラウンドを整備するのに中学生16人では25分かかり，高校生15人では20分かかる。

(1) 中学生6人と高校生8人の合わせて14人で整備すると，何分かかるか。

(2) 中学生と高校生の合わせて20人で整備する。18分以内に整備するには高校生は何人以上いればよいか。答えだけではなく，途中の考え方を示す式や図などもかきなさい。

【考え方】

全体の仕事量…25，20の公倍数100とする。← 1にこだわる必要はない

中学生1人1分の仕事量…$100\div(16\times25)=\frac{1}{4}$

高校生1人1分の仕事量…$100\div(15\times20)=\frac{1}{3}$

(1) 中学生6人・高校生8人1分の仕事量…$\frac{1}{4}\times6+\frac{1}{3}\times8=\frac{25}{6}$

したがって，求める時間は$100\div\frac{25}{6}=24$(分)

(2) 1分の仕事量…$100\div18=5\frac{5}{9}$

したがって，高校生は$\left(5\frac{5}{9}-\frac{1}{4}\times20\right)\div\left(\frac{1}{3}-\frac{1}{4}\right)$ ← 鶴亀算

$=6\frac{2}{3}$(人)つまり7人以上

受験生に贈る「数の言葉」―――――――――バートランド・ラッセル(1872～1970)が語るピュタゴラス(前582～496)とそのひとたちのようす(西洋哲学史)

①ピュタゴラス学派のひとたちは，地球が球状であることを発見した。

②ピュタゴラスが創った学会には，男性も女性も平等に入会を許された。
財産は共有され，生活は共同で行われた。科学や数学の発見も共同のものとみなされ，ピュタゴラスの死後でさえ，かれのために秘事とされた。

③だれでも知っているようにピュタゴラスは，すべては数である，といった。
かれは，音楽における数の重要性を発見し，設定した音楽と数学との間の関連が，数学用語である「調和平均」,「調和級数」のなかに生きている。

④五角星は，魔術で常に際立って用いられ，この配置は明らかにピュタゴラス学派のひとたちにもとづいており，かれらは，これを安寧とよび，学会員であることを知る象徴として，これを利用した。

⑤その筋の大家たちは以下の内容を信じ，かれの名前がついている定理をかれが発見した可能性が高いと考えており，それは，直角三角形において，直角に対する辺についての正方形の面積が，他の2辺についての正方形の面積の和に等しい，という内容である。
とにかく，きわめて早い年代に，この定理がピュタゴラス学派のひとたちに知られていた。かれらはまた，三角形の角の和が2直角であることも知っていた。

2022年度 桐朋中学校 合否を分けた問題 算数

第1回 ④ 「速さの三公式と比，旅人算，割合と比，単位の換算」

> 一見したところ，問題自体はそう難しい問題ではないな，という印象であるが，実際に，すらすらと解ける問題だろうか。
> では，具体的に，どう解いたらいいのか？

【問題】

湖の周りを1周するサイクリングコースがある。A さん，B さんの2人は自転車でこのサイクリングコースを1周した。

A さんはP地点を出発し, 28分後にP地点に戻った。

B さんは, A さんと同時にP地点を出発し，反対の方向に1周した。

2人は，出発して15分45秒後にすれちがった。

(1) A さんの速さとB さんの速さの比を求めなさい。

(2) A さんがP地点に戻ったとき, B さんはP地点まで1960m の地点にいた。サイクリングコースの1周の長さは何m か。

【考え方】

28と$15\frac{3}{4}=\frac{63}{4}$の最小公倍数252を1周の長さにする。

(1) Aの分速…252÷28＝9　A・Bの分速の和…$252\div\frac{63}{4}=16$

したがって, 2人の分速の比は9：(16－9) ＝9：7

※1周の長さを1にすると, Aの分速…$\frac{1}{28}$　A・Bの分速の和…$1\div\frac{63}{4}=\frac{4}{63}$

これらの比を計算すると9：16になる。

(2) (1) より, 1960÷ (9－7) ×9＝8820 (m) ←難しくない

考え方の解答例：1周の長さが9のとき, 1960m が9－7＝2に相当するので

1周は1960÷2×9＝8820 (m)

受験生に贈る「数の言葉」

数学者の回想　　高木貞治1875～1960

数学は長い論理の連鎖だけに，それを丹念にたどってゆくことにすぐ飽いてしまう。論理はきびしいものである。例えば, 1つの有機的な体系というか，それぞれみな連関して円満に各部が均衡を保って進んでゆかぬかぎり，完全なものにはならない。

ある1つの主題に取り組み，どこか間違っているらしいが，それがはっきり判明せず，もっぱらそればかりを探す。神経衰弱になりかかるぐらいまで検討するが，わからぬことも多い。夢で疑問が解けたと思って起きてやってみても，全然違っている。そうやって長く間違いばかりを探し続けると，その後，理論が出来ても全く自信がない。そんなことを多々経験するのである。(中略)

技術にせよ学問にせよ，その必要な部分だけがあればよいという制ちゅう（限定）を加えられては，絶対に進展ということはあり得ない。「必要」という考え方に，その必要な1部分ですらが他の多くの部分なくして成り立たぬことを理解しようとしないことがあれば，それは全く危険である。

――出題傾向と対策 合否を分けた問題の徹底分析――

出題傾向と内容

出題内容は，物理，化学，生物，地学の4分野それぞれの，標準から発展問題で構成される。物理は力学，化学は水溶液や気体の性質，生物は観察や実験に関する問題，地学は気象，天体の分野からの出題が多くみられる。

試験時間と照らし合わせると，問題数はやや多い。基本的な知識や考え方を身につけていれば正解できる問題もあるが，それらの問題が難度の高い問題に混ざって出題されるため，実際より難しく感じてしまう。また，実験や観察結果の条件やグラフの読み取りができてはじめて考えることができる問題が多いため，解くために時間を必要とする。やさしい問題とそうでない問題を見抜く力と，時間配分が決め手となる試験である。

生物的領域　例年，実験や観察をメインとした出題であり，表やグラフの読み取りを重視している。学習したことのない事例の問題がほとんどであるが，問題文の条件情報をしっかり読み込み，考えれば解ける問題であり，特別な知識を必要とするわけではない。実験や観察結果から，考えられる結論を導き出す論理性が求められる。また，選択肢の中から正しいものをすべて選ぶタイプの問題も例年出題されるので，1つ1つの選択肢をていねいに確認することも大切である。

地学的領域　地学分野は，例年やさしめの問題で構成されることが多い。今年は第1回に地球温暖化の問題が，第2回にプレートの移動に関する問題が出題された。教科書にあまり取り上げられない内容であったが，問題文から推論して答えることができる問題であった。

化学的領域　化学分野の出題は難易度の高い問題が多い。与えられた実験の手順と結果をしっかりと整理して考えることが大切である。知らない知識を扱った問題は，その問題を解くにあたってのヒントが問題文中に書かれているので，それを読み取る読解力を養いたい。出題分野では，気体の発生や燃焼などの計算問題の出題が多い。

物理的領域　今年は第1回でレンズに関する問題，第2回にばねと浮力の問題が出題された。例年，条件や情報の多い計算問題が出題される。本校の試験時間は短いため，計算に時間をかけないようにしたい。問題を読んだ段階で解き方がわかるように，標準から発展の問題を数多く練習しよう。また，問題文のヒントを見逃さないように読解力を身につけよう。

学習のポイント

●実験や観察からどんな結論が導けるかを考察する力を身につけよう。グラフの数値からどんなことがわかるかをいつも考えること。時間配分を考え，できる問題から解答しよう。

来年度の予想と対策

本校の理科の入試問題でも，基本的な知識や考え方で解くことのできる問題はある。ただし，その出題が，実験の手順，結果をもとに考えたり，グラフを読み取って書かれている選択肢を選ぶタイプが多いので，ただ単に知識を暗記するだけでは対応できない問題が多い。そのため，基本の知識，考え方を身につけることはもちろんのこと，読解力を鍛え，何を問われていて，どう答えればよいのかを普段から考える必要がある。標準的な問題を数多く練習するのはもちろんのこと，発展問題などにある実験，観察の問いに積極的に挑戦し，実験手順と結果に対する考察を行うなどの練習をする必要がある。また，時間短縮の観点から，典型的な計算問題(てこ，ばね，気体の発生，燃焼など)は，問題を読むとすぐに解き方が思い浮かぶくらい練習をしておきたい。試験時間を気にして問題を解く練習を普段からしておくとよい。また，全問を解答できなくても，解ける問題をしっかり正解するように努力したい。

年度別出題内容の分析表 理科

（よく出ている順に，☆◎○の3段階で示してあります。）

	出題内容	26年	27年	28年		29年		30年		2019年	
				1回	2回	1回	2回	1回	2回	1回	2回
生物的領域	植物のなかま				○						
	植物のはたらき				☆						☆
	昆虫・動物			☆		☆	☆				
	人　体	☆							☆	☆	
	生態系		☆					☆			
地学的領域	星と星座							☆	○		
	太陽と月		◎	☆			☆		○	☆	
	気　象	☆				☆			◎		
	地層と岩石								○		☆
	大地の活動				☆						
化学的領域	物質の性質							☆			
	状態変化							☆	☆		
	ものの溶け方					◎					
	水溶液の性質	◎	◎	☆	☆		☆			☆	○
	気体の性質	◎	◎	◎							◎
	燃　焼		◎			◎					
物理的領域	熱の性質										
	光や音の性質			☆						☆	
	物体の運動	☆									
	力のはたらき		☆		☆		☆		☆		
	電流と回路					☆					☆
	電気と磁石										
その他	実験と観察	☆	☆	☆	☆	☆	☆	☆	☆	☆	☆
	器具の使用法										
	環　境		◎								
	時　事	○	○	○			○				
	その他										

桐朋中学校

（よく出ている順に，☆◎○の3段階で示してあります。）

出題内容		2020年		2021年		2022年		2023年		2024年	
		1回	2回	1回	2回	1回	2回	1回	2回	1回	2回
生物的領域	植物のなかま										
	植物のはたらき									☆	
	昆虫・動物	☆	☆			◎	☆	○	☆		☆
	人　体							◎			
	生態系			☆							
地学的領域	星と星座								☆		
	太陽と月				☆			◎			
	気　象		◎				☆				
	地層と岩石										
	大地の活動	☆		☆							☆
化学的領域	物質の性質				☆						◎
	状態変化	◎				☆			☆		
	ものの溶け方		☆				☆	☆		○	
	水溶液の性質			☆						◎	
	気体の性質	◎									○
	燃　焼										
物理的領域	熱の性質										
	光や音の性質									☆	
	物体の運動			☆			☆				
	力のはたらき		☆		☆			☆	☆		☆
	電流と回路					○					
	電気と磁石										
その他	実験と観察	☆	☆	☆	☆	☆	☆	☆	☆	☆	☆
	器具の使用法										
	環　境		◎							☆	
	時　事		○	○		◎	◎				
	その他										

桐朋中学校

2024年度 桐朋中学校 合否を分けた問題 理科

■この大問でこれだけは取ろう！（第1回）

1	レンズの特長	基本	基本問題である。全問正解をめざしたい。
2	中和反応の量的関係	標準～やや難	問3は難しい問題であった。できる問題を1問でも多く正解したい。
3	トマトの観察	標準～やや難	グラフの読み取りがポイントである。グラフの意味する事柄をしっかり理解するように。
4	地球温暖化	標準	環境問題について，ニュースなどで扱われる科学的な事柄を知っているかが問われている。

●鍵になる問題は2だ！

実験1　塩酸60mLに様々な量の水酸化ナトリウム水溶液を加え，A～Fのビーカーをつくりました。できた水溶液を蒸発させて残った固体の重さを量り表にしました。

	A	B	C	D	E	F
水酸化ナトリウム水溶液の体積(mL)	10	20	30	40	50	60
残った固体の重さ(g)	1.5	3.0	4.5	5.8	6.8	7.8

問2　実験1について，各ビーカーにBTB溶液を加えたときに，溶液の色が黄色に変化するものを，A～Fからすべて選び，記号で答えなさい。

問3　実験1について，Fのビーカーにふくまれる水酸化ナトリウムの重さは何gですか。

問2　塩酸60mLに水酸化ナトリウム水溶液を入れると，A～Cまでは1.5gずつ重さが増加したが，CからDでは1.3g，その後は1.0gずつの増加であった。これから，A～Cまでは加えた水酸化ナトリウムが全て反応し，C～Dの間で塩酸と水酸化ナトリウムがちょうど反応し，D～Fでは加えた水酸化ナトリウムが未反応で残ることがわかる。D～Fにおいて10mLの水酸化ナトリウム水溶液を加えると未反応の水酸化ナトリウムが1.0g増加するので，10mL中には，1.0gの水酸化ナトリウムが含まれることがわかる。また，Aより10mLの水酸化ナトリウム水溶液から生じる塩化ナトリウムは1.5gである。よって，塩酸60mLとちょうど中和する水酸化ナトリウム水溶液の体積を□mLとすると，ビーカーDにおいて$1.5\times\frac{□}{10}+1.0\times\frac{40-□}{10}=5.8$　□＝36mL　水酸化ナトリウムの量がこれより多いものは，反応後にアルカリ性になる。よってBTB溶液が黄色になるものは，A，B，Cの3つである。

問3　Fのビーカーにふくまれる未反応の水酸化ナトリウムは，$1.0\times(60-36)\times\frac{1}{10}=2.4$(g)である。

2023年度 桐朋中学校 合否を分けた問題 理科

■この大問でこれだけ取ろう！

1	力のはたらき	標準～やや難	問1は単純な計算問題である。ここは正解しないといけない。問2以降は積み木の重心の位置を気にして解かなくてはならない。ここで重心の位置がわからないとこの問題以降解くことができなくなる。問5は2つの支点に対し，それぞれを支点とした場合積み木は何個必要かを考えればよい。
2	水溶液の性質	標準～やや難	問1～問3は正解しないといけない基本知識や考え方であるである。問4は飽和水溶液ということに注目しなくてはならない。飽和水溶液＝水の重さではないことをしっかり頭に入れて，飽和水溶液中に含まれる水の重さを考えなくてはいけない。問5は(1)(2)ができれば良い。
3	生態系	基本～標準	毎年，演習したことのない動物や植物の生態について出題される。体温や，血液中の糖濃度のグラフの読み取りは問題文にヒントが多く書かれているので，それをしっかり読み込んでほしい。
4	天体	標準	問1～問3は基本知識の問題であった。ここは正解してもらいたい。問4は計算が厄介であるが，考え方は算数の旅人算である。問5は問4をもとに考えると正解できる。

●鍵になる問題は1だ！

今年度は，難度の高い問題と標準問題，そして，普段の学習では習わないような事柄が入り混じった出題となった。そのため，例年と同様に，やさしい問題でのミスが大きく差をつけると考えられる。基本の問題をすべて正解するのは当たり前であり，ほんの少しの応用問題でいかに得点するかが大きな決め手となった。1は基本的なてこの問題である。ただし，問2以降は積み木の重心の位置を気にしないと正解できない。問2以降，重さのはたらいている部分と支点までの距離はすべて積み木の重心が決め手となる。ここさえクリアできれば，問2～問4は比較的簡単な問題である。問5は，支点が2つあるので，それぞれの支点での区間Aに置ける積み木の数を丁寧に計算すれば決して難しくはない。

また，1では出題されていないが，2や3のように，グラフが出てくる問題は，グラフのどこの部分に注目するかが決め手になる。特に3は，そのグラフが何をあらわしているのか，縦軸と横軸を読み込み考えることが大切である。普段の学習から，グラフの問題を積極的に解いて，練習をしよう。

本校の試験時間は問題の難度と量の割には時間が短い。まずはわかるところから解く習慣を身につけよう。時間内に効率よく自分が正解できる問題を探す作業はとても役に立つ。難しい問題は後回しにする勇気も時には必要である。

2022年度 桐朋中学校 合否を分けた問題 理科

■この大問でこれだけ取ろう！（第１回）

1	物体の運動	基本～やや難	問１・問２は算数の速さに関する基本問題なので正解してもらいたい。問３は，一方の信号機Ａが赤になっても，車が通行規制区域を移動する30秒間は，信号機Ｂも赤信号のままであることに気が付かないと正解のグラフがかけない。問４は問３をもとに，算数の差集め算でもって，青信号の点灯時間を出し，自分で表をかかないと解けない問題である。
2	水溶液の性質	標準	過冷却という普段の学習では出てこない分野だが，問題文を正しく読むことで，正解を導き出すことができる。問１～問４は基本知識を使った問題なので，正解してもらいたい。問５はｂ～ｃ間も液体から凍り始めている区間であることに気付いてほしい。
3	生態系	標準	毎年，演習したことのない動物や植物の生態について出題されるが，本年度は学習したことがあるか，していなくても，読み取りやすい表からの出題であった。問５以降は成虫になった個体の半分がメスであることがとても重要な条件である。
4	大地の活動	標準	少し昔に話題になったはやぶさ２に関する出題であった。問１・問３は消去法で対応しよう。問４は，はやぶさ２との交信は光が地球からはやぶさ２までの距離を往復していることを失念していなければ正解できる問題である。

●鍵になる問題は3だ！

今年度は，難度の高い問題と標準問題，そして，普段の学習では習わないような事柄が入り混じった出題となった。そのため，例年と同様に，やさしい問題でのミスが大きく差をつけると考えられる。基本の問題をすべて正解するのは当たり前であり，ほんの少しの応用問題でいかに得点するかが大きな決め手となった。大問3は難しく見えるかもしれないが，わかりやすい表の読み取りに関する問題である。問1～3は昆虫に関する基本知識であり，ここでの不正解は避けたい。問4は難しそうに見えるが表のその他の数値やそれぞれの数値の意味を考えれば引き算や割り算でできる簡単な問題である。問5は成虫になった個体の半分がメスであることをしっかりと読み取ればできる問題である。問6は問5の生まれた卵の数と表1の卵の数を比べ，反比例の関係になることに気がついてもらいたい。問7はちょっとした応用である。成虫になったメスが合計8000個の卵を産めば，個体数の数が安定することを考えてもらいたい。

いずれにしても，グラフや表のどこの部分に注目するかがとても大切である。選択肢に即したポイントを正確に早く見抜くにはグラフを読みなれていないとできないものである。普段の学習から，グラフの問題を積極的に解いて，練習をしよう。

本校の試験時間は問題の難度と量の割には時間が短い。まずはわかるところから解く習慣を身につけよう。時間内に効率よく自分が正解できる問題を探す作業はとても役に立つ。難しい問題は後回しにする勇気も時には必要である。

――出題傾向と対策
合否を分けた問題の徹底分析――

出題傾向と内容

大問は3題で，地理・歴史・政治の3分野から比較的バランスよく出題されている。小問数は30～40題程度で，記号選択がやや多いが，用語記述も10問程度は出題されているほか，文章で説明させる問題も2～4問（合計5～7行程度）程あり，試験時間の配分に注意する必要がある。

地　理　広い範囲から出題されるが，特に日本の国土と自然，世界地理などに関する出題が多い。日本地図や世界地図を使用した問題や，気温や降水量のグラフを使用した問題，統計資料を使用した問題なども多い。

歴　史　政治・経済・社会・外交・文化など幅広い分野で，時代も幅広く出題されているが，特に中世以降の出題が多く，近現代史の出題割合がやや高い。年代の順序を並べる問題や文章で説明させる問題も出題されている。

政　治　政治についても，年度ごとに出題される分野が異なるが，政治のしくみや憲法，人権，国際社会，社会保障など様々な分野から出題されている。内容の正誤を問う問題や文章で説明させる問題がよく出題されている。文章で説明させる問題では，資料を用いた出題である場合が多い。また，時事的な内容についての出題もよく見られる。

本年度の出題項目は以下の通りである。

【1】日本の歴史　さまざまな木から見た日本

【2】日本の地理　各地方の最も人口の多い都市に関する問題

【3】政治　武器の輸出入に関連した問題

学習のポイント

- ●年代のならべかえの問題に強くなろう！
- ●地図で場所を確認する問題に強くなろう！
- ●日ごろからニュースに関心を持とう！

来年度の予想と対策

3分野とも，教科書や参考書に出てくる基本事項を正しく理解し，その内容を整理して，文章で説明できるところまで学習を進めたい。年表や地図，統計資料などを十分に活用し，知識や理解を深めていくことが求められる。

地　理　産業別・地域別に主要事項をまとめておくようにしたい。地図帳や資料集は常に参照しながら学習していくことが重要である。世界地理についても必出であると考え，日本だけでなく世界の地理についても知識や理解を深めておきたい。

歴　史　時代ごとの特色や出来事の順序，人名と事項を組み合わせた正確な理解をすることが重要である。また，重要事項については，意味や内容を文章で説明できるようにしておきたい。また，史料についてもしっかりとおさえておきたい。

政　治　日本国憲法や政治のしくみ，経済，国際社会と平和など政治の各分野について，基本的な内容をしっかりとおさえておきたい。時事問題も出題されることが多いので，テレビのニュースや新聞などにも目を向けておくことが大切である。

年度別出題内容の分析表　社会

（よく出ている順に，☆◎○の３段階で示してあります。）

			出題内容	26年	27年	28年 1回	28年 2回	29年 1回	29年 2回	30年 1回	30年 2回	2019年 1回	2019年 2回
地理	日本の地理	テーマ別	地形図の見方										
			日本の国土と自然	○	○	☆	◎	☆	◎	◎	○	○	○
			人口・都市	◎	○	○	○			○	○	◎	
			農林水産業		○		○	○	◎	○		○	
			工　業				○			○		○	
			交通・通信	◎	◎					○	◎	○	
			資源・エネルギー問題	○						○			
			貿　易	○									
		地方別	九州地方										
			中国・四国地方										
			近畿地方										
			中部地方										
			関東地方	○									
			東北地方	○									
			北海道地方										
	公害・環境問題							○		○		○	○
	世界地理			○	◎	◎	◎	◎	○	○	◎		◎
日本の歴史	時代別		旧石器時代から弥生時代		○			◎			○		○
			古墳時代から平安時代	○	◎	○	○	○	◎	◎	○	○	◎
			鎌倉・室町時代	○	○	○	○	○	◎	◎	○	○	○
			安土桃山・江戸時代	○	○	◎	◎	◎	◎	◎	◎	◎	◎
			明治時代から現代	☆	☆	○	◎	○	◎	◎	◎	◎	○
	テーマ別		政治・法律	◎	◎	◎	◎	◎	☆	◎	○	◎	
			経済・社会・技術	◎	○	○	◎	◎	○	○	◎	○	○
			文化・宗教・教育	○	◎	○	○		○	◎	◎	◎	◎
			外　交	◎	◎	○	○		○	◎	○	○	
政治			憲法の原理・基本的人権	○	○	○	○		◎		○		
			国の政治のしくみと働き	○		○				○		◎	
			地方自治										
			国民生活と社会保障			○	◎						☆
			財政・消費生活・経済一般	○		◎		○	○			○	
			国際社会と平和		☆			○			◎		○
時事問題				◎	○	◎		○	○		○	○	
その他				○						○			

桐朋中学校

（よく出ている順に，☆◎○の３段階で示してあります。）

出題内容				2020年		2021年		2022年		2023年		2024年	
				1回	2回	1回	2回	1回	2回	1回	2回	1回	2回
地理	日本の地理	テーマ別	地形図の見方									○	◎
			日本の国土と自然	◎	○	○	○	◎	○	◎	○	○	◎
			人口・都市	○	○		○	◎		○		◎	○
			農林水産業		○	◎		○	○	○	○	○	○
			工　業		◎						○	○	
			交通・通信		○	○			○	○			○
			資源・エネルギー問題				○				○		○
			貿　易	○				○				○	○
		地方別	九州地方										
			中国・四国地方										
			近畿地方										
			中部地方										
			関東地方										
			東北地方										
			北海道地方										
	公害・環境問題						○			○			☆
	世界地理			◎	◎	○	○	○	◎	○	◎	◎	
日本の歴史	時代別		旧石器時代から弥生時代				○	○	○			○	
			古墳時代から平安時代	◎	○	○	◎	◎	○	◎	○	○	◎
			鎌倉・室町時代		◎	◎	○		○	◎	◎	○	○
			安土桃山・江戸時代	○	○	○	○	◎	◎	○		○	◎
			明治時代から現代	◎	◎	◎	◎	◎	◎	◎	◎	○	◎
	テーマ別		政治・法律	◎	◎	◎	◎	◎	◎	◎	◎	◎	◎
			経済・社会・技術	○	◎	○	◎		◎	◎	○	○	◎
			文化・宗教・教育	○	○	○	◎	◎	◎	◎	◎	○	○
			外　交	○	○			○		○	○	○	○
政治	憲法の原理・基本的人権				○			○	○				
	国の政治のしくみと働き				◎			○	◎	◎	◎		
	地方自治												
	国民生活と社会保障			☆		○	◎	◎		◎			
	財政・消費生活・経済一般				○	◎				○	◎		
	国際社会と平和			○		◎	○	○		○		☆	
時事問題					○	○	○		◎	○			○
その他				○				○	○		○	○	

桐朋中学校

2024年度 桐朋中学校 合否を分けた問題 社会

第1回 【1】 問8

本設問はこの数年間の説明問題にみられた特定の図表を提示して，それらの資料の読み取りを前提にしてまとまった解答を記述させるというものではなく，問題文と関連付けられてはいるが，問題としては独立し，問われた内容について直接説明する形式になっている。本設問の配点は公表されていないが，全体が60点満点で，他の小問とのバランスを考えると4点（推定配点）と考えられる。試験時間30分の中で，本設問のような実質4行（120字程度）の説明問題に解答することはなかなか大変なことであり，本設問の出来・不出来が合否を分けたと思われる。以下，各設問のポイントを示しておく。

設問の要求は，①「豊臣秀吉が百姓に対しておこなった二つの政策の内容をあげること」，②「それぞれのねらいについて具体的に説明する」ことの2つの部分から成る。そのためここで書くべきポイントは，①の部分については，1)（太閤）検地を行ったこと，2)刀狩りを行ったこと，②の部分については，3)（土地の権利を認める代わりに）年貢を納める義務を負わせたこと，4)（刀や鉄砲を取り上げ）農業に専念させるようにしたことの4つのポイントであり，各ポイント1点ずつの加点方式で合計4点と考えられる。

本設問の解答に際しては，いくつかの注意点がある。まず設問文に「豊臣秀吉が百姓に対しておこなった二つの政策の内容をあげ，それぞれのねらいについて具体的に説明しなさい」とあることから，上記に示した加点ポイントについて，必ず1)と3)，2)と4)という組み合わせにしなければならないという点である。仮に各加点ポイントの内容が正確に記されていても，その組み合わせが間違っていると解答全体としては誤った内容になってしまうので，その点は十分に注意したい。

次に加点ポイント3)・4)の扱いである。設問文には「それぞれのねらいについて」説明するように指示されているので，3)については「年貢を納める義務を負わせたこと」，4)については「農業に専念させるようにしたこと」の部分だけは確実に指摘しなければならない。すなわち，括弧内の3)では「土地の権利を認める代わりに」の部分，4)では「刀や鉄砲を取り上げ」の部分だけの指摘では得点にならない。なぜなら，その部分の記述はそれぞれの政策のねらいとはいえないからである。それぞれのその部分の記述は，設問文の「具体的に説明しなさい」の部分に対応するものと考えたい。

さらにこのような豊臣秀吉の政策を問う問題では，その政策やねらいとして兵農分離を指摘する答案もあると思われる。しかし本設問において，兵農分離の指摘は適切ではない。なぜなら設問文では「二つの政策の内容をあげ，それぞれのねらいについて」とあるが，兵農分離は検地と刀狩りの二つの政策が行われ，そのうえに身分統制令も加わることで実現したもので，それぞれの政策の説明にはならないからである。このような説明問題には単に知っていることを書くのではなく，問われたことにきちんと答えるようにしたい。そのことで読解力を試すことも含まれていると思われる。

2023年度 桐朋中学校 合否を分けた問題 社会

第1回 【3】 問4

本設問は表1の「母子世帯と父子世帯の状況(2016年11月)」と図3の「年齢別に見た正規・非正規で働く男女の平均賃金(2016年6月)」を提示して，そこから平均収入が父子世帯より母子世帯の方が低くなっている理由を説明させる問題である。全体として【3】は現代の社会生活に関するさまざまな問題を扱うものとなっているが，そのような問題構成の中で本設問は最近増加している「ひとり親世帯」の状況について，働き方の形態と平均収入と関連付けて考察するようになっている。本設問の配点は公表されていないが，全体が60点満点で，他の小問とのバランスも考えると3点(推定配点)と考えられる。試験時間30分の中で，本設問のような実質4行(120字程度)の説明問題にきちんと答えることは大きな負担であり，本設問の出来・不出来が合否を分けたと思われる。以下，本設問のポイントを示しておく。

設問の要求は，父子世帯より母子世帯の方が平均収入が低くなっている理由であるが，設問文中に「表1・図3を参考にして」とあるので，この表1と図3で提示されたグラフから読み取れることをきちんと指摘する必要がある。さらに「解答らんに合う形で説明しなさい」とあるので，解答らんの最終行に示されている「そのため，父子世帯より母子世帯の方が平均収入が低くなっている」という文に結び付けることができるように文章を工夫する必要がある。そのためここで書くべきポイントは，①ひとり親のうち非正規で働く人の割合は，男性より女性が圧倒的に多いこと，②正規で働く人よりも非正規で働く人の方が賃金は低いこと，③正規で働く人は，男性より女性の方が賃金は低いことの3つのポイントであり，各ポイント1点ずつの加点方式で合計3点と考えられる。その点からみても本設問での注意点は，表1と図3の2つの資料を的確に読み取り，適切な情報を取り出して説明に反映できたか否かであろう。単に「母子世帯は貧しいから」といった記述では不十分である。

①のポイントは，表1中の「パートやアルバイト等　非正規で雇われて働いている」の部分の数値に着目できたかが大切である。表1では「ひとり親の働き方」の例として3つが挙げられ，それぞれ母子世帯と父子世帯の数値が示されているが，「パートやアルバイト等　非正規で雇われて働いている」の母子世帯と父子世帯の差が37.4(43.8－6.4)%ともっとも大きいことに気づくことが大切である。②と③のポイントは，いずれも図3から読み取ることが中心となる。②については，「女性」と「男性」のいずれのグラフでも，正規で働く人よりも非正規で働く人の方が賃金は低いことがわかる。③については，「女性」と「男性」のそれぞれの「正社員・正職員等の正規」のグラフの変化に着目すると，正規で働く人は，男性より女性の方が賃金は低いことがわかる。さらに表1の「正社員・正職員等　正規に雇われて働いている」の項目から，正規で働いている世帯が母子世帯は父子世帯よりも少ないことがわかる。これらのことを総合的にまとめることで，本設問の結論である「父子世帯より母子世帯の方が平均収入が低くなっている」という部分に結び付けることができる。

本設問は単に結論を導くのではなく，結論をあらかじめ提示し，その結論からさかのぼって結論に至るまでの理由を表や図を参考にして考察するという，少し角度を変えた「思考力・判断力・表現力」を試す設問といえよう。

2022年度 桐朋中学校 合否を分けた問題 社会

第1回 【3】問4

本問は図4の「日本の年れい階級別人口」のグラフと表4の「ASEAN諸国から来ている特定技能外国人の数と各国の国民一人あたりの経済的な豊かさ」を提示してそこから特定技能の制度が始まった背景と特定技能の制度の利用者の国の傾向を説明させる問題である。全体として大問【3】は現代のグローバル社会に関する様々な問題を扱うものとなっているが，そのような問題構成の中で本設問は今日の日本が直面している課題である少子高齢化や労働力不足の問題を特定技能の制度と関連付けて考察するようになっている。本設問は2題で構成されており，各問の配点は公表されていないが，全体が60点満点で，他の小問とのバランスも考えるとこの設問は各設問2点，合計4点（推定配点）と考えられる。試験時間30分の中で，本設問のような合計4行（120字程度）の説明問題にしっかり解答することは大変であり，本設問の出来・不出来が合否を分けたと思われる。以下，各設問のポイントを示しておく。

設問①の要求は，設問文中に「特定技能の制度が始まった背景について」とあるので明確である。ただし設問文中に「図4からどのようなことがわかりますか」とあり，「日本の年れい階級別人口」のグラフが提示されているので，このグラフから読み取れることをきちんと指摘する必要がある。さらに1990年と2020年の2つの「日本の年れい階級別人口」のグラフが示されているので，これを特定技能の制度の開始と結び付けて考察する必要がある。すなわちここで書くべきポイントは，①少子高齢化が進んでいること，②全人口に占める生産年齢人口の割合が低下していること，という2つのポイントがあり，各ポイント1点ずつの加点方式で合計2点と考えられる。本設問での注意点は，1990年と2020年の2つの「日本の年れい階級別人口」のグラフの変化から「少子高齢化の進展」と「生産年齢人口の割合が低下」ということを的確に読み取ることができたか否かであろう。単に人口構成が変化したという点だけでは不十分であろう。

設問②の要求は，特定技能の制度を利用しているASEAN諸国の人びとの国の傾向を説明することである。まず表4中の「特定技能の制度で日本に滞在している人数」の欄をみると，どの国も同様ではなくその数に大きく差があることがわかる。そこで日本に滞在している人数が多い国と少ない国の各上位3位までの国を取り出して，「国民一人あたりの経済的な豊かさ」の数値を抜き出して比べてみると,「日本に滞在している人数」が多い国は「国民一人あたりの経済的な豊かさ」の数値が低く,「日本に滞在している人数」が無いか少ない国は「国民一人あたりの経済的な豊かさ」の数値が高くなっていることがわかる。そのためここで書くべきポイントは，①経済的に豊かな国からは特定技能外国人は来ていないこと，②経済的に貧しい国から特定技能外国人が来ていること，という2つのポイントがあり，各ポイント1点ずつの加点方式で合計2点と考えられる。この設問に答えるうえで大切なことは,「国民一人あたりの経済的な豊かさ」の数値が高いことが経済的に豊かであること，その数値が低いことは経済的に貧しいことを意味することを理解できたか否かである。

本設問は単にグラフや表の数値を読み取るだけでなく，それらの数値が意味する内容までをきちんと指摘させるという点で，まさしく「思考力・判断力・表現力」を試すものとなっているといえよう。

──出題傾向と対策　合否を分けた問題の徹底分析──

出題傾向と内容

文の種類：随筆，文学的・論理的文章

内容的にはわかりやすいレベルの文章が出題されている。読むときは，細部の理解とあわせて，その文章のテーマを考えるとよい。出題される文章の大半は，全体を通してのテーマがはっきりしており，そして，そのテーマに沿うように設問が作成されている。設定されたテーマを理解することは，合格点を取るためには欠かすことができない。

記述形式：字数の決められていない記述問題が数多く出題されている。出題数が多いだけでなく，問いそのものの難度も高くて，設問に合わせて文章の部分部分を抜き出してまとめれば解けるというものはほとんど出題されていない。全体のテーマに沿って──線部を解釈し，本文中のわずかな手がかりをおさえながら解答をまとめていく力が求められている。全体を理解する力，部分を理解する力，まとめる力が要求されているといえる。

漢字：基本～標準レベルの問題。読解問題が勝負となる入試だからこそ，こういった基礎的な問題は落とすことなく確実に得点し，基礎点を固めておくことが必要である。

選択肢など：記述問題と同様，全体のテーマが理解できていることが重要。文章の細部だけで解ける問題も出題されているが，そういった問題では，あまり差がつかないだろう。文章中の表現だけでは解答を絞りきれないとき，最後の決め手となるのが，その文章に設定されたテーマであるということは，ぜひ覚えておきたい。選択肢と抜き出しとでは，選択肢のほうが難しく，抜き出しは比較的取り組みやすい問題が多い。

出題頻度の高い分野

❶随筆文・文学的文章　❷文章テーマをふまえたうえで解く問い　❸類推型の記述
❹心情の読み取り，理由の読み取り　❺漢字の読み書き

来年度の予想と対策

出題分野　随筆文，小説からの大問2題構成

1　文章テーマの把握：家族関係，人間関係，人間的成長など。
2　心情・理由の理解：テーマをふまえたうえで，細部を考える。
3　記述問題：全体の3～4割は記述問題。文章中の言葉を使うことができない場合もある。記述のボリュームは大きくなる傾向がある。

学習のポイント

●過去問題と，模範解答を研究し，どのようなテーマの文章が出題されたのかを把握しておく。
●テーマをふまえたうえで設問を解く練習を重ね，慣れておく。
●文章中の言葉を使わず，自分の言葉でまとめる訓練をしておく。

年度別出題内容の分析表　国語

（よく出ている順に，☆◎○の3段階で示してあります。）

		出 題 内 容	26年	27年	28年		29年		30年		2019年	
					1回	2回	1回	2回	1回	2回	1回	2回
設問の種類		主題の読み取り	○	○								
		要旨の読み取り		○			○		○	◎		
		心情の読み取り	☆	☆	☆	☆	☆		☆	☆	☆	☆
		理由・根拠の読み取り	○	☆	☆	☆	◎	◎	◎	◎	◎	◎
		場面・登場人物の読み取り				○					○	○
		論理展開・段落構成の読み取り			○	○	○	○	○			
		文章の細部表現の読み取り	☆	☆	☆	☆	☆	☆	☆	☆	☆	☆
		指示語	○	○		○						
		接続語										○
		空欄補充	◎	◎	☆	☆	☆	◎	☆	☆	☆	☆
		内容真偽										
	根拠	文章の細部からの読み取り	☆	☆	☆	☆	☆	☆	☆	☆	☆	☆
		文章全体の流れからの読み取り	○	◎	○	○	◎	◎	◎	◎	◎	◎
設問形式		選択肢	◎	◎	◎	◎			☆	☆	☆	☆
		ぬき出し	○	○	○	○			○	○		◎
		記　述	☆	☆	☆	☆	☆	☆	☆	☆	☆	☆
記述の種類		本文の言葉を中心にまとめる	◎		○	○				○	◎	◎
		自分の言葉を中心にまとめる	◎	◎	◎	◎	☆	☆	☆	☆	☆	☆
		字数が50字以内			○	○	○	○	○	○	◎	○
		字数が51字以上			☆	☆	◎	◎	☆	☆	☆	☆
		意見・創作系の作文										
		短文作成										
語句・知識		ことばの意味	○		○			○	○	○		
		同類語・反対語										
		ことわざ・慣用句・四字熟語	○	○	◎		○	○				○
		熟語の組み立て										
		漢字の読み書き	◎	◎	◎	◎	◎	◎	◎	◎	◎	○
		筆順・画数・部首										
		文と文節										
		ことばの用法・品詞										
		かなづかい										
		表現技法										
		文学史								○		
		敬　語										
文章の種類		論理的文章（論説文，説明文など）		○	○		○					○
		文学的文章（小説，物語など）	○	○		○	○		○		○	○
		随筆文	○		○	○		◎	○	◎	○	
		詩（その解説も含む）										
		短歌・俳句（その解説も含む）										
		その他										

桐朋中学校

（よく出ている順に，☆◎○の3段階で示してあります。）

出題内容		2020年 1回	2020年 2回	2021年 1回	2021年 2回	2022年 1回	2022年 2回	2023年 1回	2023年 2回	2024年 1回	2024年 2回
設問の種類	主題の読み取り					◎					
	要旨の読み取り									○	○
	心情の読み取り	☆	☆	☆	☆	☆	☆	☆	☆	☆	☆
	理由・根拠の読み取り	◎	○	○		◎	◎	◎	◎	◎	◎
	場面・登場人物の読み取り	○	○		○			○	◎	◎	◎
	論理展開・段落構成の読み取り										
	文章の細部表現の読み取り	☆	☆	☆	☆	☆	☆	☆	☆	☆	☆
	指示語		○		○		○			○	
	接続語								○	◎	
	空欄補充	☆	☆	☆	☆	☆	☆	☆	○	◎	◎
	内容真偽										
	根拠　文章の細部からの読み取り	☆	☆	☆	☆	☆	☆	☆	☆	☆	☆
	根拠　文章全体の流れからの読み取り	◎		◎	◎	◎	◎	☆	☆	◎	◎
設問形式	選択肢	☆	☆	☆	☆	☆	☆	☆	☆	◎	◎
	ぬき出し	☆	☆	☆	☆	☆	☆	◎	◎	◎	○
	記述	☆	☆	☆	☆	☆	☆	☆	☆	☆	☆
記述の種類	本文の言葉を中心にまとめる	◎	◎	◎	◎	◎	◎	◎	◎	◎	◎
	自分の言葉を中心にまとめる	☆	☆	☆	☆	◎	◎	☆	☆	☆	☆
	字数が50字以内	◎	◎	○	○	○	○	○	○	○	
	字数が51字以上	☆	☆	☆	☆	☆	☆	☆	☆	☆	☆
	意見・創作系の作文										
	短文作成										
語句・知識	ことばの意味	○				○			○		
	同類語・反対語					○					
	ことわざ・慣用句・四字熟語			○			○	○	○	◎	
	熟語の組み立て										
	漢字の読み書き	○	○	◎	◎	◎	◎	◎	◎	◎	◎
	筆順・画数・部首										
	文と文節										
	ことばの用法・品詞										
	かなづかい										
	表現技法										
	文学史							○			
	敬　語										
文章の種類	論理的文章（論説文，説明文など）										
	文学的文章（小説，物語など）	○		○	○			○	○	○	○
	随筆文	○	◎	○	○	◎	◎	○	○	○	○
	詩（その解説も含む）										
	短歌・俳句（その解説も含む）										
	その他										

桐朋中学校

2024年度 桐朋中学校 合否を分けた問題 国語

第1回　一　問六

★合否を分けるポイント

――線部③「それよりも何よりもあのおばあさんの前で『よし子ちゃん』を演じたアズの善意がふみにじられていくように思えた」について，この時の唯人の思いをくわしく説明する記述問題である。本文の描写から心情を的確に説明できているかがポイントだ。

★本文の描写から読み取れる心情を，自分の言葉で説明する

③についてくわしく確認すると，「あのおばあさんの前で『よし子ちゃん』を演じたアズの善意」は，本文前半で描かれているように，唯人たちが訪れた老人福祉施設で，アズを自分の子どもの「よし子ちゃん」だと思いこんでいるおばあさんに，アズも話を合わせて「よし子ちゃん」を演じていたことである。そのことにアズは心を痛めながらも，唯人の言葉で前向きになれたことも描かれている。さらに③の「ふみにじられていくように思えた」の唯人の心情について，帰りのバスの中でも文香はアズの「よし子です」のフレーズを何度も言ってアズをいじり，みんなも文香にあおられて，アズのフレーズで笑いこける→唯人はアズを助けたいと強く思ったが，うまく言葉が出てこず，アズをかばってやりたいと思いながら「アズの善意がふみにじられていくように思えた」，という展開になっている。これらの内容から，「アズの善意がふみにじられていくように思えた」を具体的に説明していく。特に「ふみにじられていくように思えた」は，本文では唯人の心情が明確に描かれていないので，解答例の「傷つけることが人として許せないという思い」のように，どのような心情であったかを自分の言葉で補って説明する必要がある。本文の描写から読み取れる心情を的確に表現できる言葉で説明することが重要だ。

第1回　二　問六

★合否を分けるポイント

――線部④「自分の中で煮えたぎっていること」とほぼ同じことをいっている部分を，□にあてはまる形でこれより後の本文から指定字数以内でぬき出す問題である。本文の内容の流れを的確につかめているかがポイントだ。

★全体の流れをていねいにつかんでいく

④までは，不幸じゃなくても，赤裸々じゃなくても，エッセイは書ける，と念じるようにしてエッセイを書いている→小学生時代に作文コンクールで入賞したことをきっかけに作文が得意になるが，コンクールで一位になることはなかった→中学生の頃には一位を取ることはあきらめていたが，大きな随筆賞を受賞し，その合評会でエッセイに大切なこととして，④は書くべきではないことなどを知った，という流れになっている。さらに，エッセイについて，コンクールをたくさん経験したことや，母校の部活の指導を通して感じたこととして，だれにでも通じる濃いエピソードを出そうと焦り，【まだ自分の中でも整理がついていないかもしれない】人の死，大きな失敗を書いたりするが，そのような作文は本当に良い作文なのだろうか，と続いている。これらの内容から，エッセイに大切なこととして④は書くべきではないことと，【まだ自分の中でも整理がついていないかもしれない】人の死，大きな失敗といった作文は本当に良い作文ではない，は同様のことを述べているので，④と【　】部分は同じことをいっていることが読み取れる。④と【　】部分は離れているが，内容の流れを追っていくことで同じような表現を確認することができる。全体の流れをつかみながら，どのように展開しているかをていねいに読み取っていこう。

2023年度 桐朋中学校 合否を分けた問題 国語

第1回　二　問八

松尾芭蕉は，俳聖とも呼ばれ，その代表作は『奥の細道』である。文種は紀行文だ。厳密には俳諧(はいかい)紀行文である。アの『方丈記』は，鴨長明(かものちょうめい)による鎌倉時代の随筆だ。兼好法師(吉田兼好)の『徒然草』，清少納言の『枕草子』と合わせて，日本三大随筆とされている。ウの『土佐日記』は，平安時代に成立した日本最古の日記文学のひとつで，紀貫之が土佐国から京に帰る最中に起きたできごとを記した文学である。エの『東海道中膝栗毛」は，十返舎一九の代表作で，江戸時代後期作品だ。

第1回　二　問九

2022年5月に発売された雑誌ということと同時に，＊注にある「ボルシチ」の説明で「ロシアやウクライナなど～」がその年に起こったできごとを想起させる。2022年2月24日にロシアがウクライナに侵攻したことによるウクライナ戦争は現在も続いている。文章中では訪れた街の名前が具体的に書かれていないが，最終段落にある，「かれらの出自・かれらの思想，来し方，行く末」などを知らないという表記は，戦争そのものについて，どちらが良い，悪いを考えているのではなく，「その街で出会った人」として，その出会いそのものをなつかしんでいるのである。10年間の間には，コロナウィルスによる，世界の人々との交流が難しくなったことだけでも大きなことであるが，これは言わば，世界で力を合わせて乗り越えていくものととらえられるが，思いもよらなかったロシア，ウクライナの戦争の当事国になってしまったなつかしい人々や街並みを思えば，書かずにはいられなかったということだろう。当時のように，たとえ淡雪のような愛だったとしても，出自や思想，来し方をこえて愛し合える可能性を信じたいという思いだろう。

2022年度 桐朋中学校 合否を分けた問題 国語

第1回　一　問十一

【こう書くと失敗する】

仕事が煮詰まったとき，宇宙人の絵を描いて母に指摘されたことを思い出し，自分らしく生きなければと自分を励ますこと。

【なぜ失敗なのか】

まず，「仕事が煮詰まったとき」としている点が内容として不足だ。確かに，文中に「煮詰まっている」とある。が，※注にあるように「行き詰まったとき」だ。これでは単に，仕事がうまくいかないときと限定してしまっている。確かに「今曲作りに完全に煮詰まって」とあるが，それがどのような気持ちになって行き詰まっているのかを書いているのが「どんな歌詞～」で始まる段落である。つまり，「他人からの評価が気になる」から煮詰まるのだ。だから，解答としては「他人の評価が気になるとき」のように一般化しよう。

次に，「宇宙人の絵を描いて～」としてしまった点も具体的過ぎるので失敗だ。宇宙人の絵は，その代表的な例ではあるが，小学校時代には浴衣の件，ドッチボールをしようよと言えなかった件なども挙がっている。したがって，「宇宙人の絵」だけを取り出して書くことが失敗の原因だ。このように考えると，「具体的に書く」ということが条件とされていない場合，さらに，時に随筆文の場合，文章全体で根底にある，筆者が述べたいことをつかむことが大切である。

第1回　二　問八

【こう書くと失敗する】

また『生』を積んだ（9字）

【なぜ失敗なのか】

文章中の，大野さんが積み始めた石の話題にこだわりすぎたため，指定された『生』を，石を積んだ『生』として書こうとしてしまったため，すっかりズレてしまった解答例である。直前に「～ひっそりと『生』が再生して」とあるのが，誰かが石を積んだということだ。したがって，【B】に入るのは，実際に積んだことではなく，積まれた石に託されている心情が「メッセージ」となっていると考える必要がある。大野さんから始まって，災害のたびに誰かによって修復されたのは，「がんばって生きぬこう」という応援であり，励まし，自分自身に言い聞かせたいことのような言葉を入れることになる。

MEMO
大切なことはメモしておこうね！
T.G

2024年度

★★★★★★★★★★★★★★★★★★★★★★★★★

入　試　問　題

2024
年
度

2024年度

桐朋中学校入試問題（第１回）

【算　数】（50分）　＜満点：100点＞

1　次の計算をしなさい。

(1)　$\frac{9}{22}-\frac{1}{11}+1\frac{1}{2}$

(2)　$(3.4-1.2)\div0.8+3.75\times0.6$

(3)　$1\frac{4}{35}\div\left(1.1\times0.5-0.3\div\frac{6}{5}\right)$

2　次の問いに答えなさい。

(1)　しのぶさんは，いくらかのお金を持って，ある商品を買いに行きました。定価で買うと50円余(あま)りますが，定価の２割引きで買えたので160円余りました。この商品の定価はいくらですか。

(2)　Ａ君とＢ君は，自転車でＰ地を同時に出発してＱ地に行きました。Ｂ君はＡ君より12分遅れてＱ地に着きました。Ａ君，Ｂ君の走る速さはそれぞれ分速300m，分速200mです。ＰＱ間の道のりは何mですか。

(3)　下の図は，円と長方形ABCDを重ねた図形で，円の中心は点Ａです。辺ADの長さと円の直径の長さが等しく，円の面積と長方形ABCDの面積が等しいとき，この図形の周の長さ（太線の長さ）は何cmですか。円周率を3.14として計算しなさい。

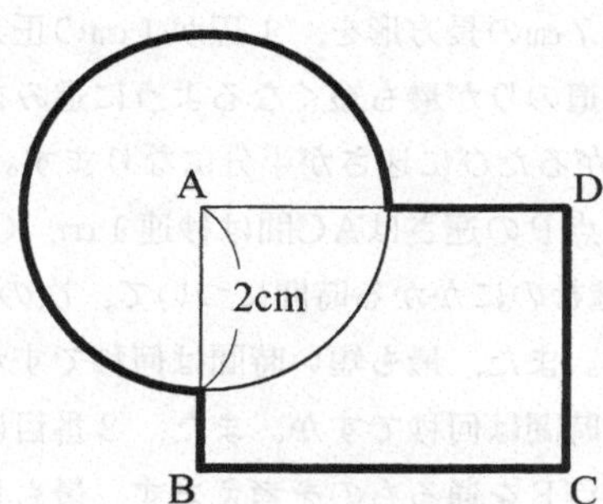

3　ある店で，１個20円の赤玉と１個15円の青玉を売っています。赤玉を100個買うごとに無料で白玉を２個もらえます。青玉を50個買うごとに無料で黒玉を１個もらえます。ひろし君は，赤玉と青玉をそれぞれ何個か買ったところ，白玉を黒玉より３個多くもらい，４色の玉の個数の合計は559個でした。

(1)　ひろし君は黒玉を何個もらいましたか。

(2)　ひろし君が支払った金額は全部で10140円でした。赤玉と青玉をそれぞれ何個買いましたか。答えだけでなく，途中の考え方を示す式や図などもかきなさい。

4 だいすけ君は算数のテストを７回受けました。
１回目の得点は73点で，３回ごとの得点の平均は右の表のようになっています。

１回目から３回目まで	79 点
２回目から４回目まで	84 点
３回目から５回目まで	88 点
４回目から６回目まで	89 点
５回目から７回目まで	90 点

(1) ２回目の得点と５回目の得点ではどちらが何点高いですか。

(2) ７回目の得点は何点ですか。

(3) ７回のテストのうち，２回目の得点が最も低く，最も高い得点は97点でした。２回目の得点は何点ですか。

5 ３つのポンプＡ，Ｂ，Ｃがあり，これらのポンプを使って，水そうに水を入れたり，水そうから水を出したりします。空（から）の水そうにＡで水を入れ，同時にＢで水を出すと18分で満水になります。また，空の水そうにＡで水を入れ，同時にＣで水を出すと12分で満水になります。ただし，ポンプが１分間に入れる水の量と１分間に出す水の量は同じです。

(1) 空の水そうにＢで水を入れ，同時にＣで水を出すと何分で満水になりますか。

(2) 空の水そうにＢとＣで水を入れ，同時にＡで水を出しました。１分後にＡだけを止めたところ，水を入れはじめてから４分後に水そうは満水になりました。空の水そうにＡで水を入れると，何分何秒で満水になりますか。

6 下の図のように，縦（たて）３㎝，横７㎝の長方形を，１辺が１㎝の正方形に区切りました。点Ｐは点Ａから点Ｂまで正方形の辺上を，道のりが最も短くなるように進みます。また，点Ｐの速さは，点Ａを出発したとき秒速１㎝で，曲がるたびに速さが半分になります。たとえば，点Ｐが点Ａから点Ｃ，Ｄを通って点Ｂまで進むとき，点Ｐの速さはＡＣ間は秒速１㎝，ＣＤ間は秒速$\frac{1}{2}$㎝，ＤＢ間は秒速$\frac{1}{4}$㎝です。点Ａから点Ｂまで進むのにかかる時間について，次の問いに答えなさい。

(1) 最も長い時間は何秒ですか。また，最も短い時間は何秒ですか。

(2) ４回曲がるとき，最も長い時間は何秒ですか。また，２番目に長い時間は何秒ですか。

(3) ５回曲がる進み方のうち，点Ｅを通るものを考えます。最も長い時間は何秒ですか。また，２番目に長い時間は何秒ですか。

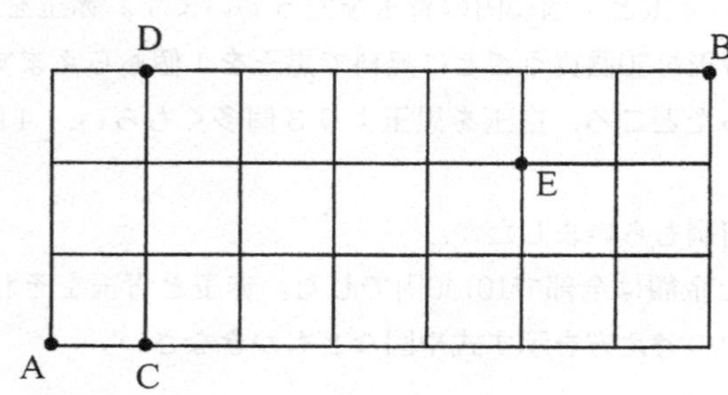

7　１以上のいくつかの異なる整数を１列に並べます。並べ方は，となり合う４つの数をどこに選んでも，それらを並んでいる順にA，B，C，Dとすると，A：B＝C：Dとなるようにします。たとえば，１，２，３，６，９，18と並んでいる６つの整数は，１：２＝３：６，２：３＝６：９，３：６＝９：18 となっています。

(1)　９個の整数が並んでいます。１番目の数が３，２番目の数が２，３番目の数が６のとき，９番目の数を求めなさい。

(2)　N個の整数が並んでいます。１番目の数が１，N番目の数が108のとき，Nとして考えられる数のうち，最も大きいものを求めなさい。

(3)　７個の整数が並んでいます。６番目の数と７番目の数の和は2024です。また，３番目の数は１番目の数の倍数です。このとき，１番目の数として考えられる数のうち，最も大きいものを求めなさい。

【理　科】（30分）　＜満点：60点＞

1　次の文章を読み，以下の問いに答えなさい。

光はまっすぐ進むことが知られていますが，虫めがね（以下，レンズとします）を用いると，光は折れ曲がり集まります。光が折れ曲がる現象について考えていきましょう。

図１はガラスでできたレンズに日光があたり，光が集まる様子を途中まで示しています。

図２のように，ガラスブロックＡ～Ｅを並べ，レーザー光をあてたところ，図１のレンズと同じように光は折れ曲がり集まりました。

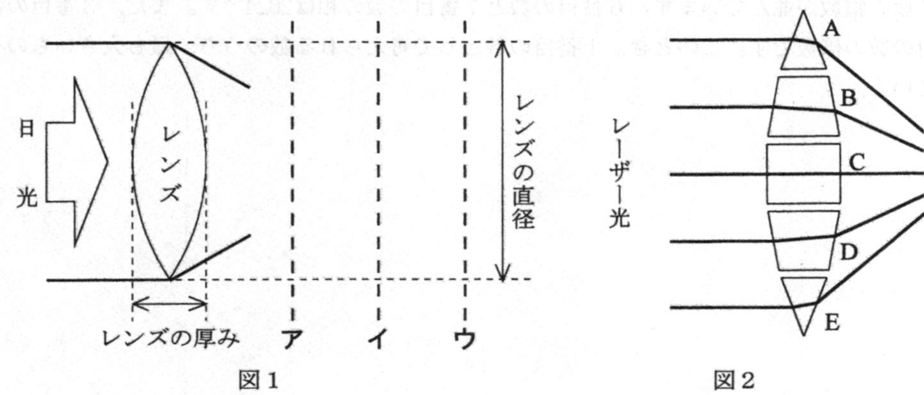

図１　　図２

問１　図１で，レンズの右側の点線の位置に紙を置くとき，紙が最も明るくなる位置はどこですか。図１の**ア～ウ**から１つ選び，記号で答えなさい。

問２　図１のレンズを，直径が同じで厚みが薄いレンズに取り替えました。日光が一点に集まる位置は，図１に対してどのようになりますか。次のア～ウから１つ選び，記号で答えなさい。

ア．レンズに近づく　　イ．変わらない　　ウ．レンズから遠ざかる

問３　図１のレンズを，厚みが同じで直径が大きいレンズに取り替えました。このレンズを用いて，日光が一点に集まった位置の明るさは，問１の明るさに対して，どのようになりますか。次のア～ウから１つ選び，記号で答えなさい。

ア．明るくなる　　イ．変わらない　　ウ．暗くなる

問４　図２のＡ～Ｅを向きを変えずに並べ替えて，レーザー光の道すじが交わらず広がるようにするには，どのように並べればよいですか。上から並べる順番にＡ～Ｅの記号で答えなさい。例えば，図２であれば，ABCDEとなります。

問５　傾けた直方体ガラスブロックに対して，レーザー光をあてたときの光の道すじはどのようになると考えられますか。次の文章の（①）（②）にあてはまる最も適した記号を，次のページの**ア～シ**から選び，それぞれ記号で答えなさい。

図２を参考にすると，ガラスブロック内を進む光は（　①　）の道すじを通ることが分かる。また，ガラスブロックを出た光は（　②　）の道すじを通ることが分かる。

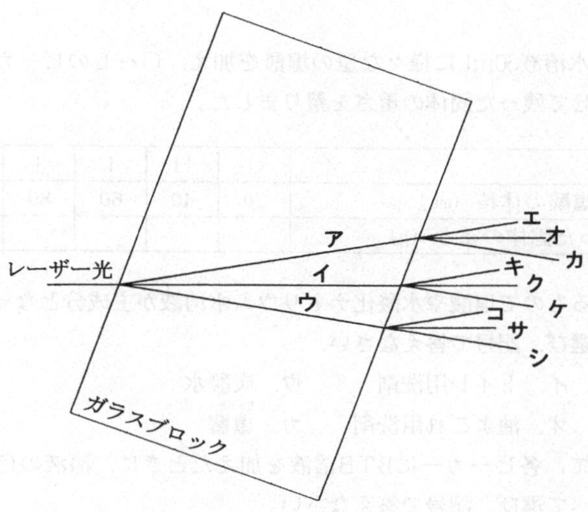

2　次の文章を読み，以下の問いに答えなさい。

酸性の水溶液とアルカリ性の水溶液を混ぜ合わせると，たがいの性質を打ち消し合います。このことを中和といいます。中和を利用しているものは多く，乾燥すると色が消えるスティツクのりもその１つです。色が消える理由は，のりの成分にBTB溶液のような酸性かアルカリ性かで色が変化する物質がふくまれているからです。のりがケースに入っている状態ではアルカリ性に保たれていますが，紙に塗ると空気中の二酸化炭素と反応したり，紙の持つ酸性成分と反応したりしてアルカリ性から中性に変化するので色が消えていくのです。他にも，温泉地における中和事業などが有名な例として挙げられます。草津温泉周辺の湯川では強酸性の温泉成分が多くふくまれているので，川の水を暮らしに利用することができず，コンクリートの橋をかけることもできませんでした。また，生き物もすめないため「死の川」と呼ばれていました。そこで，アルカリ性を示す石灰を直接川に流しこむことで中和を行っています。石灰の投入量は１日平均で55トンにもおよびますが，現在では農業用水として利用できるようになり，様々な生き物の姿も確認できるようになりました。このように，うまく中和を利用できれば良いのですが，酸性の洗剤とアルカリ性の洗剤を一緒に使ってしまい，中和により洗浄効果が弱まってしまうというような失敗もあります。酸性やアルカリ性，中和などについてしっかりと理解することが大切です。

そこで，中和に関する以下の実験を行いました。なお，実験で使用した塩酸および水酸化ナトリウム水溶液はそれぞれ同じ濃度のものとします。

【実験１】

塩酸60mLに様々な量の水酸化ナトリウム水溶液を加え，A～Fのビーカーをつくりました。できた水溶液を蒸発させて残った固体の重さを量り，表にしました。

	A	B	C	D	E	F
水酸化ナトリウム水溶液の体積（mL）	10	20	30	40	50	60
残った固体の重さ（g）	1.5	3.0	4.5	5.8	6.8	7.8

【実験２】

水酸化ナトリウム水溶液60mLに様々な量の塩酸を加え，Ｇ～Ｌのビーカーをつくりました。できた水溶液を蒸発させて残った固体の重さを量りました。

	G	H	I	J	K	L
塩酸の体積（mL）	20	40	60	80	100	120
残った固体の重さ（g）						

問１　身の回りにあるもので塩酸や水酸化ナトリウム水溶液が主成分となっているものを，次のア～カからそれぞれ選び，記号で答えなさい.

ア．酢（す）　　イ．トイレ用洗剤　　ウ．炭酸水

エ．虫さされ薬　　オ．油よごれ用洗剤　　カ．重曹（じゅうそう）

問２　実験１について，各ビーカーにBTB溶液を加えたときに，溶液の色が黄色に変化するものを，Ａ～Ｆからすべて選び，記号で答えなさい。

問３　実験１について，Ｆのビーカーにふくまれている水酸化ナトリウムの重さは何ｇですか。

問４　実験２の結果をグラフにするとどのような形になりますか。実験１の結果をもとに，適当なものを，次のア～キから１つ選び，記号で答えなさい。なお，加えた塩酸の体積は120mLまでとします。

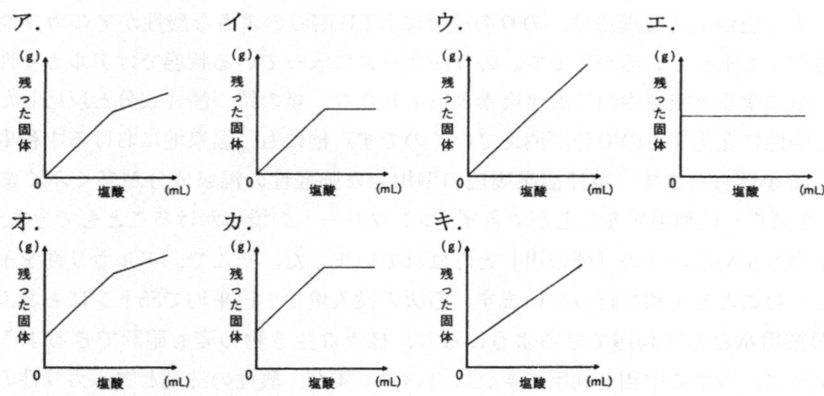

問５　実験２のＧ～Ｌと同じ条件のビーカーを用意して，各ビーカーにアルミニウムを加えると，１つだけあわが出ないビーカーがありました。そのビーカーはどの条件と同じビーカーですか。Ｇ～Ｌから１つ選び，記号で答えなさい。

問６　実験に用いた水酸化ナトリウム水溶液の濃度は9.09％でした。この濃度の水溶液を作るためには，100ｇの水に何ｇの水酸化ナトリウムを溶（と）かせばよいですか。割り切れない場合は小数第１位を四捨五入して整数で答えなさい。

なお，$9.09 = 9\frac{1}{11}$として計算しても構いません。

問７　問６で求めた重さの水酸化ナトリウムを100ｇの水に溶かして水溶液をつくったところ，9.09％よりも小さい値になりました。その理由はいくつか考えられますが，そのうちの１つを以下の文の空所に合うような形で本文から14字で抜（ぬ）き出（だ）して答えなさい。

理由：水酸化ナトリウムが［　14字　］から，濃度がうすまった。

3 次の文章を読み，以下の問いに答えなさい。

トマトは，世界的に見て主要な果実で，温暖な気候では主に１年生植物として成長します。また，下の写真のように１つのふさ（以下，果房（かぼう）とします）にいくつかの果実を実らせます。

世界におけるトマトの生産量は増加していて，とても大きな市場となっています。次の表は，ある年におけるトマトの生産量トップ10の国の総生産量をまとめたものです。また，この年における全世界の総生産量は，１億9000万トンでした。

表１

国名	総生産量（万トン）
1　中国	6760
2　インド	2120
3　トルコ	1310
4　アメリカ	1000
5　イタリア	660
6　エジプト	620
7　スペイン	500
8　メキシコ	400
9　ブラジル	360
10　ナイジェリア	350

問１　全世界の総生産量のうち，生産量トップ３の３国で占める割合（％）を求めなさい。なお，割り切れない場合は，小数第１位を四捨五入して整数で答えなさい。

トマトの果実は，光合成によってつくられた栄養分を用いて成長していきますが，いろいろな品種があるため，栽培（さいばい）方法などについて多くの実験が行われてきました。

問２　光合成とは，どのようなはたらきか簡単に説明しなさい。

問３　光合成によってつくられた栄養分は，果実まで運ばれます。栄養分が通る構造の名称（めいしょう）を答えなさい。

図１は，トマトの開花から果実が成熟するまでの期間における，温度と果実の成長速度の関係を示したグラフです。このグラフをつくるために行った実験は，同じ品種のトマトを用いて温度以外の条件（１果房あたりの果実の数や光の量など）をすべて同じにして行っています。

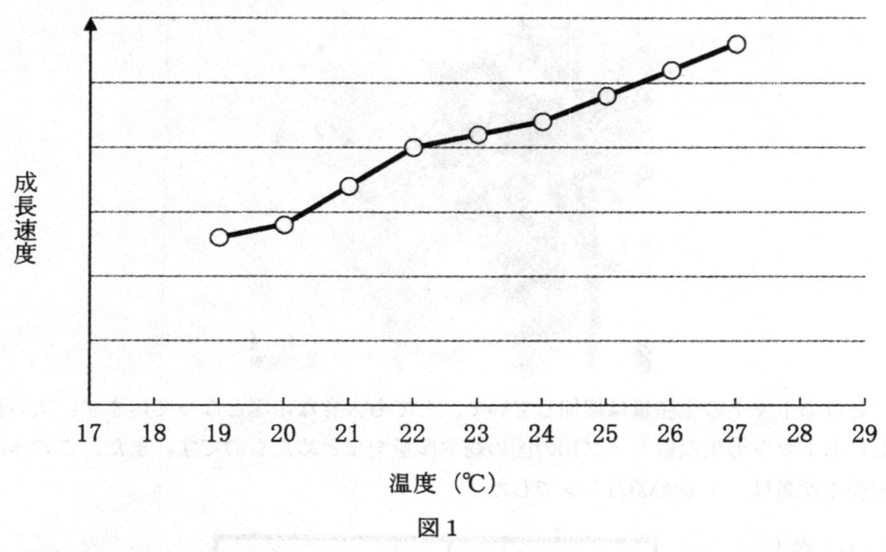

図１

問４　図１から言えることとして正しいものを，次のア～エからすべて選び，記号で答えなさい。

ア．26℃よりも38℃の方が成長速度が速い。

イ．成熟するまでの期間は，19～27℃ では高温になるほど短くなる。

ウ．昼と夜の気温の変化が大きいほど，大きな果実になる。

エ．20℃よりも26℃の方がさかんに光合成をしている。

図２は，開花後の日数と果実１つあたりの重さの関係を示したグラフです。このグラフをつくるために行った実験は，１果房あたり果実が１つ実ったもの（A），果実が２つ実ったもの（B），果実が８つ実ったもの（C），果実が８つ実ったものから開花18日後に７つの果実を取り除いたもの（D）で，１果房あたりの果実の数以外の条件（温度や光の量など）をすべて同じにして行っています。また，重さは乾燥（かんそう）させて，水分をぬいてからはかりました。

図３は，開花後の日数と果実の成長速度（１日に増加した重さ）の関係を示したグラフです。このグラフをつくるのに用いた実験結果は，図２の実験で得たものです。

（図２・図３は次のページにあります。）

問５　図２と図３から言えることとして正しいものを，次のア～オからすべて選び，記号で答えなさい。

ア．果実の数が１つのものは，開花52日でも成長している。

イ．１果房あたりの果実の数による果実の成長のちがいは，開花18日後からみられる。

ウ．22～26℃で生育させていると，温度が高いほど果実の重さは大きくなる。

エ．果実の数が２つのものは，最も重くなっている開花20～30日で収穫するのが良い。

オ．果実を取り除く作業は，果実の成長に悪影響（あくえいきょう）を与（あた）えない。

問６　図２と図３より，１果房あたりの果実の数が少ないほど果実の成長が速いことが分かります。その理由を「栄養分」という言葉を使って説明しなさい。

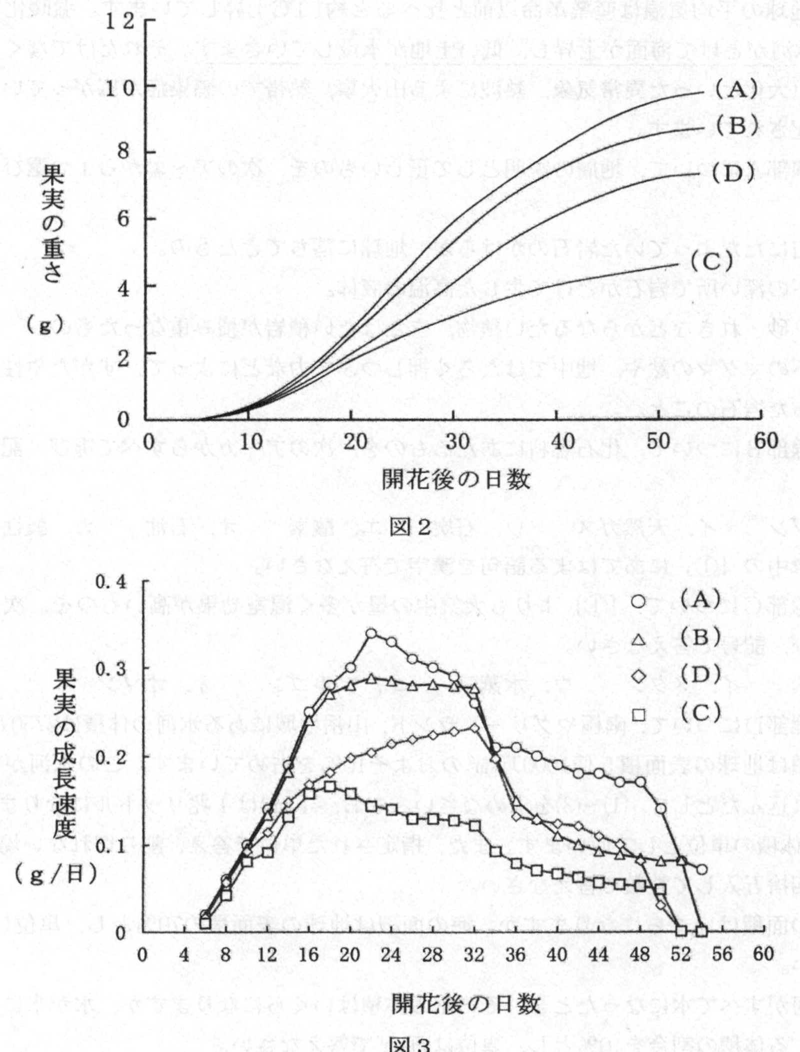

図２

図３

4　次の文章を読み，以下の問いに答えなさい。

国連は気候変動について2021年の報告書の中で，「人間の活動によって，地球が温暖化しているのは疑いの余地がない。」と断言し，「熱波や豪雨，干ばつなどの気候危機は続く。危機を和らげるのは，我々の選択にかかっている。」と警告しています。私達の暮らす地球は着実に温暖化が進行しています。

温暖化の原因の一つは，A地層から採り出したB化石燃料を燃やすことです。これによって生まれたエネルギーは電気になったり，自動車などの動力になったりして，私達の生活を快適にしてくれます。しかし，化石燃料を燃やすとエネルギーだけでなく，［　①　］も発生して大気中に放出されます。この［　①　］が地球温暖化をもたらすC温室効果ガスの一つなのです。人間が化石燃料を大量に消費して，大気中の［　①　］が増加すると，地球温暖化が着実に進んでいくことになります。

現在の地球の平均気温は産業革命以前と比べると約1.1℃上昇(じょうしょう)しています。温暖化がこのまま進めば，D氷河がとけて海面が上昇し，低い土地が水没(すいぼつ)していきます。それだけでなく，ゲリラ豪雨や台風の巨大化(きょだいか)といった異常気象，熱波による山火事，熱帯での感染症(かんせんしょう)が広がっていくことなどの影響(えいきょう)が心配されています。

問１　下線部Aについて，地層の説明として正しいものを，次のア～エから１つ選び，記号で答えなさい。

ア．宇宙にただよっていた岩石のかけらが，地球に落ちてきたもの。

イ．地下の深い所で岩石がとけて生じた高温の液体。

ウ．泥(どろ)・砂・れきなどからなるたい積物，またはたい積岩が積み重なったもの。

エ．地下のマグマの熱や，地中ではたらく押(お)しつぶす力などによって，すがたや性質が変わってしまった岩石のこと。

問２　下線部Bについて，化石燃料にあたるものを，次のア～カからすべて選び，記号で答えなさい。

ア．オゾン　　イ．天然ガス　　ウ．石炭　　エ．酸素　　オ．石油　　カ．酸性雨

問３　文章中の［①］にあてはまる語句を漢字で答えなさい。

問４　下線部Cについて，［①］よりも大気中の量が多く温室効果が高いものを，次のア～オから１つ選び，記号で答えなさい。

ア．酸素　　イ．メタン　　ウ．水蒸気　　エ．アルゴン　　オ．オゾン

問５　下線部Dについて，南極やグリーンランド，山岳(さんがく)地域にある氷河の体積は2750万㎞^{3}と推定され，面積は地球の表面積５億1000万㎞^{2}のおよそ10％を占(し)めています。この氷河がすべてとけて海に流れ込(こ)んだとして，(1)～(3)を求めなさい。なお，１㎞^{3}は１兆リットルになりますが，ここでは㎞^{3}を体積の単位として使います。また，指定された単位で答え，割り切れない場合は，小数第１位を四捨五入して整数で答えなさい。

(1)　海の面積はいくらになりますか。海の面積は地球の表面積の70％とし，単位は万㎞^{2}で答えなさい。

(2)　氷河がすべて水になったとき，その水の体積はいくらになりますか。水が氷に変わるとき，変化する体積の割合を10％とし，単位は万㎞^{3}で答えなさい。

(3)　(2)の水がすべて海に流れ込んだとき，海面は今よりもどのくらい上昇しますか。海の面積は変わらないものとし，単位はmで答えなさい。

【社　会】（30分）＜満点：60点＞

【１】 次の**ア**～**カ**の文を読み，下の問いに答えなさい。

ア．このころ，鶴岡八幡宮で将軍が暗殺されました。暗殺した人物はイチョウの木に隠れていたといわれています。この数年後，承久の乱がおこりました。

イ．このころの人々は土器で煮たきをしたり，弓矢を使って狩りをおこなったりして暮らしていましたが，食材や木材として利用するために，クリの栽培をおこなっていた地域もありました。

ウ．このころ，正倉院がつくられました。正倉院は雨風に強いヒノキでつくられていて，聖武天皇ゆかりの宝物などがおさめられました。

エ．このころ，日米の友好のあかしとして，日本からアメリカにサクラが贈られました。また，アメリカとの交渉がすすんで，日本が関税自主権を回復したころでもありました。

オ．このころ，太平洋戦争が長引いて燃料不足におちいると，政府は国民に松やにや松根油など，マツから油を採取するように国民に促しました。

カ．このころ，豊臣秀吉は伏見城をつくるにあたって，秋田氏に秋田のスギを献上させました。

問１．**ア**～**カ**の文があらわしている時代を古い方から順にならべかえて，記号で答えなさい。

問２．次の①～⑤の文が示す出来事は**ア**～**カ**の文のあらわす時代のどれと関係が深いか，記号で答えなさい。関係の深い文がないときは，記号**キ**で答えなさい。

①　竹崎季長が元との戦いで活やくした。

②　中学生や女学生が兵器工場などに動員された。

③　漢字をくずしたひらがながつくられた。

④　豊かなめぐみをねがって土偶がつくられた。

⑤　ロシアの勢力拡大をおさえるために日英同盟が結ばれた。

問３．**ア**の文について。

⑴　承久の乱の後，幕府が西国を監視するため京都に設置した組織を漢字で答えなさい。

⑵　承久の乱の約10年後につくられた，武士の裁判の基準となるきまりを漢字で答えなさい。

問４．**イ**の文について。このころに捨てられた貝がらがつもってできた遺跡を何といいますか，漢字で答えなさい。

問５．**ウ**の文について。正倉院は何という建築様式でつくられていますか。解答らんにあてはまるように漢字で答えなさい。

問６．**エ**の文について。関税自主権を回復したときの外務大臣はだれですか，漢字で答えなさい。

問７．**オ**の文について。太平洋戦争のはじめに日本が攻撃したイギリス領の半島名を，解答らんにあてはまるように答えなさい。

問８．**カ**の文について。豊臣秀吉が百姓に対しておこなった二つの政策の内容をあげ，それぞれのねらいについて具体的に説明しなさい。

【２】 次の図１のア～キは，北海道地方，東北地方，関東地方，中部地方，近畿地方，中国・四国地方，九州地方でそれぞれ最も人口の多い市を示したものです。これを見て，問いに答えなさい。

図１

（地理院地図より作成）

問１．次の①～③の文は，ア～キの市のいずれかについて説明したものです。それぞれの文が示している市として最もふさわしいものを，ア～キから一つずつ選び，記号で答えなさい。

① 伊勢湾に面し，城下町として発展してきた。

② 市内の北部を淀川が流れている。

③ 博多湾沿岸の地域は古くからの港町である。

問２．2024年２月の時点で，ア～キの市すべてに共通することがらを述べた文として最もふさわしいものを，次のあ～えから一つ選び，記号で答えなさい。

あ．空港がある。　　　い．新幹線の駅がある。

う．政令指定都市である。　　え．プロ野球球団の本拠（ほんきょ）地球場がある。

問３．アの市は石狩平野の南西部に位置しています。石狩平野は北海道の中でも米づくりが盛んな地域として知られていますが，次のあ～えから，北海道で開発された米の品種ではないものを一つ選び，記号で答えなさい。

あ．きらら397　　い．ななつぼし　　う．はえぬき　　え．ゆめぴりか問４．**イ**の市では，例年８月に「七夕まつり」が開催（かいさい）されます。「七夕まつり」は「竿燈（とう）まつり」や「ねぶた祭」とともに「東北三大祭り」に数えられますが，「竿燈まつり」と「ねぶた祭」はそれぞれどの県で開催されるものですか。次の**あ**～**か**から一つずつ選び，記号で答えなさい。

あ．青森県　　**い**．秋田県　　**う**．岩手県　　**え**．福島県　　**お**．宮城県　　**か**．山形県

問５．**ウ**の市の東部には，みなとみらい21地区があります。次の**図２**・**図３**（次のページ）は，現在のみなとみらい21地区の周辺を示した，発行時期の異なる地形図の一部を拡大したものです。これらを見くらべて，現在みなとみらい21地区があるところには，かつてどのような施設（しせつ）が存在していたか，説明しなさい。

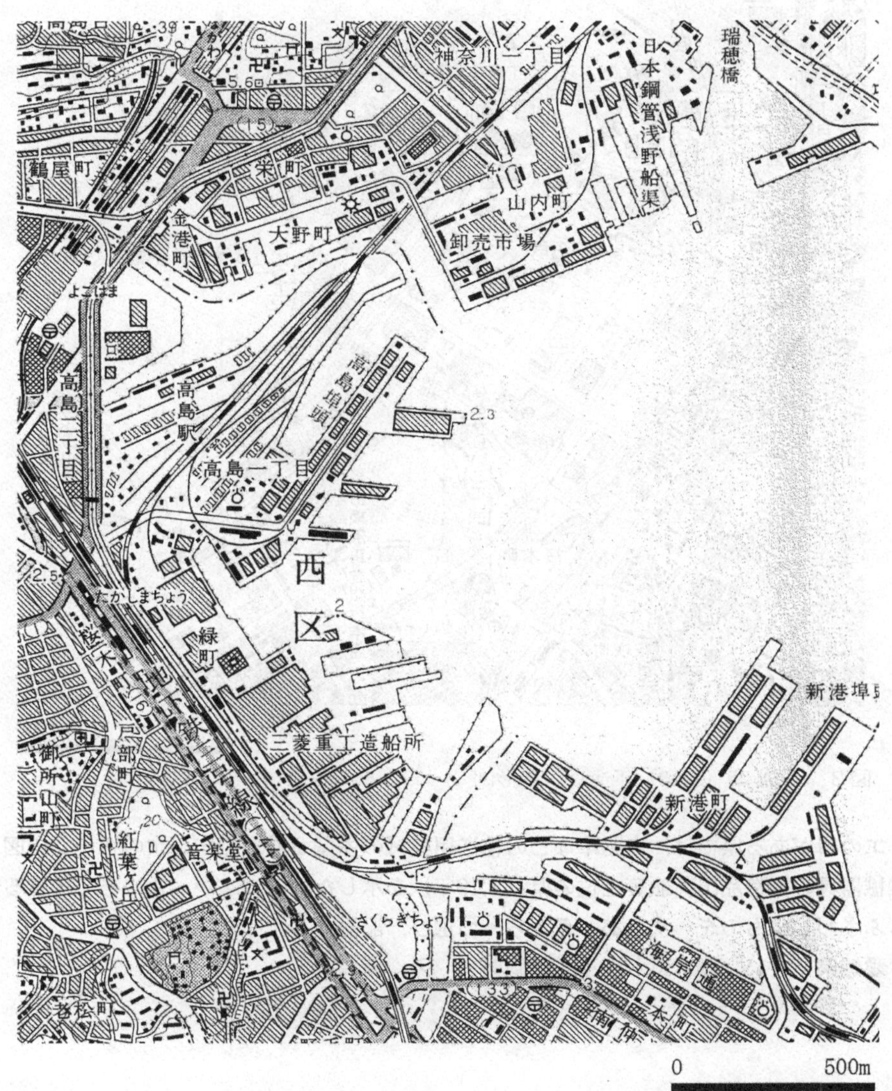

図２　昭和 57（1982）年発行の地形図

図３　平成 25（2013）年発行の地形図

問６．**エ**の市がある県では，自動車などの輸送用機械の生産が盛んです。次のページの**図４**は輸送用機械器具の製造品出荷額等上位の県（2019年）を示したものですが，**A**にあてはまる県として最もふさわしいものを，次の**あ**～**え**から一つ選び，記号で答えなさい。

あ．愛媛県　　**い**．熊本県　　**う**．静岡県　　**え**．新潟県

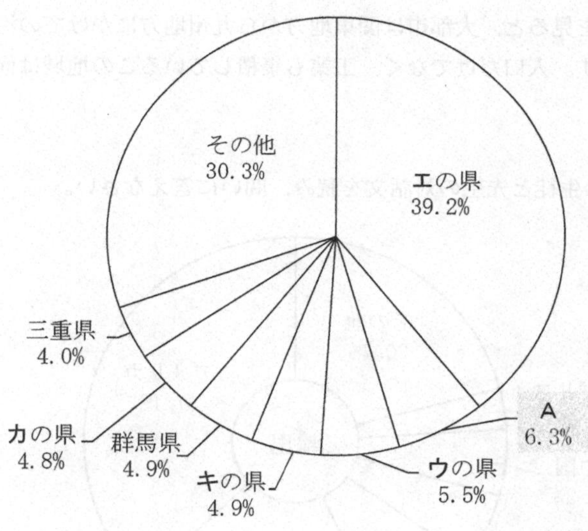

図４

（『日本国勢図会』より作成）

問７．**オ**の市では，2025年に万博の開催が予定されています。前回の万博はアラブ首長国連邦の都市で開催されましたが，その都市名を答えなさい。

問８．**カ**の市の中心部は，市内を流れる太田川によって形成されたある地形の上に位置しています。この地形は，一般的(いっぱん)に河口付近に形成されるものですが，その名称(めいしょう)を答えなさい。

問９．**キ**の市は，ワインの産地として有名なフランスのボルドー市と姉妹都市になっています。下の**表１**はワインおよびその原料となる果物の生産量上位の国を示したものです。**A**と**B**にあてはまる国の組み合わせとして，最もふさわしいものを，次の**あ**～**え**から一つ選び，記号で答えなさい。また，ワインの原料となる果物の名称もあわせて答えなさい。

表１

ワインの生産量（2018年）		ワインの原料の生産量（2019年）	
A	541	B	1428
フランス	489	A	790
スペイン	444	アメリカ	623
アメリカ	238	スペイン	575
B	192	フランス	549

（単位 万トン）

（『データブック オブ・ザ・ワールド』より作成）

あ．A－イタリア　B－中国　**い**．A－イタリア　B－ブラジル
う．A－中国　B－イタリア　**え**．A－中国　B－ブラジル

問10. ア～キの分布を見ると，大都市は関東地方から九州地方にかけての沿岸地域に集中していることが読み取れます。人口だけでなく，工業も集積しているこの地域は何と呼ばれるか，名称を答えなさい。

【３】 図５についての生徒と先生の対話文を読み，問いに答えなさい。

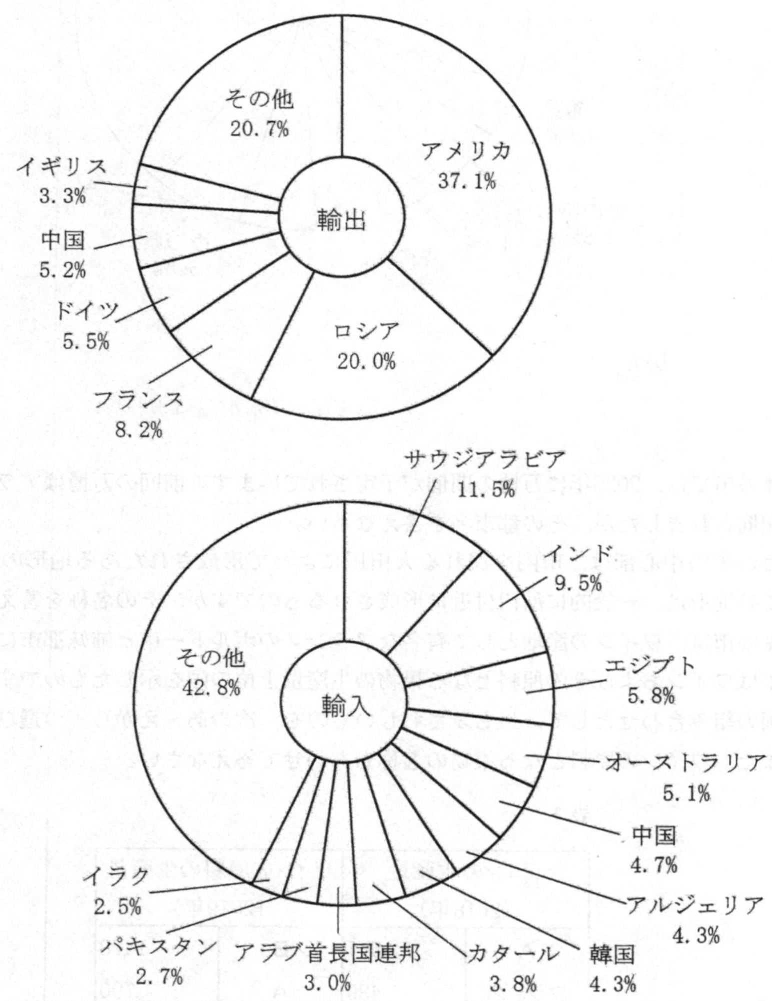

図５　通常兵器※の輸出入の割合　（『世界国勢図会 2021/22 年版』より作成）

※大量破壊兵器（核兵器など）以外の武器のこと。

先生－図５を見て，何が考察できるかな。

生徒－アメリカとロシアの輸出割合が高いですね。

先生－第二次世界大戦後，(1)世界の国ぐにはアメリカとロシア（当時のソ連）を中心に，それぞれ西側陣営と東側陣営に分かれて，激しく対立するようになったよね。

生徒－東西［1］ですね。両陣営のにらみ合いが続いたんですよね。

先生－そうだね。にらみ合いのなかで(2)核兵器を競い合うように作ったんだよ。1945年～2017年の核実験の回数もアメリカとロシアで80％をしめるんだ。ちなみに，武器輸出国のなかの，アメリカ・ロシア・フランス・中国・イギリスの共通点はわかるかな。

生徒－国際連合の［2］の常任理事国ですね。国際平和を守り，国どうしの争いなどを解決することを目的としている機関の中心となる国ぐになのに不思議ですね。

先生－武器輸入国にはさまざまな国があるけれど，よく調べてみると，［3］国が多く，紛争地帯を抱えている国もあるんだ。

生徒－先進国で生産された兵器が，［3］国の紛争に使用されているのですね…。

先生－［1］が終わったあと，核戦争や大規模な戦争の心配は低下したのだけれど，地域紛争やテロ，貧困や飢餓，感染症，環境破壊，難民などの問題が地球規模で表面化してきたんだ。

生徒－グローバル化によって，(3)北半球におもに位置する先進国と南半球におもに位置する［3］国の経済格差が拡大していることも地球規模の問題ですね。

先生－「国が自国の領土や国民を守る」だけでなく，地球規模で「一人ひとりの人間を守る」という考え方が登場したのも，［1］が終わった時期なんだよ。

生徒－国の枠にこだわらず，地球規模で活やくする(4)NGOも重要な役割を果たしているといえますね。

問1．［1］～［3］にあてはまる語句を漢字で答えなさい。ただし，［1］は2文字，［2］は7文字，［3］は4文字でそれぞれ答えなさい。同じ番号には同じ語句が入ります。

問2．下線部(1)に関連して。アメリカを中心とする西側の国ぐにで結成された軍事同盟にNATOがあります。このNATOを日本語で何というか，漢字で答えなさい。

問3．下線部(2)に関連して。次の**ア**～**ウ**の文について，内容が正しければ○を，正しくなければ×を，それぞれ記しなさい。

ア．2016年，アメリカのオバマ大統領が，被爆地である広島をアメリカ大統領として初めて訪問し，「核なき世界」の実現に向けた意欲を示した。

イ．2017年，核兵器の使用や保有，核兵器による威嚇を禁止する内容の核兵器禁止条約が国連で採択され，日本もこれに参加した。

ウ．2018年，大韓民国と北朝鮮（朝鮮民主主義人民共和国）とのあいだで開かれた南北首脳会談のなかで，朝鮮半島の非核化を目指すことが宣言され，1953年から休戦状態であった朝鮮戦争が正式に終結した。

問4．下線部(3)に関連して。企業や消費者が，［3］国で生産された原材料や製品を適正な価格で買うことで，その国ぐにの生産者や労働者の生活改善と自立を目指す運動を何といいますか。カタカナで答えなさい。

問5．下線部(4)にあてはまる組織をすべて選び，記号で答えなさい。

あ．青年海外協力隊　**い**．国連の平和維持活動　**う**．ユニセフ

え．国境なき医師団　**お**．セーブ・ザ・チルドレン

イ　他の人とただ違うというだけではなく、自分は作文が得意だったことを確認することができたから。

ウ　一つのことに長い時間向き合って、しかも何度もやり直すほど努力したのは初めてのことだったから。

エ　たんに「みんながしないこと」をしているのではなく、他の人ができないことをしている実感があったから。

問四　――線部③について。「もう、一位は取れない」のは「わたし」自身にだけ問題があるのではなく、別の理由も挙げられている。それが書かれている**段落**を探し、その最初の五字をぬき出しなさい。

問五　［Ⅰ］を補うことばとして最もふさわしいものを次の中から選び、記号で答えなさい。

ア　善人　　イ　幸福　　ウ　不利　　エ　自然　　オ　特異

問六　――線部④とほぼ同じことをいっている部分を、次の［　］にあてはまる形で**これより後の**本文から二十字以内で探し、ぬき出しなさい。

［　　　　　　　　　　］こと。

問七　［Ⅱ］を補うのにふさわしいことばを二字で答えなさい。

問八　――線部⑤とはどういうことか。本文中のことばを用いて、くわしく説明しなさい。

問九　――線部⑥の例として最もふさわしい部分を**これより後の**本文から二十字程度で探し、ぬき出しなさい。

問十　――線部⑦の理由として最もふさわしいものを次の中から選び、記号で答えなさい。

ア　同じようなやりとりを何回もくり返すことに、うんざりしてしまったから。

イ　エッセイがどうあるべきかを考えていない人との仕事は、たえられないから。

ウ　自分も特別な体験を包みかくさず書いていると思われることが、やりきれないから。

エ　その場かぎりのほめ言葉をかけられて、かえって仕事へのやる気が失われてしまったから。

問十一　――線部⑧について、次の各問に答えなさい。

（1）　多くの人が、いいエッセイの条件は赤裸々であることだと考えているのはなぜか。本文の内容をふまえて説明しなさい。

（2）　筆者はエッセイがどのようなものであってほしいと考えているか。その例としてふさわしいものを次の中から選び、記号で答えなさい。

ア　秘密を赤裸々に明かすエッセイ

イ　コンクールで賞がとれるエッセイ

ウ　友達と喧嘩したことについてのエッセイ

エ　どんな人にとってもお手本になるエッセイ

オ　ロシアンブルーのおなかの描写についてのエッセイ

友達と喧嘩したエッセイを書く生徒に「これ、その喧嘩相手に見せられる？」と言うと、たいてい青ざめる。そうして「それよりも、この＊ロシアンブルーのおなかの描写、とってもおもしろいからこれだけで四百字書きなよ」というと、今度はぽっと赤くなって「これでいいんですか」と言う。これでいいどころか、これだからいいじゃん。ロシアンブルーのおなかが曇天みたいだってことの方が、見せられない相手のいる原稿よりずっといい。エッセイは腹いせのためでも自己dキュウサイのためでもなく、⑤くだらないと思うようなことを眺めて、ちょっといいなって思うための額縁なんだからさあ。

さあ、エッセイを書いてください。と言われた時にきっとみんな思うのだ。（なにか特別な体験はないか）（なにか面白いエピソードはないか）と。そうして差し出されるエピソードは似通っていく。全員もっと面白い体験が本当はあるのに、その面白さを、一番の本人がかたくなに信じない。

だれにでも通じる濃いエピソードを出そうと焦り、まだ自分の中でも整理がついていないかもしれない、人の死、大きな失敗を書いたりもする。しかしそういった⑥読んだ方からすれば「感動しました」「書いてくれてありがとう」以外の感想がすべて暴力になるかもしれないような作文は、本当に良い作文なのだろうか。わたしは（書くことで特別な体験になる）（書くことで面白くなる）と本気で信じている。

たまに、「くどうさんはエッセイを書ける勇気があってすごいですね」と言われることがあって、わたしはそのたびに⑦こころの大広間に大の字になって「あーあ、やってらんねえぜ」と言う。赤裸々に曝け出しながら暮らしていてすごいですね、と言いたいのかもしれないが、わたしはそもそも、勇気が必要なことなど一つも書いていない。

親が見て悲しむもの、書いて誰かが悲しむものは、できるだけ書かないよう努力をしているつもりで、（これは！）と胸をぎゅっとつかみたくなるような物事のことは、まだまだ、何にも書いていない。エッセイに書いていない、書いてたまるかよと思いながら大事にしている思い出や気持ちが、わたしには本当に山ほどある。

⑧エッセイは赤裸々でなければいけないのだろうか。赤裸々ならほんとうにおもしろいのだろうか、ちゃんと隠しまくっているわたしのエッセイをあなたが赤裸々だと思うとき、そのなにが赤裸々なのだろうか。赤裸々って、なんなのだ。そもそも、赤裸々って文字が怖い。裸かつ赤いなんて。ひりひりしている。エッセイを書くときなるべくひりひりしたくない。暮らしているだけでひりひりすることはいくらでもあるのだから、エッセイを書くときと読むときくらい、いいきもちでいたいじゃないのさ、といまは思う。

（くどうれいん「なにが赤裸々」による）

＊　まとまるくん……消しゴムの商品名。
　　ロシアンブルー……猫の品種名。

問一　═══線部a～dのカタカナを漢字に直しなさい。

問二　───線部①「そういう子だった」とあるが、「わたし」は自分をどういう子だったと思っているか。説明しなさい。

問三　───線部②で「わたし」が「本当に特別になった気がした」のはなぜか。その説明として最もふさわしいものを後の中から選び、記号で答えなさい。

ア　先生と一緒に努力した経験がもとで作文で賞をもらって、自分自身に誇れるものができたから。

（なるほど）だった。わたしの作文には、エピソードが足りないのだ。みんなもっと苦労していたり、傷ついていたり、人助けをしていたり、赤裸々だったりした。

けれどわたしには、とりたてて不幸もなければ、苦労もなく、赤裸々に明かさなければいけない秘密もなかった。正確に言うと、言いたい意地悪なことはたくさんあったけれど、それを（書くべき）とは思えなかった。

不幸、あるいは Ｉ でなければいい作文は書けないのか。そういう極端な気持ちに、その頃は襲われた。とはいえ、目つきの悪いわたしは、作文に書くために自分を Ｉ にすることはできなかった。目つきが悪いまま、不幸でも赤裸々でもない話を書き続けるほかなかった。

中学生の頃にはもう一位を取ることはあきらめていたが、東日本大震災が起きていよいよ本当にあきらめた。あきらめたころ、わたしの住んでいる岩手県で一番大きな随筆賞をいただいた。岩手日報随筆賞というもので、学生対象の奨励賞もあったのに、一般の人たちも含めての一番の大会賞だった。

春の雨が降ろなか教科書を買いに行き、わたしの本名である「れいん」にとやかく言ってくる大人って本当にうるさいな、と思ったことを率直に描いたものだった。審査員のみなさんは、びっくりするほど褒めてくれた。くやしい、と言われることがこんなにうれしいのだということもその時に知った。

エッセイに大切なことは四季と五感であること、石ころひとつで四枚書ける人が作家にふさわしいこと、④自分の中で煮えたぎっていることはまだ書くべきではないこと、自分の中のとっておきのエピソードほど、そう簡単に書かないこと。わたしはそれから毎年この随筆賞の合評会に参加して、たくさんメモを取った。わたしがずっと思っていたような違和感を解いてもらえるとても c キチョウな機会だった。

わたしはいまもエッセイを書きながら（でもこれはきっと、お手本のエッセイではないのでしょうね）と常に思っている。（でも、それでいいさ）とも思っている。エッセイの書き方講座を依頼されることもあるのだけれど、わたしは賞を取れるエッセイを書くことができないから、講座を持つつもりはない。

たくさん応募したからこそ思うが、世の中にあふれる、特に学生向けのエッセイ・作文コンクールは、本当はよい作文を求めているのではなかったりする。 Ⅱ を開けてみると「エピソードトークの募集」や、「主催者の理念にマッチする適切な人間」の募集のように思う。それは、予算をつけて賞を運営する以上当然のことだと今はわかる。しかし、それに消耗してしまったわたしは、あなたの大事なエピソードをそんなにかんたんに寄越してやるなよ、と思ってしまう。

ごくまれに、母校の部活に顔を出している。新入部員の初めて書いたエッセイを読ませてもらう機会があるたびに、とてもへとへとのうんざりになる。努力、苦労、人間関係のトラブル。それらがほとんどなのだ。かつて前述の合評会で一般から募集した作品を拝見した時も同様だった。介護、亡き親、過去の仕事自慢。そればかりなのだ。努力、苦労、人間関係を書いた若者たちが、大人になって介護、亡き親、過去の仕事自慢を書く。それはとても退屈なことだとわたしは思った。たしかに作文によって自分の人生を省みることは大切だけれど、文章表現ができることの豊かさはもっといろんな色でひかるはずだ。

小学生のわたしは、いまよりずっと目つきが悪かった。日焼けして肌が浅黒く、しかし運動はからきしできず、ピアノの教室もすぐにやめてしまい、だからといって家にゲーム機があるわけでもない。漫画がそんなに好きでもないから絵を描くのも得意ではない。勉強だって、田舎の小学校の中ではできるほうでも、わたしよりできる子は何人もいる。勉強は、ふつう。運動は、ピアノは、絵は、ゲームは、できない。そういうわたしは学級委員長であることだけが自分の誇りであるような生徒だった。「男子、そこ、ホウキちゃんとやって！」と言い、先生に褒められることだけが、自分が認められたような気がしていた。先生の手伝いを率先してやって、みんなが引き受けたがらない役割や仕事を引き受けて、そうして「みんながしないこと」をする自分が特別だと信じていた。①そういう子だった。

「ちょっと残って書いてみない？」

あれは小学二年生くらいだろうか。夏休み前の終業式に先生からそう声を掛けられたとき、だから、とてもうれしかった。国語の宿題で出した作文を、コンクールに出すために少し直さないかと言われたのだ。ほかの子はたぶん、はやく帰りたかったんだと思う。わたしの担任の先生は本当にいい先生だった。

わたしの作文がよい作文だったからそう声を掛けてくれたのか、保育園から既に友人関係がaコウチクされている小さな小学校に、入学直前に越してきて馴染めずにいるわたしを気にかけてくれていたのかは定かではない。けれど、とにかくあの、暑い夏の教室で、先生とふたりきりで向かい合って原稿用紙に*まとまるくんを走らせては鉛筆で書き足す。②あのとき、はじめてわたしは本当に特別になった気がした。

そうして直して出した作文が入賞した。たしか佳作とか、そのくらいだったと思う。小さな村の作文コンクールはそもそも競争率が低いのに、それでも一位は取れなかった。昔からわたしは、とにかくとことん作文で一位が取れない人間なのだ。

しかし、そんなことを当時はまったく気にしていなかった。最優秀賞も入賞も、ひとしく宝物だった。母も祖父母も、賞状を持って帰るととても褒めてくれた。お寿司食べようか、というくらい喜んでくれた。

「ああ、わたしは作文だ。わたしは作文が得意。もっと作文が得意になりたい」そればかり思っていた。

読書感想文コンクール、詩のコンクール、思い出のなんとかコンクール……応募できるものはできるだけ応募するようになった。先生が見てくれたり、母が見てくれたりして、必ず直しながら出した。そういう応募が高校に入るまで続いた。はじめは入賞するだけでうれしかったものが、次第にできるだけ上の賞が欲しくなった。しかし、どう頑張っても一位になることはなかった。

③わたしが学生として応募をする限り、もう、一位は取れないんだろうな、と、ある日絶望した。作品集が送られてきて読んでみると、わたしの上にある作品のほとんどが「できなかった逆上がりができるようになった」「弟がbコッセツしてはじめて介護をした」「友達とけんかをして仲直りした」「亡くなったおばあちゃんとの思い出」「けがをした猫をたすけた」などというものだった。どんなコンクールでもそうだった。

わたしはそのつど、星空がきれいだったこと、おじいちゃんのおでこのしわがいっぱいで面白かったこと、終業式のからっぽになった机が好きだということを書いていた。それで一位が取れないのはなんというか

問二 Ⅱ を補うのにふさわしいことばを漢字一字で答えなさい。

問三 ――線部①について。アズがこのように言った理由として最もふさわしいものはどれか。次の中から選び、記号で答えなさい。

ア おばあさんがアズを子どもあつかいしていることを利用して、わざとあまえるようにしてわがままを聞いてもらおうと思ったから。

イ ゼリーをこぼして落ちこんでいるおばあさんの姿を見るのが心苦しくて、話題を変えることで失敗を忘れてほしいと思ったから。

ウ アズを本当の子どもだと思いこんでいることは否定しないで、おばあさんの分のゼリーは自分で食べてもらおうと思ったから。

エ アズがおばあさんのために作ってきたゼリーだということを伝えて、なるべくこぼさないように食べてほしいと思ったから。

問四 Ⅲ を補うのにふさわしいことばを次の中から選び、記号で答えなさい。

ア ふるさと　イ おやつタイム　ウ 母さん　エ 子ども

問五 ――線部②について。アズがこのように考えた理由をわかりやすく説明しなさい。

問六 ――線部③について。この時の唯人の思いをくわしく説明しなさい。

問七 ――線部④について。この時の唯人について説明したものとして最もふさわしいものはどれか。次の中から選び、記号で答えなさい。

ア アズを傷つけようとする文香を止めたいと思う一方で、自分がかばうことでアズが余計にからかわれるのではないかと不安におそわれている。

イ クラスメイトがアズをからかっているのを止めるというふだんの自分ならできないことを無理にやろうとして、精神的に追いつめられている。

ウ 今にも言い争ってしまいそうな文香とアズの勢いにおされながらも、二人のけんかを止められるのは自分だけだと気持ちを奮い立たせている。

エ クラスメイトにいくじなしだと思われることをおそれて、アズを助けるためのことばを続けられずにいる自分の弱さに怒りをつのらせている。

問八 ――線部⑤とあるが、唯人に自分でもおどろくような行動をさせたものは何なのか。最もふさわしいものを次の中から選び、記号で答えなさい。

ア 無責任な大人の態度への不信感

イ 弱い者いじめに対する憎しみ

ウ 級友の軽はずみな言動への憤り

エ けなげなアズに対する恋心

問九 ＝線部ａ～ｃのカタカナを漢字に直しなさい。

二 次の文章を読んで、後の問に答えなさい。

不幸じゃなくても、赤裸々じゃなくても、エッセイは書ける。

わたしはもう五年近く、そう念じるようにしてエッセイを書いている気がする。

エッセイ、随筆、と意識して書くようになったのは、高校で文芸部に所属してからのことだ。しかし、小学生のころからわたしは「作文コンクール」と言われるようなものに熱心に取り組んでいた。

子ちゃん」の事情を知らないから、またいつものバカさわぎくらいに思っているのか、だまってシートにもたれていた。施設ｂホウモンが無事に終わって、ほっとしているのかもしれない。

アズは前のほうにすわっていて、唯人の位置からはすがたが見えない。けれど唯人には、今アズがどんな顔をしているかｃソウゾウできた。もうバクハツ寸前のアズの顔。

「お、おい、ふ、ふ、ふみ……」

唯人はじりじりした。

出てこい。声、出てこい。

のどのおくにつかえている何かをはき出したい。アズをかばってやりたい。こんなとこでまた文香とけんかなんかしてほしくない。③それよりも何よりもあのおばあさんの前で「よし子ちゃん」を演じたアズの善意がふみにじられていくように思えた。

くそ！　言われへん。

おれはなんちゅういくじなしなんや。くやしくてたまらん。

唯人の中で、イラ立ちだけがどんどんふくらんでいく。

「どうした、唯人くん、具合が悪いん？」

となりにすわっている里菜が心配そうに顔をのぞいてきた。

唯人は額の汗をぬぐった。④きんちょうしていやな汗が出ていた。

そのとき、

「なあ、よし子ちゃん」

文香がシートベルトを外してアズに近づくと、うれしそうに肩をちょんとつついた。

「文香さん、ちゃんとすわってて」

注意するみのり先生。

「何なの！」

文香の手をはらいのけるアズ。

ほぼ同時に、唯人が立ち上がった。

「お、おい！」

力いっぱいさけんでいた。

「も、もう、ええかげんにしといてくれ！」

バスの中は静まり返り、みんなが一斉に声のするほうを見てきた。それが唯人だとわかると、だれもが信じられないという顔になった。

唯人は、あわててシートにこしを下ろした。にぎりしめていたげんこつをゆるめ、自分のほおに手を当てた。顔がカッカッと熱い。

「うそやろ！」

「唯人やんか。唯人がおこった？」

「ありえへんで」

「おれら、やり過ぎたんか」

みんながわやわやと言い始めたけど、唯人にはもう聞こえなかった。

⑤一番おどろいていたのは唯人自身だった。

学校に着いて、窓の外を見ると、アズがバスから降りて走りだしていた。教室にランドセルを取りにもどらないで、家に帰ってしまったのだ。

（志津栄子「雪の日にライオンを見に行く」による）

＊　浩也が言っていた「バクハツ」……アズが急に怒り出すことを、浩也が「バクハツ」と呼んだのにならって、他のクラスメイトもそう呼んでいた。

問一　Ⅰ を補うのにふさわしいことばを本文から漢字二字でぬき出しなさい。

――んだ」

納得がいったのか、アズは素直にうなずいていた。

よかった。うまいこと伝わったみたいや。

唯人がほっとしていると、文香が近づいて来た。

「あんた、なかなかええとこあるやん」

いつもの上から目線の言い方じゃなかった。

「ほんまに感心するわ。ちょっと見直したかもしれん」

さっきからアズがおばあさんにやさしくしているのを見て、本気でそう思ったようだ。いいと思ったらいいと言う。文香ははっきりしている。

アズは返事を迷っていた。思いもかけず、文香からそんなふうにみとめられて、どう返したらいいのかわからないのだろう。バツが悪そうに横を向いてしまった。

「けどなぁ、『あっ、はい、よし子です』って、けっさくやな」

文香は笑いながらまわりの子に話していた。

帰りのバスの中でも、文香は、「よし子です」のフレーズがツボにはまったらしく、おかしそうに何度も言って、アズのことをいじろうとした。

それは愛情表現みたいなものだった。*浩也が言っていた「バクハツ」と同じで、からかっているようにも見えるけど、アズのことをみとめているからこそ、そんなふうにみんなの中に引きこもうとする文香のやり方だった。

文香はおもしろがって、しつこくみんなをあおっていた。

「おや。あれま！」

お調子者の佑太がすぐに食いついて、文香のあとに続いた。

「よし子ちゃんやないの」

さらに他の子たちが声を合わせた。

「あっ、はい、よし子です！」

みんなはどっと笑いこけた。手をたたく子もいた。

「なんでやねん」

「あはは。けっさくや」

ギャグは大ウケして、バスの中はもり上がった。悪意のないいじり。けどそれは紙一重。相手に受け入れられなかったらアウトだ。こんなとき、アズだって適当に笑っていたら文香たちと仲間になれるのかもしれないのに、とうてい無理なことだった。そんな洗礼を受けるのはごめんだとかたくなにこばんでいる。

あんなギャグ、アズには通じひんな。どないしよ。もうそろそろヤバイやろ。

アズを助けたい。

そのとき強く思った。

「や、や、やめ……」

言いかけたけど、続かない。

おれが言わなあかん。

けど言われへん。何もできひん。

笑いの中心にいる文香を止めるなんて、そんなこと、おれにはできっこないんや。

唯人は助けを求めるように、みのり先生のほうを見た。先生は「よしおばあさんは自分のスプーンでゼリーをすくって、アズのカップに入れようとした。するりとゼリーは落ちて、エプロンのポケットに入った。おばあさんはポケットに手を入れてゼリーをつかもうとしたけど、うまくつかめるはずもなく、悲しそうな様子だった。

アズが近くにあったウェットティッシュでおばあさんの手をふいた。

「いいの、いいの。①今日はお母さんのためにあたしがこのゼリーを作ったんですよ。だから、お母さんに全部食べてほしいんです」

「おや、そうかい。じゃ、いただこうかね」

「どうぞ、どうぞ。ゆっくりめしあがってください」

アズはうまいこと調子を合わせていた。

「よし子ちゃん、今夜はとまっていけるやろ？」

「えっ、ええ」

「もうどこにも行かんといてな」

「はい。心配しないでください」

アズはもう迷うことなくよし子ちゃんになりきっていた。

ゼリーを食べ終わって、おばあさんはベッドに横になろうとした。

「あたしがねかせましょうか」

アズはおばあさんから人形を受け取ると、自分のひざの上にのせた。手も足もくたんくたんとたよりなく折れ曲がって目だけバッチリと開けている、おばあさんの宝物。

うさぎおいし　かのやま

こぶなつりし　かのかわ……

人形の頭をなでながら、アズがそうっと歌い始める。そうしているうちに、おばあさんはもう、とろとろとねむりについた。唯人はアズの歌に引きこまれていった。

ふっと、唯人のかすかな記憶がよみがえってきた。

母さんが歌っていた、ふるさと。

唯人は知らず知らずのうちにアズの歌に合わせてくちびるを動かしていた。歌だなんてとても言えない、ほとんどだれにも聞き取ることのできない小さな小さな声だった。

「唯人くんの歌、初めて聞いたわ」

アズに聞かれてａテれくさくなった。

「あっ、やめないでよ。いい声なんだから」

アズは真顔でそう言った。

おばあさんの横に人形を置くと、アズはぽつりと言った。

「なんかさぁ……、あたし、悲しくなってきちゃった」

「ん？」

「だって、自分のことはわすれちゃってるのに、Ⅲのことはわすれないなんて」

アズは心を痛めているみたいだった。

「きっと……」

唯人はどうにかしてアズにこたえたいと思って、一生懸命に考えた。

「きっと、しまってあるんやで」

「えっ」

「心の中の一番大事なとこに」

「そっか、そうだよね。②だから、あたし、今日はよし子ちゃんでいい

【国　語】（五〇分）〈満点：一〇〇点〉

一　次の文章を読んで、後の問に答えなさい。

大阪に住む小学五年生の唯人は、人前で話すことが苦手で、いつも伝えたいことを人に伝えられずにいるが、先生やクラスメイトに見守られながら過ごしていた。ある時、緊張のあまりしゃべれなくなって教室から逃げ出してしまったことを転校生のアズに責め立てられて、唯人はそんな自分が好きではないことに気付く。アズは、いつもふてくされた態度をとってクラスになじもうとせず、人とぶつかってばかりだった。以下は、唯人たちのクラスが老人福祉施設のクリスマス会に参加する場面である。

交流タイムになると、唯人たちは数人ずつ、施設に入所している人の部屋に入った。そこは女の人ばかりの六人部屋だった。ベッドのわきに小さなテーブルとおばあさん用のイス。身の回りのものを入れるタンスが置いてある。ほとんど病院の部屋と同じだ。ここでくらしているのかと思うと切なくなる。

紙芝居が終わったあたりから気になっていたけど、背中に人形をくくりつけたおばあさんがいた。

「だれをおんぶしているんです？」

アズが聞いた。

「この子はうちの大切な子どもですやん」

それは、古ぼけたミルク飲み人形だった。おばあさんは、後ろに手を回して、赤んぼうをあやすように、人形のおしりをぽんぽんとたたいている。

イスにすわろうとしたおばあさんを手伝って、アズがおんぶひもをほどいて、人形を手わたすと、おばあさんはぎゅっと胸にだきしめた。

「ええ子やな。ほんまにええ子、ええ子。あんたはうちの［Ｉ］やで」

幸せそうにつぶやいた。

まるで本物の赤んぼうみたいに、人形を自分のベッドにねかせると、おばあさんはアズの顔をじいっと見た。

「おや。あれま！　あんたはよし子ちゃんやないの。よう帰って来てくれたなぁ」

おばあさんはアズの手をにぎりしめた。アズはちがいますと言いかけたのに、おばあさんはもう、アズの手を放そうとはしなかった。

ちょっとマズイんやないか、この人……。

唯人は心配になってきた。

「あっ、はい、よし子です」

アズが［Ⅱ］をくくったように返事をすると、おばあさんは安心したらしく、笑顔を見せた。

おやつタイムになると、施設の計らいで子どもたちにもフルーツゼリーが配られた。

お年寄りたちに、施設の職員の人たちが手際よくエプロンを身に着けさせた。食べこぼしを受けるための大きなポケットがついたビニール製のエプロンだ。

折りたたんであったパイプイスを起こして、唯人たちはおばあさんと向かい合った。

「さあさあ、母さんの分もお食べ」

2024年度

桐朋中学校入試問題（第２回）

【算　数】（50分）　＜満点：100点＞

1　次の計算をしなさい。

(1)　$2\frac{1}{4}-1\frac{2}{3}+\frac{7}{12}$

(2)　$3.2\times1.5+(9.1-0.7)\div2.8$

(3)　$1.25\div\left(1\frac{1}{9}-\frac{5}{6}\right)\times\left(0.45+\frac{1}{12}\right)$

2　次の問いに答えなさい。

(1)　長さが１m25cmのリボンを２つに切って姉と妹で分けたところ，姉のリボンの長さは妹のリボンの長さの２倍より８cm長くなりました。姉のリボンの長さは何cmですか。

(2)　３つのかぼちゃＡ，Ｂ，Ｃの重さを比べました。Ａの重さはＢの重さの$\frac{4}{7}$倍，Ｃの重さはＡの重さの$5\frac{5}{6}$倍でした。Ｂの重さはＣの重さの何倍ですか。

(3)　ある店で，商品Ａ，Ｂが売られています。昨日は，Ａ，Ｂはどちらも定価の１割引きで売られていたので，Ａ，Ｂを１つずつ買い，代金は1620円でした。今日は，Ａは定価で，Ｂは定価の２割引きで売られているので，Ａ，Ｂを１つずつ買うと代金は1602円となります。Ａ，Ｂの定価はそれぞれいくらですか。

3　兄と弟は，同時に家を出発して，歩いて図書館に行きました。兄は，家を出発してから２分後に忘れ物に気づき，すぐに歩いて家に戻りました。２人は，家から140m離れた地点ですれちがいました。２人の歩く速さは一定で，兄の歩く速さと弟の歩く速さの比は７：５です。

(1)　２人がすれちがったのは，家を出発してから何分何秒後ですか。

(2)　兄は，家に戻ってから３分後に再び家を出発して，歩いて図書館に向かいました。２人は同時に図書館に着きました。家から図書館までの道のりは何ｍですか。答えだけでなく，途中の考え方を示す式や図などもかきなさい。

4　縦（たて）18cm，横30cmの長方形を底面とする高さ14cmの直方体の形をした空（から）の水そうがあります。この水そうの中に，１辺が６cmの立方体10個を次のページの＜図＞のように上下２段に重ねて置いていきます。下の段の立方体の底面は水そうの底面に重なり，上の段の立方体の底面は水そうの底面に平行になるようにします。10個の立方体を置いたあと，水そうに水を一定の割合で入れたところ，水を入れはじめてからの時間と水面の高さの関係をグラフに表すと，次のページの＜グラフ＞のようになります。水面の高さが14cmになったとき，入れた水の体積と立方体10個の体積の和は水そうの容積と等しくなりました。

＜図＞

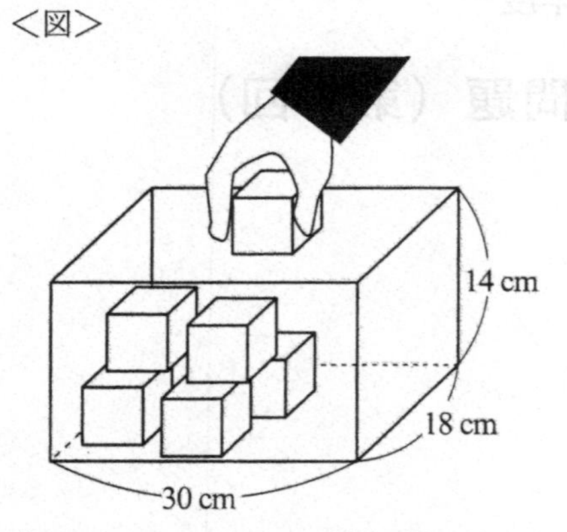

＜グラフ＞

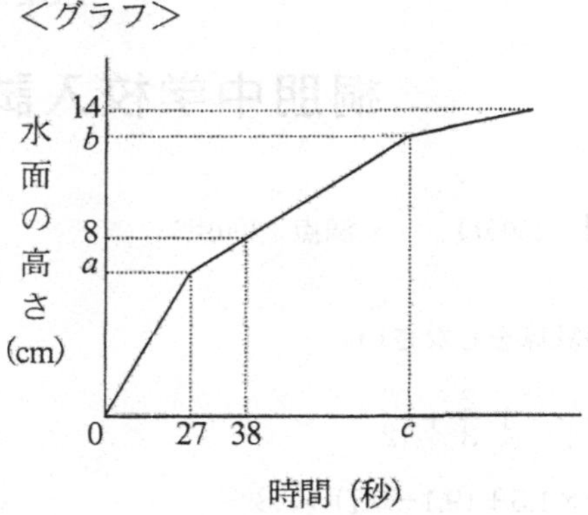

⑴　＜グラフ＞で a，b，c の値を求めなさい。

⑵　水を入れる割合は毎秒何cm³ですか。

⑶　下の段にある立方体の個数を求めなさい。

5　右の図の四角形ABCDは平行四辺形で，辺ADの長さは16cm，高さは10cmです。E，Fは辺BC上の点で，BE＝EFです。また，Gは辺CD上の点で，CG＝GDです。

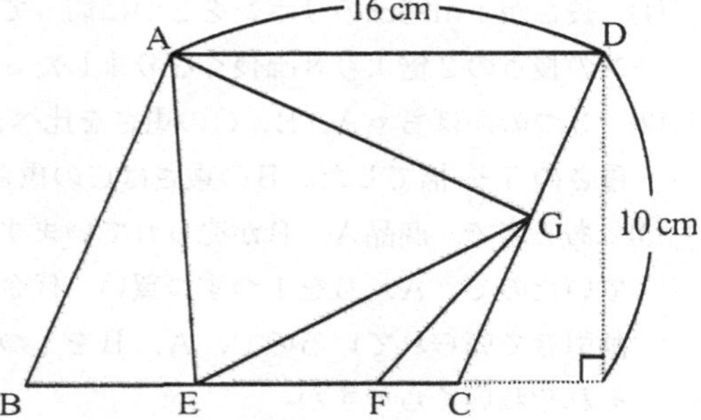

⑴　三角形ABEの面積と三角形GFCの面積の和は何cm²ですか。

⑵　三角形AEGの面積は63cm²です。BEの長さは何cmですか。

6　１辺が１cmの正三角形の形をした白いタイルと黒いタイルがたくさんあります。初めに机の上に白いタイル１枚と黒いタイル３枚を並べ，下の＜図形１＞をつくります。このあと，白いタイルと黒いタイルを次の操作のように机の上にすき間なく並べて図形をつくります。ただし，タイルとタイルは辺がぴったり重なるように並べ，同じ色の２枚のタイルの辺は重ならないようにします。

操作
① つくった図形の外側に，何枚かの白いタイルを並べる。並べ方は，黒いタイルのすべての辺が白いタイルの辺と重なるようにする。
② ①で並べた白いタイルの外側に，何枚かの黒いタイルを並べる。並べ方は，白いタイルのすべての辺が黒いタイルの辺と重なるようにする。

この操作を＜図形１＞に行うと，下の＜図形２＞になります。操作を繰り返し，＜図形３＞，＜図形４＞，……をつくります。

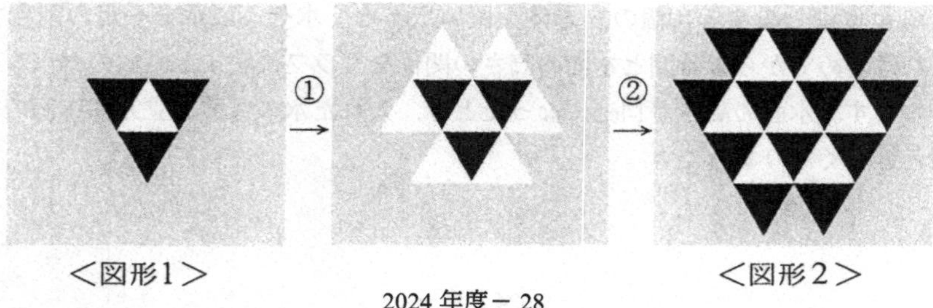

＜図形１＞　＜図形２＞

(1)　<図形４>の白いタイルの枚数は<図形３>の白いタイルの枚数より何枚多いですか。

(2)　<図形６>の白いタイルの枚数と黒いタイルの枚数はそれぞれ何枚ですか。

(3)　<図形N>で白いタイルと黒いタイルの枚数の和が初めて2024枚より多くなりました。Nの値を求めなさい。また，このときの<図形N>の白いタイルと黒いタイルの枚数の和は何枚ですか。

7　N，a，bは０でない整数とします。Nはaより大きい数で，bはNをaで割ったときの余(あま)りです。Nにbを１つずつ加えた数が初めてaで割り切れるとき，bを加えた回数を（N，a）と表すことにします。

たとえば，N＝10，a＝８のとき，b＝２です。10＋２＝12，10＋２＋２＝14，10＋２＋２＋２＝16となるので，初めて８で割り切れるのは２を３回加えた16のときです。よって（10，８）＝３となります。

(1)　（58，12）を求めなさい。

(2)　次の文章の㋐，㋑，㋒，㋓にあてはまる数を求めなさい。

> （N，a）＝４，b＝９となるようなaは２つあり，それらを小さい順に書くと，［㋐］，［㋑］です。
> a＝［㋐］のとき，Nとして考えられる数のうち，200に最も近いものはN＝［㋒］です。
> また，a＝［㋑］のとき，Nとして考えられる数のうち，200に最も近いものはN＝［㋓］です。

(3)　（100，a）＝12となるようなaを求めなさい。考えられるものをすべて書きなさい。

【理　科】（30分）　＜満点：60点＞

1　次の文章を読み，以下の問いに答えなさい。

いろいろな量をはかるとき，その量を直接はかるのではなく，別の量をはかって求めることがあります。直接はかる例としては，定規で長さをはかることがあげられます。別の量をはかって求める例は，ばねの伸(の)びから重さを求める「ばねばかり」があげられます。ばねの伸びとつるしたおもりの重さの関係から，伸びに対応した目盛りをつけて，重さをはかります。

問１　図１は，あるばねについて，「ばねの伸び」とつるした「おもりの重さ」の関係を表しています。ばねの伸びが５cmのとき，ばねにつるしている物体の重さは何kgになりますか。また，重さが4.5kgの物体をばねにつるしたとき，ばねの伸びは何cmになりますか。

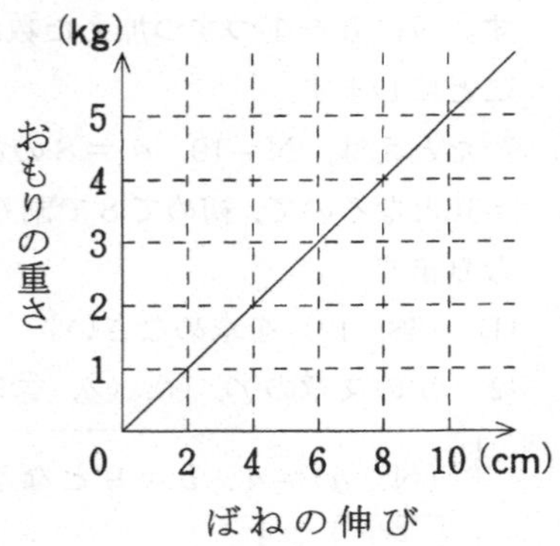

図１

問２　問１のばねを用いて，「ばねばかり」を作ります。200ｇごとに目盛りをつけるとすると，その間隔(かんかく)は何cmになりますか。

別の量をはかって求める他の例として，船の重さを表す排水(はいすい)トン数があげられます。これは水中に入っている船の体積から船の重さを求めるものです。この体積に等しい水の重さが船の重さと等しくなり，水の重さが船にはたらく浮力(ふりょく)となります。

この考え方を用いて，以下の手順でおもちゃの船の重さを求めました。なお，水１cm^3あたりの重さは１ｇとします。

①　洗面器に水を満たし，船を浮(う)かべ，こぼれた水を他の容器で受ける。

②　こぼれた水の体積から，その重さを求める。

問３　こぼれた水の体積は300cm^3でした。船の重さは何ｇですか。

おもちゃの船を海と洗面器の水に浮かべると，その違(ちが)いから海水１cm^3あたりの重さが求められます。船の浮き方を調べると，洗面器の水に浮かべた方が海水のときより６cm^3だけ多く水中に入っていることが分かりました。

問４　上の結果から，海水１cm^3あたりの重さは何ｇですか。答えだけでなく，途中(とちゅう)の考え方を示す式もかきなさい。割り切れない場合は，小数第３位を四捨五入し，小数第２位まで求めなさい。

2 次の文章を読み，以下の問いに答えなさい。

水をH型のガラス管に満たし，そのガラス管に下から電極を差した装置を用意しました。右図のように電池をつなぐと，電極A，電極Bから泡（あわ）が発生し，ガラス管の上部にそれぞれ気体X，気体Yがたまりました。電極Aの上のゴム栓（せん）をあけて気体Xにマッチの火を近づけるとポンと音を立てて燃えました。また，同様に気体Yの中に線香（せんこう）の火を入れると激しく燃え始めました。このように，電気を使って水や水よう液などを別の物質に変えることを「電気分解」といいます。

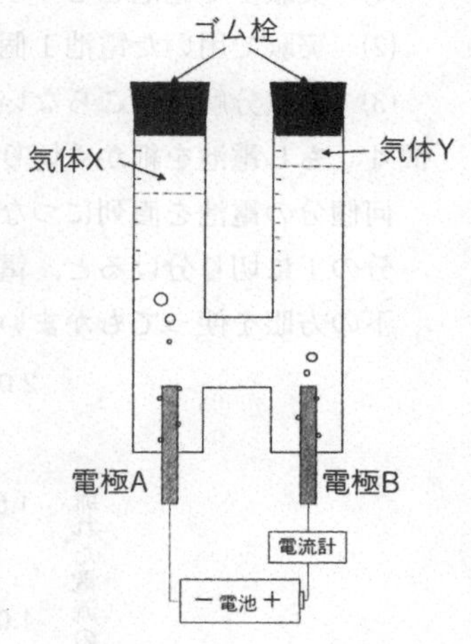

電池の個数と電池をつないだ時間を様々に変えて水の電気分解を行いました。この時に流れた電流の大きさと発生する気体X・Yの体積を表1にまとめました。なお，電気分解で用いた電池はすべて同じ性能であったとします。

表1．水の電気分解の結果

	実験1	実験2	実験3	実験4	実験5	実験6
直列につないだ電池の数（個）	1	2	2	3	3	5
流れた電流の大きさ（A）	0	0.3	0.3	0.8	0.8	1.8
電池をつないだ時間（秒）	200	120	600	600	45	（あ）
気体Xの体積（mL）	0	6	30	80	6	12
気体Yの体積（mL）	0	3	15	40	3	（い）

次に，塩酸を電気分解したところ，電極Aの上には気体X，電極Bの上には気体Yではなく気体Zがたまりました。気体Zの中に赤いバラの花びらを入れてしばらく置くと，花びらが徐々（じょじょ）に白くなりました。塩酸の電気分解についても電池の個数と電池をつなぐ時間を変えて実験を行い，結果を表2にまとめました。

表2．塩酸の電気分解の結果

	実験7	実験8	実験9
直列につないだ電池の数（個）	2	3	4
流れた電流の大きさ（A）	0.5	1.0	1.5
電池をつないだ時間（秒）	36	18	12
気体Xの体積（mL）	3.0	3.0	3.0
気体Zの体積（mL）	2.9	2.9	2.9

問1 気体X～Zを次のア～クから選び，それぞれ記号で答えなさい。ただし，気体Zは，水道水の消毒に用いられています。

ア．ちっ素　イ．酸素　ウ．アルゴン　エ．二酸化炭素
オ．塩素　カ．アンモニア　キ．塩化水素　ク．水素

問2 表1の（あ），（い）に当てはまる数字をそれぞれ整数で答えなさい。

問3 次のページの(1)～(3)について，水の電気分解の結果から考えられることとして正しいものには○を，誤っているものには×を答えなさい。

⑴　実験１で電池をもう１個並列に増やすと電気分解が起こるようになる。

⑵　実験で用いた電池１個で電気分解できる物質は存在しない。

⑶　電気分解が起こらないと電流が流れない。

問４　もし電池を細かく切り分けて使用することができるとしたら，水を電気分解するために最低何個分の電池を直列につなぐ必要がありますか。小数第１位まで求めなさい。ただし，電池を10分の１に切り分けると，電池としての働きも10分の１になるものとします。また，必要に応じて下の方眼を使ってもかまいません。

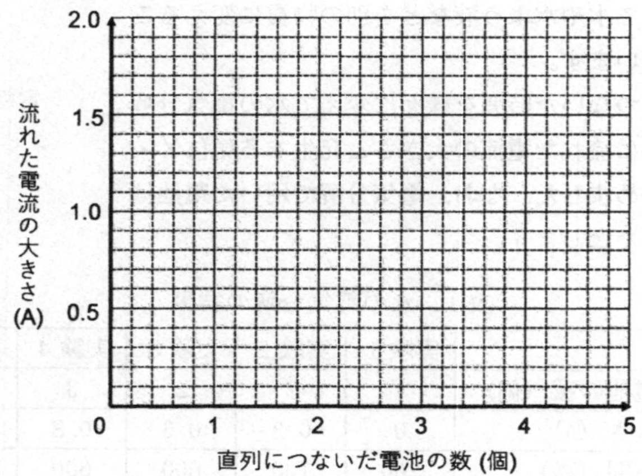

問５　塩酸の電気分解を行うと，気体Ｘと気体Ｚが１：１の体積比でできることが知られています。しかし，表２を見ると，発生した気体Ｘと気体Ｚの体積比は１：１になっていません。この理由を説明しなさい。ただし，気体Ｚを集めるときには，気体Ｘ・Ｙとは異なる捕集方法を用います。

問６　塩酸は塩化水素が水にとけた物質です。実験７～９において，電極Ｂから気体Ｙではなく気体Ｚが発生したのは，水より塩化水素が先に電気分解されたからです。この理由を，問４をふまえて説明しなさい。

３　次の文章を読み，以下の問いに答えなさい。

こん虫のなかには，同じ種類であっても育つ環境により異なる姿や性質をもつ個体が現れることがあります。例えばトノサマバッタは，幼虫の時に近くにいる同種の数（これを個体群密度とします）によって，成虫の姿が変わります。この例では，幼虫の時の個体群密度が（　ａ　）場合，はねが（　ｂ　）成虫になり広い範囲を移動できるようになります。これはかぎられた生活空間をめぐる仲間どうしの競争を防ぐためだと考えられます。

問１　（ａ）と（ｂ）に当てはまる言葉の組み合わせとして正しいものを，次のア～エから１つ選び，記号で答えなさい。

ア．（ａ）－高い（ｂ）－長い　　イ．（ａ）－低い（ｂ）－長い

ウ．（ａ）－高い（ｂ）－短い　　エ．（ａ）－低い（ｂ）－短い

問２　トノサマバッタのように，幼虫が脱皮するごとに成長して，**さなぎの時期を経ないで**成虫の形態に姿を変えることを何といいますか．漢字で答えなさい。

下の写真のトビイロウンカ（以下はウンカとします）は稲作においてイネの茎に寄生し，イネの師管に口を直接差し込み，栄養分を吸い取り枯らしてしまう害虫として古くから知られています。

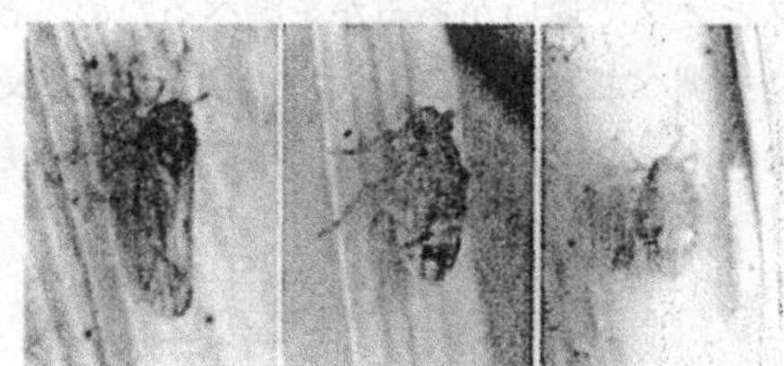

長ばね型　　短ばね型　　幼虫　　農業協同組合新聞 HPより引用

問３　下線部について，ウンカの口の形に近いと考えられるこん虫を，次のア～エから１つ選び，記号で答えなさい。

ア．カブトムシ　　イ．チョウ　　ウ．バッタ　　エ．セミ

ウンカも幼虫のときの育つ環境によって成虫の姿が変わるこん虫として知られ，成虫では長いはねをもつ長ばね型か短いはねをもつ短ばね型のどちらかになります。短ばね型には飛ぶ能力はありませんが，メスの短ばね型は長ばね型よりも成虫になってから産卵できるようになるまでの期間が短く，多くの卵を産むといわれています。このウンカにおける幼虫時の育つ環境と成虫の姿の関係を調べるために次の２つの実験をしました。

【実験１】

同じ大きさの試験管にウンカの幼虫とウンカのエサとなるイネを入れて育てました。この実験では，メスのウンカにおける成虫の姿と個体群密度，エサの量の関係を明らかにするために，幼虫の数とイネの茎数をそれぞれ変えて育て，その後に成虫になったウンカのうち，メスのはねの型を調べました。この実験を40回繰り返し行い，メスのウンカの長ばね型の割合（%）をまとめた結果が下の表です。

試験管内のイネの茎数(本)	試験管内の幼虫数(匹)				
	1	5	10	25	50
1	5	83	100	100	全て死亡
5	0	6	5	26	87
10	0	0	0	4	27
25	0	0	0	0	0

問４　表から読み取れる内容として正しいものを次のア～エからすべて選び，記号で答えなさい。

ア．試験管内の幼虫数が25匹のとき，イネの茎数が増えるほど，短ばね型の割合が多くなる。

イ．イネの茎１本あたりの幼虫数が５匹以下の試験管では，すべての試験管で短ばね型の方が多く出現する。

ウ．幼虫のときの個体群密度が高いとエサの量にかかわらず，メスのウンカは長ばね型になりやすい。

エ．メスのウンカは幼虫のときにエサの量が十分あると短ぱね型になりやすい。

【実験２】

同じ大きさの試験管にイネの茎を３本ずつ入れて，１匹，５匹，10匹，20匹と異なる数のウンカを入れて育てました。この実験ではメスとオスで違(ちが)いがあるかを調べるため，各試験管で育てた後に成虫になったウンカの性別とはねの型を調べて，それぞれの幼虫数における長ばね型の割合（％）をメスとオスで分けてグラフにまとめました。なお，実験１と同様にこの実験も繰り返し行っています。

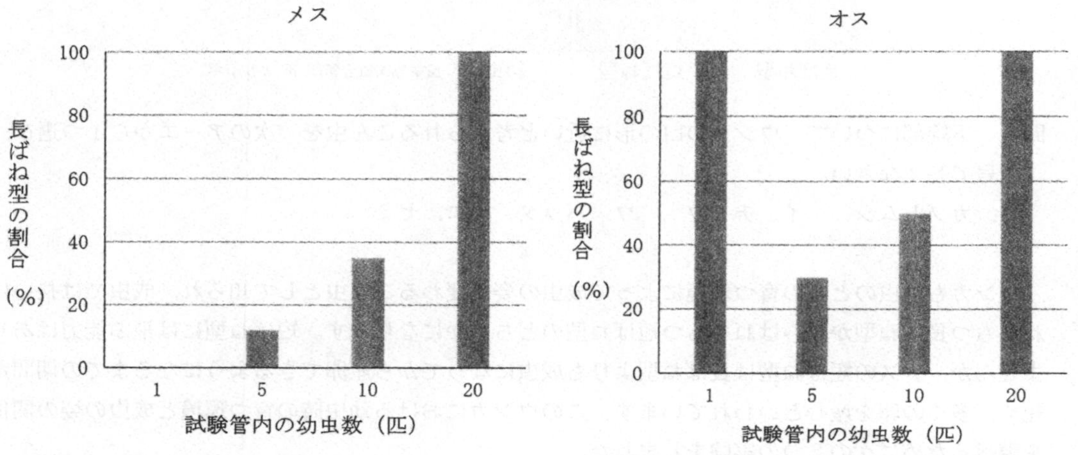

問５　グラフから読み取れる内容として，**誤っているもの**を次のア～エからすべて選び，記号で答えなさい。

ア．オスのウンカの方がメスよりも短ばね型になりやすい。

イ．オスのウンカでは，個体群密度が低すぎても長ばね型の方が多くなる。

ウ．オスのウンカは，幼虫のときにエサが十分あると短ばね型の方が多くなる。

エ．試験管内の幼虫が５匹のとき，オスとメスともに最も短ばね型になりやすい。

問６　２つの実験に関して考察した次の文章中の（①）～（④）に入る語句を，以下のア～カから１つずつ選び，記号で答えなさい。なお，１匹が必要とするエサの量はメスもオスも変わらないことが知られています。

エサが不足している環境では（　①　）に長ばね型が多く出現する。その理由として，（　②　）のに適しているからだと考えられる。その一方でエサが足りていても周囲に仲間がいない環境では（　③　）に長ばね型が多く出現する。その理由として，（　④　）のに適しているからだと考えられる。

ア．オスだけ　　イ．メスだけ　　ウ．オスとメスとも

エ．良い環境でたくさん産卵する　　オ．エサがたくさんある環境を探す

カ．交尾(こうび)できる相手を見つける

4　次の文章を読み，以下の問いに答えなさい。

大陸移動説を聞いたことがありますか？ドイツのアルフレッド・ウェゲナーが1912年に発表したもので，「今ある大陸は大昔１つにまとまっていて，これらが長い年月のうちに移動して現在のような配置になっている」という仮説です。この考えを発表した当時は，周りにほとんど受け入れられ

なかったのですが，現在ではプレートテクトニクスと呼ばれる考え方のもとになっています。プレートテクトニクスとは，「地球の表層がプレートと呼ばれる十数枚の固く厚い岩盤（がんばん）に分かれていて，それらが年間数cm～十数cmの速度で移動しており，このプレートの動きで大陸の移動はもちろん，地震（じしん），火山，そして場所によっては山脈の形成まで説明できる」という考え方です。

プレートには大陸プレートと海洋プレートがあり，海洋プレートは，図１のように海嶺（かいれい）と呼ばれる海中に連なる海底火山でマグマが冷えて岩石になることで作られます。形成されたプレートは海嶺から海底が引き裂（さ）かれるように移動していき，海溝（かいこう）と呼ばれる場所で地球の内部に沈（しず）んでいきます。

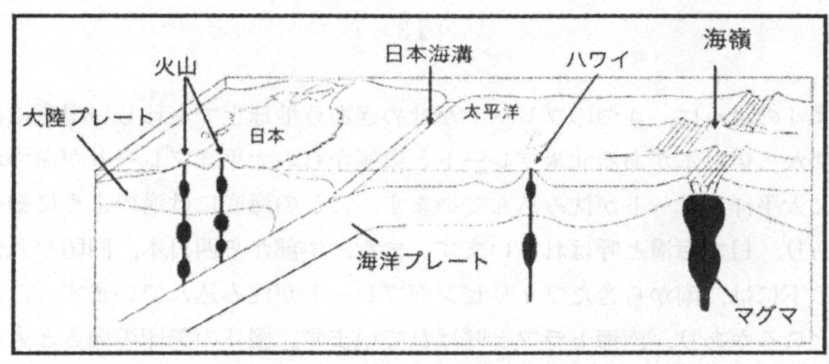

図１

問１　ウェゲナーは地層の構造や化石の分布などから大陸移動説を発表しましたが，その研究を始めたきっかけは，図２のような世界地図を眺（なが）めていたときにあることに気づいたからだといわれています。図２を見てウェゲナーは何に気づき，大陸移動説を発想したと考えられますか。２つの大陸に着目し，「海岸線」という言葉を使って説明しなさい。

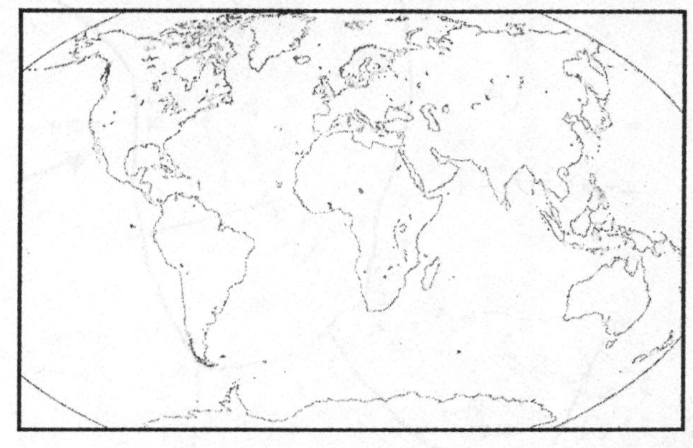

図２

問２　ハワイ諸島の１つオアフ島は太平洋プレートと呼ばれる海洋プレートに載（の）っており，年間８cmずつ日本に近づいています。太平洋プレートがこのままの速さで移動し続けた場合，オアフ島が日本にたどり着くのは何万年後になりますか。オアフ島から日本までの距離（きょり）を6400kmとして計算しなさい。（次のページの図３）

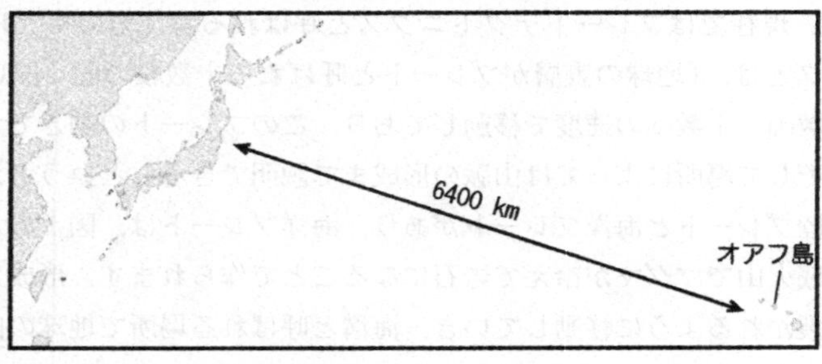

図３

日本列島は図４のように，４つのプレートがせめぎあう地球上でも珍しい場所にあります。北海道や本州の中部から東日本がある北米プレートと東側からの太平洋プレートがぶつかりあい，北米プレートの下に太平洋プレートが沈み込んでいます。ここの海底には溝のように細長く深くなっているところがあり，日本海溝と呼ばれています。また，中部から西日本，四国や九州があるユーラシアプレートの下には，南からきたフィリピン海プレートが沈み込んでいます。ここにも細長く深くなっているところがあり，南海トラフと呼ばれています。図４の矢印の向きと大きさはプレートの移動する向きと速さを表しています。

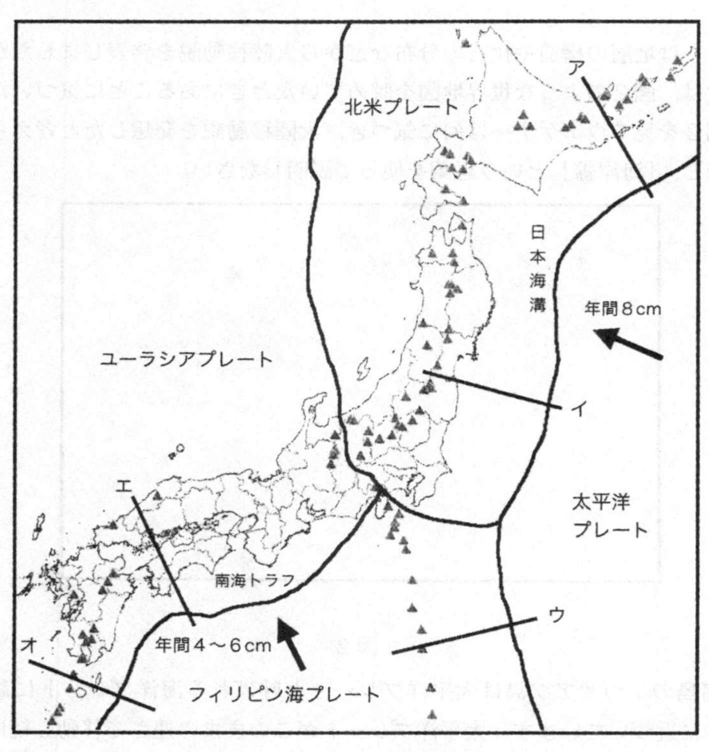

図４

問３　インドは大昔ユーラシア大陸から離(はな)れており，海を隔(へだ)てて南方にありましたが，プレートの移動によってユーラシア大陸と衝突(しょうとつ)して合体しました。日本でもそのように，大昔は海を隔てて離れており，その後，衝突して合体した半島があります。その半島を次のア～オから１つ選び，記号で答えなさい。

ア．房総(ぼうそう)半島　　イ．三浦(みうら)半島　　ウ．伊豆(いず)半島　　エ．能登(のと)半島　　オ．紀伊(きい)半島

問４　マグマは地下深くで作られ，そこから上にあがってきて噴出(ふんしゅつ)し，火山になります。図４（前のページ）の▲印は火山を表しており，日本海溝や南海トラフに近い側の火山をつないだ線の地下では，ほぼ同じ深さでマグマができることがわかっています。その深さは図５のように海溝から斜(なな)めに沈み込んだプレートの深さに対応すると考えられています。このことから考えて，最も急な角度でプレートが沈み込んでいる所を，図４のア～オから１つ選び，記号で答えなさい。

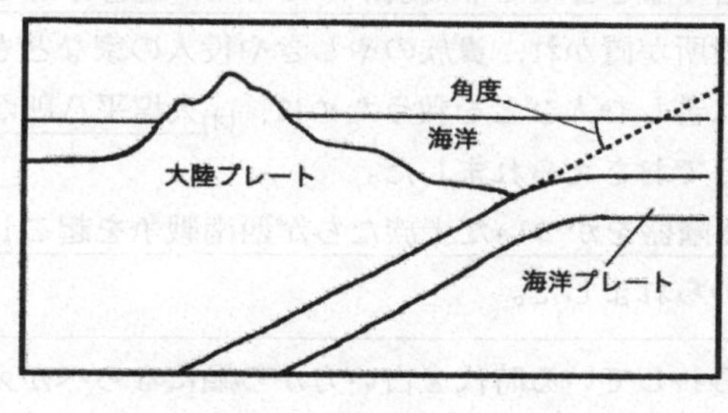

図５

問５　図４の北海道から伊豆諸島にかけて分布する火山と日本海溝の関係について気づいたことを説明しなさい。

【社　会】（30分）＜満点：60点＞

【１】次のＡ～Ｆの文を読み，後の問いに答えなさい。

Ａ．この場所は，(ア)アメリカ軍の空襲（くうしゅう）をうけ，多量の焼夷弾により火の海となりました。この空襲で一夜にして10万人以上の人々の命がうばわれました。

Ｂ．この場所に，(イ)足利義満は金閣を建てました。また，義満は中国との国交を開き，中国との貿易で大きな利益を得ました。

Ｃ．この場所に，(ウ)平清盛は厳島神社の社殿（しゃでん）をつくりなおし，平氏の守り神として敬いました。また，清盛は中国との貿易もさかんにおこないました。

Ｄ．この場所に，(エ)中国の都をまねて平城京がつくられ，遷都（せんと）がおこなわれました。平城京には天皇の住む宮殿と役所が置かれ，貴族のやしきや役人の家なども建てられました。

Ｅ．この場所で，生活に苦しむ人びとを救うために，(オ)大塩平八郎が同志を集めて兵をあげました。この反乱は１日でおさえられました。

Ｆ．この場所で，(カ)西郷隆盛をかついだ士族たちが西南戦争を起こしました。この反乱は政府の軍隊によってしずめられました。

問１．下線部(ア)～(カ)があらわしている時代を古い方から順にならべかえて，(ア)～(カ)の記号で答えなさい。

問２．Ａ～Ｆの文中の「この場所」を図１のあ～しから選び，それぞれ記号で答えなさい。

図１

問３．次の①～④の文は，下線部(ア)～(カ)のあらわす時代のどれと関係が深いか(ア)～(カ)の記号で答えなさい。関係の深い文がないときは，記号キで答えなさい。

①　日本で初めてラジオ放送がおこなわれました。

②　歌舞伎や人形浄瑠璃の作者であった近松門左衛門が，町人や武士たちの生活をえがいて人気を集めました。

③　東京－横浜間で公衆電報が始まりました。

④　観阿弥と世阿弥の親子によって能が大成されました。

問４．Ａの文について。この空襲と同じ年の出来事を次のあ～おから二つ選び，記号で答えなさい。

あ．日本と軍事同盟を結んでいたドイツが連合国側に降伏（こうふく）しました。

い．占領（せんりょう）したナンキン（南京）で，日本軍が多くの中国人の命をうばいました。

う．日米安全保障条約が結ばれ，日本の独立回復後もアメリカ軍が日本の基地にとどまることになりました。

え．選挙法が改正され，20歳以上のすべての男女に選挙権が認められました。

お．満州を広く占領した日本軍が満州国を建国させました。

問５．Ｂ．Ｃ．Ｄの文について。文中にある中国の国家名（王朝の名称（めいしょう））の組み合わせとして正しいものを，次のあ～かから一つ選び，記号で答えなさい。

あ．Ｂ－唐　Ｃ－宋　Ｄ－明　　い．Ｂ－唐　Ｃ－明　Ｄ－宋

う．Ｂ－明　Ｃ－唐　Ｄ－宋　　え．Ｂ－明　Ｃ－宋　Ｄ－唐

お．Ｂ－宋　Ｃ－唐　Ｄ－明　　か．Ｂ－宋　Ｃ－明　Ｄ－唐

問６．Ｄの文の下線部(エ)について。この時代の，地方の特産物を納める税を何といいますか，漢字で答えなさい。

問７．Ｅの文の下線部(オ)について。この時代には交通路が発達し，五街道とよばれる幹線道路が整備されました。五街道の起点となったのはどこですか，その地点を漢字で答えなさい。

問８．Ｆの文の下線部(カ)について。この後，大日本帝国憲法が発布されました。現在の日本国憲法では，国民の権利をおかすことのできない永久の権利として保障し，国民の義務を勤労・納税・教育としています。これと比べて，大日本帝国憲法では，国民の権利と国民の義務をどのように定めていましたか，それぞれ説明しなさい。

【２】 次の文章を読み，後の問いに答えなさい。

日本の(1)空港には，空港の知名度向上や利用促進（そくしん）のために愛称（あいしょう）を持つ空港がたくさんあります。空港の愛称にはそれぞれパターンがあります。

たとえば，(2)宮崎ブーゲンビリア空港や（　Ａ　）釧路空港，(3)対馬やまねこ空港などは，その地を代表する花や動物などの名前に関するものが愛称になっています。また，(4)高知龍馬空港や（　Ｂ　）桃太郎空港など，その地ゆかりの人物や物語に関するものも見られます。

(5)鹿児島県にある徳之島には徳之島子宝空港があります。島には，横から見ると妊婦（にんぷ）が横たわった形に見える寝姿山があること，島内の三つの自治体は他の市区町村と比べても(6)合計特殊（とくしゅ）出生率が高くなっていることなどからこの愛称がつきました。

問１．（A）について。次の設問①・②に答えなさい。

① （A）には，国の特別天然記念物となっている，ある鳥の名前が入ります。次のあ～えから適当なものを選び，記号で答えなさい。

あ．おおわし　い．うぐいす　う．たんちょう　え．はくちょう

② ①の鳥の生息地として有名な場所として釧路湿原があります。この湿原は，多様な生態系を持つ湿地を保全することを目的とした条約の登録地として有名です。この条約は，一般的には採択（さいたく）された都市の名前を冠（かん）して呼ばれます。この条約の名称を答えなさい。

問２．（B）に入る地名として適当なものを次のあ～えから選び，記号で答えなさい。

あ．岡山　い．広島　う．福島　．三重

問３．下線部(1)について。次の表は，日本の主な航空貨物を，輸出入別に品目とその割合とで示したものです（2021年）。表中のア・イには，あ～かのいずれかが入ります。ア・イにあてはまるものを選び，それぞれ記号で答えなさい。

輸出			輸入		
品目	億円	%	品目	億円	%
ア	47,000	17.7	イ	37,772	15.3
科学光学機器	14,609	5.5	ア	30,852	12.5
金属および同製品	9,923	3.7	事務用機器	17,688	7.2
電気計測機器	9,391	3.5	科学光学機器	14,470	5.9
イ	6,979	2.6	航空機	5,731	2.3
合計（その他含む）	266,030	100.0	合計（その他含む）	246,887	100.0

（『データブック　オブ・ザ・ワールド』より作成）

あ．医薬品　い．映像機器　う．乗用自動車
え．石炭　お．半導体等電子部品　か．木材

問４．下線部(2)について。次の表は，熊本県，佐賀県，宮崎県の農業産出額，およびその品目別割合を示したものです（2021年）。宮崎県にあたるものをあ～うから選び，記号で答えなさい。

	農業産出額（億円）	品目別割合（%）			
		米	野菜	果実	畜産
あ	1,219	18.6	28.1	16.2	28.1
い	3,407	10.6	35.8	9.9	35.0
う	3,348	5.2	20.3	3.9	64.4

（『データブック　オブ・ザ・ワールド』より作成）

問５．下線部(3)について。次の設問①・②に答えなさい。

① 次のページに示した島のうち対馬にあたるものをあ～えから選び，記号で答えなさい。

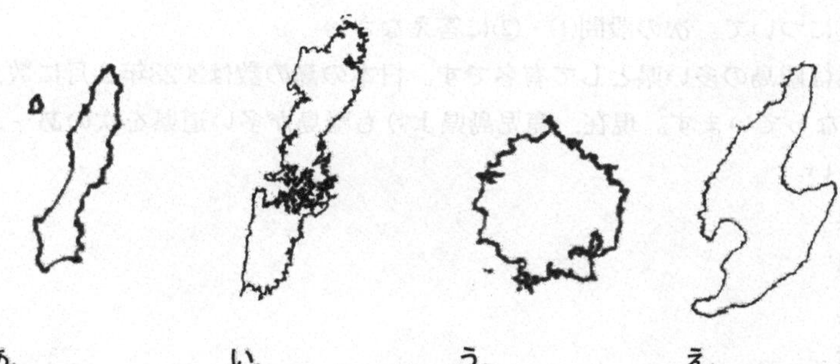

②　対馬はどの都道府県に属するか，漢字で答えなさい。＊４つの島の縮尺は同じではない

問６．下線部(4)について。次の雨温図は，金沢市，高知市，那覇市，福岡市のいずれかのものです。高知市の雨温図として適当なものを次のあ～えから選び，記号で答えなさい。

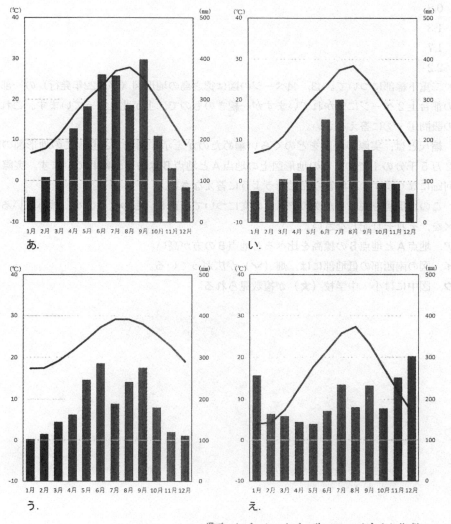

あ.

い.

う.

え.

（『データブック　オブ・ザ・ワールド』より作成）

問７．下線部(5)について。次の設問①・②に答えなさい。

① 鹿児島県は離島（りとう）の多い県として有名です。日本の島の数は2023年２月に数え直しが行われ，14,125島となっています。現在，鹿児島県よりも離島が多い道県を次の**あ**～**え**から選び，記号で答えなさい。

あ．青森県

い．静岡県

う．兵庫県

え．北海道

② 海に面していない都道府県は全部でいくつありますか。数字で答えなさい。

問８．下線部(6)について。合計特殊出生率とは一人の女性が生涯（しょうがい）に産むとされる子どもの人数を示した数値のことです。日本の合計特殊出生率（2021年）に一番近い数値を次の**あ**～**え**から選び，記号で答えなさい。

あ．0.8

い．1.3

う．1.7

え．2.2

問９．二重下線部について。43，44ページの図は徳之島の地形図（平成22年発行）の一部です。紙面の都合上２ページに分かれていますが一続きのもので，上が北となっています。これについて次の設問①・②に答えなさい。

① 縮尺とは，実際の距離（きょり）をどのくらい縮めたのかを示す割合であり，この地形図の縮尺は，２万５千分の１です。この地形図上の地点**A**と地点**B**は約８㎝離（はな）れています。実際の距離は何㎞になりますか，解答らんに合うように答えなさい。

② この地形図を説明した次の**ア**～**ウ**の文について，正しいものには○を，誤っているものには×を，それぞれ記しなさい。

ア．地点**A**と地点**B**の標高を比べると地点**B**の方が高い。

イ．図の南西部の低地部には，畑（**∨**）が広がっている。

ウ．図中には小・中学校（★）が複数見られる。

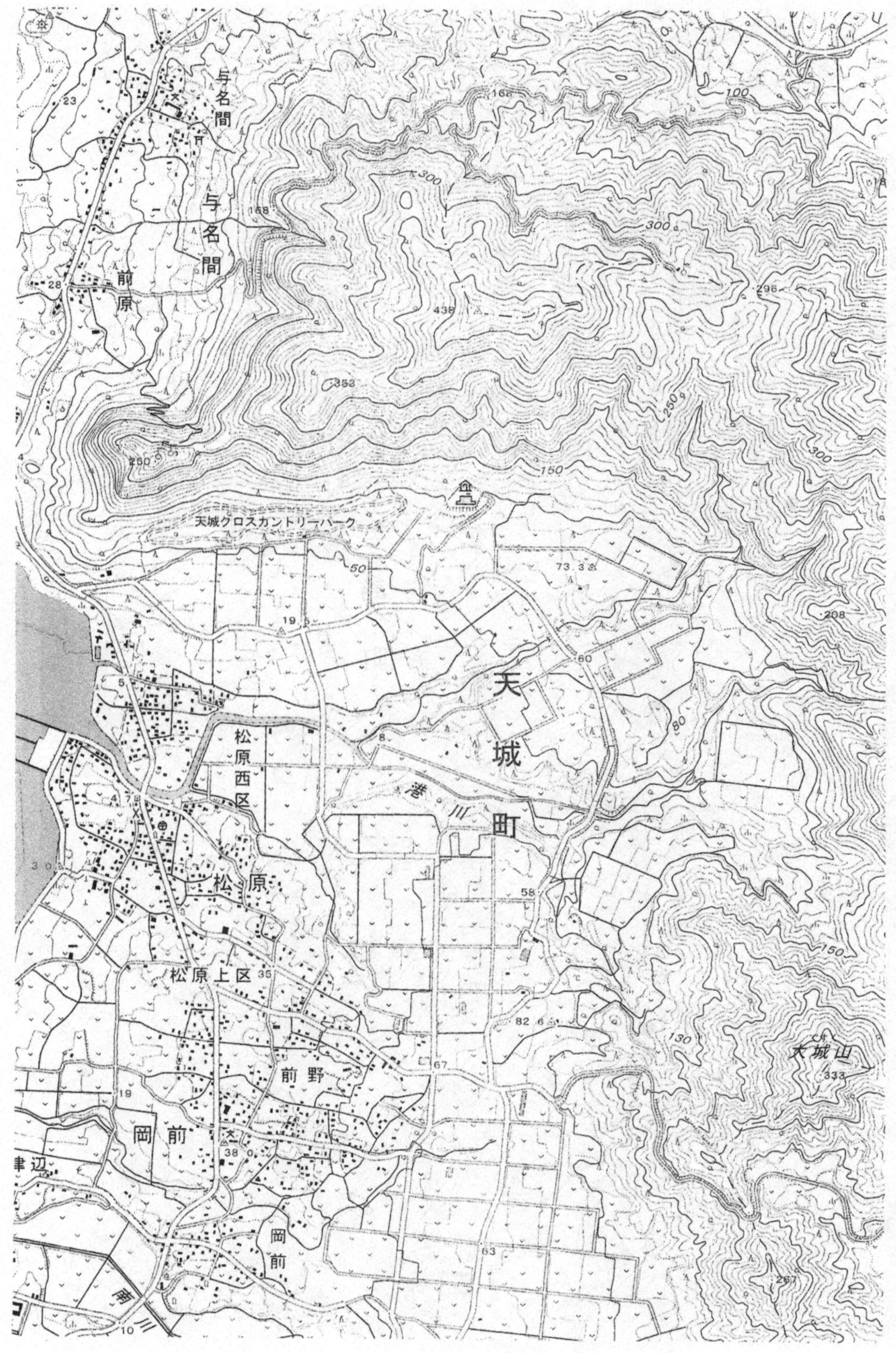
与名間
与名間
前原
天城クロスカントリーパーク
天
城
町
松原西区
松原
松原上区
前野
岡前
岡前
津辺
大城山

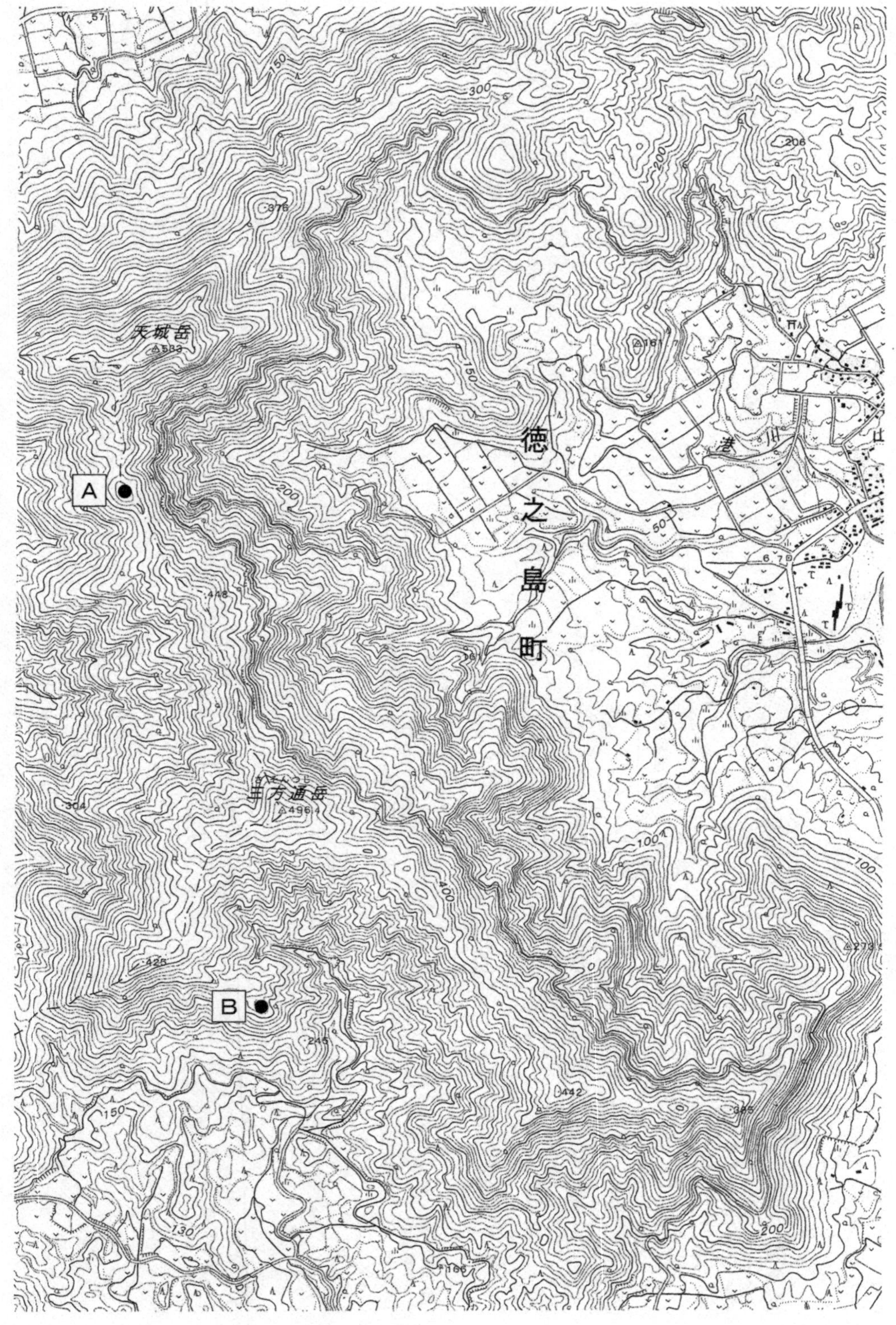
天城岳
徳
之
島
町
三方通岳
A
B

【3】 次の文章を読み，後の問いに答えなさい。

地球温暖化の原因を探る研究で，2021年，アメリカ・プリンストン大学の真鍋淑郎さんがノーベル[1]賞を受賞しました。真鍋さんは，地球全体の気温の変化をコンピューターで予測する気候モデルを考案し，二酸化炭素の増加が地球温暖化にどのような影響をもたらすのかを分析する基礎を打ち立てました。

自然環境は，産業革命が始まり人間の経済活動が活発になった18世紀後半以降大きく変わっていき，そのなかで大気汚染などの公害が発生しました。日本でも(1)水俣病などの公害病が発生し，高度経済成長の時期には，原因物質を排出していた企業の責任が裁判の場で問われることとなりました。そして20世紀後半以降，人間の経済活動が地球的規模で広がるなか，地球環境を守ることは人類共通の課題であると考えられるようになりました。この課題は現在(2)「環境問題」と呼ばれています。

さまざまある環境問題のうち，地球温暖化を食い止めることは，緊急性の高い課題とされています。地球温暖化の原因の一つとされる二酸化炭素は石油・石炭・天然ガスなどの[2]燃料を燃やすことで発生するため，(3)二酸化炭素を出さない自動車の開発も，近年進んでいます。

国際社会は現在，2020年以降の温室効果ガス排出削減のための新たな枠組みであるパリ協定のもと，具体的な目標を持って努力することとなっています。(4)日本も，国際社会の一員として，目標達成に向けた一層の努力が求められています。

問１．文章中の[1]・[2]について以下の設問①・②に答えなさい。

① [1]にあてはまる語句を次の**あ**～**え**から選び，記号で答えなさい。

あ．経済学　**い**．化学　**う**．生理学・医学　**え**．物理学

② [2]にあてはまる語句を漢字２文字で答えなさい。

問２．下線部(1)に関連して。国連の働きかけにより2017年，水俣条約が発効しました。この条約により，採掘・貿易・利用・大気への排出・水および土壌への放出・廃棄などが制限される物質は何ですか。漢字２文字で答えなさい。

問３．下線部(1)・(2)に関連して。以下の**あ**～**え**のできごとは，公害問題や環境問題に関する日本や世界でのできごとを示したものです。これらを年代の古い方から順にならべかえて，記号で答えなさい。

あ．日本で環境庁が設置された翌年に，「かけがえのない地球」というスローガンのもと，国連人間環境会議がスウェーデンのストックホルムで開催された。

い．国際連合の主催により「環境と開発に関する国際連合会議」がブラジルのリオ・デ・ジャネイロで開催された翌年に，日本で環境基本法が制定された。

う．日本で公害対策基本法が制定された翌年に，日本のGNP（国民総生産）は世界第２位となった。

え．日本で環境省が発足した翌年に，国際連合の主催により「持続可能な開発に関する世界首脳会議」が南アフリカ共和国のヨハネスブルグで開催された。

問４．下線部(3)に関連して。後の自動車技術をめぐる**あ**～**う**の文について，内容に誤りがあるものを一つ選び，記号で答えなさい。

あ．ハイブリッド・カーとは，ガソリンで動かすモーターと，電気で動かすエンジンの両方を組み合わせて動力としている車のことである。

い．燃料電池車とは，水素と空気中の酸素から作り出した電気で走る自動車のことで，国内の一部自治体では，この仕組みで動く公営バスを導入している。

う．ヨーロッパ連合は当初，2035年以降は域内でのガソリン車の製造・販売（はんばい）を禁止する方針を掲（かか）げていたが，2023年，条件付きでこれを認める方針に転換（てんかん）した。

問５．下線部(4)に関連して。2012年から環境省は，石油・石炭・天然ガス等の価格に特別な税金を上乗せする「地球温暖化対策のための税」を導入しました。環境省は，この税制には「価格効果」と「財源効果」の両方による二酸化炭素削減効果が見込（みこ）まれる，としています。この「地球温暖化対策のための税」について，次の設問①・②に答えなさい。

① 以下は，ここで言う「価格効果」について，その内容を説明した文です。文中の［A］・［B］・［C］にあてはまる表現は，解答用紙にある二つの表現のうちどちらですか。それぞれ選び，○で囲みなさい。

> この税金が課されると，二酸化炭素を排出する石油・石炭・天然ガス等の燃料の価格が［A］ので，これらの燃料を欲しがっていた人びとの多くは燃料を［B］ようになる。これにより石油・石炭・天然ガス等の燃料の消費量が［C］ことになり，二酸化炭素の排出量が削減される。

② 環境省は，この税制には，発電事業に関連して「財源効果」があるとしています。環境省が言う「財源効果」とはどのようなものですか。発電方法の具体例を複数挙げて，かつ，それらの発電方法に共通する特徴（とくちょう）についてふれながら説明しなさい。

つことができない性格。

問三　Ⅰ　～　Ⅳ　を補うのに最もふさわしいことばを次の中から選び、それぞれ記号で答えなさい。ただし、同じ記号は一度しか選べないものとする。

ア　いわゆる　　イ　はたして　　ウ　むしろ　　エ　てんで

問四　――線部②とあるが、筆者はどのような点を「理想」的であると考えているのか。最もふさわしいものを次の中から選び、記号で答えなさい。

ア　社会に出てから活躍するために重要な教養を、自由な時間の多い若いうちに本を読むことによって得られるという点。

イ　テレビやパソコンなどの不純な娯楽によって妨げられることなく、純粋で質の高い教養の獲得に励むことができる点。

ウ　教養の獲得という本来はとても難しいはずのことを、読書をすることによってたやすく達成することができるという点。

エ　空いた時間の過ごし方として仕方なく本を読むことも多いのだが、その結果として楽しみつつ教養を身につけられる点。

問五　――線部③は筆者のどのような考えを表しているのか、説明しなさい。

問六　――線部④とあるが、「そうした社会の雛型である」というのは、人々が「旅客機の中」でどのように過ごすようになったことについて言っているのか説明しなさい。なお、ここでの「雛型」とは、「あるものの姿や様子をそのままに、規模を小さくしたもの」というような意味合いである。

問七　――線部⑤とあるが、これは筆者のどのような気持ちを表しているか。最もふさわしいものを次の中から選び、記号で答えなさい。

ア　読書を続けてきた結果作家となり文学賞の選考に携わる中で、新しく作家を目指す人たちの作品を丁寧に読むことによって、人間が大切に繋いできた言葉を次の時代に受け渡す仕事ができたという誇らしい気持ち。

イ　作家という意義のある仕事につくことができた幸運をありがたく感じながら、選考委員として文学賞の候補作を全て読むことでその責任を少しでも果たすことができたのではないかと思う満ち足りた気持ち。

ウ　昔の自分のように、優れた作品をきちんと読んでもらえない不幸を味わうことになってしまいかねない作家たちを、今度は自分がその言葉のひとつひとつを丹念に読むことで救うことができたという晴れやかな気持ち。

エ　普段から様々な場所で読書をしているが、飛行機の中という日常とはかけ離れた空間だからこそ、自分を異世界に連れて行ってくれる小説ならではの体験をより深く味わえることをうれしく思う気持ち。

かし実は、旅客機の中ばかりではなくわれわれの住まう社会全体がそうした環境を整えているのである。かくして科学の成果に身を委ねたわれわれの人生は、*安逸に、平穏に、知的退行などということすら考えるいとまもないほど幸福に過ぎてゆく。

　ちなみに私は、機中での読書が大好きである。むろん映画や音楽も娯しむけれども、闇に灯る読書灯の下で、お気に入りの小説を読む快楽は何ものにも代えがたい。幼いころ押入れにこもり、懐中電灯の光で本を読んだあの感覚とそっくりである。いや、おふくろはまさか押入れの中に、お茶や食事を運んではくれなかった。

　読書のうちでも、ことに小説がいい。小説は異界の出来事であるから、日常と隔絶した機内で読むと、みごとに嵌るのである。長距離便なら一冊まるごと読みおえた後でも、まだ映画を観たり眠ったりする時間は十分にある。活字中毒患者としては、これにまさる環境はない。

　さて、例年春先から初夏にかけては文学賞の選考会が集中しており、三つの賞の選考委員を兼ねているので、つごう二十冊程度の長篇を読まねばならない。私はかつて、新人賞に三十回くらい落選した経験があるので、この仕事には気合が入る。一行もおろそかにしてはならぬと思う。三十回も落ちたのは何かのまちがいだったと、今でも信じているからである。

　そこで、海外取材やdコウエン旅行などを、なるべくこのシーズンに合わせる。うまくスケジュールが嚙み合わぬときには、ひそかにそのための旅を仕立てる。往復の機内で二冊、残りを日本語の聞こえぬ外国で読みおえれば、一回分の候補作はまず一行も読み落とさぬ。

　復路の機内で最後の一冊を読みおえたときの気分は格別である。読書三昧の果ての偶然とはいえ、⑤サルをヒトに変えた言葉の尊厳を、またひとつ護ったと感ずる。

　*ヨハネによる福音書の冒頭に曰く。

「初めに言ありき。言は神とともにありき。そも言は神なるがゆえ」

　人は言葉を失えば、殺し合うほかはない。

（浅田次郎「初めに言葉ありき」による）

［注］　有為転変……全てのものごとが絶えず変化していくこと。
　看過……見ても気に留めないでそのままにしておくこと。
　安逸……気楽に過ごすこと。
　ヨハネによる福音書……聖書の一部。

問一　═══線部ａ～ｄのカタカナを漢字に直しなさい。

問二　───線部①とは、どういう性格について言っているのか。その説明として最もふさわしいものを次の中から選び、記号で答えなさい。

ア　ひとつのことに集中するばかりで多くのことを同時にこなすことができず、しかもそのひとつひとつの事柄に時間をかけ過ぎてしまう性格。

イ　自分の習慣ややり方を簡単に変えることができず、たとえ別の方法が自分にとってより都合が良いとわかっていてもそれを受け入れられない性格。

ウ　自分が正しいと思ったことについては、他人がどれほど合理的な意見を述べても考えを改めることができず、いつまで経っても間違いに気づけない性格。

エ　古くから多くの人が採ってきた方法については、それが良いものなのだと深く考えることもなく受け入れてしまい、自分の考えを持に出して音読する程度の速度なのだが、それでも原稿用紙に換算すると一時間に百枚にもなるわけで、私は自分が書き上げた原稿を必ず音読するから、この計算にまちがいはないと思う。

　ごく一般的な三百ページ程度の小説には約四百枚の原稿が入っており、新書ならばさらに少ない三百枚ほどであるから、三時間か四時間をaツイやせば一日一冊は可能ということになる。つまりこうした物理的に十分可能な習慣を、人生の＊有為転変や社会の要請など一切おかまいなしに続けていると、いっけん器用そうだが実はたいそう不器用な人間ができ上がってしまうらしい。ちっとも自慢などではなく、［Ⅳ］損か得かというのがこのごろの実感である。

　ところで、テレビもパソコンも携帯電話もなく、長距離通勤もしなかった昔の人は、あんがいこのペースで読書をしていたのではなかろうか。教養を得るためなどという不純な目的に拠らず、本でも読むほかには時間の潰しようがなかったろうと思う。すなわち②「娯楽」と「教養の獲得」が理屈抜きに一致するという、文化社会の理想形である。さほど昔の話ではあるまい。少なくとも私たちの世代の学生下宿の生活はそれであった。

　だとすると、学問も教養も娯楽も個別に修得せねばならぬ現代の若者は不幸である。いくら時間があっても足らぬほどの環境があり、そのうえ四時間の読書をせよというのは無理な話である。まったく文明社会というものは、幸福なのか不幸なのか、豊かなのかbマズしいのかわからぬ。

　しかし、そうした忙しい環境が科学の急進的な進歩によるものだと気付けば、ことは穏やかではない。科学に技術的退行はなく、むしろ技術の累積によって加速度的な進歩をするから、その結果としての生活様態はいよいよ活字文化を圧迫する。きわまるところいずれは、③サルが大量殺戮兵器を保有することになるのではなかろうか。

　思うに、サルがヒトになりえた素因は二つあって、ひとつは火の支配、もうひとつは言葉の所有であろう。前者は科学の、後者は芸術の始原である。人類は長いことこの二つを車輪として、なんとかまっすぐに進化の道をたどってきた。その絶妙のバランスが、いまや人類の車が覆るほど殆うくなっているのではなかろうか。

　科学に圧迫されたいわゆる活字ばなれは、科学の安全を保障する知性の退行を招く。そしてやがてサルとなり、火の本質を忘れてしまえばわれわれはこの瞬間にも絶滅するのであるから、社会現象として＊看過するほど簡単な話ではあるまい。読書という行為はかくいう理由により、全地球を担保するほど大切な習慣であろうと私は思う。

　などと考えつつあるときふと、④旅客機の中がそうした社会の雛型であることに気付いた。

　機内サービスは科学の成果そのものであって、昔は本でも読むほかには時間の潰しようがなかったのだが、今では自在に音楽を聴いたり映画を観たりゲームに興じたりと、フライト中に退屈することがない。

　むろんこうしたサービスは有難いのだが、われわれはcテイキョウされるすばらしい環境の中で、いかにして有意義に時を過ごすかという選択を迫られる。

　おいしい機内食をいただきながら映画を観て、テレビゲームに飽いたら美しい音楽を聴きながらまどろめば、どんな長距離も極楽である。しさい。

ア　僕が泳げるようになった理由をしつこく聞いてきたことを思い出し、なんでも色々と聞き出そうとする山下くんに対してわずらわしさを感じるから。

イ　日記を書いているうちに、自分の中にある大切な秘密に気づいてしまうかもしれず、それを山下くんに見られてしまうことを気恥ずかしく感じるから。

ウ　書く予定にはしていて項目はいくつかイメージできているが、具体的な内容についてはまだ考えていないので、この場で「書く」と言うにはためらいを感じるから。

エ　日記を書くのがはじめての山下くんには難しいことだろうと思えるので、「書く」と正直に答えると嫌味になってしまうかもしれないと感じるから。

問七　――線部⑦「弱気そうだった山下くんの顔にも、明るさがもどった」のはなぜだろうか。わかりやすく説明しなさい。

問八　――線部⑧「ゆく河の流れは絶えずして、しかももとの水にあらず」について。この場面で「ぼく（光平）」の頭に、このことばがひらめいたのはなぜだろうか。その理由として最もふさわしいものを次の中から選び、記号で答えなさい。

ア　川の流れに目をやっていると三年前のことが思い出され、あの時の勢いとは違うおだやかな流れを見ていたら何とかなると思えたから。

イ　川の流れを見ていると、日によって、季節によって、年によって、流れ方は変わっても、ちゃんと流れ続けているのだと思えたから。

ウ　雨の日も晴れの日も川の水が流れているように、自分も去年と同じようにしっかり日記に決意を書き込んで努力しようと思えたから。

エ　この橋の下を流れている川の水が三年前に見た水とは違う水であるように、今年の夏もまた新しい自分になろうと思えたから。

問九　==線部ａ～ｄのカタカナを漢字に直しなさい。

二　次の文章を読んで、後の問に答えなさい。

いっけん器用そうに見えて、実はたいそう不器用である。あるいは手先はたいそう器用なのだが、①性格が不器用である。顧みれば私の人生はすべてこれで説明がついてしまう。

ひとつの方法を学習してしまうと、それに代わる合理的な新手法を［Ⅰ］受け付けず、つまりわかりやすくいうなら今もこうして四百字詰の原稿用紙に、万年筆で字を書いている。生活が万事これである。

小学生のころ、図書室で借りた本をその日のうちに読みおえて翌日に返却するというパターンを覚えてしまい、以来今日まで一日一冊という読書が私の生活になっている。このパターンが崩れたのは陸上自衛隊に在籍した二年間だけであろう。それにしたところで、戦闘服のポケットにはいつも文庫本を隠し持っていた。

なんだか自慢話のようであるが、要は［Ⅱ］活字中毒患者の典型である。健康な人は、一日一冊の読書など不可能だと思うであろうけれど、そうした生活の形を定めてしまうと存外むずかしいことではない。一日四時間で十分なのである。

私は速読家ではなく、［Ⅲ］活字をたどるのは遅い。ぶつぶつと声

「おれのほうも、次は夏休みバージョンにするつもり。そのときに見せ合わないか？　たとえば七月二十五日とか、日にちを決めておいて」

山下くんが、グッと一歩ふみ込んできた。

「いいよ」とぼくは答えた。「でも、なんか……ちょっと恥ずかしいね」

川面に光が反射して、まぶしい。

⑦弱気そうだった山下くんの顔にも、明るさがもどった。

光を手でさえぎり、しばらく末広川の流れに目をやった。

もう梅雨入りしたのに、今年は雨の日が少ない。この日も太陽が照りつけ、川の底まできれいに、すけて見えた。

そうしていると、この川に、自分のリコーダーを落としてしまった日のことが思いうかんだ。山下くんとハリー・ポッターの魔法のつえごっこをしていて、手からすべり落ちたのだ。三年生のときだっただろうか。

あの日は大雨がふった翌日で、にごった水が道にあふれそうなほど、勢いよく流れていた。

⑧ゆく河の流れは絶えずして、しかももとの水にあらず。

国語で習ったばかりの文章が、頭にひらめいた。

――そうだ。そろそろ日記の準備をしなければ。

今回の一ページ目、去年からの通算二十一ページ目は、「七月二十五日に山下くんと日記を見せ合った」にしようか。

（本田有明『願いがかなうふしぎな日記　夢に羽ばたく夏休み』による）

問一　――線部①について。鉄棒の授業で手をすべらせて失敗し、「スベルンジャー」と言われて「イラッとした」光平だが、すぐに考え直すことができている。その理由を簡潔に説明しなさい。

問二　本文中の□にあてはまることばを次の中から選び、記号で答えなさい。

ア　尊敬　イ　心配　ウ　警戒　エ　敬遠

問三　――線部②とあるが、「ぼく」が意外に思った理由を説明しなさい。

問四　――線部③「やっぱりなにか、『心境の変化』があったのだろう」とあるが、山下くんが自分に心境の変化があったと気付いた様子を描写した一文を探し、その最初の五字をぬき出しなさい。

問五　――線部④⑤について。ここには「ぼく」と「山下くん」とのどのような関係が表れているか。次の中から最もふさわしいものを選び、記号で答えなさい。

ア　互いを大切に思うあまり、相手に心配をかけるようなことは言葉にできない関係。

イ　自分の弱さを相手に見せるのは情けないと思い、互いに平静をよそおうような関係。

ウ　親しいがゆえに、互いに自分の気持ちを率直に伝えるのには照れくささもある関係。

エ　互いに助け合ってきたので、言葉にしなくても気持ちが通じると思っている関係。

問六　――線部⑥「ぼくはあいまいにうなずいた」とあるが、その理由として最もふさわしいものを次のページの中から選び、記号で答えな

「最近なにか、心境の変化があったの？」

「別にないよ。なんで？」

「授業中すごくまじめだったりして、感じが変わったから。木ノ内さんが、ユカリンパワーのせいかもって言ってた」

ユカリンというのは、田中結花さんのニックネームだ。

しばらくだまって歩いたあと、山下くんは鼻をピクピクさせた。ちょっと興奮したときのしるしだ。

そして、衝撃的なことを言った。

「おれ、『ゆううつ』って言葉を、漢字で書けるようになった」

「それ、六年で習うの？」

「習わないよ。漢字 b ケンテイの二級と三級だから」

二級と三級？　山下くんの口から聞くなんて。

山下くんは、まだ七級だったはずだ。

「ユカリンが『ゆううつ』を覚えろって言うから。この字を漢字で書けるようになったら、もう、こわいものなし。自信がもてるようになるって」

あとで漢字を調べてみた。

憂鬱……見ているだけで、ゆううつになりそうだ。とくに「鬱」は、思い切り c フクザツで、二十九画もあった。書き方がわからない。いきなりこんなのを覚えろなんて、まるでいじめみたいだ。

でも、ほんとうに書けるようになったなら、すごいと思う。

③やっぱりなにか、「心境の変化」があったのだろう。

五分くらい歩き、末広川にさしかかった。橋の欄干に手を着いて、川の流れを見おろす。

「おれ、ユカリンにも影響を受けたけど、光平にはもっと受けたかも」

「④おだててくれなくてもいいよ」

「⑤おまえの日記に影響を受けた。こんなこと、言うつもりはなかったけど」

そういえば、山下くんは去年、ぼくが泳げるようになった理由をしつこく聞いてきた。押しに負けて一度だけ、あの日記を見せてあげたことがある。

「竜也も日記を始めたの!?」

「うん、ちょっとだけ」

「見せてよ。ぼくも竜也に見せたよね？」

「いま、なんていうか、苦戦してるんだ」

ぼくはのぞき込むように、山下くんの横顔を見た。

めずらしくちょっと弱気な、でも正直そうな言い方だった。

どんなふうに苦戦しているのかな。

聞いてみたかったけど、うまく言葉が出なかった。

「光平はまた、夏休みに書くんだろ？」

⑥ぼくはあいまいにうなずいた。

「予定ではね。中身は、少しだけ考えている」

うそではなかった。まだ実際に書いてはいないけど、項目のイメージはいくつかあった。

カブトムシをちゃんと d ウカさせて、友だちにあげること。鉄棒の技をもっと習得すること。そして、去年に負けないくらい夏休みを充実させること――。具体的な内容はこれから考える。

【国　語】（五〇分）〈満点：一〇〇点〉

一　次の文章を読んで、後の問に答えなさい。

鉄棒は、体育の授業で取り組む運動のうちで、あまり人気が高くない種目だった。サッカーやバスケットボールなど、球技のほうが、男女ともに人気があった。

でも「イケメン先生」の明るい人柄やすごい演技のおかげで、鉄棒がちょっとしたブームになった。昼休みや放課後に、校庭のすみで練習をする人が増えた。

ぼくのほうは、クラスメイトから「スベルンジャー」とよばれたことが心にささった。去年まで、水泳ができなかったころは「オボレンジャー」とばかにされ、それを克服したら、今度は「スベルンジャー」か。イラッとした。

①でも――とぼくは考え直した。

去年の夏、「ぼくは泳げるようになった!!!」と日記に書いたら、ほんとうに泳げるようになった。実現したい目標を先に書き、そのあと練習を重ねて目標を達成したのだ。長距離走のときもそうだった。

「もしできなかったら」とかは考えず、「必ずできる」と自分に言って、努力する。そうすればきっと、願いがかなう。今回もそれをやってみよう。

水泳、長距離走、そして鉄棒。きちんとできれば、運動種目の三冠だ。

そう思ったら、からだの奥から元気がわいてきた。

（中略）

学校の授業のあと、ぼくは木ノ内さんから勉強を教えてもらうことがあった。

この人は、たまに変なことを言ったりするけど、基本的に根が明るく、やさしい人だった。ぼくが英語や算数などで質問をすると、いつもていねいに答えてくれた。

でも、それ以上におどろいたのは、ぼくたちの前の席の二人だ。

山下くんのとなりの田中結花さんは、岩崎修斗くんとともに六年二組の「ツートップ」といわれるほどの優等生だった。同じ優等生でも、木ノ内さんや立花さんとはちがって口数が少なく、めったに笑ったりしない。まわりから［　　］されている、とまではいわなくても、とっつきにくいと思われている人だった。

山下くんも、はじめのうちは田中さんの横で緊張し、背中を丸めているように見えた。それがしばらくすると、様子が変わってきた。

休み時間に話をしたり、ぼくみたいに、勉強を教えてもらったりするようになったのだ。――②あの山下くんが？と首をかしげるくらいに。

田中さんのほうも、いやがっている感じはなかった。質問されると、まるでお姉さんのように、きちんと教えてあげていた。

人にはいろんなタイプがあるんだな、とぼくは思った。「やさしい人」といっても、たぶん微妙にちがう「やさしさ」があるのだろう。「明るい星」にだって、さまざまな種類があるように。

ａインショウや雰囲気だけで、人を決めつけてはいけない。そんな当たり前のことを、ぼくは田中さんを見ていて学んだ。

ある日、ぼくは山下くんに声をかけ、いっしょに下校した。

校門の前で生活指導の先生とあいさつをして、通りに出る。

MEMO

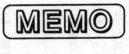

第1回

2024年度

解　答　と　解　説

《2024年度の配点は解答欄に掲載してあります。》

＜算数解答＞

1 (1) $1\frac{9}{11}$ (2) 5 (3) $\frac{26}{7}$ 2 (1) 550円 (2) 7200m (3) 19.7cm

3 (1) 3個 (2) 赤玉378個，青玉172個

4 (1) 5回目の得点が12点高い (2) 91点 (3) 70点

5 (1) 36分 (2) 4分30秒

6 (1) 最長319秒 最短13秒 (2) 最長103秒 2番目97秒

(3) 最長127秒 2番目119秒

7 (1) 48 (2) 8 (3) 252

○推定配点○

1～3，5 各4点×10(3(2)完答) 他 各5点×12 計100点

＜算数解説＞

1 (四則計算)

(1) $\frac{7}{22}+1\frac{11}{22}=1\frac{9}{11}$

(2) $2.75+2.25=5$

(3) $\frac{39}{35}\div(0.55-0.25)=\frac{78}{21}=\frac{26}{7}$

重要 2 (割合と比，速さの三公式と比，平面図形)

(1) 定価の2割…$160-50=110$(円)

したがって，定価は$110\div0.2=550$(円)

(2) 600mの場合の2人の時間差…$600\div200-600\div300=1$(分)

したがって，求める距離は$600\times(12\div1)=7200$(m)

(3) 長方形の縦の長さ…$2\times2\times3.14\div4=3.14$(cm)

したがって，図形の周は$4\times3.14\div4\times3+(3.14+4-2)\times2$

$=3.14\times3+3.14\times2+4=3.14\times5+4=19.7$(cm)

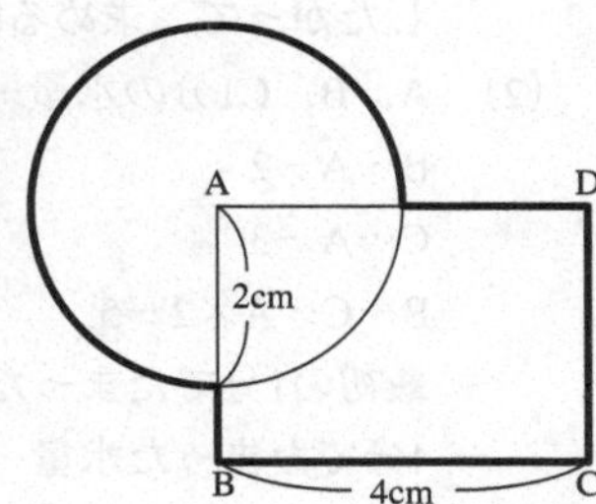

重要 3 (数の性質，鶴亀算)

赤玉…1個20円，100個買うと白玉2個がおまけ

青玉…1個15円，50個買うと黒玉1個がおまけ

全部の個数…559個で白玉が黒玉より3個多い

(1) 白玉4個，黒玉1個の場合…全部の個数が559個になる可能性がない

白玉8個，黒玉5個の場合…全部の個数が559個より多くなる

白玉6個，黒玉3個の場合

赤玉…$100\times(6\div2)=300$(個)以上

青玉…$50\times(3\div1)=150$(個)以上

全部の個数…300＋150＋6＋3＝459(個)以上

したがって，黒玉は3個

(2) 559個との差…(1)より，559－459＝100(個)

赤玉300個と青玉150個の金額…20×300＋15×150＝8250(円)

支払い額との差…10140－8250＝1890(円)

したがって，赤玉は300＋(1890－15×100)÷(20－15)＝378(個)，

青玉は150＋100－78＝172(個)

【別解】 赤玉300個と青玉の個数…559－9＝550(個)

したがって，赤玉は(10140－15×550)÷(20－15)＝378(個)

重要 4 (統計と表，平均算)

1回目から3回目まで	79点
2回目から4回目まで	84点
3回目から5回目まで	88点
4回目から6回目まで	89点
5回目から7回目まで	90点

右表…3回ごとの平均点

1回目…73点

(1) 2回目と3回目の合計得点…79×3－73＝164(点)－ア

4回目の得点…84×3－164＝88(点)

3回目と5回目の合計得点…88×2＝176(点)－イ

したがって，イ－アより，5回目のほうが176－164＝12(点)高い

(2) 5回目と6回目の合計得点…(1)より，89×3－88＝179(点)

したがって，7回目は90×3－179＝91(点)

(3) 6回目が97点の場合…(2)より，5回目は179－97＝82(点)

したがって，(1)より，2回目は82－12＝70(点)…他の回が97点の場合，不適合

重要 5 (割合と比，仕事算，単位の換算)

水そうの容量…18，12の最小公倍数36

Aで給水しながらBで排水するとき，1分で増える水量…36÷18＝2

Aで給水しながらCで排水するとき，1分で増える水量…36÷12＝3

(1) Bの給水量－Cの排水量…3－2＝1

したがって，求める時間は36÷1＝36(分)

(2) A，B，C1分の水量…それぞれA，B，Cで表す

B…A－2

C…A－3

B＋C…A×2－5

最初の1分でたまった水量…A×2－5－A＝A－5

4分でたまった水量…A－5＋(A×2－5)×3＝A×7－20＝36

A…(36＋20)÷7＝8

したがって，求める時間は36÷8＝4.5(分)　すなわち4分30秒

重要 6 (速さの三公式と比，割合と比，場合の数，平面図形)

(1) 最長

図1…$1+1\div\frac{1}{2}+1\div\frac{1}{4}$

$+1\div\frac{1}{8}+1\div\frac{1}{16}$

$+1\div\frac{1}{32}+4\div\frac{1}{64}$

図1

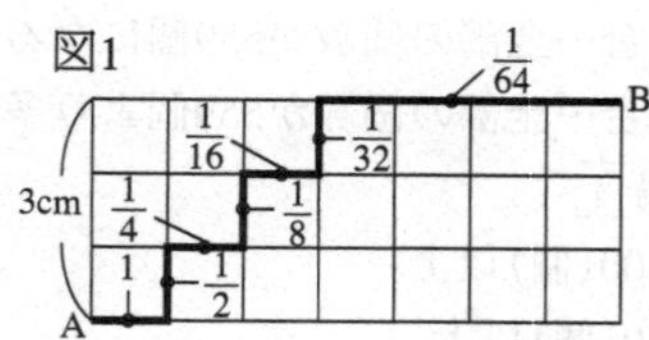

図2

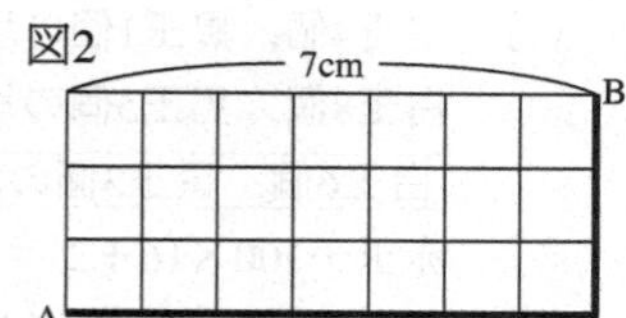

$=63+256=319$(秒)

最短

図2…$7+3\div\frac{1}{2}=13$(秒)

(2) 最長

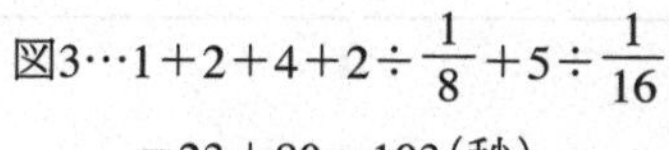

図3…$1+2+4+2\div\frac{1}{8}+5\div\frac{1}{16}$

$=23+80=103$(秒)

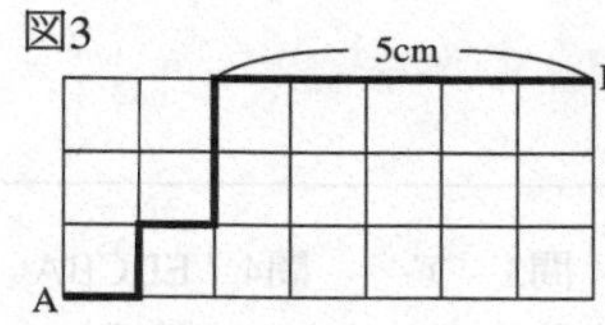

図3

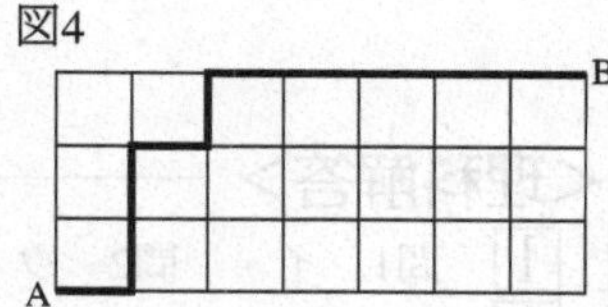

図4

2番目に長い時間

図4…$1+4+4+8+80$

$=97$(秒)

(3) 最長

図5…$1+2+4+8+5\div\frac{1}{16}+32$

$=15+80+32=127$(秒)

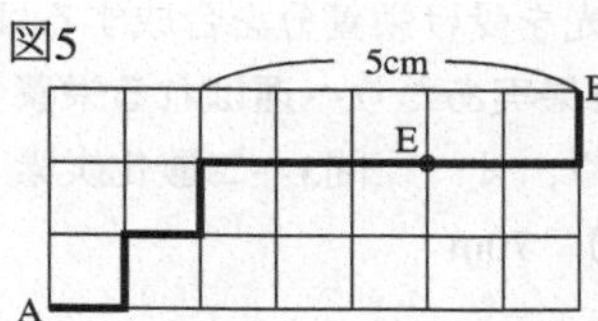

図5

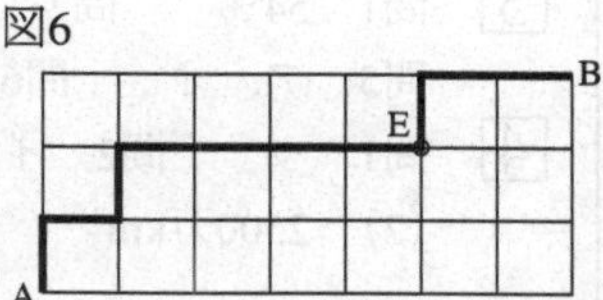

図6

2番目に長い時間

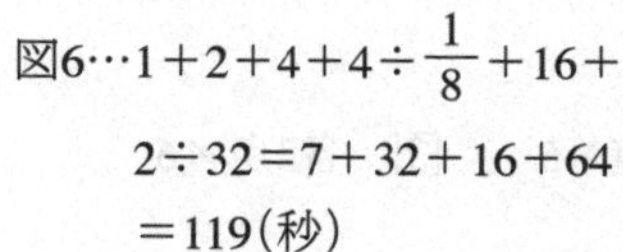

図6…$1+2+4+4\div\frac{1}{8}+16+$

$2\div32=7+32+16+64$

$=119$(秒)

7 (割合と比,数列,数の性質)

数列…連続するどの4つの整数A,B,C,DについてA:B=C:D

重要 (1)

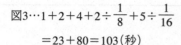

①	②	③	④	⑤	⑥	⑦	⑧	⑨
3 :	2		4 :	12		24 :	16	
	2 :	6		12 :	8		16 :	48
		6 :	4		8 :	24		

(2) 以下の例により,N=8

①	②	③	④	⑤	⑥	⑦	⑧
1 :	4		12 :	9		27 :	108
	4 :	3		9 :	36		
		3 :	12		36 :	27	

やや難 (3) ① ② ③ ④ ⑤ ⑥ ⑦

①:② $A:\left(A\times\frac{イ}{ア}\right)$ ④:⑤ $\left(A\times2\times\frac{イ}{ア}\right):\left(A\times2\times\frac{イ}{ア}\times\frac{ア}{イ}\times2\right)$

②:③ $\left(A\times\frac{イ}{ア}\right):(A\times2)$ ⑤:⑥ $(A\times4):\left(A\times4\times\frac{イ}{ア}\right)$

③:④ $(A\times2):\left(A\times2\times\frac{イ}{ア}\right)$ ⑥:⑦ $\left(A\times4\times\frac{イ}{ア}\right):(A\times8)$

⑥と⑦…$A\times4\times\frac{イ}{ア}+A\times8=A\times4\times\left(\frac{イ}{ア}+2\right)=2024$

$A\times\left(\frac{イ}{ア}+2\right)=2024\div4=506=2+504$

A…$504\div2=252$

★ワンポイントアドバイス★

1，2の6題で，しっかり得点することがポイントである。他の問題は，どれも簡単に解ける問題ではなく，各問題の(1)を攻略することが第2のポイントである。問題に圧倒されないように構えて，問題文を確実に把握しよう。

＜理科解答＞

1 問1 イ　問2 ウ　問3 ア　問4 EDCBA　問5 ① ウ　② サ

2 問1 （塩酸） イ　（水酸化ナトリウム水溶液） オ　問2 A，B，C　問3 2.4g
問4 カ　問5 K　問6 10g　問7 空気中の二酸化炭素と反応した

3 問1 54%　問2 日光を受け栄養分を合成するはたらき　問3 師管　問4 イ，エ
問5 ア，オ　問6 1果実あたりへ運ばれる栄養分が多くなるため。

4 問1 ウ　問2 イ，ウ，オ　問3 二酸化炭素　問4 ウ　問5 (1) 35700万km^2
(2) 2500万km^3　(3) 70m

○推定配点○

1 各2点×6　2 問2，問3，問6 各3点×3　他 各2点×5　3 各2点×6
4 問5 各3点×3　他 各2点×4　計60点

＜理科解説＞

1 （光や音の性質―レンズ）

基本 問1 レンズの焦点に光が集まり最も明るくなる。焦点はレンズで屈折された光が1点に集まる部分である。イの線上に焦点がある。

基本 問2 レンズの厚みが薄くなると光の曲がり方がゆるやかになり，焦点がレンズから遠ざかる。

基本 問3 直径が大きなレンズを使うと集められる光の量が増えるので，焦点での明るさはより明るくなる。

問4 光を分散させるには，レンズで曲げられる光が外側に拡散すればよい。

重要 問5 ガラスの屈折率は空気より大きいので，ガラスに入った光は曲げられる。このとき，ガラスの面に垂直な面と光のなす角度が，空気中よりガラスの中の方が小さくなる。つまり図のウの進路をとる。ガラスから空気中に出るときはこの逆にサの進路をとる。

2 （水溶液の性質―中和反応）

問1 トイレ用洗剤には塩酸が含まれている。油汚れ用洗剤には水酸化ナトリウムが含まれ，油を分解する。

問2 実験1において，A～Cまでは水酸化ナトリウム水溶液の体積と残った固体の重さは比例する。D以降は10mLの水酸化ナトリウム水溶液を増やすごとに残った固体の重さが1.0g増加する。これはC～Dの間でちょうど過不足なく中和反応が起こり，その後は水酸化ナトリウムが残ったことを示す。よってD，E，Fでは未反応の水酸化ナトリウムが残るのでアルカリ性になる。BTB溶液の色が黄色に変わる酸性の溶液はA，B，Cの3つである。

やや難 問3 水酸化ナトリウム水溶液10mLがすべて反応すると塩化ナトリウムが1.5g発生する。(つまり水酸化ナトリウム水溶液1mLからは0.15gの塩化ナトリウムが発生する。)また，未反応の水酸化ナトリウム水溶液10mLは1.0gの水酸化ナトリウムを含む(つまり水酸化ナトリウム水溶液1mLは0.10g

の水酸化ナトリウムを含む。)それで塩酸とちょうど反応する水酸化ナトリウム水溶液の体積を□mLとすると，Dにおける反応後の重さより，□×0.15＋(40－□)×0.1＝5.8　□＝36mLとなる。つまり，塩酸60mLとちょうど中和する水酸化ナトリウム水溶液は36mLである。Fのビーカーでは未反応の水酸化ナトリウムが60－36＝24(mL)分含まれ，この重さは2.4gになる。

問4　塩酸の体積が0のとき，水分を蒸発させると水酸化ナトリウムの固体が残るので重さは0ではない。塩酸を入れていくと塩化ナトリウムが一定の割合で増加するので全体の重さも増加する。ちょうど中和するとその後は塩酸を加えても重さは一定になる。過剰量の塩酸は加熱すると気体となって出て行くので重さは増加しない。

問5　60mLの塩酸と36mLの水酸化ナトリウム水溶液がちょうど中和するので，60mLの水酸化ナトリウム水溶液とちょうど中和する塩酸の体積を□mLとすると，60：36＝□：60　□＝100mLとなる。このとき水溶液Kは中性で，アルミニウムを加えても反応が起こらない。

問6　100gの水に□gの水酸化ナトリウムを加えるとすると，$\frac{□}{100+□}\times100=9.09=9\frac{1}{11}=\frac{100}{11}$

□＝10gである。

問7　空気中には二酸化炭素が含まれており，二酸化炭素は水にとけると酸性を示すので，アルカリ性の水酸化ナトリウム水溶液と反応する。そのため水酸化ナトリウムの量が減少し濃度が薄くなる。

3　(植物―トマトの成長の観察)

問1　生産量トップ3の生産量合計は1億190万トンである。この割合は(1億190万÷1億9000万)×100＝53.6≒54(%)である。

基本　問2　光合成とは，植物が二酸化炭素と水から太陽の光エネルギーを利用して有機物と酸素を作り出す作用である。

基本　問3　植物体内で栄養素が運ばれる構造を師管という。

問4　ア　×　38℃の成長速度のデータがないのでわからない。　イ　○　19℃から27℃の範囲では，温度が高いほど成長速度が速くなっている。　ウ　×　データからは昼と夜の気温差の影響はわからない。　エ　○　20℃より26℃の方が成長速度が速いので，盛んに光合成していることがわかる。

問5　ア　○　図3より(A)のグラフは開花後52日でも成長速度が0になっていないので，成長していることを示している。　イ　×　図2より，果実数の違いによる成長の速さは開花後10日までにすでに見られる。　ウ　×　図2と3からは，気温の高さの影響は読み取れない。　エ　×　図2の(B)より，1個当たりの果実の重さが最も重くなるのは50日くらいである。　オ　○　図2の(C)と(D)を比較すると，摘果をした方が1個当たりの果実の重さが重くなり，良い影響を与えることがわかる。

問6　果実の数が少ないほど1果実あたりに与えられる栄養分が多くなるので，成長が速くなる。

4　(環境―地球温暖化)

基本　問1　地層とは，泥や砂やレキなどが堆積してできたものである。

基本　問2　化石燃料とは，太古の植物が長い年月をかけて地下で変化してできたものである。化石燃料には石油・石炭・天然ガスなどが含まれる。

基本　問3　化石燃料を燃焼させると，二酸化炭素が発生する。これが温室効果ガスの一つになる。

問4　水蒸気は温室効果ガスの一つである。メタンも温室効果ガスであるが，大気中に大量に存在するのは水蒸気である。

問5　(1)　地球の表面積が5億1000万km^2であり海はその70%を占めるので，海の面積は5億1000万

×0.7＝3億5700万(km^2)である。

(2)　水が氷に変わると体積は膨張する。変化する体積の割合が10%なので，氷の体積は水の1.1倍になる。2750万km^3の氷が水にかわると，2750万÷1.1＝2500万(km^3)になる。

(3)　海面の上昇分は，2500万÷3億5700万＝0.0700(km)であり，これは70mに相当する。

★ワンポイントアドバイス★

実験や観察に基づいた問題が出題される。グラフの読み取りやデータの規則性を見つける力が求められる。難しい計算問題もあるが，多くは標準的な内容である。

<社会解答>

【1】　問1　イ→ウ→ア→カ→エ→オ　問2　①　ア　②　オ　③　キ　④　イ　⑤　エ　問3　(1)　六波羅探題　(2)　御成敗式目　問4　貝塚　問5　校倉(造)　問6　小村寿太郎　問7　マレー(半島)　問8　検地をおこない，土地を耕す権利を認める代わりに年貢を納める義務を負わせた。また，刀狩りによって刀や鉄砲を取り上げ，農業に専念させるようにした。

【2】　問1　①　エ　②　オ　③　キ　問2　う　問3　う　問4　(竿燈まつり)　い　(ねぶた祭)　あ　問5　埠頭や造船所が存在していた。　問6　う　問7　ドバイ　問8　三角州　問9　(国の組み合わせ)　あ　(果物の名称)　ぶどう　問10　太平洋ベルト

【3】　問1　1　冷戦　2　安全保障理事会　3　発展[開発]途上　問2　北大西洋条約機構　問3　ア　○　イ　×　ウ　×　問4　フェアトレード　問5　え・お

○推定配点○

【1】　問8　4点　他　各2点×12(問1完答)　【2】　各1点×14　【3】　各2点×9(問5完答)　計60点

<社会解説>

【1】　(日本の歴史―さまざまな木から見た日本)

問1　アの鶴岡八幡宮で将軍が暗殺され(1219年)，その数年後に承久の乱(1221年)が起こったのは鎌倉時代(12世紀末～1333年)，イの人々が土器で煮炊きをしたり，弓矢を使って狩りをおこなったりして暮らしていたのは縄文時代(約1万2000年前～紀元前4世紀頃まで)，ウの正倉院がつくられたのは奈良時代(710～784年)，エの日本が関税自主権を回復(1911年)したのは明治時代(1868～1912年)，オの太平洋戦争(1941～1945年)が長引いて燃料不足におちいったのは昭和時代(1926～1989年)，カの豊臣秀吉が伏見城をつくった(1596年)のは安土・桃山時代(1573～1603年)のことである。したがって，これらの文ア～カがあらわしている時代を古い方から順にならべかえると，イ→ウ→ア→カ→エ→オとなる。

重要　問2　①　竹崎季長が元との戦いで活躍したのは元寇の文永の役(1274年)なので，鎌倉時代(文ア)である。　②　中学生や女学生が兵器工場などに動員されたのは太平洋戦争末期のことなので，昭和時代(文オ)である。　③　漢字をくずしたひらがながつくられたのは平安時代(794～12世紀末)なので，文ア～カに関係の深い文はない。　④　土偶がつくられたのは，縄文時代(文イ)で

ある。 ⑤ 日英同盟(1902年)が結ばれたのは，明治時代(文エ)である。

問3 (1) 六波羅探題は，承久の乱後に京都の警備，朝廷の監視，西国の御家人の統括のために鎌倉幕府が京都に設置した機関(役職)で，代々北条氏の一族が任命された。 (2) 承久の乱の約10年後につくられた武士の裁判の基準となるきまりは，御成敗式目(1232年)である。御成敗式目は，源頼朝以来の幕府の先例や武士のならわしをもとにしてつくられた御家人の間での土地争いなどの裁判の際の基準を定めた最初の武家法である。しかし当時，御成敗式目が通用したのは武家社会だけであり，朝廷の支配権が強い地域や荘園などで効力はなかった。

基本 問4 貝塚は貝殻などが積もったごみ捨て場のことで，縄文時代にできたものが多い。そこからは獣・魚の骨や人骨，食べ残された木の実などの食料，石器や土器などが発見され，当時の人々の生活を知る手がかりとなる。石器や土器などからは生活に使用されていた道具や戦いで使用された武器，食べ残された木の実などの食料からは栽培したり食べたりしていた作物，獣・魚の骨や人骨からは当時の気候や環境の状態がわかる。

問5 正倉院は本来，大切なものを入れる倉を意味するが，一般的には東大寺の宝庫を指す。この倉は断面が三角形や台形の木材を井げたに組み上げた校倉造と呼ばれる建築様式で知られ，聖武天皇の遺品などが収蔵・保管されている。

基本 問6 小村寿太郎(1855～1911年)は，第1次桂太郎内閣の外務大臣としてイギリスとの間で日英同盟(1902年)を結んだ。また彼は日露戦争の講和会議には日本全権として出席し，ポーツマス条約を結んだ。さらに1911年には外務大臣としてアメリカ合衆国との間で日米通商航海条約を結んで，関税自主権の回復に成功した。

問7 1941年12月8日に日本海軍は，ハワイの真珠湾を奇襲攻撃した。また，同日日本陸軍はイギリス領のマレー半島に上陸した。この2つの出来事によって，日本はアメリカ合衆国などの連合国との太平洋戦争を始めた。

やや難 問8 豊臣秀吉は1582年からの太閤検地で農民に土地を耕作する権利を保障するとともに，年貢を納める義務を課した。またそれまで荘園領主が持っていた土地に対する権利は否定され，荘園制が崩れた。他方，1588年に刀狩令を出して農民から刀・やり・鉄砲などの武器を取り上げることで，一揆を防ぐとともに農民が耕作に専念するようにした。なお，これらの政策によって武士と農民との区別をはっきりさせる兵農分離のしくみが整えられた。

【2】(日本の地理―各地方の最も人口の多い都市に関する問題)

重要 問1 図1のアは札幌市，イは仙台市，ウは横浜市，エは名古屋市，オは大阪市，カは広島市，キは福岡市である。 ① 図1で伊勢湾に面し，城下町として発展してきたのは名古屋市(図1のエ)である。名古屋市は愛知県北西部に位置し，同県の県庁所在地である。同市は愛知県および中部地方で最大の人口を持ち，江戸時代には尾張徳川家の名古屋城の城下町として栄えた。 ② 図1で市内の北部を淀川が流れているのは，大阪市(図1のオ)である。大阪市は大阪府の中部に位置し，大阪府の府庁所在地で，近畿地方で最大の人口を有している。 ③ 図1中で博多湾沿岸の地域が古くからの港町であるのは，福岡市(図1のキ)である。福岡市は福岡県の西部に位置し，同県の県庁所在地であり，九州地方で最大の人口を有している。

問2 図1のア～キのすべての都市に共通することがらは，いずれの都市も政令指定都市であることである。政令指定都市とは人口が50万人以上の都市で，地方自治法による政令で指定された都市のことである。政令指定都市には福祉や都市計画事務などの道府県の行政や財源の一部が委ねられており，このような都市は2024年2月時点で全国に20市ある。政令指定都市は1956年に横浜・名古屋・京都・大阪・神戸の5市が初めて指定され，次いで北九州・札幌・川崎・福岡・広島・仙台・千葉・さいたま・静岡・堺・新潟・浜松・岡山の各市が指定され，さらに2010年4月に相模原市，2012年4月に熊本市が指定され，全部で20市となった。　あ　図1の都市で空港があるのは，キの福岡市だけである。　い　図1の都市で，アの札幌市には新幹線の駅がない。　え　図1の都市で，アの札幌市にはプロ野球球団の本拠地球場がない。

問3　はえぬき(う)は山形県で作られた稲の品種の1つで，1993年に品種登録された。この品種はササニシキの後継品種として，「あきたこまち(秋田31号)」と「庄内29号」を掛け合わせ，1990年に「山形45号」として生まれ，翌年に「はえぬき」と命名された。

問4　「竿燈祭り」は秋田県(い)で開催される祭りである。この祭りは笹や合歓木に願い事を書いた短冊を下げ，それを手に練り歩いて川へ流すことで，真夏の疲れや眠気を払う「眠り流し」が原型とされる。「眠り流し」自体は江戸時代以前から行われており，そこに稲の成長を願ったり，無病息災などを願って，旧暦7月7日の七夕行事とともに旧暦7月15日のお盆を迎え入れるための一連の行事として現在の形態になったとされる。「ねぶた祭」(青森ねぶた祭)は青森県(あ)の青森市で8月2日から7日に開催される祭りである。この祭りは災難をはらい，無事を祈る行事で，「ねぶた」と呼ばれる歌舞伎を題材にしてつくられた巨大な「はりぼて」の人形を乗せた山車と，笛・太鼓の囃子とともにその廻りで踊る「はねと」で構成されている。この祭りは，1980年に重要無形民俗文化財に指定された。

重要　問5　現在のみなとみらい21地区は，図3の「横浜高速鉄道みなとみらい線」が通っている周辺の地域である。その地区のかつての様子を図2で確認すると，図3の「みなとみらい六丁目」の辺りには，図2から「高島埠頭」があったことがわかる。また図3の「みなとみらい二丁目」の辺りには，図2から「三菱重工造船所」があったことが確認できる。これらのことから，現在のみなとみらい21地区には，かつては埠頭や造船所のような施設があったことがわかる。

問6　選択肢の4県の中で静岡県(選択肢「う」)は名古屋と東京の中間に位置し，東駿河湾地区が工業整備特別地域に指定されていた。同県は鉄道，高速道路が整備され，富士山や中部山岳地帯からの河川による工業用水や水力発電による電力を背景に，せんい工業からの織物機械の技術から自動車工業が発展した。そのため図4の輸送用機械器具の製造品出荷額の上位の県が愛知県(エの県)，神奈川県(ウの県)，福岡県(キの県)と並ぶ中で，その二番目のAは静岡県となる。なお，「あ」の愛媛県は四国地方，「い」の熊本県は九州地方，「え」の新潟県は北陸地方の県である。

問7　2025年の万博は大阪市(オの都市)で開催される予定であるが，前回の万博は2021年10月1日から2022年3月31日まで，アラブ首長国連邦のドバイで開催された。ドバイはアラブ首長国連邦のドバイ首長国の中心都市であり，アラビア半島のペルシア湾沿岸に位置し，アラブ首長国連邦内における最大の都市である。同市は西アジアの金融センターであるとともに，世界的な観光都市でもある。

基本　問8　広島市の中心部は，市内を流れる太田川によって形成された三角州(デルタ)の上に位置している。三角州とは川の流れによって運ばれてきた小さくて軽い土砂が，海や湖に流れ出る河口付近に積もってできた土地である。標高が低く，平らで水も得やすいことから米作りに適しており，水田や住宅地に利用されることが多い。

問9　現在のワインの生産量は，イタリア(表1のA)をはじめとしたフランス・スペインなどの地中海沿岸の国に多い。他方，ワインの原料であるブドウの生産量も地中海沿岸の国でも多いが，最も多いのは中国(表1のB)である。なお，ブラジルは南アメリカ大陸に位置する国で，コーヒーの栽培などが多い。

基本　問10　太平洋ベルトは，関東地方から九州地方北部にかけて帯状に工業地帯・地域が連なった地域である。そこには三大工業地帯をはじめとした主要な工業地帯・地域が集中し，日本の人口の約60％，工業出荷額の約70％が集中している。この地域は海に面しており，原料や製品の輸送に便利なこと，人口が多いので労働者を集めやすいことなどの条件で工業が発達した。

【3】 (政治―武器の輸出入に関連した問題)

重要 問1　1　冷戦(1945～1989年)とは，第二次世界大戦後に鮮明になった世界を二分したアメリカ合衆国を中心とした資本主義の西側陣営とソ連を中心とした社会主義の東側陣営との，直接には戦火を交えない緊張状態のことである。1945年のヤルタ会談から始まり，1989年のマルタ会談で終結した。　2　国際連合の安全保障理事会は，アメリカ・ロシア・フランス・中国・イギリスの5ヵ国からなる常任理事国と10ヵ国の非常任理事国で構成され，国際平和と安全を守る責任を負っている。　3　図5の武器輸入国の中の，サウジアラビア・インド・エジプト・アルジェリアなどは，発展(開発)途上国と呼ばれる国々である。発展途上国とは経済的に発展途上にある国で，アジア・アフリカ・ラテンアメリカ諸国に多い。

基本 問2　北大西洋条約機構(NATO)は，1949年にアメリカ合衆国を中心とする西側陣営が結成した軍事同盟である。北大西洋条約機構の加盟国については，2023年4月にフィンランドが加盟し，2024年2月にスウェーデンの加盟が承認されたことで，北米の2ヵ国とヨーロッパの30ヵ国の合計32ヵ国となった。

問3　ア　アメリカ合衆国の第44代大統領のオバマ大統領は，伊勢志摩サミット出席後の2016年5月27日，現職のアメリカ合衆国大統領として初めて当時の安倍晋三首相とともに広島市の広島原爆記念公園を訪問し，広島平和記念資料館を視察し，慰霊碑に献花し，「核なき世界」の実現に向けた意思を示した。　イ　2017年に核兵器禁止条約が国連で採択されたが，日本はアメリカ合衆国やロシアなどの核保有国とともに，この条約に参加していない。　ウ　2018年4月27日に板門店で，大韓民国の文在寅大統領と朝鮮民主主義人民共和国の金正恩国務委員会委員長との首脳会談が行われた。この首脳会談では板門店宣言が発表されたが，1953年から休戦状態であった朝鮮戦争が正式に終結したことはない。

基本 問4　フェアトレード(公正取引)とは，発展途上国の原料や製品を適正な価格で継続的に購入することである。それによって立場の弱い発展途上国における産業を育成し，その地域の生産者や労働者の働き場や収入を確保することで，彼らの生活改善と経済的な自立を目指した取り組みのことである。

問5　え　国境なき医師団は非政府組織(NGO)の1つである。非政府組織は各国政府や国際連合から独立し，民間によってつくられた利益の追求を目的としない国際的な協力組織で，難民・医療・環境・人権などの分野で活動している。　お　セーブ・ザ・チルドレンは，1919年にイギリスで設立された非政府組織である。この組織は国連の経済社会理事会の総合協議資格を持っており，子どもの権利条約を理念とし，子どもの権利の保護を目標として活動している。なお，「あ」の青年海外協力隊は国際協力機構(JICA)の事業の1つ，「い」の国連の平和維持活動は国連の平和を保つことを目的に行う活動，「う」のユニセフは国連の補助機関の1つである。

★ワンポイントアドバイス★

全体の設問数は36題で地理・歴史・政治の各分野から大問1題ずつという構成であるが，政治分野はやや少なくなっている。また1行と4行の説明問題も2題含まれているので，自らの言葉で表現する練習もするようにしよう。

<国語解答>

一　問一　宝物　問二　腹　問三　ウ　問四　エ　問五　(例)　もの忘れが進んでいるおばあさんにとって忘れられないほど大切な子どもを自分が演じることに後ろめたさを覚えていたが，唯人のことばを受けて，おばあさんは本当に大切な思い出をふだんは心の奥にしまっているからこそ，今日だけでも大切な人と過ごしているような気分になるための手伝いができたのだと思えたから。　問六　(例)　アズが「よし子ちゃん」になりきっていたのをそばで見ていて，心を痛めながらもおばあさんに寄りそっていたことを知っているため，その思いやりにあふれる行動をその場のふんいきだけでからかって傷つけることが人として許せないという思い。　問七　イ　問八　ウ　問九　a　照(れ)　b　訪問　c　想像

二　問一　a　構築　b　骨折　c　貴重　d　救済　問二　(例)　他にとりえがなく，みんなが引き受けたがらない学級委員長を引き受けたことだけに，自分らしさ[自分の特別さ・かけがえのなさ]があると信じていた子。　問三　エ　問四　たくさん応　問五　ア　問六　まだ自分の中でも整理がついていない　問七　ふた　問八　(例)　エッセイとは，特別な体験を赤裸々に書くものではなく，ありふれたことでも，文章表現の豊かさによって特別な体験や面白いものに思えるようにするものだということ。　問九　親が見て悲しむもの，書いて誰かが悲しむもの　問十　ウ　問十一　1　(例)　普通は書くことができない，隠しておきたいようなエピソードを，勇気をもって書くことができることが，エッセイの読者に感動を与えると考えているから。　2　オ

○推定配点○

一　問三・問七・問八　各3点×3　問五・問六　各10点×2　他　各2点×6

二　問一・問五・問七　各2点×6　問二　7点　問六・問九　各4点×2

問八・問十一1　各10点×2　他　各3点×4　計100点

<国語解説>

一　(小説―心情・細部の読み取り，空欄補充，漢字の書き取り，慣用句，記述力)

問一　Ⅰは，おばあさんが「『大切な子ども』」としておんぶしている「古ぼけたミルクのみ人形」に話しかけている言葉なので，その人形について描かれている「アズはおばあさんから……」で始まる段落の「宝物(2字)」が適切。

問二　「腹をくくる」は決心を固める，覚悟を決める，という意味。

問三　――線部①までで，アズを自分の子どもだと思いこんで話しかけるおばあさんに話を合わせたアズは，自分のゼリーをアズに食べさせようとしたおばあさんに，そのゼリーをおばあさんに自分で食べてもらうために「『お母さんのために……』」と①のように話していることが描かれているので，ウが適切。おばあさんの話を否定しない①前までの描写と，①のあるアズのせりふをふまえていない他の選択肢は不適切。

問四　Ⅲのあるアズのせりふは，冒頭からの場面で描かれているように，人形を本物の赤んぼうのようにあやすおばあさんが「『おや。あれま！……』」と言って，アズを自分の子どもの「よし子ちゃん」と思いこんでいることに対するもので，この後で「『……よし子ちゃんでいいんだ』」とも話していることからエが適切。

やや難　問五　――線部②までで，自分のことは忘れているのに子どものことは忘れず，その子どもを演じることにアズは心を痛めていたが，唯人が子どものことは心の中の一番大事なとこにしまってあ

るのだと話してくれたことで，②のように考えることができたことが描かれている。これらの描写をふまえ，おばあさんの大切な子どもを自分が演じることに後ろめたさを覚えていたが，唯人のことばを受けて，大切な思い出をふだんは心の奥にしまっているからこそ，今日だけでも大切な人と過ごしているような気分になるための手伝いができたのだと思えたから，というような内容で，アズが②のように考えた理由を説明する。

重要 問六 ——線部③の「『よし子ちゃんを演じたアズの善意』」は，心を痛めながらもおばあさんの気持ちに寄りそって「よし子ちゃん」になりきっていたアズの行動に対するものである。そんなアズの行動を文香がからかい，おもしろがってみんなも笑いこけていることに，唯人は「アズを助けたい」と「強く思」い，みんなを止めようとして③のように思っていることをふまえ，「『よし子ちゃんを演じたアズの善意』」とともに，アズをからかって傷つけることが許せないといった唯人の思いを具体的に説明する。

問七 冒頭の説明にもあるように，人前で話すことが苦手で，伝えたいことを人に伝えられない唯人は，先生やクラスメイトに見守られながら過ごしていた。しかし，その苦手なこと，すなわちアズをからかうクラスメイトを止めるということをやろうとして——線部④のようになっているのでイが適切。冒頭の説明をふまえ，ふだんの自分ならできないことをやろうとしていることを説明していない他の選択肢は不適切。

重要 問八 アズの「『あっ，はい，よし子です』」のフレーズでアズのことをいじっていたクラスメイトに「『も，もう，ええかげんにしといてくれ！』」と唯人自身が言ったことで，——線部⑤のようになっているのでウが適切。級友の言動に対するものではない他の選択肢は不適切。

基本 問九 ═══線部aの音読みは「ショウ」。熟語は「照明」など。bの「問」を「門」などとまちがえないこと。cは心の中に思い浮かべること。同音異義語で実際に形にするという意味の「創造」と区別する。

二 (随筆文一要旨・心情・細部の読み取り，指示語，空欄補充，漢字の書き取り，慣用句，記述力)

基本 問一 ═══線部aは作り上げ，築いていくこと。bは骨が折れること。cはきわめて大切なこと。dは救い助けること。

重要 問二 ——線部①のある段落で，「勉強」や「運動」などが特別できたわけではなく「学級委員長であることだけが自分の誇りで……みんなが引き受けたがらない役割や仕事を引き受け……る自分が特別だと信じていた」という「子」であったことを述べているので，これらの内容を①の具体的な説明としてまとめる。

問三 ——線部②の「本当に特別になった気がした」は，「勉強は，……」で始まる段落の「『みんながしないこと』をする自分が特別だと信じていた」ことに対するものなのでエが適切。この段落内容をふまえた「特別」の意味を説明していない他の選択肢は不適切。

問四 「たくさん応募した……」で始まる段落で，「学生向けのエッセイ・作文コンクールは，本当はよい作文を求めているのではな」く「『エピソードトークの募集』や，『主催者の理念にマッチする適切な人間』の募集のように思う」と述べており，このことが——線部③の「もう，一位は取れない」ことの理由として挙げられる。

問五 Ⅰ直前の段落の「言いたい意地悪なことはたくさんあったけれど，それを(書くべき)とは思えなかった」という心情をふまえて「[Ⅰ]でなければ作文は書けないのか」「作文に書くために自分を[Ⅰ]にすることはできなかった」と述べているので，意地悪なことを言う人とは反対の意味のアが適切。

重要 問六 ——線部④の「煮えたぎっている」は，自分の心の中がわき返って落ち着いていない状態を表しているので，「だれにでも……」で始まる段落の「まだ自分の中でも整理がついていない(17

字)」とほぼ同じである。

問七　「ふたを開ける」は，物事の実情や結果などを見る，という意味。

やや難　問八　——線部⑤は「エッセイ」に対して筆者が感じていることである。冒頭で「不幸じゃなくても，赤裸々じゃなくても，エッセイは書ける」，⑤直前の段落で「文章表現ができることの豊かさはもっといろんな色でひかるはずだ」と述べていることをふまえ，「エッセイとは，特別な体験を赤裸々に書くものではなく，ありふれたことでも，文章表現の豊かさによって特別な体験や面白いものに思えるようにするものだということ」というような内容で，筆者が考えるエッセイについて説明する。

問九　——線部⑥のような作文は「本当に良い作文なのだろうか」と筆者は疑問を感じており，「親が見て……」で始まる段落で「親が見て悲しむもの，書いて誰かが悲しむもの(21字)」は「書かないよう努力しているつもりで」あることを述べているので，この部分を⑥の例としてぬき出す。

問十　——線部⑦は「『くどうさんはエッセイを書ける勇気があってすごいですね』」すなわち，「赤裸々に曝け出しながら暮らしていてすごいですね」という意味のことを言われることに対するものなのでウが適切。⑦直後の内容をふまえていない他の選択肢は不適切。

やや難　問十一　1　エッセイを読む「多くの人」について「だれにでも……」から続く2段落で，「読んだ方」は「人の死，大きな失敗」といったものに「『感動しました』『書いてくれてありがとう』」という感想をもち，「『くどうさんはエッセイを書ける勇気があってすごいですね』」すなわち，「赤裸々に曝け出しながら暮らしていてすごいですね」という意味のことを言われる，と述べていることをふまえ，多くの人が，いいエッセイの条件は赤裸々であることだと考えている理由を説明する。　2「友達と喧嘩した……」で始まる段落で，「友達と喧嘩したエッセイを書く生徒に……『ロシアンブルーのおなかの描写，とってもおもしろい……』『これだからいいじゃん。ロシアンブルーのおなかが曇天みたいだってことの方が……ずっといい』」と述べているのでオは適切だが，ウは不適切。アは最後の段落など，イは「たくさん応募……」で始まる段落で否定的に述べているので不適切。エも「わたしはいまも……」で始まる段落内容と合わないので不適切。

★ワンポイントアドバイス★

小説では，登場人物の表情や動作，言葉などから心情を的確に読み取っていこう。

第2回

2024年度

解　答　と　解　説

《2024年度の配点は解答欄に掲載してあります。》

＜算数解答＞

1　(1)　$1\frac{1}{6}$　(2)　7.8　(3)　2.4 $\left[\frac{12}{5}\right]$

2　(1)　86cm　(2)　0.3倍　(3)　A　810円　B　990円

3　(1)　2分20秒後　(2)　1470m

4　(1)　$a=6$，$b=12$，$c=60$　(2)　毎秒72cm³　(3)　6個

5　(1)　40cm²　(2)　6.8cm

6　(1)　18枚　(2)　白いタイル91枚　黒いタイル108枚

(3)　Nの値　19　枚数の和　2110枚

7　(1)　5　(2)　㋐　15　㋑　45　㋒　204　㋓　189　(3)　13，26，52，65

○推定配点○

5，6，7(1)・(3)　各5点×8(7(3)完答)　他　各4点×15(2(3)，4(1)，6(2)各完答)

計100点

＜算数解説＞

1　(四則計算)

(1)　$2\frac{5}{6}-1\frac{4}{6}=1\frac{1}{6}$

(2)　$4.8+3=7.8$

(3)　$1.25\div\frac{5}{18}\times\frac{8}{15}=\frac{12}{5}$

重要

2　(割合と比，倍数算，売買算，単位の換算)

(1)　$(125-8)\div(2+1)\times2+8=86$(cm)

(2)　AとBの重さの比…4：7

Cの重さ…$4\times\frac{35}{6}=\frac{70}{3}$

したがって，求める割合は$7\div\frac{70}{3}=0.3$(倍)

(3)　商品A・Bの定価…それぞれA・Bで表す

A＋B…$1620\div0.9=1800$

B×0.2…$1800-1602=198$

B…$198\times5=990$(円)

A…$1800-990=810$(円)

重要 3 (速さの三公式と比，割合と比，旅人算，単位の換算)

図ア

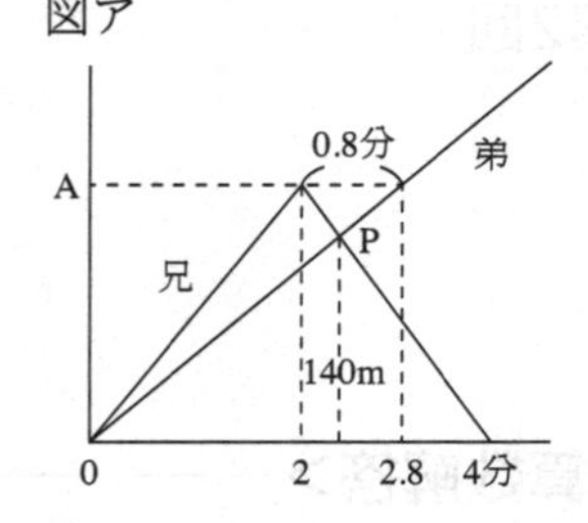

(1)　兄が2分で進む距離

…弟が$2\div5\times7=2.8$(分)で進む

頂点Pを共有する2つの三角形

…図アより，相似比は$(2.8-2):(2\times2)$

$=0.8:4=1:5$

したがって，2人が出会った時刻は$2+2\div(1+5)$

$=2\frac{1}{3}$(分後)　　すなわち2分20秒後

図イ

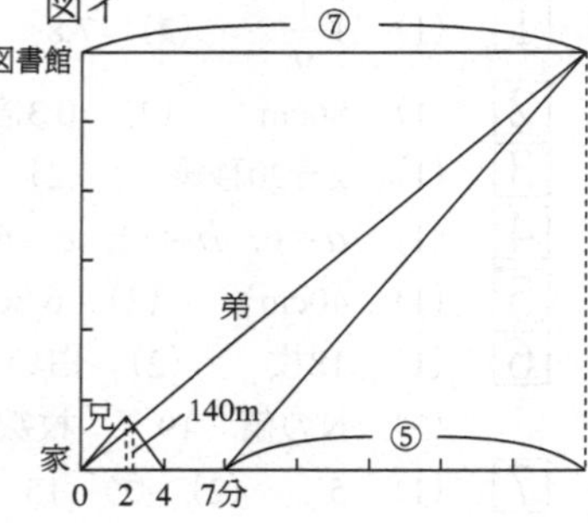

(2)　弟の分速…(1)より，$140\div\frac{7}{3}=60$(m)

兄の分速…$60\div5\times7=84$(m)

7分後の兄弟間の距離…$60\times7=420$(m)

兄が弟に追いつく時間…$420\div(84-60)=17.5$(分)

したがって，求める距離は$84\times17.5=1470$(m)

【別解】　図イ…$60\times7\div(7-5)\times7=1470$(m)

重要 4 (平面図形，立体図形，グラフ，割合と比)

立方体

…10個を2段に配置する

水面の高さが14cmのとき

…水の体積と10個の立方体の体積の和が水そうの容積に等しい

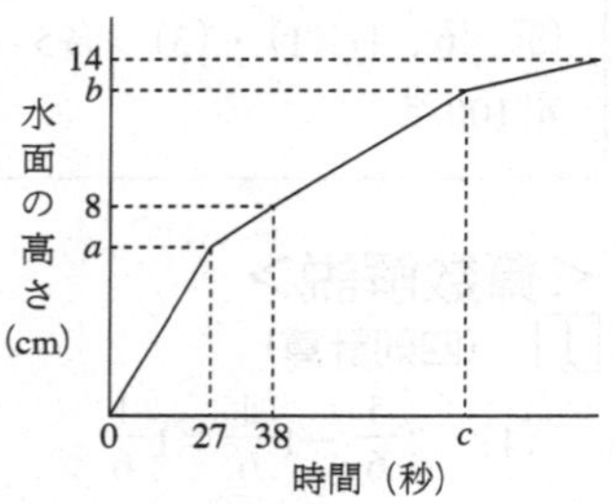

(1)　a…立方体1段の高さ6cm

b…立方体2段の高さ12cm

水面の高さが6cmから8cmまで上昇する時間…グラフより，$38-27=11$(秒)

水面の高さが6cmから1cm上昇する時間…$11\div(8-6)=5.5$(秒)

c…$38+5.5\times(12-8)=60$(秒)

(2)・(3)　水面の高さが6cmまで入った水の体積とその上の6cmまで入った水の体積の比

…(1)より，$27:(60-27)=9:11$

立方体1段の個数…$2\times9\div3+1=7$(個)

10個目の立方体を2段目に置く場合

水面の高さが6cmまで入った水の体積…$18\times30\times6-6\times6\times6\times7=1728$($cm^3$)

1段目に水がたまる部分の底面積…$18\times30-6\times6\times2\times3=324$($cm^2$)

2段目に水がたまる部分の底面積…$18\times30-6\times6\times(3+1)=396$($cm^2$)

これらの底面積の比…$324:396=9:11$

1段目の立方体の個数…$2\times3=6$(個)

したがって，毎秒の給水量は$324\times6\div27=72$(cm^3)

重要 **5 （平面図形，割合と比）**

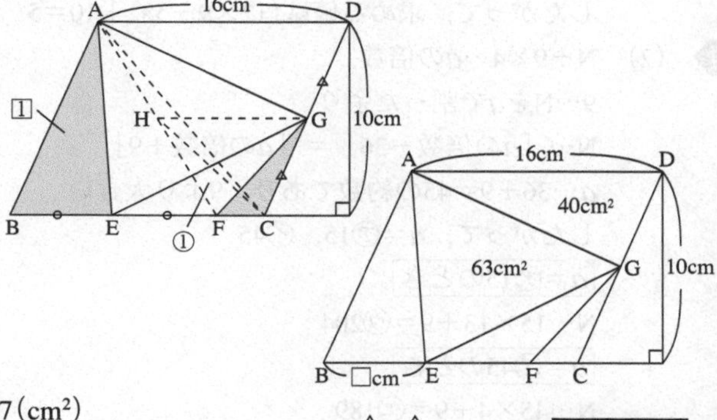

（1）　三角形ABEの面積
…右図より，1
三角形GFC＝HFCの面積
…①
1＋①…16×10÷2÷2＝40（cm²）

（2）　三角形AGDの面積
…40cm²
三角形GECの面積
…（1）より，16×10－（63＋40×2）＝17（cm²）
したがって，BEは17×2÷5＝6.8（cm）

6 （平面図形，規則性，文字と式）

〈図形1〉　〈図形2〉

重要 （1）　図形1の白タイル…1枚
図形2の白タイル…3＋2×2＝7＝6×1＋1（枚）
図形3の白タイル…5＋（4＋3）×2＝19＝6×（1＋2）＋1（枚）
図形4の白タイル…7＋（6＋5＋4）×2＝37＝6×（1＋2＋3）＋1（枚）
したがって，求める白タイルは37－19＝18（枚）

（2）　図形1の黒タイル…2＋1＝3（枚）
図形2の黒タイル…4＋3×2＋2＝12＝2×6（枚）
図形3の黒タイル…6＋（5＋4）×2＋3＝27（枚）
図形4の黒タイル…8＋（7＋6＋5）×2＋4＝48＝4×12（枚）
図形6の白タイル…（1）より，6×（1＋2＋3＋4＋5）＋1＝91（枚）
図形6の黒タイル…6×18＝108（枚）

やや難 （3）　図形1のタイルの枚数の和…1＋3＝4＝1×3＋1（枚）
図形2のタイルの枚数の和…7＋12＝19＝3×6＋1（枚）
図形3のタイルの枚数の和…19＋27＝46＝5×9＋1（枚）
図形4のタイルの枚数の和…37＋48＝85＝7×12＋1（枚）
図形5のタイルの枚数の和…9×15＋1（枚）
図形Nのタイルの枚数の和…（2×N－1）×3×N＋1
（2×N－1）×N…（2024－1）÷3≒675
N＝18のとき…（2×18－1）×18＝630
N＝19のとき…37×19＝703
したがって，求めるNは19，タイルの枚数は703×3＋1＝2110（枚）

7 （演算記号，文字と式，数の性質）

N，a，b…0でない整数
a…Nより小さい
b…Nをaで割った余り
（N，a）…N＋b×△がaで割り切れるときの△

重要 （1）　（58，12）…N＝58，a＝12
b…58÷12＝4余り10より，10
58＋10×△…12の倍数

したがって，求める値は$(12\times9-58)\div10=5$

やや難 (2) $N+9\times4$…aの倍数
9…Nをaで割った余り
N…「aの倍数-36」＝「aの倍数$+9$」
a…$36+9=45$の約数であり，9より大きい
したがって，a=㋐15，㋑45
a=㋐15のとき
N…$15\times13+9$=㋒204
a=㋑45のとき
N…$45\times4+9$=㋓189

(3) $N+b\times12$…aの倍数
b…Nをaで割った余り
N…「aの倍数$-b\times12$」＝「aの倍数$+b$」
a…$12+1=13$の倍数
$100+b\times12=4\times(25+b\times3)$…13の倍数より，$25+b\times3$が13の倍数
$b=9$のとき…$25+9\times3=52=13\times4=26\times2=52\times1$
$b=35$のとき…$25+35\times3=130=65\times2$
したがって，aは100より小さく，13，26，52，65

★ワンポイントアドバイス★

4 (3)「下段にある立方体の個数」が問われているので，「上下2段」の立方体の実際の個数を確認することになる。5「平行四辺形と三角形の面積」の問題は，解けるように練習しよう。7 Nに関する問題は，解きにくい問題である。

＜理科解答＞

1 問1 2.5kg 9cm 問2 0.4cm 問3 300g 問4 式 $300\div(300-6)=1.020$…
答え 1.02g

2 問1 X ク Y イ Z オ 問2 (あ) 40 (い) 6 問3 (1) ×
(2) × (3) ○ 問4 1.4個分 問5 発生した気体Zの一部が水に溶けたから。
問6 塩化水素を電気分解するのに必要な電池は最低1個分であり，水の電気分解に必要な1.4個分より少なくてよいから。

3 問1 ア 問2 不完全変態 問3 エ 問4 ア，エ 問5 ア，ウ，エ
問6 ① ウ ② オ ③ ア ④ カ

4 問1 南アメリカ大陸とアフリカ大陸の大西洋をはさんだ海岸線の形が似ていることに気づいた。 問2 8000万年後 問3 ウ 問4 オ 問5 火山の分布と日本海溝が平行な関係になっている。

○推定配点○
1 問4 4点(完答) 他 各2点×4 2 問1，問3 各1点×6 問5，問6 各3点×2
他 各2点×3 3 各2点×9 4 問1，問5 各3点×2 他 各2点×3 計60点

＜理科解説＞

1 （力のはたらき―ばね・浮力）

基本 問1　ばねの伸びが10cmのときおもりの重さが5kgなので，ばねの伸びが5cmではおもりの重さは2.5kgである。4.5kgの物体をつるすとき□cm伸びるとすると，5：10＝4.5：□　□＝9cm

基本 問2　1kgで2cm伸びるので，200gで□cmとすると，1000：2＝200：□　□＝0.4cmになる。

基本 問3　こぼれた水の重さが浮力に等しく，おもちゃの舟が水に浮くので船の重さと浮力がつりあっている。それで船の重さは300gである。

重要 問4　真水の時のあふれた水の体積は300cm³で，これが海水より6cm³多かったので，海水のときにあふれる水の量は300－6＝294（cm³）である。その重さは船の重さと同じ300gになるので，海水1cm³当たりの重さは300÷（300－6）＝1.020≒1.02（g）である。

2 （物質の性質―電気分解）

基本 問1　水を電気分解すると，陰極に水素（気体X），陽極に酸素（気体Y）が発生する。塩酸を電気分解すると，陽極に塩素（気体Z）が発生する。

問2　表1より，電気分解で発生する気体の体積は，流れた電流の大きさと電池をつないだ時間の積に比例する。実験2と6を比較すると，電流の大きさが6倍で気体Xの体積が2倍なので，電池をつないだ時間が$\frac{1}{3}$倍になる。よって，（あ）は$120\times\frac{1}{3}=40$（秒）である。（い）は3×2＝6（mL）になる。

問3　（1）　×　電池を並列につないでも電圧は変わらず，電流は流れないので電気分解は起きない。（2）　×　水以外の物質については，電池1個分の電流で電気分解が起きるかどうかは判断できない。　（3）　○　実験結果より，電流が流れれば電気分解が起きる。よって，電気分解が起きなければ電流は流れない。

問4　表1の電池の数と電流の大きさをグラフに取ると直線になり，この直線が横軸と交わる点は電池の数が1.4個のときである。これより電池の数を増やすと電流が流れ出す。

問5　塩素は水にとけるので，発生した塩素の一部が水にとけ体積が減少する。

問6　表2の電池の数と電流の大きさをグラフに取ると問4で書いたグラフと平行な直線になり，この直線が横軸と交わる点は電池の数が1.0個のときである。塩素が発生するとき必要な電池の数は，酸素の発生の時より少ないので，塩素の方が先に電気分解で発生する。

3 （昆虫・動物―ウンカの観察）

問1　羽が長い成虫の方が遠くまで飛ぶことができる。個体群密度が高いと，エサや繁殖をめぐる争いが激しくなるので，群れの大きさを小さくするためにバッタが移動する。羽が長い方が移動に適している。

基本 問2　さなぎの時期を経ないで成虫になることを不完全変態という。

問3　ウンカはイネの茎に口を刺しこんで栄養分を吸い取るので，セミと同じような口の形をしていると考えられる。セミも樹木に口を刺しこんで樹液を吸う。

問4　イネの茎数が1本で幼虫数が5匹のとき，長ばね型の割合が83％になっているのでイは間違い。幼虫数が25匹や50匹のときでも，イネの本数が多いと長ばね型の割合は少なくなるのでウは間違い。正しいのはア，エである。

問5　幼虫数が20匹の場合を除いて他の全ての幼虫数において，オスの方がメスより長ばね型になりやすいのでアは間違い。オスのウンカの幼虫数が1匹の時でも100％長ばね型になるので，エサが十分あってもオスが長ばね型になる。よってウは間違い。メスは1匹のときすべて短ばね型になるので，エも間違い。

問6　実験2で試験管内の幼虫数が20匹のときメス，オスともに100％長ばね型になることから，エサが不足している環境ではオス，メスともに長ばね型になりやすい。その理由は，エサがたくさんある環境を探して移動しやすいことが考えられる。エサが足りていても実験2のオスが1匹のとき100%長ばね型になるが，メスは0%であることから，周囲に仲間がいない環境ではオスに長ばね型が多く出現する。これは交尾できる相手を見つけるために移動することが必要だからと考えられる。

4 (大地の活動―大陸移動説・火山)

問1 ウェゲナーは，南アメリカ大陸とアフリカ大陸の大西洋をはさんだ海岸線がぴったりくっつくことに気がついて，大陸移動説のヒントを得た。

重要 問2 1年間に8cmずつ日本に近づくので，6400kmを移動するのにかかる時間は，640000000÷8＝80000000(年) つまり8000万年後と計算できる。

問3 伊豆半島は，フィリピン海プレートの上にできた火山島がプレートの移動によって本州に衝突して現在のような形になったと推定される。

問4 プレートの境界線から火山の列までの距離が短いほど，急な角度でプレートが沈み込んで急激に深くなっている。地図のオの部分がもっともその距離が短く，急な角度で沈み込んでいる。

問5 日本海溝と火山の列が平行になっていることがわかる。海溝の部分でプレートが沈み込みほぼ同じ深さでマグマができ，そこからマグマが上昇し火山ができるためである。

★ワンポイントアドバイス★
実験や観察に基づいて答を導く形式の問題である。数値の読み取りやそこから読み取れる規則性に気づく力が必要である。

＜社会解答＞

【1】 問1 エ→ウ→イ→オ→カ→ア 問2 A う B か C こ D き E く F し 問3 ① キ ② オ ③ カ ④ イ 問4 あ・え 問5 え 問6 調 問7 日本橋 問8 大日本帝国憲法では，国民の権利を法律の範囲内で認め，国民の義務を兵役と納税とした。

【2】 問1 ① う ② ラムサール条約 問2 あ 問3 ア お イ あ 問4 う 問5 ① い ② 長崎県 問6 あ 問7 ① え ② 8 問8 い 問9 ① (約)2(km) ② ア × イ ○ ウ ○

【3】 問1 ① え ② 化石 問2 水銀 問3 う→あ→い→え 問4 あ 問5 ① A 上がる B 買い控える C 減る ② 太陽光発電や風力・水力・地熱発電など，二酸化炭素を出さない方法で発電事業をしている企業に対して，この税金で得た収入を財源として政府が補助金を交付し，この発電事業を援助することにより二酸化炭素の排出量を減らす，という効果を指す。

○推定配点○

【1】 各2点×16(問1，問4各完答) 【2】 各1点×16 【3】 問5② 4点 他 各1点×8(問3完答) 計60点

＜社会解説＞

【1】 (日本の歴史―歴史上の都市から見た日本)

問1　アのアメリカ軍の空襲をうけたのは太平洋戦争(1941～1945年)の時期なので昭和時代(1926～1989年)，イの足利義満が金閣を建てたのは北山文化(14世紀末～15世紀初)なので室町時代(1336～1573年)，ウの平清盛が厳島神社の社殿をつくりなおしたのは平安時代(794～12世紀末)末期，エの平城京がつくられ，遷都がおこなわれたのは710年なので奈良時代(710～784年)，オの大塩平八郎が同志を集めて兵をあげたのは1837年なので江戸時代(1603～1867年)，カの西郷隆盛をかついだ士族たちが西南戦争をおこしたのは1877年なので明治時代(1868～1912年)のことである。したがって，これらの出来事を時代が古い方から順にならびかえると，エ→ウ→イ→オ→カ→アとなる。

重要　問2　A　アメリカ軍の空襲をうけ，一夜にして10万人以上の人々の命が奪われたのは東京(図1の「う」)である。　B　足利義満が金閣を建てたのは，京都(図1の「か」)の北山である。　C　平清盛が社殿をつくりなおした厳島神社があるのは，広島県の宮島(「こ」)である。　D　平城京がつくられ，遷都がおこなわれたのは，奈良県の奈良盆地(「き」)北部である。　E　大塩平八郎が同志を集めて兵をあげたのは，大阪(「く」)である。　F　西郷隆盛をかついだ士族たちが西南戦争を起こしたのは，鹿児島(「し」)である。なお，図1の「あ」は函館，「い」は仙台，「え」は横浜，「お」は富山，「け」は高知，「さ」は福岡である。

問3　①　日本で初めてラジオ放送がおこなわれたのは1925年の大正時代(1912～1926年)のことなので，関係の深い文はない。　②　歌舞伎や人形浄瑠璃の作者であった近松門左衛門が人気を集めたのは，下線部(オ)の江戸時代である。　③　東京・横浜間で公衆電報が始まったのは1869年のことなので，下線部(カ)の明治時代である。　④　観阿弥と世阿弥によって能が大成されたのは，下線部(イ)の室町時代である。

問4　アメリカ軍の空襲をうけ，一夜にして10万人以上の人々の命が奪われた東京大空襲が起こったのは，1945年3月10日である。　あ　日本と軍事同盟を結んでいたドイツはヒトラーが自殺して，1945年5月7日に連合国に無条件降伏した。　え　選挙法が改正され，20歳以上のすべての男女に選挙権が認められたのは1945年12月のことである。なお，「い」の日本軍がナンキン(南京)を占領したのは1937年，「う」の日米安全保障条約が結ばれたのは1951年，「お」の日本軍が満洲国を建国させたのは1932年のことである。

重要　問5　B　足利義満(1358～1408年)が，中国との国交を開いた時の王朝は明(1368～1644年)である。　C　平清盛(1118～1181年)が，中国との貿易を盛んにおこなった時の王朝は宋(960～1276年)である。　D　中国の都をまねて平城京がつくられて遷都された時(710年)の王朝は唐(618～907年)である。

問6　奈良時代に地方の特産物を納める税は，「調」である。「調」は律令制のもとでの税の1つで，17歳以上の成年男子に課され，絹・麻布・鉄・海産物などのそれぞれの地方の特産物を中央に納めた。また，それらの物品を都へ運ぶのも義務とされた。

基本　問7　日本橋は江戸時代には五街道の起点として，江戸における交通や物流の要所であった。現在もオフィス街や商業地が広がり，東京の経済・金融の中心となっている。

やや難　問8　大日本帝国憲法では国民の権利(基本的人権)は臣民の権利と位置づけられ，与えられた国民の権利は天皇の恩恵によるものとされた。そのため法律の範囲内で認め，また法律によって制限することができた。また国民の義務は，第20条で兵役の義務，第21条で納税の義務が定められていた。

【2】 (日本の地理―愛称を持つ空港から見た日本)

重要 問1 ① 釧路空港は北海道釧路市にあり，その愛称は「たんちょう釧路空港」である。たんちょうはツル科の鳥で，全長1.4m，翼開帳2.3mで，日本産の鳥の中では最も大きいものの1つである。ロシア極東地方南部のウスリー川流域からアムール川中流域にかけて繁殖し，朝鮮半島や長江下流域に渡って越冬する。日本には北海道東部に留鳥として生息し，繁殖期には湿原や湖沼畔に滞在する。なお,「あ」のおおわしはオジロワシ属に分類され，冬季に越冬のため北海道や本州北部に飛来する冬鳥,「い」のうぐいすは日本三鳴鳥の1種で，日本の多数の自治体に指定されている鳥,「え」のはくちょうはカモ科の7種の水鳥の総称で，冬季に日本などに渡って越冬する大型の渡り鳥である。 ② ラムサール条約は，正式名称を「特に水鳥の生息地として国際的に重要な湿地に関する条約」という。この条約は，1971年にイランのラムサールで開かれた「湿地及び水鳥の保全のための国際会議」で採択されたものである。

問2 「桃太郎空港」の桃太郎のゆかりの地とされる場所は全国にあるが，その中でも岡山県が最有力地とされ，文化庁からゆかりの地として正式に認定されている。他方，岡山空港は岡山県岡山市北区にある地方管理空港で，その愛称は「岡山桃太郎空港」である。なお,「い」の広島は中国地方,「う」の福島は東北地方,「え」の三重は近畿地方の県である。

問3 航空貨物は一般に価格は高いが，小型で重量が軽い製品という特色がある。日本の主な航空貨物で輸出品目の第1位(表中のア)は半導体等電子部品(「お」)，輸入品目の第1位(表中のイ)は医薬品(選択肢「あ」)であり，同2位は半導体等電子部品となっている。

基本 問4 宮崎県は野菜や果実の促成栽培，サツマイモなどの生産が盛んであるとともに，畜産業でも乳牛・肉牛・豚・鶏のいずれも全国有数の生産高をあげている。したがって，表中では畜産の品目割合が最も多い「う」が宮城県にあたる。なお，表中の「あ」は佐賀県,「い」は熊本県である。

問5 ① 対馬(「い」)は九州の北方の玄界灘にある島で，島全域が対馬市となっている。島の面積は約708k㎡で，国内第10位である。なお,「あ」は種子島,「う」は屋久島,「え」は佐渡島である。 ② 対馬は，長崎県に属している島である。長崎県は九州地方に位置し，リアス海岸が続く複雑な海岸線を持ち，五島列島，壱岐島，対馬などの数多くの島を含んでいる。そのため県内の島の数は全国一で，その海岸線の長さ(約4178km)は北海道に次いでいる。

基本 問6 高知市は太平洋側の気候にあたるので夏は降水量が多く気温も高く，冬は比較的温暖で降水量が少なく乾燥した晴天が多いので，雨温図「あ」があてはまる。なお,「い」は福岡市,「う」は那覇市,「え」は金沢市のものである。

問7 ① 従来，日本の島の数は6852島とされてきたが，2023年2月に数え直しが行われた結果，14125島となった。その中で鹿児島県に属している離島は1256島あり，全国の都道府県で3位である。この鹿児島県よりも離島が多いのは，1位の長崎県1479島，2位の北海道(「え」)の1472島である。なお,「あ」の青森県の離島は264島で全国18位,「い」の静岡県の離島は243島で全国21位,「う」の兵庫県の離島は203島で全国23位である。 ② 海に面していない都道府県は内陸県と呼ばれ，栃木県・群馬県・埼玉県・山梨県・長野県・岐阜県・滋賀県・奈良県の8県である。これらの県はいずれも本州にあり，関東地方に3県(栃木県・群馬県・埼玉県)，中部地方に3県(山梨県・長野県・岐阜県)，近畿地方に2県(滋賀県・奈良県)となっている。

問8 合計特殊出生率は1人の女性が一生に産む子どもの数の平均を表したものであり，15歳から49歳までの女性が産んだ子どもの数をもとに算出されている。現在の日本の合計特殊出生率は1.30(2021年)なので，一番近い数値は1.3である。

重要 問9 ① 縮尺2万5000分の1の地形図では地図上1cmの長さは，実際の距離で250mにあたる。設問文に「この地形図上の地点Aと地点Bは約8cm離れています」とあるので，実際の距離は250(m)×8＝2000(m)＝2(km)となるので，約2kmとなる。　② ア　縮尺2万5000分の1の地形図では，等高線の主曲線(細い線)は10mごと，計曲線(太い線)は50mごとに引かれる。地形図中の地点Aの標高は420m，地点Bの標高は310mとなるので，地点Aと地点Bの標高を比べると，地点Bではなく地点Aの方が標高は高い。　イ　設問文に「上が北となっています」とあるので，「図の南西部の低地部」とは地形図中の天城町の「松原」や「岡前」の地域になる。それらの地域には，畑(∨)の地図記号が確認できる。　ウ　地形図中に小・中学校(文)の地図記号が天城町を中心とした地形図中の「岡前」の右側の1つ，「与名間」の左側にも1つ確認できるので，小・中学校は複数見られる。

【3】 (政治―地球温暖化や環境問題に関する問題)

問1　①　眞鍋淑郎(1931～)は日系アメリカ人の地球科学者で，温室効果ガスと地球温暖化の関係を示した功績によって，2021年にノーベル物理学賞を受賞した。これで日本人のノーベル物理学賞の受賞者は12人となった。なお，ノーベル賞の日本人受賞者は全部で29人(2024年)いるが，「あ」の経済学賞は該当者がなく，「い」の化学賞は8人，「う」の生理学・医学賞は5人となっている。　②　化石燃料は，石油・石炭・天然ガスなどのかつての動植物の遺骸が変化してできた燃料である。化石燃料はたくさん燃やすと多くのガスを排出するので，大気汚染や地球温暖化など，環境に重大な影響を及ぼす。

基本　問2　水銀に関する水俣条約は，地球規模の水銀および水銀化合物による汚染，そのことによって引き起こされる健康・環境被害を防ぐために国際的に水銀を管理することを目的とした条約である。この条約は2013年1月にジュネーブで開かれた国連環境計画の政府間交渉委員会でその名称が定められ，同年10月に採択され，2017年8月に発効した。

重要　問3　「あ」の日本で環境庁が設置されたのは1971年，国連人間環境会議がストックホルムで開催されたのは1972年，「い」の「環境と開発に関する国際連合会議(国連環境開発会議(地球サミット))」が開催されたのは1992年，日本で環境基本法が制定されたのは1993年，「う」の日本で公害対策基本法が制定されたのは1967年，日本のGNPが世界第2位になったのは1968年，「え」の日本で環境省が発足したのは2001年，「持続可能な開発に関する世界首脳会議(環境・開発サミット)」が南アフリカ共和国のヨハネスブルグで開催されたのは2002年のことである。したがって，これらのできごとを年代の古い方から順にならべかえると，「う」→「あ」→「い」→「え」となる。

問4　ハイブリッドカーは2種類以上の動力源を用いた自動車のことであり，最近では電気で動かすモーターとガソリンで動かすエンジンの両方を組み合わせた車を指している。この車はこれまでの自動車に比べて，ガソリンの使用量を約2分の1にし，二酸化炭素をはじめとした排気ガスの排出量も減らすことができる。したがって，ハイブリッドカーは「ガソリンで動かすモーターと電気で動かすエンジン」ではなく，「電気で動かすモーターとガソリンで動かすエンジン」である。

やや難　問5　①「価格効果」とは課税をすることで，二酸化炭素の排出量を抑えようとすることである。したがって，設問に示された文章の空欄を埋めて，「価格効果」の説明を完成させると「この税金が課されると，二酸化炭素を排出する石油・石炭・天然ガス等の燃料の価格が上がる(空欄A)ので，これらの燃料を欲しがっていた人びとの多くは燃料を買い控える(空欄B)ようになる。これにより石油・石炭・天然ガス等の燃料の消費量が減る(空欄C)ことになり，二酸化炭素の排出量が削減される。」となる。　②　環境省がいう「財源効果」とは，集めた税金を二酸化炭素の排出を抑えるための政策に使うことで，二酸化炭素の排出量の削減につなげようとするものである。そのためこの「財政効果」を発電事業に当てはめると，太陽光発電や風力・水力・地熱発電などの二酸化炭素を出さない方法で発電事業をしている企業や事業者に対して，この税金で得た収入を財源として政府が補助金を交付し，この発電事業を援助することにより二酸化炭素の排出量を減らそうとすることになる。

★ワンポイントアドバイス★

地理・歴史の分野がほぼ同じ割合で，政治分野がやや少ないという問題全体の構成に基本的な変化はない。ただし，3～4行の説明問題にはやや難易度が高い設問もあるので，日頃から書く練習をするようにしよう。

<国語解答>

一　問一　(例)　実現したい目標を日記に先に書き，その後努力することで目標を達成できた過去の経験から，鉄棒でも同じことをすればいいと思ったから。　問二　エ

問三　(例)　山下君は優等生の田中さんのことが苦手に見えたのにいつの間にか仲良くなっていたり，それまでとは違って授業中もまじめになっている上，休み時間まで勉強するほどになっていたりしたから。　問四　しばらくだ　問五　ウ　問六　ウ

問七　(例)　友だちをまねて，できなかったことを実現させるための日記を書きはじめたものの，その内容を達成する見込みや自信を持てずにいたが，それでも自分から目標に向けて一歩ふみ込んで日記を見せ合う約束を提案すると，それに対して友達が応えてくれたので，きっとがんばって日記を書き上げ目標を達成できると思えるようになったから。

問八　エ　問九　a　印象　b　検定　c　複雑　d　羽化

二　問一　a　費　b　貧　c　提供　d　講演　問二　イ　問三　Ⅰ　エ　Ⅱ　ア　Ⅲ　ウ　Ⅳ　イ　問四　エ　問五　(例)　科学が凄まじい早さで進歩するにつれて環境が忙しくなり，人々が活字文化に触れる機会がますます減少しつつある。このままだと人間は知的に退行してしまい，やがて人類は自らが生み出した科学技術を安全に用いたり制御したりすることができなくなり，お互いに争いを始めて絶滅するにいたってしまうのではないかという考え。　問六　(例)　かつては自分がいる限られた環境の中でどのように過ごすかは選ぶことができなかったが，今では多くの人が科学の進歩によって提供される様々なサービスの中から，自分にとって気楽で快適な過ごし方を選択することができるようになり，そしてそのまま何も考えずに多くの時間を気ままに過ごしてしまうこと。　問七　ア

○推定配点○

一　問一・問三・問七　各10点×3　問二・問九　各2点×5　問八　4点　他　各3点×3

二　問二　3点　問四・問七　各4点×2　問五・問六　各10点×2　他　各2点×8

計100点

<国語解説>

一　(小説―心情・細部の読み取り，空欄補充，漢字の書き取り，記述力)

重要　問一　――線部①後で①のようにできた説明として，日記に「泳げるようになった」ことや「長距離走」など「実現したい目標を先に書き，そのあと練習を重ねて目標を達成し……『必ずできる』と自分に言って，努力する」ことで「願いがかなう」ので「今回もそれをやってみよう」と

いうことが描かれているので，これらの内容を①の理由として簡潔にまとめる。

問二 [ウ] は「とっつきにくいと思われている」ことと同じような意味のことばなので，近づくのをさけるという意味のエがあてはまる。

問三 ——線部②前で「はじめのうちは田中さんの横で緊張し」ていたが，田中さんと「休み時間に話をしたり……勉強を教えてもらったりするようになった」山下くんの様子や，②後の「ある日……」で始まる場面で「ぼく」が山下くんに「『授業中すごくまじめだったりして……』」と話していることが描かれているので，これらの内容を②の理由として説明する。

問四 山下くんが「憂鬱」という漢字を書けるようになったと話したことで,「ぼく」は——線部③のように思っており，この話を山下くんが始めるときに「ちょっと興奮したときのしるし」として「しばらくだまって歩いたあと，山下くんは鼻をピクピクさせた。」ことが描かれているので，この一文が，山下くんが自分に心境の変化があったと気づいた様子を描写している。

問五 「『……光平にはもっと影響を受けたかも』」と山下くんに言われたものの,「ぼく」は素直に受け止めずに——線部④のように応え，さらに⑤で「『……こんなこと言うつもりはなかったけど』」と山下くんが話していることからウが適切。お互いに自分の気持ちを率直に伝えるのに照れくささがあることを説明していない他の選択肢は不適切。

問六 ——線部⑥後で描かれているように，日記の中身は「まだ実際に書いてはいないけど，項目のイメージはいくつかあ」り「具体的な内容はこれから考える」ため，⑥のようにはっきりとしない様子でうなずいているのでウが適切。⑥後の「ぼく」の心情をふまえていない他の選択肢は不適切。

やや難 問七 ——線部⑦前で，友だちの「ぼく」，すなわち光平が実現したい目標を達成するために日記を書いていることをまねて日記を始めたものの，苦戦して弱気になっていたが，一歩ふみ込んで夏休みバージョンにしたものを見せ合わないかと光平に提案し，光平もそれに応えてくれたことが描かれている。これらの内容をふまえ，日記を書き上げて目標を達成できると思えるようになって「明るさがもどった」山下くんの心情を説明する。

重要 問八 ——線部⑧は，今年は雨が少なく，川の底まで見える末広川を見ながら，三年前の三年生のときには大雨の翌日でにごった水があふれそうなほど，勢いよく流れていたことが思いうかんだ時にひらめいたことばで，この後で日記の準備をしようとしていることからエが適切。今流れている末広川の水は三年前とは違うのと同じように，新しい自分になろうと思えたことを説明していない他の選択肢は不適切。⑧は「川の流れは絶えることはなく，それでいてそこを流れる水は同じもとの水ではない」という意味。

基本 問九 ===線部aの「象」を「像」，bの「検」を「険」などとまちがえないこと。cの「複」の部首は「ネ(ころもへん)」であることに注意。dはこん虫のさなぎが成虫になること。

二 (随筆文一要旨・心情・細部の読み取り，空欄補充，漢字の書き取り，記述力)

基本 問一 ===線部aの音読みは「ヒ」。熟語は「消費」など。bの音読みは「ビン」,「ヒン」。熟語は「貧困」など。cは相手に役立ててもらうために差し出すこと。dの「講」を「構」や「公」などとまちがえないこと。

問二 ——線部①直後の段落で①の説明として，「ひとつの方法を学習してしまうと，それに代わる合理的な新手法を……受け付け」ないことを述べているのでイが適切。①直後の段落内容をふまえ，習慣ややり方を簡単に変えられないことを説明していない他の選択肢は不適切。

問三 Ⅰは後に打ち消しの表現をともなっているので「まったく，まるっきり(～ない)」という意味でエ，Ⅱは「世間一般に言われる」という意味でア，Ⅲは直前の内容より直後の内容であるという意味でウ，Ⅳは後に疑問の表現をともなっているので「いったい」という意味でイがそれぞれ入る。

問四　――線部②は直前で述べているように，「本でも読むほかには時間の潰しようがな」く，その結果「教養を得る」ことになる，ということなのでエが適切。直前の内容をふまえていない他の選択肢は不適切。

やや難 問五　――線部③のある段落から続く3段落で，「科学の急進的」で「加速度的な進歩」によって「忙しい環境」になった「結果として……生活様態はいよいよ活字文化を圧迫する」こと，「科学」の始原である「火の支配」と「芸術の始原」である「言葉の所有」の「バランスが……殆うくなって」おり，「科学に圧迫された……活字ばなれは，科学の安全を保障する知性の退行を招」き，「火の本質を忘れてしまえばわれわれは……絶滅するのである」と述べていることをふまえ，これらの内容を③で表している筆者の考えとしてまとめる。

問六　――線部④直後から続く3段落で，「機内サービスは科学の成果そのものであって，昔は本でも読むほかには時間の潰しようがなかったのだが，今では自在に音楽を聴いたり……と，フライト中に退屈することがな」く，「われわれはテイキョウされるすばらしい環境の中で，いかにして有意義に時を過ごすかという選択を迫られ……かくして科学の成果に身を委ねたわれわれの人生は，安逸に，平穏に……過ぎてゆく」と述べていることをふまえ，人々が「旅客機の中」でどのように過ごすようになったかを具体的に説明する。

重要 問七　――線部⑤は，文学賞の候補作の二十冊程度の長編を一行も読み落とさないよう読み終えたときの「言葉の尊厳を，またひとつ護った」すなわち，作家を目指す人たちの作品を読むことで，言葉を次の世代につなげることができた，という気持ちを表しているのでアが適切。「言葉の尊厳を，またひとつ護った」ことを説明していない他の選択肢は不適切。

★ワンポイントアドバイス★

随筆文では，経験を通して筆者がどのようなことを感じたかをしっかり読み取っていこう。

2023年度

★★★★★★★★★★★★★★★★★★★★★★★★

入　試　問　題

2023年度
桐朋中学校入試問題（第１回）

【算　数】（50分）　＜満点：100点＞

1　次の計算をしなさい。

(1)　$2\frac{2}{3}-\frac{17}{7}+\frac{1}{2}$

(2)　$1.04\times(3.4-0.9)-1.8\div2.4$

(3)　$\left(2.07\div2.3-1.3\times\frac{2}{3}\right)\div1\frac{3}{5}$

2　次の問いに答えなさい。

(1)　１個20円のアメと１個50円のチョコレートを合わせて30個買ったところ，代金は990円になりました。チョコレートを何個買いましたか。

(2)　公園に男子と女子が同じ人数だけ集まっています。男子が２人帰り，女子が４人来たので，男子の人数と女子の人数の比は３：５になりました。はじめに男子は何人いましたか。

(3)　右の図のように，１辺の長さが６㎝の正方形の中に，半径の等しい９つの円がぴったり入っています。図の黒い部分の面積は何cm^2ですか。円周率を3.14として計算しなさい。

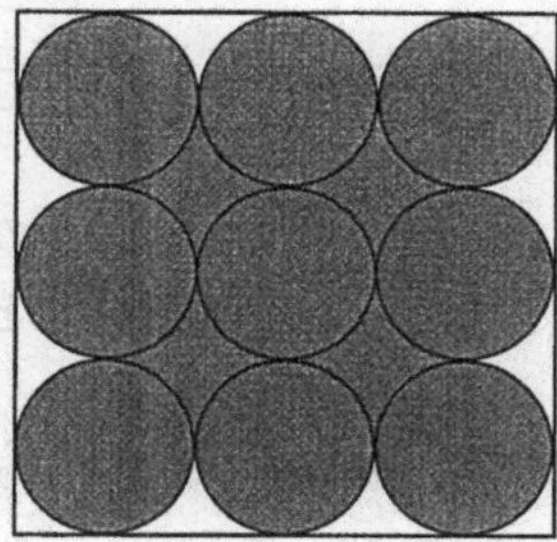

3　グラウンドを整備するのに，中学生16人では25分かかり，高校生15人では20分かかります。

(1)　中学生６人と高校生８人の合わせて14人で整備すると，何分かかりますか。

(2)　中学生と高校生の合わせて20人で整備します。18分以内に整備するには，高校生は何人以上いればよいですか。答えだけでなく，途中の考え方を示す式や図などもかきなさい。

4　ある店で，２つの商品Ａ，Ｂをそれぞれ何個か売りました。１日目は，Ａ，Ｂをどちらも定価で売りました。２日目は，Ａを定価の２割引きで売り，Ｂを定価の３割引きで売りました。２日目に売れたＢの個数は，１日目に売れたＢの個数の２倍です。また，１日目のＡの売り上げ金額と２日目のＡの売り上げ金額は等しく，１日目のＡとＢの売り上げ金額の合計は7080円，２日目のＡとＢの売り上げ金額の合計は8760円です。

(1)　１日目のＢの売り上げ金額はいくらですか。

(2)　Ａ１個の定価は180円で，２日間に売れたＡとＢの個数の合計は120個です。Ｂ１個の定価はいくらですか。

5　ある鉄道では，電車Ａ，電車ＢがＰ駅とＱ駅の間をくり返し往復しています。Ｐ駅とＱ駅の間にＲ駅があり，Ｒ駅はＰ駅から12km離れています。電車Ａ，Ｂはどちらも時速40kmで走ります。また，電車Ａ，ＢはどちらもＰ駅とＱ駅でそれぞれ５分間，Ｒ駅で２分間停車します。電車Ａは５時ちょうどに，電車Ｂは５時30分に，それぞれＰ駅からＱ駅に向かってはじめて発車します。上の表は，Ｐ駅を発車する電車Ａ，Ｂの５時台，６時台，７時台の発車時刻を表しています。

Ｐ駅発	Ｑ駅行き
５時	００　　３０
６時	０８　　３８
７時	１６　　４６

(1)　Ｐ駅とＱ駅の間の道のりは何kmですか。

(2)　電車Ａが５時ちょうどにＰ駅を発車してから，電車ＡとＢがはじめて出会う時刻は何時何分何秒ですか。

(3)　Ｒ駅を発車する電車Ａ，Ｂの５時台，６時台，７時台の発車時刻を解答用紙の表に書きなさい。

Ｒ駅発	Ｑ駅行き	Ｐ駅行き
５時		
６時		
７時		

6　xを13以上100以下の整数とします。xを８で割ったときの余りをa，xを９で割ったときの余りをb，xを12で割ったときの余りをcとします。ただし，割り切れるときは余りを０とします。

(1)　$x=21$のとき，a，b，cの値を求めなさい。

(2)　a，b，cの値が，$x=21$のときとすべて同じになるようなxの値のうち，21でないものを求めなさい。

(3)　a，b，cの値の和が３となるxの値は２つあります。これらのxの値を書きなさい。

7　<図１>のように，正三角形を合同な４つの正三角形に分けて，６つの点Ａ，Ｂ，Ｃ，Ｄ，Ｅ，Ｆに１から９までの整数のうち異なる６つの数を書きます。合同な４つの正三角形の内部には，それぞれの正三角形の頂点に書いた３つの数の積を書きます。たとえば，<図２>のように６つの数を書くと，４つの正三角形の内部の数は<図３>のようになります。

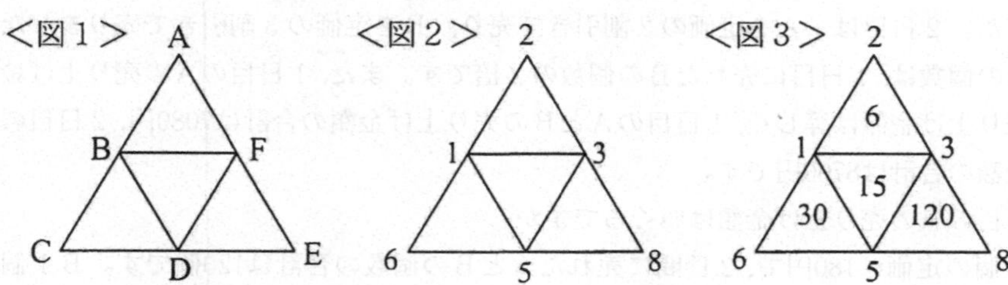

(1)　＜図４＞，＜図５＞，＜図６＞は，それぞれ書いた数の一部がかくされています。

①　＜図４＞の㋐にあてはまる数を求めなさい。

②　＜図５＞の㋑にあてはまる数を求めなさい。

③　＜図６＞の㋒にあてはまる数を求めなさい。考えられるものをすべて書きなさい。

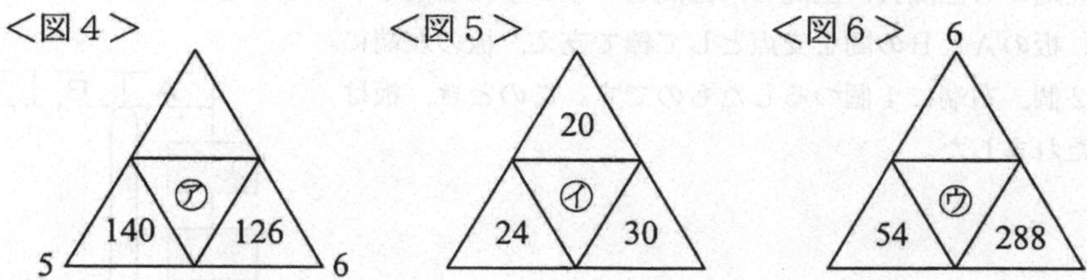

(2)　＜図７＞は，書いた数がすべてかくされています。㋓，㋔，㋕の数の比が６：５：５のとき，㋖にあてはまる数を求めなさい。考えられるものをすべて書きなさい。

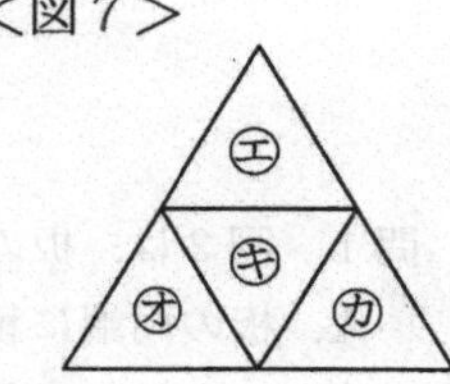

＜図７＞

【理　科】（30分）　＜満点：60点＞

1　次の問いに答えなさい。

重さと大きさが同じ積み木と，軽くて重さの無視できる板があります。板は，積み木と同じ幅（はば）で区切り，左端（はし）から区間A，区間B，区間C…のように名前をつけることにします。

図1は，板のAとBの間を支点として棒で支え，板の左端に積み木を2個，右端に1個つるしたものです。このとき，板は水平に保たれました。

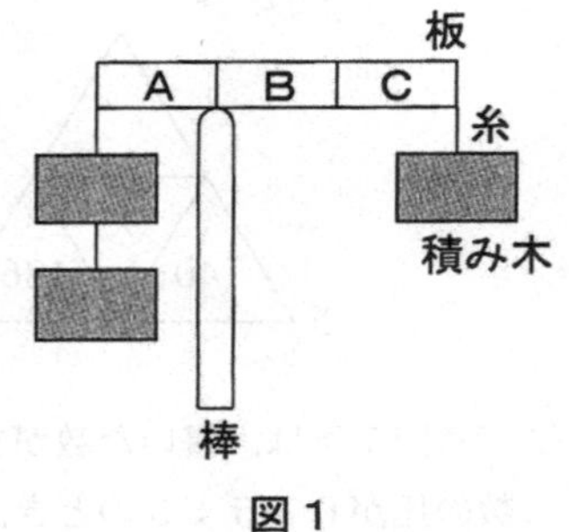

図1

問1　図2は，板のBとCの間を支点として棒で支え，板の両端に積み木を1個ずつつるしたものです。このとき，板を水平に保つためには図2の矢印の位置に積み木を何個つるせばよいですか。

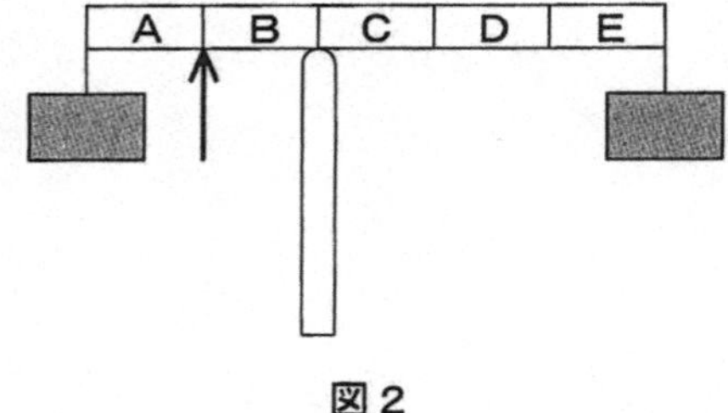

図2

問2～問5では，図のように板の上に積み木を，各区間からはみ出すことなく，ずれずに置くことにします。

問2　図3のように，積み木を区間Aに2個と区間Cに1個置くと，板を水平に保つことができません。板を水平に保つためには，さらに積み木1個を，区間A～Cのどこに置けばよいですか。

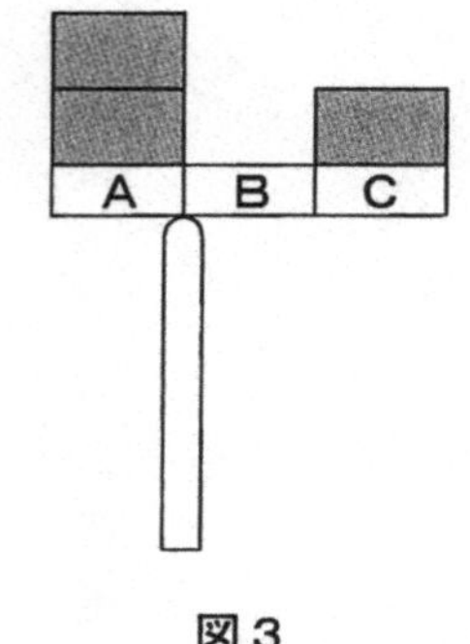

図3

問3　図4のように，積み木を区間Aと区間Eに1個ずつ置くと，水平に保つことができません。板を水平に保つためには，積み木をどこに何個加えて置けばよいですか。加える積み木の個数が最も少ない場合をひとつ答えなさい。

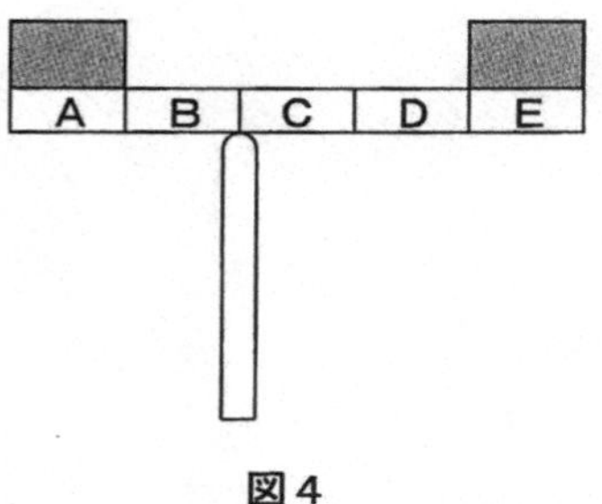

図4

次に，板のＣとＤの間に棒を１本増やしました。図５は，積み木を区間Ｄに１個と区間Ｅに３個置いたものです。

問４　区間Ｃに積み木を１個ずつ重ねて置いていきます。区間Ｃに何個以上の積み木を置いたときに，板は水平に保たれますか。

問５　区間Ｃに置いてある積み木をすべて取り除き，今度は区間Ａに積み木を１個ずつ重ねて置いていきます。区間Ａに何個以上何個以下の積み木を置いたときに，板は水平に保たれますか。

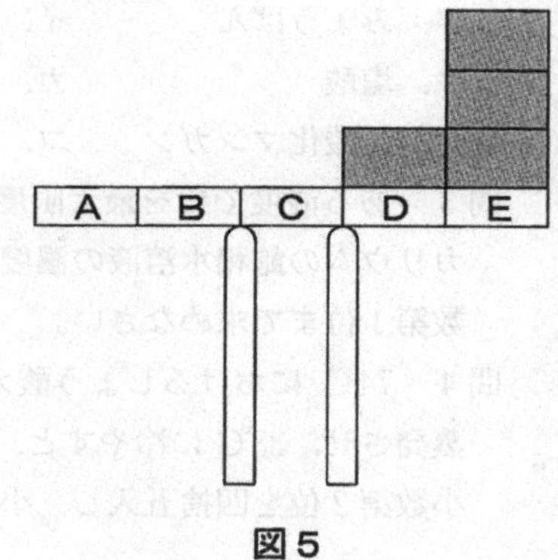

図５

２　次の問いに答えなさい。

100 g の水に溶かすことのできる粉の最大の重さを溶解度といいます。下の図は，しょう酸ナトリウム，しょう酸カリウム，塩化ナトリウム，塩化カリウムの４種類の粉の溶解度と温度の関係をあらわしたものです。

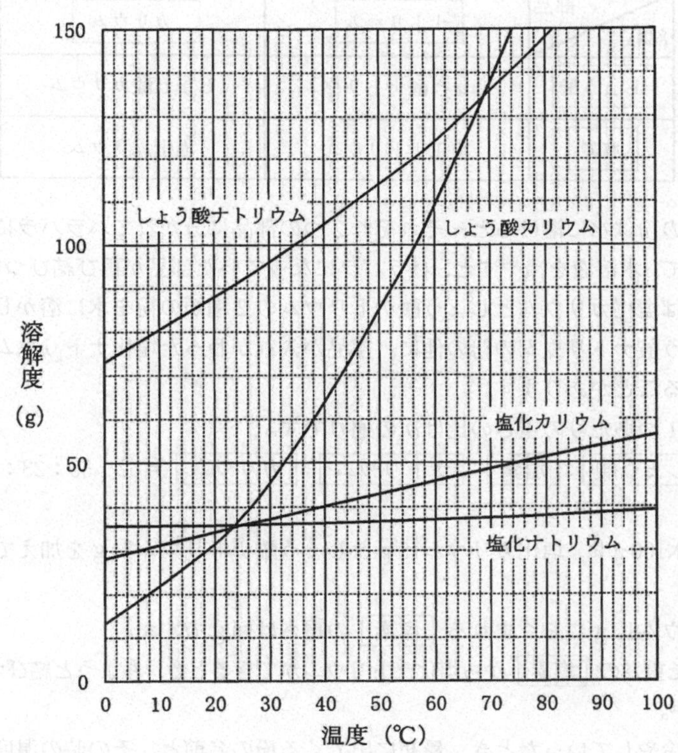

問１　塩化ナトリウムを水に溶かし，BTB溶液を加えると，水溶液は何色になりますか。次のア～オから１つ選び，記号で答えなさい。

ア．青色　　イ．赤色　　ウ．緑色　　エ．黄色　　オ．無色問２　塩化ナトリウムは，２種類の薬品を混ぜることで得られます。この２種類の薬品を，次のア～コから２つ選び，記号で答えなさい。

ア．みょうばん　　イ．アンモニア水　　ウ．大理石　　エ．過酸化水素水
オ．塩酸　　カ．鉄　　キ．炭酸水　　ク．アルミニウム
ケ．二酸化マンガン　　コ．水酸化ナトリウム水溶液

問３　ある温度で粉を最大限度まで溶かした水溶液を飽和(ほうわ)水溶液といいます。40℃ における塩化カリウムの飽和水溶液の濃度(のうど)は何％ですか。割り切れない場合は，小数第２位を四捨五入し，小数第１位まで求めなさい。

問４　74℃ におけるしょう酸カリウムの飽和水溶液が200ｇあります。この水溶液から，水を25ｇ蒸発させ，38℃ に冷やすと，しょう酸カリウムの粉は何ｇ出てきますか。割り切れない場合は，小数第２位を四捨五入し，小数第１位まで求めなさい。

しょう酸ナトリウムは［しょう酸］と［ナトリウム］の２つの部品が１つずつ結びついてできています。同様に，他の３種類の粉も，それぞれ２つの部品が１つずつ結びついてできています。これを表にまとめると次のようになります。なお，表中の［塩素］とは，塩化ナトリウムや塩化カリウムにふくまれている部品です。

部品＼部品	［ナトリウム］	［カリウム］
［しょう酸］	しょう酸ナトリウム	しょう酸カリウム
［塩素］	塩化ナトリウム	塩化カリウム

これら４種類の粉は水に溶けると，それぞれ２つの部品に分かれてバラバラになることが知られています。そして，水溶液を冷やすと，バラバラになっていた部品が再び結びついて粉になります。そのため，例えば塩化カリウムとしょう酸ナトリウムの２種類の粉を水に溶かして冷やすと，塩化カリウムとしょう酸ナトリウムの粉の他に，部品が入れかわった塩化ナトリウムやしょう酸カリウムの粉が出てくることがあります。

なお，各部品１つあたりの重さの比は次の通りです。

［しょう酸］：［塩素］：［ナトリウム］：［カリウム］＝62：36：23：39

問５　100℃ の水100ｇに，塩化カリウム15ｇとしょう酸ナトリウム34ｇを加えて水溶液をつくりました。

⑴　塩化カリウム15ｇにふくまれる［塩素］の重さは何ｇですか。

⑵　⑴で求めた重さの［塩素］から塩化ナトリウムができるとき，ちょうど結びつく［ナトリウム］は何ｇですか。

⑶　水溶液を冷やしていったとき，最初に出てくる粉の名前と，その時の温度を整数で答えなさい。ただし，出てくる可能性のある粉は，表の中の４種類以外は考えないものとします。また，粉の溶解度は，他の粉がいっしょに存在しても変わらないものとします。

3 次の文章を読み，以下の問いに答えなさい。

ヒトは，親が子を乳で育てるほ乳類に仲間分けされます。また，子はたい児として産まれます。

問１　ほ乳類ではない動物を次のア～コからすべて選び，記号で答えなさい。

ア．ツバメ　　イ．ネコ　　ウ．イルカ　　エ．リス　　オ．ウシ
カ．コウモリ　キ．カメ　　ク．サイ　　　ケ．ウサギ　コ．イモリ

問２　ヒトのたい児は，受精後何週間ほどで産まれてきますか。次のア～エから１つ選び，記号で答えなさい。

ア．24週　　イ．30週　　ウ．38週　　エ．48週

ヒトは，からだの中の状態を一定に保とうとするしくみが発達しています。このしくみのことをこう常性といいます。そのため，体温や血液の糖の濃度（のうど）などをある幅（はば）の中で保ちながら，生活をしています。

体温はある幅の中に保たれていますが，常に同じ体温という訳でなく，活動の具合によって少しは変化します。例えば，運動中はからだが活発な状態となり体温も上がります。

問３　からだが活発な状態になると体温が上がる理由として，正しいものを次のア～エから１つ選び，記号で答えなさい。

ア．からだの外の熱をたくさん吸収するため。　イ．汗（あせ）をかいて，熱をからだの外に出すため。
ウ．のどがかわくため。　エ．筋肉が動き，たくさん熱が生じるため。

問４　規則正しい生活を送っている健康な人の体温を，朝と夜にはかるとどのようになると考えられますか。最も適当なものを次のア～エから１つ選び，記号で答えなさい。なお，体温は朝食前の６：30と夕食後の19：30にはかったものとします。

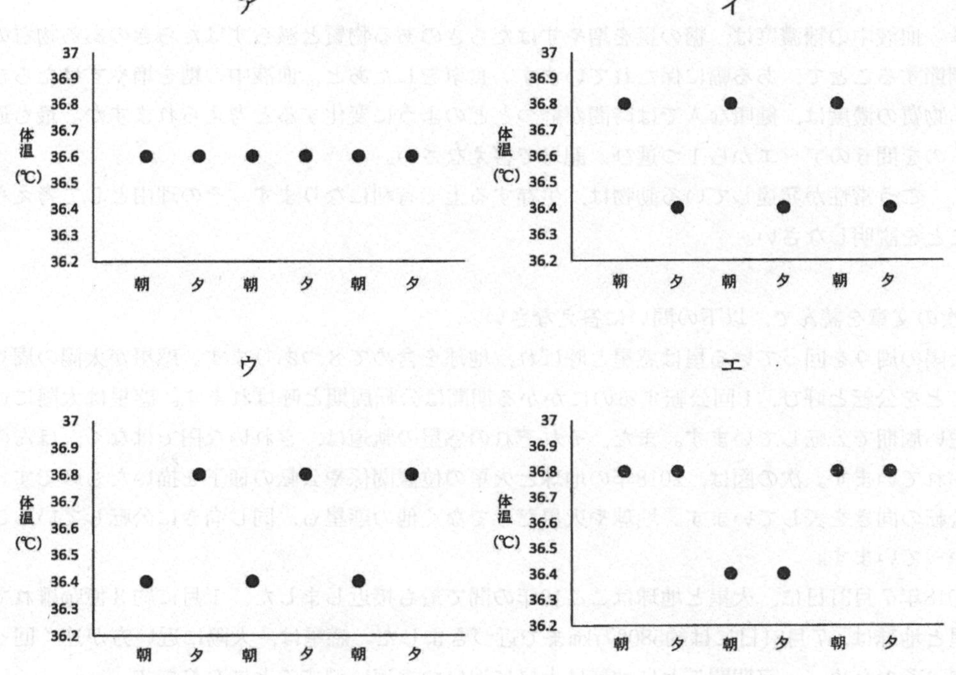

食事をして消化・吸収をしたり，運動したりすると血液中の糖濃度は変化します。しかし，こう常性がはたらくことで調節されます。

問５　食事をしたあと，血液中の糖濃度は，健康な人では時間が経つごとにどのように変化すると考えられますか。最も適当なものを次のア～エから１つ選び，記号で答えなさい。

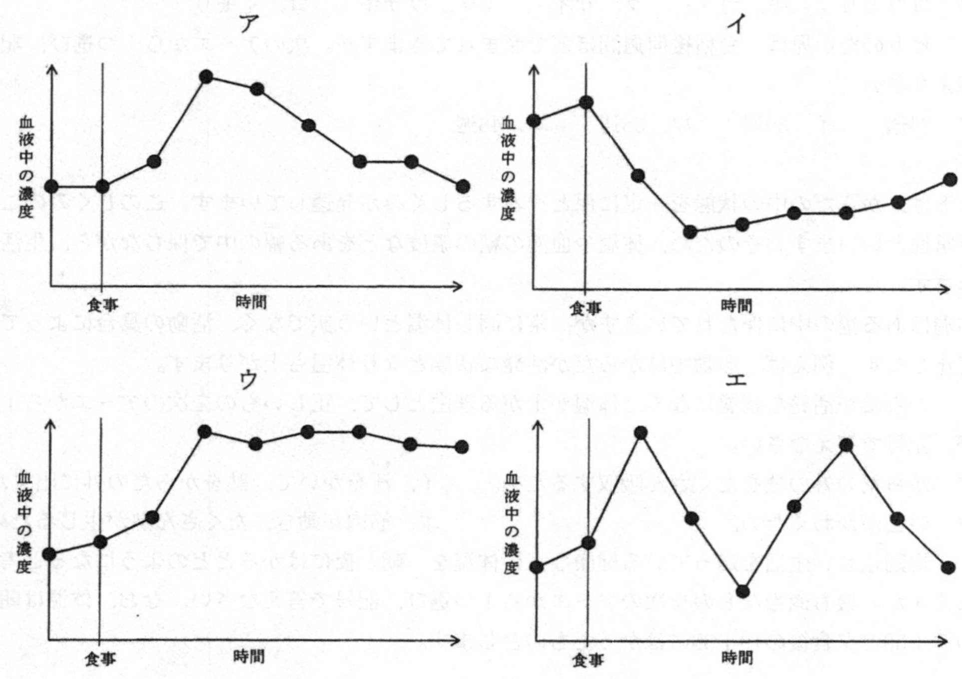

問６　血液中の糖濃度は，糖の量を増やすはたらきのある物質と減らすはたらきのある物質の量を調節することで，ある幅に保たれています。食事をしたあと，血液中の糖を増やすはたらきのある物質の濃度は，健康な人では時間が経つとどのように変化すると考えられますか。最も適当なものを問５のア～エから１つ選び，記号で答えなさい。

問７　こう常性が発達している動物は，生存する上で有利になります。その理由として考えられることを説明しなさい。

４　次の文章を読んで，以下の問いに答えなさい。

太陽の周りを回っている星は惑星（わくせい）と呼ばれ，地球を含（ふく）めて８つあります。惑星が太陽の周りを回ることを公転と呼び，１回公転するのにかかる期間は公転周期と呼ばれます。惑星は太陽に近いほど短い周期で公転しています。また，それぞれの惑星の軌道（きどう）は，きれいな円ではなく，ほんの少しつぶれています。次の図は，2018年の地球と火星の位置関係や公転の様子を描（えが）いたものです。矢印は公転の向きを表しています。地球や火星だけでなく他の惑星も，同じ向きに公転していることがわかっています。

2018年７月31日に，火星と地球はここ10年の間で最も接近しました。１月に約３億km離（はな）れていた火星と地球は，７月31日には約5800万kmまで近づきました。惑星は，太陽に近い方が速く回っています。そのため，一定期間ごとに地球は火星に追いつき追い越（こ）すことになります。

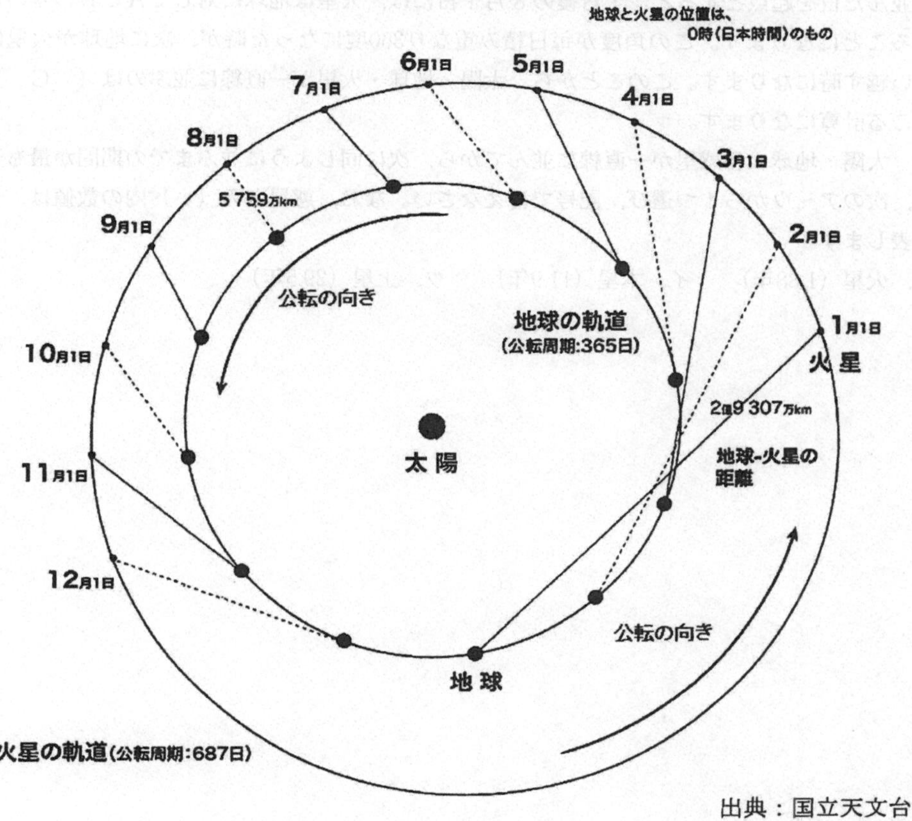

出典：国立天文台

問１　火星は太陽から近い順に何番目の惑星ですか。

問２　2018年７月31日の前後数週間は，同じような位置関係が続きました。次のア～エは，そのころに地球から火星を観測したときの様子を表したものです。間違っているものを次のア～エから１つ選び，記号で答えなさい。

ア．１月に比べて大きく見える。

イ．１月に比べて明るく見える。

ウ．一晩中観測出来る。

エ．日没後には西の空に，真夜中には南の空に，日の出前には東の空に見える。

問３　2018年７月28日には，皆既月食が観測されました。皆既月食の日の月の形は何と呼ばれますか。

問４　次の文章の（Ａ）～（Ｃ）に当てはまるものを入れなさい。ただし，地球も火星も太陽を中心に，きれいな円を描いて公転しているものとして考えなさい。

（Ａ），（Ｂ）は分数で約分せずに答えなさい。

また，（Ｃ）は小数第１位を四捨五入して整数で答えなさい。

地球と火星の公転周期を，それぞれ365日と687日とした時，軌道上を地球が１日に進む角度は

（　Ａ　）度，火星は（　Ｂ　）度になります。2018年７月31日のように太陽・地球・火星が一直線に並んだ日を起点とすると，１日後の８月１日には，火星は地球に対してＡとＢの差の角度だけ遅れることになります。この角度が毎日積み重なり360度になった時が，次に地球が火星に追いつき追い越す時になります。このことから，太陽・地球・火星が一直線に並ぶのは（　Ｃ　）日ごとに起こる計算になります。

問５　太陽・地球・各惑星が一直線に並んでから，次に同じように並ぶまでの期間が最も短い惑星を，次のア～ウから１つ選び，記号で答えなさい。なお，惑星名の（　）内の数値は，公転周期を表します。

ア．火星（1.88年）　　イ．木星（11.9年）　　ウ．土星（29.5年）

【社　会】（30分）　＜満点：60点＞

【１】 次のア～カの文を読み，問いに答えなさい。

ア．銀座にれんが造りのまちなみが完成し，都市を中心に洋服を着る人や西洋ふうの髪型(かみがた)にする人が増えました。

イ．朝鮮から伝わった綿花の栽培(さいばい)が始まりました。綿織物も朝鮮から輸入され，兵士の衣服に使用されたため，各地の戦国大名は競って入手しようとしました。

ウ．朝廷に仕えた女性の正装は十二単とよばれ，着物を何枚も重ねて着ました。こうした女性たちのあいだでかな文字が使われるようになりました。

エ．中国にならって律令とよばれる法律がつくられました。律令には服装に関する規定もあり，儀式(ぎしき)の時に貴族は中国ふうの衣服を着ました。

オ．大都市で米や砂糖が配給制になりました。防空ずきんやもんぺなどの非常時の服装が増えました。

カ．支配者である武士から百姓へ，着物には麻や木綿を使うようにし，絹織物を用いてはならないという命令が出されました。

問１．**ア～カ**の文があらわしている時代を古い方から順にならべかえて，記号で答えなさい。

問２．次の①～⑤の文は，**ア～カ**の文のあらわす時代のどれと関係が深いか，記号で答えなさい。関係の深い文がないときは，記号**キ**で答えなさい。

①　政府は沖縄に琉球藩を置き，琉球国王を藩主とした。

②　第一次世界大戦の後，ヨーロッパの産業が戦争から立ち直ると，日本の輸出はのびなくなり，一気に不景気になった。

③　東北でおきた争いで源義家が活躍(かつやく)し，東国へ源氏の勢力が広がるきっかけとなった。

④　大阪に大名の蔵屋敷(くらやしき)が建てられ，堂島には日本中から米が集まるようになった。

⑤　ソビエト連邦軍が，たがいに戦わないという条約を破り，満州や樺太南部，千島列島にせめこんできた。

問３．**ア**の文について。**ア**の文があらわす時代におきた以下の**あ～う**のできごとを古い方から順にならべかえて，記号で答えなさい。

あ．官営八幡製鉄所がつくられた。

い．下関条約が締結(ていけつ)された。

う．韓国併合がおこなわれた。

問４．**イ**の文と**ウ**の文のあらわす時代の間(**イ**の方が古くて**ウ**の方が新しいとは限らない)に起こったできごとを，次の**あ～お**からすべて選んで，記号で答えなさい。

あ．足利義満は中国との国交を開き，貿易によって大きな利益を得た。

い．江戸と各地を結ぶ五街道をはじめとする主な道路が整備された。

う．朝鮮半島では高句麗・新羅・百済が勢力を争った。

え．『一遍上人絵伝』に，備前国福岡の定期市の様子が描(えが)かれた。

お．中国にならって藤原京という本格的な都がつくられた。

問５．**イ**の文について。このころ，ある場所では武士と農民が力を合わせて立ち上がり，大名の軍を引き上げさせ，８年間にわたって自分たちの手で政治をおこないました。このことはどこで起きたか，現在の都道府県名を漢字で答えなさい。

問６．ウの文について。このころ，仏教では念仏を唱えるなどして，死後，西の方にあるとされた苦しみのない世界へ行こうという教えが広まりました。この世界のことを何というか，漢字で答えなさい。

問７．エの文について。このころ，国を守るために北九州に送られた兵士のことを何というか，答えなさい。

問８．オの文について。このころ，住民どうしが助け合う一方で，たがいに監視（かんし）する組織がつくられました。この組織を何というか，漢字で答えなさい。

問９．カの文について。この時代の武士の子どもと，町人・百姓の子どもは，それぞれどのような場所で，どのような教育を受けていたのか，説明しなさい。

【２】 次の文章を読み，問いに答えなさい。

気象キャスターの草分けである倉嶋厚さんは，(1)長野県(2)長野市で(3)1924年に生まれました。(4)気象庁を退官後にＮＨＫ解説委員となり，(5)ニュース番組などで活躍されました。また，(6)お天気エッセイストとして多くの著書も発表されています。以下の文章は，『やまない雨はない』からの引用です。

> 人生は(7)季節の移ろいと似ています。(8)晴れたり曇（くも）ったり，降ったりやんだり毎日を積み重ねながら，(9)とどまることなくめぐっていきます。その長いみちのりを(10)四季にたとえるなら，老年期は(11)冬に向かって歩きはじめた秋の終わり，といえるでしょうか。
>
> 晩秋のお天気には特徴的なリズムがあります。冬はすぐそこまで来ていても，ひと息に寒くなるわけではありません。木枯（こが）らしが吹（ふ）き，厳しい冬の到来をいよいよ覚悟したあとで，思いがけなく穏やかな暖かい日和が何度となく訪れます。いわゆる「小春日和（こはるびより）」です。
>
> (12)小春とは旧暦（きゅうれき）十月の別名で，今の暦の十月下旬（げじゅん）～十二月上旬にあたります。その時期から十二月中旬にかけて，お天気は「木枯らし，時雨（しぐれ），小春日和，木枯らし，時雨，小春日和」という周期的な変化を繰（く）り返しながら，だんだんと冬に近づいていくのです。（後略）

倉嶋厚　著『やまない雨はない』2004年

※　問題の都合上，内容を一部あらためています。

問１．下線部(1)について。長野県はどこですか，次の図１から選び，あ～おの記号で答えなさい。

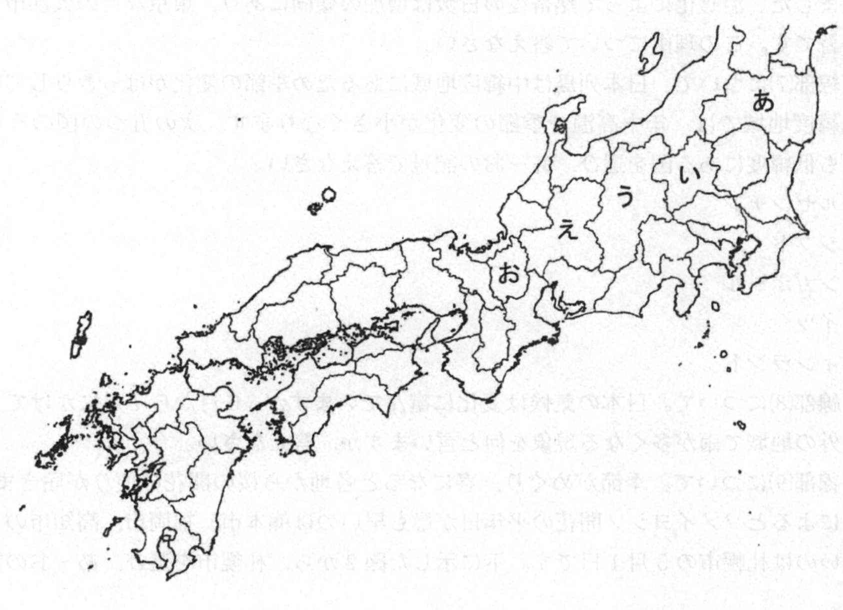

図１　　　　　　　　　　　　　　　　　　　　地理院地図により作成

問２．下線部(2)について。長野市についての説明として正しいものをひとつ選び，あ～おの記号で答えなさい。

あ．市内を流れる千曲川の堤防が，2019年の台風19号による大雨で決壊した。

い．国宝に指定された城が市内にあり，戦国時代に築城されたとされる。

う．市内の諏訪湖の近くに，多くの観光客が訪れる有名な温泉がある。

え．市内には中央自動車道が通り，モモやブドウなど果樹の生産が盛んである。

お．市内を流れる信濃川は大きな平野を形成し，米どころとしても有名である。

問３．下線部(3)について。1924年には第１回冬季オリンピックがフランスで開催されましたが，日本は不参加でした。不参加の理由のひとつに自然災害があげられます。考えられる理由として正しいものをひとつ選び，あ～おの記号で答えなさい。

あ．前の年に発生した関東大震災のため，選手派遣の準備が出来なかったから。

い．前の年に発生した伊勢湾台風による被害のため，選手派遣の準備が出来なかったから。

う．前の年に発生したチリ地震津波による被害のため，選手派遣の準備が出来なかったから。

え．前の年に発生した雲仙岳の火砕流による被害のため，選手派遣の準備が出来なかったから。

お．前の年に発生した阪神・淡路大震災のため，選手派遣の準備が出来なかったから。

問４．下線部(4)について。気象庁は現在，国土交通省に属しています。では，日本国内の地形図の発行元となっている国土交通省に属する機関を何と言いますか，答えなさい。

問５．下線部(5)について。新聞やラジオ，テレビなどニュースをはじめとする情報を記録したり，伝達する物や手段を何と言いますか，答えなさい。

問６．下線部(6)について。お天気エッセイストとして活躍された倉嶋さんは「熱帯夜」という言葉も作りました。温暖化によって熱帯夜の日数は増加の傾向にあり，東京などの大都市では増加傾向が顕著です。この理由について答えなさい。

問７．下線部(7)について。日本列島は中緯度地域にあるため季節の変化がはっきりしています。一方，低緯度地域では，年中高温で季節の変化が小さくなります。次の五つの国のうち，首都がもっとも低緯度にある国を選び，**あ**～**お**の記号で答えなさい。

あ．アルゼンチン

い．エジプト

う．シンガポール

え．ドイツ

お．フィンランド

問８．下線部(8)について。日本の気候は変化に富んでいますが，６月から７月にかけて主として北海道以外の地域で雨が多くなる現象を何と言いますか，答えなさい。

問９．下線部(9)について。季節がめぐり，春になると各地から桜の開花の便りが届きます。『理科年表』によるとソメイヨシノ開花の平年日が最も早いのは熊本市，福岡市，高知市の３月22日，最も遅いのは札幌市の５月１日です。下に示した**図２**から，札幌市を選び，**あ**～**お**の記号で答えなさい。

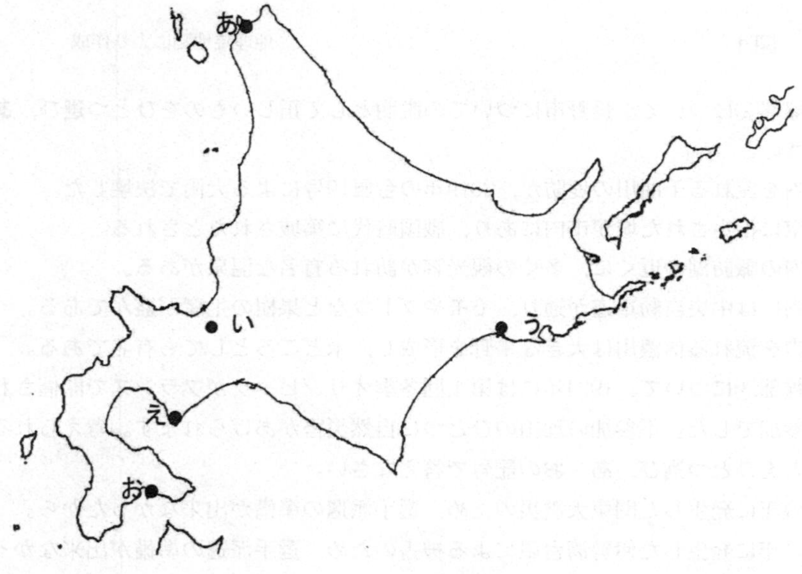

図２　　　地理院地図により作成

問10．下線部⑽について。日本列島には四季の変化があります。次の雨温図は秋田市，長野市，松江市，広島市のものです。日本海に面した都市の雨温図を次のページから二つ選び，**あ**～**え**の記号で答えなさい。

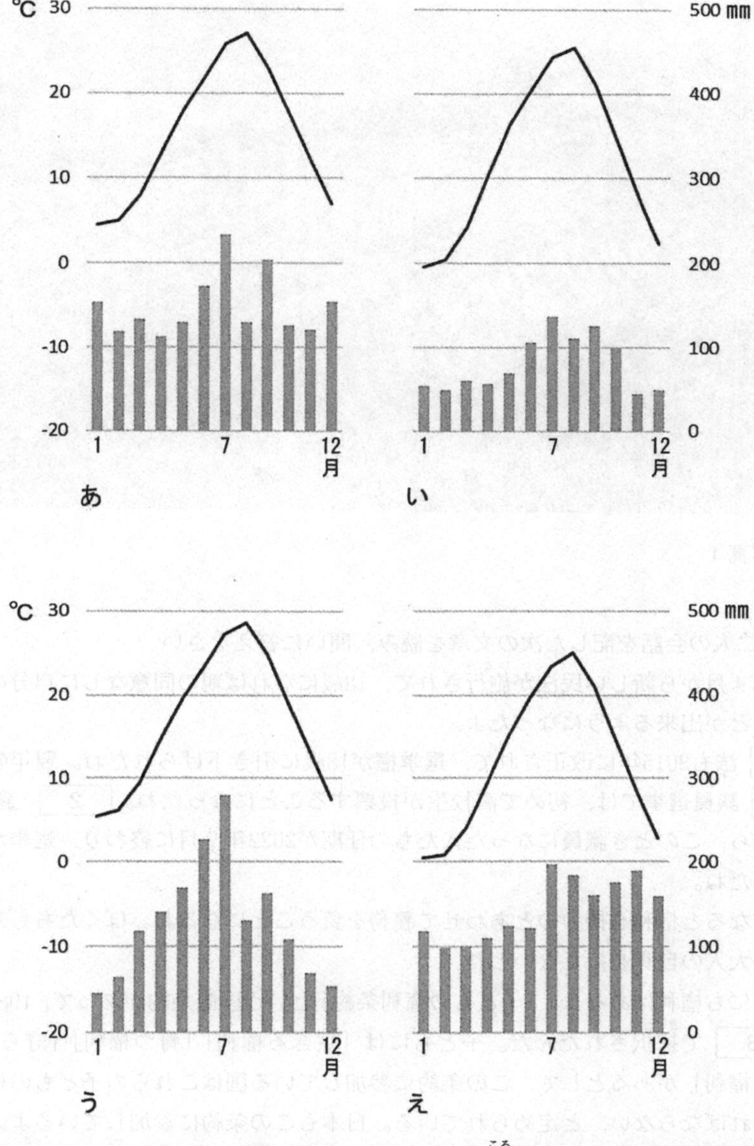

問11．下線部⑾について。日本の季節が秋から冬に向かう頃(ころ)，季節が春から夏に向かう国もあります。次の五つの国のうち，日本と季節が逆になる国を二つ選び，記号で答えなさい。

あ．アルジェリア

い．インド

う．チリ

え．ニュージーランド

お．ノルウェー

問12．下線部⑿について。「小春」の頃，長野県内各地では収穫祭(しゅうかくさい)がおこなわれてきたといいます。これは米の収穫によって秋の農作業が一段落したことを意味します。次のページの**写真１**は長野県千曲市の水田です。このように傾斜地(けいしゃち)にあり，ひとつの区画が狭(せま)い田を何と呼ぶか，答えなさい。

写真１

【３】 高校生二人の会話を記した次の文章を読み，問いに答えなさい。

たけしー2022年４月から新しい民法が施行(しこう)されて，18歳(さい)になれば親の同意なしに自分の意志で契約(けいやく)を結ぶことが出来るようになったよ。

けんたー［ 1 ］法も2015年に改正されて，選挙権が18歳に引き下げられたね。翌年の2016年７月の［ 2 ］議員選挙では，初めて高校生が投票することになったね。［ 2 ］議員の任期は６年だから，このとき議員になった人たちの任期が2022年７月に終わり，選挙がおこなわれたばかりだね。

たけしー大人になると権利を持つのとあわせて義務を負うことになるね。ぼくたちも来年18歳になるから，大人の自覚を持たないとね。

けんたー子どもにも権利はあるよ。「子どもの権利条約」という国際条約があって，1989年に国際連合の［ 3 ］で採択(さいたく)されたんだ。子どもには「生きる権利」「育つ権利」「守られる権利」「参加する権利」があるとして，この条約に参加している国はこれらの子どもの権利を守り実現しなければならない，と定められている。日本もこの条約に参加しているよ。

たけしーところで，日本では子どもの数が減っているとよくニュースで耳にするよ。そうなると，(1)子育て支援(しえん)も重要だね。

けんたー核(かく)家族化が進んだり共働き世帯が増加したりしているので，子育て支援の方法も工夫が必要だね。最近では，(2)家族の世話や介護(かいご)を大人の代わりに引き受けている子どもたちの問題も話題になっているね。

たけしー超高齢(ちょうこうれい)社会に突入(とつにゅう)した日本で，子どもたちの明るい未来をどのように実現していけばよいのか，ぼくたちも考えないといけないね。

問１．［ 1 ］～［ 3 ］にあてはまる語句を漢字で答えなさい。同じ番号には同じ語句が入ります。

問２．下線部(1)に関連して。次のア～ウの文について，内容が正しければ○を，正しくなければ×を，それぞれ記しなさい。

ア．児童相談所は文部科学省が設置している機関で，小学校に通う児童の学習を学校以外の場で援助する役割を担っている。

イ．2022年に岸田文雄内閣は「こども家庭庁」を設置する法案を国会に提出し，この法案は可決・成立した。

ウ．日本各地には「子ども食堂」のように，子どもやその家族に無料または安い値段で食事を提供する社会運動が見られる。

問３．下線部(2)について。このような状況に置かれている子どもたちを何と言いますか。カタカナで答えなさい。

問４．二重下線部について。最近では「ひとり親世帯」も増加しています。「ひとり親世帯」の状況に関して，次の**表１**・**図３**を見て，設問に答えなさい。

設問

表１にあるように，平均収入は父子世帯より母子世帯の方が低くなっています。その理由を**表１**・**図３**を参考にして，解答らんに合う形で説明しなさい。

表１　母子世帯と父子世帯の状況（2016 年 11 月）

厚生労働省　『平成 28 年度　全国ひとり親世帯調査』より。出題に際して表現や項目名など一部変更してある。

		母子世帯	父子世帯
日本全国のひとり親世帯数（推計）		123.2 万世帯	18.7 万世帯
ひとり親の働き方	自ら事業を営んでいる	3.4%	18.2%
	正社員・正職員等 正規に雇われて働いている	44.2%	68.2%
	パートやアルバイト等 非正規で雇われて働いている	43.8%	6.4%
年間の平均収入		200 万円	398 万円

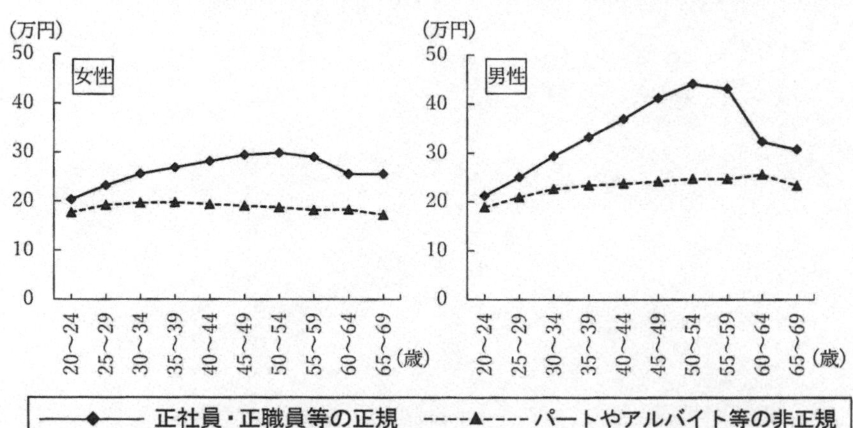

図３　年齢別に見た正規・非正規で働く男女の平均賃金（2016 年６月）

厚生労働省　『平成 28 年　賃金構造基本統計調査』より。出題に際して図の名称や項目名など一部変更してある。

の滞在のことをいま文章に書いたのは、どのような思いがあったからだと考えられるか。この文章が二〇二二年五月に発売された雑誌に発表されたものであることをふまえて、説明しなさい。

問十　――線部⑧「変化してゆくこととその取り返しのつかなさ」とあるが、これと同じような意味をもつ漢字二字の語を本文中からぬき出しなさい。

ボルシチ……ロシアやウクライナなどの伝統的な料理である煮込みスープ。ビーツという赤色の野菜を使ったものが特に代表的なものとして知られている。
澱……液体の下の方にたまったかす。
出自……その人の出所。生まれ。出身。

問一　══線部ａ～ｄのカタカナを漢字に直しなさい。

問二　——線部①について。この場面と同じような、筆者とは対照的なＹさんの様子が表れている一文をここより後の本文中から探し、その最初の五字をぬき出しなさい。

問三　——線部②「はじめての街はいつも、最初は遠い」とはどういうことか。説明しなさい。

問四　——線部③「わたしたちの国の歴史」について。この街の滞在中に筆者が出会ったものの中で、この国のもつ歴史が表れていると考えられるものを答えなさい。

問五　——線部④について。この前後での筆者に関する説明として最もふさわしいものを次の中から選び、記号で答えなさい。

ア　理解できない言葉で談笑する人たちのなかで、一人さびしい思いをしていたが、チョコレートと紅茶を口にしたことで心もあたたまった。
イ　時間がきても集まるはずの人がそろわないことにとまどっていたが、それを待つ時間も楽しむこの土地の文化を次第に受け入れていった。
ウ　時間を過ぎているのにいっこうに皆が集まらないことにいらだっていたが、笑顔でチョコレートを勧めてくれる気づかいに心がなごんだ。
エ　句会に集まった人数の予想外の少なさにがっかりしていたが、近くに座った男性が自分に向けてくれた笑顔によって意欲を取りもどした。

問六　□に入る語として最もふさわしいものを次の中から選び、記号で答えなさい。

ア　類推　　イ　信念　　ウ　夢想　　エ　偏見

問七　——線部⑤「どの句も、すぐに日本語の五七五の形に容れることができた」とあるが、この理由にはどのようなことがあると考えられるか。その説明として最もふさわしいものを次の中から選び、記号で答えなさい。

ア　短い詩型のなか、詩的な表現に言葉を費やすことなく、少しでも多くの景色を見せようとしていたこと。
イ　句の内容が、日本人の苦手な抽象的なものではなく、誰にでも想像のしやすい具体的な場面だったこと。
ウ　季語自体の説明はせず、別の景色とならべることで想像を広げさせるような句の構成がされていたこと。
エ　松尾芭蕉の俳句をしっかり学んでいくなかで、日本語の音に対する感覚が十分にやしなわれていたこと。

問八　——線部⑥「松尾芭蕉」について。松尾芭蕉の代表作の一つである紀行文を次の中から選び、記号で答えなさい。

ア　方丈記　　イ　奥の細道
ウ　土佐日記　　エ　東海道中膝栗毛

問九　——線部⑦「街に滞在したのは十年前」とあるが、筆者が十年前がちだ、という［　　］をそれまで私は持っていたのだが、サークルの人たちのhaikuが私の予想をうらぎってとてもよかったので、かれらの句を書きとめることで手一杯だったのだと思う。もちろんかれらの句は五七五の形にはなっておらず、Yさんが意味をぽつぽつと訳してくれた不定形のものなのだが、⑤どの句も、すぐに日本語の五七五の形に容(い)れることができたことに、わたしは驚いたのだ。

雪空や市場の店に買ふ眼鏡

粉雪や亡きはらからの服を得る

冬空や少女のひざに傷のあと

かれらのつくった句の意味を、その場で五七五に当てはめたものの一部である。

日本語の五七五は、狭いようでいて広い。狭いものを広くするために、季語がある。外国のhaikuの作り手たちは、ともすれば一つの景色の説明と展開に言葉を費やすことが多いように感じる。それでは、この短い詩型で言えることはごく限られてしまう。ところがこのサークルの人たちは、季語を説明せず展開せず、ただ詩の中にぽつりとおくだけにとどめ、そこにまったく別の景色を持ってきて詩の世界をぐっと広げる力を持っているのだった。

「俳句という詩を、よく理解しているのですね」

言うと、サークルの代表である女性は、心得ている、というふうに大きくうなずいた。それから堂々としたくちぶりで何かを言った。

「なぜならわたしたちは⑥松尾芭蕉(ばしょう)をしっかり読んでいます」

Yさんが、そう訳してくれた。

Yさんと昼食をとるカフェでの注文のしかたにも、この街の雪面の歩き方にも、まったく理解できないこの街の言葉を音楽のようにふわりと聴くことにも慣れ、もう街が遠くなくなったころ、帰国の日がやってきた。はじめての街がほんの少し近くなったころ、必ずさみしさはやってくる。じきに別れるさみしさなのか、遠くなくなってしまったさみしさなのか、それとも旅の疲れが＊澱(おり)のようにたまったためのさみしさなのか、いつもわからない。

⑦街に滞在したのは十年前で、Yさんも大学生たちも俳句サークルの人々も、白いボルシチの味もミルクチョコレートの味も、何もかもなつかしく慕(した)わしいのに、今はなんと遠い街になってしまったことか。その街で出会った人たちの＊出自を、わたしは知らない。かれらの思想も知らない。来し方も知らない。行く末も知らない。けれどわたしはたしかに、彼らを一瞬愛した。かれらもきっと一瞬、わたしを愛した。その愛は溶けてゆく淡雪(あわゆき)のように儚(はかな)く消えてしまう愛だったけれど、記憶の中には今もとどまっている。出会うことと離れること。⑧変化してゆくこととその取り返しのつかなさ。その哀しみに、いつまでわたしたちは耐えなければならないのだろう。

（川上弘美「溶けてゆく淡雪のように」による）

＊アテンド……人に付きそって世話をすること。

ブックフェア……書籍(しょせき)見本市。これにあわせて、文学者や出版関係者、文学愛好家の交流のためのイベントが行われることも多い。

輪読……参加者が同じ本・文章を読んで意見をかわすこと。大学の授業などで行われる際には、初めに各回の担当者が発表し、そのあとで参加者全員で議論をするという形式をとることが多い。

「日本語を学びはじめたばかりなのに、すでに小説を読みきる力があるのですね」

と言うと、

「この国の言語に翻訳されている作家のものをできるだけ選ぶようにしているそうです」

と、Ｙさん。

「授業では日本語で読みますが、小説全体を通して読みたいと思った場合は、まだ一年生は母語で読むことがほとんどです」

と、日本語学の教授が[b]ホソクする。

発表した三人の学生たちは、みな伊坂幸太郎が好きだと言った。日本の現代小説は、どれも哀しみが深いのですね、とも。ほかにはどんな小説を輪読してきたのですか。聞くと、三人は口々に、宮部みゆき、川端康成、村上春樹の名を挙げた。哀しみは日本の小説の土台なのでしょうか。聞かれた。そうですね、日本の小説のバックボーンはたぶん、無常、なので。

かなり大雑把な答えだと自分でも思い、それきり口をつぐんでしまったので、通訳をしてくれたＹさんがそこで言葉を切ってから、しばらく教室の中はしんとしていた。やがて一人の学生が小さく手をあげ、

「無常という言葉、この前学びました。興味深いです。③わたしたちの国の歴史、無常です」

と、日本語でゆっくりと言った。暖房機が、ときおりかたかた鳴る。無常の歴史、と、彼女が言ったとたんに、暖房機がまた鳴った。教授が立ち上がり、授業の終りを告げた。学生たちは[c]スバヤく教室を出ていった。

Ｙさんといっしょに昼食をとるのは気軽なカフェで、＊ボルシチとパンを彼女はいつも選ぶ。ボルシチにはビーツが必ず入っているのかと思っていたが、そうでもなくて、Ｙさんはビーツ入りではない、白っぽい色のものを注文することが多かった。季節の野菜を入れて作るのだと、Ｙさんは教えてくれた。ほんの少しの肉とたくさんの野菜。カフェのボルシチは優しい味だ。少しすっぱいパンによく合う。

今日は夕方から地元の俳句愛好サークルの人たちと会うことになっている。繁華街にある本屋さんの最上階がブックカフェになっており、そこで一緒に句会をするのである。

時間がきても、全員はなかなか集まらない。わたしの理解できないこの国の言葉で、サークルの人たちは談笑している。集合時間をすでに二十分過ぎていたが、十人くらい集まるはずだというところを、まだ五人しか来ていない。でも誰も気にしている様子はない。これ、食べますか？　Ｙさんが鞄から板チョコを取りだす。頭にスカーフをした女の子の絵がパッケージに印刷されている。銀紙をむき、幾片かにぱきぱきと割り、Ｙさんはチョコレートを卓の上に置いた。向かいに座った男性がそっと手を出し、一片をつまんだ。④見ているわたしに、彼はにっと笑いかけた。わたしも手をだしてつまんだ。ミルクチョコレートだ。紅茶を一口のみ、また小さなかけらを食べた。いつの間にかメンバーがそろったようで、細長い卓はうまっていた。

この時自分が作った句は、なぜだが旅のメモ帳に[d]キロクしそこねている。日本語ではない"haiku"は、少しばかり詩的にすぎ、抽象に流れ

時刻は午後二時ごろである。本格的な雪のシーズンを迎えたばかりだと、＊アテンドをしてくれるYさんは言う。走ってゆく車のタイヤに雪が飛ばされて歩道と車道のきわが吹きだまりのようになり、スリップした車がつっこんでそのままになっている。少し先では、滑って隣車線にはみだした車に、後方からの車が二台ぶつかり、三重衝突のような態をなしていた。雪でスピードがでないので、aハソンした車はないが、どこもかしこも混乱のきわみだった。

「雪の降り始めは、毎年こんなふうです」

Yさんが言った。雪は軽くふわふわと降っている。真冬にはもっと硬い雪が降るのだと、Yさんは続けた。そう言っているうちに、車は宿泊する予定のホテルに着いたのだった。

翌日は、この街で開かれている＊ブックフェアに参加するため、午前十時にホテルを出た。前の晩はあまり眠れず、雪用の靴で雪面を踏みながら歩いてゆく足もとが、おぼつかない。空気を吸うと、鼻の奥が、冷たいを通りこし、痛かった。

「赤ちゃんが生まれると、寒さに慣らすため、冬には毎日外で数十分過ごさせ、鼻や喉が痛まなくなるよう訓練するんですよ」

Yさんは、笑いながら言った。それから、①空気をたくさん吸いすぎないよう口もとと鼻をハンカチでおおっているわたしの方を向いて、大きく息をすってはいてみせる。あらまあ。讃嘆の声を挙げたら、空気がいっぺんに喉の奥に入ってきて、きんと痛んだ。

その日は、ブックフェアでの対談やいくつかのインタビューをこなすため、地下深くを走っている地下鉄に乗ってあちらこちらへと移動する時間がつづいた。いくつかの街の地下鉄に乗った事があるが、ここまで深い地下鉄は初めてだ。

「戦争で爆撃を受けた時のシェルターになるよう想定されて作られたそうなのです」

Yさんが教えてくれる。

②はじめての街はいつも、最初は遠い。そこにいるのに、とても遠い。街に滞在するのは八日間である。一日目がおわり、Yさんを見送ったあと、ホテルの中の食堂で夕食をとった。古いホテルだ。天井が高い。ビールと魚を頼み、ゆっくり食べているうちに、眠くなってくる。部屋までは迷路のような長い廊下がつづいている。夢の中で歩いている心地で、何枚もの絵が飾られた廊下をたどった。

昨日よりもその前よりも、雪は深くなってゆく。厚いダウンコートを着ているのに、寒い。セーターの中にヒートテックを二枚重ね、襟巻をぐるぐる巻く。Yさんは、薄いダウンコート姿だ。

「今日は学生さんたちがとても楽しみにしていますよ」

大学は丘の上だ。講堂を中心に、いくつもの棟がめぐらされている。ひろびろとした道ぞいに植えられた常緑の木々の枝に雪がつもり、ときおり音もなく落ちる。雪が落ちたとたんに、枝は軽く跳ねあがり、しばらく揺れてから鎮まる。

学生たちは、みな真面目くさった表情でこちらを見ていた。日本語を学ぶ大学一年生たちである。学生たちが発表をおこなう。Yさんが同時通訳してくれる。現代日本文学を＊輪読し、毎回三人がレポートを発表するという形式の授業なのだそうだ。今回のテキストは、伊坂幸太郎。

立ちそびれたぼくは、ひとりで残り、セミに見とれてあきることもなかった。

（浅野竜『シャンシャン、夏だより』による）

問一 □ に入ることばを考えて漢字一字で答えなさい。

問二 ――線部①「どうせ、いなかの子どもの顔してるだろ」について。このときのノブトの思いとして最もふさわしいものを次の中から選び、記号で答えなさい。

ア あえてこのように言うことで、顔を見たいと言われた照れくささをごまかそう。

イ カモッチは都会からの転校生なので、きっとそう思っているに違いない。

ウ けんか相手は顔のことを悪く言うことが多いから、先回りして言ってやろう。

エ たとえ親しい友人でも、その関係が一度こじれると仲直りには抵抗がある。

問三 ――線部②「ぼくは、ムスッとしていた」とあるが、その理由として最もふさわしいものを次の中から選び、記号で答えなさい。

ア 自分の父親は農家なので、カモッチに給料のいい大きな会社の話をされても悔しいだけだから。

イ 川村の父親の話をしたのに、カモッチは自分の父親が苦労しているような話をするから。

ウ 自分は母親の話に納得できなかったが、カモッチは分かったようなことを言うから。

エ 親の責任の話をしているのにカモッチが話をそらすので、ごまかされているような気がするから。

問四 ――線部③「ノビタには、ずっとここにいてほしいんだよ」とあるが、カモッチがこのように思うのはなぜか。ここまでのカモッチのことばをふまえ、二人の置かれている状況を比べてくわしく説明しなさい。

問五 ――線部④「それはまちがいで」とあるが、なぜまちがいだったと言えるのか。「それ」の指し示す内容も明らかにしながら簡潔に説明しなさい。

問六 ――線部⑤「昼間の脱皮はめずらしい」とあるが、目の前のセミには「昼間の脱皮」以外にもめずらしい様子がある。それがどのようなことかを具体的に説明しなさい。

問七 ――線部⑥「耕すそばから」について。次の文の「そば」の意味が――線部の「そば」と同じになるように、□ に入る表現を考えて答えなさい。

・弟はたこ焼きが大好きで、焼きあがるそばから□。

問八 ――線部⑦「不思議な感覚」がノブトに気づかせたことは何か。簡潔に答えなさい。

問九 ――線部⑧「そのセミが、次つぎに飛び立っていくようす」と重ねて読むことのできる表現が本文前半にある。その部分をカモッチのせりふから一文で探し、その最初の五字をぬき出しなさい。

問十 ===線部a～cのカタカナを漢字に直しなさい。

二

次の文章を読んで、後の問に答えなさい。（＊印の語には後に注があります。）

市内に入るとたいへんに道が混みはじめた。

ばに立ってのぞきこんだ。

「なんだ、セミの幼虫か。⑤昼間の脱皮はめずらしいな。ふつうは夜に出てくるもんだ」

虫とりのときにも気づいたが、谷間を~~c~~カコむ雑木林は、そこだけ、十メートルほどのはばで、上のほうの立ち木が切りたおされていた。そのむこうにあったナシ畑もつぶされ、宅地の造成工事が始まっている。

ブルドーザーでおしだされた土砂は、林の斜面をすべり落ち、下の農道にもはみだしていた。

「かわいそうになあ。上に土をかぶせられて、穴から出ようとしたら、予想以上に時間がかかったんだ。やっとぬけだしたときは、脱皮が始まり、木にのぼるよゆうもなかったんだろう。ぐずぐずして、アリにみつかると、寄ってたかって食われちゃうからな」

「さっきから、ずっと動かないよ。死んじゃったのかな」

「そうじゃない。脱皮してすぐは、足がやわらかくて、つかまる力がないんだよ。体液が足にまわって、固くなるのを、ああやってじっと待ってるんだ」

とうさんは、いっしょに観察するつもりなのか、ぼくの横にすわった。

やがて、セミは動きだし、あおむけになっていた体を起こした。固くなった足で、カラにつかまると、こんどはゆっくり、胴体をぬきだしにかかる。

「昔にくらべりゃ、セミも少なくなったなあ。カエルやアメンボも、さがして、やっとみつかるぐらいだしな。この田んぼにも、ホタルが飛んでたことがあるんだぞ」

「ほんと？　それは見たかったな」

「冬のあいだに固まった土を、春先に、トラクターで耕すと、地面の中にいる虫が外へ出てくるだろ。ムクドリやスズメは大さわぎして、⑥耕すそばから、うしろへくっついてきたもんだ。いまじゃ、それも数えるほどになっちまった」

めずらしく、たくさんしゃべったとうさんは、シロツメクサの上にねころんだ。

だれに教わるわけでもなく、セミは自力で、成虫に変身していく。そのようすを見まもるうちに、ぼくは、⑦不思議な感覚にとらわれた。いままでは、考えたこともなかったが、毎年、何百何千というセミが、こんなふうに、家の近くで脱皮していたにちがいない。

⑧そのセミが、次つぎに飛び立っていくようすを思いうかべると、勇気があり、なにも人間だけがえらいわけではないような気がしてくる。

この世界には、まだまだたくさん、ぼくの知らないことがかくされていて、見ようとすれば、とびらを開けてくれる──そう思うとうれしくなり、周りの景色が、急に広がったような気がした。

カラからぬけ出た胴体には、クシャクシャに折りたたまれた状態で、羽がついている。

その羽がまっすぐにのび、セミらしい形になるには、だいぶ時間がかかりそうだった。

「体も白くて、このままじゃ、なんのセミだか見分けがつかねえだろう。これから、だんだん茶色になるけどな。待ってたら夕方になるぞ」

立ちあがったとうさんは、作業ズボンの尻をはたき、先に帰るという。

にしない？　そのほうが、おれもたのみやすいしさ」

ぼくがいうと、カモッチも気持ちが変わったのか、あっさりａショウチした。

スイミングのほかには、塾も、習いごともしていないぼくは、話し相手に飢（う）えていた。歩きだしたあとも、川村のことを話し、カモッチの意見をきいてみる。

「ふうん。そんなことがあったのか……」

「かわいそうなのは、川村だよ。いい仕事がなくて、たいへんなのはわかるけどさ。やっぱ、親が無責任だろ？　なんとかしてほしいよ」

「それは、そうかもしれないけど、おれは、ノビタのおかあさんのいうことも、わかるような気がするな」

カモッチは、考え深いまなざしで、ぼくの不満顔を見ていった。

「うちの親を見てるとさ。運がよく、大きい会社に就職しても、たいへんなのはおなじだよ。そりゃ、給料はいいんだろうけど、ライバル会社との競争があるし、おなじ会社の社員でも、勝ち組、負け組があるみたい。落ちこぼれると、子会社へ追いだされたりするっていうしな」

いっていることの、半分も実感が持てないまま、②ぼくは、ムスッとしていた。

「おれにしたってそうだよ。東京で生まれたけど、会社のつごうで、おとうさんが大阪へ転勤しただろ。そのあと、アメリカへいって、また東京へもどってくると、住んでた社宅がせまくなったから、マンションを買って千葉へ移ってきたんだよ。そのあいだに三回転校してるしな。考えても、どこが自分の故郷だかわからなくなるよ」

「いま住んでるとこだって、おとなになれば出てくしさ。この町にずっといられるのは、たぶん、クラスのほかのやつだっておなじだろ。そういうのは、おまえだけだよ」

「なんだよ。おれが、絶対、家の仕事をつぐみたいだろ。きめつけんなよ」

「ていうか、③ノビタには、ずっとここにいてほしいんだよ」

カモッチは、まじめな顔つきでいい、まごつくぼくに笑いかけた。

（中略）

なにげなく、道ばたの草むらを見ると、アブラゼミらしい幼虫が一ぴき、ツユクサの葉につかまっているのが目についた。

幼虫の背中は割れて、白っぽい成虫の体が、半分、外へ出かかっている。

アブラゼミ自体はめずらしくもなく、幼虫をみつけたこともあるが、脱皮（だっぴ）するところに出あったのは、これがはじめてだった。

ぼくは、地面にすわりこみ、ワクワクしながら見つめた。

セミの動きはおそく、ほとんど静止しているようだった。

それでも、少しずつ、頭と胸がカラの外へぬけだし、そのうちに足も全部出た。

――よし、いいぞ。あと少しだ！

ぼくはじゃまをしないよう、ひとりでそっとガッツポーズをつくる。

ところが、④それはまちがいで、セミは、胴体（どうたい）をカラの中に残したまま、体をグッとうしろへたおした。あおむけになってぶらさがり、そのまま、グタッとして動かない。

やきもきしながら見ていると、田んぼを一周してきたとうさんが、そ

【国　語】（五〇分）〈満点：一〇〇点〉

一　次の文章を読んで、後の問に答えなさい。

東京近郊に暮らす六年生の土田野歩人は、家が農家なので周りからは「ぴったりの名前」だと言われるが、自分の将来は自分で決めたいという思いから名前はカタカナで書いている。友達のカモッチは去年転校してきた秀才だ。二人は夏休みの自由研究でクマゼミの調査に取り組もうとしているが、カモッチが見つけたセミの抜け殻をノブトが壊してしまったことなどもあって、二人の仲はぎこちなくなっている。

今年転校してきた川村ちとせは、人づきあいの苦手な父親が騒動を起こしたこともあり、朝のラジオ体操に顔を出しづらくなっているようだ。ノブトは自分の父親と比べて川村の父親を非難するが、ノブトの母は「それはね。おとうさんがこの町で生まれて、ここで育ってきたからだよ。家があり、田んぼがあり、周りには支えてくれる人がおおぜいいるし、農家の仕事は、口べたでもやっていけるだろ。そういうことって、すごくだいじでさ。人が安心して暮らしていけるかどうかの、分かれめなんじゃないのかな」と語る。

それから数日たっても、川村は、ラジオ体操に出てこなかった。

ぼくはアパートへいってみたが、いるのかいないのか、声をかけても返事はない。

前にきたときは気づかなかったが、ドアの周りにも、外にある郵便受けにも、川村の表札は出ていない。それが、いかにも、川村の居場所のなさをあらわしているようで、いっそう□がしめつけられた。

それでも毎朝、体操を続けていると、代わりのように、カモッチがやってきた。

顔をあわせるのは二週間ぶりで、おたがいに、なんとなく照れてしまう。

「どうしたんだよ。塾は休み？」

「そうじゃないけどさ。たまには早く起きて、体操するのもいいかと思って。ノビタ（注：カモッチはノブトをこう呼ぶ）の顔も見たいしな」

「①どうせ、いなかの子どもの顔してるだろ」

「ああ。日に焼けて、体中から、いなかのオーラが出まくってるよ」

いいあって、いっしょに体操をするうちに、気づまりな感じは取れてくる。

みんなが帰っていったあと、ぼくたちは空き地に残り、立ち話をした。

カモッチの塾は月末まで続き、そのあいだに、なんどか模擬試験も受けるという。

「私立へいくのもたいへんだな。来年の一月まで、ずっと続くのかよ」

「まあね。すすめたのは親で、最初はおれも迷ったんだけどさ。学校へ見学にいったら、屋上に大きい天体望遠鏡があって、クラブ活動で星を観察するっていうんだよ。それをきいて、どうしても入りたくなったんだ」

「へえーっ。カモッチは、そういうのが好きなのか」

「なれるかどうかわかんないけどさ。おとなになって、天文台の仕事につけたら最高だよ。受験も、最後は自分できめたんだから、やるだけやってみる。だけど、自由研究は手伝うよ。夜しか空いてないからさ。材料がそろったら、うちへこいよ」

「うん、たのむよ。前にもいったけど、どうせなら、ふたりの共同研究

2023年度

桐朋中学校入試問題（第２回）

【算　数】（50分）　＜満点：100点＞

1　次の計算をしなさい。

(1)　$2\frac{1}{7}-\frac{5}{6}+\frac{5}{14}$

(2)　$(2.3-1.4)\times3.2+5.4\div1.2$

(3)　$\left(0.75+\frac{3}{16}\right)\times\left(1\frac{14}{15}-1.8\right)\div\frac{5}{12}$

2　次の問いに答えなさい。

(1)　兄は家を出発し，駅に向かって分速180mで走りました。妹は兄が家を出発するのと同時に駅を出発し，家に向かって分速60mで歩きました。家と駅の間の道のりは1200mです。２人が出会ったのは，出発してから何分後ですか。

(2)　男女あわせて135人の小学生が算数のテストを受けました。全員の平均点は70点，男子の平均点は66点，女子の平均点は75点でした。女子の人数は何人ですか。

(3)　右の図のように，直角三角形に２つのおうぎ形をかきました。図の黒い部分の周の長さは何cmですか。また，図の黒い部分の面積は何cm²ですか。円周率を3.14として計算しなさい。

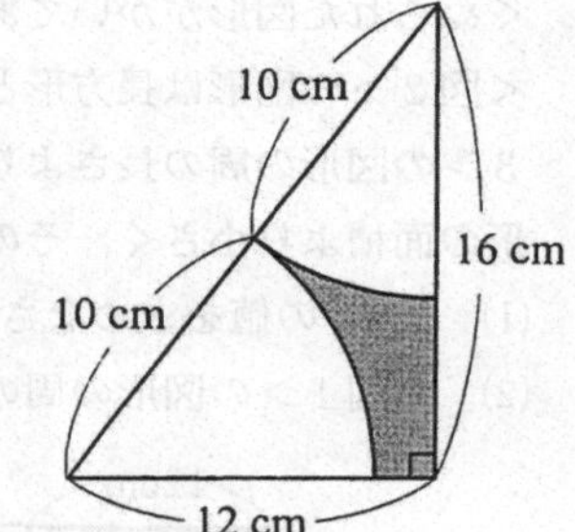

3　下の図のように，上から下にパイプがつながっています。A，Bから水を入れます。ア～オは，上のパイプから流れてきた水を，それぞれ決まった量の比で左右２本のパイプに分けて流します。ア，イ，オで左と右に分ける水の量の比は，それぞれ１：１，２：１，１：２です。Aから72Lの水

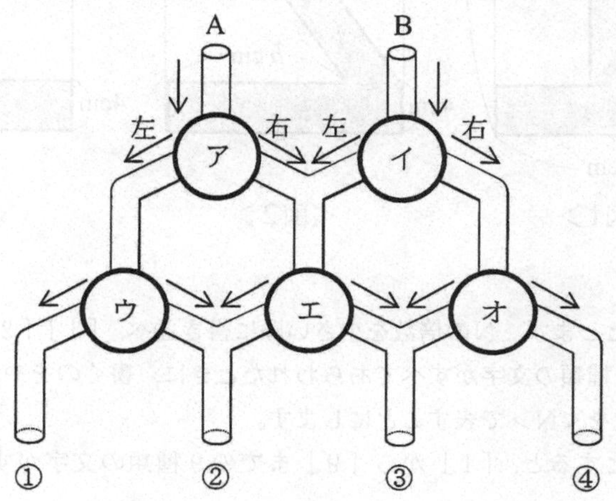

を入れ，Ｂから何Ｌかの水を入れたところ，②，③，④からそれぞれ51Ｌ，54Ｌ，12Ｌの水が出てきました。

(1)　Ｂから何Ｌの水を入れましたか。

(2)　ウ，エで左と右に分ける水の量の比をそれぞれ求めなさい。

4　３種類のスパイスＡ，Ｂ，Ｃがあります。Ａ，Ｂ，Ｃの100ｇあたりの値段はそれぞれ400円，450円，520円です。

(1)　Ａを100ｇとＢを300ｇとＣを何ｇか買ったところ，2530円になりました。Ｃを何ｇ買いましたか。

(2)　Ａ，Ｂ，Ｃを混ぜてスパイスＸを作りました。混ぜたＡ，Ｂ，Ｃの重さの比が５：３：２のとき，Ｘの100ｇあたりの値段はいくらですか。

(3)　Ａ，Ｂ，Ｃを混ぜて，100ｇあたり430円のスパイスＹを作りました。混ぜたＡ，Ｂの重さの比が５：１のとき，混ぜたＢ，Ｃの重さの比を求めなさい。答えだけでなく，途中の考え方を示す式や図などもかきなさい。

5　３つの合同な長方形があります。それぞれの長方形に<図１>，<図２>，<図３>のような黒くぬられた図形がかいてあります。<図１>，<図３>の図形は長方形を組み合わせた図形です。<図２>の図形は長方形と平行四辺形を組み合わせた図形です。<図１>の図形の周の長さは<図３>の図形の周の長さより短く，その差は42cmです。また，<図２>の図形の面積は<図３>の図形の面積より小さく，その差は60cm²です。

(1)　a，b の値を求めなさい。

(2)　<図１>の図形の周の長さは114cm，面積は188cm²です。x，y の値を求めなさい。

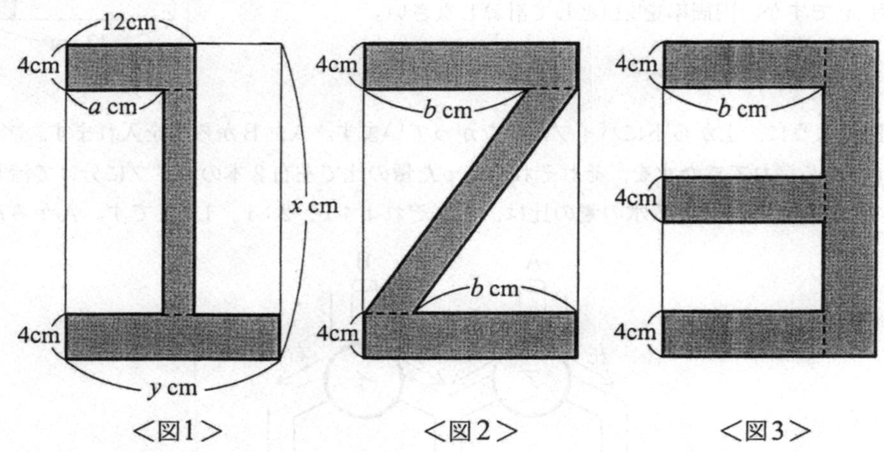

<図1>　<図2>　<図3>

6　Ｎを１以上の整数とします。Ｎの倍数を小さい順に書き並べ，「１」「２」「３」「４」「５」「６」「７」「８」「９」の９種類の文字がすべてあらわれたときに，書くのをやめます。このときに書き並べたＮの倍数の個数を<Ｎ>で表すことにします。

たとえば，Ｎを９とすると，「１」から「９」までの９種類の文字がすべてあらわれるのは，

9，18，27，36，45の５個の数を書き並べたときです。よって，<９>＝５です。また，Nを31とすると，31，62，93，124，155，186，217より，<31>＝７です。

(1)　<３>の値を求めなさい。

(2)　<２>の値を求めなさい。

(3)　Nの一の位は７で，<N>＝９です。このようなNのうち，最も小さいものを求めなさい。

7　１から９までの９個の整数から異なる４個の数を選び，２個ずつ横に並べて２けたの整数を２つつくります。つくった２つの整数のうち，小さい数をA，大きい数をBとします。AとBの積が残りの５個の整数の公倍数になるとき，次の問いに答えなさい。

(1)　１，５，６，８の４個の数を選び，A，Bをつくります。Aをつくるために並べた数の１つが１であるとき，A，Bを求めなさい。

(2)　A＝45のとき，Bを求めなさい。考えられるものをすべて書きなさい。

(3)　AとBの積が最も大きくなるとき，A，Bを求めなさい。また，２番目に大きくなるとき，A，Bを求めなさい。

【理　科】（30分）　＜満点：60点＞

1　ばねについて，以下の問いに答えなさい。ただし，ばねの重さは考えないものとします。

おもりをつるしていないときの長さが16cmのばねＡと８cmのばねＢを用意しました。図１は，ばねＡ，Ｂの長さとつるしたおもりの重さの関係を表しています。

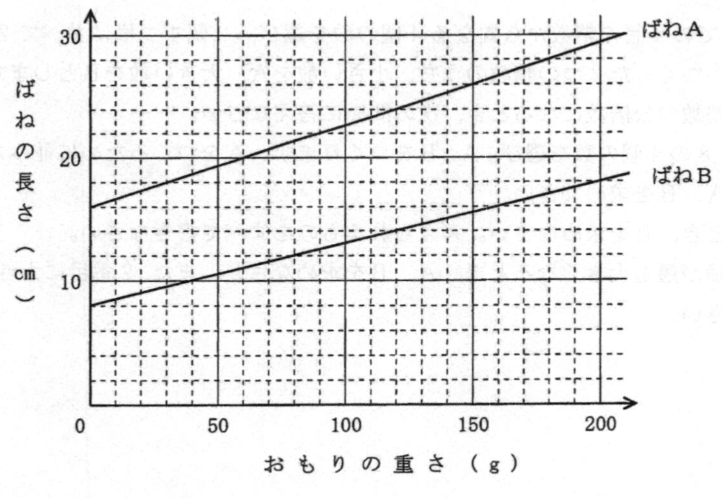

図１

問１　ばねＢの長さを16cmにするためには，何ｇのおもりをつるせばよいですか。

次に，おもりをつるしていないときの長さが12cmのばねＣを用意しました。ばねＣは30ｇのおもりをつるすと１cm伸びることが分かっています。

問２　ばねＣについて，つるしたおもりの重さとばねの伸びの関係を解答用紙の図に記入しなさい。

問３　ばねＣの長さを20cmにするためには，何ｇのおもりをつるせばよいですか。

問４　図２のように，ばねＢとＣをつなぎ180ｇのおもりをつるしました。全体の長さは何cmですか。

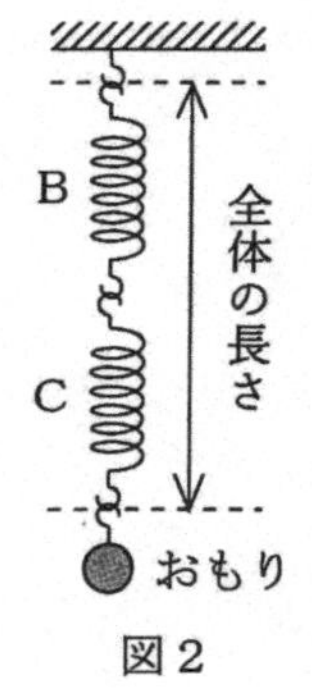

図２

問５　図２でばねＢをＡにかえて，全体の長さを問４と同じにするためには，何ｇのおもりをつるせばよいですか。

問６　図３のように，ばねＡを何個かつなぎ180ｇのおもりをつるしました。また，ばねＢとＣを一組として，何組かつなぎ180ｇのおもりをつるしました。すると，どちらも全体の長さが同じになりました。全体の長さは何㎝ですか。考えられる最も短い場合の長さを答えなさい。

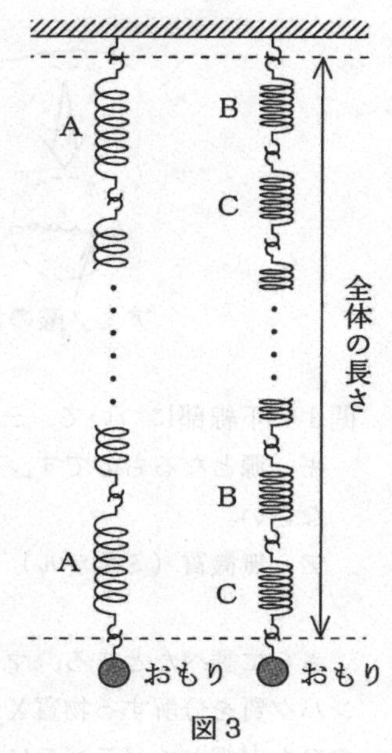

図３

２　次の文章を読み，以下の問いに答えなさい。

太郎君は，家族に手料理を振(ふ)る舞(ま)おうと思い，そのメニューの１つとして茶碗蒸(ちゃわんむ)しを作ろうと考え，作り方を本で調べました。その手順は次の通りです。

①　卵をといて，だし汁(じる)を加える。

②　容器に具材を入れ，①を加える。

③　蒸し器に容器を入れ，70～80℃ で蒸す。

この本には「具材としてマイタケを加えると，茶碗蒸しの卵が固まらない」と書いてありました。不思議に思った太郎君は，なぜ固まらないのかを調べてみました。

まず，茶碗蒸しが固まる理由について調べました。卵にはタンパク質と呼ばれる物質が含(ふく)まれており，肉や魚，豆腐(とうふ)などにも含まれています。タンパク質は熱を加えると，その構造が変化し，固まります。これを熱変性といいます。目玉焼きやゆで卵を作るとき，生卵が固まるのも同じ作用によるものです。一度熱変性したタンパク質は，冷やしても構造や性質が元に戻(もど)ることはありません。

太郎君は，タンパク質についても調べ，次のようなことが分かりました。

・三大栄養素の１つである。
・タンパク質はアミノ酸とよばれる小さな粒(つぶ)がたくさんつながって，長いひものようになっている。このひもは折りたたまれ，特有の立体構造をつくっている（図１）。
・タンパク質を加熱すると，この立体構造がくずれて固まってしまう。
・タンパク質を構成するアミノ酸は約20種類ある。

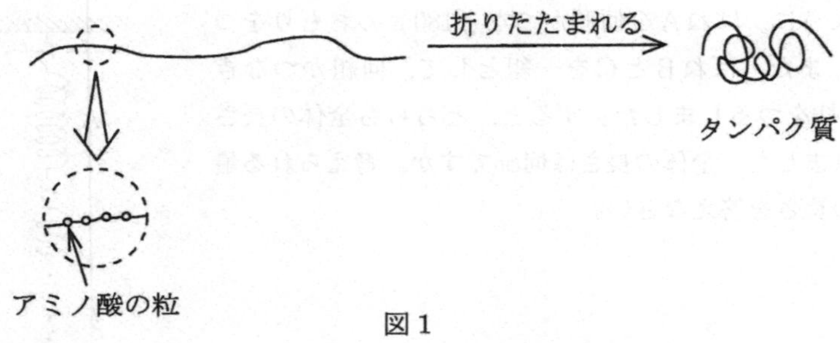

図1

問1　下線部について，三大栄養素とは，人間の体にはなくてはならない栄養素のうち，エネルギー源となるものです。タンパク質以外の三大栄養素を，次のア～エから2つ選び，記号で答えなさい。

ア．無機質（ミネラル）　　イ．炭水化物　　ウ．ビタミン　　エ．脂質（ししつ）

さらに調べたところ，マイタケを加えると茶碗蒸しが固まらないのは，マイタケの中に，卵のタンパク質を分解する物質Xが含まれているからだと分かりました。物質Xによって卵のタンパク質のひもが細かくバラバラに切られて，固まらない茶碗蒸しになってしまいます。

問2　物質Xのように，タンパク質を分解する物質を豊富に含む食品を，次のア～エから1つ選び，記号で答えなさい。

ア．米　　イ．パイナップル　　ウ．トマト　　エ．ワカメ

問3　卵のタンパク質を分解する物質Xも，実はタンパク質でできています。マイタケを入れても，茶碗蒸しを固めるためには，どのように作ればよいですか。「熱変性」という言葉を用いて，簡単に説明しなさい。

太郎君は，アミノ酸についても調べました。1粒のアミノ酸は，図2のように5つの部品（□，●，◆，〈，⬡）からできています。タンパク質を構成するアミノ酸の粒は約20種類ありますが，いずれも□，●，◆，〈の4つの部品は共通で，⬡だけが異なっています。この⬡の違い（ちがい）により，アミノ酸の種類が決まります。

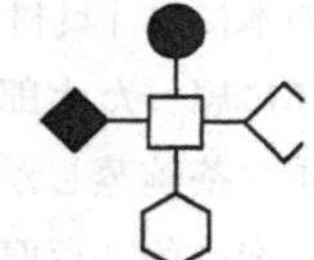

図2　1粒のアミノ酸の構造

5種類のアミノ酸を次の表のように表しました。なお，⬡の違いはアルファベットで区別することにします。

アミノ酸の図	G	F	C	K	E
アミノ酸の名称	グリシン	フェニルアラニン	システイン	リシン	グルタミン酸

また，◆と〈との間で，アミノ酸どうしをつなげることができます。アミノ酸が2つ以上つな

がったものをペプチドと呼びます。例えば，グリシンとフェニルアラニンがそれぞれ１つずつつながると，次の２種類のペプチドができます（図３）。なお，つながったあとに残っている ◆ の方を ◆ 末端，＜の方を＜末端といいます。また，図３の⬇のつながりのことを，「グリシンの＜側の結びつき」または「フェニルアラニンの ◆ 側の結びつき」といいます。

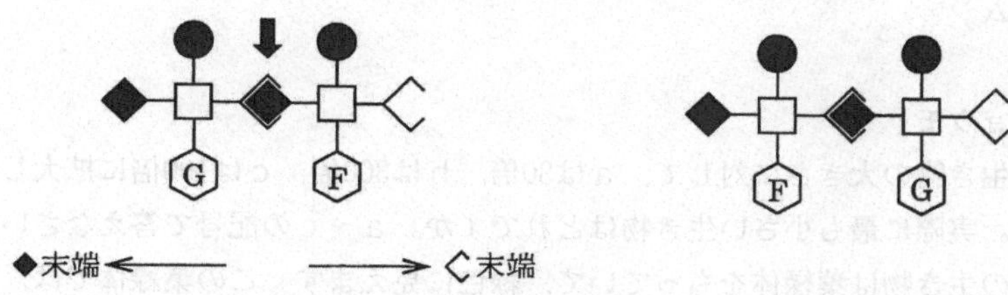

図３　グリシンとフェニルアラニンからなるペプチド

問４　赤色リトマス紙にリシンの水溶液をつけると青色になりました。この水溶液は何性ですか。次のア～ウから１つ選び，記号で答えなさい。

ア．酸性　　イ．中性　　ウ．アルカリ性

問５　グリシン，フェニルアラニン，システインがそれぞれ１つずつつながってできるペプチドは何種類ありますか。その数を答えなさい。

６個のアミノ酸がつながってできたペプチドＡがあります。このペプチドのアミノ酸の並び順を調べるために実験を行ったところ，次のような結果が得られました。

①　ペプチドＡは表の５種類すべてのアミノ酸からできていました。

②　ペプチドＡの ◆ 末端のアミノ酸はグリシン，＜末端のアミノ酸はグルタミン酸でした。

③　ペプチドＡに，リシンの＜側の結びつきをはなす物質を加えたところ，2種類のペプチドⅠとⅡに分かれました。

④　ペプチドＡに，フェニルアラニンの ◆ 側の結びつきをはなす物質を加えたところ，３種類のペプチドⅢ，Ⅳ，Ⅴに分かれました。なお，ペプチドⅢはペプチドⅠと同じでした。

問６　上の実験結果から考えられる，ペプチドＡのアミノ酸の並び順の１つを答えなさい。解答する際には，解答用紙の図の⬡の中にアルファベットを入れて答えなさい。

３　水の中の小さな生き物について，以下の問いに答えなさい。

Ⅰ．池の水を１滴取り出し，顕微鏡を用いて観察しました。次のａ～ｃは観察された生き物のスケッチです。

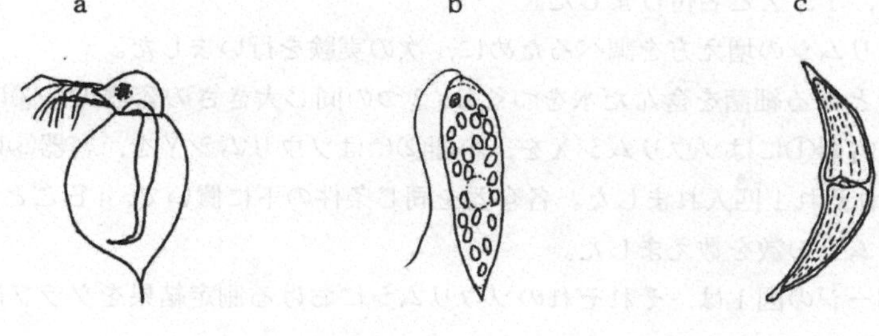

問１　ａ～ｃの生き物の名前を次のア～カからそれぞれ選び，記号で答えなさい。

ア．ボルボックス

イ．ミジンコ

ウ．ミカヅキモ

エ．ミドリムシ

オ．ワムシ

カ．クンショウモ

問２　実際の生き物の大きさに対して，ａは30倍，ｂは300倍，ｃは100倍に拡大したスケッチを示しています。実際に最も小さい生き物はどれですか。ａ～ｃの記号で答えなさい。

問３　ｂ，ｃの生き物は葉緑体をもっていて，緑色に見えます。この葉緑体では，光合成が行われています。光合成のはたらきとして，正しいものを次のア～オから２つ選び，記号で答えなさい。

ア．光を受けて，酸素をつくる。

イ．光を受けて，二酸化炭素をつくる。

ウ．酸素と水から二酸化炭素をつくる。

エ．酸素を使って，糖（でんぷん）をつくる。

オ．二酸化炭素を使って，糖（でんぷん）をつくる。

問４　ａ～ｃの生き物は，池の中で食べる食べられるの関係でつながって生活しています。この関係を正しく表しているものを，次のア～ウから１つ選び，記号で答えなさい。なお，矢印は食べられるものから食べるものへ栄養分が移ることを示しています。

ア．ａ→ｃ→ｂ

イ．ｃ→ａ→ｂ

ウ．ｂ→ａ←ｃ

Ⅱ．次の文章は，池の水の中で見つけたゾウリムシについて調べたものです。

ゾウリムシは１つの細胞（さいぼう）でできた生き物で，細胞の表面には短い毛がたくさん生えていて，それを動かして水中を浮遊（ふゆう）してえさをとらえる。えさはゾウリムシよりはるかに小さな細菌（さいきん）という生き物で，成長したゾウリムシはやがて細胞が２つに分かれること（これを分裂（ぶんれつ）という）によって増える。

問５　ゾウリムシの細胞内に取り込（こ）まれたえさは，細かく分解されて，栄養分となります。えさを細かく分解するはたらきを何といいますか。漢字２字で答えなさい。

見つけたゾウリムシは細胞の形や大きさが違（ちが）った３種類のゾウリムシでした。そこで，それぞれをゾウリムシＸ，Ｙ，Ｚと名付けました。

これらのゾウリムシの増え方を調べるために，次の実験を行いました。

〔実験１〕　えさとなる細菌を含（ふく）んだ水をつくり，３つの同じ大きさの容器①～③に同じ量を入れました。容器①にはゾウリムシＸを，容器②にはゾウリムシＹを，容器③にはゾウリムシＺを，それぞれ１匹（ぴき）入れました。各容器を同じ条件の下に置いて，４日ごと，24日間にわたりゾウリムシの数を数えました。

次のページの図１は，それぞれのゾウリムシにおける測定結果をグラフにしたものです。

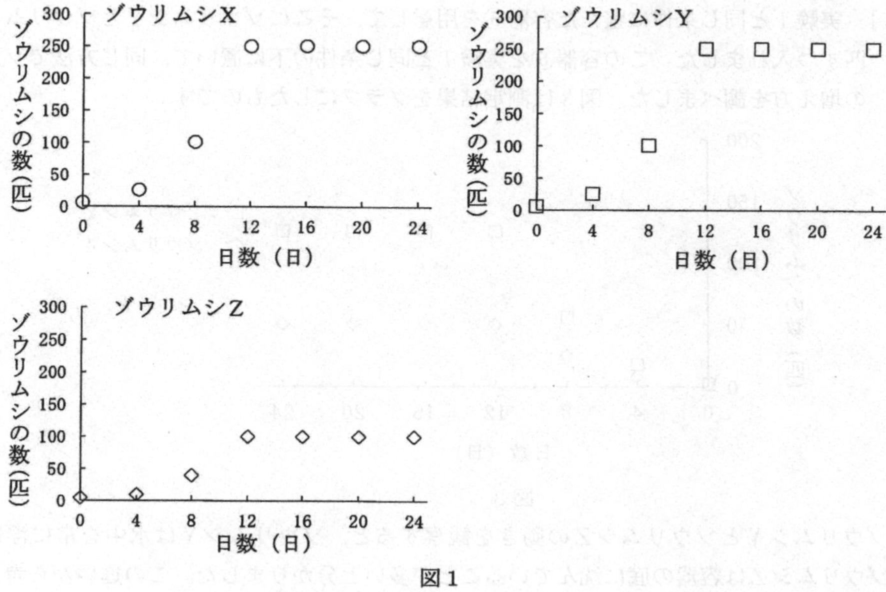

図１

問６　図１において，12日目以降でゾウリムシの数がほぼ一定になっています。その理由の１つを説明しなさい。

〔実験２〕　実験１と同じ条件に整えた容器④を用意して，そこにゾウリムシXとゾウリムシYを１匹ずつ入れました。この容器④を実験１と同じ条件の下に置いて，同じ方法でゾウリムシの増え方を調べました。図２は測定結果をグラフにしたものです。

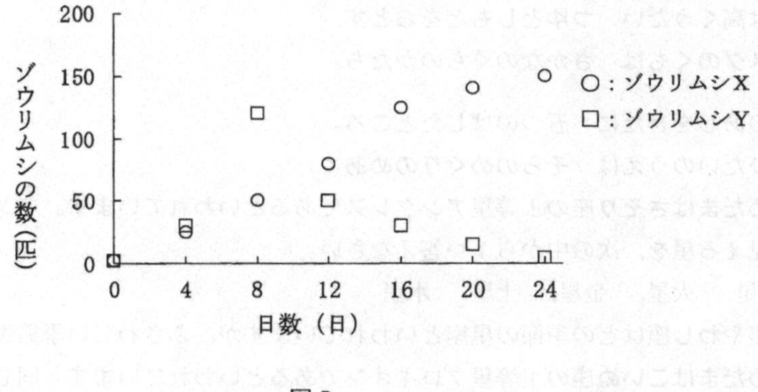

図２

問７　実験１と実験２について，正しい内容を述べているものを次のア～エからすべて選び，記号で答えなさい。

ア．ゾウリムシXとゾウリムシYを同じ容器に入れた場合，8日目まではゾウリムシYの方が，分裂した回数が多い。

イ．日を追うごとにゾウリムシXとゾウリムシYの数の差は大きくなる。

ウ．ゾウリムシXとの競争によって，ゾウリムシYは数を減らしていった。

エ．ゾウリムシXの増え方には，ゾウリムシYの影響（えいきょう）はない。

〔実験３〕　実験１と同じ条件に整えた容器⑤を用意して，そこにゾウリムシＹとゾウリムシＺを１匹ずつ入れました。この容器⑤を実験１と同じ条件の下に置いて，同じ方法でゾウリムシの増え方を調べました。図３は測定結果をグラフにしたものです。

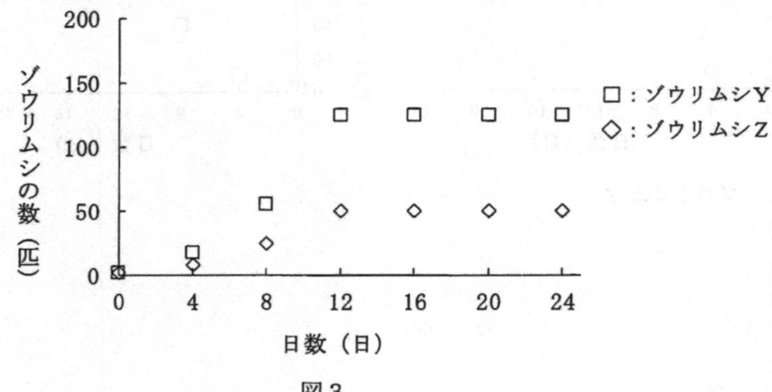

図３

問８　ゾウリムシＹとゾウリムシＺの動きを観察すると，ゾウリムシＹは水中を常に浮遊していて，ゾウリムシＺは容器の底に沈(しず)んでいることが多いと分かりました。この違いから考えて，ゾウリムシＹとゾウリムシＺが24日目に共存している理由を答えなさい。

4　次の詩は宮沢賢治(みやざわけんじ)が書いた『双子(ふたご)の星』という作品の中に出てくる「星めぐりの歌」です。この詩を読み，以下の問いに答えなさい。

あかいめだまのさそり　ひろげた**わし**のつばさ
あおいめだまのこいぬ，ひかりのへびのとぐろ。

オリオンは高くうたい　**つゆとしも**とをおとす，
アンドロメダのくもは　さかなのくちのかたち。

おおぐまのあしをきたに　五つのばしたところ。
こぐまのひたいのうえは　**そらのめぐりのめあて**。

問１　**あかいめだま**は**さそり**座の１等星アンタレスであるといわれています。アンタレスのように夜空で赤く見える星を，次の中から１つ答えなさい。

木星，　海王星，　火星，　金星，　土星，　水星

問２　**さそり**座や**わし**座はどの季節の星座といわれていますか。ふさわしい季節を答えなさい。

問３　**あおいめだま**は**こいぬ**座の１等星プロキオンであるといわれています。同じ１等星でも，アンタレスのように赤く輝(かがや)く星もあれば，プロキオンのように青白く輝く星もあるのは，その星の温度が関係しているからです。これは豆電球の色と温度の関係と同じように考えることができます。このことから，アンタレスとプロキオンのどちらの方が低温と考えられますか。理由とともに答えなさい。

問４　２月初めの21時ごろには**オリオン**座が南の空に高く上がります。このとき**オリオン**座と同じ方角にみえる星座を次のア～カからすべて選び，記号で答えなさい。

ア．こと座　　イ．おうし座　　ウ．わし座
エ．おおぐま座　　オ．はくちょう座　　カ．おおいぬ座

問５　**つゆ**と**しも**について，この詩での意味としてふさわしいものを，次のア～カから２つ選び，記号で答えなさい。

ア．**つゆ**とは，じめじめしてよく雨が降る春と夏の間の季節のことである。

イ．**つゆ**とは，空気中の水蒸気が冷やされて葉などにつく水滴のことである。

ウ．**つゆ**とは，地面付近に生じた雲で，空中に浮かぶ細かい水滴のことである。

エ．**しも**とは，土の中の水蒸気が暖まり地上にでてきた水分のことである。

オ．**しも**とは，主に積乱雲から降ってくる直径５㎜以上の氷の粒のことである。

カ．**しも**とは，空気中の水蒸気が冷やされて葉などの表面で凍った白い氷のことである。

問６　**アンドロメダのくも**は，アンドロメダ銀河とよばれるたくさんの星が集まった天体のことです。**アンドロメダのくも**の写真を次のア～カから選び，記号で答えなさい。

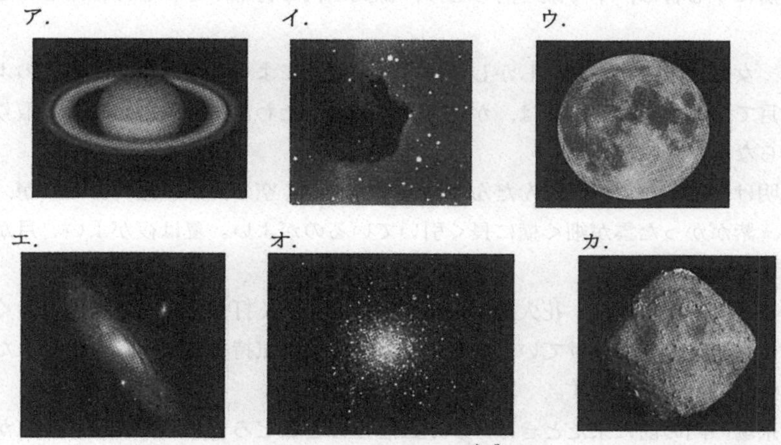

©アイウオ：国立天文台、エ：東京大学 木曽観測所、カ：宇宙航空研究開発機構

問７　次の図は北極星の周りの星空を表しており，おおぐま座，こぐま座，カシオペア座などが描かれています。この図の中から**そらのめぐりのめあて**にあたる北極星を選び，○で囲みなさい。なお，詩の終わりにある「おおぐまのあしをきたに　五つのばしたところ。　こぐまのひたいのうえは」という記述は，私たちが地上から北極星を見つけるにはふさわしくない説明になっていますから，惑わされないように気をつけてください。

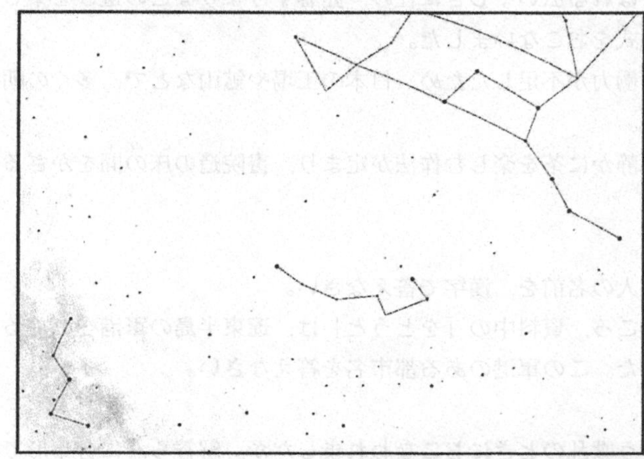

StellaNavigator 11 © 1992-2019 AstroArts Inc.

【社　会】（30分）　＜満点：60点＞

【１】 次の資料ア～カを読み，問いに答えなさい。

ア．あゝをとうとよ　君を泣く　君死にたまふことなかれ
末に生れし君なれば　親のなさけはまさりしも
親は刃(やいば)をにぎらせて　人を殺せとをしへしや
人を殺して死ねよとて　二十四までをそだてしや

イ．みな心を一つにしてわたしの言うことを聞きなさい。これが最後の言葉です。故右大将様が平氏をたおして鎌倉に幕府を開いてからの御恩は，山よりも高く海よりも深いものです。名誉(めいよ)を大切にする者は，早く敵(てき)を討(う)ちとり，源氏三代の将軍がきずきあげたものを守りなさい。

ウ．もとは，女性は太陽だった。しかし今は，ほかの光によってかがやく，病人のような青白い顔色の月である。わたしたちは，かくされてしまったわたしたちの太陽を，取りもどさなければならない。

エ．春は夜明けのころがよい。だんだんと白くなっていく空の，山に近いあたりが，少し明るくなって，紫(むらさき)がかった雲が細く横に長く引いているのがよい。夏は夜がよい。月がきれいなころはいうまでもない。

オ．夜になるとアメリカ軍は，花火のように照明弾(しょうめいだん)を空高く打ち上げ，さまよい歩く避難民(ひなんみん)の群れをねらい，猛攻撃(もうこうげき)を続けていた。私はもう絶望的な気持ちになって，よたよたとただ群衆の後について行ったんです。

カ．富岡製糸場の門の前に来たときは，夢かと思うほどおどろきました。生まれてかられんがづくりの建物など，錦絵(にしきえ)で見ただけで，それを目の前に見るのですから，無理もないことです。

問１．**ア**～**カ**の資料を年代の古い方から順にならべかえて，記号で答えなさい。

問２．次の①～③の文は，**ア**～**カ**の資料のあらわす時期のどれと関係が深いか，記号で答えなさい。関係の深い資料がないときは記号**キ**で答えなさい。

① 貴族は寝殿造とよばれる広いやしきに住み，囲碁(いご)やけまりなどの遊びを楽しみ，季節ごとにさまざまな行事や儀式(ぎしき)をおこないました。

② 戦争が長引いて労働力が不足したため，日本の工場や鉱山などで，多くの朝鮮や中国の人びとが働かされました。

③ 簡素な茶室で，心静かに茶を楽しむ作法が定まり，書院造の床の間(とこのま)をかざる生け花もさかんになりました。

問３．**ア**の資料について。

① この歌をよんだ歌人の名前を，漢字で答えなさい。

② この歌がよまれたころ，資料中の「をとうと」は，遼東半島の軍港をめぐるロシア軍との戦いに参加していました。この軍港のある都市名を答えなさい。

問４．**イ**の資料について。

① この演説は何という戦乱のときにおこなわれましたか。解答らんに合う形で戦乱名を漢字で

答えなさい。

② 資料中の「故右大将様」とはだれのことですか。漢字で答えなさい。

問5．ウの資料について。この文章を著わした人物とともに新婦人協会を設立した女性はだれですか。漢字でひとり答えなさい。

問6．エの資料について。この資料の作者名と作品名の組み合わせとして正しいものを選び，あ～えの記号で答えなさい。

あ．清少納言／竹取物語

い．清少納言／枕草子

う．紫式部／竹取物語

え．紫式部／枕草子

問7．オの資料は，戦場となった島で，学徒隊の一員として，負傷兵の看護にあたった女子学生が残した手記の一部です。この学徒隊の悲劇を伝える塔（とう）や資料館には，多くの人が訪れています。この学徒隊名を，解答らんに合う形で答えなさい。

問8．カの資料について。

① このころ，女性の英語教師の育成に力を注ぎ，女子英学塾を開いたのはだれですか。漢字で答えなさい。

② ①の人物は，日本政府の使節団の一員として満6才でアメリカに渡（わた）りました。日本政府がこの使節団を派遣（はけん）したねらいと結果を説明しなさい。

【2】 次の①～④の文は，日本に輸入されているおもな資源について述べたものです。これらの文を読み，問いに答えなさい。

① この資源は，かつて九州や(1)北海道などで豊富に産出されましたが，現在はオーストラリアやインドネシアなどからの輸入に依存（いぞん）しています。九州にある鉱山跡（あと）の一部は，2015年に(2)世界文化遺産に登録されました。

② この資源を原料とする金属材料は，高度経済成長期には(3)「産業のコメ」とよばれ，日本の産業発展を支えました。日本におけるこの資源の海外依存度は100%（2018年）で，オーストラリアと(4)ブラジルからの輸入量が全体の8割以上をしめています。

③ この資源は，(5)日本海に面する秋田県などでわずかに産出されていますが，国内で使用される分のほとんどは海外から輸入されたもので，特に(6)西アジアからの輸入量は全体のおよそ90%にもおよびます（2020年）。

④ この資源は，他の資源と比較（ひかく）して燃焼時の二酸化炭素排出（はいしゅつ）量が少なく，(7)クリーンエネルギーといわれています。日本の輸入先上位三か国は，オーストラリア，(8)マレーシア，カタールとなっています（2020年）。

問1．①・②の文で述べられている資源の名称（めいしょう）を漢字で答えなさい。

問2．下線部(1)について。次のページの図1は，北海道での生産量が全国第一位である生乳の都道府県別生産割合を示したものです（2020年）。これを見ると，生産量の上位には栃木県や群馬県といった，関東地方の県が複数入っています。これはなぜか説明しなさい。

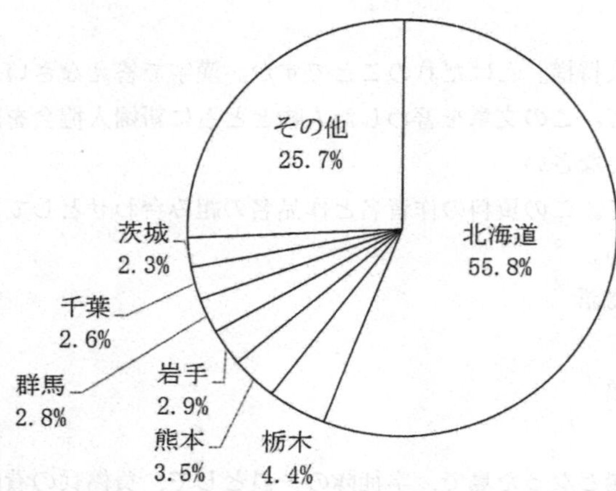

図１

（『データブック オブ・ザ・ワールド』より作成）

問３．下線部(2)について。2021年には，三内丸山遺跡（いせき）などを含（ふく）む「北海道・［　　］の縄文遺跡群」が新たに世界文化遺産に登録されました。［　　］にあてはまる語句を漢字で答えなさい。

問４．下線部(3)について。現在「産業のコメ」とよばれているものを答えなさい。

問５．下線部(4)について。ブラジルの北部には赤道が通っています。次のあ～えから赤道が通っていない国をひとつ選び，記号で答えなさい。

あ．インド　　い．エクアドル　　う．ケニア　　え．コンゴ民主共和国

問６．下線部(5)について。日本海に面する地域など，積雪が多いところでは，ポンプでくみ上げた地下水を路面にまいて雪をとかす設備が設けられていることがあります。この設備の名称を答えなさい。

問７．下線部(6)について。西アジアにある国として誤っているものを，次のあ～おからすべて選び，記号で答えなさい。

あ．アラブ首長国連邦　　い．イラン　　う．カザフスタン

え．クウェート　　お．パキスタン

問８．下線部(7)について。次の表１は，オーストラリア，サウジアラビア，中国，ドイツ，日本における発電量の合計と，再生可能エネルギーによる発電量を示したものです（2019年）。ドイツと日本を示すものを表１のあ～おからそれぞれ選び，記号で答えなさい。

表１

	発電量の合計	再生可能エネルギー					
		風力	地熱	太陽光	その他	計	%
あ	75041	4060	1.3	2251	1211	7524	10.0
い	10450	77	28	690	446	1240	11.9
う	6091	1259	2.0	464	570	2295	37.7
え	3855	－	－	4.3	－	4.3	0.1
お	2640	177	－	148	35	361	13.7

（単位　億kWh）

（『データブック オブ・ザ・ワールド』より作成）

問９．下線部(8)について。マレーシアの位置を，図２のあ～えからひとつ選び，記号で答えなさい。

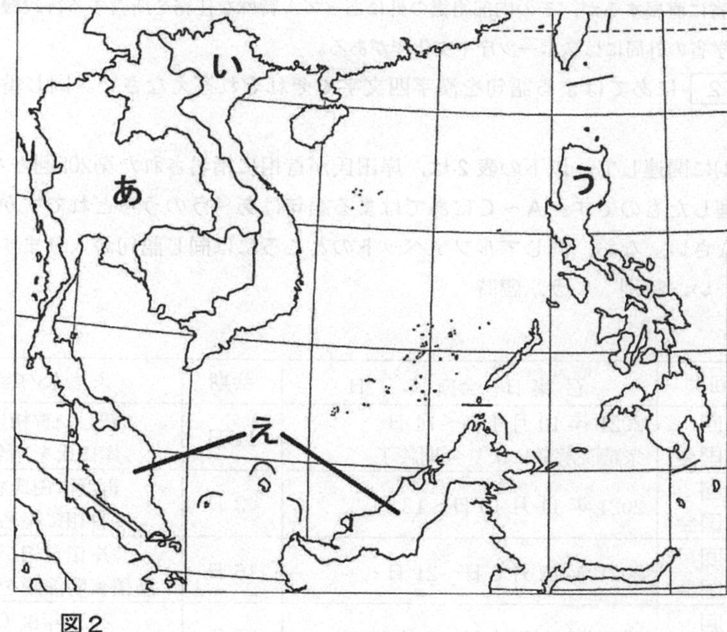

図２

【３】 次の文章を読み，問いに答えなさい。

2020年から本格化した新型コロナウイルス感染拡大により日本経済は打撃を受け，とりわけ地域の雇用や経済を維持するうえで重要な役割を果たしている中小企業は深刻な影響を受けていると言われています。

中小企業はすべての企業数のうち99.7％を占め，またすべての労働者のうち約７割を雇用しています。このように，日本経済において中小企業の果たす役割は大きく，［ 1 ］省は，外局※である中小企業庁と連携して，コロナ禍での中小企業支援策をさまざまに打ち出しています。

新型コロナウイルス感染拡大が進んだ2020年以降，日本では首相の交代が続きました。(1)2021年10月，菅義偉内閣に代わり発足した岸田文雄内閣は，十分なコロナ対策とあわせて，停滞した日本経済の再生を図ることを掲げました。

(2)1989年から始まり約30年間続いた平成の時代では，平成の初めのころに起こった不景気以降(3)物価は下がったまま上がらず，また賃金もさほど上がりませんでした。このように，国民が豊かさを実感できるような目立った経済成長が長らく見られなくなっているなか，岸田内閣は「新しい［ 2 ］」という言葉を使って「成長と分配の好循環」の実現を目指す，としました。

このうち，成長を促す政策について岸田内閣は，環境を壊さない生産技術の確立を政府が援助することなどを掲げました。一方分配政策については賃金の上昇が重要であるとし，企業や財界に対して「賃上げ」への協力を呼びかけました。しかし，大企業と中小企業とではさまざまな格差があり，中小企業にとって大幅な賃上げは難しいのでは，との声も聞かれます。

経済活動が自由におこなわれる［ 2 ］のもと，人類はこんにち，環境問題や経済格差など解決すべき課題に直面しています。これらの課題に日本が今後どのように向き合っていくべきか，国民全体で考えていく必要があります。

※内閣府や各省に直属するが，その内部組織の外にあって，特殊な任務を所管する行政機関のこと。例として，文部科学省の外局にはスポーツ庁や文化庁がある。

問1．[1]・[2]にあてはまる語句を漢字四文字でそれぞれ答えなさい。同じ番号には同じ語句が入ります。

問2．下線部(1)に関連して。以下の**表2**は，岸田氏が首相に指名された第205回から第208回の国会について整理したものです。**A**～**C**にあてはまる語句は**あ**～**う**のうちどれですか。それぞれ選び記号で答えなさい。なお，同じアルファベットのところには同じ語句が入ります。

あ．通常　**い**．特別　**う**．臨時

表2

国会回次	召集日～会期終了日	会期	おもな内容
第205回 【A】国会	2021年10月4日～14日 衆議院解散により会期終了	11日	新しい首相に 岸田氏を指名
第206回 【B】国会	2021年11月10日～12日	3日	再度岸田氏を 首相に指名
第207回 【A】国会	2021年12月6日～21日	16日	岸田首相が 所信表明演説を行う
第208回 【C】国会	2022年1月17日～6月15日	150日	2022年度の 予算案を審議

問3．下線部(2)に関連して。以下の**あ**～**え**に記した平成時代のできごとを起こった順にならべかえて，記号で答えなさい。

あ．東日本大震災からの復興を目的として，復興庁が設置された。

い．ベルリン市内の国境検問所が開放され，市内を東西に隔てていた壁が撤去された。

う．アメリカの大統領D・トランプ氏と北朝鮮（朝鮮民主主義人民共和国）の最高指導者金正恩氏が，史上初の米朝首脳会談をシンガポールでおこなった。

え．アジアで初のサッカーワールドカップが，日本と韓国の共同で開催された。

問4．下線部(3)に関連して。物価や賃金について述べた以下の文について，内容が正しいものには○を，誤っているものには×を，それぞれ記入しなさい。

ア．サービスの料金や商品の価格は売り手と買い手との間で自由に決めるのが原則だが，公共性の高い鉄道運賃などは政府の認可が必要である。

イ．賃金については最低賃金制度が定められており，これを下回る賃金で人を雇うことは法律で禁じられている。

ウ．物価の安定を目指して，金融庁は，世の中で流通するお金の量を調整している。

問5．二か所の二重下線部に関連して。次のページの**図3**から，大企業と中小企業との間にはどのような格差があることが分かりますか。**図3**に示されていることにふれながら説明しなさい。

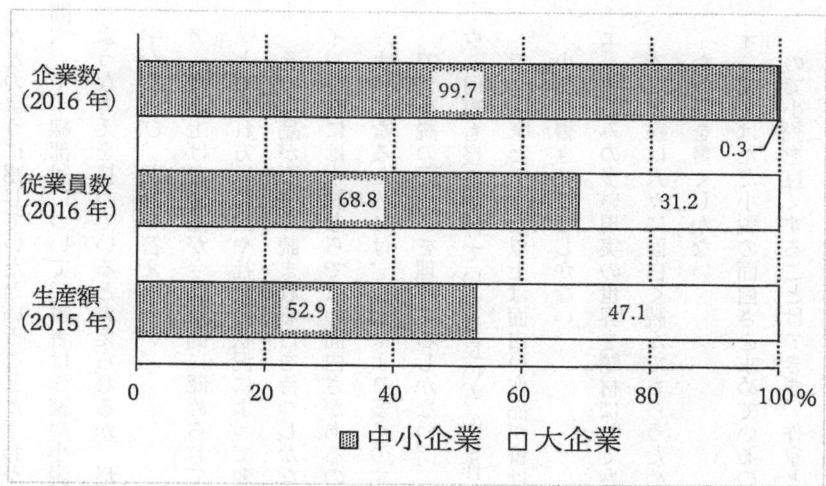

図３　中小企業と大企業の比較　2022年版『中小企業白書』より

問四　――線部②「苦もなく」と同様の意味合いで用いられている表現を本文中の（※）より前から探し、抜き出して答えなさい。

問五　――線部③「ちょっと息がしづらかった」とあるが、これは筆者がどのように感じていたということか。わかりやすく説明しなさい。

問六　――線部④について。筆者は作家や小説というものについてどのような考えを持っていると考えられるか。最もふさわしいものを次の中から選び、記号で答えなさい。

ア　書き上げた作品が今は世間に認められていなくても、小説の受けとめられ方は時代や社会の状況によって変わるものなので、作家はその作品が面白く読まれる日を待つしかない。

イ　小説には小説ならではの面白さがあるので、面白い作品が書けるようになるためには、作家はより多くのすぐれた小説にふれることで、小説の面白さを理解するしかない。

ウ　何事も長く続けていれば良いものを作れるようになるはずなので、作家となった以上は面白い作品が書けなくても、あきらめずに小説を書き続けるしかない。

エ　苦しみの多い現実の世界を題材にしても面白い小説は書けないので、作家は人々に面白く読んでもらうために空想の世界を舞台にした作品を書くしかない。

オ　読者はただ小説の面白さを求めているので、作品の内容以外のもので小説を良くすることはできず、作家として評価されるためには質の高い作品を書き続けるしかない。

問七　――線部⑤とあるが、それはどうしてか。その理由として筆者が考えていることをわかりやすく説明しなさい。

たからである。瓶は学校に行っている間に、母親によって捨てられた。

［Ⅱ］（※）

普通になりたい。

学生の間はずっとそう思い続けていた気がする。そのためにちょっと普通じゃない嘘もたくさんついたし、隠したいものをたくさん持っていた。「秘密」で自分をすっかり覆い隠せば、普通の人間になれると信じていた。③ちょっと息がしづらかった。

Ａテンキは、作家になってから訪れた。

小説というものは、みんなとできるだけ違ったことを書いた方が、興味深く読んでもらえるようである。そして作家というのは、年齢はおろか住所氏名本籍地がよくわからなくても、初対面で「あー」とか「うー」とかしか言えなくても、服を後ろと前と逆に着ていても、大きな問題はない（小さな問題はある）。小説が面白ければ良いのだ。④小説の面白くなさを補う方法は、小説の外にはない。

作家として働いているうちに、だんだん僕の中から「秘密」が減っていった。

たぶん「秘密」の本質は、「知られてはならないこと」の存在ではない。「知られてはならない人」の存在ではないか。

今の僕を、普通の地球人として育てようとする先生も、親もいない。からかったり心配したりするクラスメイトも、同僚もいない。

まわりにいるのは、作家としての僕を受け入れ、付き合い続けてくれる人ばかりだ。

会って早々に、モンゴル語由来の歴史用語について怒濤のごとく説明を始める僕を、編集者さんは「なるほど、面白いですね。で、この企画のＢケンなんですが……」と軽く受け流してくれる。

プラモデルのパーツを、枠から切り離す時に出るゴミを、瓶に入れて大切に取っておく僕を見て、妻は「楽しそうだねえ」と笑っている。時には「これ、使えるんじゃない」と新しい瓶をくれたりもする。

今や、何を知られたとしても「別にいいか」と思えるようになってしまった。君は普通じゃない、と言われたとしても「合ってる」としか思わなくなった。

⑤そして、僕の中から「秘密」はなくなってしまったのだ。秘密は子供の特権で、大人になるにつれ消えていくと何かで読んだが、これがそうかなと思った。

とはいえ、僕自身が変わったわけではない。今日も今年食べたサンドイッチのカウントを一つ増やしながら、喫茶店で文章を書いている。

（二宮敦人「特に秘密、ありません」による。）

問一 ＝線部Ａ・Ｂのカタカナを漢字に直しなさい。

問二 ―線部①とあるが、筆者がこのように述べるのはどうしてか。次の［　］にあてはまる最もふさわしいことばを本文中から三十字以内で探し、抜き出して答えなさい。

［　　　　　］から。

問三 ［Ⅰ］～［Ⅲ］を補うのに最もふさわしいことばを次の中から選び、それぞれ記号で答えなさい。ただし、同じ記号は二度選べないものとする。

ア さて　イ だから　ウ あるいは　エ たとえば

オ 一方で

ア　今出かけなければ、二度と鶯を観察できなくなるかもしれないとあせっている。

イ　家を出る言い訳として、鶯が鳴いたと嘘をつくのをうしろめたく思っている。

ウ　自然界における新たな発見をすることで、名声を得ようともくろんでいる。

エ　自分の知識でははかりきれない、自然の奥深さに心をうばわれている。

オ　自らが望む未来へ踏みだすことに対して、気持ちがたかぶっている。

問十一　――線部A～Eのカタカナを漢字に直しなさい。

二　次の文章を読んで、後の問に答えなさい。

すっかり「秘密」というものを失ってしまうまでの話をしたい。

その前に言っておこう。①実は、僕は人間ではない、別の生き物だ。どこから来たのかは自分でも知らないが、多分宇宙か何かだと思う。少なくとも僕はそう確信して生きている。

というのも、色々と普通ではないのだ。

［Ⅰ］、多くの人は自分の年齢を②苦もなく覚えているようだが、僕は全く覚えられない。一生変わらない数字ならまだしも、毎年変わるのが厄介だ。最近は諦めて、書類に年齢を書く欄があればその都度、妻に聞くようにしている。

［Ⅱ］、僕は持っている服を、それぞれ何回着たかを知っている。さすがに完全暗記はしていないが、こまめにメモをつけたり、時々集計したりして、着るもの全てのだいたいの使用回数を把握するようにしている。このTシャツは十五回着た、この靴下は四日と半日の間身に着けていた、この靴は百二十万歩ぶん歩いた、という具合だ。何のために、と聞かれると困ってしまう。みんなが年齢を数えるように、自然とやっている。

最近捨てたTシャツは、三五〇〇円ほどで買い、三十四回目でへろへろ度が一線を越えたので捨てた。一回あたり約百円というのは、高いのか安いのか、よくわからない。

つまり僕は、みんなができることができず、みんながやらないことばかりやるのだ。それが宇宙から来たと思われる根拠である。

そのせいで子供の頃は、「秘密」をたくさん持っていた。

この星は地球人の星である。［Ⅲ］、地球人でないと怒られる。

「みんな、学校で配られたプリントを持って帰ってるのに、どうしてできないの」

僕は地球人になりたかった。みんなができることが、できるようになりたかった。だから母親に言うのである。

「今日は配られたプリントはなかったよ」

そんなふうにして「秘密」が生まれる。なお、プリントは机の中に放り込んでくしゃくしゃに丸めている。何のために、と聞かれると困ってしまう。自然にやっている。

「どうして抜けた髪の毛を全部取っとくの！　汚いでしょ」

僕は、みんながやらないことをやっているのを知られたくなかった。

だから次からは、こっそりと「秘密」の瓶に隠して髪の毛を貯めた。ちなみに理由は、生まれてから死ぬまでに抜ける髪の総本数を知りたかっ

イ　高価な品を買ってもらうことを初めて祖母にたのむので、緊張している。

ウ　祖母のことばをよいきっかけに、伝えたいことを伝えようとしている。

エ　祖母が自分をつきはなしたような言い方をしたので、反発している。

問四　――線部④「目尻に柔らかな皺を寄せた」から読み取れる「祖母様」の気持ちを説明しなさい。

問五　――線部⑤「大息を吐き」から読み取れる「竹蔵」の気持ちとして、最もふさわしいものを次の中から選び、記号で答えなさい。

ア　富太郎が学問をするために、すでにかなりのお金をついやしていることを強く訴えているのに、それをお浪が理解できていないことに驚いている。

イ　富太郎はよく分からない学問ばかりして家業をつごうとしないうえ、お浪も自分の意見を聞いてくれないことにあきれ、岸屋の将来を心配している。

ウ　そもそも主人の決定に口をはさむことなどできるはずもないと分かっていたが、それでも言いたいことを遠慮なく言うことができたので満足している。

エ　お浪が岸屋を支えるべき立場にいながら、孫である富太郎にばかりお金を使って、岸屋の者たちの働きには手厚い対応をしてくれないので失望している。

問六　Ⅰ・Ⅱにあてはまる、身体の一部を表すことばをそれぞれ答えなさい。

問七　――線部⑥「お為ごかし」の意味として、最もふさわしいものを次の中から選び、記号で答えなさい。

ア　本当は知らないのに知っているふりをして、その場をのりきろうとすること。

イ　自分の都合からすることを、他人のことを思ってするように見せかけること。

ウ　思ってもいないことを口にすることで、自分の気持ちを無理にごまかすこと。

エ　表面上は礼儀正しく見せながら、心の中では人のことを笑いものにすること。

問八　――線部⑦「祖母様の胸にきっぱりと通っている芯」の説明として、最もふさわしいものを次の中から選び、記号で答えなさい。

ア　身内には優しいが、気に入らない相手には厳しい態度をとる頑固さ。

イ　歴史ある酒屋を、夫亡き後も自分が長く支えていこうとする誠実さ。

ウ　世間から悪く言われても、身近な人のそばにいようとする愛情深さ。

エ　他人の意見には左右されずに、大切に思うものを守ろうとする強さ。

問九　――線部⑧の比喩はどのようなことを表したものか。わかりやすく説明しなさい。

問十　――線部⑨とあるが、この時の「富太郎」の様子を説明したものとして、ふさわしいものを次の中から二つ選び、記号で答えなさい。

そういなしつつ立ち上がり、障子を引いた。広縁、そして濡れ縁へと出てみる。軒庇の深い屋敷であるので、足裏の板床はひやりとする。けれど庭や蔵の白壁には春陽が丸く満ちている。顔だけで座敷を見返り、会釈をした。

「鳴いたかもしれん」

祖母様はそよりと白い頬を緩める。猫はいつも重そうな瞼をふと上げ、耳の後ろに掌を立てた。⑨富太郎は庭に飛び降りた。下駄に指を入れるのももどかしく、駈け出す。

さて、今日はどの山に分け入ろうか。（朝井まかて『ボタニカ』による。）

[注]
1 番頭……商家などの使用人のかしら。
2 小学校……明治五年に公布された学制によって、国民は満六歳から小学校に通うことが決められた。富太郎は明治七年、十三歳の時に入学し、卒業までの四年間通うはずだった。
3 料簡……考え、思い。
4 ようけ……たくさん。
5 自儘……自分の思うままにすること。わがまま。
6 引っ張り込んだち……引っ張り込んだって。
7 膝行……ひざをついて進むこと。
8 ペンシル……鉛筆のこと。当時は手に入れにくいものだった。
9 丁稚……職人・商家などに奉公をする少年。雑用や使い走りをした。
10 大節季……年末。大みそか。
11 手代……商家で、番頭と丁稚との中間に位する使用人。
12 後添え……妻と死別または離別した男が、後につれそった妻。
13 身上……財産。
14 蘭書……オランダ語で書いた書物。
15 文……書物や文書など文字で書き記してあるもの。
16 ハタットウ……バッタ。

問一 ——線部①「やにわに背後で騒がしい音がして」から読み取れる「竹蔵」の様子として、最もふさわしいものを次の中から選び、記号で答えなさい。

ア 満足している　イ 興奮している
ウ 心配している　エ 放心している

問二 ——線部②「竹蔵は目瞬きをして、膝で座敷に入ってくる」とあるが、この時の「竹蔵」の気持ちとして、最もふさわしいものを次の中から選び、記号で答えなさい。

ア 富太郎とお浪との会話に割って入ることで、富太郎の学問研究をさまたげたい気持ち。
イ 富太郎に食ってかかられたことに腹を立て、年長者としてしかってやりたい気持ち。
ウ 富太郎の思いがけないことばに驚き、何を考えているのか問いただしたい気持ち。
エ 富太郎が遊んでばかりで、お浪の気持ちを無視するわけを聞いてみたい気持ち。

問三 ——線部③「祖母様の前へと膝行した」とあるが、この時の「富太郎」の様子を説明したものとして、最もふさわしいものを次の中から選び、記号で答えなさい。

ア 小学校を無断で休んでいたので、祖母にしかられるだろうとおそれている。

一人で育てにゃならん。

さてもさても。ひとも羨む大身上*13に、老いたおなごと弱々の子供の二人きり。

しかも血がつながっておらぬのじゃから、坊が不憫ならお浪さんも憐れじゃ。

あの時、富太郎は奇妙な気がした。年寄りらは大仰に眉を下げて悲しげで、けれど二人の将来に舌なめずりをしているような下世話が透けて見える。薄気味悪かった。すると柱の向こうに坐していた祖母様がすっと白い顔を上げ、「富さん、こっちへおいで」と呼んだ。珍しく強い口調だ。すぐさま座敷を通り抜け、祖母様のそばに躰を寄せて坐った。祖母様は富太郎の肩を抱き寄せ、そして低く呟いた。

⑥お為ごかしに血のつながりをとやかく言うて、面白がって。

大きなお世話ちや。

使用人を声高に叱ったり周囲と諍いを起こすことのない祖母様が、物見高い世間の目を断固とした口調で斥けた。⑦祖母様の胸にきっぱりと通っている芯を感じたのは、あれが初めてだった。

そして祖母様は、猶まで引き取ったのである。富太郎の母、久壽といい、猶の母である政といい、牧野家に生まれた姉妹は揃って幼子を遺して没した。祖母様なりに思うところがあってのことだろうが、富太郎は理由を訊かず、祖母様も口にしたことはない。

「このルウペとは、蘭書*14かえ」

まだ紙片に目を落としていた祖母様が、薄い片眉をすらりと上げた。

「いいや、西洋のDカクダイキョウ。それがあったら、文*15の文字も大きゅう見えるがよ」

「それは便利なもんじゃね」

そう、便利なものなのだ。ルウペがあれば草木の細部まで観察ができる。あのEハクブツズに描かれた植物のように、葉の先端や花の蕊の付き方の違いも見分けることができる。

「それから、これは辞書か」

「『英和対訳袖珍辞書』と、『和訳英辞書』」

入手して手許に置きたい書物は毎日のように増える。一つわかればさらにその先が知りたくなり、そこに辿り着けばさらに行きたい場所ができる。⑧それは山の奥にどんどん足を踏み入れてゆく感じに似ていて、かと思えば枝先の一片に見る葉の脈にも似ている。一筋から何本も脈が分かれて葉というものを成し、葉はいくつも並んで枝を成し、枝はまた何本も幹から分かれて伸びて一本の樹木を成している。その木々が緑の森を成し、森は青き山を成す。その山や谷、丘を富太郎は歩き続ける。

今月の末には、背戸山の斜面であの白花がまた群れて咲く。そう思うだけで総身が緩んで、口の端によだれが溜まってきそうだ。あのバイカの本名も、もう知っている。梅花黄蓮*16という。やはり梅花にちなんでいたかと、名を手に入れた時はまさにハタットウのごとく飛び上がった。他の連中の名もとうに知っている。アマアマは山藤、グルグルは羊歯だ。不思議なことに、躰の中の言葉が増えると名も向こうから寄ってくる。

世界はなぜ、こうも胸が躍る事どもに満ちているのだろう。

「おや、初鳴き」

祖母様がふいに庭の方に目を向けた。

「まだ二月、旧暦なら一月じゃ。鶯には早いちや」

しい書物が入れば見せてもらったりしている。

「ついては、これを注文してほしいんじゃけど」

懐から紙片を取り出し、畳の上に差し出した。祖母様はそれを白く長い指で持ち上げ、紙片を目から離すようにして読み上げる。

「近頃、目が遠うなっていかんちゃ。ええと、Aチョウメンと小筆を注文か。*8ペンシルでのうて、小筆でえいがかね」

猶の肩が微かに動いた。そういえばいつだったか一本くれてやったが、うんともすんとも何も言わぬままだ。ま、そんなことはどうでもえい。

「あれは先が硬うて、どうにも書きにくい。わしはやはり筆が手に馴染んじょる」

「ほんなら、京から小筆を取り寄せよう。私とお猶のもちょうど買い替え時じゃし、退校記念に蒔絵の筆を誂えようかね」

祖母様は己の思いつきに満足してか、④目尻に柔らかな皺を寄せた。

「それから」とさらに目を細め、紙片を見返す。

「学問のすゝめ。これは書物か」

「うん。先だって伝習所で聞き及んで、どうしても読んでみとうなったがよ。福沢諭吉先生というお方の著書」

「ほんなら鳥羽屋さんじゃな。竹蔵、*9丁稚どんを鳥羽屋に走らせて番頭さんに来てもろうておくれ。また取り寄せを頼みたい書物があるからて」

竹蔵は「大女将、おそれながら」と、面持ちを改めた。

「奥の費えに手前が口を出す筋合いでないことはようBショウチしておりますが、去年の*10大節季に鳥羽屋へなんぼ払うたか、ごショウチですろうか」

「さあ」

「はばかりながら、*11手代らの一年分の俸給に負けず劣らずにござりましたぞ」

「ほうか。鳥羽屋さんも、さぞ喜んでおいでじゃったろう」

大火鉢の炭が熾ってか、鉄瓶がチンチンと鳴る。竹蔵は⑤大息を吐き、渋々と膝で退った。

「手前はこれにて」

「ああ。よろしゅう」

腰を上げて廊下に出た竹蔵は、「暖簾に Ⅰ 押し、なんとやら Ⅱ に念仏」と愚痴りながら去っていく。

思わず顔を見合わせた。祖母様は童のように肩をすくめ、ふっと笑う。富太郎も吹き出した。

祖母様とはかくも気が合う。だが血はつながっていない。祖母様は祖父、牧野小左衛門の*12後添えである。

富太郎の母は久壽といい、先妻の家つき娘であったそうだ。数え六歳の時に亡くなったので、富太郎は母をほとんど憶えていない。決して近づいてはならぬと戒められていた離屋で長らく療養していたことは、後に女中の口から知った。牧野家に入婿した父の佐平についてはさらに憶えがなく、富太郎が四歳の時に没している。どうやら両親ともに胸の病であるらしかった。

祖父の葬式で、年寄りらがCヒタイを集めてこそこそと話していたことがある。富太郎が七つの時のことだ。

お浪さんも苦労ぜ。小左衛門さんまで亡うなって、幼い孫をこれから

【国語】〈五〇分〉〈満点：一〇〇点〉

一 次の文章は、造り酒屋である「岸屋」の息子として生まれた牧野富太郎が、岸屋の女将でもある祖母の「お浪」たちと会話する場面である。「猶」は富太郎のいとこで、幼い頃から岸屋の女中をしている。これを読んで、後の問に答えなさい。

明治九年が明けて二月を迎えた朝、祖母様と猶とのさし向かいで膳を済ませた。

祖母様は御納戸色の半襟を広く見せる着こなしで、深い紫地に雪白の小粒を散らした紬の小紋だ。かたわらには幼い時分から見慣れた猫足の大火鉢が据えられており、*1鉄瓶が細い湯気を立てている。猶は黙って茶を淹れている。ちょうど番頭の竹蔵が奥に足を運んできて、朝の挨拶を述べたばかりだ。竹蔵が廊下を引き返す音を聞きながら、「祖母様」と申し出た。

「わしも、十五になったき」

「*2小学校をよすのか」

「退校することに決めた」

①やにわに背後で騒がしい音がして、敷居前に滑るようにして竹蔵が戻ってきた。

「坊、やっとその気になってくれよりましたか。ああ、めでたや。これで安堵じゃ。今年は、えい年になりますろう」

富太郎は竹蔵に一瞥をくれた。盗み聞きの、早呑み込みだ。

「岸屋をやるとは、ひとことも言うちょらん」

②竹蔵は目瞬きをして、膝で座敷に入ってくる。

「この期に及んで、まだ家業に入られんと仰せで。ほな、何をなさる*3ご料簡にござります」

「植学を志す」

「しょく？」

「植物の学問じゃ」

「まだ学問をなさる」

何かに踏んづけられたような声で、上半身を後ろにそっくり返らせた。

「学問は一生、いや二生あっても足りん。わしには究めたいことが*4ようけある」

「一生って、ほんなら、この岸屋はどうなさるおつもりにござります。大女将、そがに暢気に構えておられんと、たまにはなんとか仰せになってくださらんか。こがな*5自儘を許されておっては、岸屋はもとより坊ご自身のためになりませんきに」

祖母様は火鉢に向かって膝を回し、火箸でゆるりと炭を触る。猶は茶を啜っている。

「今、無理に家業に*6引っ張り込んだち、どうもならんろう。あんたが手こずるだけじゃ」

その通りだと富太郎は膳を脇に動かし、③祖母様の前へと*7膝行した。

「実は、小学校には去年の冬から行きやせんかった」

「ほんなら、毎日、どこへ行きよった？」

「伝習所」

名教義塾の教授であった茨木先生らが小学校の近くに伝習所を開き、新小学校の教員らに学問を授けている。富太郎はそこに出入りをして、新

大切なことはメモしておこうネ！

第1回

2023年度

解答と解説

《2023年度の配点は解答欄に掲載してあります。》

＜算数解答＞

1 (1) $\frac{31}{42}$ (2) 1.85 (3) $\frac{1}{48}$

2 (1) 13個 (2) 11人 (3) 31.7cm²

3 (1) 24分 (2) 7人以上

4 (1) 4200円 (2) 150円

5 (1) 18km (2) 5時46分30秒 (3) 解説参照

6 (1) $a=5$ $b=3$ $c=9$ (2) 93 (3) 48・73

7 (1) ① 84 ② 15 ③ 72・108・144・216 (2) 40・80・135

○推定配点○

各5点×20(6(1)・(3)，7(1)③・(2)各完答) 計100点

＜算数解説＞

1 (四則計算)

(1) $2\frac{7}{6}-2\frac{3}{7}=\frac{31}{42}$

(2) $1.04\times2.5-0.75=2.6-0.75=1.85$

(3) $\left(0.9-\frac{2.6}{3}\right)\div1.6=\frac{1}{30}\times\frac{5}{8}=\frac{1}{48}$

2 (鶴亀算，割合と比，平面図形)

基本 (1) $(990-20\times30)\div(50-20)=390\div30=13$(個)

重要 (2) 3：5の5－3＝2…2＋4＝6(人)に相当する。

したがって，男子は初め6÷2×3＋2＝11(人)いた。

重要 (3) 右図より，$4\times4+1\times1\times3.14\times\left(2+\frac{3}{4}\times4\right)=$

$16+15.7=31.7(\text{cm}^2)$

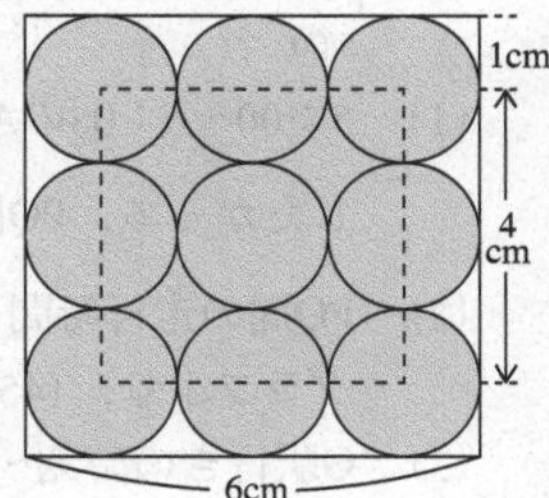

重要 3 (割合と比，仕事算，鶴亀算)

全体の仕事量…25，20の公倍数100とする。

中学生1人1分の仕事量…$100\div(16\times25)=\frac{1}{4}$

高校生1人1分の仕事量…$100\div(15\times20)=\frac{1}{3}$

(1) 中学生6人・高校生8人1分の仕事量…$\frac{1}{4}\times6+\frac{1}{3}\times8=\frac{25}{6}$

したがって，求める時間は$100\div\frac{25}{6}=24$(分)

(2) 1分の仕事量…$100\div18=5\frac{5}{9}$

したがって，高校生は$\left(5\frac{5}{9}-\frac{1}{4}\times 20\right)\div\left(\frac{1}{3}-\frac{1}{4}\right)=6\frac{2}{3}$(人)つまり7人以上

やや難 **4** **(割合と比，売買算，消去算)**

商品A，Bのそれぞれの定価をア，イ，1日目に売れた個数を□，△で表す。

Aが2日目に売れた個数…□×1÷0.8＝□×1.25

Bが2日目に売れた個数…△×2

1日目の売り上げ…ア×□＋イ×△

2日目の売り上げ…ア×0.8×□×1.25＋イ×0.7×△×2＝ア×□＋イ×△×1.4

(1) ア×□＋イ×△＝7080(円)，ア×□＋イ×△×1.4＝8760(円)より，イ×△×(1.4−1)＝イ×△×0.4＝8760−7080＝1680(円)

したがって，Bの1日目の売り上げは1680÷0.4＝4200(円)

(2) 2日間の個数…□＋□×1.25＋△＋△×2＝□×2.25＋△×3＝120(個)より，□×9＋△×12＝120×4＝480(個)，□×180＋△×240＝480×20＝9600(個)—①

ア180円…180×□＋イ×△＝7080(円)，(1)より，イ×△＝4200(円)であり，180×□＝7080−4200＝2880(円)—②

△…①,②より，△×240＝9600−2880＝6720，△＝6720÷240＝28

したがって，イは4200÷28＝150(円)

重要 **5** **(速さの三公式と比，統計と表，規則性，単位の換算)**

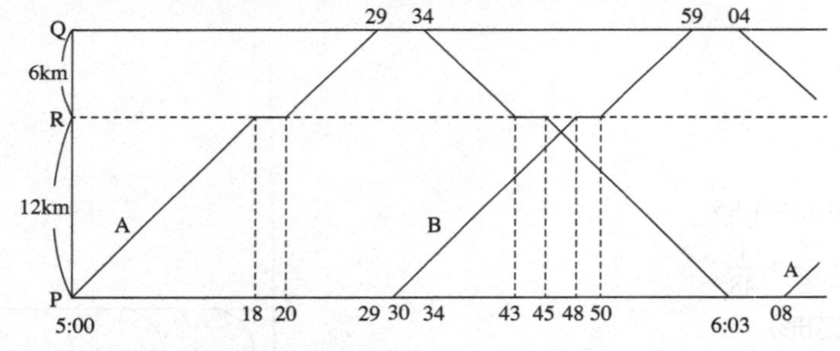

P駅発	Q駅行き	
5時	00	30
6時	08	38
7時	16	46

(1) 5：00～6：08のAの走行時間…68−(2＋5)×2＝54(分)

したがって，PQ間は$40\times\frac{54}{60}\div 2=18$(km)

(2) PQ間の走行時間…60×12÷40＝18(分)　　RQ間の走行時間…18÷2＝9(分)

グラフより，(45＋48)÷2＝46.5(分)すなわち5時46分30秒

(3) Q駅行きの時刻…グラフより，5：20，5：50

6：08＋20より，6：28，6：58

7：16＋20より，7：36

P駅行きの時刻…グラフより，5：45

6：04＋11より，6：15

6：08＋45より，6：53

6：53＋30より，7：23

R駅発	Q駅行き		P駅行き	
5時	20	50	45	
6時	28	58	15	53
7時	36		23	

6 **(数の性質)**

基本 (1) a…21÷8＝2　余り5　　b…21÷9＝2　余り3　　c…21÷12＝1　余り9

重要 (2) 8，9，12の最小公倍数…72　　したがって，21＋72＝93

(3) (2)より，72＋1＝73

8，12の公倍数…24，48，～

これらのうち，9で割って3余る数は48

[7] (数の性質，平面図形)

6つの数…異なる1～9までの数

重要 (1) ① 図ア…140＝5×4×7，126＝6×3×7より，4×7×3＝84

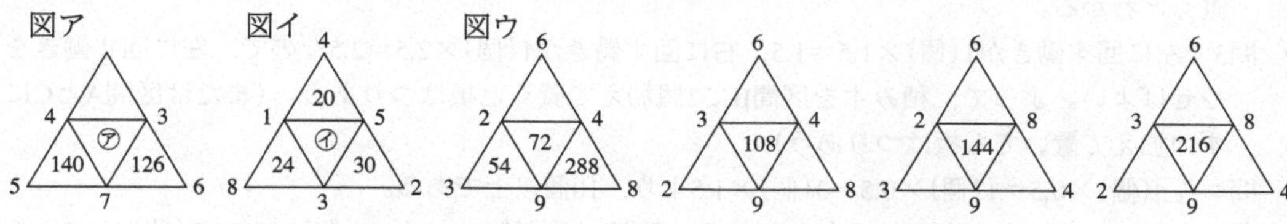

② 図イ…20＝1×4×5，24＝1×3×8，30＝2×3×5より，1×3×5＝15

③ 図ウ…54＝2×3×9，288＝9×4×8を利用すると，㋒は72，108，144，216

(2) 48＝②×3×[8]　40＝1×5×[8]＝②×4×5→　図カ

72＝②×[4]×9　60＝②×5×6＝3×[4]×5→　図キ

108＝③×4×[9]　90＝③×5×6＝2×5×[9]→　図ク

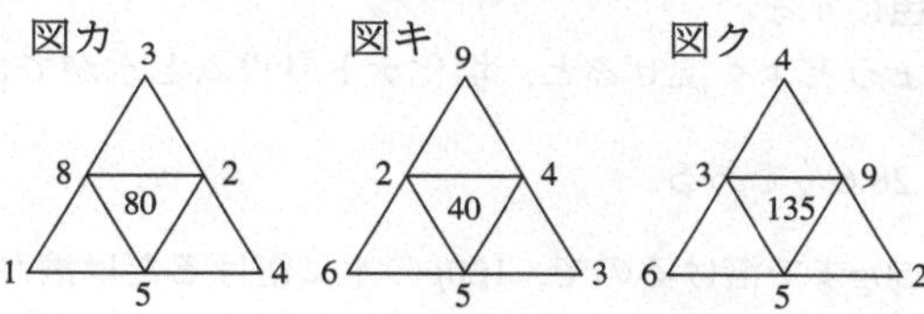

★ワンポイントアドバイス★

[4]「売買算」が難しく，まず，[3]までで確実に得点することがポイントである。[5]「PQ間を往復する電車A・B」，[6]「余りの問題」，[7]「1ケタの異なる6つの数の問題」(1)も，それほど難しくはないが，時間配分を考慮して解こう。

＜理科解答＞

[1] 問1 1個　問2 A　問3 積み木を区間Bに2個加えて置く。[区間AとCに1個ずつ加えて置く。]　問4 10個以上　問5 2個以上6個以下

[2] 問1 ウ　問2 オ・コ　問3 28.6％　問4 87g
問5 (1) 7.2g　(2) 4.6g　(3) (名前) しょう酸カリウム　(温度) 8[9]℃

[3] 問1 ア・キ・コ　問2 ウ　問3 エ　問4 ウ　問5 ア　問6 イ
問7 様々な環境でも，安定して活動ができるため。

[4] 問1 4番目の惑星　問2 エ　問3 満月　問4 A $\frac{360}{365}$　B $\frac{360}{687}$　C 779日
問5 ウ

○推定配点○

[1] 問1・問2 各2点×2　他 各3点×3(問5完答)　[2] 各2点×8(問2完答)

[3] 各2点×7(問1完答)　[4] 問4 各3点×3　他 各2点×4　計60点

＜理科解説＞

1 (物理的領域―力のはたらき)

重要 問1 1(個)×2＋□(個)×1＝1(個)×3より，1個である。

基本 問2 積み木の重さは，積み木の重心にはたらく。よって，左に回す働きは2(個)×0.5＝1，右に回す働きは1(個)×1.5＝1.5なので，左に回す働きを0.5増やせばよい。そのため，積み木1個はAに置くとわかる。

基本 問3 左に回す働きが1(個)×1.5＝1.5，右に回す働きが1(個)×2.5＝2.5なので，左に回す働きを1増やせばよい。よって，積み木を区間Bに2個加えて置くと板はつりあう。(または区間AとCに1個ずつ加えて置いても板はつりあう)

基本 問4 □(個)×0.5＝1(個)×0.5＋3(個)×1.5より，10個以上である。

やや難 問5 CとDの境目を支点として考えたとき，区間Aに□(個)×2.5＝1(個)×0.5＋3(個)×1.5より，2個の積み木を置くと板はつりあう。 BとCの境目を支点として考えたとき，区間Aに□(個)×1.5＝1(個)×1.5＋3(個)×2.5より，6個の積み木を置くと板はつりあう。よって，区間Aに2個以上6個以下の積み木を置いたとき板は水平に保たれる。

重要 2 (化学的領域―ものの溶け方)

問1 食塩水は中性なので，BTB溶液を緑色にする。

問2 塩酸と水酸化ナトリウム水溶液をちょうどよく混ぜると，塩化ナトリウムと水ができる。

問3 $\dfrac{40(\mathrm{g})}{100(\mathrm{g})+40(\mathrm{g})}\times100=28.57\cdots$より，28.6％である。

やや難 問4 74℃100gの水にしょう酸カリウムは150gまで溶けるので，100gの水に溶けるだけ溶かすと250gの飽和水溶液ができる。その比は100：150：250＝2：3：5なので，74℃におけるしょう酸カリウムの飽和水溶液200gに，水は2：5＝□(g)：200(g)より，80g含まれ，しょう酸カリウムは200(g)－80(g)＝120(g)含まれる。水を25g蒸発させ，38℃にしたので，38℃の水は80(g)－25(g)＝55(g)となる。38℃100gの水にしょう酸カリウムは60gまでとけるので，55gの水に硝酸カリウムは100(g)：60(g)＝55(g)：□(g)より，33gまでとける。よって，硝酸カリウムの結晶は120(g)－33(g)＝87(g)出てくる。

やや難 問5 (1) 塩素の重さは36，カリウムの重さは39なので，塩化カリウムの重さは75である。よって，塩化カリウム15(g)に含まれる塩素の重さは，36：75＝□(g)：15(g)より，7.2gである。また，カリウムの重さは7.8gである。

(2) 36：23＝7.2(g)：□(g)より，4.6gである。

(3) しょう酸の重さは62，ナトリウムの重さは23なので，しょう酸ナトリウムの重さは85である。よって，しょう酸ナトリウム34gに含まれるナトリウムの重さは，23：85＝□(g)：34(g)より，9.2gであり，しょう酸の重さは24.8gとなる。カリウム7.8gとちょうど結びつくしょう酸は，62：39＝□(g)：7.8(g)より，12.4gであり，しょう酸カリウムが12.4(g)＋7.8(g)＝20.2(g)できる。グラフを見ると，しょう酸カリウム20.2gは8℃～9℃位で結晶ができ始める。

3 (生物的領域―動物・人体)

重要 問1 ツバメは鳥類，カメはは虫類，イモリは両生類である。

重要 問2 ヒトのたい児は，受精後38週ほどで産まれてくる。

問3 からだが活発な状態になると，筋肉が動き，たくさんの熱を生じる。

問4 朝は体が活発な状態ではないので体温が低く，夕方は体が活発になった後なので体温が高い。

問5 食事をした直後から血液中の糖濃度は高くなり，時間が経つと，糖濃度が低くなるのが健康な人の糖濃度の変化である。

問6　食事をした後は糖濃度を減らそうとするため，血液中の糖を増やす働きのある物質は，食後すぐに減り，時間とともに少しずつ増えていく。

問7　体の中の状態を一定に保つ仕組みがあれば，様々な環境でも安定して活動することができる。

重要 **4 (地学的領域―天体)**

問1　火星は太陽から4番目に近い惑星である。

問2　エは地球と太陽の間を公転する天体のことなので，エが間違いである。

問3　皆既月食は満月のときにおこる。

基本 問4　A　$360(°)\div365(日)=\frac{360}{365}(°/日)$

B　$360(°)\div687(日)=\frac{360}{687}(°/日)$

C　$360(°)\div\left(\frac{360}{365}(°/日)-\frac{360}{687}(°/日)\right)=778.7\cdots$より，779日

基本 問5　公転周期が大きく離れているほど，1日の差が大きくなるので，太陽・地球・各惑星が一直線に並んでから再び並ぶまでの期間が短くなる。よって，土星である。

★ワンポイントアドバイス★

問題の条件や情報を整理し考える練習をしよう。

<社会解答>

【1】 問1　エ→ウ→イ→カ→ア→オ　問2 ① ア　② キ　③ ウ　④ カ　⑤ オ　問3 ① い→あ→う　問4 あ・え　問5 京都(府)　問6 極楽浄土　問7 さきもり　問8 隣組　問9 武士の子どもは藩校で武芸や儒学[朱子学]を学んだ。町人・百姓の子どもは寺子屋で読み書きやそろばんを学んだ。

【2】 問1 う　問2 あ　問3 あ　問4 国土地理院　問5 マスメディア[メディア]　問6 地表のアスファルトから熱が逃げにくく，自動車などからの排熱も多いため，ヒートアイランド現象が起こるから。　問7 う　問8 梅雨　問9 い　問10 あ・え　問11 う・え　問12 棚田

【3】 問1 1 公職選挙(法)　2 参議院　3 総会　問2 ア ×　イ ○　ウ ○　問3 ヤングケアラー　問4 表1から，ひとり親のうち非正規で働く人の割合は，男性より女性の方が圧倒的に多いことがわかる。また図3から，正規で働く人よりも非正規で働く人の方が賃金は低く，また，正規で働く人では，男性より女性の方が賃金は低いことがわかる。そのため，父子世帯より母子世帯の方が平均収入が低くなっている。

○推定配点○

【1】 各2点×13(問1，問3，問4各完答)　【2】 各2点×12(問10，問11各完答)
【3】 問4 3点　他 各1点×7　計60点

＜社会解説＞

【1】 (日本の歴史―歴史上の衣服から見た日本)

問1 アの銀座にれんが造りのまちなみが完成し，都市を中心に洋服を着る人が増えたのは明治時代(1868～1912年)，イの朝鮮から伝わった綿花の栽培が始まり，綿織物を各地の戦国大名が競って入手しようとしたのは室町時代(1338～1573年)，ウの朝廷に仕えた女性の正装が十二単とよばれ，その女性たちのあいだでかな文字が使われるようになったのは平安時代(794～12世紀末)，エの中国にならって律令とよばれる法律がつくられたのは飛鳥時代(592～710年)，オの大都市で米や砂糖が配給制になったのは昭和時代(1926～1989年)，カの武士から百姓へ着物には麻や木綿を使うように命令が出されたのは江戸時代(1603～1867年)のことである。したがって，これらの文があらわしている時代を古い方から順にならべかえると，エ→ウ→イ→カ→ア→オとなる。

重要 問2 ① 政府が沖縄に琉球藩を置き，琉球国王を藩主としたのは1872年のことなので，明治時代(文ア)である。 ② 第一次世界大戦の後，ヨーロッパの産業が戦争から立ち直り，日本の輸出がのびなくなり，一気に不景気になったのは1920年以降の大正時代(1912～1926年)のことなので，文ア～カの中に関係の深い文はない。 ③ 東北で起きた争いで源義家が活躍し，東国へ源氏の勢力が広がるきっかけとなったのは後三年合戦(1083～1087年)なので，平安時代(文ウ)である。 ④ 大阪に大名の蔵屋敷が建てられ，堂島には日本中から米が集まるようになったのは，江戸時代(文カ)である。 ⑤ ソビエト連邦軍が満洲や樺太南部，千島列島にせめこんできたのは1945年なので，昭和時代(文オ)である。

問3 「あ」の官営八幡製鉄所がつくられたのは1901年，「い」の下関条約が締結されたのは1895年，「う」の韓国併合がおこなわれたのは1910年のことである。したがって，これらのできごとを古い方から順にならべかえると，い→あ→うとなる。

重要 問4 イの文は応仁の乱(1467～1477年)以降の室町時代，ウの文は10世紀半ば以降の平安時代のことである。他方，「あ」の足利義満が中国との国交を開いたのは1404年，「え」の『一遍上人絵伝』が描かれたのは1299年のことなので，両方とも文イと文ウの時代の間に起こったできごとである。なお，「い」の江戸と各地を結ぶ五街道が整備されたのは江戸時代，「う」の朝鮮半島で高句麗・新羅・百済が勢力を争ったのは4世紀～7世紀の古墳時代～飛鳥時代，「お」の藤原京がつくられたのは694年の飛鳥時代のことである。

問5 室町時代に，武士と農民が力を合わせて立ち上がり，大名の軍を引き上げさせ，8年間にわたって自分たちの手で政治をおこなったのは，現在の京都府の南部地域で発生した山城国一揆(1485～1493年)である。この一揆は山城国南部の国人と農民らが，守護である畠山氏の内紛によって集まった軍勢の退去を求めて，民衆による守護の国外への追い出しに成功した一揆である。その後，山城国では8年間にわたって国人と農民による自治が行われた。

問6 極楽浄土とは阿弥陀仏の浄土であり，サンスクリット語で「幸福のある所」という意味である。このことを日本人は思いがかなえられる世界と考え，平安時代の貴族たちは念仏などを唱えるなどの様々な工夫をして，死後に苦しみのない世界に生まれることを願った。

基本 問7 さきもり(防人)は律令制のもとで，兵役を課された全国(主に東国)の兵士たちの中から選ばれた者が，大宰府に所属して3年交代で九州北部の警備にあたった兵士であった。

問8 隣組は国民を統制するため，1940年に大政翼賛会のもとに作られた地域の組織である。町内会などを基礎にして，5～10戸の家庭を単位として組織された。この組織で生活必需品などの配給を行うとともに，戦争に協力させるために住民どうしを互いに監視させる働きも持っていた。

やや難 問9 江戸時代には，武士の子どもたちは藩校で教育を受けた。藩校とは諸藩が藩士の子弟の教育機関として設立した学校で，そこでは武芸の他に儒学を中心とした様々な学問が教えられた。他方，町人・百姓の子どもは寺子屋で教育を受けた。寺子屋は庶民の教育施設で，僧侶・医者・神官などが教師となって読み・書き・そろばんなどの日常生活に必要な基本的な知識を教えた。

【2】(日本の地理―気象に関する問題)

基本 問1 長野県(図1の「う」)は本州の中央部に位置し，8つの県に接しており，東西約128km，南北約220kmと南北に長い県である。海に面していない内陸県で，日本アルプスをはじめとした山岳地帯であるので，人々が住める地域は少ない。なお，図1の「あ」は福島県，「い」は群馬県，「え」は岐阜県，「お」は滋賀県である。

問2 2019年の台風19号によって千曲川上流の佐久地方で1日に300～400mmの豪雨となり，千曲川中流では過去最高の12mを超える水位となった。そのため長野市の穂保地区では約70mにわたって堤防が決壊して洪水が発生し，多くの住宅が流されたり，全壊したりする被害が発生した。なお，「い」は松本市，「う」は諏訪市，「え」は甲府市，「お」は新潟市の説明である。

問3 関東大震災は，1923年9月1日に関東地方南部で発生したマグニチュード7.9の大地震である。この地震で東京・横浜の大部分が壊滅状態となり，死者・行方不明者は10万人以上に及んだとされる。なお，「い」の伊勢湾台風は1959年，「う」のチリ地震津波は1960年，「え」の雲仙岳の火砕流による被害は1991年，「お」の阪神・淡路大震災は1995年のことである。

問4 国土地理院は国土交通省に属する政府機関で，日本国内におけるすべての測量の基礎となる測量を行い，「国家座標」の維持管理や他の国の行政機関，公共団体が行う測量の指導・助言を行う。また，縮尺「2万5000分の1」や「5万分の1」の地形図をはじめとする各種の地図も発行している。

問5 マスメディア(メディア)はテレビ・ラジオ・新聞などの，ニュースなどの情報を記録したり，伝える物や手段，または機関のことである。マスメディアはできるだけ早く多くの情報を多数の人々に届けることや世論の形成には有用であるが，情報の伝達がマスメディアからの一方的なものになりやすいという欠点もある。

やや難 問6 ヒートアイランド現象は都市部の気温が郊外より高くなる現象で，その理由は産業活動，冷暖房などから人工熱が放出，コンクリートのビルの増加，道路の舗装化で熱が蓄積されることなどである。そのため東京などの大都市では地表のアスファルトから熱が逃げにくく，自動車などからの排熱も多いため，夜間になっても気温が十分に下がらず，最低気温が25度以上の熱帯夜になることも多い。

問7 「あ」のアルゼンチンの首都はブエノスアイレスで緯度は南緯34度，「い」のエジプトの首都はカイロで緯度は北緯30度，「う」のシンガポールの首都は同名のシンガポールで緯度は北緯1度，「え」のドイツの首都はベルリンで緯度は北緯52度，「お」のフィンランドの首都はヘルシンキで緯度は北緯60度である。緯度はその数字が小さい方が低緯度となるので，これらの五つの国の首都の中で，もっとも低緯度にあるのはシンガポール(「う」)となる。

基本 問8 梅雨とは，北海道を除く日本列島で6～7月にかけて続く長雨である。この長雨は，北方のオホーツク海上の冷たい空気(オホーツク海気団)と南方の太平洋上の暖かい空気(小笠原気団)が衝突して梅雨前線ができることで発生する。

基本 問9 札幌市(図2の「い」)は北海道の道央地方にあり，道庁所在地であると同時に政令指定都市でもある。同市は北海道の政治・経済・文化の中心で，その人口は約196万人(2022年)で北海道最大の都市である。なお，図2の「あ」は稚内市，「う」は釧路市，「え」は室蘭市，「お」は函館市である。

重要 問10 設問中の秋田市，長野市，松江市，広島市の中で，日本海に面した都市は秋田市と松江市の2つである。日本海側の気候の特色は冬には曇りや雨・雪の日が多く降水量も他の地域に比べて多いことで，そのような傾向を示している雨温図は「あ」と「え」で，その2つの雨温図が秋田市と松江市のいずれかの雨温図となる。松江市は大陸からの距離が比較的近いこともあり，雪雲がそれ程発達しないので，山陰地方の鳥取市や米子市などの他の都市に比べると降雪量は少ない。他方，秋田市は日本海側の気候であるが，冬季の降水量はそれ程多くなく，もっとも雨が多い月は7月であり，もっとも雨の少ない月は2月である。そのため2つの雨温図の中で冬季の平均気温がやや高い雨温図「あ」が松江市，2月の降水量がもっとも少なくなっている雨温図「え」が秋田市となる。なお，雨温図「い」は長野市，「う」は広島市の雨温図である。

問11　日本と季節が逆になるのは，その国が日本に位置する北半球ではなく，南半球に位置しているからである。したがって，選択肢中で南半球に位置している国は，チリ(「う」)とニュージーランド(「え」)である。チリ(共和国)は南アメリカ大陸南西部に位置し，国土はアンデス山脈西側で南北に細長く，首都はサンティアゴである。その領域は東ではアルゼンチン，北東にはボリビア，北にはペルーに隣接し，西は南太平洋，南はフエゴ島を挟んでドレーク海峡に面している。他方，ニュージーランドは，オセアニアの南西太平洋にあるオーストラリア大陸の東南東に位置し，その国土は東経165～180度の間にある。北島と南島の2つの主要な島と周辺の島々から成り，首都はウェリントンで，火山や温泉が多い。なお，「あ」のアルジェリアはアフリカ州北部，「い」のインドはアジア州の南アジア，「お」のノルウェーはヨーロッパ州北部にあり，いずれも北半球に位置する。

基本　問12　棚田は傾斜地にある稲作地のことで，山地の斜面を切り開いて階段状の耕地とした。このような農業の方法は階段耕作と呼ばれるが，階段耕作が行われるのは山がちで人口が多い場所である。また棚田はひとつの区画が狭いので，農作業のための大型機械の導入が困難なことも多く，農作業の効率化をはばむ原因にもなっている。

【3】(政治―人権・社会生活に関連した問題)

重要　問1　1　公職選挙法は国会議員，地方公共団体の首長，地方議会議員の選挙に関する法律で，1950年に制定された。この法律の目的は選挙が正しく行われ，民主政治が実践されることなので，そのための選挙権，被選挙権，選挙方法などが定められている。この法律はこれまでに何度も改正が行われており，2015年の改正では選挙年齢が満20歳以上から満18歳以上に引き下げられ，また2013年からは候補者がSNSなどを使用して選挙運動ができるようになった。　2　参議院議員の選挙は3年ごとにその半数を入れ替える方法で行われるので，参議院議員通常選挙は3年ごとに行われることになる。　3　国際連合の総会は国連の主要な審議機関で，世界各国が討議して加盟国や安全保障理事会に勧告するなどの権限を有している。この総会はすべての加盟国で構成され，決議においては各国1票ずつの投票権を持っている。

問2　ア　この文は誤っている。児童相談所を設置しているのは，文部科学省ではなく厚生労働省である。文部科学省は教育・文化・科学技術などの事務を行う国の行政機関である。　イ　この文は正しい。「こども家庭庁」は，2023年4月に設置された行政機関で，内閣府の外局である。岸田文雄内閣は「こども家庭庁」を設置する法案を2022年2月に国会に提出し，同年6月にこの法案が可決・成立した。　ウ　この文は正しい。「子ども食堂」は，子どもやその親，および地域住民に対して，無料または安い値段で栄養のある食事や団らんの場を提供するための社会運動である。2010年代にマスメディアで報じられたことで運動が活発になり，日本各地で同様の運動が急増している。

問3　ヤングケアラーとは，病気や障害のある家族や親族の介護などに忙しくて，本来受けるべき教育を受けることができなかったり，同世代との人間関係を十分に形成することができなかった子どもたちのことである。そのためヤングケアラーは勉強への取り組みや将来の進路が制限され，生活の幅が狭まることが課題となっている。

やや難 問4　まず表1の「ひとり親の働き方」の項目で母子世帯と父子世帯を比べると，その差は「自ら事業を営んでいる」場合が14.8(18.2－3.4)％，「正社員・正職員等正規に雇われて働いている」場合は24(68.2－44.2)％とそれぞれ父子世帯が多いが，「パートやアルバイト等非正規で雇われて働いている」場合は37.4(43.8－6.4)％と圧倒的に母子世帯の方が多くなっている。このことから男性に比べて女性の方が，非正規で雇われて働いている割合が高いことがわかる。他方，図3をみると，女性の場合も男性の場合も正規で働く人よりも非正規で働く人の方が賃金が低くなっていることがわかる。また女性と男性の間でも非正規で働く人の賃金はあまり差がみられないが，正規で働く人の場合は特に30代～50代の期間は，年齢を重ねるにつれて，男性より女性の方が賃金が低くなっていることが確認できる。そのような点から考えて，父子世帯より母子世帯の方が平均収入が低くなっていることが確認できる。

★ワンポイントアドバイス★

毎年，設問数は30題程度，地理・歴史・政治の各分野から大問1題ずつという問題構成に大きな変化はない。しかしいずれの分野でも，2～5行の説明問題が含まれているので，書く練習も怠らないようにしよう。

＜国語解答＞

一　問一　胸　問二　ア　問三　ウ　問四　自分は父親の都合で転校を繰り返し，どこが自分の故郷かもわからなくなっているうえ，夢を実現させるためにはずっとここにいるわけにもいかない。それに対して目の前の友人は家が農家だからこその落ち着いた日々を過ごしていて，将来も生まれ育った場所で生活できるのだろうと思うと，故郷を持てない自分にとっての故郷の友人であってほしいと思うから。　問五　あと少しで脱皮が終わると喜んだが，実際はまだそこから足が固まったり羽がのびるのを待たねばならず，完全に脱皮するには予想以上に時間がかかることだったから。　問六　ツユクサの葉につかまった状態で脱皮していること。　問七　食べてしまう[手を出してくる]　問八　世界の広さ[世界が広いこと]　問九　いま住んで　問十　a　承知　b　思案　c　囲

二　問一　a　破損　b　補足　c　素早　d　記録　問二　Yさんは，　問三　初めて来る街では，その街や地域に特有の状況にどう対応していいのかわからずにとまどうことが多く，それに慣れて街に親しみをもてるようになるには時間がかかるということ。
問四　爆弾を受けたときのシェルターになるように深く掘られた地下鉄の駅。　問五　イ
問六　エ　問七　ウ　問八　イ　問九　コロナウイルスの流行に加え，戦争の当事国になったことで，十年前に滞在した街が行き来の難しい場所になってしまった世の変化をはかなく感じつつ，その土地や，そこに住む人々が持つ魅力と彼らとの温かい交流をいとおしく思い出し，人と人とがたがいに愛し合える可能性を信じようとする思い。
問十　無常

○推定配点○

一　問一・問十　各2点×4　問四　8点　問五・問六　各6点×2　他　各4点×5

二　問一　各2点×4　問三・問四　各6点×2　問九　8点　他　各4点×6　計100点

<国語解説>

一 (物語―心情・情景，細部の読み取り，空欄補充，慣用句，漢字の書き取り，記述力)

基本 問一　かわいそうに思っているということなので「『胸』がしめつけられる」である。

問二　リード文からの情報によると，二人の仲がぎこちなくなっているとあるので，エも考えてしまうが，カモッチは，さらに言いたいことを言っているような対応だ。ぎこちないままの関係なら，このように言われたら完全にケンカ状態になるはずだが，そんなやりとりをすると気づまり感がなくなっていくというのだから，たがいに軽口を言い合うということでアを選択する。

問三　自分の父親と比較して，川村の父親を非難したノブトに対してノブトの母親は全面的に賛成せず，ノブトの父親には安心して暮らせる周囲の環境があると話したことはリード文で確認できる。カモッチに話したいのは，いまだに自分の母親が言っていたことには納得がいかない気持ちがあるからだ。だから「親が無責任」という自分の意見に賛成してくれると思ったのに，カモッチは，自分の母親の意見も理解できると言いだしたのでムスッとしてしまったのだからウである。

やや難 問四　まず，「二人の置かれてる状況を比べ」という条件を整理すると，「おれにしたって～」で始まる発言にあるように，親の都合で転校を繰り返している，現在はマンションを買って暮らしているが，おとなになれば出ていくと明言している。これは，自分の夢の実現には，おそらく今の場所に居続けることはないだろうという見通しであり，「どこが故郷なのかわからない」という感想につながる状況だ。一方，本人はそう決めているわけではないものの，ノビタは，父親同様，生まれて育った土地で，そのまま仕事につくことも可能である。――線③のような願望は，ノビタには故郷と呼べる存在になってほしいというものだ。

問五　「それ」の指し示す内容は，直前の「あと少しだ」ということだ。「まちがい」だったというのだから，「あと少しではなかった」ということになる。この構図に「くわしい」説明を加えていくことになる。もう少しでセミの脱皮が終わると思っていたが，それから，足が固まったり羽が伸びるのを待たなければ脱皮は終わらず，予想外に時間がかかるということだ。

問六　父親の「かわいそうになあ。～」からの発言に着目する。本来の脱皮とは違う環境で脱皮しなければならないことを「かわいそうに」と言っている。したがって，今，目の前で脱皮しているセミがどこにいるのかを考えよう。「なにげなく，～」で始まる段落でセミを見つけた場所が「ツユクサの葉につかまった状態で脱皮していること」が昼間の脱皮と同じように珍しいことになる。

基本 問七　「Aそばから～」は，Aのことをしても，すぐにAと同じこと，あるいは，Aに反することが繰り返される様子，または，Aの後すぐの行動を表す表現である。設問の場合は，焼き上がってできあがったと思ったら，「すぐ食べてしまう」のようになる。

問八　――線⑦直後の段落にある言葉が「いままでは～」なのだから，これまでの感覚を説明していることになる。そして，「周りの景色が急に広がった」が不思議な感覚ということになる。これは「世界が広がったこと」といえる。

問九　脱皮して成虫になったセミが飛んでいくことを，人間が成長し，自分の人生を歩み出すことと重ね合わせている。「前半」・「カモッチの発言」と指定されているので，カモッチが，巣立っていくことを述べているか所を探すことになる。どこが故郷かわからなくなると言いながらも「『いま住んでいる～出て行くしさ。」というのが自立していくことを言っている。

重要 問十　a 「承」は全8画の漢字。横棒は，3・4・5画の三本だ。　b 「案」は全10画の漢字。4・5画目の交差は中心になるようにする。　c 「囲」は全7画の漢字。5画目は軽くはらう。

二 (随筆―心情・情景，細部の読み取り，空欄補充，文学作品と作者，漢字の書き取り，記述力)

重要 問一 a 「損」は全13画の漢字。12・13画目は「ハ」を左右に開く。「兄」のように曲げない。 b 「補」は全12画の漢字。「ネ(ころもへん)」である。 c 「素」は全10画の漢字。1・3画目はほぼ同じ長さで，4画目を一番長く書いてバランスをとる。 d 「録」は全16画の漢字。14～16画目はすべて1画ずつである。「フ」にしない。

問二 「Yさんの様子」という条件を頭に入れて，――線①がどういうことを言いたいのかを考えると，「翌日は～」で始まる段落からの記述にあるように，「わたし」は冷たい空気を吸って，冷たいを通り越す痛さを感じないように，ハンカチで口もとをおおっているのに対して，わざわざ大きく息をすうYさんということだ。これと同じように「わたし」が厚いダウンコートを着ているのに対し，「Yさんは，薄いダウンコートだ。」と比較している。

やや難 問三 直後にある「そこにいるのに，とても遠い」に着目し，実際の距離としての「遠さ」を感じているのではないことを確認する。その上で，最終段落の内容から，「遠くなくなったころ」の心情を参考にして解答する。気候をはじめとして，周囲のすべてが慣れない環境にいることを「遠さ」と表現していること，さらに，「少し近く」なれば，離れる「さみしさ」を感じるというのだから，「親しみを感じるには時間がかかる」ということも「遠さ」である。

問四 「この街の滞在中」に歴史を感じるという点と，「無常」から発展した発言であることを考えよう。「無常」とは，もともと仏教用語で，さまざまな意味合いを持つが，永遠不変のものはないということ，特に，はかないとさとることという意味で使うことが多い。この国では，かつて戦争があったのだ。深すぎる地下鉄を見たとき，「爆撃を受けたときのシェルターになるように深く掘られた地下鉄」と説明してくれていることからそのことがわかる。

問五 問三で考えたように，外国に来て，その習慣や文化に慣れない間は，メンバーが遅刻していると考えたが，そのようなことは不思議でも何でもないかのように，チョコレートを食べて過ごしている。それを，受け入れて自分もチョコレートを食べているのだからイである。

重要 問六 直前の「少しばかり詩的にすぎ，抽象に流れがち」というのは筆者の持っていた思い込みだったということなので「偏見」である。

問七 「日本語の五七五～」で始まる段落に着目する。景色を説明してしまう傾向が強いのに，このサークルの人々は季語を説明せずにぽつりとおき，まったく別の風景を持ってくることで詩の世界を広げていると感じているのだからウである。

基本 問八 「松尾芭蕉」の代表作は「奥の細道」である。

やや難 問九 設問中の「2022年5月に発売された」とあることをしっかり確認する。最終段落で述べている内容は，10年前に訪れた街で，人々と交流したなつかしさ，儚い愛ではあるが，今もはっきりと記憶に残る出会いだったということだ。10年経ってもそのような思いがあるなら，再び出かけて行くことも考えられるところだ。しかし，ただ思いを寄せているだけしかできないというところが「2022年」にある。この10年間に起きたことはコロナウィルスが世界的に広がり海外との交流がほとんどなくなってしまったこと。また，ウクライナ戦争の勃発だ。最終文の「～ならないのだろう」は，単なる疑問ではなく，この状況が終わることを願う気持ちや，愛し合える可能性を信じる気持ちの表れである。

問十 問四で考えたように，はかなさを表す言葉は「無常」である。

★ワンポイントアドバイス★

記述を苦手にすると歯が立たない設問構成である。しっかり練習しよう。

第2回

2023年度
解　答　と　解　説

《2023年度の配点は解答欄に掲載してあります。》

＜算数解答＞

1　(1)　$1\frac{2}{3}$　(2)　7.38　(3)　0.3

2　(1)　5分後　(2)　60人　(3)　周の長さ　23.7cm　面積　17.5cm²

3　(1)　54L　(2)　ウ　1：3　エ　1：2

4　(1)　150g　(2)　439円　(3)　9：13

5　(1)　$a=9$，$b=15$　(2)　$x=28$，$y=20$

6　(1)　9　(2)　45　(3)　257

7　(1)　A＝18，B＝56　(2)　72・78・98

(3)（最大）A＝84，B＝95　(2番目)　A＝75，B＝96

○推定配点○

各5点×20(2(3)，3(2)，(3)最大・2番目各完答)　計100点

＜算数解説＞

1　(四則計算)

(1)　$2\frac{1}{2}-\frac{5}{6}=1\frac{2}{3}$

(2)　0.9×(3.2＋5)＝7.38

(3)　$\frac{15}{16}\times\frac{2}{15}\times\frac{12}{5}=\frac{3}{10}$

基本　2　(速さの三公式と比，旅人算，平均算，割合と比，平面図形)

(1)　1200÷(180＋60)＝5(分後)

(2)　男女の人数比…右図より，色がついた部分の面積は等しく男女の人数は5：4

(3)　周…20×3.14÷4＋2＋6＝23.7(cm)

面積…12×16÷2－10×10×3.14÷4＝96－78.5＝17.5(cm²)

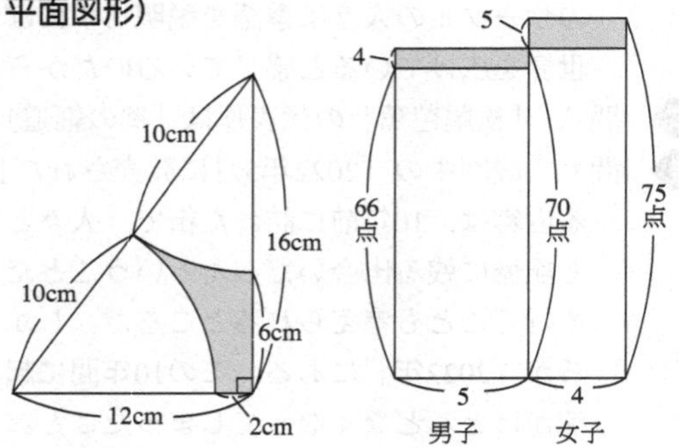

重要　3　(割合と比)

(1)　Bの水量…右図より，12÷2×(6＋3)＝54(L)

(2)　エの水量…36＋12×3＝72(L)

エから右へ流れる水量…54－6＝48(L)

エから左へ流れる水量…72－48＝24(L)

したがって，エの左右の水量の比は24：48＝1：2

ウの水量…72÷2＝36(L)

ウから右へ流れる水量…51－24＝27(L)

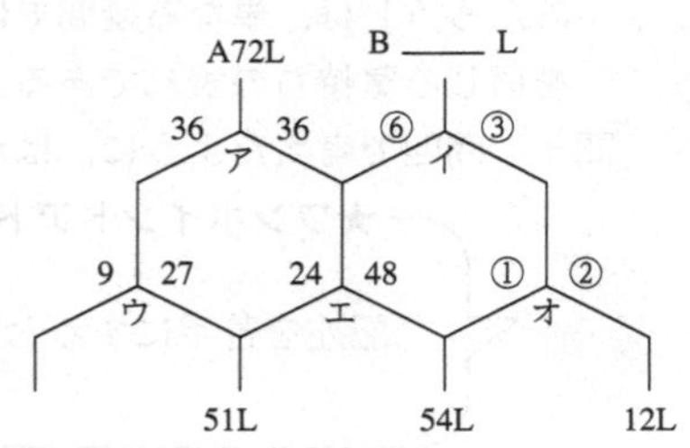

エから左へ流れる水量…36－27＝9(L)

したがって，ウの左右の水量の比は9：27＝1：3

重要 **[4]** **(割合と比，平均算)**

(1)　Cを買った値段…2530－(400＋450×3)＝780(円)

したがって，Cの重さは100÷520×780＝150(g)

(2)　(400×5＋450×3＋520×2)÷(5＋3＋2)＝439(円)

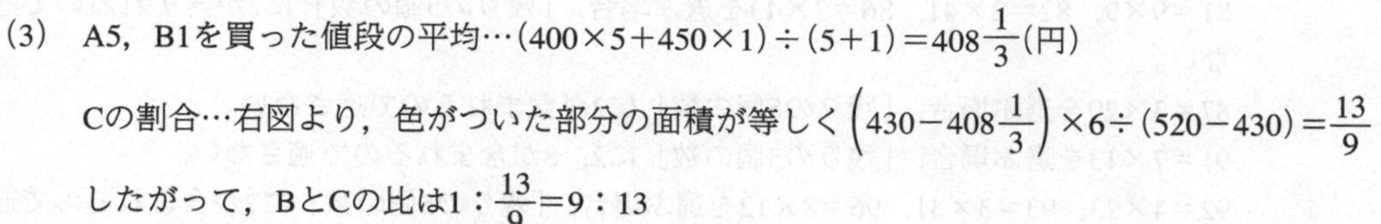

(3)　A5，B1を買った値段の平均…(400×5＋450×1)÷(5＋1)＝$408\frac{1}{3}$(円)

Cの割合…右図より，色がついた部分の面積が等しく$\left(430-408\frac{1}{3}\right)\times6\div(520-430)=\frac{13}{9}$

したがって，BとCの比は$1:\frac{13}{9}$＝9：13

重要 **[5]** **(平面図形，消去算)**

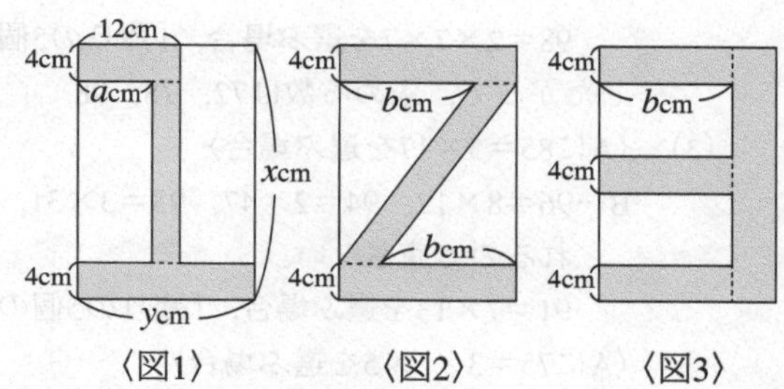

〈図1〉〈図2〉〈図3〉

(1)　b…図3と図2の図形の面積の差より，

60÷4＝15

a…図3と図1の図形の周の差b×4－a×2＝42より，(15×4－42)÷2＝9

(2)　図1の図形の周…x×2＋y×2＋9×2＝114，x×4＋y×4＝228－36＝192―①

図1の図形の面積…4×y＋x×(12－9)＋4×9＝188＋4×(12－9)＝200

x×3＋4×y＝200－36＝164―②

x…①－②より，192－164＝28

y…(164－28×3)÷4＝20

[6] **(演算記号，数の性質)**

基本 (1)　3の倍数…3，6，9，12，15，18，21，24，27

したがって，<3>＝9

重要 (2)　2の倍数…2，4，6，8，10，～，90

したがって，<2>＝90÷2＝45

やや難 (3)　7×1～7×8…1の位に3を除く数が現れる。

×1のとき，3が現れる数…37，137，237

×2のとき，3が現れる数…17，67，117，157～197，217

×3のとき，3が現れる数…77，107～127

×4のとき，3が現れる数…87，97

×5のとき，3が現れる数…7，27，47，147，207，227，247

×6のとき，3が現れる数…57

したがって，×9のとき，3が現れる数は257

[7] **(数の性質)**

重要 (1)　選んだ数…1，5，6，8

2，3，4，7，9の公倍数…6×6×7

したがって，A＝18(6の倍数)，B＝56(7の倍数)

やや難 (2)　A…45＝5×9

B…62＝2×31，68＝4×17，69＝3×23を選ぶ場合，「残りの5個の数」に7が含まれるので適さない。

63＝9×7を選ぶ場合，「残りの5個の数」に2，8が含まれるので適さない。

72＝8×9を選ぶ場合，「残りの5個の数」に8，9が含まれるので適する。○

76＝4×19を選ぶ場合，「残りの5個の数」に8が含まれるので適さない。

78＝2×39を選ぶ場合，「残りの5個の数」に2，9が含まれるので適する。○

81＝9×9，82＝2×41，86＝2×43を選ぶ場合，「残りの5個の数」に7が含まれるので適さない。

87＝3×29を選ぶ場合，「残りの5個の数」に2が含まれるので適さない。

91＝7×13を選ぶ場合，「残りの5個の数」に2，8が含まれるので適さない。

92＝4×23，93＝3×31，96＝8×12を選ぶ場合，「残りの5個の数」に7が含まれるので適さない。

98＝2×7×7を選ぶ場合，「残りの5個の数」に2，7が含まれるので適する。○

したがって，求める数は72，78，98

(3)　〈Aに85＝5×17を選ぶ場合〉

B…96＝8×12，94＝2×47，93＝3×31，92＝4×23を選ぶ場合，「残りの5個の数」に7が含まれるので適さない。

91＝7×13を選ぶ場合，「残りの5個の数」に2，3，4，6が含まれるので適さない。

〈Aに75＝3×5×5を選ぶ場合〉

B…98＝2×7×7を選ぶ場合，「残りの5個の数」に4が含まれるので適さない。

96＝8×12を選ぶ場合，「残りの5個の数」に3，8が含まれるので適する。○

〈Bに95＝5×19を選ぶ場合〉

A…87＝3×29を選ぶ場合，「残りの5個の数」に2，4，6が含まれるので適さない。

86＝2×43を選ぶ場合，「残りの5個の数」に4，7が含まれるので適さない。

84＝3×4×7を選ぶ場合，「残りの5個の数」に2，3，6，7が含まれるので適する。○

したがって，積が最大になるのは84×95＝7980，2番目に大きくなるのは75×96＝7200

★ワンポイントアドバイス★

[6] (3)「～7」の数Nについて＜N＞＝9を求める問題は難しく，[7] (2)・(3)「A・Bの積が残りの5個の数の公倍数」に関する問題も難しい。したがって，[1],[2]は言うまでもなく，自分にとって解きやすい問題を優先して解こう。

＜理科解答＞

[1]　問1　160g　　問2　右図1　　問3　240g

問4　35cm　　問5　70g　　問6　140cm

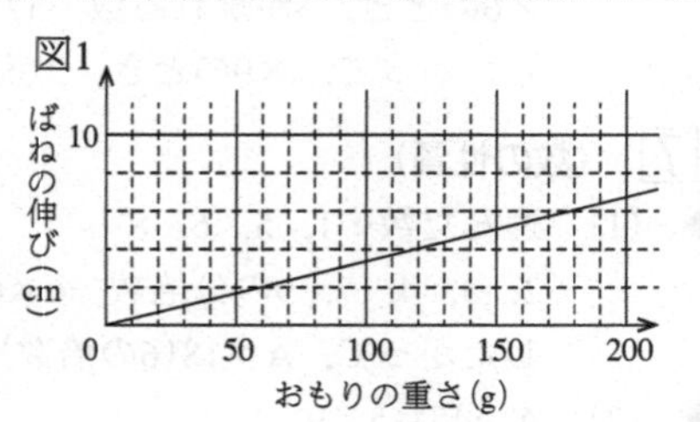

[2]　問1　イ・エ　　問2　イ

問3　あらかじめマイタケを加熱し，物質Xを熱変性させてから具材として用いる。

問4　ウ　　問5　6種類　　問6　右図2

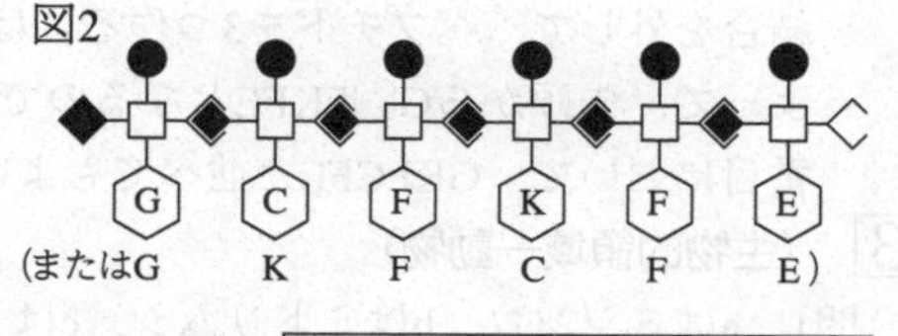

3　問1a　イ　　b　エ　　c　ウ　　問2　b
問3　ア・オ　　問4　ウ　　問5　消化
問6　細菌が不足して，分裂しなくなったから。
問7　ア・ウ　　問8　えさを得る場所が異なるので，競争が起こらないから。

4　問1　火星　　問2　夏　　問3　豆電球は赤い方が低温であるため，赤いアンタレスの方が低温と考えられる。
問4　イ・カ　　問5　イ・カ　　問6　エ
問7　右図3

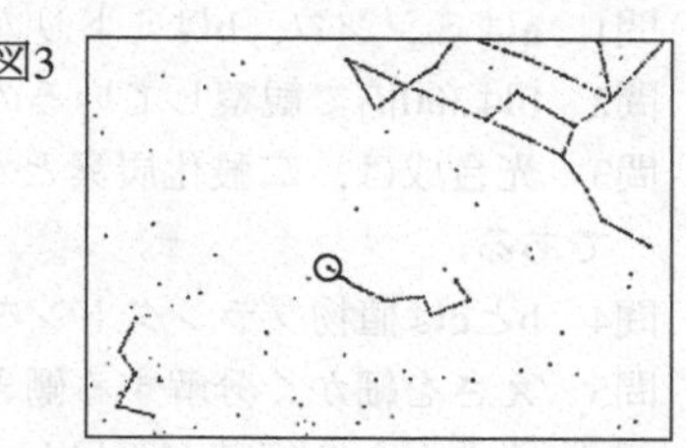

○推定配点○
1　各2点×6　　2　問1　各1点×2　　他　各2点×5　　3　各2点×11(問7完答)
4　各2点×7(問4・問5各完答)　　計60点

＜理科解説＞

重要　1　(物理的領域―力のはたらき)

問1　グラフから160gだとわかる。

問2　60gで2cmのびるグラフをかけばよい。

問3　20(cm)－12(cm)＝8(cm)伸ばせばよいので，30(g)：1(cm)＝□(g)：8(cm)より，240gのおもりをつるせばよい。

問4　ばねBは元の長さが8cm，60gで3cmのびるばねなので，ばねBとCを直列につなげたばねは元の長さが20cm，60gで5cmのびるばねとなる。よって，180gのおもりをつるすと，60(g)：5(cm)＝180(g)：□(cm)より，15cm伸びるので，ばね全体の長さは35cmとなる。

問5　ばねAは元の長さが16cm，60gで4cmのびるばねなので，ばねAとCを直列につなげたばねは元の長さが28cm，60gで6cmのびるばねとなる。35(cm)－28(cm)＝7(cm)伸ばせばよいので，おもりの重さは60(g)：6(cm)＝□(cm)：7(cm)より，70gである。

基本　問6　ばねAの元の長さは16cm，60gで4cm伸びる。180gのおもりをつるすと，12cm伸び，全体の長さが28cmとなる。ばねBとCを直列につなげたばねは元の長さが20cm，60gで5cm伸びる。180gのおもりをつるすと，15cm伸び，全体の長さが35cmとなる。28と35の最小公倍数は140なので，考えられる最も短い長さは140cmである。

2　(化学的領域―状態変化)

重要　問1　三大栄養素は，炭水化物，タンパク質，脂質である。

問2　パイナップルはタンパク質を分解する物質を豊富に含んでいる。

基本　問3　マイタケを事前に加熱し，物質Xを熱変性させれば，茶わん蒸しを固めることができる。

重要　問4　赤色リトマス紙を青くさせるのは，アルカリ性である。

基本　問5　先頭と真ん中と最後の3つに並べると，先頭に3種類，真ん中に2種類，最後に1種類のつながり方ができるので，全部で，3×2×1＝6種類できる。

やや難　問6　④で3種類のペプチド(2つのペプチドが3つ)，そのうち1つは③でできたペプチドと同じものがあるので，③では4つのペプチドと2つのペプチドに分かれたことがわかる。一番左はグリシン(G)，一番右はグルタミン酸(E)であり，③より，リシン(K)の右側結合をはずして2つと4つのペプチドに分けるので，リシンは左から4番目にあるとよい。④より，フェニルアラニン(F)の左側結合を外して，ペプチドを3つ作るには，フェニルアラニンを左から3番目と5番目に置くと良い。よって，先頭からG□FKFEとなるので，□にシステイン(C)を入れればよい。(リシンを左から2番目において，GKFCFEと並べてもよい)

重要 **3** (生物的領域─動物)

問1　aはミジンコ，bはミドリムシ，cはミカヅキモである。

問2　bは300倍で観察しているので最も小さい。

問3　光合成は，二酸化炭素と水を材料とし，光のエネルギーを得てでんぷんと酸素をつくる働きである。

問4　bとcは植物プランクトンなので，動物プランクトンであるaに食べられる。

問5　えさを細かく分解する働きを消化という。

基本 問6　えさとなる細菌が不足して，12日以降ゾウリムシは分裂しなくなったから数がほぼ一定となる。

基本 問7　ア　ゾウリムシXとYを同じ容器に入れた場合，8日目まではYの方が多くみられるので，アは正しい。　イ　8日目を境にXとYの数は逆転しているので，イは正しくない。　ウ　最終的にXの数が増え，Yはほとんどいなくなっているので，ウは正しい。　エ　8日目まではYの方の数が多かったため，Xの増え方にYも影響していると考えられるので，エは正しくない。

基本 問8　ゾウリムシYとZではすむ場所が異なるので，えさを奪い合う競争がないため共存できたと考えられる。

重要 **4** (地学的領域─星と星座)

問1　火星は赤い惑星である。

問2　さそり座やわし座は夏の星座である。

問3　豆電球は赤い方が低温であるため，アンタレスの方がプロキオンよりも低温であると考えられる。

問4　オリオン座の右上あたりにおうし座が，下方におおいぬ座がみえる。

問5　つゆとは，空気中の水蒸気が冷やされて葉などにつく水滴のことである。しもとは空気中の水蒸気が冷やされて葉などの表面で凍った氷のことである。

問6　アンドロメダの雲はエである。

問7　カシオペア座の位置から北極星の位置がわかる。(右図)

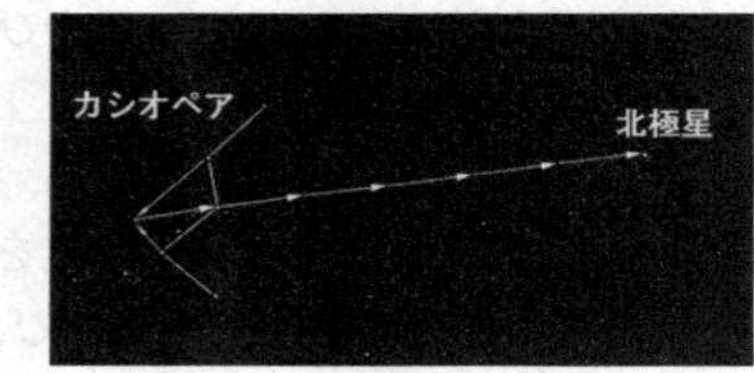

★ワンポイントアドバイス★

ポイントを押さえた簡潔な文章を書く練習をしよう。

＜社会解答＞

【1】 問1 エ→イ→カ→ア→ウ→オ 問2 ① エ ② オ ③ キ
問3 ① 与謝野晶子 ② リュイシュン[旅順] 問4 ① 承久(の乱)
② 源頼朝 問5 市川房枝 問6 い 問7 ひめゆり(学徒隊)
問8 ① 津田梅子 ② 幕末に結んだ不平等条約の改正交渉のために派遣されたが，交渉は失敗に終わり，欧米の工業や文化を学んで帰国した。

【2】 問1 ① 石炭 ② 鉄鉱石 問2 大都市に近く，輸送の時間や費用を抑えられるから。 問3 北東北 問4 半導体 問5 あ 問6 消雪パイプ 問7 う・お
問8 (ドイツ) う (日本) い 問9 え

【3】 問1 1 経済産業(省) 2 資本主義 問2 A う B い C あ
問3 い→え→あ→う 問4 ア ○ イ ○ ウ × 問5 中小企業全体で雇っている従業員数は大企業全体の倍以上なのに，中小企業全体の生産額は大企業全体の生産額とあまり変わらない。つまり，従業員1人あたりの生産額は中小企業より大企業の方が大きく，中小企業は大企業より労働生産性が低い，という格差がある。

○推定配点○
【1】 各2点×13(問1完答) 【2】 各2点×11(問7完答)
【3】 問5 3点 他 各1点×9(問3完答) 計60点

＜社会解説＞

【1】 (日本の歴史―歴史上の記録から見る日本)

問1 アの「君死にたまふことなかれ」は明治時代の日露戦争(1904～1905年)に際して与謝野晶子が発表した反戦詩，イは鎌倉時代の承久の乱(1221年)に際して北条政子が行った演説，ウの「もとは，女性は太陽だった。」は明治時代の1911年に平塚らいてうらが結成した青鞜社の文芸誌『青鞜』の創刊号の冒頭の言葉，エは平安時代の1001年頃に清少納言が著した随筆の『枕草子』の一節，オは昭和時代の太平洋戦争中(1941～1945年)のアメリカ軍との戦闘の様子，カの富岡製糸場は明治時代の1872年に開設された官営模範工場である。したがって，これらの資料を年代の古い方から順にならびかえると，エ→イ→カ→ア→ウ→オとなる。

重要 問2 ① 貴族は寝殿造と呼ばれる広いやしきに住み，季節ごとにさまざまな行事や儀式を行っていたのは平安時代のことで，関係が深い資料は「エ」である。 ② 戦争が長引いて労働力が不足し，日本の工場や鉱山などで多くの朝鮮や中国の人びとが働かされたのは太平洋戦争中のことで，関係が深い資料は「オ」である。 ③ 簡素な茶室で茶を楽しむ作法が定まり，書院造の床の間をかざる生け花もさかんになったのは室町時代(1338～1573年)の後半のことで，その時期に関係の深い資料はないので「キ」となる。

問3 ①「ああおとうとよ 君を泣く 君死にたまふことなかれ」の詩は，与謝野晶子(1878～1942年)が雑誌『明星』で日露戦争時に戦場の弟を思ってその気持ちを示した歌である。与謝野晶子は歌集『みだれ髪』(1901年)で，当時としては大胆な愛を表現した。 ② 旅順は1878年に清が北洋艦隊の軍港としてから遼東半島の南端の良港として知られ，日清戦争の際に日本軍が占領した。その後に旅順は三国干渉で清に返還されたが，ロシアが不凍港として獲得を目指し，1898年に大連とともに租借し，軍港を築いた。日露戦争では激戦地となり，1905年に日本が租借権を受け継ぎ，満州進出の拠点とした。

基本 問4 ① 承久の乱(1221年)は，鎌倉幕府の3代将軍の源実朝(位1203～1219年)が暗殺されて混乱し

ている時，朝廷の代表である後鳥羽上皇(位1198～1221年)が鎌倉幕府を倒して朝廷の勢力を回復しようとして挙兵したが，幕府側に敗北した戦乱である。この戦乱後に幕府は，六波羅探題を設置して京都の警備や朝廷の監視を行った。　② 資料中の「故右大将様」とは，源頼朝(1147～1199年)のことである。彼は平治の乱(1159年)後に伊豆の蛭島に流されたが，1180年に関東武士の一部を味方に付けて挙兵し，1185年に平氏を滅ぼした。1185年に朝廷から全国各地に守護・地頭の設置を許され，それに応じて有力な御家人を守護・地頭として置いた。その後1189年に奥州藤原氏を滅ぼし，さらに1192年に征夷大将軍に任じられて鎌倉幕府を確立した。

問5　市川房枝(1893～1981年)は平塚らいてうらとともに新婦人協会を設立し，女性参政権獲得，女性労働問題などで活躍した。第二次世界大戦後は，参議院議員として活動し，平和運動などに貢献した。

基本 問6　清少納言は清原元輔の娘で，一条天皇(位986～1011年)の中宮定子に仕え，その時の宮中での様子などを随筆の『枕草子』に著した。『枕草子』は四季の変化や人生観などが鋭い感性で描かれており，和泉式部や紫式部とともに平安時代の女流文学の代表とされている。なお，選択肢中の紫式部は『源氏物語』を著した女性作家，『竹取物語』は平安時代前期に成立した現存する日本最古の物語で，作者は不明である。

問7　ひめゆり学徒隊は，1944年12月に沖縄県で日本軍が中心となって行った看護訓練によって組織された女子学徒隊の中で，沖縄師範学校女子部と沖縄県立第一高等女学校の教師・生徒で構成された学徒隊である。この学徒隊は，沖縄戦の最中に負傷兵の看護にあたった。

やや難 問8　①　津田梅子(1864～1929年)は，1871年に岩倉使節団とともに満6才の時にアメリカ合衆国に留学した。帰国後，英語教育や女子教育に尽力し，1900年に女子英学塾を設立した。　② 岩倉使節団は，1871年に幕末に欧米と結ばれた不平等条約の予備交渉のために派遣された。ただし，条約改正交渉は失敗したので，その後は欧米の視察が目的となり，欧米の工業や文化を学んで帰国した。

【2】 (日本の地理―日本の輸入資源に関する問題)

問1　①　かつて九州や北海道などで豊富に産出されたが，現在はオーストラリアやインドネシアなどからの輸入に依存している資源は石炭である。石炭は太古の植物が腐敗して地中に埋まり，そこで地熱などの影響で変質したことでできた資源である。　② 高度経済成長期には「産業の米」とよばれ，現在はオーストラリアとブラジルからの輸入に全体の8割以上を依存している資源は鉄鉱石である。鉄鉱石は製鉄の原料で，現在では露天掘りで大量に採掘できる赤鉄鉱を使用した高炉による製鉄が中心である。なお，③は原油，④は液化天然ガスの説明である。

やや難 問2　栃木県や群馬県のような，関東地方の県で行われている農業は近郊農業である。近郊農業は大都市周辺において，大都市向けの新鮮な農畜産物を出荷することを目的とした農業で，大都市に近いので新鮮な製品を早く出荷でき，輸送のための時間や費用を安く抑えられるという利点がある。

問3　「北海道・北東北の縄文遺跡群」は，2021年に世界文化遺産に登録された北海道(道南)と北東北にある縄文時代の遺跡群の総称である。これは考古遺跡のみで構成された国内最初の世界遺産で，北海道・青森県・岩手県・秋田県の1道3県に点在している。

基本 問4　現在「産業のコメ」とよばれている半導体は，金属などの導体とゴムなどの絶縁体の中間の性質を持った物質である。半導体は熱・光・電流などの影響でその導電性が変化するので，そのような性質を利用してトランジスタなどの半導体素子に利用されている。

問5　赤道は地球上で約4万kmに及んでいるが，地球上ではアフリカで7か国(サントメ・プリンシペ，ガボン，コンゴ共和国，コンゴ民主共和国(「え」)，ウガンダ，ケニア(「う」)，ソマリア，インド洋と太平洋の島国の3か国(モルディブ，インドネシア，キリバス)，南アメリカの3か国(エクアドル(「い」)，コロンビア，ブラジル)の合計13か国を通過している。したがって，選択肢中の国で赤道が通っていない国はインド(「あ」)である。

問6　消雪パイプは，道路に埋め込んだパイプから路上に設置されたノズルを通して，道路上に地下水を撒くことで除雪や融雪などを行う設備である。消雪パイプは長岡市で使用が始まり，長野県北部，山陰，北陸，東北地方の平野部などの幹線道路でよく使用されている。

問7　う　カザフスタンは中央アジアに位置する共和国で，西と北でロシア，東で中国，南でキルギス・ウズベキスタン・トルクメニスタンと国境を接し，南西では世界最大の湖であるカスピ海に面している。　お　パキスタンは南アジアに位置する共和国で，東でインド，西でアフガニスタン，南西でイラン，北東で中国と国境を接している。また北ではアアフガニスタンのワハーン回廊でタジキスタンと狭く隔てられている。

重要　問8　(ドイツ)　再生可能エネルギーは自然界のエネルギーを利用できる設備や技術と脱原発などの環境意識の向上が必要とされるので，表1の5つの国の中でこれらの意識や技術が進んでおり，もっとも再生可能エネルギーの割合が高い(37.7%)表1中の「う」がドイツである。

(日本)　日本は表1の5つの国の中でも有数の火山が多い国なので，地熱の発電量がもっとも多い表1中の「い」が日本である。なお，表1中の「あ」は中国，「え」はサウジアラビア，「お」はオーストラリアである。

問9　マレーシアは東南アジアに位置し，その領域はマレー半島南部とカリマンタン島北部から構成されている(図2の「え」)。首都はクアラルンプールで，タイ(図2の「あ」)・インドネシア・ブルネイと陸上で国境を接し，シンガポール・ベトナム(図2の「い」)・フィリピン(図2の「う」)と海を隔てて面している。

【3】　(政治―新型コロナウイルス感染拡大と日本経済)

問1　1　経済産業省は，民間の経済活力の向上や鉱物資源・エネルギーの安定供給のための仕事などを行っている国の中央省庁である。　2　資本主義とは，利益の追求を目的として，多くの資本と工場などの生産手段を持っている資本家が，労働者を雇って商品を生産する経済・社会のしくみである。このしくみは産業革命で確立し，その結果，資本家と労働者の階級ができた。

基本　問2　A　臨時国会(臨時会)は内閣が必要と認めた時，また衆議院・参議院のいずれかの議院の総議員の4分の1以上の要求があった時に開催される国会である。この国会では，政治上の緊急を要する問題などが審議される。　B　特別国会(特別会)は衆議院議員総選挙の日から30日以内に開かれ，内閣総理大臣の指名が行われる。　C　通常国会(常会)は，毎年1月中に召集される国会である。会期は150日間であるが，両議院一致の議決によって，1回に限り延長することができる。この国会では，次年度の予算案の審議が中心の議題となる。

問3　「あ」の復興庁が設置されたのは2012年，「い」のベルリン市内の国境検問所が開放され，東西を隔てていた壁が撤去されたのは1989年，「う」の史上初の米朝首脳会談をシンガポールでおこなったのは2018年，「え」のアジアで初のサッカーワールドカップが日本と韓国の共同で開催されたのは2002年のことである。したがって，これらのできごとを起こった順にならべかえると，「い」→「え」→「あ」→「う」となる。

重要　問4　ア　この文は正しい。サービスの料金や商品の価格は，原則的に売り手と買い手との間で自由に決める市場価格である。しかし公共性の高い電気・ガス・水道・鉄道運賃などについては，国や地方公共団体が決定したり許可したりする公共料金が設定されている。　イ　この文は正しい。最低賃金制度とは，最低賃金法に基づいて国が賃金の最低限度を定め，使用者はその最低賃金以上の賃金を支払わなければならないとする制度である。したがって，最低賃金を下回る賃金で人を雇うことは法律で禁じられている。その賃金が支払われない場合には，最低賃金法に罰則が定められている。 ウ この文は誤っている。物価の安定を目指して世の中のお金の量を調整しているのは，金融庁ではなく日本銀行である。金融庁は内閣府の外局で，預金者や保険契約者などを保護することでお金の流通を安定させようとする機関である。

やや難 問5 図3の中小企業と大企業を比較したグラフからは，中小企業と大企業との間でいくつかの格差があることがわかるが，この設問で要求されている格差とは，問題文中の二か所の二重下線部の「中小企業はすべての企業数のうち99.7%を占め，またすべての労働者のうち約7割を雇用しています」，「中小企業にとって大幅な賃上げは難しいのでは」という部分に関係する格差である必要がある。そのため本設問では，図3のグラフの中から解答に必要になるグラフの選び出し，必要な情報を抜き出す必要がある。そこでまず，図3の従業員数のグラフに注目すると，中小企業全体で雇っている従業員数は全体の68.8%，大企業は31.2%であることが確認でき，中小企業の従業員数は大企業全体の従業員数の倍以上であることがわかる。次に生産額のグラフに注目すると，中小企業の生産額の割合は52.9%，大企業の生産額の割合は47.1%と，中小企業の方が幾分多いが，全体としてみるとあまり差がないことがわかる。これらのことから，中小企業は多くの従業員を雇っているにも関わらず，その生産額はあまり多くないことがわかる。他方，大企業は従業員の数は少ないものの，生産額はそれなりにあげていることがわかる。このことは言い換えると従業員1人あたりの生産額は中小企業より大企業の方が大きいことになり，中小企業は大企業より労働生産性が低いということになる。労働生産性が低いということはその企業の利益も少ないことを意味し，利益が少なければ労働者の賃金にまわす経済的余裕は少なくなる。その結果，大企業に比べて中小企業にとって大幅な賃上げは難しいという格差が生じることになる。

★ワンポイントアドバイス★

地理・歴史・政治の各分野の出題の割合についてはほぼ変わらないが，政治の分野ではグラフの読み取りに関する3～4行の説明問題が出題されているので，自らの言葉で説明できるように訓練を怠らないようにしよう。

＜国語解答＞

一 問一 イ　問二 ウ　問三 ウ　問四 目標を持って努力する孫を見守る優しい気持ちと，孫の新たな門出の記念にお祝いできることを喜んでいる気持ち。　問五 イ
問六 Ⅰ 腕　Ⅱ 耳　問七 イ　問八 エ　問九 学問とは，学んだことの小さな積み重ねがいずれ大きな成果を生み，またひとつの事実が別の事柄につながって広がっていくものであり，いくら追求しても興味や学ぶことが尽きることはないこと。
問十 エ・オ　問十一 A 帳面　B 承知　C 額　D 拡大鏡　E 博物図

二 問一 A 転機　B 件　問二 みんなができることができず，みんながやらないことばかりやる　問三 Ⅰ エ　Ⅱ オ　Ⅲ イ　問四 自然に[自然と]
問五 みんなと同じようでなければならず，またみんながやらないことをやってはいけないと考え，自分のできないことや本当はしたいことを隠し，自分をいつわって生きることに苦しさを感じていたということ。　問六 オ　問七 作家となり，筆者の一個人としての性質が生活においての大きな問題でなくなり，周囲も筆者を批難したり心配したりするので

はなく，受け入れてくれるような人々に囲まれるようになったことで，自分を取り繕う必要がなくなったから。

○推定配点○

一　問四　6点　問六・問十一　各2点×7　問九　8点　問十　各3点×2　他　各4点×6
二　問一　各2点×2　問二　5点　問三　各3点×3　問五・問七　各8点×2
他　各4点×2　計100点

＜国語解説＞

一　(物語—心情・情景，細部の読み取り，ことばの意味，慣用句，漢字の書き取り，記述力)

重要　問一　竹蔵のその後の発言は，「やっとその気になってくれた。めでたい」である。富太郎が学校を辞めると聞いて自分の願いがかなう日が来たと思い込んで「興奮している」のだ。

問二　問一で考えたように，竹蔵はやっと自分の願いがかなうと喜んでいたのに，学校を辞めるのは家業をつぐためではないという発言を聞き，「それはどういうことだ」と一言言ってやりたい気持ちなのでウである。

問三　竹蔵はおこって，祖母様にも富太郎に言い聞かせるべきだと言っている。言われた祖母様の対応は，むしろ竹蔵が苦労するというものだった。これはつまり，富太郎の味方になってくれるのではと思い，自分の思いをつたえようと，にじり寄っていったということでウを選ぶ。

やや難　問四　——線④直前にあるように，「退校記念に」という自分の思いつきに満足してほほえんでいるのだから，まずは，孫(富太郎)の新たな出発を祝ってやる喜びがある。しかし，祖母様はただ孫に甘く，なんでも言うことを聞いてやるということではなく，自分が進みたい道を見つけた富太郎を見守ってやろうという優しい気持ちがあるから，退校ですら記念品をおくってやろうという気持ちになるのだ。

問五　これまでの竹蔵の言動から，何一つ自分の願いはかなえられないことにがっかりしている。その上，本の代金は，岸屋の使用人の給料より高額だと皮肉を言ったのに，その皮肉も効き目がなかったことにあきれる思いと，このままでは岸屋がどうなるのかという心配もあるのだからイである。

問六　手ごたえのないこと，張り合いのないこと，意味がないことのたとえを意味することわざ，慣用句に「暖簾に『腕』押し」，「馬の『耳』に念仏」がある。「馬の」の部分を「なんとやらの」としているのは，お互いによく知っている部分などを，あえて「なんとかの」と言う場合もある。

問七　「お為ごかし」とは，本当は自分のためなのに，あなたの「為」のように見せかけるという言葉なのでイである。

問八　物語全体から感覚で選ぶとイを選びたくなるが，人のお為ごかしにも動じず，大変なのに猫まで引き取る行動に出るのは，周囲の意見に左右されず，大切なものを守ろうという性格が出ている。

やや難　問九　「比喩」としているので「何について」の比喩なのかを考える。これは自分がやりたい学問についてのことだ。——線⑧直前の「一つわかればさらに～」が着目点になる。「一つわかれば」なので，努力していけば成果を生み，そのことからまた別のことがらにつながり奥深く，はば広くなるもので，いくら追求しても終わりはないということになる。祖母様に進みたい道を説明するときに「学問は一生，いや二生あっても足りん。～究めたい」という発言も参考になる。

重要　問十　問九で考えたことが参考になる。富太郎にとって，すでに学問が始まっているのだ。植物の学問を志そうとしている富太郎は，鶯の声もだが，最終行にあるように「どの山に～」のように，自然の奥深さや祖母様の後押しを得て自分の学びたい世界に踏み出すことに気持ちが高ぶっている行動としてエとオを選ぶ。

重要 問十一 A 「帳面」とはノートのこと。「帳」は全11画の漢字。2画目ははねる。 B 「承」は全8画の漢字。3～5画はの3本の横棒である。 C 「額」は全18画の漢字。6画目は長くしない。 D 「鏡」は全19画の漢字。8画目はやや右上方向に書く。 E 「博」は全12画の漢字。12画目の点を忘れずに書く。

二 (随筆―心情・情景,細部の読み取り,接続語の問題,空欄補充,漢字の書き取り,記述力)

重要 問一 A 「機」は全16画の漢字。15画目の1画を忘れずに書く。 B 「件」は全6画の漢字。5画目は4画目より長く書く。

問二 Iで始まる段落からは,どうして人間ではないと考えるのかということを具体的に示している。IIで始まる段落もその続きだ。それをまとめて「つまり僕は～」で始まる段落で記しているので「みんなが～ばかりやる」から別の生き物のように感じているということになる。

基本 問三 I 問二で考えたように,前部分で言っていることの例を述べ始めるので「たとえば」だ。 II 同じような例を述べているが,こちらの内容は,前段落で「覚えられない」という例に対して「覚えている」事柄で別の生き物のようなということを説明しているのだから「一方で」である。 III 前部分は,この星は地球人の星だで,後部分は,地球人でないと怒られるというのだから「だから」を入れる。

問四 「苦もなく」は,この場合「意識することもなく」ということになる。「僕」は普通の人ができることはできないが,みんながやらないことは「苦もなく」できるのだ。したがって,「僕」が「意識することもなく,当然のように」やっていることを説明したか所を探そう。IIで始まる段落で「服を何回着たか数えること」は「自然と」やっているし,プリントを机の中に放り込んだままにしておくことは,理由もなく「自然に」やっている。解答としては「自然と・自然に」のどちらでも成立する。

問五 「普通になりたい」と思った「僕」ということは,「みんなができることを自分もやる」ということになる。やろうと思えばできるのだから,がんばってやっていたが,それは「本来自分がやりたいことを隠して,合わせている」行動なのだから,「生きづらさ」を感じていたということになる。

問六 ――線④は,簡単に言えば,面白くない小説を乗り越えるのは,面白い小説を書くことということだ。つまり,人間性が良いからとか,常識人であるとかの要素は不必要で,ただただ作品が面白ければそれでいいのだから,ひたすら良い作品を書くことを目指していれば良いということになるのでオである。

やや難 問七 この文章での「秘密」とは,「たぶん『秘密』の本質～」で始まる段落にあるように「知られてはならない人の存在」によって生まれるものということになる。「僕」は子どもの頃から,周りに合わせられない,合わせようとすれば息苦しさを感じていた。つまり「知られてはならない人の存在」が多くいたということになる。しかし,作家になり,一個人の性質が問われる機会がほとんどなくなり,他者と異なる言動をしたとしても,それを批判したりすることなく受け入れてくれる環境になったことで,「知られたくない存在」がなくなったことが「秘密」がなくなったということになる。そのようにありのままの自分でいられるようになったからということになる。

★ワンポイントアドバイス★

随筆の文種にふれる機会を増やしておこう。

MEMO

大切なことはメモしておこうネ！

2022年度

★★★★★★★★★★★★★★★★★★★★★★★★

入　試　問　題

2022年度

桐朋中学校入試問題（第１回）

【算　数】（50分）　＜満点：100点＞

1　次の計算をしなさい。

(1)　$1\frac{3}{4}-\frac{23}{28}+\frac{3}{14}$

(2)　$3\times1.35-(3.1-1.45)\div2.2$

(3)　$\frac{5}{8}\div(7.5-1.25)+0.75\times\frac{1}{3}$

2　次の問いに答えなさい。

(1)　100円玉と500円玉が合わせて28枚あり，金額の合計は10000円です。500円玉は何枚ありますか。

(2)　てんびんを使って，ゴルフボール，野球ボール，バスケットボールの重さを比べました。ゴルフボール32個は野球ボール10個とつりあい，野球ボール25個はバスケットボール６個とつりあいました。ゴルフボール120個はバスケットボール何個とつりあいますか。

(3)　合同な長方形が４個あります。この４個の長方形を，右の図のようにすき間（ま）なく並べてできる図形の周の長さは40cm，面積は70cm^{2}です。このとき，１個の長方形の周の長さは何cmですか。

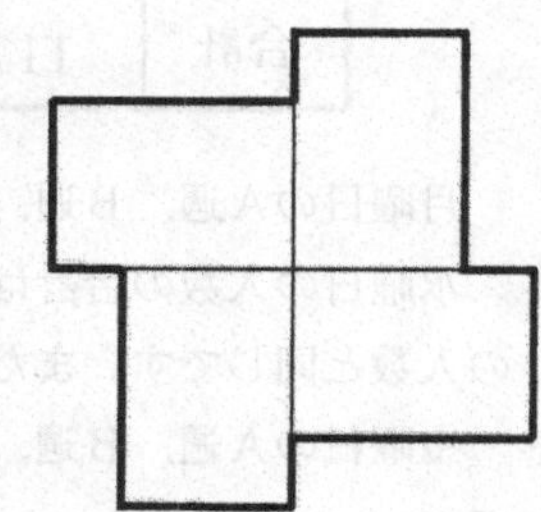

3　右の図のような長方形ABCDの土地があり，黒い線上に旗を立てます。

まず，A，B，C，D，E，Fに旗を立て，次に，黒い線上で隣り合う旗がすべて等間隔（かく）になるように旗を立てます。

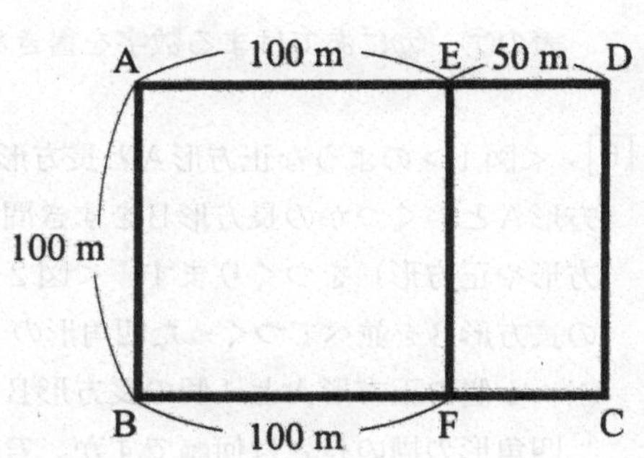

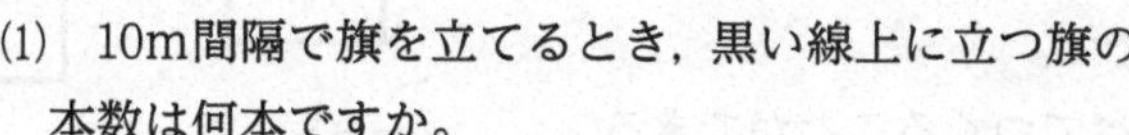

(1)　10m間隔で旗を立てるとき，黒い線上に立つ旗の本数は何本ですか。

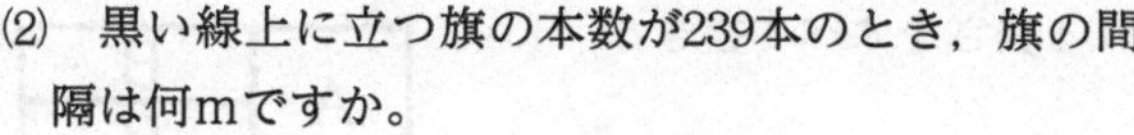

(2)　黒い線上に立つ旗の本数が239本のとき，旗の間隔は何mですか。

4　湖のまわりを１周するサイクリングコースがあります。Aさん，Bさんの２人は自転車でこのサイクリングコースを１周しました。Aさんは，サイクリングコース上のP地点を出発し，28分後にＰ地点に戻りました。Ｂさんは，Ａさんと同時にＰ地点を出発し，Ａさんとは反対の方向に１周しました。２人は出発してから15分45秒後にすれちがいました。

⑴　Ａさんの速さとＢさんの速さの比を求めなさい。

⑵　ＡさんがＰ地点に戻ったとき，ＢさんはＰ地点まであと1960ｍの地点にいました。サイクリングコース１周の長さは何ｍですか。答えだけでなく，途中の考え方を示す式や図などもかきなさい。

5　下の表は，ある中学校でＡ週，Ｂ週，Ｃ週の月曜日から金曜日までにパンを食べた人の人数を曜日ごとに調査した結果です。パンを食べた人はＡ週の月曜日が36人，Ｂ週の月曜日が54人，Ｃ週の火曜日が36人です。また，パンを食べた人の合計は月曜日が117人，金曜日が90人です。数字の入っていないところはまだ記入していません。

（人）

	月曜日	火曜日	水曜日	木曜日	金曜日	合計
Ａ週	36				㋔	
Ｂ週	54	㋐		㋒		
Ｃ週		36	㋑		㋕	
合計	117			㋓	90	

月曜日のＡ週，Ｂ週，Ｃ週の人数と火曜日のＡ週，Ｂ週，Ｃ週の人数の比は同じです。

水曜日の人数の合計は火曜日の人数の合計と同じです。水曜日はＡ週とＣ週の人数の平均がＢ週の人数と同じです。また，水曜日はＡ週とＢ週の人数の合計がＣ週の人数と同じです。

金曜日のＡ週，Ｂ週，Ｃ週の人数はそれぞれ木曜日のＡ週，Ｂ週，Ｃ週の人数より20％多い人数です。

Ａ週，Ｂ週，Ｃ週のそれぞれの月曜日から金曜日までの人数の合計は200人以下です。

表の㋐～㋕にあてはまる数字を書きなさい。

6　<図１>のような正方形Ａと長方形Ｂがあります。いくつかの正方形Ａといくつかの長方形Ｂをすき間なく並べて１つの四角形（長方形や正方形）をつくります。<図２>は，１個の正方形Ａと２個の長方形Ｂを並べてつくった四角形の１つです。

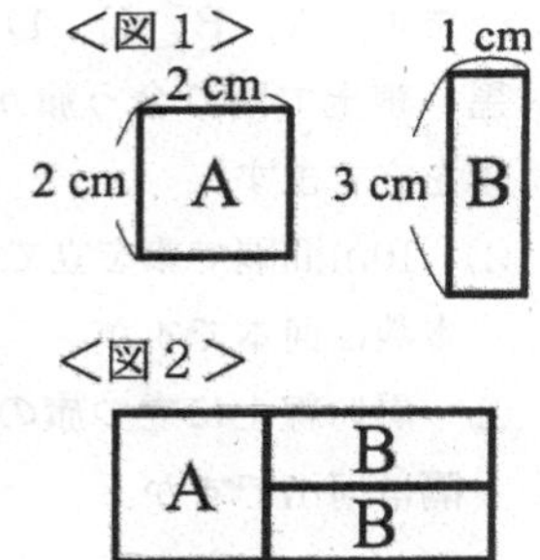

⑴　１個の正方形Ａと４個の長方形Ｂを並べてつくることができる四角形の周の長さは何㎝ですか。考えられる長さをすべて書きなさい。

⑵　４個の正方形Ａといくつかの長方形Ｂを並べて１辺の長さが５㎝の正方形を１つつくりなさい。<図２>のように，正方形Ａと長方形Ｂの辺がはっきりわかるようにかきなさい。また，Ａ，

Ｂの文字もかきなさい。解答用紙の図は１㎝の方眼です。下の図を利用して考えてかまいません。

⑶　いくつかの正方形Ａといくつかの長方形Ｂを並べて１辺の長さが７㎝の正方形をつくります。正方形Ａと長方形Ｂを合わせていくつ並べてつくりますか。考えられる個数をすべて書きなさい。また，最も個数が少なくなるときの並べ方の１つを⑵と同じようにかきなさい。下の図を利用して考えてかまいません。

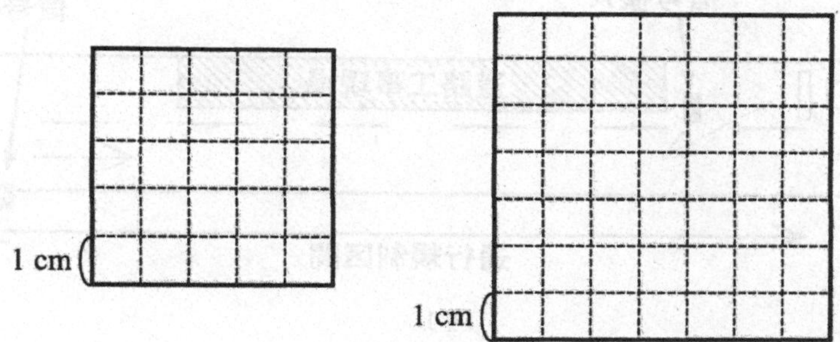

7　５つの数6，7，8，9，10をすべて使い，それらを下の あ，い，う，え，お に１つずつあてはめて，足し算の式をつくります。

$$\boxed{あ}+\frac{\boxed{い}}{2}+\frac{\boxed{う}}{3}+\frac{\boxed{え}}{4}+\frac{\boxed{お}}{5}$$

この式を計算した値をＰとします。

たとえば，あ が7，い が8，う が10，え が6，お が9のとき，足し算の式は $7+\frac{8}{2}+\frac{10}{3}+\frac{6}{4}+\frac{9}{5}$ となり，これを計算して $\mathrm{P}=\frac{529}{30}$ となります。

⑴　考えられるＰのうち，最も小さい数はいくつですか。

⑵　Ｐ＝18のとき，あ，い，う，え，お にあてはまる数を求めなさい。たとえば，あ が7，い が8，う が10，え が6，お が9のとき，（7，8，10，6，9）のように書きなさい。

⑶　$\mathrm{P}=\frac{1031}{60}$ のとき，あ，い，う，え，お にあてはまる数を求めなさい。考えられるものをすべて⑵と同じように書きなさい。

【理　科】（30分）　<満点：60点>

1　道路工事では，図１のように，２車線のうち１車線を規制し，片側交互（こうご）通行にすることがあります。この時，通行規制区間の入り口に仮設の２灯式信号機（赤と青の電球を用いた信号機）を設置し，自動車が安全に通行できるようにします。

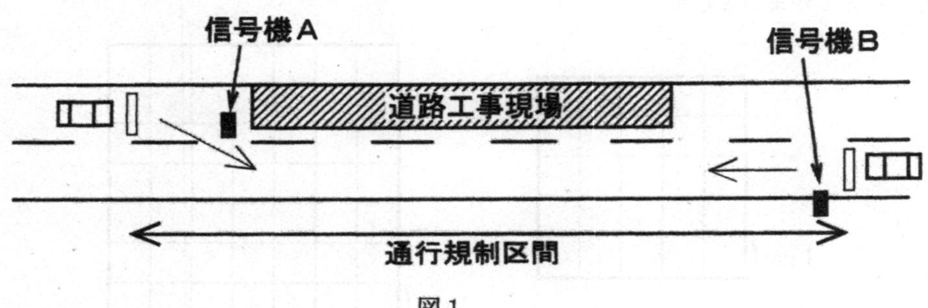

図１

通行規制区間の長さを300ｍとし，その区間を走る自動車の速さは時速36㎞とします。停止線の前で信号が赤であることを確認（かくにん）したら，自動車は停止線で止まれるものとします。この条件を変えずに次の問いに答えなさい。

問１　通行規制区間を走る自動車は１秒間に何ｍ進みますか。

問２　自動車が通行規制区間を通過するのに何秒かかりますか。

問３　図２は，信号機Ａの青色電球が点灯し始めた時刻を０秒として，信号機Ａの赤色電球と青色電球の点灯の様子を実線で示したグラフです。信号機Ｂの点灯の様子を，解答用紙の図に実線で示しなさい。

なお，この信号により自動車は安全に通行でき，出来るだけ渋滞（じゅうたい）が起きないように工夫しなさい。

【信号機A】の点灯の様子

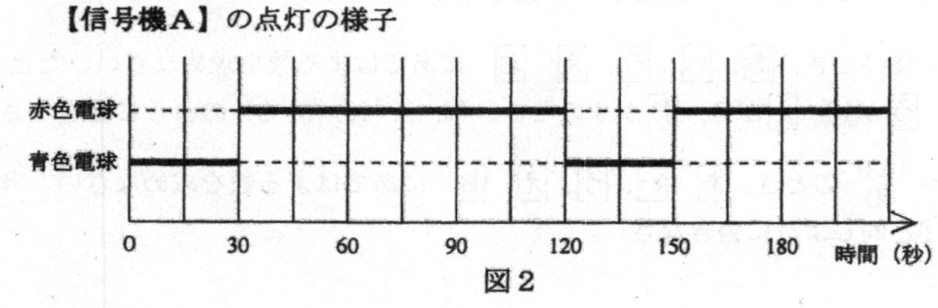

図２

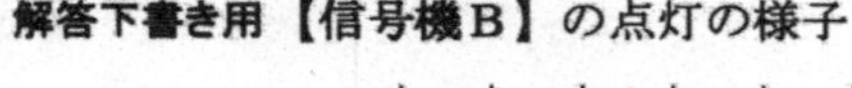

解答下書き用【信号機B】の点灯の様子

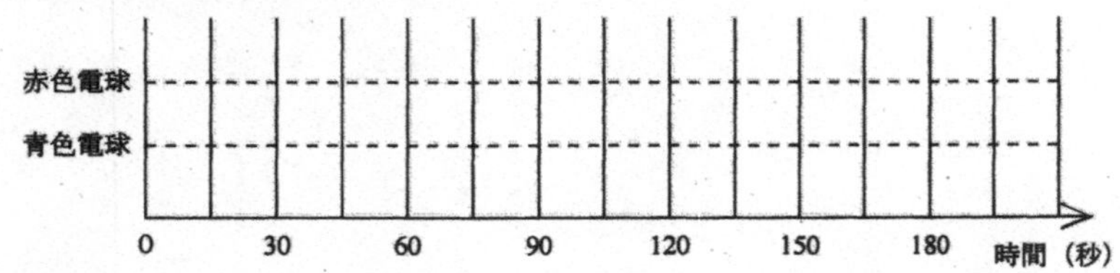

問４　信号機Ａ側から進入する自動車の台数の方が信号機Ｂ側より多かったので，信号機ＡとＢの青色電球の点灯時間の比を３：２にしました。この時，信号機ＡとＢの青色電球の点灯時間は１

回あたり30秒の差がありました。信号機Ａ，Ｂの赤色電球の点灯時間はそれぞれ何秒ですか。

問５　信号機の各電球の点灯を制御(せいぎょ)できる仕組みを考えることにしました。

図３はその回路図を，図４は**Ｙ字型の金属板**と接点ア～キからなる制御用のスイッチを示しています。このスイッチの金属板は形が変わらず，図４の状態から**点Ｏ**を中心に左右に１接点まで回転させることができます。つまり，●のついている金属板の部分はウ～オの接点につなげられるということです。

また，図４は金属板が端子ア，エ，キにつながっている状態です。

回路図の端子①～④と制御用のスイッチの接点ア～キをどのようにつなげば良いですか。端子①～④のそれぞれにつなぐ接点を，ア～キから選び，記号で答えなさい。

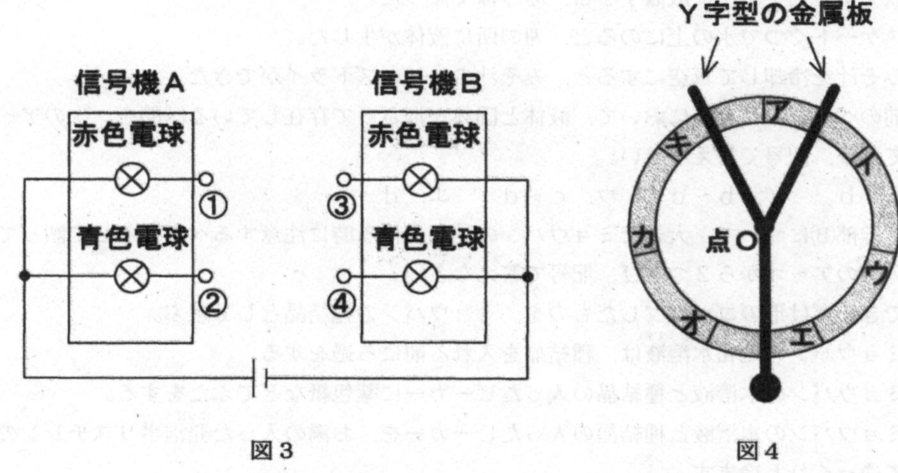

図３　　図４

2　次の文章を読み，以下の問いに答えなさい。

液体の水は，水蒸気や氷など，気体や固体にすがたを変えることができます。この変化を状態変化といいます。水を加熱していき，温度が（　①　）℃に近づくと，水の中から激しくあわが出る様子が観察できます。この時，熱を加えているにもかかわらず温度は上がりません。これは，水が状態変化するために熱が使われたからです。手をアルコールで消毒した後にひんやりと感じるのも，(A)<u>アルコールの状態変化</u>により熱の移動が生じているからです。

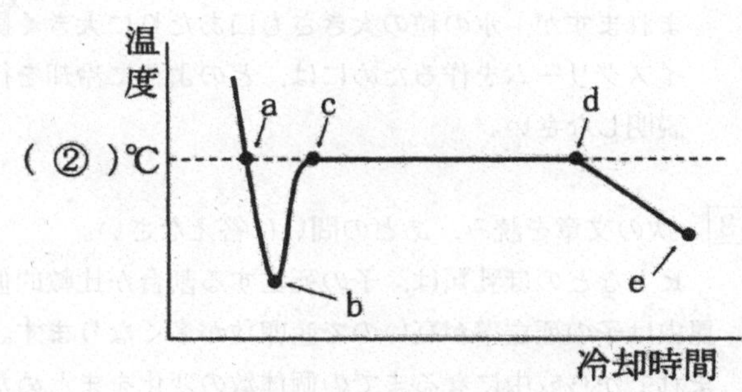

一方，水を冷却(れいきゃく)していくと（　②　）℃で氷になります。この時も温度は変化しません。しかし，実際に水を冷却していくと，グラフのように温度が変化していき，（　②　）℃以下でも液体のままでいることがあります。この状態を過冷却(かれいきゃく)といい，この状態の時に，ちりを加えたり，衝撃(しょうげき)を与(あた)えたりすると一気に状態変化が始まります。これは，加えたちりや衝撃によって生じたあわが結晶(けっしょう)の中心（核(かく)）となったからです。液体が固体に変化するには核が必要です。たとえば，ミョウバンの

結晶は，核となる小さな粒（種結晶）を用いてつくります。しかし，核が多すぎても小さな結晶が増えてしまうだけなので，(B)大きな結晶を作りたい場合は種結晶を１つだけ用います。

問１　水において，固体，液体，気体を，１cm³あたりの重さが大きい順に左から並べなさい。

問２　（①），（②）に当てはまる数字を答えなさい。

問３　下線部(A)の変化を次のア～エから１つ選び，記号で答えなさい。

ア．沸騰　　イ．蒸発　　ウ．結露　　エ．昇華

問４　次の変化の中で，状態変化ではないものをア～オから２つ選び，記号で答えなさい。

ア．ドライアイスを放置すると，ドライアイスのすがたが見えなくなった。

イ．砂糖を加熱すると，黒いかたまりになった。

ウ．鉄を湿った空気中に放置すると，赤っぽくなった。

エ．スケートぐつで氷の上にのると，刃の所に液体が生じた。

オ．みそ汁を冷却して真空にすると，みそ汁のフリーズドライができた。

問５　前のページのグラフにおいて，液体と固体が混ざって存在している区間を，次のア～エからすべて選び，記号で答えなさい。

ア．a～b　　イ．b～c　　ウ．c～d　　エ．d～e

問６　下線部(B)について，大きなミョウバンの結晶を作る時に注意するべき点として誤っているものを，次のア～オから２つ選び，記号で答えなさい。

ア．できるだけ形のゴツゴツしたものを，ミョウバンの種結晶として選ぶ。

イ．ミョウバンの飽和水溶液は，種結晶を入れる前にろ過をする。

ウ．ミョウバンの水溶液と種結晶の入ったビーカーに薬包紙などでふたをする。

エ．ミョウバンの水溶液と種結晶の入ったビーカーを，お湯の入った発泡ポリスチレンの箱に入れてゆっくりと冷ます。

オ．ミョウバンの水溶液と種結晶の入ったビーカーに定期的な振動を与える。

問７　アイスクリームのなめらかな口あたりは空気や乳脂肪，氷の粒が均一に分散しているから生まれますが，氷の粒の大きさも口あたりに大きく影響を与えています。なめらかな口あたりのアイスクリームを作るためには，どのように冷却を行うのがよいですか。氷の粒の大きさにふれて説明しなさい。

３　次の文章を読み，あとの問いに答えなさい。

ヒトなどのほ乳類は，子の死亡する割合が比較的低いので，出産数が少なくなります。しかし，昆虫は子の死亡率が高いので産卵数が多くなります。表１（次のページ）は，ある昆虫において，生まれてから成虫になるまでの個体数の変化をまとめたものです。齢は幼虫の発育段階を表します。卵からふ化した直後の幼虫は１齢で，（　①　）をするごとに齢が１つ増えます。たとえば１齢の幼虫が（　①　）をしたものは２齢となります。この昆虫では６齢の後はさなぎになります。一般に昆虫では齢が大きいほど体が大きくなります。

最初の時点では8000個の卵が生存していましたが，死亡により減少していき，成虫にまでなったのは560個体でした。生存率は，その段階に達した個体数を，卵の数で割ったものを示します。たとえば，４齢幼虫の段階については，8000個のうち，４齢幼虫になったのは2200個体なので，生存率は 2200÷8000＝0.275 になります。死亡数は，それぞれの段階で死亡した個体の数です。死亡率

は，死亡数をその段階に達した個体の数で割ったものです。たとえば，さなぎになった800個体のうち，240個体は成虫にならずに死亡し，560個体は成虫になったので，死亡率は240÷800＝0.300となります。なお，この昆虫は１年に１世代を繰り返します。つまり成虫は交尾・産卵のあと死亡して冬を越せず，冬を越すのは産まれた卵のみで，翌年の世代（次の世代）は，産まれた卵のみから始まります。

表１

	生存数	生存率	死亡数	死亡率
卵	8000	—	2400	0.300
１齢幼虫	5600	0.700	2000	0.357
２齢幼虫	3600	0.450	（Ｘ）	0.222
３齢幼虫	2800	（Ｙ）	600	0.214
４齢幼虫	2200	0.275	200	0.091
５齢幼虫	2000	0.250	480	0.240
６齢幼虫	（Ｚ）	0.190	720	0.474
さなぎ	800	0.100	240	0.300
成虫	560	0.070	—	—

問１　昆虫で共通する特ちょうとして正しくないものを次のア～エから２つ選び，記号で答えなさい。

ア．成虫のからだは，頭部・胸部・腹部の３つに分かれている。

イ．成虫の頭部には，１対の大きな複眼と１対の小さな単眼がある。

ウ．成虫の頭部には，１対のしょっ角がある。

エ．成虫の胸部には，２枚のはねがある。

問２　昆虫ではないものを次のア～オからすべて選び，記号で答えなさい。

ア．ダンゴムシ

イ．カマキリ

ウ．チョウ

エ．クモ

オ．ゴキブリ

問３　文章中の（①）に入る語句を答えなさい。

問４　表１の（Ｘ），（Ｙ），（Ｚ）にあてはまる数値を答えなさい。割り切れない際は，小数第四位を四捨五入して，小数第三位まで答えなさい。

問５　表１において，成虫まで生存した個体から4200個の卵が産まれました。成虫となったメス１個体が産んだ卵の平均数を答えなさい。小数になる際は，小数第一位を四捨五入して，整数で答えなさい。なお，メスとオスは同じ割合で存在するとします。

問６　各発育段階での生存率および成虫となったメス１個体あたりの産卵数が各世代，表１や問５のものと変わらないとすると，世代の経過とともに，個体数はどのように変化していきますか。もっとも適切なものを次のページの図のア～カから１つ選び，記号で答えなさい。

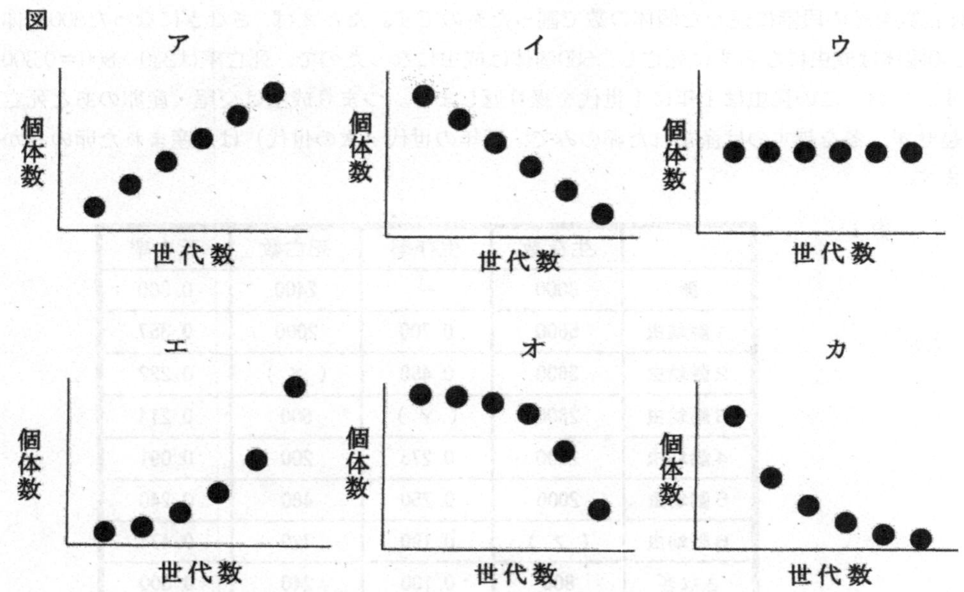

問７　各発育段階での生存率は各世代で前のページの表１と同じであり，世代の経過と個体数の関係が問６の図のウのようになるとします。そのときのメス１個体あたりの産卵数を答えなさい。小数になる際は，小数第一位を四捨五入して，整数で答えなさい。

4　宇宙探査について，次の文章を読み，以下の問いに答えなさい。

（図１～図３は次のページにあります。）

はやぶさ２（図１）が岩石試料（以下サンプルと表記します）を採取した小惑星（しょうわくせい）リュウグウ（図２）は，1999年５月に発見された小惑星です。図３のようにリュウグウは地球と火星の軌道（きどう）にまたがるように，円がわずかにつぶれた軌道を描（えが）いて太陽の周りを回っています。リュウグウは他の小惑星に比べて黒っぽく，炭素を多く含（ふく）んでいると考えられています。

はやぶさ初号機の時には，いくつものトラブルを乗り越（こ）えて小惑星イトカワからサンプルを地球に持ち帰りました。今回は，初号機の時より難しいミッションでしたが，多くのサンプルを得ることができました。2020年12月６日にサンプルの入ったカプセルを地球に戻（もど）し，現在，はやぶさ２は次のミッションのため飛行を続けています。

問１　リュウグウが，はやぶさ２の目標の天体として選ばれた理由はどのように考えられますか。次のア～エから１つ選び，記号で答えなさい。

ア．黒く太陽の熱を吸収しやすいため，とけた状態にある天体だと考えたから。

イ．太陽系の起源や生命のもととなる物質の解明につながると考えたから。

ウ．炭素が豊富に含まれているため，その資源を利用しようと考えたから。

エ．将来の人類の移住先として候補になると考えたから。

問２　あとの⑴～⑷の文章の下線部が正しい場合には○を書きなさい。誤っている場合には下線部を正しく直しなさい。

⑴　はやぶさ２は，<u>アメリカ</u>が打ち上げた小惑星探査機です。

⑵　地球以外で人類が最初に降り立った天体は<u>火星</u>です。

⑶　リュウグウは地球に比べてとても重力が大きいので，はやぶさ２がリュウグウの表面に長くとどまることは困難です。

⑷　アポロ11号が月のサンプルを持ち帰ってきたのは50年以上前のことです。

問３　はやぶさ２は，リュウグウまでの飛行時間や燃料を節約するために，打ち上げから１年後に地球のすぐ近くを飛行し，地球の引力を使って飛行コースを曲げスピードをアップしました。このことを何と言いますか。次のア～エから１つ選び，記号で答えなさい。

ア．サンプルリターン　　イ．ターゲットマーカー

ウ．タッチダウン　　エ．スイングバイ

問４　はやぶさ２は地球に向けて常に位置情報を送り続けています。リュウグウのサンプル採取ミッションは，地球から２億3000万㎞も離れていたときに行われました。はやぶさ２に，リュウグウへの降下指令を出してから，その指令通りに降下していることが地球で確認できるまでには，何分かかりますか。答えは，小数第一位を四捨五入して，整数で答えなさい。ただし，はやぶさ２との交信は，光の速さ（毎秒30万㎞）で伝わるものとします。

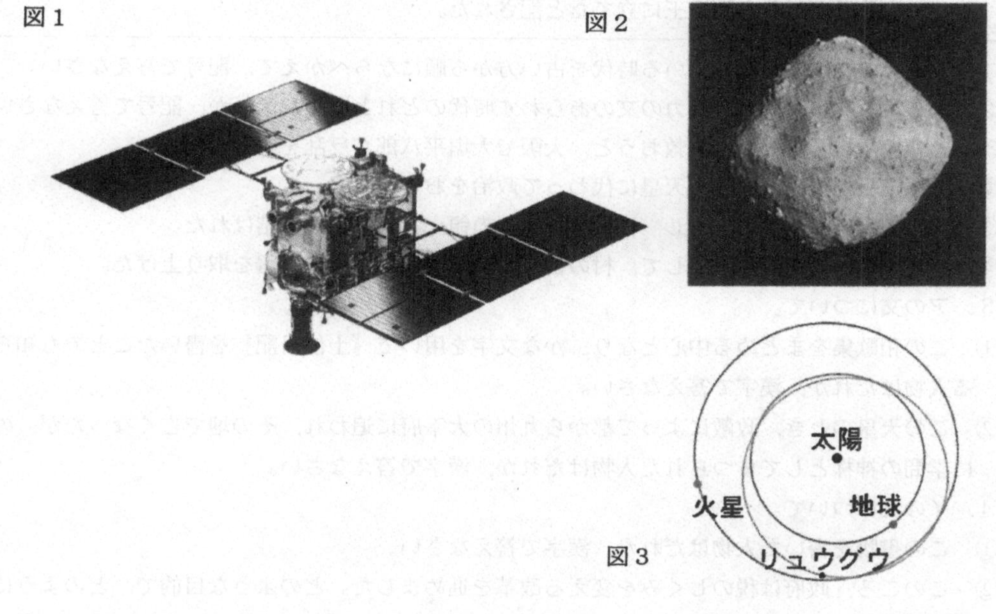

図１

図２

図３

(C)JAXA

【社　会】（30分）　<満点：60点>

【１】 次の**ア**～**カ**の文を読み，問いに答えなさい。

ア．天皇の命令で，『古今和歌集』が編さんされた。

イ．人間は生まれながらに平等であることや，学問をすることで身を立てることを説いた『学問のすゝめ』が出版された。

ウ．オランダの医学書がほん訳され，『解体新書』と名付けられて出版された。

エ．イタリア人宣教師とともに，４人の少年使節がローマ教皇のもとに派遣された。帰国後，彼らが持ち帰った活版印刷機で，キリスト教の本や辞書が出版された。

オ．『あたらしい憲法のはなし』が，学校の教科書として使われた。

カ．中国の歴史書の「魏志倭人伝」に，倭では男の王が治めていたが，争いが続いたので，相談して卑弥呼という女性を王に立てたと記された。

問１．**ア**～**カ**の文があらわしている時代を古い方から順にならべかえて，記号で答えなさい。

問２．次の①～④の文は，**ア**～**カ**の文のあらわす時代のどれと関係が深いか，記号で答えなさい。

① ききんで苦しむ人びとを救おうと，大阪で大塩平八郎が反乱を起こした。

② 藤原道長が摂政となり，天皇に代わって政治をおこなった。

③ 千島列島を日本の領土とし，樺太をロシアの領土とする条約が結ばれた。

④ 豊臣秀吉が刀狩り令を出して，村の百姓から刀や鉄砲などの武器を取り上げた。

問３．**ア**の文について。

① この和歌集をまとめる中心となり，かな文字を用いて『土佐日記』を書いたことでも知られる人物はだれか，漢字で答えなさい。

② この天皇のとき，政敵によって都から九州の大宰府に追われ，その地で亡くなったが，のちに学問の神様としてまつられた人物はだれか，漢字で答えなさい。

問４．**イ**の文について。

① この書物を書いた人物はだれか，漢字で答えなさい。

② このころ，政府は税のしくみを変える改革を進めました。どのような目的で，どのように変えたのか，説明しなさい。

問５．**ウ**の文について。杉田玄白とともに，ほん訳の中心的役割をはたした中津藩の医者はだれか，漢字で答えなさい。

問６．**エ**の文について。鹿児島にやってきて，はじめてキリスト教を日本に伝えたスペイン人の宣教師はだれか，答えなさい。

問７．**オ**の文について。この時代のできごとについて述べたものを，次の中から一つ選び，記号で答えなさい。

あ．米騒動が全国に広がり，政府はさわぎをしずめるために軍隊まで出動させた。

い．地主の土地を買い上げて小作農に安く売る農地改革が行われた。

う．ノルマントン号事件をきっかけに，不平等条約改正の声が高まった。

え．全国の産物が集まり取り引きされる大阪は，「天下の台所」と呼ばれて栄えた。

問８．**カ**の文について。卑弥呼は当時中国にあった有力国の魏に使いを送っていますが，その目的について説明しなさい。

【２】 次の文章を読み，下の問いに答えなさい。

日本の都道府県の中には，各都道府県の象徴（しょうちょう）として「都道府県の木」や「都道府県の鳥」，「都道府県の花」などを定めているところが数多くあります。これらの木や鳥，花には地域を代表する，住民になじみ深いものが選ばれることが一般的（いっぱんてき）です。青森県の花である［１］の花や，愛媛県の花である［２］の花はその好例です。

また，東京都では，［３］が都の木，(1)<u>ユリカモメ</u>が都の鳥，(2)<u>ソメイヨシノ</u>が都の花にそれぞれ指定されています。［３］の木は街路樹として全国各地に植えられていることもあり，大阪府の木にも選ばれています。

木や鳥，花だけでなく，「県の魚」が定められている県も一部存在します。「県の魚」には，［★］県の越前（えちぜん）ガニや広島県の［４］のように，その県での漁獲量（ぎょかくりょう）が多いものや郷土料理に使用されているものなど，住民に身近な魚介類（ぎょかいるい）が指定されています。

一方，都道府県の象徴となっているものは動植物だけではありません。住民の郷土愛を高め，地域の発展を願うものとして「都道府県の歌」も制作されており，中でも，(3)<u>長野県の歌である</u>(4)<u>『信濃（しなの）の国』</u>は，県民に広く定着しています。

問１．文章中の［１］～［４］にあてはまる言葉として最もふさわしいものを，次の**あ**～**く**からそれぞれ選び，記号で答えなさい。

あ．イチョウ　**い**．ウメ　**う**．ケヤキ　**え**．ミカン

お．リンゴ　**か**．カキ　**き**．タイ　**く**．ブリ

問２．文章中の［★］にあてはまる県名を答えなさい。

問３．次の**表１**は，六つの道・県が指定している「都道府県の木」，「都道府県の鳥」，「都道府県の花」を示したものです。**あ**～**か**は，沖縄県，香川県，富山県，新潟県，北海道，山形県のいずれかです。香川県，新潟県，山形県を示すものをそれぞれ選び，記号で答えなさい。

表１

	都道府県の木	都道府県の鳥	都道府県の花
あ	エゾマツ	タンチョウ	ハマナス
い	オリーブ	ホトトギス	オリーブ
う	サクランボ	オシドリ	ベニバナ
え	タテヤマスギ	ライチョウ	チューリップ
お	ユキツバキ	トキ	チューリップ
か	リュウキュウマツ	ノグチゲラ	デイゴ

問４．次のページの**表２**は，**表１**と同じ六つの道・県の面積，人口，道・県庁所在地である市の人口（いずれも2020年），農業就業人口（2015年），製造品出荷額等（2017年）を示したものです。**表１**の**あ**，**お**，**か**の道・県を示すものを，**表２**の**A**～**F**からそれぞれ選び，記号で答えなさい。

表２

	面積 (㎢)	道・県の 人口 (万人)	道・県庁所在地 である市の人口 (万人)	農業 就業人口 (千人)	製造品 出荷額等 (十億円)
A	2,281	146	32	20	480
B	1,877	97	42	30	2,576
C	4,248	104	41	21	3,864
D	12,584	222	78	79	4,866
E	83,424	523	194	97	6,131
F	9,323	107	24	54	2,899

（『データブック オブ・ザ・ワールド』より作成）

問５．下線部(1)について。ユリカモメは，日本の主要な貿易港である東京港の一帯を走る鉄道路線の愛称（あいしょう）にもなっています。次の**表３**は，東京港，名古屋港，横浜港における輸出額，輸入額，主要な輸出品目・輸入品目の上位三つ（いずれも2019年）を示したものです。**表３**のア～ウにあてはまる港名の組み合わせとして最もふさわしいものを次のあ～えから一つ選び，記号で答えなさい。

表３

	輸出額 (億円)	輸入額 (億円)	主要な輸出品目	主要な輸入品目
ア	123,068	50,849	自動車 自動車部品 内燃機関	液化ガス 石油 衣類
イ	69,461	48,920	自動車 自動車部品 内燃機関	石油 液化ガス アルミニウム
ウ	58,237	114,913	半導体製造装置 自動車部品 コンピュータ部品	衣類 コンピュータ 肉類

（『データブック オブ・ザ・ワールド』より作成）

あ．アー横浜港　　イー東京港　　ウー名古屋港
い．アー横浜港　　イー名古屋港　　ウー東京港
う．アー名古屋港　　イー横浜港　　ウー東京港
え．アー名古屋港　　イー東京港　　ウー横浜港

問６．下線部(2)について。ソメイヨシノは全国各地でみられます。**図１**（次のページ）のア～ウは，桜の名所として有名な城や城跡（しろあと）を示したものです。ア～ウに最もふさわしいものを，次のあ～おからそれぞれ選び，記号で答えなさい。

あ．上田城
い．高知城
う．五稜郭（ごりょうかく）
え．弘前城
お．若松城

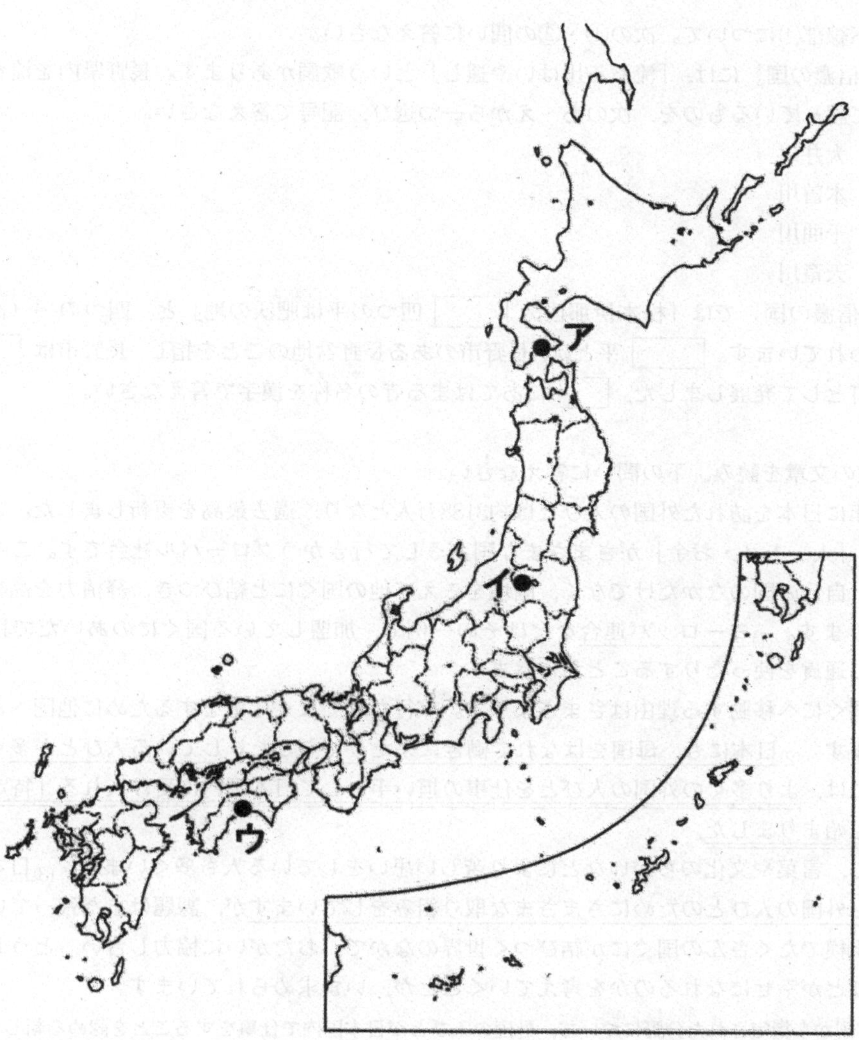

ア

イ

ウ

図１

問７．下線部⑶について。右の図２は，長野県での生産量が全国第一位のある農産物の都道府県別生産割合を示したものです（2018年）。この農産物は何か，次のあ～えから一つ選び，記号で答えなさい。

あ．きゅうり　　い．トマト

う．ぶどう　　え．レタス

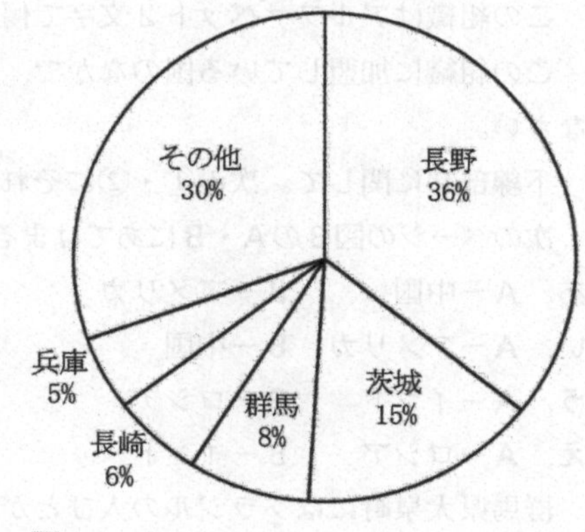

図２

（『データブック オブ・ザ・ワールド』より作成）

問８．下線部(4)について。次の①・②の問いに答えなさい。

① 『信濃の国』には，「流るる川はいや遠し」という歌詞があります。長野県内を流れる河川として誤っているものを，次の**あ**～**え**から一つ選び，記号で答えなさい。

あ．大井川

い．木曽川

う．千曲川

え．天竜川

② 『信濃の国』では「松本伊那佐久 ［　　］ 四つの平は肥沃(ひよく)の地」と，四つの平（盆地(ぼんち)）がうたわれています。［　　］ 平とは，長野市のある長野盆地のことを指し，長野市は ［　　］ の門前町として発展しました。［　　］ にあてはまる寺の名称(めいしょう)を漢字で答えなさい。

【３】 次の文章を読み，下の問いに答えなさい。

2019年に日本を訪れた外国の人びとは約3188万人となり，過去最高を更新(こうしん)しました。こんにちの世界は，「人・モノ・お金」がさまざまな国どうしで行きかうグローバル社会です。このような時代では，自分の国のなかだけでなく，国境をこえて他の国ぐにと結びつき，経済力を高めていく地域もあります。(1)ヨーロッパ連合などはその一例で，加盟している国ぐにのあいだで移動をしたり，同じ通貨を使ったりすることができます。

他の国ぐにへ移動する理由はさまざまです。旅行だけでなく仕事をするために他国へと渡(わた)る人びともいます。(2)日本にも，母国をはなれて働きに来たりくらしたりしている人びとが多くいます。2019年には，より多くの外国の人びとを仕事の担い手として日本国内に受け入れる「特定技能」※１の制度も始まりました。

しかし，言葉や文化のちがいなどにより苦しい思いをしている人も多くいます。(3)日本の政府や自治体も外国の人びとのためにさまざまな取り組みをしていますが，課題はまだ残っています。

地球規模でたくさんの国ぐにが結びつく世界のなかで，おたがいに協力し合い，どうしたらすべての人びとが幸せになれるのかを考えていくことが，いま求められています。

※１　国から指定された分野について，外国の人びとが日本国内で仕事をすることを認める新しい制度。

問１．下線部(1)について。

① この組織はアルファベット２文字で何といわれていますか。大文字で答えなさい。

② この組織に加盟している国のなかで，国連分担金の負担割合が最も大きいのはどこか，答えなさい。

問２．下線部(2)に関して。次の①・②にそれぞれ答えなさい。

① 次のページの図３の**Ａ**・**Ｂ**にあてはまる国の組み合わせとして正しいものを記号で選びなさい。

あ．Ａ－中国　　　Ｂ－アメリカ

い．Ａ－アメリカ　Ｂ－中国

う．Ａ－インド　　Ｂ－ロシア

え．Ａ－ロシア　　Ｂ－インド

② 群馬県大泉町にはブラジルの人びとが多く住んでいます。そのため大泉町では，ブラジルで話されている言語で書かれたお店の看板などが目立ちます。ブラジルで話されている主な言語は何ですか，答えなさい。

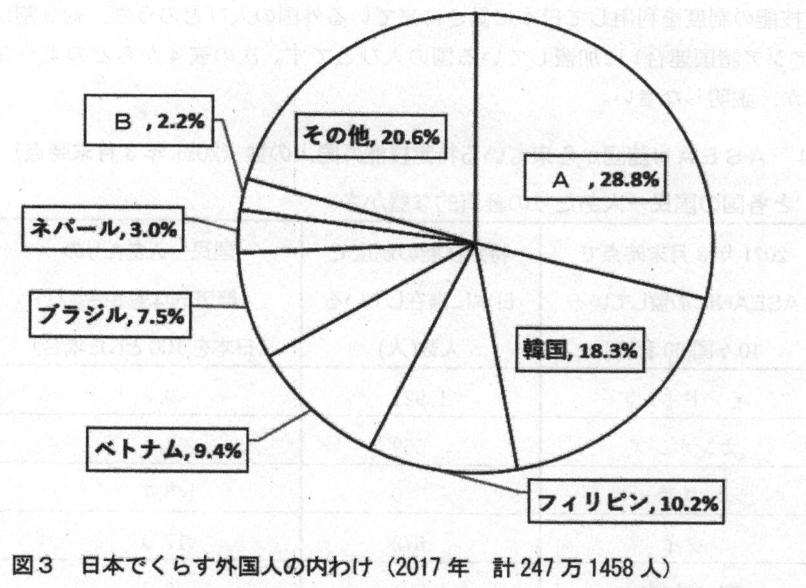

図３　日本でくらす外国人の内わけ（2017 年　計 247 万 1458 人）

（法務省資料より作成）

問３．下線部⑶に関して。次のア～ウの文が正しければ○を，正しくなければ×を，それぞれ記しなさい。

ア．外国人が日本国内に住んで働くためには，厚生労働省の発行するビザが必要である。

イ．公共の場で，国籍（こくせき）などを理由に特定の人や集団に対して差別的な発言をするヘイトスピーチを禁じている自治体がある。

ウ．日本国民ではない外国人が，日本の国の選挙で投票をしたり，日本の議員などに立候補したりする権利は認められていない。

問４．二重下線部について。

①　特定技能の制度が始まった背景について，次の図４からどのようなことがわかりますか，説明しなさい。

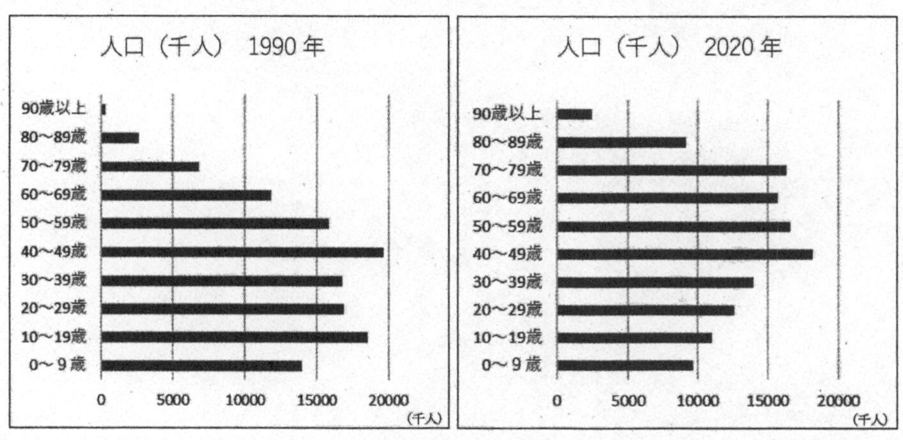

図４　日本の年れい階級別人口（10歳（さい）ごと　男女計　いずれも 10 月１日時点）

（『日本国勢図会』より作成）

② 特定技能の制度を利用して日本に働きに来ている外国の人びとのうち，約９割はＡＳＥＡＮ（東南アジア諸国連合）に加盟している国の人びとです。次の**表４**からどのようなことがわかりますか，説明しなさい。

表４ ＡＳＥＡＮ諸国から来ている特定技能外国人の数（2021 年３月末時点）と各国の国民一人あたりの経済的な豊かさ

2021 年 3 月末時点で ASEANに加盟している 10ヶ国(50 音順)	特定技能の制度で日本に滞在（たいざい）している人数(人)	国民一人あたりの経済的な豊かさ※2（日本を 100 とした場合）
インドネシア	1,921	9.8
カンボジア	569	4.1
シンガポール	0	146.7
タイ	572	17.9
フィリピン	1,731	8.3
ブルネイ	0	65.0
ベトナム	14,147	8.7
マレーシア	8	25.6
ミャンマー	959	3.8
ラオス	34	6.5

※2 2020 年の名目国内総生産額より算出（米ﾄﾞﾙ換算（かんさん） ｲﾝﾄﾞﾈｼｱ・ﾌｨﾘﾋﾟﾝ以外は推定値）

（出入国在留管理庁公表資料・国際通貨基金公表資料より算出・作成）

問七　――線部⑤について。どのような「時代」のことを言っているのだろうか。次の中で最もふさわしいものを選び、記号で答えなさい。

ア　荒れ狂う自然の強さが世界中をおおい、石を積む気力もなくなってしまった時代。

イ　地道な作業をいやがる人が増えて、もっと単純で手軽なメッセージを考える時代。

ウ　武庫川の大水なども人間の力によって克服され、人の営みに余裕が生まれた時代。

エ　『生』の字を気にかけるような、人々の意志に共感する心が失われてしまう時代。

問八　本文の【B】を補うために、メッセージの内容を考え、『生』の字を用いて一〇字以内で答えなさい。

問九　〰〰線部について。「『生』にこめられた意味」を、筆者はどのように受けとめたのだろうか。君自身の言葉も交えながら、くわしく説明しなさい。

いつか流失の後、⑤『生』の字が長く現れなくなる時代もやってくるかもしれない。しかし、それでも——百年経っても、二百年経っても、人の営みのある限り。

大きな災害の後には、あの中州にひっそりと『生』が再生して、【　B　】とメッセージを送っている。そんな宝塚であってくれたらと思う。

（有川ひろ『倒れるときは前のめり　ふたたび』による。）

※注　宝塚……兵庫県南東部に位置する市。中央部を武庫川が流れている。

『阪急電車』……本文の筆者が書いた小説で、宝塚から西宮までを舞台にしている。映画化もされた。

口コミ……評判などが口伝えに広められること。

阪神・淡路大震災……一九九五年一月一七日に発生し、近畿地方の広域が大きな被害を受けた。

モニュメント……記念碑。記念物。

東日本大震災……二〇一一年三月一一日に発生した東北地方太平洋沖地震による被害。津波の襲来と原子力発電所事故をともない、大きな衝撃を世界中の人々に与えた。

諦観……執着する心を捨てて、悟りの境地で物事を見ること。

問一　＝線部a～dのカタカナを漢字に直して書きなさい。

問二　——線部①について。この「ミステリー（謎・不思議）」が「上質」だと言うのは、特にどういう点についてだろうか。次の中で最もふさわしいものを選び、記号で答えなさい。

ア　突然に普通の人々の生活の中に出現して、気になってしかたのない存在になった点。

イ　見た人に様々な想像をさせた上で、後になって、そうだったのかと深く感心させた点。

ウ　土地の人が苦しんだ震災に関係があるとは思われず、人々の予想を大きくはずさせた点。

エ　いろいろな読み方が可能な文字を使っているので、自由に幅広く想像することができた点。

問三　——線部②について。「第一作」という表現が使われている点から、どのようなことが読みとれるだろうか。同じ段落の言葉を用いながら、わかりやすく説明しなさい。

問四　本文の【A】を補うのに最もふさわしい語を次の中から選び、記号で答えなさい。

ア　しょんぼり　イ　こそこそ　ウ　しぶしぶ　エ　すんなり

問五　——線部③について。この表現は、どのようなことを示しているのだろうか。次の中で最もふさわしいものを選び、記号で答えなさい。

ア　「大野さん」も同じ意見であることがわかって、自分の直感が正しかったことを示している。

イ　自分はいつでも鋭く正確な直感によって判断している人間であることを、強調して示している。

ウ　その後に、自分の判断が決してまちがいではなかったと思う理由を意識できたことを示している。

エ　直感だけでは説得力が乏しいので、そう判断した理由をどうにかして考えついたことを示している。

問六　——線部④について。「腑に落ちる」の意味を一〇字以上一五字以内で答えなさい。

二　次の文章を読んで、後の問に答えなさい。（※印の語には、注があります。）

※宝塚で好きな光景は様々あるが、特にこれと取り上げたいのは※『阪急電車』でも書いた武庫川中州に石で積まれた『生』の字だ。

宝塚ａザイジュウの芸術家、大野良平さんのアート作品だが、初めてこれがｂタンジョウしたときのことが忘れられない。私が知ったのは夫の仕入れてきた※口コミだった。

「宝塚南口と宝塚の間、武庫川を渡る阪急電車から見下ろせる中州に、石で『生』の字が積まれている」

当時は誰が作ったのかも、「せい」と読むのか「なま」と読むのかさえも謎だった。やがて、新聞などに取り上げられて、それが※阪神・淡路大震災の鎮魂と再生を祈念して制作された作品だったと分かった。しかし、それが判明するまでの間、中州の『生』は宝塚の日常の中にふと現れた①上質なミステリーだった。市民は「一体あれは何だろう？」と想像を楽しみ、明かされた謎に感じ入った。

『阪急電車』の映画化もきっかけの一つとなり、『生』の字は全国的にも有名になった。しかし、だからといって『生』の字は何も変わらなかった。石を積んでいるだけなので、大水が出たら崩れたり流されたり、そんな素朴で自然な風景のままだった。唯一変わったのは、字の「再生」のときにボランティアが多く集まるようになって、大野さんが一人で積んでいた②第一作より力強く太い字になったことだ。

一度、宝塚市から問い合わせがあった。せっかく映画などでも有名になったので、コンクリートで固めてｃカンコウの※モニュメントとして残すのはどうかと思うが、先生のご意見は？　というものだった。

私はこういうときは直感で断を下すが、「それはだめでしょう」と答えた。「大野さんの作品ですから最終的な判断は大野さんが下すものですが、あれは自然の中に溶け込んでいる佇まいにこそ価値があるものだと思います。コンクリなんか野暮でしょう」

大野さんもやはりＯＫは出さなかったらしい。そこで【　Ａ　】引き下がった宝塚市の判断も非常にわきまえたもので、見事だったと思う。

③このときの私の判断は直感でしかなかった。

しかし、※東日本大震災の後、たまたま流失していた『生』は「再生」された。そのとき、『生』にこめられた意味がずしんと④腑に落ちた。

自然の膨大なエネルギーが人の営みを叩きのめすことは数多い。人の積んだ『生』の字が大水で何度も流失してきたように。しかし、人の意志がある限り、『生』は何度でも再生する。人の営みは何度でも再生する。

それを石で字を積むという非常にシンプルな方法で象徴した『生』は、東日本大震災に対して骨太極まりない応援のメッセージであった。

誰に強いられるでもなく、押しつけられるでもなく、こつこつ石を積む。やがて『生』が現れる。いつか流される。やがてまたこつこつ。その地道なｄカテイのすべてが、「生きていく」ことの象徴だ。人間は自然に太刀打ちできないという謙虚な※諦観と、それでも自然の荒れ狂った後に営みを再生するのだという静かな不屈までも含めて。

今では武庫川に大水が出るたびに、中州の『生』を気にかけることが何気ない日常になっている。宝塚に住まう多くの人がそうだろう。ああ、無事だった。少し崩れた。ああ、流れた。

問四　――線部③「私は思わず泣いてしまった」とあるが、これはなぜか。次の中で最もふさわしいものを選び、記号で答えなさい。
ア　少しはクラスになじんだものの、最後まで十分には溶け込みきれなかったのが悔しかったから。
イ　自分の思ったことを発言や行動にうつせるようになれないままで転校するのが悔しかったから。
ウ　せっかく学校祭をきっかけに仲良くなれたクラスメイトたちと別れてしまうのが悔しかったから。
エ　転校することを自分から言い出す勇気がなく、先生から伝わることになったのが悔しかったから。

問五　――線部④について。両親の「私」と兄への気遣いがあったとすると、その背景にはどのような思いがあったと考えられるか。次の中で最もふさわしいものを選び、記号で答えなさい。
ア　子どもたちに悪い仲間とは付き合ってほしくないという思い。
イ　学校で友人を作ることはあまり期待できないだろうという思い。
ウ　人見知りのはげしい子どもたちに配慮（はいりょ）しないといけないという思い。
エ　親の仕事の都合で何度も転校することになって申し訳ないという思い。

問六　――線部⑤「迎合」のここでの意味の説明として次の中で最もふさわしいものを選び、記号で答えなさい。
ア　周囲の状況（じょうきょう）の変化を深く理解して、うまく適応すること。
イ　自分のそれまでの誤りを認め、正しいほうに改めること。
ウ　他の人の良い部分を、自分の中に積極的に取り入れること。
エ　自分の考えや行動を、相手や世の中に合わせて変えること。

問七　――線部⑥について。「私」が中国の学校で「自分を出せないまま終わって」しまったことを具体的に示すひとつづきの二文を本文中から探し、その最初の五字を答えなさい。

問八　――線部⑦について。母が「それ以上のことは言わなかった」のはなぜか。次の中で最もふさわしいものを選び、記号で答えなさい。
ア　「私」の本来の素質が十分に発揮（はっき）された絵ではないと思ったから。
イ　母は宇宙人の絵よりも「うさちゃん」の絵のほうが好きだったから。
ウ　「私」が本当に描きたいものを描いている絵だとは思えなかったから。
エ　あまり褒めすぎると「私」が現在の実力に満足してしまうと考えたから。

問九　【Ⅱ】を補うのに最もふさわしいことばを次の中から選び、記号で答えなさい。
ア　すたすたと　　イ　とぼとぼと
ウ　むかむかと　　エ　ゆうゆうと

問十　――線部⑧について。もし宇宙人の絵を母に褒めちぎられていたら「私」はどうなっていたと考えられるか。わかりやすく説明しなさい。

問十一　――線部⑨について。ここでの「我に返る」とは、筆者にとって具体的にどのようなことをさしているのか。わかりやすく説明しなさい。

問十二　＝＝線部ａ・ｂのカタカナを漢字に直して書きなさい。

それから私は学校生活でもなんでも、もっと自分らしくいようとあためて思った。お腹が空いていたら、真っ先に手をあげて給食のおかわり戦争にも参加した（結果、すごく太った）。めんどくさかったから、風呂に入らなかった（それは毎日母に怒られていた。それは「らしさ」じゃなくて「怠惰（たいだ）」だと）。

そこから急激に毎日が楽しくなったし、本当に気の合う親友ができたりもした。⑧あの時母が私の描いた宇宙人の絵を、賞をとったからという理由で褒めちぎっていたら、きっとそうはいかなかったと思う。

さて、なぜこんな話をしたかと言うと、私は今、曲作りに完全に※煮詰まっているのである。もう長いこと、頭にドーンと石が乗っかっている。これまでにはなかった、重く、大きい石だ。

どんな歌詞を書いても、どこかを切り取られて本来とは違う解釈をされるんじゃないか、ということばかり考えてしまう。無数の槍（やり）から自分を守るために頭に乗せた石のせいで、自分がどんどん押し潰（つぶ）されて行く。腕を伸ばして深呼吸することも、空を見上げることも、忘れてしまいそうになる。

そんな時にはいつも、この小学校時代の転校のことを思い出す。⑨そしてその度に、我に返るのだ。

新しい作品を出したり新しい仕事に挑戦したりすると、何らかの新しい評価が下される。嬉しくなることもあれば、悲しくなることだってある。

でもそれは、たまたま誰かにその時馴染まなかっただけの話かもしれない。時間をかけてでも、きちんと自分らしくいたら、いつかわかりあえるかもしれない。

手軽に愛されようとしたり、安心できる場所にあぐらをかいていては、いつまでたっても何も始まらない。失敗しながら、たくさんの仲間を作っていけばいいじゃないか。私は死ぬまで、転校生だ。

（関取花『どすこいな日々』による。）

※注　煮詰まる……ここでは、「行き詰まる」という意味。

問一　――線部①「その言葉が純粋に嬉しかった」とあるが、なぜ嬉しかったのか。次の中で最もふさわしいものを選び、記号で答えなさい。

ア　慣れない海外生活のなかで日本の文化を楽しめる貴重な機会になると思ったから。

イ　クラスの子に誘われたと言えば母に新しい浴衣を用意してもらえると思ったから。

ウ　学校祭できれいな浴衣を着ればクラスの人気者になることができると思ったから。

エ　転校生の自分のことをみんながクラスの一員としてみてくれていると思ったから。

問二　――線部②について。母がはじめに「無理よ」と言ったのは、時間がないこと、浴衣やその材料を手に入れるのが難しかったことなどが理由だと考えられるが、それでも母が「わかった、なんとかする」と言ったのはなぜか。説明しなさい。

問三　【Ⅰ】を補うのに最もふさわしいことばを次の中から選び、記号で答えなさい。

ア　嬉（うれ）しかった　イ　悔しかった

ウ　おもしろかった　エ　はずかしかった

るようになるくらいまで、この学校にいられなかったことが悔しかったのだ。

なんとなくみんなに混じって、昼休みには算数セットを使ったおままごとに参加したりもしていたが、たまにはドッジボールしようよと本当は言いたかった。いつか言えたらいいなと思ったまま、あと少しのところでその勇気を出せなかった。そんな自分のまま転校するというのが、悔しかった。

日本に帰国してから通うことになった小学校には、私がドイツに行く前、まだ赤ちゃんの頃によく一緒に遊んでいた子が通っていた。ちなみにその子には二つ上の兄がいて、私の兄と同級生だった。昔から家族ぐるみでずっと仲良くさせてもらっていたので、日本ではすぐに安心して新しい学校に通うことができた。④今考えると、両親は転校の多い私や兄を気遣って、その兄妹と同じ地域に住むことを選んでくれたのかもしれない。

転校してからすぐの図工の授業で、プレゼントというテーマで作品を作ることになった。

私は小さい頃からうさちゃんという名前のうさぎのぬいぐるみを持っていて、絵を描く時はいつもその絵ばかりを描いていた。その時もはじめは、よし、うさちゃんを主人公にした絵を描こう、と思っていたのだが、周りを見渡すとみんなは宇宙人の絵を描いていた。私のクラスでは、その時宇宙人の絵を描くのが流行っていたらしかった。

私はすぐに⑤迎合して、みんなと同じように宇宙人の絵を描いた。理由は簡単である。またいつ転校になるかわからない。それなら b イッコクも早く馴染みたい。ただそれだけだった。

中国の小学校から転校することになった時、⑥自分を出せないまま終わってあんなに後悔したのに、結局同じことを繰り返してしまったのである。

しばらくして、なぜかその絵が横浜市の小学校の図工展のようなものに入賞したと聞かされた。

私のそのあまり思い入れのない宇宙人の絵は、横浜市内のホールに展示されるとのことだったので、休日に家族で見に行くことになった。一応その絵の隣で慣れないピースをして写真を撮るだけ撮ったものの、それだけ済ますと、「はい、じゃあもう行くよ」と母はさっさとそのホールを出ようとした。

⑦母は「上手に描けてるね」とは言ってくれたが、それ以上のことは言わなかった。チラシの裏にマッキーでうさちゃんの絵を描いた時は、あんなに褒めてくれたのに。普通子供が何かで賞をとったら、親というのは「すごいわね、さすが私の子！」みたいな感じで喜ぶものじゃないのか？　そんなことを思いながら、私は【　Ⅱ　】母のうしろを歩いた。

すると母が突然振り返って、

「花ちゃん、どうして宇宙人の絵を描いたの？」

と聞いてきた。私はドキッとして正直に、

「みんなが描いていたから」

と答えた。すると母は、

「だよね。でもお母さんは、宇宙人の絵で賞をとる花ちゃんより、うさちゃんの絵をニコニコ楽しそうに描いている花ちゃんが好きだな」

と言った。なんだか少し、泣きそうになった。

【国語】（五〇分）〈満点：一〇〇点〉

一　次の文章は、シンガーソングライターの関取花さんが自身の幼少期について書いたものである。これを読んで、後の問に答えなさい。
（※印の語には、注があります。）

私は小学校時代を三つの学校で過ごした。

はじめに通ったのはドイツの小学校である。父の仕事の都合で2歳でドイツに引っ越し、日本人幼稚園のあと、日本人小学校に通った。私の住んでいた地域は日本人家族が多く、小学校では30人以上のクラスが各学年3クラスずつあった。ドイツ語の授業も週に一回程度で、ほとんど日本の小学校と変わりはなかったように思う。地域柄なのかのんびりした子が多く、平和な空気しか漂っていない学校だったので、本当に良い思い出しかない。

しかし、小学校2年生の途中でまた父親の転勤が決まった。そして次は中国の小学校へ転校することになった。

こちらも日本人小学校で、中国語の授業も週に一回程度、やはりのんびりした子が多かった気がする。みんな優しくしてくれて、間もなくあった学校祭でも、同じクラスの子たちと浴衣を着ていろいろ見て回った記憶がある。ここで忘れたくないのは、この浴衣はわざわざ母に作ってもらったということだ。

学校祭が目前に迫ったある日、クラスの子が、

「学校祭ではみんなで何かお揃いにしたいから、花ちゃんも浴衣着ようよ」

と誘ってくれた。しかし学校祭は2日後、今から買って準備するのは到底無理な話である。でも、どうしても浴衣が着たかった。①その言葉が純粋に嬉しかったし、何より新しい環境に早く馴染みたかったのだ。

私は母に駄々をこねた。②はじめこそ「無理よ」と言っていたけれど、母はしばらくすると、「わかった、なんとかする」と言ってくれた。それから母は寝る間も惜しんで、たまたま実家から持ってきていた大きめの布を使って、手作りの浴衣を作ってくれた。帯は同じマンションに住んでいる人から借りた気がする。

他の子はみんな、ピンクや水色などの鮮やかな色に、金魚や風鈴などが描かれた可愛い柄の浴衣を着ていたが、私は真っ白いガーゼのような生地に、小さな紅葉の柄があるだけだった。

それでも私はホッとした。これでみんなと一緒だ、そう思った。でも本当はそれ以上に、みんなと似ているようで少し違う、私だけの特別な浴衣というところがとても【　Ⅰ　】。

そうして探り探りようやくクラスにも溶け込めたかなと思った時に、また父の転勤が決まった。たった2ヶ月ほど中国に住んだだけで、次は日本に帰ることになったのだ。

転校するということはもちろん事前に両親から知らされていたが、教室で「関取さんが来週転校することになりました」と先生がクラスのみんなにaホウコクした時、③私は思わず泣いてしまった。人前で泣くなんて大嫌いだったので、先生や友達に「どうしたの？」と聞かれた時には、「転校するなんて聞いてなかった」と嘘をついた。みんなは「寂しいよね、悲しいよね」と言って慰めてくれたのだが、私はそれで泣いたわけではなかった。

もし浴衣がなかったとしても、私は私だと胸を張って学校祭を楽しめ

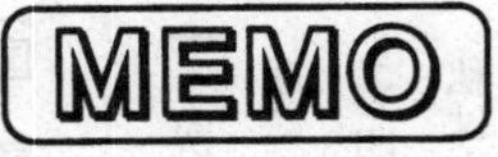

大切なことはメモしておこうネ！

2022年度

桐朋中学校入試問題（第２回）

【算　数】（50分）　＜満点：100点＞

1　次の計算をしなさい。

(1)　$1\frac{1}{8}+\frac{2}{3}-\frac{11}{12}$

(2)　$(2.4-1.2\times0.6)\div(1.85+0.95)$

(3)　$2.2\div\left(\frac{3}{14}\times10.5-1.4\div2\frac{1}{3}\right)$

2　次の問いに答えなさい。

(1)　オリンピックで，ある国が獲(かく)得した金メダルの個数は，銀メダルの個数の２倍より３個多く，銅メダルの個数は，銀メダルの個数の３倍よりも１個多いです。金，銀，銅のメダルの合計は46個です。金メダルは何個ですか。

(2)　大きい正方形と小さい正方形があります。大きい正方形の１辺の長さは小さい正方形の１辺の長さより13cm長く，大きい正方形の面積と小さい正方形の面積の差は325cm²です。大きい正方形の１辺の長さは何cmですか。

(3)　aとbはどちらも２けたの整数です。分数$\frac{b}{a}$はこれ以上約分できません。100からaを引いた数を分母，bを分子とする分数が$\frac{1}{7}$となるとき，分数$\frac{b}{a}$を求めなさい。

3　魚つりの大会で，ＡさんとＢさんはアジとイワシをつりました。アジを１匹(ぴき)つると３点，イワシを１匹つると１点の得点になります。ＡさんはＢさんより６匹多くつりましたが，16点少ない得点でした。

(1)　ＡさんとＢさんのどちらがアジを多くつりましたか。また，その差は何匹(ひき)ですか。

(2)　ＡさんとＢさんがつったイワシの合計は33匹でした。Ａさんがつったイワシは何匹ですか。

4　ある工場で，製品Ａと製品Ｂを作っています。ＡとＢを１個作るのにかかる時間と費用は下の表のようになっています。この工場で今週作ったＡとＢの個数の合計と，先週作ったＡとＢの個数の合計は同じでした。今週作ったＡの個数は先週より25％多かったので，ＡとＢを作るのにかかった時間は今週の方が先週より48分長くなりました。ＡとＢを作るのにかかった費用の合計は今週の方が先週より10％多くなりました。今週作ったＡは何個でしたか。また，今週ＡとＢを作るのにかかった費用の合計はいくらでしたか。答えだけでなく，途中の考え方を示す式や図などもかきなさい。

	時間	費用
A	5分	50円
B	3分	10円

5　＜図１＞のような直方体の形をした容器に水が入っています。この容器を水平な床の上に置きました。面EFGHを底面にすると，水面の高さは12cmです。この容器をどのようにかたむけても，中の水はこぼれません。

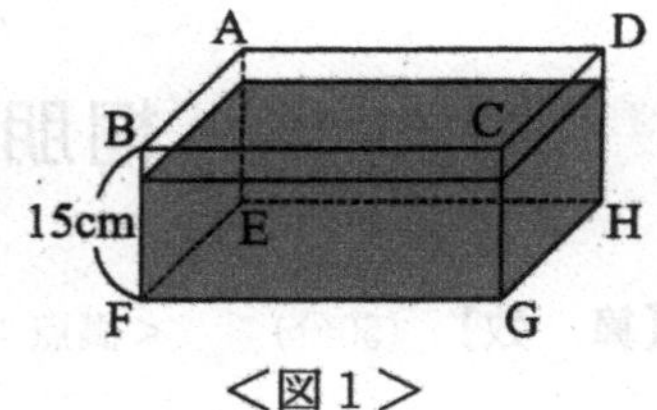

＜図１＞

⑴　面BFGCを底面にすると，水面の高さは16cmになりました。辺ABの長さは何cmですか。

⑵　面EFGHを底面にして，辺EFを床につけたまま容器をかたむけました。＜図２＞のように45°の角度までかたむけたところ，水面が辺GHに重なりました。辺BCの長さは何cmですか。

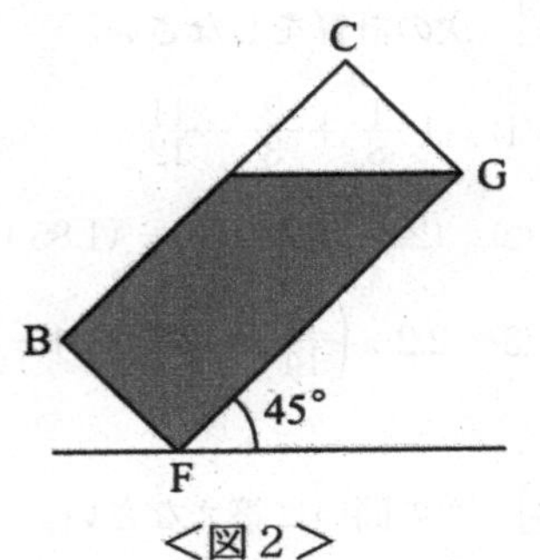

＜図２＞

6　P地とQ地を結ぶ道路㋐とQ地とR地を結ぶ２つの道路㋑，㋒があります。㋐の道のりと㋑の道のりは同じです。トラックと乗用車と自転車がP地を同時に出発し，R地へ向かいました。トラックは㋐と㋑を通り，乗用車と自転車は㋐と㋒を通ります。トラックがR地に着いたとき，乗用車は同時にR地に着きましたが，自転車はQ地に着いたところでした。トラックが㋑を走るときの速さは㋐を走るときの速さの２倍です。乗用車と自転車の速さはそれぞれ分速900m，分速360mです。

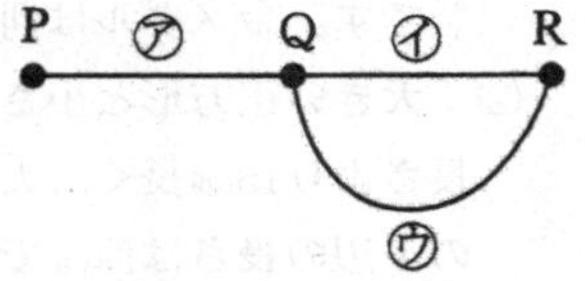

⑴　㋐の道のりと㋒の道のりの比を求めなさい。

⑵　トラックが㋐を走るときの速さは分速何mですか。

⑶　P地を出発し，㋐と㋒を通りR地へ向かうバスがあります。このバスが，トラックと同時にP地を出発しました。Q地では先にバスが通過し，その１分後にトラックが通過しました。R地には先にトラックが着き，その７分30秒後にバスが着きました。このとき，㋐の道のりは何mですか。また，バスの速さは分速何mですか。

7　右の図のような正十二角形があり，それぞれの頂点には①，②，③，…，⑫と数字が書かれています。直線a，bはこの図形の対称の軸で，点Oは対称の中心です。正十二角形のいずれかの頂点に石を置き，次のページの操作によって石を動かします。

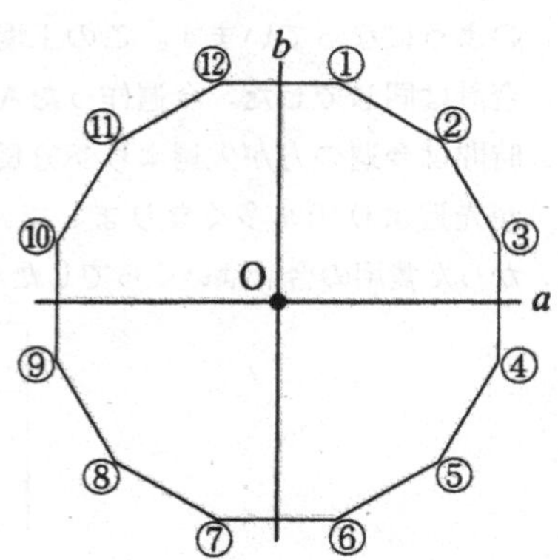

操作
- ◇あ 直線 a を対称の軸として線対称である点に石を動かす。
- ◇い 直線 b を対称の軸として線対称である点に石を動かす。
- ◇う 点Oを対称の中心として点対称である点に石を動かす。
- ◇え 点Oのまわりに，時計回りに90°だけ回転した点に石を動かす。

石をはじめに置いた頂点と石を動かしたすべての頂点に書かれている数字を合計し，その和をＳとします。たとえば，石を初めに頂点①に置き，◇う，◇い，◇えの順に操作を行うと，①→⑦→⑥→⑨の順に石が動くので，１＋７＋６＋９を計算して，Ｓ＝23となります。

⑴　次のアにあてはまる数字をすべて求めなさい。

「１回の操作を行い，㋐→㋑と石が動き，Ｓ＝15になった。」

⑵　次のウ，エ，オにあてはまる数字をすべて求めなさい。たとえば，ウが３，エが９，オが３となるときは，(3，9，3）のように書きなさい。

「３回の操作を行い，㋒→⑩→㋓→㋔と石が動き，Ｓ＝33になった。」

⑶　次のキにあてはまる数字をすべて求めなさい。また，コにあてはまる数字をすべて求めなさい。

「はじめに◇あの操作を行い，次に２回の操作を行い，最後に◇いの操作を行い，㋕→㋖→㋗→㋘→㋙と石が動き，Ｓ＝38になった。」

【理　科】（30分）　＜満点：60点＞

1　次の問いに答えなさい。

図１のように，棒ＡＢから10ｇのおもりを糸でつるした振り子を用意しました。図の左右方向に小さくゆらして，振り子が20往復するのにかかる時間を，振り子の長さを変え測定したところ，下の表のような結果になりました。

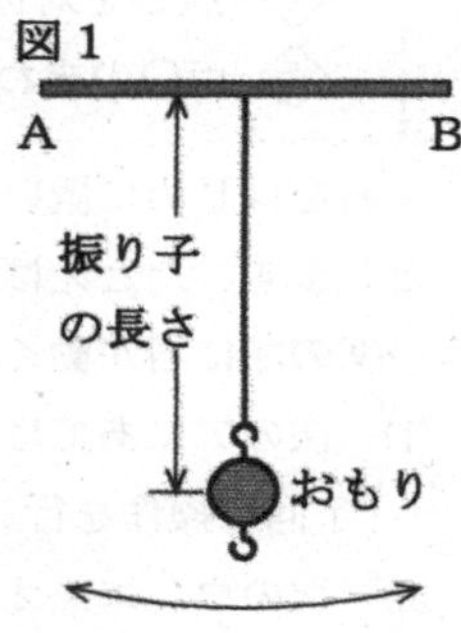

振り子の長さ	20 往復する時間
25 cm	20 秒
50 cm	28 秒
75 cm	35 秒
100 cm	40 秒

問１　振り子の長さが50cmのときに，振り子が１往復するのにかかる時間は何秒ですか。

問２　次の文中の（①）～（④）に当てはまる数値や語句を答えなさい。

振り子が１往復するのにかかる時間は，おもりの重さに関係しないことが知られている。これを確かめるために，振り子の長さを50cmにし，図２のように，おもりを２個，３個と増やして実験を行った。

すると，振り子が１往復するのにかかる時間が異なってしまった。これは，おもりが２個のときは振り子の長さが（　①　）cm，おもりが３個のときは振り子の長さが（　②　）cmとなるので，（　③　）を変えずに（　④　）だけを変えたことにならないからである。正しくはおもりを増やすときに，それぞれのおもりを糸の端につり下げなくてはならない。

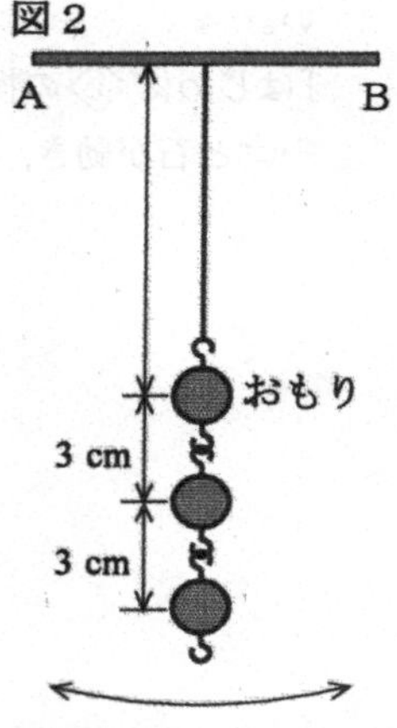

問３　振り子をゆらすとき，おもりのはなし方によっては，おもりの動き方が棒ＡＢの方向からずれてしまうことがあります。このようなときに，棒ＡＢの上から見たおもりの動き方として考えられるものを，次のア～エからすべて選び，記号で答えなさい。

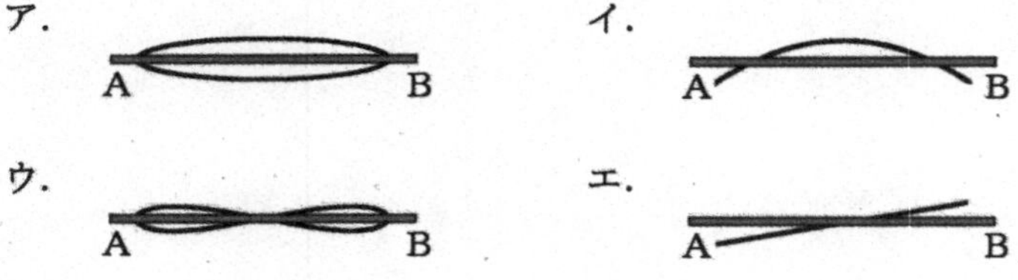

図３（次のページ）のように，Ｙ字形の糸におもりをつるし，おもりを図の左右方向に小さくゆらしました。このとき，図のＣ点は動きませんでした。

問４　振り子が１往復するのにかかる時間は何秒ですか。

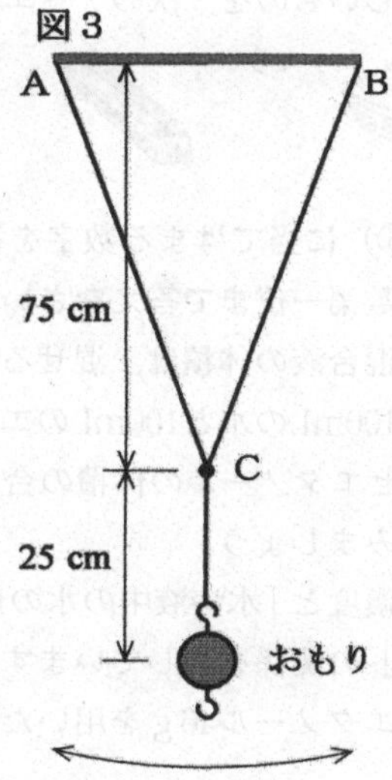

次に，おもりを図の手前側と奥側（以後これを紙面に垂直方向という）に小さくゆらしました。このとき，図のＣ点もおもりと同じ向きに動きました。

問５　振り子が１往復するのにかかる時間は何秒ですか。

次に，おもりを図の左右方向，紙面に垂直方向ともに動くように小さくゆらしました。このとき，おもりのはなし方によっては，おもりは複雑な動きをします。

問６　棒ＡＢの上から見たおもりの動き方として考えられるものを，次のア～カからすべて選び，記号で答えなさい。

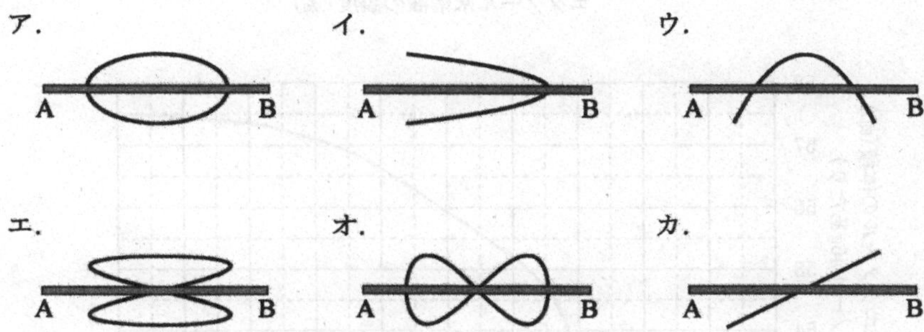

2　次の問いに答えなさい。

問１　次のア～オのうち，正しいものを２つ選び，記号で答えなさい。

ア．同じ重さの液体の水と固体の鉄を比べると，水は鉄より温まりやすい。

イ．氷は水に浮く。

ウ．ミョウバンは水温を上げると，水にとけにくくなる。

エ．塩酸にBTB溶液を加えると赤色になる。

オ．アルミニウムは塩酸にも水酸化ナトリウム水溶液にもとける。

問２　食塩の結晶の形としてふさわしいものを，次のア～エから１つ選び，記号で答えなさい。

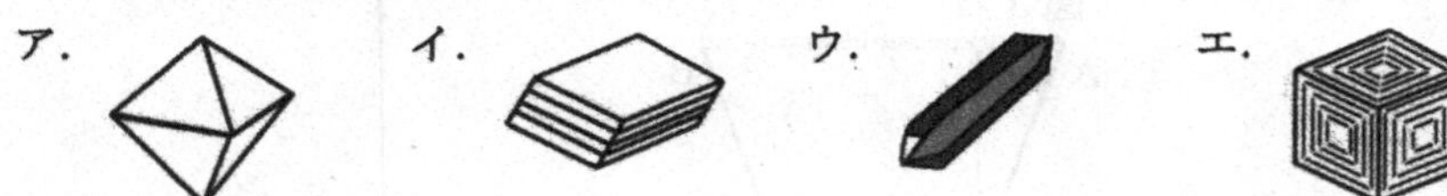

問３　次の文章を読み，（①）～（⑥）に当てはまる数字を答えなさい。ただし，割り切れない場合は小数第二位を四捨五入し，小数第一位まで答えなさい。

水とエタノールを混ぜたとき，混合液の体積は，混ぜる前の水とエタノールの体積を足したものより小さくなります。例えば，100mLの水と100mLのエタノールを混ぜると，混ぜた後の体積は193.7mLとなり，混ぜる前の水とエタノールの体積の合計（100＋100＝200mL）より小さくなります。このことについて考えてみましょう。

次の図１はエタノール水溶液の濃度と「水溶液中の水の体積」，図２はエタノール水溶液の濃度と「水溶液中のエタノールの体積」の関係を表しています。ただし，図１の縦軸の値は水18ｇを用いた場合，図２の縦軸の値は，エタノール46ｇを用いた場合の体積を表しています。

図１

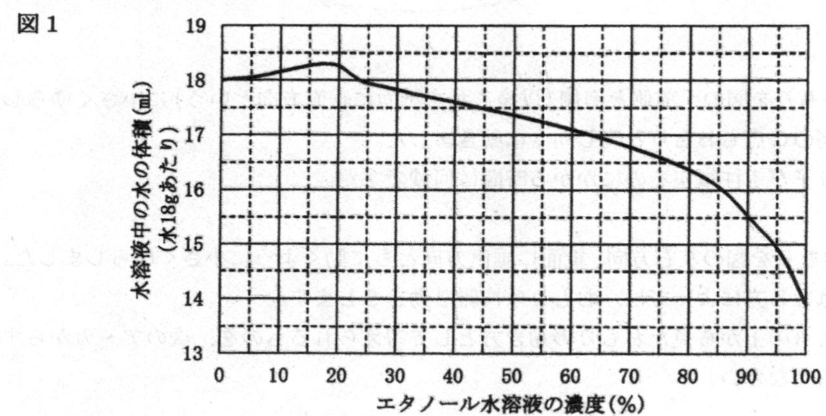

図２

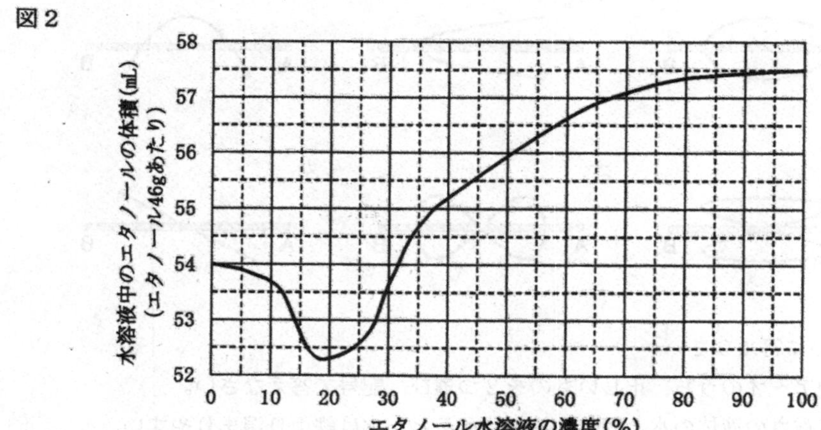

まず，純粋な水の密度（１mLあたりの重さのことで，単位はｇ/mL）を計算します。水はエタノール濃度０％の水溶液にあたるので，図１より，「水溶液中の水の体積」は18mLと読み取れます。これは，18ｇの水の体積が18mLであることを意味しています。したがって，水の密度は18÷18＝１ｇ/mLとなります。同じように，純粋なエタノールの密度を計算します。エタノール

はエタノール濃度100％の水溶液にあたるので，図２より，「水溶液中のエタノールの体積」は57.5mLと読み取れます。これは，46ｇのエタノールの体積が57.5mLであることを意味しています。よって，エタノールの密度は（　①　）ｇ/mLとなります。

したがって，100mLの水の重さは100ｇ，100mLのエタノールの重さは（　②　）ｇとなり，これらを混合したエタノール水溶液の濃度は（　③　）％となります。

この濃度のとき，前のページの図１より縦軸の値は（　④　）mLと読み取れます。ただし，これは水18ｇあたりの値です。ここでは，水は100ｇなので，このときの「水溶液中の水の体積」は（　⑤　）mLとなります。同じように，前のページの図２から「水溶液中のエタノールの体積」を求めると（　⑥　）mLとなります。したがって，混合液の体積は（　⑤　）と（　⑥　）を合計して193.7mLとなります。

3　動物の体温調節のしくみについて，以下の〔Ａ〕～〔Ｃ〕に答えなさい。

〔Ａ〕　せきつい動物であるトカゲとネコの体温について調べました。

問１　トカゲとネコが属するグループとして正しい組合せは，次のどれですか。ア～ウの記号で答えなさい。

ア．トカゲは両生類，ネコはホ乳類　　イ．トカゲは両生類，ネコはハ虫類

ウ．トカゲはハ虫類，ネコはホ乳類

問２　トカゲとネコにおける，気温と体温の関係を示すものを，図１のグラフａ～ｃからそれぞれ選び，記号で答えなさい。なお，体温の測定は体の同じ部分でおこないました。

図１

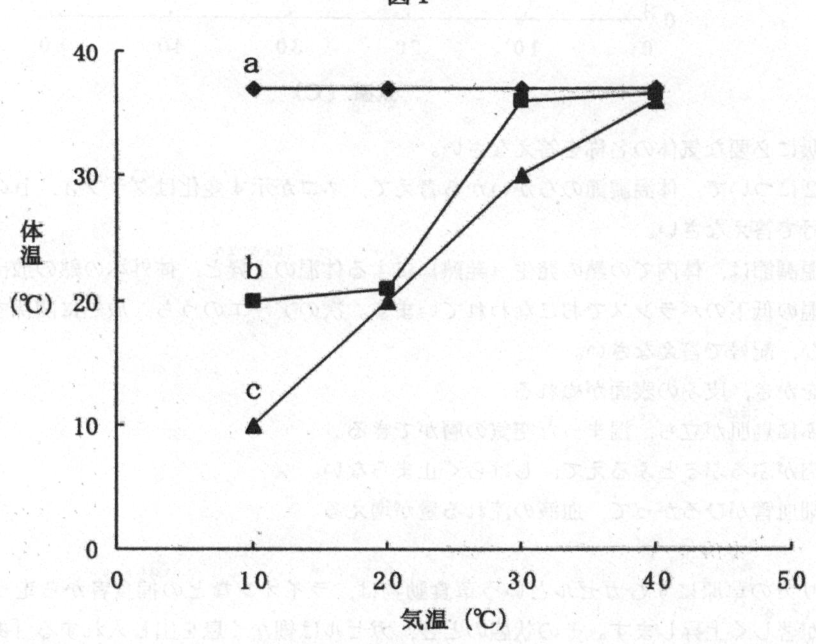

問３　気温と体温の関係からトカゲは何動物といわれますか。次のア～エの中から最もふさわしい用語を選び，記号で答えなさい。

ア．低温動物　　イ．変温動物　　ウ．常温動物　　エ．温血動物

［B］ せきつい動物は，生命活動を維持するために呼吸をおこなっています。呼吸は，消化・吸収して得た糖などの栄養分を分解して，生きるためのエネルギーを取り出すはたらきです。そのエネルギーの一部は体を温める熱として使われ，体温となっています。いま，トカゲとネコについて，気温と二酸化炭素の排出量の関係を図２のグラフにしました。なお，二酸化炭素の排出量は，体重１kg，１時間あたりの体積（mL）で計算したものです。

図２

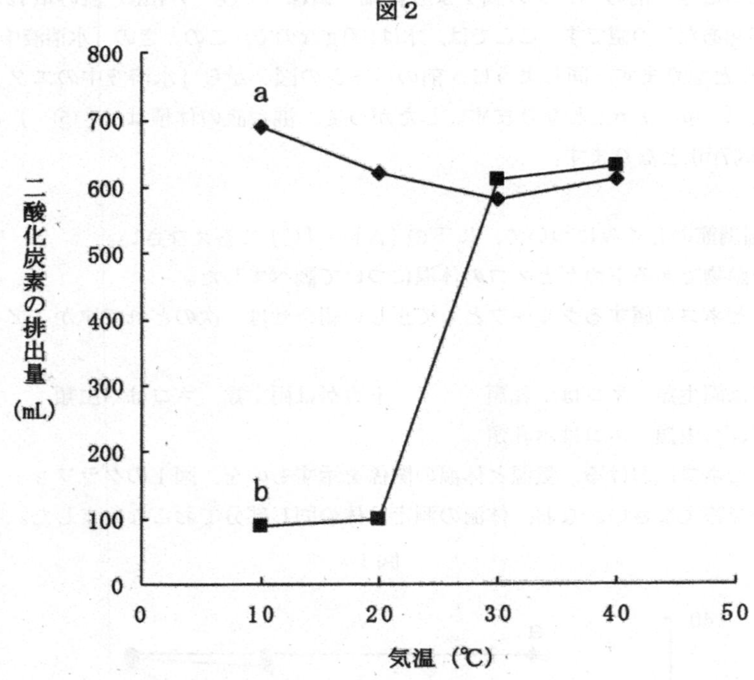

問４ 呼吸に必要な気体の名称を答えなさい。

問５ 図２について，体温調節のちがいから考えて，ネコが示す変化はグラフａ，ｂのどちらですか。記号で答えなさい。

問６ 体温調節は，体内での熱の発生（発熱）による体温の上昇と，体外への熱の放出（放熱）による体温の低下のバランスでおこなわれています。次のア～エのうち，放熱に関係する現象をすべて選び，記号で答えなさい。

ア．汗をかき，皮ふの表面がぬれる。

イ．皮ふに鳥肌が立ち，温まった空気の層ができる。

ウ．筋肉がぶるぶるとふるえて，しばらく止まらない。

エ．毛細血管がひろがって，血液の流れる量が増える。

［C］ アフリカの草原にすむガゼルという草食動物は，ライオンなどの捕食者から走って逃げるとき，体温が著しく上昇します。その状態のとき，ガゼルは細かく息を出し入れする「あえぎ呼吸」をおこない，その結果，脳の温度上昇がおさえられるというしくみをもっています。次のページの図３はガゼルの頭部にある脳と血管の一部を示した模式図です。Ｙは心臓から出て脳へ血液を送る血管の部分で，ＸとＺは鼻の奥にある空所から心臓へ戻る血液を送る血管の部分を表しています。

また，ＸからＺにつながる途中の血管は脳へ血液を送る血管と接近して存在していますが，２つの血管はつながっていないので，血液が直接混ざることはありません。

図３

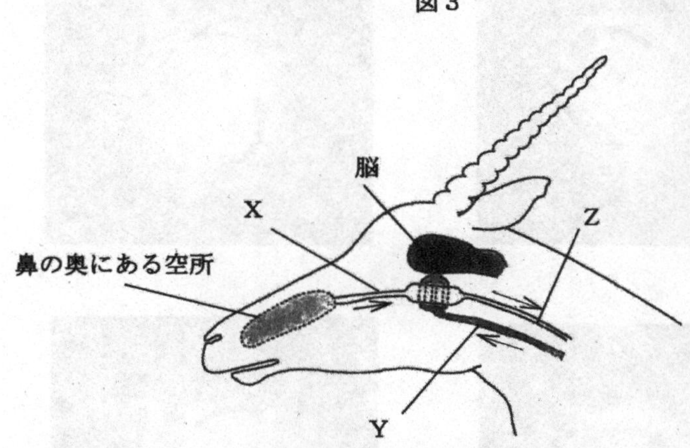

問７　「あえぎ呼吸」によって，鼻の奥にある空所で空気の出し入れがひんぱんにおこなわれるとき，図中のＸ～Ｚをそれぞれ流れる血液を，温度の高い順に並べるとどうなりますか。高い順に左から，記号を使って答えなさい。

問８　図中のＸ～Ｚの中で，最も多くの酸素を含んでいる血液が流れているのは，どの部分ですか。記号を使って答えなさい。

4　台風とその災害について，次の文章を読み，以下の問いに答えなさい。

台風は日本の南方の海上で発生する巨大な雲の渦です。渦の中心に向かって強い風が吹き込み，吹き込む風に沿うように雲が発達します。その雲の多くは，夏に空高く発達して夕立をもたらす積乱雲です。一方，台風の風は外に出ていると危険を感じる強さです。台風は人々に様々な災害をもたらしますが，その原因は雨と風によるものと言っていいでしょう。

問１　台風が近づいてくると，雨は降ったりやんだりしながら次第に強くなっていきます。その理由としてふさわしいものを，次のア～エからすべて選び，記号で答えなさい。ただし，台風の目は考えないものとします。

ア．台風の中心に近い所の方が，積乱雲は発達しているから。

イ．台風の雲は行ったり来たりするから。

ウ．台風が近づいてくると，下降気流が強くなるから。

エ．雨を降らす雲が途切れ途切れに通過するから。

問２　次のページの図は，台風の雲の写真に風の吹き方を矢印で書き加えたものです。このうち，日本に近づいてくる台風の図として正しいものを次のページのア～エの中から選び，記号で答えなさい。

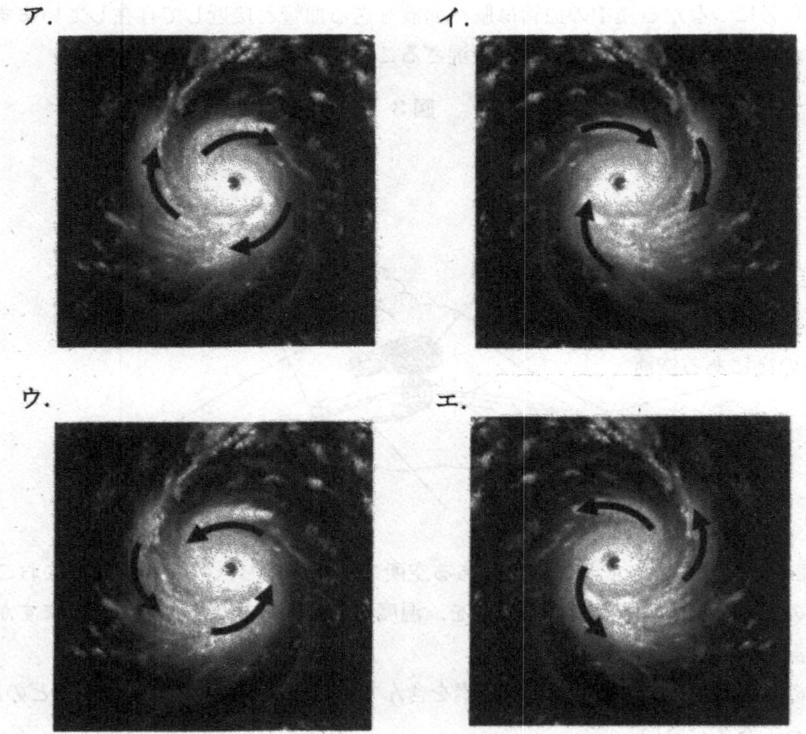

問３　台風の雨による災害の多くは，川の水が増水して，人々が生活する場所に流れ込（こ）む洪水（こうずい）でもたらされます。次の文章は，その原因の一つを説明したものです。文中の（①）～（③）にふさわしい語句を答えなさい。

山や丘陵（きゅうりょう）地帯に降った雨水は，川に流れ込むだけではありません。（　①　）にしみ込んで，地下水になったり，（　②　）に吸収されて蓄（たくわ）えられたりします。しかし，そのような土地に家を建て，道路を作り，移り住み街ができると，地上の（　②　）は減り，地表の多くが（　③　）でおおわれてしまいます。すると，（　①　）にしみ込むことができなくなった雨水が地表を伝わり，川に流れ込むことになります。

問４　次のマークは注意を呼びかけたり，避難（ひなん）するための情報を伝えるものです。次のマークの意味の組み合わせとして正しいものを，次のページのア～カから１つ選び，記号で答えなさい。

①　②　③

	①	②	③
ア	洪水・氾濫	津波	崖崩れ
イ	洪水・氾濫	崖崩れ	津波
ウ	津波	崖崩れ	洪水・氾濫
エ	津波	洪水・氾濫	崖崩れ
オ	崖崩れ	津波	洪水・氾濫
カ	崖崩れ	洪水・氾濫	津波

問５　次の図は日産スタジアム周辺の地図です。中央を鶴見川が西から東に向かって流れており，その南側には人が住んでいない低い土地があり，公園や競技場になっています。この土地がふだんと違う用途で利用されることで，周辺や下流の住宅地では洪水の被害にあわないようになりました。洪水の被害を防いでいる用途とは，どのようなものだと考えられますか。簡単に説明しなさい。

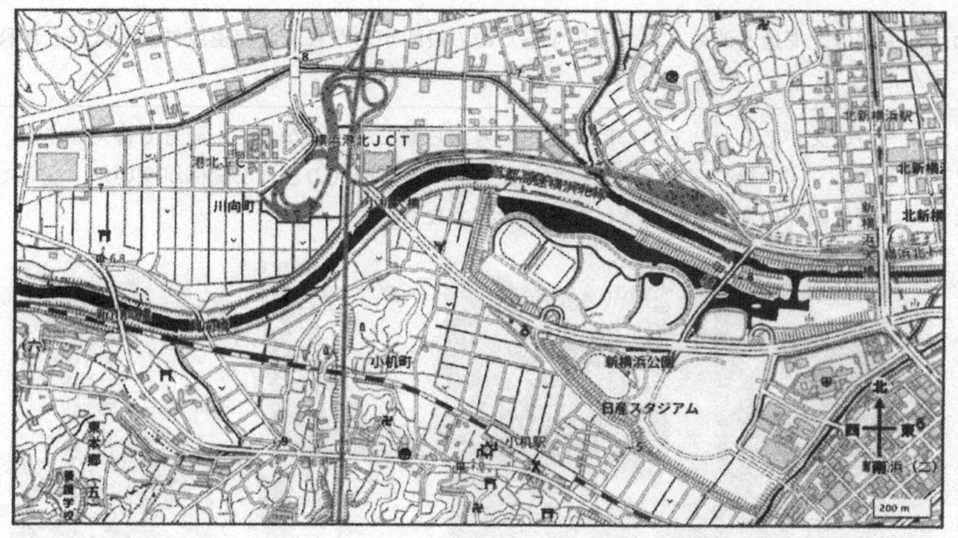

出典：国土地理院ウェブサイト

【社　会】（30分）　＜満点：60点＞

【１】 次のア～カの文を読み，問いに答えなさい。

ア．海外貿易の許可状をもらった貿易船が東南アジアに向かい，シャムなどに商人や武士が移り住んだ。

イ．古墳の設計・建築や，金属加工，養蚕や織物などの進んだ技術を持った人びとが，大陸から日本各地に移り住んだ。

ウ．戦争でヨーロッパ諸国の生産力が低下すると，日本は輸出を伸ばして好景気となり，大都市に人びとが移り住んだ。

エ．米作りの技術をもった人びとが，中国や朝鮮半島から日本に移り住んだ。

オ．政府の呼びかけにしたがって20万人以上の日本人が，開拓を進めるために満州に移り住んだ。

カ．蝦夷地は北海道と改められ，開拓するための役所がおかれ，北海道以外から人びとが移り住んだ。

問１．ア～カの文があらわしている時代を古い方から順にならべかえて，記号で答えなさい。

問２．あとの①～④の絵や写真は，ア～カの文のあらわす時代のどれと関係が深いか，記号で答えなさい。関係の深い文がないときは記号キで答えなさい。

①

②

③

④

問３．アの文について。

① シャムとは現在のどこの国を指しますか。次の中から選び，記号で答えなさい。

あ．タイ

い．インド

う．ベトナム

え．マレーシア

② この海外貿易の許可状のことを何といいますか，漢字で答えなさい。

③ このころの大名は，幕府が作った決まりに違反（いはん）すると，領地をとりあげられたり，配置がえされたりしました。この決まりを何といいますか，漢字で答えなさい。

問４．イの文について。古墳にはさまざまな形をした素焼きの土製品が並べられていました。これを何といいますか。

問５．ウの文について。このころ，大都市では，女性たちがさまざまな職場で活躍（かつやく）するようになり，これまでになかった新しい仕事につく女性が増えました。この当時の女性の新しい仕事として，正しいものを次の中からすべて選び，記号で答えなさい。

あ．バスの車掌（しゃしょう）

い．テレビキャスター

う．電話の交換手（こうかんしゅ）

え．衆議院議員

問６．エの文について。今から約2300年前と推定される水田のあとが見つかった，福岡県にある遺跡（いせき）を何といいますか，漢字で答えなさい。

問７．オの文について。満州を日本が占領（せんりょう）する戦いが起こった時期に，軍人が総理大臣らを殺害する事件が起こりました。この事件を何といいますか。

問８．カの文について。

① 北海道に移り住んだ人びとのうち，原野の開拓とともに北方の警備にもあたった人びとを何といいますか，漢字で答えなさい。

② 北海道に多くの人びとが移り住んだことや，政府の政策によって，以前から北海道でくらしていた民族の生活にどんな変化があったか，民族名をあきらかにして説明しなさい。

【２】 次に示した詩は，谷川俊太郎さんの「朝のリレー」です。この詩を読んで後の問いに答えなさい。

(1)カムチャツカの若者が
きりんの夢を見ているとき
(2)メキシコの娘（むすめ）は
朝もやの中で(3)バスを待っている
(4)ニューヨークの少女が
ほほえみながら寝（ね）がえりをうつとき
(5)ローマの少年は
柱頭を染める朝陽にウインクする
この(6)地球では
いつも(7)どこかで朝がはじまっている

ぼくらは朝をリレーするのだ
経度から経度へと
そうしていわば交替（こうたい）で地球を守る
眠（ねむ）る前のひととき耳をすますと
(8)どこか遠くで目覚まし時計のベルが鳴ってる
それはあなたの送った朝を
誰（だれ）かがしっかりと受けとめた証拠（しょうこ）なのだ

※問題の都合上，内容を一部あらためています。

問１．下線部(1)について。カムチャツカはユーラシア大陸の東部にある半島です。この半島が属する国はどこか，答えなさい。

問２．下線部(2)について。メキシコの人口は約１億３千万人です。次にあげた五つの国のうち，メキシコよりも人口の多い国を二つ選び，記号で答えなさい。

あ．インドネシア　　**い**．エジプト
う．スウェーデン　　**え**．ブラジル
お．フランス

問３．下線部(3)について。バス交通は日本でも重要な公共交通ですが，バスの減便や路線の廃止（はいし）が進む地域もあります。減便や路線廃止は過疎化（かそか）が主な理由ですが，過疎化以外に考えられる理由を説明しなさい。

問４．下線部(4)について。ニューヨークを含（ふく）む北アメリカ大陸東部の沿岸は，漁業も盛んです。世界各国が自国の水産資源を守るために設定した水域を何といいますか。解答らんに合うように答えなさい。

問５．下線部(5)について。ローマはイタリアの首都で，北緯41度に位置します。次のページに示した**図１**は，静岡市，仙台市，函館市，福岡市のいずれかの雨温図です。ローマとほぼ同じ緯度にある都市のものを選び，次のページの**あ**～**え**の記号で答えなさい。

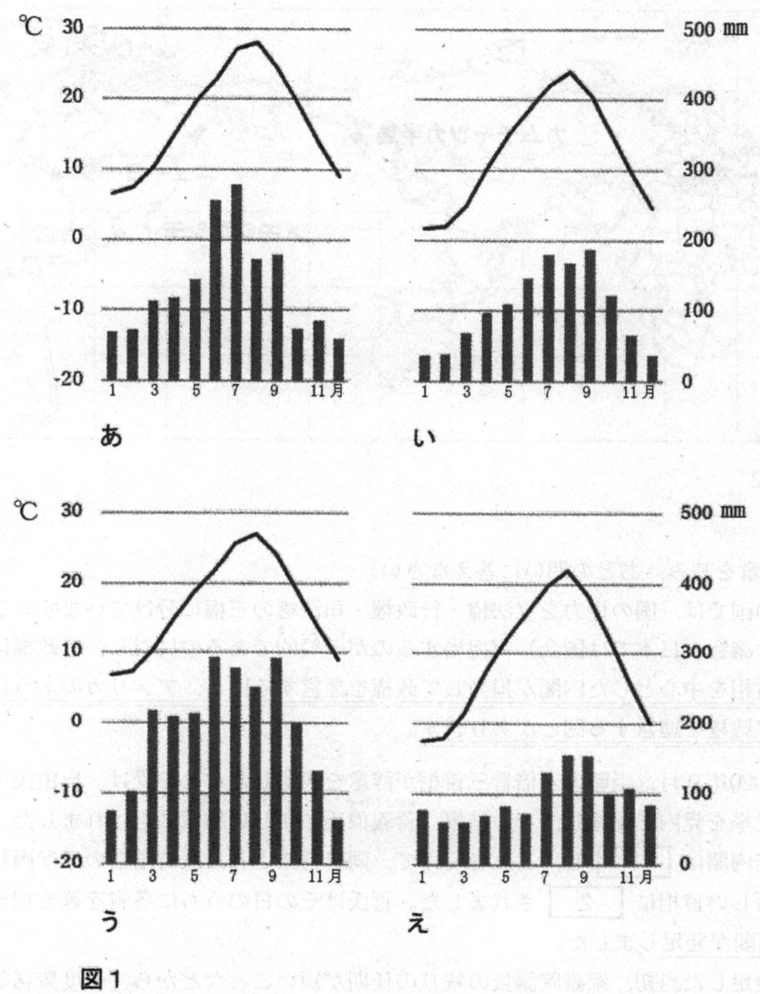

図１

問６．下線部⑹について。地球の表面は，海の部分が広く全体の約70％をしめています。海の面積で広いのは三大洋です。三大洋をすべて答えなさい。

問７．下線部⑺について。「どこかで朝がはじまっている」とありますが，北極点や南極点に近いところでは夏場に一日中太陽が沈(しず)まない，あるいは太陽が地平線近くに沈んでいるために薄(うす)明るい夜が続くことがあります。この現象を何といいますか。

問８．下線部⑻について。ヨーロッパ連合から離脱(りだつ)した国の首都で，２月２日の朝，午前７時に目覚まし時計が鳴ったとき，東京は何月何日の何時ですか。午前，午後もあわせて答えなさい。

問９．時差を考える際には，季節によって時刻を早めている国や地域があることにも注意する必要があります。昼間の時間の長い季節に標準時を早める制度を何といいますか。

問10．「朝のリレー」の地名を次のページの図２に示しました。カムチャツカ（半島），メキシコ（メキシコシティ），ニューヨーク，ローマのうち，最も早く同じ日の朝を迎(むか)えるのはどこですか。

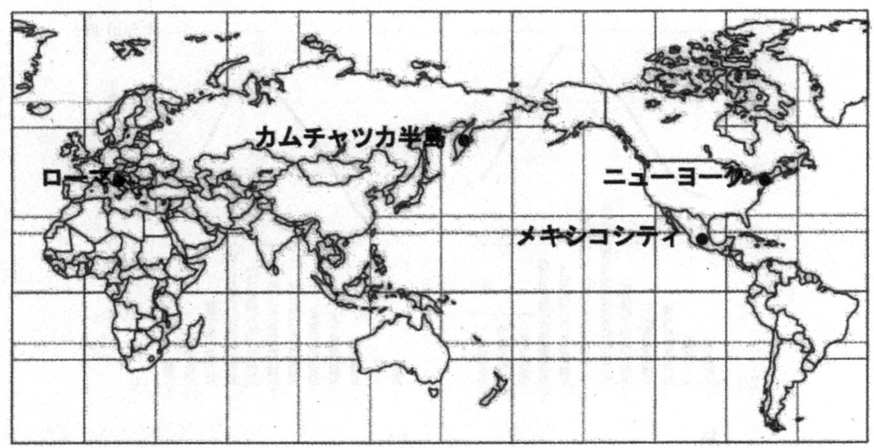

図２

【３】 次の文章を読み，あとの問いに答えなさい。

現在多くの国では，国の権力を立法権・行政権・司法権の三権に分けています。このうち，立法権については議会（日本では国会）が担当するのが一般的であるのに対し，行政権については，日本のように首相を中心とした内閣が担当して政権を運営する国と，アメリカのように大統領が行政権を担当して政権を運営する国とがあります。

日本では2020年９月，当時の安倍晋三首相が辞意を表明したことを受け，自由民主党は新しい党首を決める選挙を党内で実施し，その結果，菅義偉氏が新しい総裁に選ばれました。こののちの９月16日，安倍内閣は［ 1 ］し，これを受けて，同日召集された臨時国会の衆参両院本会議において，菅氏が新しい首相に［ 2 ］されました。菅氏はその日のうちに各省庁等を担当する大臣を任命し，(1)菅内閣が発足しました。

菅内閣が発足した当初，衆議院議員の残りの任期が短いことなどから「一度衆議院を解散して衆議院議員の総選挙をおこない，菅内閣に対する国民の信を問うべきだ」とする意見がありました。その一方で，「新型コロナウイルス感染拡大防止を図らなければならないなか，衆議院の解散・総選挙は混乱を招くおそれがある」とする意見もありました。

アメリカでは2020年11月に大統領選挙が実施され，その結果，翌年１月に共和党のトランプ氏にかわり(2)民主党のバイデン氏が新しい大統領に就任しました。この大統領選挙とあわせて上院・下院の議会議員選挙もおこなわれ，下院は民主党が過半数を確保したものの，上院では民主党の議席は過半数には至りませんでした。

国民の意見を反映させることは民主政治の大きな目的であり，選挙は，国民が自分たちの意見を示す大切な機会です。

問１．文章中の［ 1 ］・［ 2 ］にあてはまる適切な語句を，［ 1 ］は漢字三文字で，［ 2 ］は漢字二文字で，それぞれ答えなさい。

問２．下線部(1)について。菅内閣のもとで新たに設置することが決まり，2021年９月に発足した省庁とは何ですか。その名称を答えなさい。

問３．下線部⑵について。以下の文のうち，バイデン大統領のもとで取り組まれたことには○を，そうではないものには×を，それぞれ記入しなさい。

ア．地球温暖化防止対策の国際的な枠組み（わくぐみ）であるパリ協定から離脱（りだつ）していたが，これに復帰した。

イ．新型コロナウイルス感染拡大防止をめぐるＷＨＯ（世界保健機関）の対応を批判し，ＷＨＯからの脱退（だったい）を表明した。

ウ．アメリカ史上初の女性の副大統領が誕生した。

問４．文章中の二重下線部に関連して，以下の①・②に答えなさい。

① 以下の**表１**は，首相および内閣を中心として政権が運営される国と，大統領を中心として政権が運営される国とを整理したものです。**Ａ**・**Ｂ**・**Ｃ**にあてはまる国は**あ**～**う**のうちどれですか。それぞれ選び記号で答えなさい。

表１

首相および内閣が政権を運営	大統領が政権を運営	その他
日本・**Ａ**	アメリカ・**Ｂ**	**Ｃ**

あ．中国　**い**．韓国　**う**．ドイツ

② アメリカ合衆国憲法では，厳格な三権分立のもと大統領と議会はそれぞれ独立したものと定められ，両者は対等な関係にあるとされています。一方，日本国憲法では，内閣と国会はどのような関係にあると定められていますか。【**３**】の文章全体を参考にして，かつ，日本国憲法の三大原則のうちのひとつにふれながら説明しなさい。

問九　――線部⑦について。このように筆者が考えるのはなぜか。その説明として最もふさわしいものを次の中から選び、記号で答えなさい。

ア　木を人よりも高等な生命とみなして、人間は木がいないと生きていけない存在だということを確認しなければ、環境保護や自然保護に力が入らないから。

イ　木が意思を持つ存在だと考えることは馬鹿馬鹿しいことではあるが、そういった気楽さがなければ、環境保護や自然保護の活動を長く継続することはできないから。

ウ　木を人と全く別の存在と考えると、環境保護も自然保護も人間にとって実感のないひとごとになってしまい、実際に人々に行動を起こさせる力を失ってしまうから。

エ　木から恩恵を一方的に与えられてばかりで、環境保護や自然保護といったかたちでお礼をしなければ、木の本当の友人だと言うことはできないから。

そらく持っていないのだろう。しかし、命は持っている。その命によって、私たちは安らぎを受け取り、木陰をつくってもらい、緑に癒され、元気にしてもらっている。防風林、防砂林などで、Cサイガイを防いでもらっていることもある。

木は私たちの同胞であり、友人であり、仲間である、と考えることは、馬鹿馬鹿しいことだろうか。

死にかけている一本の木を「かわいそうだ」と思うこと、木には私たちと同じように生命があると考えること、⑦環境保護も自然保護もここから、擬人化から始まるのではないかと、私には思えてならないのだけれど。

（小手鞠るい『空から森が降ってくる』による。）

［注］キャッツキル……アメリカ合衆国、アパラチア山系の北東部の山地。全体は標高六〇〇～一二〇〇メートル程度のなだらかで低い山々や丘から成る。

マウント・トバイアス……フェニシア南東、ニューヨーク州のキャッツキル山地にある山。標高は七七五メートル。

ヒッコリー……クルミ科の樹木の名前。

問一 ===線部A～Cのカタカナを漢字に直しなさい。

問二 Ⅰ ～ Ⅲ を補うのにふさわしいことばを次の中から選び、それぞれ記号で答えなさい。

ア じっくり　イ うねうね　ウ しっとり
エ はらはら　オ ぱったり　カ ころころ

問三 ――線部①「その時計」とはどのようなものか。本文中のことばを用いながら説明しなさい。

問四 ――線部②について。「木の人格」とあるように、筆者が木に「人格」を見いだしていることがわかる表現を、問題文のこれより前から五字以内で見つけ、抜き出して答えなさい。

問五 ――線部③について。《　》を補うのに最もふさわしいことばを次の中から選び、記号で答えなさい。

ア 是非　イ 惜しげ　ウ 見さかい　エ 恥ずかしげ

問六 ――線部④について。「木とはなんと偉大な存在なのだろう」と筆者が考えるのはなぜか。説明しなさい。

問七 ――線部⑤について。これがどういうことを意味していると筆者は考えているか。その説明として最もふさわしいものを次の中から選び、記号で答えなさい。

ア 「この木」と限定した言いかたをしないことで、あらゆる種類の木の大切さを示している。

イ 水を求める人の気持ちをありのままに表現することで、各国における水不足を訴えている。

ウ 貼り付けた人の苦しみを木の苦しみにかさねることで、都会で生きる苦労を強調している。

エ 木の気持ちを想像するような表現をすることで、木に対しての思いやりをうながしている。

問八 ――線部⑥について。「私」が声をあげたのはなぜか。それを説明した次の文の 1 、 2 を補うのにふさわしい表現を、問題文のこれより後からそれぞれ五字以内で見つけ、抜き出して答えなさい。

白い、 1 を咲かせている豆梨の 2 姿に気がついたから。

④木とはなんと偉大な存在なのだろう。

今年の夏、マンハッタンへ遊びに行っていたときのことだった。

ある大通りに立っている一本の街路樹に、こんな一文の記された貼り紙がピンで留められていた。

Please water me, or die.

――私に水を下さい、さもなければ死にます。

誰が貼り付けたのだろう。役所か並木の管理局の人だろうか。それとも、木を愛する人？

おそらく後者だろう。⑤this tree（この木に）ではなくて me（私に）と書かれているところに、貼り付けた人の木への思いを感じた。

葉っぱの形から察するに、豆梨のようだった。

大通りのすみっこで、車の排気ガス、都会の汚れた空気、騒音などに晒されながらも、すっくと立っている一本の木。与えられた土は少なく、水をやる人もいないのだろう。

第一、こんなところで、どうやって水をやればいいのか。Bスイゲンもないのに。

かわいそうに、と思いながら、木を見上げてみると、上の方はほとんどが枯れ枝になっている。明らかに、死にそうになっている。

次の瞬間、

「あっ！」

⑥私は声を上げた。

枝の一部にはまだ葉っぱが茂っていて、なんとそこに、白い花がひと群れ、咲いているではないか。

豆梨の開花時期は四月である。

八月の暑い盛りに花を咲かせることなどない。

もしも夫がそばにいたら、

「なんだ、花が咲いているんだから、まだまだ大丈夫なんじゃない？」

と、能天気に言いそうだなと思った。それに対して、私はこう返すだろう。

「違うのよ。あれはね、木がなんとかして生き残ろうとして必死になって、それで季節外れの花をつけているの。自分はもう死ぬ。だから、花を咲かせて実をつけて、その実を落とせば、生き残れるんじゃないかと考えているのよ。決死の花なのよ」

これは、うちの近くに住んでいる、りんご園の経営者から教わったことだった。

若くて元気なりんごの木がたくさん、豊かな実をつけるのではなくて、その逆。死にかけている老木の方が、美味しい実をたくさんつけるのだ、と。それは、木が生き残りをかけて必死で生らせている、命の実なのである、と。

健気な豆梨に、私はそっと声をかけた。

「あしたから雨になりそうだから、もうちょっとの辛抱だよ。がんばってね」

豆梨は黙って佇んでいる。

都会の暮らしに疲れ果て、森へ帰りたいのだろう。

「ほら、またそうやって木を擬人化してる！」

今にも夫の笑い声が聞こえてきそうだ。反論する気はない。

確かに木は木に過ぎない。言葉もしゃべれないし、感情も思考も、「お所で、同じ木を指さして、私は叫ぶ。ひとりで外出しているときには、ひとりごとをつぶやく。

「あ、見て見て、あの木。ほら、あの木、もう赤くなってる、端の方が」

今はまだ八月の終わりだ。

けれども、無数の木の中には、気の早い木がいて、毎年いちばんに赤くなる。まるで紅葉の先導役を果たしているかのように。

最初に色づくのは、華やかな赤と明るいオレンジ色のメイプル。そのあとを追いかけるようにして、多数派の黄色が加わる。若木や低木はピンクや薄紫に。

メイプル、すなわち楓には、実にさまざまな種類がある。

シルバーメイプル、レッドメイプル、ブラックメイプル、シュガーメイプル、マウンテンメイプル、ノルウェイメイプル——日本の「いろはもみじ」は、ジャパニーズメイプル。

これらのメイプルが奏でる色の協奏曲を、常緑樹の緑が通底音となって支えている。まさに色の饗宴。ため息なしには見ることができない。

秋口に雨が多く降ると、色合いはいっそう濃くなる。

これは私の想像に過ぎないけれど、それぞれの木は、それぞれ独自の紅葉時計を内包していて、①その時計に従って色づいたり、葉を散らせたり、芽吹いたりしているのではないかと思う。

紅葉時計とはすなわち、木の個性、②木の人格なのである。

紅葉の季節、さらに目を見張るのが、色づいた葉の散っていく姿。

日本人は桜の散り際を愛でるが、私は（私も日本人だが）紅葉の散り際を愛でる。

風に誘われ、風にさらわれ、風にもてあそばれて、［Ⅲ］散っていく赤、くるくる舞い落ちるオレンジ、雨のように降り注ぐ黄色や茶色の葉っぱたち。

見上げると、まさに空から森が降ってくるかのようだ。

葉っぱのほかにも、落ちてくるものがある。

どんぐりや、小枝や、木の皮や、枯れて乾いた木の花や、妖精の風船みたいな小さな木の実。プロペラみたいな形をした木の実。かんざしのような木の実。

木の実を集めるために、りすたちが走り回っている。黒くまは、大好きな＊ヒッコリーの木に登ろうとする。野生のりんごの木は、鹿たちのために実を落とす。木の下で、鹿は落ちてくる実を待っている。私はランニング中に、野原に落ちているりんごを拾って齧ってみる。野生のりんごの味は淡くて甘い。優しい甘さである。落ちているりんごにはたいてい、小鳥に突かれたあとがある。そこに蟻が群がっている。

森が生き物たちのために、③《　　》もなく恵みを降らせているのだとわかる。

落とされた葉っぱは、地面にぶあつく降り積もり、冬のあいだ、木の根を守り、朽ち果てたあとは土の栄養になる。

葉っぱにも木の実にも、いっさいの無駄がない。

寿命が訪れたときには倒れ、時間をかけて土に還る。土から生まれて土に還る。還るまでのあいだ、倒木の中で棲息する生物もいる。一本の木の営みの中で、どれだけの小鳥や虫や蛙が、動物たちが、その恩恵にあずかっていることか。そして、太古の昔から、人々は木で道具を作り、乗り物を作り、家を建て、暖を取り、果実を得、慰めを癒しを得てきた。

問三 ——線部③について。この反応からディレクターのどのような気持ちが読み取れるか。その説明として最もふさわしいものを次の中から選び、記号で答えなさい。

ア 期待した出来栄えでなかったのでひそかに失望している。
イ 見知らぬ相手にあいさつされたので軽くとまどっている。
ウ 放送局に場違いな人が入ってきたので怒りを覚えている。
エ 忙しいのに話しかけられたのでいらだちを隠せずにいる。

問四 〰〰線部a～dの「田口ケイ」のうち、ひとつだけ違う意味合いのものがある。それを選び、記号で答えなさい。

問五 ——線部④について。これはどういう意味で「違う」のか。それを説明した次の文の［1］、［2］を補いなさい。

［　　1　　］と思っていたが、実は［　　2　　］ということ。

問六 ［Ⅰ］、［Ⅱ］を補うのにふさわしいことばを次の中から選び、それぞれ記号で答えなさい。ただし、同じ記号は一度しか使わないこと。

ア 非　イ 絶　ウ 無　エ 未　オ 有　カ 不

問七 ——線部⑤について。なぜ「分って」いたのか。「田口ケイ」とはどのような人かということにもふれながら、わかりやすく説明しなさい。

問八 ——線部⑥について。「私の心の傷になっている」のはなぜか。説明しなさい。

問九 ——線部⑦「ある感受性」とはどういう心のあり方と思われるか。その説明として最もふさわしいものを次の中から選び、記号で答えなさい。

ア 自分と同じように苦労している人がいることに気づき、その人の状況を詳しく知り共感しようとする。
イ 自分が素直な感情を出して損をしていたことに気づき、できるだけ自分を出さずに生活しようとする。
ウ 自分が取るに足りないことで嘆いていたことに気づき、できるだけ目の前の困難に挑戦しようとする。
エ 自分とは全く違う状況で生きる人がいることに気づき、その人のことをいろいろと想像しようとする。

問十 ═線部A～Dのカタカナを漢字に直しなさい。

二 次の文章を読んで、後の問に答えなさい。

十月の初旬から始まる紅葉は例年、だいたい中旬くらいにピークを迎えて、下旬になると散り始める。この季節には、＊キャッツキルを離れて、どこへも行きたくない。

毎日、朝から晩まで、山々を眺めていたい。

晴れた日よりも、曇った日の方が発色がいい。色が深く、［Ⅰ］落ち着いて見える。雨に濡れている紅葉も美しい。

暇さえあれば、散歩に出かけて紅葉を眺める。紅葉狩りのドライブに出かける。寝ても覚めても紅葉三昧。まぶたが紅葉でAソまりそうなほど、言葉では表現できないほど、美しい日々なのである。

＊マウント・トバイアスの中腹に位置する我が家まで、［Ⅱ］とつづく山道を車で上ったり、下ったりしているさいちゅうに、毎年、同じ場

れるというのに惹かれて行って、出征する兵隊さんたちに日の丸を振り、「万歳！　万歳！」と大人たちと声を揃えて見送ったのは、お腹を空かせた子供が何の考えもなくやった事だけど、⑥ずっと、私の心の傷になっている。いったい、あの兵隊さんたちの何人が無事に帰って来られただろう？　学校では、戦地に送る＊慰問袋という物の中に入れる、知らない兵隊さんへの手紙を書かされた。「兵隊さん、お元気ですか？　私も元気です」。ある日曜日、友達の男の子と雪の中を歩いて教会に行く時、お腹は空いているし、寒いしで泣きながら歩いていたら、おまわりさんに「泣くな！　戦地で戦ってる兵隊さんのことを考えてみろ！」と叱られた。（戦争って、泣いてもいけないんだ）と思って、それからは戦争の間じゅう、どんなことが起こっても、私は泣かなかった。戦争は嫌だけど、⑦ある感受性を私に与えてくれたと思う。その感受性がなければ、田口ケイという女性の事だって、深くは理解できなかっただろう。戦争がなければ、私は女優にならなかっただろうし、もちろん＊ユニセフの親善大使にもならなかっただろうし、人生でのさまざまな事だって分らないままだったろう。戦争は二度といやだけど、学んだことは、多かった。

「繭子ひとり」はずいぶんDコウヒョウで、最高視聴率が五五％を超え、d田口ケイは大人気となった。最初は、「朝から汚いものを見せるな、って視聴者から抗議が来ないかなあ」と心配していたディレクターも、「黒柳さんはどこに出ていますか？」という投書から始まって、田口ケイのキャラクターへの反響がどんどん大きくなると、「もっと汚くしてもいいよ！」なんて言うようになった。あまりの人気ぶりに、田口ケイを最終回まで出す、という話もあったけど、休養を取るために何年も頑張ってきたのだからと、私は前もっての約束通り、半年で出番を終えて、一九七一年十月から休みに入ることにした。

田口ケイとしての経験からも、やはり、芸能人でなく、普通に生きる人間としての、女としての、感情や感覚を忘れたらいけない。きちんと笑ったり、泣いたり、怒ったりしながら、自分だけの人生を作っていかないといけない、とつくづく思ったのだ。

（黒柳徹子『トットひとり』による。）

［注］扮装……俳優が役柄に合わせてととのえた身なりや顔のこと。

邪慳……思いやりがないこと。

行商……店を持たず、商品を持ちながら売り歩くこと。

肥桶……糞尿を入れて運ぶための桶。

コヤシ……肥料。

慰問袋……戦地にいる兵士を慰め、その不便をなくし、勇気づけるために、日用品などを入れて送った袋。

ユニセフの親善大使……「ユニセフ」は国連に属する機関で、戦争などで被害を受けている地域の子どもたちを支援する活動を行う。筆者は一九八四年に親善大使に就任し、世界各地を視察して「ユニセフ」の活動の必要性を訴えている。

問一　――線部①について。「私」はその役柄を表面的にどのような人として見せようとしたのか。それを具体的に示している表現を問題文の前半部分から十五字で見つけ、抜き出して答えなさい。

問二　――線部②について。《　》を補うのにふさわしい漢字一字を答えなさい。

しかし、その＊扮装で撮影が始まっても、放送されるのはふた月くらい先だったから、スタッフやキャスト以外には、a田口ケイの扮装をした私は、ただの薄汚れたおばさんとしか見えなかった。

ＮＨＫの廊下で、知った顔の人に挨拶しても、たいていは無視されるか、返事されても気のない感じで、トイレに行くと、若い女性に押しのけられたりもした。食堂へ行っても、食券を買う時、一万円札を出すと、何だか疑わしそうに見られたし、いつも私がコーヒーの券を出すと、「ホットですか？　アイスですか？」と丁寧に聞いてくれたウェイトレスさんが、食器をガチャン、と音を立ててテーブルに置いていく。

最初は、容貌や出で立ちで、こんなに差別されるなんて、と私は多少憤慨していたのだが、よく観察し、よく考えてみると、④どうやら違うみたいだった。これは、私が、いちおう顔の売れている職業で、なんとなく、親切にされるのに慣れてしまっているからで、ウェイトレスさんも田口ケイに［Ⅰ］愛想とか［Ⅱ］親切とかいうんじゃなくて、ただ黙って置いていっているだけなのに、私は普段、「こんにちは」なり「お忙しいですね」なり、にこやかに接してもらっているせいで、黙ってお皿を置かれるだけで、何だかガチャンとされているように思えるのだった。田口ケイが薄汚いおばさんだから＊邪慳に扱われるのではなく、それはむしろ普通の扱いで、芸能人の私が恵まれすぎているのだ、と気づいた。

そして、田口ケイみたいなおばさんは、きっと、人の優しさとか親切とかお愛想とかを一切期待せず、廊下でも相手にされないから隅を歩き、トイレで押しのけられても何も言わず、卑屈にもなるし、Cヨウリョウだって悪くなるのだろう、いつも自分と息子の身は自分で守らなきゃと気も狂わんばかりになっていたのだろう、と思って、私は涙が出るくらい、悲しくなったこともあった。私は女優だから、メイクを落とせば、もうb田口ケイではなくなるのに、c田口ケイとして生まれてしまったら、そこから抜け出すのは簡単じゃない。でも、と、やがて私は思い直した。だからこそ、こんなおばさんは、人がしてくれた親切は、どんなに小さくても涙が出るほど有難く思うし、人にも何かしてあげようとも思うし、自分の家族や知っている人をとても大事にして、どんなに苦労しても愛していくし、小さな幸せを心から喜べるんだろう、と思えるようになった。

私が青森へ疎開していた時、田舎の小さな駅で汽車を待っていたら、隣に来た＊行商のおばさんが、シラミがたかっていた私を気の毒がって、「東京の子か？」と言いながらシラミを取ってくれ、寒くて凍えてた私の手をこすって暖めてくれた。そのおばさんの手だって、ヒビとシモヤケと黒い絆創膏で、ぐちゃぐちゃだったのに。それでも親切にしてくれようとする人を、あの頃、沢山見てきた。私は、⑤田口ケイの役と出会った時、体の中で、強く分っている部分があったのだ。

東京ではお手伝いさんや婆やがいる生活で、私は病気ばかりしていた。そのうち、爆弾がばんばん落ちてきて、父は出征し、疎開する当てもなかった母は、汽車の中で偶然、知り合った人の所へ私たち子供を連れて、お世話になることにした。青森では、私は履くものがないので裸足で、重たい炭俵を担ぎ、＊肥桶も担いで＊コヤシを撒くのは好きになり、虫嫌いだったのが田んぼに入ってヒルに吸いつかれても平気になった。そんな事はつらくなかったし、いい思い出にもなっている。

でも、まだ疎開する前、自由ヶ丘の駅へ、焼いたスルメの足を一本く

【国語】（五〇分）〈満点：一〇〇点〉

一　次の文章を読んで、後の問に答えなさい。

ちょっとだけ、話が前後するけど、こんなこともあった。私がテレビドラマで演じた役柄で、いちばん話題になったのは、休養直前に演じた、冴えない中年女の役だった。

一九七一年四月から始まった、ＮＨＫの朝の連続テレビ小説「繭子ひとり」で、私は田口ケイという家政婦の役をやった。青森県八戸出身で、船員だった夫に先立たれ、缶詰工場などで働きながら、小学五年生の息子と自分の老いた母親を養ってきたが、少しでもＡキュウリョウが上がるならと上京して、家政婦になった女性だった。

私は戦争中、縁あって青森へ疎開していたので、東北弁を喋るのは問題なかったし、「青森ではお世話になったんだから、この役はできるだけ、うまくやろう！」と思ったけど、それまでテレビでは〈都会のお嬢さん〉みたいな役が多かったので、①〈東北からやって来た子持ちの家政婦〉というのは、まるっきり初めての役柄だった。役作りに悩んだ結果、脚本には何も書いていなかったけど、まず、忙しい人だから身なりに構わない風にしようと決めた。短い毛にパーマネントをかけっぱなしで洗いっぱなし、というのが一番、時間も手もかからないと考えて、そういうカツラをかぶる事にした。ＮＨＫの床山さん（カツラ係さん）が私のＢイトを汲んで、見事な、雀の巣みたいなカツラを拵えてくれた。もっとも、この床山のおばさんが、まさに雀の巣みたいな髪型をしていたので、私はちょっと参考にした。

次に、一生懸命、②身を《　》にして働く人らしさを出すために、度の強い近眼の眼鏡を用意した。本当に度が強いと、眼のいい私は立ちくらみがするし、カメラに映すと眼が小さく見えてしまって、表情が見えなくなるので、牛乳瓶の底のようなレンズで、でも度がそんなに強くない、という眼鏡を探し出した。

お金さえかからなければ、ファッションなんかどうでもいい人だろうから、「着られたらいいの」くらいな、野暮ったい服装にして、下に、綿で作った「肉」を着こんで、電話帳くらいの贅肉がある、だらしない体つきにした。顔の色も、働き者らしく、陽に焼けたような色にして、寒い国から来たのだから、ほっぺただけは赤くした。とにかく、黒柳徹子が演じてる、と分らない方が面白いだろうと思った。

メイクしてみると、鏡の中に田口ケイが現れて、なかなか、いい出来栄えだ、と我ながら満足して、化粧室を出たら、ちょうどそこに「繭子ひとり」のディレクターがやって来たので、早速、感想を聞こうと声をかけた。

「こんにちは」と言うと、③彼は「はあ」と口の中で言って、私を無視して、隣の俳優と話し始めた。（あら、冷たいじゃないの）と思って、「もしもし」となおも私が話しかけると、こちらをチラッとは向くけど、すぐに困った顔になって、また隣の人と話し始める。「私、黒柳ですよ！」と大きな声で言うと、私の顔をまじまじと眺めた後、彼も「本当だ！」と大声を出した。その頃、私は同じＮＨＫで、「ステージ１０１」という歌番組の司会をやっていて、そちらでは、ミニスカートに白いロングブーツ、髪型はショートのボブカットだったから、確かにギャップはあっただろう。どうやら、私とは見えずに、生活に疲れた、薄汚れたおばさんに見える、という点では成功だった。

MEMO

大切なことはメモしておこうネ！

第1回

2022年度

解答と解説

《2022年度の配点は解答欄に掲載してあります。》

＜算数解答＞

1 (1) $1\frac{1}{7}$ (2) 3.3 (3) 0.35

2 (1) 18枚 (2) 9個 (3) 17cm

3 (1) 59本 (2) 2.5m

4 (1) 9：7 (2) 8820m 考え方：解説参照

5 ㋐ 72 ㋑ 78 ㋒ 10 ㋓ 75 ㋔ 48 ㋕ 30

6 (1) 16cm・20cm (2) 解説参照 (3) 14・15・16個 図：解説参照

7 (1) $16\frac{5}{12}$ (2) (8，7，9，6，10)

(3) (6，9，10，7，8)(6，10，7，9，8)(7，6，10，9，8)

○推定配点○

各4点×25 計100点(4(2)，6(1)・(3)個数各完答)

＜算数解説＞

1 (四則計算)

(1) $1\frac{21}{28}+\frac{6}{28}-\frac{23}{28}=1\frac{1}{7}$

(2) $4.05-165\div220=3.3$

(3) $\frac{5}{8}\times\frac{100}{625}+\frac{1}{4}=\frac{1}{10}+\frac{1}{4}=\frac{7}{20}$

2 (鶴亀算，割合と比，平面図形，消去算)

基本 (1) (10000－100×28)÷(500－100)＝18(枚)

重要 (2) 各ボールの重さをゴ・ヤ・バで表す。

ゴ×32＝ヤ×10…ゴ：ヤ＝10：32＝5：16　ヤ×25＝バ×6…ヤ：バ＝6：25

ゴ：ヤ：バ＝30：96：400＝15：48：200

したがって，ゴルフボール120個はバスケットボール

15×120÷200＝9(個)に相当する。

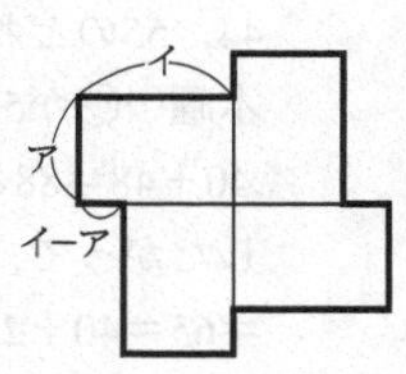

重要 (3) 右図より，ア×4＋イ×4＋イ×4－ア×4＝イ×8が40cm，

イは40÷8＝5(cm)　アは70÷4÷5＝3.5(cm)

したがって，長方形の周は(3.5＋5)×2＝17(cm)

3 (平面図形，数の性質，植木算)

(1) 右図より，150÷10×2＝30(本)　100÷10×3＝30(本)

したがって，全体の本数は30×2－1＝59(本)

(2) (1)より，(239＋1)÷2＝120(本)，100mの長さの本数は120÷3＝40(本)

したがって，間隔は100÷40＝2.5(m)

重要 [4] **(速さの三公式と比，旅人算，割合と比，単位の換算)**

28と$15\frac{3}{4}=\frac{63}{4}$の最小公倍数252を1周の長さにする。

(1) Aの分速…252÷28＝9　A・Bの分速の和…$252\div\frac{63}{4}=16$

したがって，2人の分速の比は9：(16－9)＝9：7

(2) (1)より，1960÷(9－7)×9＝8820(m)

考え方の解答例：1周の長さが9のとき，1960mが9－7＝2に相当するので1周は1960÷2×9＝8820(m)

重要 [5] **(統計と表，割合と比，数の性質，平均算，消去算，場合の数)**

右表より，サは117－(36＋54)＝27

	月曜日	火曜日	水曜日	木曜日	金曜日	合計
A週	36		シ	タ	㋔	
B週	54	㋐	ス	㋒	セ	
C週	サ	36	㋑	チ	㋕	
合計	117			㋓	90	

36：54：27＝4：6：3　㋐…36÷3×6＝72

火曜日・水曜日の各合計…36÷3×(4＋6＋3)
＝156

シ＋㋑＝ス×2，シ＋ス＝㋑より，

シ＋シ＋ス＝シ×2＋スがス×2に等しく，

シ：ス＝1：2

㋑…シ：ス＝1：2より，㋑の比の値は，2×2－1＝3　したがって，156÷(1＋2＋3)×3＝78

㋓…90÷1.2＝75

B週…月～水の合計は54＋72＋52＝178，200－178＝22より，木・金の人数の和は㋒：セ＝1：1.2＝5：6より，5＋6＝11(人)か10＋12＝22(人)

A週…月～水の合計は36＋48＋26＝110，200－110＝90より，木・金の人数の和は11，22，33＝15＋18，44＝20＋24，55＝25＋30，66＝30＋36，77＝35＋42，88＝40＋48のどれか

C週…月～水の合計は27＋36＋78＝141，200－141＝59より，木・金の人数の和は11，22，33，44，55のどれか

木曜…㋒が5の場合，タ＋チは75－5＝70＝30＋40となり，㋔＋㋕は36＋48＝84，チ＋㋕が40＋48＝88となり，59以下の条件に合わない。

したがって，㋒が10の場合，タ＋チは75－10＝65＝40＋25となり，㋔＋㋕は48＋30＝78，チ＋㋕が25＋30＝55となり，59以下の条件に適合する。

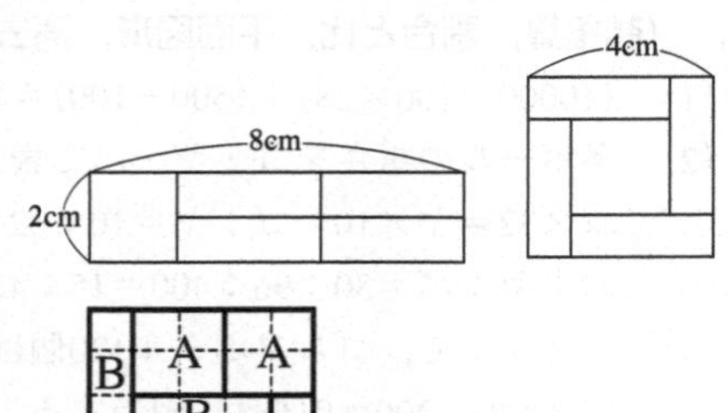

重要 [6] **(平面図形，数の性質，場合の数)**

(1) 右図より，(2＋8)×2＝20(cm)，4×4＝16(cm)

(2) 5×5＝2×2×4＋1×3×3より，右図のような例がある。

(3) ア…7×7＝2×2×1＋1×3×15より，1＋15＝16(個)

イ…7×7＝2×2×4＋1×3×11より，4＋11＝15(個)

ウ…7×7＝2×2×7＋1×3×7より，7×2＝14(個)

ウについて，右図のような例がある。

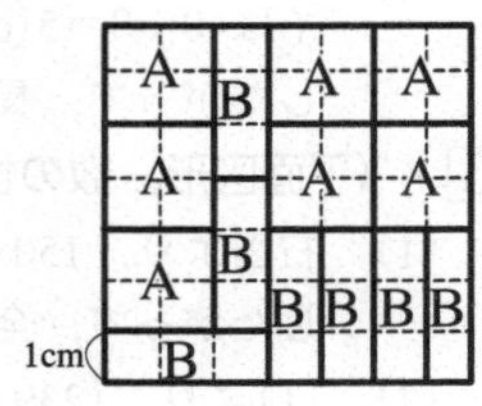

[7] **(数の性質，場合の数)**

重要 (1) 最小の数…$6+\frac{7}{2}+\frac{8}{3}+\frac{9}{4}+\frac{10}{5}=15+\frac{1}{2}+\frac{11}{12}=16\frac{5}{12}$

(2)　あが7のとき，P＝18にならないので，$\frac{7}{2}+\frac{6}{4}=5$を利用する…（8，7，9，6，10）

(3)　$P=17\frac{11}{60}$の分母が$60=2\times2\times3\times5$であり，$\frac{\boxed{う}}{3}$，$\frac{\boxed{え}}{4}$，$\frac{\boxed{お}}{5}$はそれぞれ約分できない組み合わせについて計算すると，以下の例がある。

$6+\frac{9}{2}+\frac{10}{3}+\frac{7}{4}+\frac{8}{5}=15+\frac{1}{2}+\frac{1}{3}+\frac{3}{4}+\frac{3}{5}=15\frac{131}{60}$…（6，9，10，7，8）

$6+\frac{10}{2}+\frac{7}{3}+\frac{9}{4}+\frac{8}{5}=16+\frac{1}{3}+\frac{1}{4}+\frac{3}{5}=16\frac{71}{60}$…（6，10，7，9，8）

$7+\frac{6}{2}+\frac{10}{3}+\frac{9}{4}+\frac{8}{5}=16+\frac{1}{3}+\frac{1}{4}+\frac{3}{5}=16\frac{71}{60}$…（7，6，10，9，8）

★ワンポイントアドバイス★

5「パンを食べた人数」はウ，オ，カをどう求めたらいいのか，行き詰まるが，ここで各週の人数の合計が「200人以下」であることを利用する。6「正方形と長方形」はさほど難しくなく，7(2)・(3)「分数の和」は簡単ではない。

＜理科解答＞

1　問1　10m　　問2　30秒　　問3　右図

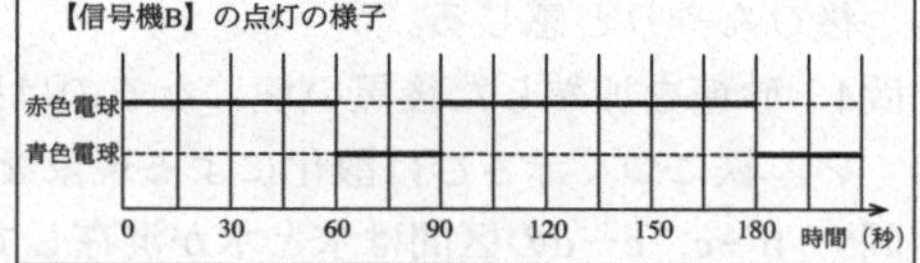

問4　A　120秒　　B　150秒

問5　①　キ　②　オ　③　ア　④　ウ

2　問1　液体・固体・気体

問2　①　100　②　0　問3　イ

問4　イ・ウ　　問5　イ・ウ

問6　ア・オ　　問7　氷の粒を小さくするために，急激に冷却を行う。

3　問1　イ・エ　　問2　ア・エ　　問3　脱皮

問4　X　800　　Y　0.350　　Z　1520　　問5　15　　問6　カ　　問7　29

4　問1　イ　　問2　(1)　日本　(2)　月　(3)　小さい　(4)　○　　問3　エ　　問4　26分

○推定配点○

1　問1～問3　各2点×3　　問4・問5　各1点×6

2　問1・問3・問5～問7　各2点×6(問1・問5各完答)　　問2・問4　各1点×4

3　各2点×9(問1・問2各完答)　4　各2点×7　　計60点

＜理科解説＞

1　**(物理的領域―電流と回路)**

問1　36000(m)÷3600(秒)＝10(m/秒)

問2　300(m)÷10(m/秒)＝30(秒)

問3　信号機Aが赤信号になっても30秒間は通行規制区間を車が通るので，信号機Bは，信号機Aが赤信号になってから30秒後に青信号となる。

やや難　問4　信号機AとBの青色信号の点灯時間を3秒と2秒とすると，その差は1秒である。差が30秒になるためには，信号機AとBの青色信号の点灯時間を90秒と60秒にすればよい。よって，信号機Aが青信号になったときからの様子を下図のように作図すると，信号機AとBの赤色信号の点灯時間は120秒と150秒となる。

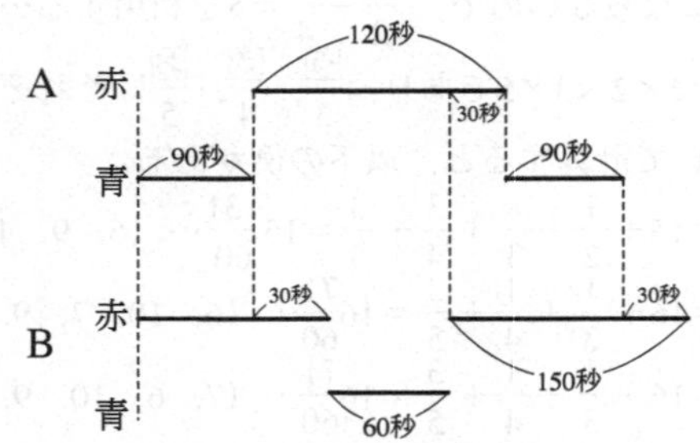

基本 問5　信号機Aで赤色電球が点灯するときは，信号機Bで青色電球が付けばよいので，①はキ，③はアの接点とつながればよい。同様に，信号機Aで青色電球が点灯するときは，信号機Bで赤色電球が付くので，②はオ，④はウの接点とつながればよい。

重要 [2]　(化学的領域―状態変化)

問1　水1gは1cm^3，氷1gは約1.1cm^3，水蒸気1gは約1700cm^{3}なので，同じ1cm^{3}の体積にし重さを比べると，液体，固体，気体の順となる。

問2　水が沸騰する温度は100℃，水が凍り始める温度は0℃である。

問3　アルコールの液体は，手の熱から熱を奪って蒸発する。そのため，手はアルコール消毒した後ひんやりと感じる。

問4　砂糖を加熱した後黒い塊になるのは砂糖に含まれる炭素が残るためであり，状態変化ではない。鉄につく赤さびは酸化による現象なので，イとウは状態変化を示した文ではない。

基本 問5　b～c，c～dの区間は氷と水が混在している。

基本 問6　ミョウバンの種結晶は形の整ったものを選ぶとよいので，アは間違いである。ミョウバンの結晶を作る際は，極力振動を抑えた方がよいので，オは間違いである。

基本 問7　氷をゆっくり冷やして作ると氷の粒が大きくなり，なめらかな口あたりとはならないので，氷の粒を小さくするために急激に冷却を行うとなめらかな口あたりのアイスクリームができる。

[3]　(生物的領域―昆虫)

問1　多くの昆虫の単眼の数は3つなので，イは正しくない。羽は4枚，もしくはない昆虫もいるので，エは正しくない。

問2　ダンゴムシは甲殻類，クモはクモ形類である。

問3　昆虫は脱皮するごとに齢が1つ増える。

基本 問4　X　3600－2800＝800　Y　2800÷8000＝0.350　Z　2000－480＝1520

基本 問5　成虫になった560匹のうちメスは280匹なので，1匹当たりのメスは4200(個)÷280(匹)＝15(個/匹)より，平均15個の卵を産む。

基本 問6　表1の卵の数は8000個，問5より，表1で成虫になった個体は4200個の卵を産むので，卵の数は約半分になっている。これが繰り替えられるので，世代数と個体数のグラフは反比例の形となる。

基本 問7　次の世代も8000の卵からスタートすれば，世代数と個体数のグラフが問6のウのようになるので，メスは平均8000(個)÷280(匹)＝28.5…　(個/匹)より，29個の卵を産めば，その数は保たれる。

[4]　(地学的領域―時事)

問1　リュウグウは炭素が多く含まれていると考えられているので，リュウグウを調査することで太陽系の起源や生命のもとになる物質の解明が期待されている。

問2　(1)　はやぶさ2は日本が打ち上げた小惑星探査機である。　(2)　地球以外で人類が最初に降り立ったのは月である。　(3)　リュウグウの重力は地球に比べるととても小さい。　(4)　アポロ11号が月のサンプルを採取したのは，1969年なので(4)は正しい。

問3　地球の引力を使って飛行コースを曲げスピードをアップさせせることを，スイングバイという。

基本　問4　23000万(km)×2÷30万(km/秒)＝1533.3…　(秒)＝25.5…分より，26分である。

★ワンポイントアドバイス★
難度の高い問題とやさしい問題を素早く見抜き，試験時間を有効に活用しよう。

＜社会解答＞

【1】 問1　カ→ア→エ→ウ→イ→オ　問2　①　ウ　②　ア　③　イ　④　エ
問3　①　紀貫之　②　菅原道真　問4　①　福沢諭吉　②　国の収入を安定させるために，土地の価格の3%を税としてお金で納めさせるように変えた。
問5　前野良沢　問6　フランシスコ＝ザビエル　問7　い
問8　魏の国から，倭の王としての立場を認めてもらうため。

【2】 問1　1　お　2　え　3　あ　4　か　問2　福井　問3　(香川県)　い　(新潟県)　お　(山形県)　う　問4　あ　E　お　D　か　A　問5　う
問6　ア　う　イ　お　ウ　い　問7　え　問8　①　あ　②　善光寺

【3】 問1　①　EU　②　ドイツ　問2　①　あ　②　ポルトガル語
問3　ア　×　イ　○　ウ　○　問4　①　少子高齢化が進んだため，生産年齢人口の全人口に占める割合が低下している。　②　日本と比べた経済的な豊かさが相応に高い国ぐにからは特定技能外国人は来ておらず，貧しい国ぐにから来ていること。

○推定配点○
【1】　各1点×13(問1完答)　【2】　各2点×18
【3】　問1～問3　各1点×7　問4　各2点×2　計60点

＜社会解説＞

【1】 (日本の歴史―歴史上の記録・著作に関する問題)

問1　アの天皇の命令で『古今和歌集』(905年)が編さんされたのは平安時代(794～1185年)，イの『学問のすゝめ』(1872～1876年)が出版されたのは明治時代(1868～1912年)，ウの『解体新書』(1774年)が出版されたのは江戸時代(1603～1867年)，エの4人の少年使節が持ち帰った活版印刷機(1590年)でキリスト教の本や辞書が出版されたのは安土桃山時代(1573～1603年)，オの『あたらしい憲法のはなし』(1947年)が学校の教科書として使われたのは昭和時代(1926～1989年)，カの中国の歴史書の「魏志倭人伝」に卑弥呼のことが記されたのは3世紀後半の弥生時代(前4世紀ごろ～後3世紀ごろ)のことである。したがって，これらの出来事を古い順に並べると，カ→ア→エ→ウ→イ→オとなる。

問2　①　大阪で大塩平八郎が反乱を起こしたのは1837年のことなので，江戸時代(文ウ)である。　②　藤原道長が摂政となり，天皇に代わって政治をおこなったのは11世紀前半のことなので，平安時代(文ア)である。　③　千島列島を日本の領土，樺太をロシアの領土とする条約が結ばれたのは1875年のことなので，明治時代(文イ)である。　④　豊臣秀吉が刀狩り令を出したのは1588年のことなので，安土桃山時代(文エ)である。

問3　①　紀貫之(？～945年)は平安時代前・中期の歌人で，『古今和歌集』の編纂者の1人である。また彼は，土佐(現在の高知県)の国司の任務を終えて京都に帰るまでの道中の出来事を記した，かなで書かれた最初の日記である『土佐日記』(935年頃)の著者としても知られている。

② 菅原道真(845～903年)は，平安時代前半の学者で，かつ右大臣を務めた人物である。彼は894年に遣唐使の廃止を天皇に提案してそのことを実現させたが，901年に左大臣の藤原時平(871～909年)のはかりごとによって失脚し，大宰府に左遷された。

重要 問4 ① 福沢諭吉(1834～1901年)は，幕末から明治時代にかけての啓蒙思想家・教育者である。大阪の適塾で学んだ後，幕府に仕えてその使節として3回欧米に渡り，『西洋事情』を著して欧米の近代文化を紹介した。明治維新後は政府に入らず，1868年に慶応義塾を創設して啓蒙・教育活動に専念し，1872～1876年に『学問のすゝめ』を著した。 ② 1873年の地租改正によって，税については地価の3%を地租として土地の持ち主に現金で納めさせるようにした。そのため農村でも土地を所有している農民は，豊作や凶作に関係なく一定の金額の税を納めるようになった。これによって，政府の財政基盤は安定した。

問5 前野良沢(1723～1803年)は，現在の大分県の中津藩の藩医で蘭学者であり，『解体新書』の主要な翻訳者であった。

基本 問6 フランシスコ＝ザビエル(1506～1552年)は1549年に鹿児島に上陸して，日本に初めてキリスト教を伝えたスペイン人の宣教師である。彼はイグナティウス＝ロヨラとともにイエズス会を設立し，また日本では2年ほどの間に鹿児島・山口・大分などで布教活動を行った。

問7 農地改革は1945年12月の連合国軍最高司令官総司令部(GHQ)の指令によって，1946～1950年にかけて行われた戦後の民主化政策の1つである。この政策は寄生地主と小作人の関係を断つことと，自作農の創設を目的とした。そのため第一次と第二次の改革が行われ，政府が地主から土地を買い上げて小作人に安く売り渡した。したがって，農地改革が行われたのは昭和時代である。なお，「あ」の米騒動(1918年)が起こったのは大正時代(1912～1926年)，「う」のノルマントン号事件(1886年)は明治時代，「え」の大阪が「天下の台所」と呼ばれて栄えたのは江戸時代のことである。

重要 問8 邪馬台国の女王卑弥呼は239年に中国の魏に使者を送り，魏の皇帝から「親魏倭王」の称号，金印，銅鏡100枚を授かったことが『魏志』倭人伝に記されている。女王卑弥呼が魏に使いを送った目的は，中国の魏から倭の王と認めてもらい，そのことを背景にして倭の中における邪馬台国の支配権を強めようとしたためである。

【2】 (日本の地理―都道府県のシンボルに関する問題)

問1 1 青森県の花はリンゴの花(「お」)で，同県が全国1位の生産を誇るリンゴの花は5月上旬～中旬にかけて美しい白い花をさかせる。そのため広く県民に親しまれており，青森県政100年を記念して指定された。 2 愛媛県の花は，ミカンの花(「え」)である。ミカンは同県全域にわたる特産物で，純白で清楚な花は県民性を象徴しているとされて指定された。 3 東京都の木は，イチョウ(「あ」)である。これはケヤキ・イチョウ・ソメイヨシノの3種の候補木の中から都民の投票が行われ，その結果，約半数の得票を獲得したイチョウが指定された。 4 広島県の魚は，カキ(「か」)である。広島のカキは約450年前から養殖されており，広島県を代表する水産物として指定された。

基本 問2 福井県はかつての越前国と若狭国にあたり，本州の中央部，日本海側に位置する県である。他方，越前ガニは荒々しい日本海で育ち，福井の味として広く定着し，冬の味覚として親しまれていることから福井県の「県の魚」に指定された。

問3 (香川県) 香川県の木と花はともにオリーブである。オリーブはモクセイ科の樹木で，実からはオリーブオイルが採れる。原産は地中海沿岸であるが，その地域と気候的に似ている瀬戸内の気候の同県ではよく栽培されている。県の花としては1954年，県の木としては1966年に指定された。県の鳥はホトトギスである。ホトトギスは渡り鳥であるが，県内によく生息し，よく繁殖するので1966年に指定された。（新潟県）県の花はユキツバキで，この花は日本海側の雪の多い地域に自生しており，1966年に制定された。県の花はチューリップで大正時代半ばに新潟で最初に球根の商業生産をはじめた。現在でもチューリップの出荷量と球根出荷量は全国有数であり，1963年に県の花に指定された。県の鳥はトキで，かつて同県佐渡島の佐渡トキ保護センターで飼育されていた。（山形県）県の木はサクランボであり，大阪での万国博覧会開催を契機に県でなじみ深いサクランボが選定された。県の花はベニバナで，染料や化粧料として栽培されてきた県を象徴する花として指定された。県の鳥はオシドリであるが，これは県内でみられる6種類の鳥のなかから県民の投票で選ばれた。なお，表1中の「あ」は北海道，「え」は富山県，「か」は沖縄県である。

重要 問4 あ 表1中の6道県の中で北海道は最も面積が広いので，表2中で最も面積が大きい「E」が北海道である。 お 表1中の「お」は新潟県である。道・県庁所在地の中で北海道の札幌市以外で政令指定都市になっているのは新潟市だけなので，道・県庁所在地である市の人口が78万人と二番目に多い表2中の「D」が新潟県である。 か 表1中の「か」は沖縄県である。表2中の6道県の中でも沖縄県には目立った工業がないので，製造品出荷額等が最も少ない「A」が沖縄県である。なお，表2中のBは香川県，Cは富山県，Fは山形県である。

問5 ア・イ 表3のアとイの港の貿易品は類似しているが，主要な輸出品目でともに自動車が多いことが特色で，日本の自動車輸出の代表的な港は名古屋港と横浜港である。ただし，輸出額はアの方がイよりも多くなっているので，自動車工場が集中している愛知県にある名古屋港がア，横浜港がイとなる。 ウ 東京や大阪などの大消費地に近い港では，輸入品に衣類や食料品が多いことが特色である。主要な輸入品に衣類や食料品の肉類が入っているので，東京港である。

重要 問6 ア 図1中のアは函館市なので，函館市で桜の名所として有名な城跡は五稜郭である。五稜郭は江戸時代末期に江戸幕府が箱館郊外に築城した洋風平城で，周囲の土塁が五角形の星形をしているのが特徴である。 イ 図1中のイは会津若松市なので，同市で桜の名所として有名な城跡は若松城である。若松城は地元では鶴ヶ城とも呼ばれている平山城で，城下町の南端にあり，かつては会津藩の政庁として政治の中心であった。 ウ 図1中のウは高知市なので，同市で桜の名所として有名な城跡は高知城である。高知城は高知平野のほぼ中央に位置する大高坂山の上に築かれた平山城で，江戸時代には土佐藩の藩庁が置かれていた。なお，選択肢「あ」の上田城は長野県上田市，「え」の弘前城は青森県弘前市にある城址である。

問7 長野が全体の生産量の割合の約3分の1を占め，次いで茨城，群馬，長崎，兵庫が続いているので，レタスの生産量の割合を示したものである。なお，その他の作物の生産量の割合が多い都道府県は，「あ」のきゅうりは宮崎・群馬・埼玉・福島・千葉，「い」のトマトは熊本・北海道・愛知・茨城・千葉，「う」のぶどうは山梨・長野・山形・岡山・福岡である。

問8 ① 大井川は静岡・長野・山梨の県境付近にある南アルプス南部の間ノ岳に発してからは静岡県内を流れ，赤石山脈と白根山脈の間を南下し，焼津市と榛原郡吉田町の境界で駿河湾に注いでいる。したがって，長野県内を流れる河川ではない。 ② 善光寺平とは長野盆地の通称であり，長野県北東部の千曲川下流にある西を筑摩山地，東を三国山脈にはさまれた盆地である。また善光寺は長野市元善町にある天台宗と浄土宗に属する寺である。推古天皇の頃に建立されたとされ，その後のたびたびの火災で焼失したが，そのたびに再建され，付近の院や坊とともに門前町を形成して長野市の発展の基礎となった。

【3】（政治ーグローバル社会に関連した問題）

問1 ① ヨーロッパ連合(European Union)の略称は「EU」であり，1991年にマーストリヒト条約が結ばれ，1993年に同条約が発効することで成立した。加盟国は27ヵ国(2020年現在)であり，加盟国の経済・政治統合に向けた努力が行われている。　② 2020～2022年の国連分担金の負担割合が多い上位5ヵ国はアメリカ合衆国(22%)，中国(12～15%)，日本(約8%)，ドイツ(約6%)，イギリス(約4%)という順になる。この5ヵ国の中でEUの加盟国はドイツだけなので，EU加盟国で国連分担金の負担割合が最も大きい国はドイツである。

重要 問2 ① A 現在，日本でくらす外国人の中で約4分の1を占めて最も割合が多いのは中国人である。彼らは留学や技能研修の他に日本に働きに来ている人も多い。その人数は1990年代から倍増し，2000年代前半以降も増える傾向にある。　B アメリカ人も在日外国人の中では10位以内に入る。彼らは会社経営者，法律・会計業務，国際業務などの関係者が多いが，留学などで来ている人もいる。　② ポルトガル語は主にポルトガル，ブラジルとその他に9つの国と地域で公用語とされている言語である。ガリシア地方のラテン語が変化して12世紀頃に確立したとされ，ブラジルには16世紀にポルトガル人によってもたらされたとされている。

問3 ア 誤り。外国人が日本国内に住んで働くためには，厚生労働省ではなく法務省の発行するビザが必要である。厚生労働省は，主に健康，医療，福祉，介護，雇用などに関する仕事を行っている省庁である。　イ 正しい。2016年に施行されたヘイトスピーチ対策法には，地方自治体はヘイトスピーチを抑えるように努力することが規定されている。それによって，いくつかの地方自治体ではヘイトスピーチに関する条例が制定されている。　ウ 正しい。外国人が居住している国の選挙で投票(選挙権)したり，議員などに立候補したりする権利(被選挙権)のことを外国人参政権というが，日本では国・地方ともに外国人参政権を認めていない。

やや難 問4 ① 2018年12月に「特定技能」の制度を中心とした法律が成立し，これにより2019年4月から人手不足が深刻な産業分野における「特定技能」での新たな外国人人材の受け入れができることになった。この「特定技能」の制度とは中小企業をはじめとした深刻な人手不足に対応するために，一定の専門性や技能を持っている即戦力となる外国人の人材を受け入れるものである。この制度が始まった背景として，図4の1990年と2020年の年れい階級別人口の構成を比べると，2020年は1990年に比べて全体的に人口構成が高齢化し，10代・20代などの若年層の人口も減少していることがわかる。このことは少子高齢化が進んだことで，15歳～65歳未満の生産年齢人口が減少していることを示している。そのため日本ではこれまでの経済活動を維持するために生産年齢人口の人手不足を補う必要が生じ，一定の専門性や技能を持っている外国人を受け入れる「特定技能」の制度の導入が不可欠となった。　② 表4中の10ヶ国の中で，「特定技能」の制度で日本に滞在している人数が比較的多い国はベトナム(14147人)，インドネシア(1921人)，フィリピン(1731人)，少ない国はシンガポール(0人)，ブルネイ(0人)，マレーシア(8人)である。これらの国々を国民一人あたりの経済的な豊かさで比べるとベトナムは8.7，インドネシアは9.8，フィリピンは8.3，他方シンガポールは146.7，ブルネイは65.0，マレーシアは25.8である。それらのことから，「特定技能」の制度の滞在者が多い国は日本と比べた豊かさが低く，逆に少ない国は日本と比べた豊かさが高いことが確認できる。したがって，日本と比べた経済的な豊かさが相対的に高い国からは特定技能外国人は来ておらず，相対的に貧しい国から来ていることがわかる。

★ワンポイントアドバイス★

地理・歴史・政治の各分野の問題構成や出題の割合は，例年類似している。ただし政治の分野では毎年，合計で4行程の説明問題も出題されているので，日頃から社会の問題には注意を向けるようにしよう。

<国語解答>

一　問一　エ　　問二　娘が早く新しい環境に馴染みクラスメイトと仲良くなろうとするのを助けたいという気持ちから，工夫してうまくできないか考えてみようと思い直したから。　問三　ア　　問四　イ　　問五　エ　　問六　エ　　問七　なんとなく　問八　ウ　　問九　イ　　問十　いつもまわりに合わせた行動を取るばかりで自分らしさを出せず，毎日を本当には楽しめなくて，深くわかり合えるような友人もできなかった。　問十一　他人の評価ばかり気になってしまったときに，自分を出せずに後悔した小学校時代を思い出し，いつかわかってもらえると信じ，時間をかけてでも自分らしいものを作ろうと思い直すこと。　問十二　a　報告　b　一刻

二　問一　a　在住　b　誕生　c　観光　d　過程　問二　イ　　問三　大野さんが一人で積んで始まったのだが，大水が出るたびに崩れたり流されたりするので，その後何度も作り直していること。　問四　エ　　問五　ウ　　問六　心からすっきりと納得すること　問七　エ　　問八　何とか生きていこう　問九　石を積んだだけの『生』は，自然の力によって何度も流されてしまうものだ。けれども，あきらめて投げ出してしまうのではなく，その度に互いに協力しながら『生』を自主的に積み直す。そのことが，人の営みそのものを表現しているし，また，気を落とした人々に向けての応援メッセージの役割も果たしているということ。

○推定配点○

一　問二・問十・問十一　各6点×3　　問三・問九　各3点×2　　問十二　各2点×2　他　各4点×6

二　問一　各2点×4　　問三・問八　各6点×2　　問四　3点　　問六　5点　　問九　8点　他　各4点×3　　計100点

<国語解説>

一　(随筆一主題・表題，心情・情景，細部の読み取り，空欄補充，ことばの意味，漢字の書き取り，記述力)

基本　問一　中国の学校に行ってまもなくの行事に「お揃いの浴衣」と誘ってくれたこと自体嬉しかったし，直後にあるように「何より早く馴染みたい」気持ちだったのだからエである。

やや難　問二　転勤という親の都合で転校したばかりの娘が，新しい環境に馴染みたいと思っている気持ちを理解したから「わかった」という返事が出てきたのだ。「なんとかする」は，母が寝る間も惜しんで作ってくれた浴衣がどのようなものであったかを考える。いくら娘の希望を理解できたとしても，作る材料がなければどうにもできない。「しばらくすると」の間は，何か工夫すれば浴衣が作れるかもしれないと思い直したのである。

問三　みんなとは少しちがう感じがする浴衣ということにこだわりすぎると「はずかしかった」を選びたくなるが，「私だけの特別の浴衣」という表現と，文章全体で「自分らしさ」を述べている主旨から考えれば「嬉しかった」を選ぶことができる。

問四　泣いた理由を，クラスメイトに「転校するなんて聞いていなかった」と言い訳したのは「嘘をついた」とあるので本当の気持ちではない。「もし浴衣～」の一文に着目すると，イであることがわかる。

問五　両親の気づかいは，この場合，ドイツに行く前から兄妹ともに顔見知りだった子どもが通っている学校に転校できるように配慮したことだ。冒頭の一文でもわかるように，父親の仕事の都

合で転校を繰り返さなければならない子どもへの気づかいと考えられるのでエである。

基本 問六 「迎合」とは，辞書の意味で，自分の考えを曲げてでも，他人の気に入るように調子を合わせることという意味だ。「ここでの意味」という条件だが，辞書の意味と同じ意味合いなのでエである。

問七 「中国の学校で」と「具体的に」と「ひとつづきの二文」という条件である。問四で考えたように，いやだったのは「私は私だと」いう態度ができなかったことだ。それはつまり，自分の気持ちを出すことができないまま，周囲に合わせた生活をしていたということなので「なんとなく～」で始まる文と，続く，「いつか言えたら～」で始まる文が，当時の「私」の具体的な生活ぶりである。

重要 問八 「すると母が～」で始まる段落が着目点である。「私」の答えを聞いて「だよね」と言っていることから考えると，母は，入賞した絵を見たとたん，「私」が描きたかった絵ではなく，周りに合わせた絵だと気づいていたのである。

問九 【Ⅱ】の段階ではまだ母の気持ちに気づいていない。だから，入賞作品としての自分の絵を家族で見に行っているのに，喜んでくれていないような態度に「とぼとぼ」と歩いていたのである。

やや難 問十 「それから私は学校生活でも～」で始まる段落から考える。母の言葉から，「もっと自分らしく」と思うようになったのだから，母の言葉がなかったら，これまで通り「周囲に合わせた行動をとり，自分らしさを出すことなどしなかった」と考えられる。また，「それから急激に～」で始まる段落でも，母の言葉から変わってきた「私」の毎日が述べられている。もし母の言葉がなかったら「毎日が楽しめなく，本当に気の合う親友もできなかった」ということになる。

やや難 問十一 ——線⑨の直前の文の冒頭が「そんな時」だ。指し示す内容は，自分の創作について，周囲の反応のようなものを気にするときということだ。この心情を，小学校時代の転校と重ね合わせて考えるようにすることが「我に返る」ということになる。中国の転校で泣いたのは「自分らしさを出せず後悔した」ということだ。これとあわせて，「でもそれは，～」で始まる段落に着目し「時間をかけてでも自分らしいものを作ろう」ということだ。

問十二 a 「報」は全12画の漢字。9画目ははねる。 b 「刻」は全8画の漢字。3画目が4画目に突き出ないように書く。

二 **(随筆—主題・表題，心情・情景，細部の読み取り，空欄補充，ことばの意味，漢字の書き取り，記述力)**

重要 問一 a 「在」は全6画の漢字。3画目は2画目の上に少し出す。 b 「誕」は全15画の漢字。10画目は9画目の左に出ないようにする。 c 「観」は全18画の漢字。4画目を2画目の上に出さない。 d 「程」は全12画の漢字。10画目を上に出さないように書く。

基本 問二 「当時は～」で始まる段落の内容を，——線①直後でまとめている。不思議に思ったものが，なるほどと感心して納得するストーリーになっているということだからイである。

問三 ——線②は「大野さんが一人で積んでいた」と修飾されている。大水などの災害が起きると，ボランティアの人たちが，積み直しているから，もともとの「第一作」がそのまま残っているわけではないのだ。これをふまえて，わかることは「何度も作り直していること」だ。

問四 だれも賛成の返事をしなかったのに，提案者の宝塚市はしつこくこだわらずにあっさりと引き下がったことをほめている。「あっさり」に近い言葉は「すんなり」だ。

問五 一種の謙遜の表れと思えるが，最初の返事は，よくよく考えてのことではなかったということだ。続く，「しかし，～」で始まる段落で，やはり間違いではなかったという内容になっていくのでウだ。

重要 問六 「腑に落ちる」とは，納得できる，合点がいく，理解できるという意味だ。10字以上という条件なので，いずれかの言葉を，修飾語を使って解答しよう。

問七　大野さんが始めた「生」の石積みにだけとらわれず，きちんと文脈を追って，直後にある「しかし，それでも～」からの一文をしっかり読み取る。この一文も，省略が用いられているので，なおさらしっかりした読みが必要だ。「それでも」のあとには，「やがて再び人々は動き出すだろう」のような肯定的な言葉が省略されている。したがって，「人々の意志に共感する心が失われてしまう時代」が来たとしても，人の営みが続く限り長い年月をかけても再び共感できる日がやってくるという肯定感である。

問八　「自然の膨大な～」で始まる段落と続く「誰に強いられる～」で始まる段落の筆者の考えに着目すると，「生きていくことの象徴」とある。【B】には「とメッセージを」と続かなければならないので，「生きていこう」のような前向きな「生」を表す言葉を入れる。

やや難　問九　波線部の「『生』にこめられた」は，実際に大野さんが積み始めた石の「生」のことだから，石で積んだ『生』は，災害などで何度も流されてしまうものだ。しかし，その都度，人々が協力しながら『生』を積み直してきたという事実を，人の営みと重ねて考えることが「こめられた意味」ということになる。

★ワンポイントアドバイス★

随筆文の出題の頻度が高い傾向があるので，しっかり取り組んでおこう。

第2回

2022年度
解答と解説

《2022年度の配点は解答欄に掲載してあります。》

＜算数解答＞

1 (1) $\frac{7}{8}$ (2) 0.6 (3) $1\frac{1}{3}$

2 (1) 17個 (2) 19cm (3) $\frac{11}{23}$

3 (1) Bさん，11匹 (2) 25匹

4 120個，10560円

5 (1) 20cm (2) 37.5cm

6 (1) 2：3 (2) 分速540m (3) (道のり) 5400m (分速) 600m

7 (1) 6・12 (2) (4，9，10)(9，4，10) (3) キ 7・12 コ 1・4・6・12

○推定配点○

各5点×20(3(1)，7(1)，(2)，(3)キ，(3)コ各完答) 計100点

＜算数解説＞

1 (四則計算)

(1) $1\frac{19}{24}-\frac{22}{24}=\frac{7}{8}$

(2) $1.68\div2.8=0.6$

(3) $2.2\div(2.25-0.6)=\frac{220}{165}=\frac{20}{15}=\frac{4}{3}$

重要 2 (割合と比，平面図形，数の性質)

(1) 銀メダルの個数が①，金メダルの個数が②＋3，銅メダルの個数が③＋1のとき，①＋②＋③＝⑥が46－(3＋1)＝42(個)に相当する。
したがって，金メダルは42÷6×2＋3＝17(個)

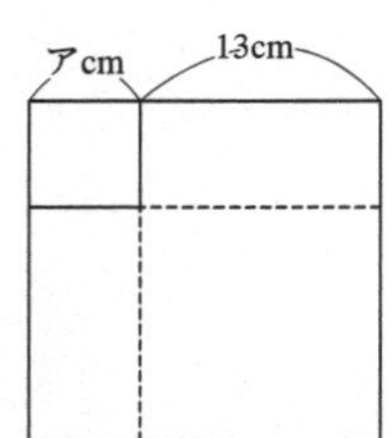

(2) 右図より，ア＋13の平方はア×ア＋13×ア×2＋13×13＝ア×ア＋26×ア＋169であり，26×ア＋169が325である。
アは(325－169)÷26＝6
したがって，求める長さは6＋13＝19(cm)
【別解】カ×カ－キ×キはカ＋キとカ－キの積に等しいので，325＝25×13より，(25＋13)÷2＝19

(3) $\frac{10}{70}$のとき…$\frac{b}{a}$は$\frac{10}{30}$×
$\frac{11}{77}$のとき…$\frac{b}{a}$は$\frac{11}{23}$○

	時間	費用
A	5分	50円
B	3分	10円

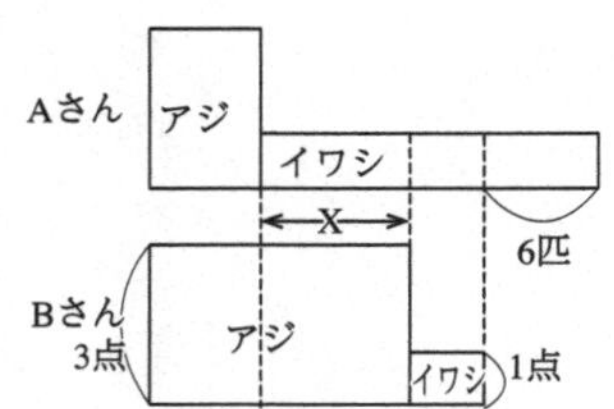

重要 3 (差集め算，和差算)

(1) 右図より，AさんはBさんより，イワシを6匹多くつっており，イワシ6匹分の1×6＝6(点)がない場合，点差は16＋6＝22(点)
したがって，Bさんのほうが22÷(3－1)＝11(匹)アジを多く

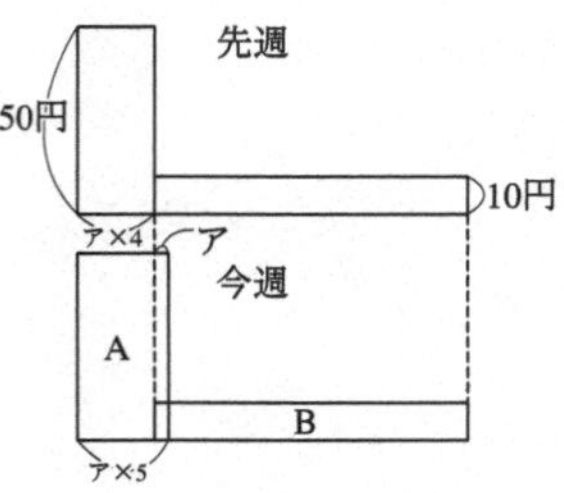

つった。

(2)　(1)より，(33＋11＋6)÷2＝25(匹)

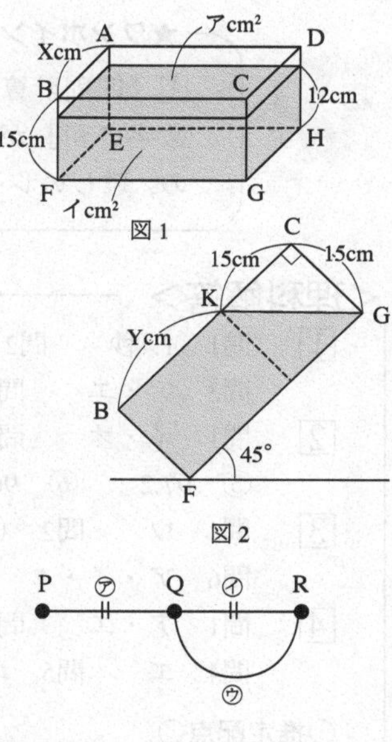

重要 4 **(統計と表，売買算，割合と比)**

A　1：1.25＝4：5であり，右図より，アについて時間の差が48分であり，アは48÷(5－3)＝24(個)　したがって，今週のAの個数は24×5＝120(個)

合計　Aより，A24個についての費用の差が(50－10)×24＝960(円)である。
したがって，今週の全体の費用は960×1.1＝10560(円)

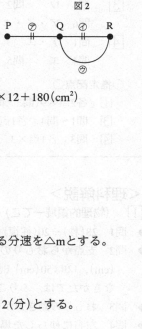

重要 5 **(平面図形，立体図形，割合と比，消去算)**

(1)　図1より，底面の面積をアcm^2，前面の面積をイcm^2，ABの長さをXcmとする。
ア×12＝イ×16より，ア：イ＝16：12＝4：3
したがって，Xは15÷3×4＝20(cm)

(2)　図2より，台形BFGKの面積はY×15＋15×15÷2＝Y×15＋112.5(cm^2)
図1より，水がたまっている部分の前面の面積は12×(Y＋15)＝Y×12＋180(cm^2)
したがって，BCは(180－112.5)÷(15－12)＋15＝37.5(cm)

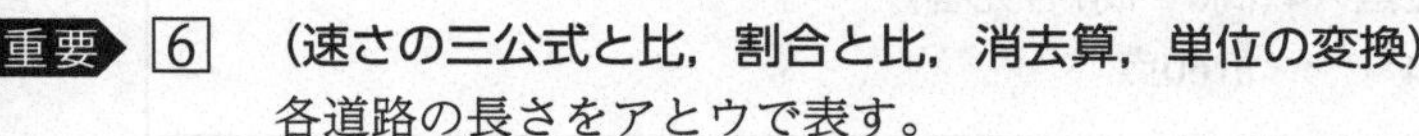

重要 6 **(速さの三公式と比，割合と比，消去算，単位の変換)**

各道路の長さをアとウで表す。

(1)　自転車の時間…$\frac{ア}{360}$　　乗用車の時間…$\frac{ア}{900}+\frac{ウ}{900}$
これらの時間が等しいので，$\frac{ア}{360}-\frac{ア}{900}=\frac{ア}{600}$が$\frac{ウ}{900}$に等しい。
したがって，ア：ウは600：900＝2：3

(2)　(1)より，㋐，㋑，㋒の道のりの比を2：2：3，トラックが㋐を走る分速を△mとする。
乗用車の時間が$\frac{2}{900}+\frac{3}{900}=\frac{1}{180}$のとき，$\frac{2}{△}$は$\frac{1}{180}\div 3\times 2=\frac{1}{270}$
したがって，△は270×2＝540(m)

(3)　トラックが㋐を走る時間を○×2(分)，バスが㋐を走る時間を□×2(分)とする。
Q地での時間差　○×2－□×2＝1(分)　…カ
R地での時間差　□×(2＋3)－○×(2＋1)＝□×5－○×3＝7.5(分)　…キ
カ×1.5＋キより，□×5－□×3＝□×2が1×1.5＋7.5＝9(分)
カより，○は(1＋9)÷2＝5(分)，□は9÷2＝4.5(分)，○：□＝5：4.5＝10：9
バスの分速…(2)より，540÷9×10＝600(m)
㋐の道のり…540×5×2＝5400(m)【別解】600×4.5×2＝5400(m)

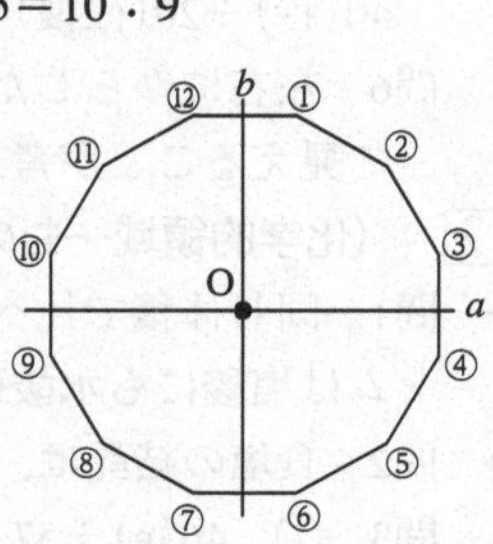

7 **(平面図形，対称な図形，場合の数，論理)**

操作：上下対称・左右対称・点対称・時計回り90度回転

基本 (1)　15＝6＋9＝12＋3より，アは6，12

重要 (2)　33＝4＋⑩＋9＋10＝9＋⑩＋4＋10より，(4，9，10)(9，4，10)

やや難 (3)　1番目に上下対称の操作，4番目に左右対称の操作で終了し，㋕→㋖→㋗→㋘→㋙と動いて38になる場合，以下の例がある。
7→⑫→6→1→⑫　7→⑫→6→9→④　12→⑦→6→7→⑥　12→⑦→6→12→①

★ワンポイントアドバイス★

[1]「四則計算」で失点するわけにはいかない。最後の問題である[7](3)「操作と数字の和」がなかでも面倒であるが，他の問題は基本レベルとは言えないものの，難しいレベルではない。自分にとって解きやすい問題からから取り組もう。

＜理科解答＞

[1] 問1 1.4秒 問2 ① 51.5 ② 53 ③ 振り子の長さ ④ おもりの重さ
問3 ア・エ 問4 1秒 問5 2秒 問6 イ・エ

[2] 問1 イ・オ 問2 エ 問3 ① 0.8 ② 80 ③ 44.4 ④ 17.5
⑤ 97.2 ⑥ 96.5

[3] 問1 ウ 問2 (トカゲ) c (ネコ) a 問3 イ 問4 酸素 問5 a
問6 ア・イ・エ 問7 Y・Z・X 問8 Y

[4] 問1 ア・エ 問2 ウ 問3 ① 地面 ② 植物 ③ コンクリート
問4 エ 問5 増水した川の水を流し込んで遊水地として使う。

○推定配点○

[1] 各2点×9(問3・問6各完答) [2] 各2点×9
[3] 問1～問4 各1点×5 他 各2点×4(問6・問7各完答)
[4] 問3 各1点×3 他 各2点×4 計60点

＜理科解説＞

[1] (物理的領域―てこ)

重要 問1 28(秒)÷20(往復)＝1.4(秒/1往復)

基本 問2 支点からおもりの重心までが振り子の長さとなる。よって，①は50(cm)＋53(cm)÷2＝51.5(cm)，②は50(cm)＋56(cm)÷2＝53cmのふりこの長さとなる。よって，図2のようなおもりのつなぎかたでは，ふりこの長さを変えずにおもりの重さだけを変えたことにならない。

やや難 問3 おもりの動き方がずれた場合，アやエのようにふりこが動いて見えることが考えられる。

基本 問4 左右にゆらした場合，25cmの長さのふりこになる。よって，1往復にかかる時間は，20(秒)÷20(往復)＝1(秒/1往復)となる。

基本 問5 手前から奥にゆらした場合，100cmの長さのふりこになる。よって，1往復にかかる時間は，40(秒)÷20(往復)＝2(秒/1往復)となる。

問6 左右にゆらした場合はイのように，手前側と奥側にゆらした場合はエのようにふりこが動いて見えることが考えられる。

[2] (化学的領域―ものの溶け方)

重要 問1 同じ体積で比べた時に，氷は水より軽いので氷は水に浮く。よってイは正しい。アルミニウムは塩酸にも水酸化ナトリウム水溶液にも溶けるので，オは正しい。

重要 問2 食塩の結晶は，立方体の形をしている。

問3 ① 46(g)÷57.5(mL)＝0.8(g/mL) ② 0.8(g/mL)×100(mL)＝80(g)

③ $\dfrac{80(\text{g})}{100(\text{g})+80(\text{g})}\times100=44.44\cdots$ より，44.4％

④ 図1でエタノール濃度が44.4％の位置を読み取ると，縦軸の値は17.5mLである。

やや難 ⑤ 18(g):17.5(mL)=100(g);□(mL)より,97.2mLである。

やや難 ⑥ 図2でエタノール濃度が44.4%の位置を読み取ると,縦軸の値は55.5mLである。
よって,46(g):55.5(mL)=80(g):□(mL)より,96.5mLである。

③ (生物的領域—動物)

問1 トカゲはは虫類,ネコはほ乳類である。

問2・問3 トカゲは変温動物なのでc,ネコは恒温動物なのでaのグラフである。

問4 呼吸に必要な期待は酸素である。

問5 猫は気温の変化に対して体温がほぼ一定なので,aのグラフである。

基本 問6 ウだけが体温を逃がさない調節である。よって,放熱に関係する現象はア,イ,エである。

基本 問7 鼻の奥にある空所で温度が冷やされると考えられるので,温度の高い順に並べると,Y>Z>Xの順となる。

基本 問8 Yは心臓から出て脳へ血液を送っているので,酸素を最も多く含んでいる。

④ (地学的領域—気象)

重要 問1 ア 台風の中心に近い部分は積乱雲が発達しているため,アは正しい。 イ 台風の雲は行ったり来たりしないので,イは間違いである。 ウ 台風が近づいてくると上昇気流が強くなるため,ウは間違いである。 エ 台風が近づくと,雨を降らす雲がとぎれとぎれに通過するため,雨は降ったりやんだりするので,エは正しい。

重要 問2 台風は中心に向かって反時計回りに風が吹き込む。

基本 問3 ①・② 雨水は川に流れるだけでなく地面にしみこんで地下水にもなったり,植物に吸収されて蓄えられたりする。 ③ 町ができると地表の多くはコンクリートでおおわれるため,雨水の多くが川に流れ込む。

問4 ①は津波,②は洪水・氾濫,③は崖崩れを表すマークである。

基本 問5 川の南側の土地は低いため,大雨が降った時に川から氾濫した水が一時的にたまる遊水地の役割を持っている。そのため,人が住む場所として利用されていない。

★ワンポイントアドバイス★
学習したことのない問題は,問題文にヒントが必ず書かれているので,それを見逃さない読解力を養おう。

<社会解答>

【1】 問1 エ→イ→ア→カ→ウ→オ 問2 ① ア ② オ ③ キ ④ カ
問3 ① あ ② 朱印状 ③ 武家諸法度 問4 埴輪(はにわ)
問5 あ・う 問6 板付(遺跡) 問7 五・一五事件 問8 ① 屯田兵
② アイヌの人たちは,土地や漁場などの権利を失ったり,日本式の名前を名のらされるなど,伝統的な文化や習慣を禁止された。

【2】 問1 ロシア 問2 あ・え 問3 自家用車が普及したから。 問4 200(海里水域)
問5 え 問6 太平洋・大西洋・インド洋 問7 白夜 問8 2月2日午後4時
問9 サマータイム制 問10 カムチャッカ(半島)

【3】 問1 1 総辞職 2 指名 問2 デジタル庁 問3 ア ○ イ × ウ ○
問4 ① A う B い C あ ② 日本国憲法は国民を主権者とし,その国民が直接選んだ人々が国会議員である。一方,内閣の各大臣は国民が大臣の地位を与え

ているわけではない。ゆえに日本国憲法は国会を国権の最高機関とし，内閣より上位に位置づけている。

○推定配点○

【1】 問8② 2点 他 各1点×13(問1完答)

【2】 各2点×12(問2完答)

【3】 問4② 3点 他 各2点×9 計60点

＜社会解説＞

【1】(日本の歴史―移民に関する問題)

問1 アの海外貿易の許可状をもらった貿易船が東南アジアに向かったのは江戸時代(1603～1867年)初期，イの古墳の設計・建築や金属加工などの進んだ技術を持った人びとが大陸から日本各地に移り住んだのは古墳時代(3世紀後半～7世紀ごろ)，ウの戦争でヨーロッパ諸国の生産が低下して日本は輸出を伸ばして好景気になったのは大正時代(1912～1926年)，エの米作りの技術をもった人びとが中国や朝鮮半島から日本に移り住んだのは弥生時代(前4世紀ごろ～後3世紀ごろ)，オの20万人以上の日本人が開拓を進めるために満州に移り住んだのは昭和時代(1926～1989年)，カの蝦夷地は北海道と改められ，開拓するための役所がおかれたのは明治時代(1868～1912年)である。したがって，これらの事柄を古い方から順に並べると，エ→イ→ア→カ→ウ→オとなる。

重要 問2 ① 写真は日光東照宮の陽明門であり，この日光東照宮が建てられたのは江戸時代のことなので，関係が深い文は「ア」である。 ② 写真は日中戦争勃発後に節約を訴える標語(1940年)なので，関係が深い文は昭和時代の「オ」である。 ③ 「蒙古襲来絵詞」は鎌倉時代(1185～1333年)の元寇の際の戦いの様子を描いたものなので，関係の深い文はない(「キ」)。 ④ 新橋・横浜間に鉄道が開通したのは1872年のことなので，関係が深い文は明治時代の「カ」である。

問3 ① シャムとは，インドシナ半島中央部に位置する現在のタイのことである。タイ人は中国の雲南地方から南下し，13世紀に北タイに建国した後，カンボジアのクメール文化などを吸収した。14世紀半ばには南タイにも建国し，北タイと統合した。18世紀後半にバンコクを都とした現在の王国が建国された。なお，「い」のインドは南アジアのインド亜大陸の国，「う」のベトナムはインドシナ半島東部に位置する国，「え」のマレーシアはマレー半島南部とボルネオ島北部の国である。 ② 朱印状とは一般的に日本においては朱印が押された公的文書のことであるが，普通は江戸幕府の将軍が海外に渡航する船に対して発行した渡航許可状を指す。いわゆる鎖国前の時期に徳川家康は海外との貿易を積極的に行ったため，たくさんの朱印状が発行された。

③ 武家諸法度は江戸幕府の大名統制法で，第2代将軍徳川秀忠(在1605～1623年)によって1615年に最初に定められた。この時の法令には，大名が学問と武芸にはげむこと，城の修理や新築の禁止，大名が勝手に結婚することの禁止などをはじめとする政治規定，治安規定，儀礼規定などがあった。その後，第3代将軍徳川家光(在1623～1651年)時代の1635年に参勤交代が制度化され，これによって大名は江戸と領地の間を1年ごとに往復し，またその妻子は江戸に住むことになった。

基本 問4 埴輪は古墳の頂上や周囲に置かれた素焼きの土器のことで3世紀後半から7世紀までの古墳時代に使用され，豪族などの墓である古墳の周囲などにかざられた。埴輪には円形の形をした円筒埴輪と人・動物・家などのかたどった形象埴輪の2種類があり，形象埴輪からは当時の社会の様子を知ることができる。

重要 問5 大正時代には産業の発展と大正デモクラシーと呼ばれた自由主義の風潮の中で，社会における女性の活動の場も広がった。その中で女性の新しい職業も生まれ，それまでは医者・看護師・教員などに限定されていた女性の職業が，事務員・バスの車掌（「あ」）・タイピスト・電話の交換手（「う」）などのサービス業にも広がった。また大正時代後期には，洋装や洋風化粧をしたモダンガールと呼ばれた女性も現れた。い　日本でテレビ放送が始まったのは昭和時代の1953年のことなので，テレビキャスターが現れたのもその時代であり大正時代ではない。え　女性の国会議員が現れたのは1946年4月の衆議院議員総選挙で39名の衆議院議員が当選した時なので，昭和時代であり大正時代ではない。

問6　板付遺跡は，福岡県福岡市博多区板付にある縄文時代末期から弥生時代後期の遺跡である。この遺跡には竪穴住居や水田の跡があり，また日本でも最初期の環濠集落であったことも確認されている。

問7　五・一五事件（1932年）は急進的な海軍の青年将校らの一団が，満州国の建国に反対する犬養毅首相を首相官邸で殺害するとともに，日本銀行や警視庁などを襲撃した事件である。この事件の結果，政党内閣の時代が終わった。

やや難　問8　①　屯田兵は，明治時代に北海道の開拓と警備を目的とした農兵とその部隊である。1874年にこの制度がつくられ，翌年から北海道への入植が開始され，当初は失業した士族が動員されたが，その後は平民からも募集された。この制度は1904年に廃止された。②　明治政府は，それまでのアイヌ人が住んでいた「蝦夷地」を「北海道」として領土化し，完全に「日本化」する政策を進めた。1871年の戸籍法ができたことで，開拓使はアイヌ人に日本語とその文字を覚えることを強制した。また1876年ごろにはアイヌ人たちは名字を付けることを強制され，名前も和人風に付け直すことが求められた。さらに開拓使は北海道の土地を日本の国有地と和人の私有地とし，1877年にはアイヌ人が持つ家や農地を開拓使の管理とした。このようにアイヌ人たちは土地や漁場の権利を失い，伝統的な文化や慣習が禁止され，自らの文化を否定されることになった。

【2】（日本の地理―「朝のリレー」に関する問題）

問1　カムチャッカ半島はユーラシア大陸の北東部にあり，南南西方向に伸びた面積約27万km^2，長さは約1250kmの半島である。その気候は亜寒帯気候からツンドラ気候で，現在ではその全領域がロシア連邦に属している。

問2　2020年現在でそれぞれの国の人口は「あ」のインドネシアが約2億7千万人，「い」のエジプトが約1億人，「う」のスウェーデンが約1千万人，「え」のブラジルが約2億1千万人，「お」のフランスが約6千5百万人である。メキシコの人口は約1億3千万人なので，メキシコより人口の多い国は「あ」のインドネシアと「え」のブラジルである。

重要　問3　バスの年間輸送人員は1970年代前半が約100億人であったが，現在では約40億人に減少している。そのためにバスの減便や路線の廃止が進められている地域もあるが，その主な理由は地域の過疎化と自家用車が普及したことでバスの利用者が減ったことである。

基本　問4　排他的経済水域は，干潮時の海岸線から200海里（約370.4km）までの範囲で，領海の部分を除いた海域のことである。この水域の水産資源や鉱産資源はその沿岸国が優先的に利用できるので，他国はその国の許可なくそれらの資源を採取することはできない。

問5　設問中の各都市の緯度は，静岡市が北緯34度，仙台市が北緯38度，函館市が北緯41度，福岡市が北緯33度である。イタリアの首都ローマの緯度は北緯41度なので，ほぼ同じ緯度にある都市は函館市である。函館市は北海道に位置し，その気候は夏は比較的低温で冬は長く寒さが厳しく，降水量は比較的少なく梅雨がない冷帯の北海道の気候である。したがって，そのような特色を示しているのは雨温図「え」となる。なお，「あ」は福岡市，「い」は仙台市，「う」は静岡市の雨温図である。

基本 問6　三大洋とは，太平洋，大西洋，インド洋のことである。太平洋はユーラシア大陸・オーストラリア大陸・南北アメリカ大陸で囲まれた海域，大西洋はユーラシア大陸のヨーロッパとアフリカ大陸・南北アメリカ大陸で囲まれた海域，インド洋はインド半島の南にあり，アフリカ大陸・オーストラリア大陸で囲まれた海域である。その中で太平洋が最も広い海洋であり，三大洋で地球上の海の面積の約90%を占めている。

問7　白夜とは，一日中太陽が沈まないか，太陽が沈んでも薄明るい状態のことである。主に北極圏や南極圏付近で夏至の前後にみられる現象で，北極圏付近では6月下旬ごろ，南極圏付近では12月下旬ごろに起こる。

重要 問8　ヨーロッパ連合から離脱した国はイギリスで，その国の首都はロンドンである。ロンドンの経度は0度，東京の時間は日本の標準時子午線である東経135度を基準としている。1時間の時差は経度15度で生じるので，ロンドンと東京の時差は9時間(135÷15)となる。時間の進み方は東の方が早いので，ロンドンよりも東京の方が時刻は早く過ぎることになる。したがって，ロンドンが2月2日午前7時の時の東京の日時はそれよりも9時間進んでいることになるので，2月2日午後4時となる。

問9　サマータイムとは，1年の内で夏を中心とする時期に太陽が出ている時間帯を有効利用するために，標準時を1時間進める制度である。明るい時間帯が1時間増えるため，その時間を有意義に使用することで，余暇を楽しんだり，消費電力を節約しようとするものである。主にアメリカやヨーロッパの国々で行われている。

問10　日時の進行は日付変更線をまたがない限り，西側より東側の方が早くなっている。日付変更線は太平洋上の経度180度の経線にほぼ沿って南北に走っているので，図2中ではニュージーランドのすぐ近くの右側の線がそれにあたる。図2中の4地点の経度はカムチャッカ半島とローマが東経，ニューヨークとメキシコシティが西経であるが，日時の進行は西経の地域より東経の地域の方が早い。また東経の地域でもより東に位置する方が日時の進行は早いので，ローマよりもカムチャッカ半島の方が時間は早くなる。そのため同じ日の朝を迎えるのはカムチャッカ半島→ローマ→ニューヨーク→メキシコシティの順番となるので，最も早く同じ日の朝を迎えるのはカムチャツカ半島である。

【3】 (政治―立法権・行政権・司法権の三権に関連した問題)

基本 問1　日本の首相(内閣総理大臣)は国会議員の中から国会によって指名されるので，普通は国会の第1党である政党の党首(総裁)が首相となる。また首相が交代する時には前内閣が総辞職し，その後に国会で改めて指名を受ける必要がある。そのため2020年9月の首相交代の際には，当時の安倍晋三首相の辞意表明を受けてまず自由民主党内で新たな党首を決める選挙が行われ，菅義偉が新たな総裁に選ばれた。その後，9月16日に安倍内閣は総辞職(空欄1)し，同日召集された臨時国会の衆参両院本会議において菅義偉が新しい首相に指名(空欄2)された。

問2　デジタル庁は，国や地方行政のIT化やデジタルトランスフォーメーション(DX)を進めることを目的として2021年9月に発足した省庁である。これはそれまでは複数の省庁が分担して行っていたデジタル関連政策を取り纏める役割を担い，内閣直属の組織となっている。

問3　ア　正しい。アメリカは2017年にトランプ大統領(任2017～2021年)が地球温暖化防止対策の国際的な枠組みであるパリ協定から離脱を表明したが，バイデン大統領(任2021年～)は就任直後の2021年1月20日にパリ協定への復帰を決定し，同年2月に正式に復帰した。　イ　誤り。新型コロナウイルス感染症拡大防止をめぐるWHOの対応を批判して脱退を表明したのは2020年のことであり，それはバイデン大統領ではなくトランプ大統領の時代である。　ウ　正しい。バイデン政権ではカマラ・ハリスがアメリカ史上初の女性として，第49代副大統領(任2021年～)に就任した。

やや難 問4 ① A 日本では議院内閣制の下での内閣の長として首相が位置づけられ，行政は首相を中心とした内閣によって行われている。内閣は国会の意向によって成立し，首相は国会(衆議院)に対する解散権を持っている。他方，ドイツは国家元首として大統領を置いているが，行政部は議院内閣制で運営されている。 B 大統領とは行政部の長であるとともに国家元首あり，議会などの信任ではなく，国民の直接選挙によって選出される役職である。また大統領は議会に対して責任を負わず，国民に対して直接責任を負う。このような大統領制を採用している国にはアメリカの他，アジアの韓国である。 C 中国では政権を担う能力がある中国共産党による一党独裁が行われているので，政権を運営しているのは中国共産党のトップである総書記なので，内閣や大統領が中心となって政権が運営されているわけではない。 ② 日本国憲法では，政治のありかたを最終的に決めるのは国民であるという「国民主権」が 基本原則になっており，日本国憲法の前文には「ここに主権が国民に存することを宣言し，この憲法を確定する。」とある。また日本国憲法では,国会は主権者である国民から直接選ばれた代表者によって構成されているので,国会の決定は国民全体の意思と考えられている。他方，内閣について，首相は国会議員の中から国会の議決で指名されることが，日本国憲法第67条1項で規定されている。また国務大臣はその過半数が国会議員の中から選ばれなければならないことが，日本国憲法第68条1項で規定されている。したがって，内閣は首相も国務大臣も国民から直接選ばれているわけではないので，国民から直接選ばれた代表者によって構成されている国会が内閣の上位に位置付けられている。そのことは，日本国憲法第41条で「国会は，国権の最高機関」と規定されている。

★ワンポイントアドバイス★

地理・歴史・政治の各分野の中で政治分野はやや設問数が少ないが，地理では雨温図や地図を用いた設問，歴史と政治分野では3～4行の説明問題が出題されているので，それぞれの設問に対応できるようにしておこう。

＜国語解答＞

一 問一 生活に疲れた，薄汚れたおばさん 問二 粉 問三 イ 問四 c
問五 1 要望や出で立ちで差別された 2 普段の「私」が芸能人で特別扱いされていたのをわかっておらず，世の中の当たり前の対応だった 問六 Ⅰ ウ Ⅱ カ
問七 生活が苦しく生きることで精一杯な人生を送っているような人が，他人に親切にしていることを見てきたし，自分もその優しさを受けたことがあったから。
問八 戦場で多くの兵士が命を落としたことを思うと，戦地へ向かう兵士を祝うようなかけ声で見送ってしまったことが強く悔やまれるから。 問九 エ
問十 A 給料 B 意図 C 要領 D 好評

二 問一 A 染 B 水源 C 災害 問二 Ⅰ ウ Ⅱ イ Ⅲ エ
問三 葉を紅葉させたり，落としたり，芽吹かせたりする時期を決める，それぞれの木が独自に持っているもの。 問四 気の早い木 問五 イ 問六 木の恩恵は太古の昔からいっさいの無駄なく，多様な生物に対してもたらされているから。
問七 エ 問八 1 決死の花 2 健気な 問九 ウ

○推定配点○

一 問二・問六・問十 各2点×7 問五2・問七・問八 各6点×3 他 各4点×5
二 問一・問二 各2点×6 問三・問六 各6点×2 他 各4点×6 計100点

＜国語解説＞

一　(随筆－心情・情景，細部の読み取り，空欄補充，ことわざ，漢字の書き取り，記述力)

重要　問一　「まるっきり初めての役柄」だったから，「身なりに構わない」，「度の強い眼鏡」，「野暮ったい洋服」などいろいろ工夫したことが説明されている。その結果，ディレクターさえも誰だかわからないほど成功したことを「どうやら，私とは見えず」としている。そして「生活に疲れた，薄汚れたおばさん」のように見える，成功としているので，自分がめざしていたものはそのような人物ということになる。

問二　骨惜しみせず働くことを「身を『粉』にして働く」という。

問三　問一で考えたように「私」がさまざまな工夫を重ねてなった役柄は，ディレクターも気づかないほど成功したのだ。ディレクターから見れば，知らないおばさんから話しかけられたという認識になるだろう。この人は誰だろうというとまどいの気持ちであるのでイを選ぶ。

基本　問四　c以外の「田口ケイ」は女優黒柳徹子が演じる，役柄としての「田口ケイ」だが，cの「田口ケイ」は，その名前で実存するかどうかは不明だが，この田口ケイのような生活を実際にしている人ということだ。

やや難　問五　1　「どうやらちがう」は，「最初は，～」で始まる段落の冒頭にある「容貌や出で立ちで差別された」という思い込みが「ちがうようだ」と感じたのである。2　それなら，1は思い込みではなく何だったのかを書くということになる。この対応は「世の中の当たり前の対応だった」ということだ。思い違いをしていたのは「普段の『私』が芸能人として特別扱いされていたことを知らなかった」ことが原因で「どうやらちがう」とわかったのだからその原因も書き加えよう。模範解答例では，2に書いている。解答欄の大きさから考えても2に加えることが妥当だが，1に書き入れることも内容的には可能である。

基本　問六　Ⅰ　「愛想がない」ことを「無愛想(ぶあいそう)」という。　Ⅱ　「親切でない」ことは「不親切」と書き表す。

やや難　問七　まず，設問の条件である「田口ケイ」とはどのような人かについてまとめておく。具体的には問一で考えたように「生活に疲れた，薄汚れたおばさん」ということになる。しかし，これは見た目のことなので，このような見た目のおばさんのような人をどのように表現するかがポイントになる。「そして，田口ケイ～」で始まる段落にあるように，毎日の生活を必死になって生きている人，生活に苦しくその日を生きることで精いっぱいの人生を送っている人のような表し方ができる。そして，そのような日々を送っているにもかかわらず，「他人に親切にしているところを見て」知っているし，自分自身も「その優しさを受けたことがある」から知っているのである。

重要　問八　――線⑥前後が着目点になる。「傷」になっているのは，――線⑥直前にある楽しそうに兵士を送り出してしまったことだ。なぜ傷になるのかが，線直後にある，戦場で亡くなってしまったことを考えるからだ。そんなこととは気づかず行った行動に後悔をするからである。

問九　――線⑦では，戦争での影響であるが，前半の田口ケイの話からも共通点を見いだそう。どちらにも言えることは，「自分とは異なる状況で生きている人がいる」という気づきと，その人，その立場を想像する感受性である。

問十　A　「料」は全10画の漢字。7・8画目の向きに注意する。　B　「図」は全7画の漢字。6画目はとめる。　C　「領」は全14画の漢字。14画目はとめる。　D　「評」は全12画の漢字。9・10画目の向きに注意する。

二　(随筆―細部の読み取り，指示語の問題，空欄補充，漢字の書き取り，記述力)

重要　問一　A　「染」は全9画の漢字。「丸」ではなく「九」なので注意する。　B　「原」と混同しないように気をつける。　C　「災」は全7画の漢字。1～3画目は同じくらいの大きさで書いてバランスをとろう。

基本 問二　Ⅰ　直後が「落ち着いて」なので「しっとり」だ。　Ⅱ　上下する山道を表現するのだから「うねうね」である。　Ⅲ　葉っぱがひらひら落ちることを言う言葉は「はらはら」である。

問三　――線①直前に「独自の紅葉時計」が「その時計」だ。しかし，直前の表記は「紅葉」としているが,――線①直後には,「その時計」によって，葉を散らせたり，色づいたり，芽吹いたりとしている。つまり「紅葉」は「その時計」の一つの例でしかないのだから,「高揚させたり，葉を落としたり，芽吹いたりする時間を決めるそれぞれの木が独自に持っているもの」だ。

問四　「木の人格」という言葉自体が一種の擬人的表現だ。「これより前」という条件に注意して擬人的表現をさがすということになる。「けれども,無数の～」で始まる段落に「気の早い木」とある。木に,「気」を見いだしていることが擬人化しているといえる。

重要 問五　出しおしみすることなく与えてあげていると感じているのだから「惜しげもなく」である。

問六　「葉っぱにも～」で始まる段落が，これまで木について考えていたことをまとめていて，そのまとめについての感想が――線④という構成になるので「葉っぱにも～」で始まる段落から解答を作成できる。まず「一切の無駄がない」ことが挙げられる。さらに，さまざまな生物，さらには人間にまで恩恵を与えていることが「偉大だ」と思えることである。

問七　問四で考えたように，筆者は木に対して愛情，尊敬の気持ちを持ち，それを擬人化する表現で表している部分が多い。――線⑤の直前の「後者」とは,「木を愛する人」を指し示している。つまり, 管理者のように「この木」というのではなく, 木に感情があるものとみなすから「me(私に)」という表現にひかれるのだ。

重要 問八　1　前後から考えると，なぜ今花を咲かせているのかを考える内容が入る。「『違うのよ～』」で始まる段落に,「生き残るため」に咲いていると話していることから,「決死の花」を咲かしているとなる。　2　直後が「姿」なのだから，決死の花を咲かせている豆梨の木の様子を入れることになる。「健気な豆梨～」で始まる段落の「健気な」を入れることができる。

問九　擬人化することに抵抗がなく，むしろ擬人化することを勧める筆者であるので，選択肢を一見するとエも選びたくなるが, 筆者は「環境保護や自然保護」というお礼をするべきだという「してあげる」ことを求めているのではない。木も人も命ある同じ存在と考えることが根底にある考え方である。したがって，ウの「別の存在と考えると～失ってしまう」が,「別の存在と考えてはいけない」ということになるのでウだ。

★ワンポイントアドバイス★

記述は字数制限のないものが多いので，書こうと思えば不要なことまで長々と書くことも，あっけなく終わらせることも可能だが，解答欄の大きさから考えて，過不足なく書けるように練習しよう。

MEMO

大切なことはメモしておこうネ！

T.G

2021年度

★★★★★★★★★★★★★★★★★★★★★★★★★

入　試　問　題

2021年度

桐朋中学校入試問題（第１回）

【算　数】（50分）　＜満点：100点＞

1　次の計算をしなさい。

(1)　$2\frac{1}{3}-1\frac{5}{6}+\frac{7}{8}$

(2)　$(8.4-1.9)\div2.6+4.5\times0.6$

(3)　$1\frac{1}{14}\div\left(1\frac{7}{12}-0.75\right)\times\left(0.15+\frac{11}{20}\right)$

2　次の問いに答えなさい。

(1)　１個150円のりんごと１個90円のオレンジを合わせて20個買ったところ，代金は2640円でした。りんごを何個買いましたか。

(2)　下の図のように，長方形におうぎ形をかきました。おうぎ形の面積が図の黒い部分の面積と等しいとき，a はいくらですか。円周率を3.14として計算しなさい。

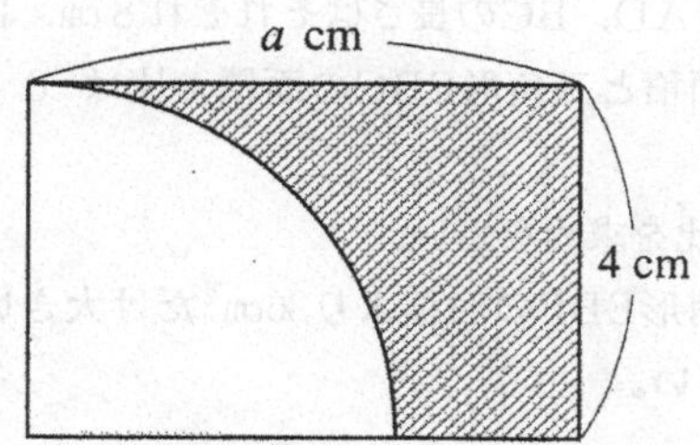

(3)　容器にジュースが入っています。１日目に全体の３割より60mLだけ少ない量のジュースを飲みました。２日目に残りのジュースの半分より110mLだけ多い量のジュースを飲んだところ，残りのジュースの量は550mLでした。１日目に飲んだジュースの量は何mLですか。

3　兄と弟が家から1.7km 離れた駅まで歩きました。弟は，兄より先に家を出発し，一定の速さで駅に向かいました。兄は家を出発してから９分間，弟の歩く速さより分速10mだけ速く歩きました。次に７分間，弟の歩く速さより分速20mだけ速く歩きました。さらに１分間，弟の歩く速さより分速25mだけ速く歩いたところ，兄と弟は同時に駅に着きました。

(1)　弟の歩く速さは分速何mですか。答えだけでなく，途中の考え方を示す式や図などもかきなさい。

(2)　弟が家を出発してから15分後に，弟は兄の何m先を歩いていましたか。

4　ある中学校の１年生全員にアンケートを行いました。そのアンケートには２つの質問があり，それぞれＡ，Ｂ，Ｃのいずれかの記号で答えます。下の表は，その結果を百分率で表しています。また，アンケートの結果，次の①～⑤のことがわかりました。

①　２つの質問にどちらもＡと答えた人の数は，どちらもＣと答えた人の数より３人多かった。
②　２つの質問にどちらもＢと答えた人の数は，どちらもＡと答えた人の数の２倍だった。
③　２つの質問に同じ記号で答えた人の数は37人だった。
④　質問１でＢと答えて，質問２でＡと答えた人の数は５人だった。
⑤　質問２でＣと答えた人は，質問１でもＣと答えた。

	質問１	質問２
A	㋐％	㋒％
B	㋑％	㋓％
C	22％	14％
合計	100％	100％

ただし　アンケートには，全員が２つの質問に答えました。

(1)　２つの質問にどちらもＣと答えた人の数は何人ですか。

(2)　この中学校の１年生の人数は何人ですか。

(3)　㋐にあてはまる数を求めなさい。

(4)　質問１でＣと答えた人のうち，質問２でＡと答えた人の数とＢと答えた人の数が等しくなりました。㋒にあてはまる数を求めなさい。

5　右の図の台形ABCDで，辺AD，BCの長さはそれぞれ８㎝，12㎝です。また，三角形ABDの面積と三角形EBCの面積の比は　６：５です。

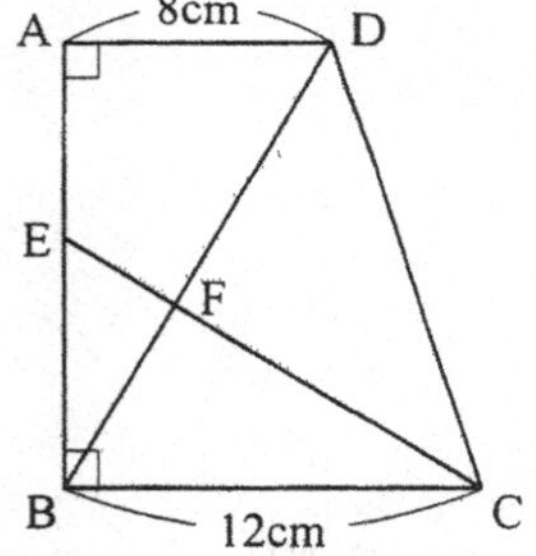

(1)　AEの長さとEBの長さの比を求めなさい。

(2)　三角形DFCの面積が三角形EBFの面積より36㎠だけ大きいとき，辺ABの長さを求めなさい。

6　右の図のように，３つのポンプＡ，Ｂ，Ｃがついた水そうがあります。ポンプＡは濃度３％の食塩水を毎分400ｇの割合で水そうに入れることができ，ポンプＢは濃度８％の食塩水を一定の割合で水そうに入れることができます。ポンプＣは一定の割合で水そうの食塩水を出すことができます。

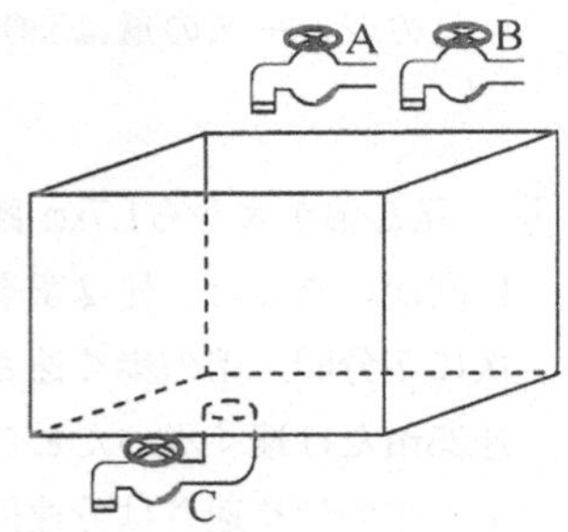

はじめに，空の水そうにポンプＡとポンプＢを同時に使って５分間食塩水を入れたところ，水そうの食塩水の濃度は６％になりました。次に，ポンプＣだけを使って４分間食塩水を出しました。さらに，ポンプＢだけを使って２分間食塩水を入れたところ，水そうの食塩水の濃度は6.5％になりました。

(1)　ポンプＢは毎分何ｇの食塩水を入れることができますか。

⑵　ポンプＣは毎分何ｇの食塩水を出すことができますか。

⑶　最後に，ポンプＡだけを使って食塩水を入れたところ，水そうの食塩水の濃度は5.5%になりました。ポンプＡだけを使った時間は何分何秒でしたか。

7　Nは１より大きい整数とします。分数$\dfrac{1}{N}$に次のような操作をくり返し行い，その結果が１になるまで続けます。

操作

分数の分子に１を加え，約分できるときは約分する。

この操作を行った回数を $\left\langle \dfrac{1}{N} \right\rangle$ で表すことにします。たとえば，$N=12$ のとき，

$$\frac{1}{12} \rightarrow \boxed{\frac{1+1}{12}=\frac{2}{12}=\frac{1}{6}} \rightarrow \boxed{\frac{1+1}{6}=\frac{2}{6}=\frac{1}{3}} \rightarrow \boxed{\frac{1+1}{3}=\frac{2}{3}} \rightarrow \boxed{\frac{2+1}{3}=\frac{3}{3}=1}$$

となるので，$\left\langle \dfrac{1}{12} \right\rangle = 4$ です。

⑴　次の値を求めなさい。

①　$\left\langle \dfrac{1}{5} \right\rangle$　　②　$\left\langle \dfrac{1}{16} \right\rangle$

⑵　$\left\langle \dfrac{1}{N} \right\rangle = 2$ となるようなNを求めなさい。考えられるものをすべて書きなさい。

⑶　$\left\langle \dfrac{1}{N} \right\rangle = 6$ となるようなNを求めなさい。考えられるものをすべて書きなさい。

【理　科】（30分）　＜満点：60点＞

1　次の文章を読み，以下の問いに答えなさい。

ガリレオ・ガリレイは16世紀から17世紀にかけて活躍（かつやく）した科学者で，天文学や物理学に大きな業績を残しました。ガリレオが研究したものの一つに落下運動があります。重い球と軽い球をピサの斜塔（しゃとう）の上から落下させ，落下運動は重さによらないことを示したという伝説は有名な話です。

しかし，上からまっすぐ下に落とした小球の運動は，動きが速くてどのような運動かよくわかりません。そこでガリレオは，一定の角度のレール上で小球をころがして，その運動を調べることにしました。その結果，ある一定時間の間に小球が進んだ距離（きょり）に対して，その２倍の時間では２×２＝４倍，３倍の時間では３×３＝９倍の距離まで進むことがわかりました。

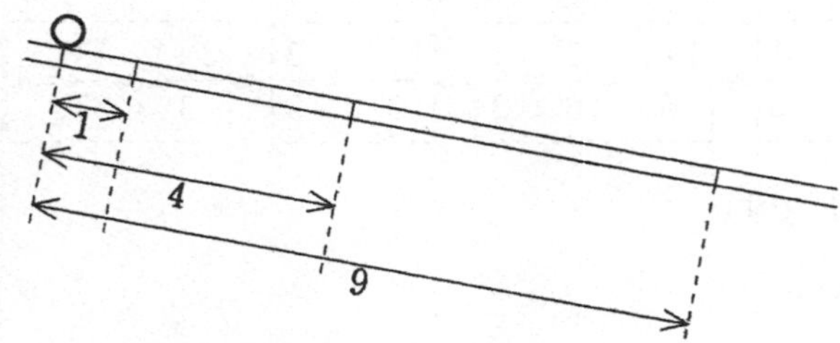

ある傾（かたむ）きのレール上で，小球をころがしました。小球がスタートしてから１秒の間に進んだ距離は10cmでした。

問１　スタートしてから２秒の間に小球が進んだ距離は何cmですか。

問２　スタートしてから３秒の間に小球が進んだ距離は何cmですか。

問３　スタートしてから0.5秒の間に小球が進んだ距離は何cmですか。

傾きがわずかに異なる２つのレールＡとＢを用意して，小球をころがしました。小球がスタートしてから８cmの距離を進むのに，レールＡでは１秒，レールＢでは0.9秒かかりました。

レールＡの小球が１秒ごとに達する場所に小さい鈴（すず）をつり下げ，小球が通過するときに音が聞こえるようにしました。レールＢについても同様に，小球が0.9秒ごとに達する場所に鈴をつり下げました。

問４　レールＡとＢのうち，傾きが急なのはどちらですか。ＡまたはＢの記号で答えなさい。

問５　レールＡとＢで，同時に小球をころがしたとき，レールＡから聞こえる鈴の音とレールＢから聞こえる鈴の音が初めて重なって聞こえるのは，スタートしてから何秒後ですか。また，そのとき，レールＡとＢで小球が進んだ距離はそれぞれ何cmですか。

レールＡで小球をころがしてから，わずかに遅（おく）れてレールＢの小球をころがしました。レールＡとＢからの鈴の音が重なって聞こえたのは，レールＡの小球がスタートしてから５秒後でした。

問６　レールＢの小球がスタートしたのは，レールＡの小球がスタートしてから何秒後ですか。考えられる答えのなかで最も小さな値（あたい）を書きなさい。

2　次の文章を読み，以下の問いに答えなさい。

重曹という物質をご存知ですか？ 正式名称を炭酸水素ナトリウムといい，環境にやさしい物質です。毎日の暮らしの中で掃除や料理などさまざまな場面で用いられています。では，重曹の効果について１つ１つ見ていきましょう。

(A)　研磨作用

粉末の重曹をつけてこすると，ものの表面についた汚れをこすり落とすことができます。しかも，重曹の粒は適度に柔らかいため，表面をあまり傷つけずにすみます。

(B)　中和作用

重曹の水溶液を赤色リトマス試験紙につけると，青色になるので，この水溶液は（　①　）性の物質を中和する作用があると考えられます。私たちの身のまわりにある汚れの多くは，（　①　）性の物質でできているので，重曹はそれを中和して水で流せるように変えてくれます。

(C)　消臭作用

重曹は悪臭成分そのものを中和分解し，においを元から消してくれます。特に，生ごみや人間の皮脂などの（　①　）性の物質のにおいに効果的です。

(D)　発泡作用

重曹は，（　①　）性の物質と混ぜたり，熱を加えたりすると，（　②　）の細かい泡が発生し異なった物質になります。なお，（　②　）を石灰水に入れると石灰水が白くにごります。

(E)　界面活性作用

重曹は，水に溶けると油となじみやすくなる性質があり，水と油を仲介する役割を果たしてくれます。これは，汚れを落とすのに大切な性質で，石けんと同じ効果が期待されます。

問１　(①)，(②)に当てはまる語句を答えなさい。

問２　次のア～エのうち，水溶液の性質を考えると仲間はずれのものが１つあります。その１つを記号で答えなさい。

ア．重曹水　　イ．水酸化ナトリウム水溶液　　ウ．塩酸　　エ．アンモニア水

問３　次のア～エのうち，溶かす物質の状態を考えると仲間はずれのものが１つあります。その１つを記号で答えなさい。

ア．重曹水　　イ．炭酸水　　ウ．塩酸　　エ．アンモニア水

問４　ビーカーに100gの水を入れて，重曹の粉末を30g加えたところ，22gが溶け残りました。

(1)　この水溶液中で，濃度はどのようになっていますか。次のア～エから１つ選び，記号で答えなさい。

ア．上の方が濃い。　　イ．中ほどが濃い。

ウ．溶け残りの近くが濃い。　　エ．どこでも変わらない。

(2)　この水溶液の上の方の濃度を計算しなさい。割り切れない場合は小数第２位を四捨五入して小数第１位まで求めなさい。

問５　揚げ物をするときに重曹を１つまみ加えると，衣がふわっとした仕上がりになりますが，少し苦味を感じると言われています。これらの理由を簡単に説明しなさい。

石けんの粒は次のページの図のような構造をしています。長い部分は「水に混じりにくく，油に混じりやすいという性質」を示します。一方，反対側の球状部分は「水に混じりやすく，油に混じ

りにくいという性質」を示します。このように，水に対して異なる性質をあわせ持つものを界面活性剤といいます。多数の石けんの粒が油汚れに出会うと，長い部分を油の方に向け，球状部分を外側に向けて玉を作ります。これはミセルと呼ばれるもので，石けんは水に溶けない油汚れをミセルにして溶かし，汚れを落とします。

水に混じりやすい部分

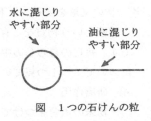

油に混じりやすい部分

図　１つの石けんの粒

問６　下線部について，解答用紙の図中の㊺に石けんの粒を８個書き足して，ミセルの様子を図で示しなさい。

３　次の文章を読み，以下の問いに答えなさい。

生物が「食べる・食べられる」の関係でつながっている場合，このつながりを（　①　）といいます。実際には，ある生物の食べ物となる生物は１種とは限らず，（　①　）が複雑にからみ合いながら多くの種が共存しています。

人間の手によって本来生息していた場所から別の場所に移され，そこで定着した生物を（　②　）といいます。その中でも，もともといた生物や，人間の健康や生活，あるいは農林水産業に大きな影響（えいきょう）を与（あた）えている生物をしんりゃく的（　②　）といいます。日本だとヒアリやウシガエル，オオクチバス（ブラックバス）などが挙げられます。これらの生物はそもそも人間活動によって持ち込（こ）まれたので，これらの生物が悪いわけではないですが，もとの環境（かんきょう）を守るためには駆除（くじょ）しなくてはいけません。しかし，単純に駆除するだけでは良い結果が得られないこともあります。大事なのは生物同士の関係を調査したうえで効果的な駆除方法を考えることです。

問１　(①)，(②) に当てはまる語句を答えなさい。

問２　「食べる・食べられる」の関係として正しいものを，次のア～エから２つ選び，記号で答えなさい。ただし，矢印は食べられるものから食べるものに向いています。

ア．落ち葉 → ミミズ → モグラ → フクロウ

イ．イナゴ → ヘビ → カエル → ワシ

ウ．ミジンコ → メダカ → ナマズ → イワシ

エ．草 → バッタ → カマキリ → カエル

琵琶（びわ）湖では，肉食性のオオクチバスの影響が深刻で，もともと琵琶湖にいた多くの魚がその数を減らしています。そこで，滋賀（しが）県では琵琶湖のオオクチバスの駆除をおこなってきましたが，2012年にオオクチバスの稚魚（ちぎょ）（子どもの魚）が激増するというリバウンド現象が見られました。この原因の１つとしてオオクチバスの成魚（大人の魚）の減少が考えられました。この経験を生かして，次の年から成魚だけでなく，卵や稚魚の駆除も強化して，活動を続けています。

問３　次のページの表１は，琵琶湖のオオクチバスの成魚127匹（ひき）の胃の内容物を調べた結果です。表１から読み取れる内容として正しいものを，次のア～エからすべて選び，記号で答えなさい。

ア．オオクチバスはエビ類よりも魚類をよく食べていた。

イ．オオクチバスは水生生物のみを食べていた。

ウ．胃に内容物が入っていたオオクチバスの60％以上が魚類を食べていた。

エ．エビ類を食べていたオオクチバスの50％以上はエビ類以外も食べていた。

表１

胃の内容物	オオクチバスの数（匹）
魚類のみ	32
魚類＋エビ類	34
エビ類のみ	33
陸生昆虫	2
魚類＋陸生昆虫	1
魚類＋エビ類＋貝類	1
魚類＋貝類	1
エビ類＋水生昆虫	1
植物	2
無し	20
計	127

問４　下線部がオオクチバスの稚魚の増加の原因だと考えられた理由を推測して，簡単に説明しなさい。

ニュージーランドのある島では，ハジロシロハラミズナギドリ（以下はミズナギドリと記します）が，人間によって持ち込まれたネコに食べられていることが分かり，絶滅（ぜつめつ）が心配されていました。そこで，この島ではミズナギドリの絶滅を防ぐために1980年にネコの駆除をおこないました。しかし，予想された結果にはならず，再度調査をおこなうと，ネコと同様に，人間によって持ち込まれ，この島に定着したナンヨウネズミがミズナギドリの巣を襲（おそ）っていたことが分かりました。そこで2004年にナンヨウネズミの駆除をおこないました。

図１は1972年～2007年における，この島のミズナギドリの繁殖（はんしょく）成功率を表したグラフ（1986年～1997年はデータ無し）です。たて軸（じく）の繁殖成功率は１つの巣から巣立ったひな鳥の数の平均を表しています。なお，ネコとナンヨウネズミは1972年以前にこの島に定着していました。

図１

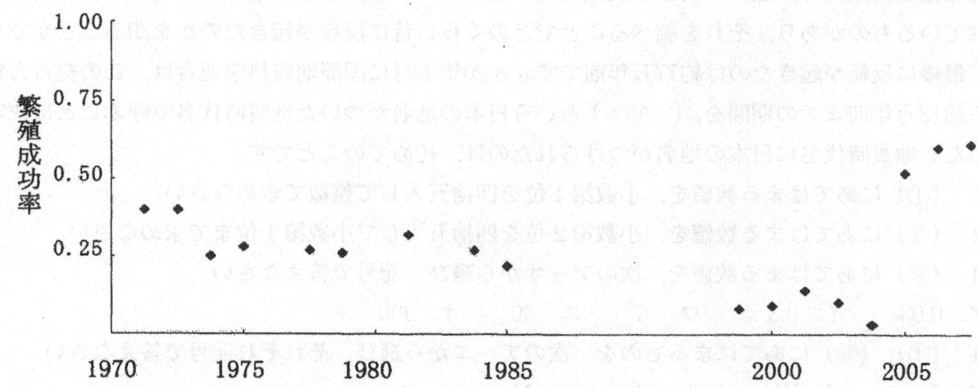

問５　上のグラフから読み取れる内容として正しいものを，次のページのア～エの中からすべて選

び，記号で答えなさい。

ア．ネコの駆除によりミズナギドリの繁殖成功率は回復し，ナンヨウネズミを駆除したことで，より回復傾向がみられた。

イ．ミズナギドリの繁殖成功率はネコの駆除をおこなう前よりも，ナンヨウネズミの駆除をおこなった後の方が高い。

ウ．1970年～2003年の間にミズナギドリの繁殖成功率は減少したが，ナンヨウネズミの数は一定であったと推測できる。

エ．ネコを駆除したことでミズナギドリのエサが少なくなり，ミズナギドリの繁殖成功率が減少したと推測できる。

問６　文章とグラフから読み取れる，ミズナギドリとネコとナンヨウネズミの「食べる・食べられる」の関係を表す矢印を，解答用紙の図に書き入れなさい。ただし，矢印は食べられるものから食べるものに向けて書くこととします。

4　次の文章を読み，以下の問いに答えなさい。

地表付近の地下の温度は１km 深くなるごとに約30℃ の割合で高くなっていることがわかっています。このままの割合で温度が高くなっていくと，半径6400km の地球の中心では約（　①　）万℃になります。しかし，研究の結果，地表と地球の中心の温度差は5000℃ と推定されているので，地下の温度上昇の割合は途中で小さくなっていると考えられます。地表から地球の中心までの平均の温度上昇率を計算すると，１km 深くなるごとに（　②　）℃ の割合で高くなっていきます。この値は地表付近の割合の約（　③　）分の１になります。

棒磁石の先端にクリップを数個つけて，そのつけた所を加熱する実験を行うと，棒磁石は600℃ほどの温度で磁石の性質を失い，棒磁石についていたクリップは，パラパラと落ちていきます。

方位を調べると方位磁針のＮ極が北を指すので，地球の北極には（　④　）極が存在していることがわかります。この（　④　）極の場所を北磁極と呼びます。同じように南磁極には（　⑤　）極が存在しています。

北磁極と南磁極は，過去に何回も反転を繰り返しています。岩石の中には，古い時代の情報が残されているものがあり，それを調べることでどのくらい昔に反転が起きたのかを知ることができます。最後に反転が起きたのは約77万年前です。2020年１月に国際地質科学連合は，この約77万年前から約13万年前までの期間を，（　⑥　）という日本の地名がついた地質時代名で呼ぶことに決定しました。地質時代名に日本の地名がつけられたのは，初めてのことです。

問１　（①）にあてはまる数値を，小数第１位を四捨五入して整数で求めなさい。

問２　（②）にあてはまる数値を，小数第２位を四捨五入して小数第１位まで求めなさい。

問３　（③）にあてはまる数値を，次のア～オから選び，記号で答えなさい。

ア．0.03　　イ．0.3　　ウ．４　　エ．40　　オ．400

問４　（④），（⑤）にあてはまるものを，次のア～エから選び，それぞれ記号で答えなさい。

ア．Ｅ　　イ．Ｗ　　ウ．Ｓ　　エ．Ｎ

問５　（⑥）の地質時代名をカタカナで答えなさい。

問６　地球は大きな磁石としての性質を示していますが，実は地球の中心を通る大きな棒磁石は存在していないことがわかっています。地球の中心に棒磁石がないと考えられる理由を文章の内容から答えなさい。

問７　昔，忍者（にんじゃ）はあることを調べるために，磁石でこすった縫（ぬ）い針を持ち歩いていました。何を調べる目的で，それをどのような方法で使用したと考えられますか。それぞれについて簡単に答えなさい。

【社 会】（30分）　＜満点：60点＞

【１】 次の**ア**～**カ**の文を読み，問いに答えなさい。

ア．モンゴル人は，元という国をつくって中国を支配し，２度にわたって九州北部にせめてきました。元軍は，武士たちの激しい抵抗(ていこう)や暴風雨などにより，損害をうけて引きあげました。

イ．ポルトガル人の乗った船が種子島へ流れ着き，そのとき鉄砲が伝えられました。鉄砲のつくり方はまたたくまに広がり，戦いに使われました。

ウ．天皇は中国に使者を派遣(はけん)し，鑑真に弟子の中から日本へわたってくれる僧(そう)を推薦(すいせん)してほしいとたのみました。鑑真はみずから日本へわたる決心をしましたが，何度も失敗し，６回目に成功しました。

エ．日本を訪れた軍艦(ぐんかん)エルトゥールル号が親善の行事を終えて帰国する途中(とちゅう)，台風にまきこまれて和歌山県沖(おき)で沈没(ちんぼつ)しました。

オ．伊勢の商人大黒屋光太夫は強風で船が流され，ロシアに漂着(ひょうちゃく)しました。これを機にロシアは貿易を求めましたが，幕府は応じませんでした。その後，幕府は日本のそばに現れた外国船を打ち払(はら)うよう命じました。

カ．護衛艦とともに沖縄を出港して九州にむかった対馬丸は，アメリカの潜水艦(せんすいかん)が発射した魚雷(ぎょらい)によって沈(しず)められ，国民学校の児童や先生などが犠牲(ぎせい)となりました。

問１．**ア**～**カ**の文があらわしている時代を古い方から順にならべかえて，記号で答えなさい。

問２．次の①～③の文は，**ア**～**カ**の文のあらわす時代のどれと関係が深いか，記号で答えなさい。関係の深い文がないときは，記号**キ**で答えなさい。

①　ベルリンの壁(かべ)が崩壊(ほうかい)し，東西ドイツが統一された。

②　教育勅語が発布され，天皇中心の国づくりを支える教育の進め方が示された。

③　差別を受けていた人びとがもっていた技術を生かし，龍安寺の石庭がつくられた。

問３．**ア**の文について。

⑴　モンゴル人を統一してモンゴル帝国を建国した人物は誰(だれ)ですか，答えなさい。

⑵　このころの日本の説明として，ふさわしいものを次の**あ**～**お**から二つ選び，記号で答えなさい。

あ．それまで御家人になっていなかった武士たちにも戦うように求めたことによって，幕府の力が全国におよぶようになりました。

い．きまりにそむいた大名の領地を取り上げたりしたため，幕府の力はますます強くなりました。

う．活躍(かつやく)した武士たちは新しい領地をもらうことができず，幕府に不満を持つようになりました。

え．幕府の力が弱まり，一揆や打ちこわしの件数が増えていきました。

お．将軍のあとつぎ問題などをめぐって有力な大名どうしが対立し，内乱がおこったことから，幕府の権力はおとろえました。

問４．**イ**の文について。その後，日本はポルトガルと貿易をするようになりました。この貿易で，日本がおもに輸入したもの，おもに輸出したものを，次の**あ**～**お**からそれぞれ一つずつ選び，記号で答えなさい。

あ．生糸　　**い**．海産物　　**う**．銅銭　　**え**．銀　　**お**．刀剣

問５．**ウ**の文について。この時の天皇は誰ですか，漢字で答えなさい。

問６．**エ**の文について。

⑴　このエルトゥールル号はどこの国の軍艦ですか，国名を答えなさい。

⑵　このころ，足尾銅山の鉱毒が問題となっていました。足尾銅山は現在の何県にありますか，県名を漢字で答えなさい。

問７．**オ**の文について。このころ「古事記」や「源氏物語」などの日本の古典を研究し，古くからの日本人の考え方を明らかにしようとした伊勢の医師は誰ですか，漢字で答えなさい。

問８．**カ**の文について。このあと，沖縄でおこなわれたアメリカとの戦いについて説明しなさい。

【２】 次の文章を読み，問いに答えなさい。

皆さんはふだん，スーパーマーケットへ買い物に行くことはありますか。

スーパーマーケットには，私たちの暮らしに必要な生鮮食品や日用品などが国内外のさまざまな地域から運ばれてきています。私たちの暮らしは，スーパーマーケットにならんでいる商品を通じて，さまざまな地域とつながっているのです。

例えば，野菜のコーナーには，国内各地で生産されたものを中心に多種多様な野菜がならんでいます。産地を調べてみると，⑴大消費地の周辺地域である茨城県や千葉県などで生産されたものだけでなく，高知県や⑵宮崎県など大都市から遠く離れた地域で生産されたものもみられます。これらの野菜は⑶広範囲（はんい）に発達した交通網（もう）を利用して，出荷（しゅっか）された後すぐに店頭にならぶように輸送されています。

一方，肉類や魚介類（ぎょかい）のコーナーでは，国産のものに加えて外国から輸入されたものもよくみかけます。オーストラリアやアメリカなどから輸入された牛肉は，⑷国産のものとくらべて安い価格で販売されています。また，魚介類では⑸国内各地の港で水あげされたものとともに，⑹さけ・ますなど外国から輸入されたものが売り場にならんでいます。

肉類や魚介類だけでなく，外国から食品を数多く輸入することで，私たちの食生活は豊かなものになっていますが，その一方で，⑺食品の安全性の問題や⑻食料自給率の低下に直面しています。こうした問題を解決していくために，私たちには何ができるでしょうか。

問１．下線部⑴について。大都市の周辺地域において，大都市向けに野菜や果物などを栽培（さいばい）する農業を何というか，解答らんに合う形で答えなさい。

問２．下線部⑵について。次の**あ**～**え**の中で，宮崎県における収穫量（しゅうかく）または飼育（しいく）頭数が全国第一位（2017年）であるものを一つ選び，記号で答えなさい。

あ．かんしょ　　**い**．きゅうり　　**う**．肉用牛　　**え**．豚（ぶた）

問３．下線部⑶について，次の①・②の問いに答えなさい。

①　国内各地で生産された野菜はトラックなどに積みこまれ，全国に輸送されています。次の**あ**～**え**の中で，自動車を運転して行き来することができない海域を一つ選び，記号で答えなさい。

あ．関門海峡　　**い**．津軽海峡　　**う**．東京湾　　**え**．鳴門海峡

②　次のページの**図１**は，日本における旅客（りょかく）の輸送量（人キロ＊）の割合を輸送機関別に示したものです（2009年）。**あ**～**え**は，航空，自動車，水運，鉄道のいずれかです。鉄道を示すものを一つ選び，記号で答えなさい。

＊人キロ：運んだ旅客数（人）にそれぞれが移動した距離（きょり）（キロ）をかけた数字

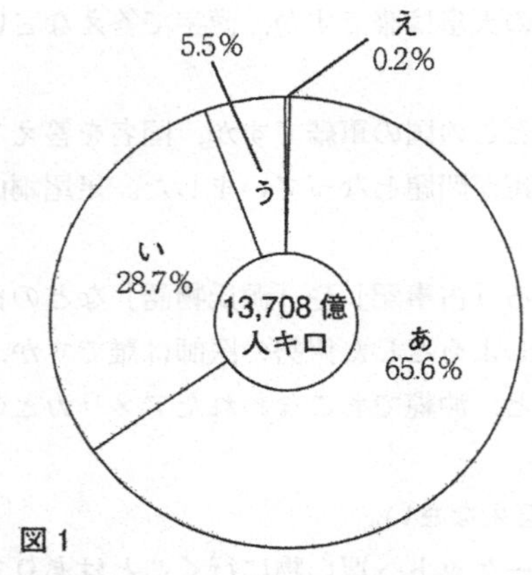

図1

（『データブック　オブ・ザ・ワールド』より作成）

問4．下線部⑷について。次の文は，外国産の農畜産物（のうちくさんぶつ）が国産よりも安い価格となる理由を説明したものです。 A と B にあてはまる言葉をそれぞれ答えなさい。

> オーストラリアやアメリカなどでは，日本とくらべて農地が A ， B 化が進んでおり，大量の農畜産物を少ない労働力で生産できるため。

問5．下線部⑸について，次の①・②の問いに答えなさい。

①　図2のア～キは，国内の水あげ量の多い漁港の位置を示したものです。エとカの漁港名を次のあ～おからそれぞれ選び，記号で答えなさい。

あ．釧路港　　い．境港　　う．銚子港

え．八戸港　　お．焼津港

②　アとオの漁港で最も多く水あげされる魚介の種類(2013年)としてふさわしいものを，次のあ～おからそれぞれ選び，記号で答えなさい。

あ．いわし類　　い．かつお類　う．さば類

え．たら類　　　お．ほたて貝

図2

問６．下線部⑹について。日本に輸入されるさけ・ますは，南アメリカ大陸のチリ産が多くを占めています。図３のあ～えから，チリの位置を示すものを一つ選び，記号で答えなさい。

図３

問７．下線部⑺について。牛肉については，消費者に安全な牛肉を提供するために，肉牛の生産者や食べたえさなどの情報が記録・管理される仕組みが整えられています。このような仕組みを何というか，次のあ～えから一つ選び，記号で答えなさい。

あ．アクセシビリティ　　い．サステナビリティ
う．トレーサビリティ　　え．ユーザビリティ

問８．下線部⑻について，次の①・②の問いに答えなさい。

①　右の表１は，年度ごとの日本の食料自給率のうつりかわりを示したものです。あ～かは，果実類，牛乳・乳製品，小麦，米，肉類，野菜類のいずれかです。米と肉類を示すものをそれぞれ選び，記号で答えなさい。

表１

年度	あ	い	う	え	お	か
1935	101	96	93	73	104	107
1955	100	41	100	109	104	90
1960	100	39	91	102	100	89
1970	99	9	89	106	84	89
1980	97	10	81	100	81	82
1990	91	15	70	100	63	78
2000	81	11	52	95	44	68
2010	81	9	56	97	38	67
2017	79	14	52	96	39	60

（単位　%）

（『データブック　オブ・ザ・ワールド』より作成）

② 食料自給率の低下を改善するために，住んでいる地域でつくられた食料をその地域で利用する取り組みが行われています。この取り組みを何というか，漢字四文字で答えなさい。

【３】 次の文章を読み，問いに答えなさい。

私たちは，病気やケガをしたとき，地域の病院などに通って，治療を受けることができます。しかし，□機関（WHO）によると，世界の人びとの約半数が医療サービスを受けられずにいるそうです。その多くが，紛争国や発展途上国に暮らす人たちです。こんにちでも，(1)大きな病気に苦しむ人や，医療が受けられない人が世界中にはたくさんいます。このような背景のなか，2019年の□デーでは，全ての人が適切な予防，治療，リハビリ等のサービスを，支払い可能な費用で受けられる状態を目指すことが示されました。

このように，(2)世界の人びとが協力し合って，苦しんでいる人を助ける動きはずっと続けられてきています。また，日本国内に目を向けてみても，わたしたちの健康を守る義務として国が(3)さまざまな政策を行ってきたと同時に，多くの人びとの努力によって医療等の分野が発展してきたことがわかります。

わたしたち一人ひとりは，(4)こんにちの世界の課題に目を向け，すべての人が幸せに生きられるような社会とは何なのかを考えていくことがいま求められています。

問１．文章の□にあてはまる語を漢字四文字で答えなさい。□には同じ語が入ります。

問２．下線部(1)に関連して。国際連合の機関によると，５才の誕生日をむかえる前に亡くなったこどもが2018年には約530万人いました。このこどもたちが亡くなったおもな原因として，適当でないものを次の**あ**～**か**のなかから二つ選び，記号で答えなさい。

あ．マラリア　**い**．糖尿病　**う**．肺炎　**え**．がん　**お**．下痢　**か**．はしか

問３．下線部(2)について。次の**ア**～**ウ**の文章の下線部が正しければ○を，正しくなければ最も適当な語に書きなおしなさい。

ア．第二次世界大戦のあと，栄養不足となっていた日本のこどもたちのために，経済協力開発機構は，学校給食用の粉ミルクを日本に無償で送った。

イ．医療支援もふくめて，さまざまな技術協力をおこなっている青年海外協力隊は国連平和維持活動のひとつである。

ウ．世界のさまざまな国で緊急医療活動をおこなっている国境なき医師団は，非政府組織のひとつである。

問４．下線部(3)に関連して。国の政策に，憲法違反や人権侵害などの問題点があったと認められた事例もあります。下の文章を読み，（　）にあてはまる語をカタカナ四文字で答えなさい。

> （　　）病にかかった人びとは法律によって強制的に療養所に入れられ，社会から隔離されてきました。1996年にこの法律が廃止され，その後の裁判をきっかけに国はこの法律による政策がまちがっていた責任を認め，こうした人びとの人権を回復するため努力することを約束しました。

問５．下線部(4)に関連して。次のページの図**４**からどのようなことが読み取れますか，説明しなさい。

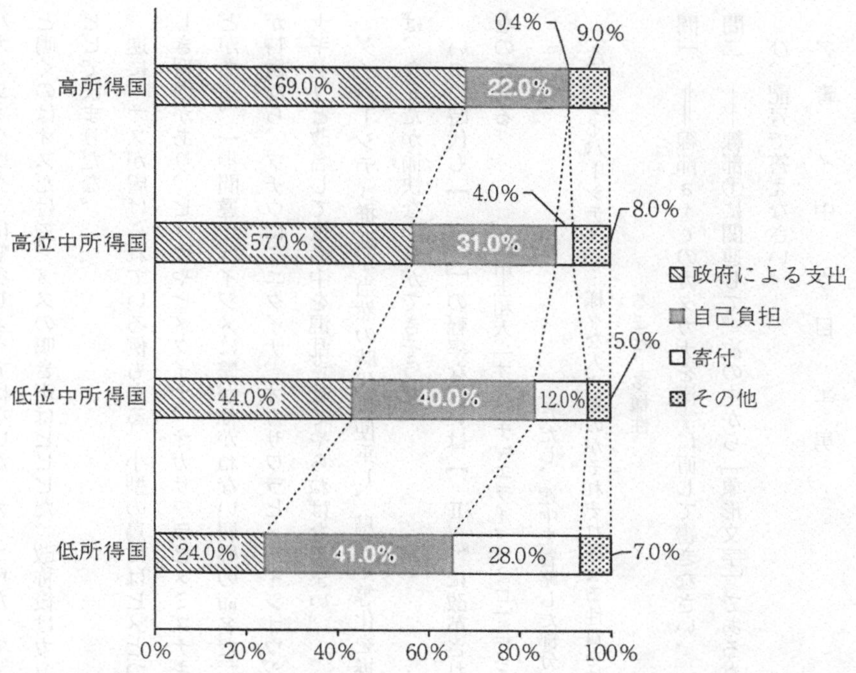

図４　医療費負担の内訳（国の所得水準別、2017年）

（ＷＨＯホームページより作成）

いは潔く認め、女性陣の不評を買わぬよう改名こそが鳥類学者の務めである。今後オオルリはオオサメトキドキルリ、クロツグミはクロアルイハカッショクツグミに変更しようではないか。カッコウだってカッコウと鳴くのはオスだけで、メスの鳴き声はピピピだ。改称後はカッコウピピピで決まりだな。

逆に、オスが虐げられている例もある。小型の鳥にはヒメとつける悪しき習慣があり、ヒメウやヒメクイナ、オガサワラヒメミズナギドリなどがある。一歩間違えばイジメに繋がりかねない屈辱の命名だ。小ささが特徴なら、プチウにミニクイナ、オガサワラヒメナイシオウジノミズナギドリと改名して世の中を混乱させてやらねばなるまい。

ダイバーシティ推進が当然の時代に便乗し、鳥名平等化を推進すれば、なんだか愉快な図鑑ができそうだ。

いつの時代も【　Ｉ　】の軽率な行いは【　Ⅱ　】に改革されるものなのである。

（川上和人「オレノナマエヲイッテミロ」による。ただし、途中を省略した部分がある。）

［注］ダイバーシティ……様々な人やものがそれぞれ異なる性質を持っていること。多様性。

問一　＝＝線部ａ～ｃのカタカナを漢字に直して書きなさい。

問二　――線部①に関連して。次の中から「象形文字」であるものを選び、記号で答えなさい。

ア　青　　イ　中　　ウ　目　　エ　男

問三　文中の【Ａ】を補うのに最もふさわしいものを次の中から選び、記号で答えなさい。

ア　イヌ　　イ　ウシ　　ウ　ヒツジ　　エ　ウマ

問四　――線部②について説明したものとして最もふさわしいものを次の中から選び、記号で答えなさい。

ア　あるものを指し示す働きをする名前がなければ、何についての話をしているのか他人に理解してもらうこともできないということ。

イ　名前を付けるということはその対象をいったん思考の世界から取り除くことであり、それを繰り返すことで本当に大切なものが見えてくるということ。

ウ　それまでひとくくりにされてはっきりしなかったものが、名前を付けられることによってそれぞれの特徴や性質を持つものとして意識されるようになるということ。

エ　名前が付けられなければその対象が同種のものだとは気付かず、その対象について考えることも深く知ることもできないということ。

問五　――線部③に関連して。「虫」という語を用いた、古くから使われている表現（ことわざ・慣用句など）を答えなさい。

問六　文中の【Ｂ】を補うのにふさわしいことばを答えなさい。

問七　――線部④とはどういうことを言っているのか、わかりやすく説明しなさい。

問八　――線部⑤について。なぜメスの立場が「優位」であると言えるのか。オスの場合と比べながら、わかりやすく説明しなさい。

問九　文中の【Ｉ】・【Ⅱ】を補うのに最もふさわしいことばを、それぞれ本文中からぬき出して答えなさい。

がわれる。

鳥という字の形態的誤解は現代に至るまで未修正だが、やがて鳥はハトやカラスになり、さらにキジバトやハシブトガラスになった。数千年を経て、現代では一万余種の鳥類が認められている。

鳥の名前は、それぞれの特徴に因んでつけられている。ヤマドリは【　B　】、カッコウはカッコウと鳴き、オガワコマドリはこの鳥を採集した鳥類学者小川三紀氏に由来する。そして最も多いのは形態に由来する命名である。

春になると山にはオオルリやクロツグミが高らかにさえずり、冬になるとオナガガモが湖沼に姿を現す。名を聞けばその姿が容易に想像できる。これこそがｂオウドウの命名である。

（中略）

鳥類学者である私は、図鑑の監修をすることがある。そのページの背後に、メスたちの怨嗟の声がこだまする。オオルリのメスは鮫色、クロツグミのメスは褐色、オナガガモのメスは尾が短い。ルリでもクロでもオナガでもない。彼らの名前はオスの形質、つまりその種に属するメンバーの半数しか表現していないのだ。いやはやメスのみなさんのお怒りごもっとも。④鳥類ではオス至上主義的男尊女卑型命名がまかり通っているのである。このままではナントカ法違反で逮捕されても文句はいえない。

性別により形質が大きく異なることを性的二形と言う。鳥は哺乳類に比べ性的二形が際立っていることはご存知の通りだ。オーストラリアのオオハナインコはオスが緑、メスが赤と全く異なる色彩のため、別種とされたこともあるほどだ。

鳥ではメスよりオスが美麗な例が多い。性的二形が発達した鳥では、メスは主に保護色的褐色である。黍団子をせびったのがメスだったなら、桃太郎はキジに気づかなかったかもしれない。

雌雄の姿の違いは、メスがオスを選ぶというシステムにｃキインすると考えられている。オスは着飾ることで自らの質の高さを証明する。大きな飾り羽や美しい色素を作るには相応のエネルギーが必要であり、美しさは健康の証明となる。寄生虫が多いとニワトリのトサカの色は退色し、ツバメの尾は短くなる。美しいオスの息子は美しく、きっと次世代もモテるに違いなかろう。

一方、美しさにはリスクが伴い、捕食者にも見つかりやすくなる。だからと言って美しいオスの中で保護色を誇っても、モテなくて遺伝子は残らないだろう。オスのオシャレは命がけなのだ。もしかしたらオスだって綺麗なメスが好きかもしれないが、メスは恋に命をかけはしないのである。そう思うと、⑤メスの地味な羽衣は立場の優位さの証明と言えよう。

とはいえ、オスの覚悟に敬意を表して鳥の名前の性的不公平を放置して良いのかといえば、それはまた別の話だ。性差別の撤廃は社会の要請である。日本の鳥の名前は、日本鳥学会が定期的に改訂する日本鳥類目録を基準とすることが多く、ここでは和名が変更されることもある。例えば、以前の目録では硫黄列島のメジロにイオウジマメジロという名前が与えられていたが、最新版ではイオウトウメジロとなっている。これは、歴史的経緯から呼称が「いおうじま」から「いおうとう」に変更されたためだ。

科学の徒が過去の因襲に囚われて身動きできぬなど、言語道断。間違

（１）「無駄話」という言葉だけを見ると悪い印象があるが、このような昔のスーパーでの良かった点を考えて、簡潔に説明しなさい。

（２）（１）とは対照的に、効率を優先した今の店の様子が、「レジのおばちゃん」の視点から、はっきりと表現されている二〇字以内の一文を本文の前半からさがし、その最初の五字をぬき出して答えなさい。

問三　――線部③のように、しなければいけないことや、言うべき言葉などが決まっていることについて。その利点として二つの点を考え、それぞれを簡潔にまとめなさい。

問四　――線部④について。なぜ、このようなことを、このような言い方で言ったのだろうか。次の中で最もふさわしいものを選び、記号で答えなさい。

ア　仕事がしにくくなる警備員さんの立場も考えてほしいと、相手が怒らないように工夫しながら言ったから。

イ　こちらが助かることをしてくれているのだが、ほかのお客さんの居心地が悪くなるのも心配で言ったから。

ウ　置き去りのカートを探し歩くのは迷惑にも思えるが、注意していいことなのか自信が持てずに言ったから。

エ　お客さんにそこまでしてもらうのは申し訳ないと思い、相手のせっかくの行動を気遣いながら言ったから。

問五　――線部⑤に注目した上で、【A】を補うのにふさわしい表現を考えて、二〇字前後で答えなさい。

問六　――線部⑥について。ここでの「わたし」の気持ちと、その変化をくわしく説明しなさい。

問七　本文の二つの【B】に共通してあてはまる漢字二字の語を、本文の前半からぬき出して答えなさい。

問八　本文の【C】を補うのにふさわしい表現を考えて、一〇字前後で答えなさい。

問九　さて君は、ただ単に「カートを片づけ」たり「ごみを拾っ」たりすることのほかに、「カートおじさん」の姿からどのような点を学べるだろうか。理由も含めてくわしく説明しなさい。

問十　══線部ａ～ｅのカタカナを漢字に直して書きなさい。

二　次の文章を読んで、後の問に答えなさい。

「実にけしからん。最近の若者はろくに自然に接しないから、四本足の鳥なんぞを描くのだ」

いつの時代も新世代の軽率な行いは先達の悩みのタネなのである。

『鳥』という漢字はもともと①象形文字、鳥の姿を活字化したものだ。問題は足下の『灬』だ。これではどう見ても四本足である。万が一これが二本足だとすれば【　Ａ　】の立場がない。きっと象牙の塔の中でインドア派の学者先生が、鳥の姿を見ないで想像で漢字を作ったのだろう。ペガサスじゃあるまいし、ちょっと地位が高いからって雑な字を作りやがってと、老人達は眉をひそめ陰口を叩いたに違いあるまい。

とはいえ、鳥という字が作られたことはａカッキ的なことだ。名前の獲得は対象を認識する上で極めて重要なプロセスである。②命名により対象は周囲から切り離され、認識可能な個別の事象となる。背景の中から鳥が活き活きと浮かび上がるのだ。いまだにゾウリムシから空腹音までひっくるめたままの③『虫』に比べ、鳥が古来愛されていたことがうか

「迷惑なんて。そんなことないです。いつもたすかってます。ありがとうございます」

一礼し、レジへ小走りに戻った。

「すみません。お待たせしました」と次のお客さんに言い、会計をeサイカイする。

その後、何分かして。カートおじさんがわたしのレジにやってきた。

「いらっしゃいませ」

会釈をし、作業にかかる。カゴに入っているのは、味付のりときゅうりの漬物とのど飴、それと歯みがき粉。まあ、いつもの感じだ。計四点。バーコード入力は、十秒もかからずにすんでしまう。

「六百三十二円です」そして言う。「レジ袋は、よろしいですか？」

普通なら、ご入用ですか？　と訊くのだが、常連さんも常連さん、入用でないことはわかっているので、そんな訊き方になる。

カートおじさんは、いつものようにうなずく。そうとわかるように、大きく、ゆっくりと。声は出さない。

はずなのだが。

今日は出す。

代ずみカゴから取りあげたのど飴をわたしに差しだして、言う。

「なめたらいい」

「はい？」

「空気が乾燥してるから、これをみんなでなめたらいい」

くれようとしているのだとわかった。袋に入った、ごく普通ののど飴だ。果実系ではなく、ハーブ系の。どちらかといえば、大人向けの。値段は、百五十八円。

⑥いいのだろうか、と思うが、時間もかけられないので、いいのだ、と思う。むしろ、うれしい。いや、むしろはおかしい。すごくうれしい。

「ありがとうございます」と受けとり、【　B　】としてのお礼と混同されないよう、こう付け加える。「いただきます」

カートおじさんは何も言わない。六百三十二円を、小銭でぴったり出してくれる。

それをレジに入金し、打ち出されたレシートを渡す。

「ありがとうございました」と今度は【　B　】として言い、さらに続ける。「いつも本当にありがとうございます」

カートおじさんは、代ずみカゴを持って、サッカー台のほうへ去って行く。

高齢だが、まだわたしが運んであげる必要はない。この人は何歳になっても自分で運ぶのかもしれない。でも運ぶのがツラくなったら、遠慮なく言ってほしい。

そしてわたしは次のお客さんへと向き直る。

「お待たせしました。いらっしゃいませ」

中高生のころはなるまいと思っていたレジのおばちゃんに、なっている。

なってみれば、わかる。

スーパーのレジのおばちゃんにも、【　C　】。

（小野寺史宜『今日も町の隅で』による。ただし、途中を省略した部分がある。）

問一　――線部①について。［　］に漢字一字を入れて、表現を完成させなさい。

問二　――線部②に関連して。

みつばの自宅から四葉の店までは、自転車で通っている。蜜葉市のみつばと四葉。みつばは埋立地だが、四葉は高台にある。国道をまたぐ陸橋を渡らなければいけない。帰りは楽だが、行きはツラい。運動のつもりでペダルを漕いでいる。

初めはJRみつば駅前にある大型スーパーでパートをやることも考えた。だがこちら、ハートマートの四葉店を選んだ。毎日のように近所の人たちと顔を合わせるのは、気が進まなかったからだ。

すでに空は暗くなりかけている。店の裏手にある従業員用の駐輪場で自転車に乗り、自宅へと向かう。

みつばとちがい、四葉はきれいに区画整理されてない。道はくねくね曲がる。緑も多い。田畑もあれば、dゾウキバヤシもある。そして残念なことに、ごみをよく目にする。歩きながら飲み食いした人が、ポイと投げ捨ててしまうのだろう。

そのごみを、拾っている人がいた。

高齢の男性。白い軍手をはめた手で空き缶やお菓子の空き袋を拾い、大きなビニール袋に入れていく。今はちょうどハートマートのものらしき白いレジ袋を拾ったところだ。自分の店の袋がこんな場所でごみと化していると思うと、ちょっと悲しくなる。

わたしは自転車で背後から男性に寄っていく。そして、追い越す。

あれっと思う。見覚えがある。遠ざかりつつ、振り向いてしまう。

まちがいない。カートおじさんだ。

自宅がこの辺りなのだろうか。店にほぼ毎日来るのだから、まあ、この辺りなのだろう。

でもここは畑のなかの道。すぐ近くに家はない。

あぁ、と思う。納得する。要するに、ごみを拾っているのだ。たぶん、自分の畑のごみをでなく、四葉のごみを。町のごみを。

カートおじさんは一人。組織立ってのボランティア活動という感じではない。まさに一人でやっているのだろう。自発的に。

すごいな、カートおじさん。と、ちょっと感心する。店でだけじゃなく、ここでもか。⑤というより、【　A　】のかもしれない。

ごみは、ただ拾って終わりではない。持ち帰り、分別し、それぞれ決められた日に出さなければならない。こうして拾うからには、そこまでやるのだろう。無償で。

世界中の人がカートおじさんなら、世の中からごみは一つもなくなるのだな、と思う。

お客さんの代ずみカゴをサッカー台に運んだとき。ちょうどカートおじさんと出くわした。例によって、カートを押している。ほかのお客さんが残していったものを、片づけてくれている。

「いつもありがとうございます」とお礼を言い、レジに戻ろうとした。が。

あちらが立ち止まったので、こちらも立ち止まった。

カートおじさんが口を開く。

「きちんとしてないのがいやなんだ。迷惑なら、言ってほしい」

「はい？」

「迷惑なら、迷惑だと言ってほしい。この歳になると、そういうのはもう、自分ではよくわからないんだ」

初めて声を聞く。思ったより低い。落ちついた声だ。

お客さんが途切れるわけではないが、一人を終えたところでレジを素早く操作し、担当者名を切り換えて、スルリと入れ替わる。台の下に置いておいた私物入れの透明なビニールバッグを取り、三番レジをあとにする。

「おつかれ」と同じく交替してきた金沢正枝さんに言われ、「おつかれさまです」と返す。

正枝さんはわたしより六歳上の四十八歳。パートのキャリアでは二年上だ。つまりｂキンゾク七年。長いように感じられるが、この仕事ではそうでもない。十年選手もざらにいるし、一度やめてまた復帰する人もいる。なかには二度復帰する人もいるし、三ヵ月で復帰する人もいる。仕事が合わなくてすぐにやめてしまう人もたくさんいるが、半年もてば、あとはつづくことが多い。

正枝さんと二人、広い通路を歩き、バックヤードの休憩所へ向かう。

「直美さん。今日、空調、暑すぎない？」

「そうですか？　ちょうどいいと思いますけど」

「また太ったからかな。わたし、ちょっと暑いわ。ノドもカラッカラだし」

「それはわかります。空気は乾いてますよ」

立ち仕事のため、寒さを感じることはあまりないが、空気の乾燥には悩まされる。お札に脂分を吸われるので、指先がカサカサになるのだ。クリームを塗っても追いつかない。冬のこの時期はもう、常にどこかがひび割れている。しゃべりにくくなるのでわたしはしないが、ノドを守るためにマスクをする人もいる。

正枝さんがサッカー台のほうを見て、言う。

「今日もいるわね。カートおじさん」

「いますね」

カートおじさん。外国人ではない。どう見ても日本人だ。いつもああやって、買物客用のカートを片づけている。お店の人間でもない。あくまでもお客さん。

歳は、見た感じ、七十代後半。毎日のように、広い店内のあちこちで見かける。衣料品売場でも見かけるし、食料品売場でも見かける。くつ下を手にとって眺めていたり、カップ麺を手にとって眺めていたりする。決してあやしい人ではない。買物はきちんとしてくれる。パンやおにぎりやお惣菜、さらにはｃコマゴマとした日用品を買っていく。たぶん、一人暮らしで、その日に必要なものだけを買いに来ているのだろう。

で。ほかのお客さんが片づけてくれなかった買物カートをもとの場所に片づけてくれる。それらを探し歩いているような感じもある。時には駐車場の隅に置き去りにされたカートを片づけてくれたりもする。すべて自発的にやってくれていることだ。やってくれなくても店は困らないのだが、やってくれる。警備員さんがサボっているようにも見えてしまう。

④わたしも一度、それとなく言ったことがある。あ、いいですよ。こちらでやりますから。

カートおじさんはわたしを見た。が、何も言わず、そのままカートを押していった。

わたしにだけでなく、誰にでもそんな感じらしい。古株で人当たりのいい正枝さんに対しても同じ。そう聞いてからは、見かけても、ただ会釈をするだけにした。

【国　語】（五〇分）〈満点：一〇〇点〉

一　次の文章を読んで、後の問に答えなさい。

中高生のころは思っていた。将来スーパーのレジのおばちゃんにだけはなるまいと。なるはずはなかろうと。

なっている。

結局、てっとり早いのだ。仕事の内容はわかっている。職場の雰囲気もわかっている。ある程度勤務時間を選べる。ほぼ常にパートが募集されている。

大都（息子）が小四に上がり、①［手］がかからなくなったのを機に始めた。あと二ヵ月で、丸五年になる。三十七歳が、四十二歳にもなるわけだ。

三十代のときは若きレジのおばちゃんを自認していたが、四十代に入った今は若きをつけるつもりもない。ただの、レジのおばちゃんだ。

②昔はお客さんと無駄話をするレジのおばちゃんがいたものだが、もうそんな人はいない。今は効率が最優先。

レジのおばちゃんも変わった。というか、レジ自体が変わった。昔にくらべて、操作はａカクダンに楽になったはずだ。わたしが子どものころは、まだすべて手打ちでやっていた。今は商品のバーコードをかざすだけで機械が読みとってくれる。お釣りも自動で出してくれる。わたしたちは、バーコードシールが貼られてない日替わりの特売品や生鮮食品の入力に注意していればいい。

ただし。店員としての規律は遥かに厳しくなっている。

制服は、淡いブルーのニットシャツに黒のパンツ。私物のカーディガンを羽織ったりはできない。寒ければ、上に同じく淡いブルーのブルゾンを着る。華美なネックレスの装着は禁止だし、指輪も結婚指輪以外は禁止。

③いらっしゃいませ、や、ありがとうございました、のほかにも、お待たせしました、や、レジ袋はご入用ですか？　などの声かけをすることが義務づけられている。お釣りのお札はお客さんの前で一枚一枚数えることになっているし、小銭と合わせた金額を読み上げることにもなっている。

バーコードのおかげで、四、五千円分の買物をするお客さんでも、会計はわずか一、二分ですむ。次から次へと、自分の前を人が流れていく。体も自然に動く。声も自然に出る。そうなると、時間が経つのは早い。お昼前のピーク時は、あっという間に一時間が過ぎる。「お待たせしました。いらっしゃいませ」「こちら割引商品です」「トマトが、全部で六個ですね」「コロッケは、四個ですね」「先に、一、二、三、四。四千円と」「あと、七百五十八円。四千七百五十八円のお返しです」「ありがとうございました」

そんなことを何セットもやる。ご高齢のかたや小さなお子さん連れの代ずみカゴは、サッカー台まで自ら運ぶ。ぎっくり腰や転倒に気をつけなきゃ、と思いつつ、小走りに向かい、小走りに戻る。レジから離れる時間は、少しでも短くしなければいけない。

そして休憩や上がりの時刻になると、交替の人が来てくれる。今日はわたしより二歳上の寺尾さんだ。

「おつかれさまです。替わります」

「おつかれさまです。お願いします」

2021年度

桐朋中学校入試問題（第２回）

【算　数】（50分）　＜満点：100点＞

1　次の計算をしなさい。

(1)　$2\frac{1}{3}-1\frac{2}{13}-\frac{20}{39}$

(2)　$0.4-1.1\times2.1\div(13.2-5.5)$

(3)　$\left(3.45-1\frac{1}{5}\right)\times\left(3\frac{1}{3}+\frac{2}{9}\right)$

2　次の問いに答えなさい。

(1)　あるグループの子どもたちにおかしを配ります。おかしを１人に５個ずつ配ると17個余り，１人に７個ずつ配ると１個足りません。おかしは全部でいくつありますか。

(2)　現在の母の年齢（れい）は子どもの年齢の３倍です。５年後には母の年齢と子どもの年齢の比は５：２になります。現在の母の年齢は何才ですか。

(3)　28人の学級でテストをしました。男子の平均点は78点，女子の平均点は85点で，全体の平均点は82点でした。男子の人数は何人ですか。

3　Ａ，Ｂ，Ｃ，Ｄの４人が買い物に行きました。４人の所持金は同じでした。同じノートをＡは１冊，Ｂは２冊，Ｃは３冊，Ｄは４冊買いました。４人の残金の合計は5550円です。また，Ｂ，Ｃ，Ｄの残金の合計はＡの残金の2.7倍です。

(1)　Ａの残金はいくらですか。

(2)　ノート１冊はいくらですか。

(3)　さらに，ＢとＤが同じペンを買いました。Ｂは４本，Ｄは２本買ったので，ＢとＤの残金の比は１：３になりました。ペン１本はいくらですか。途中の考え方を示す式や図などもかきなさい。

4　右の図で，四角形ABCDは長方形です。四角形AEFGは平行四辺形で，対角線AFとGEは点Dで交わります。また，三角形AHGは直角二等辺三角形です。

(1)　平行四辺形AEFGの面積は何cm^2ですか。

(2)　三角形ECFの面積は何cm^2ですか。

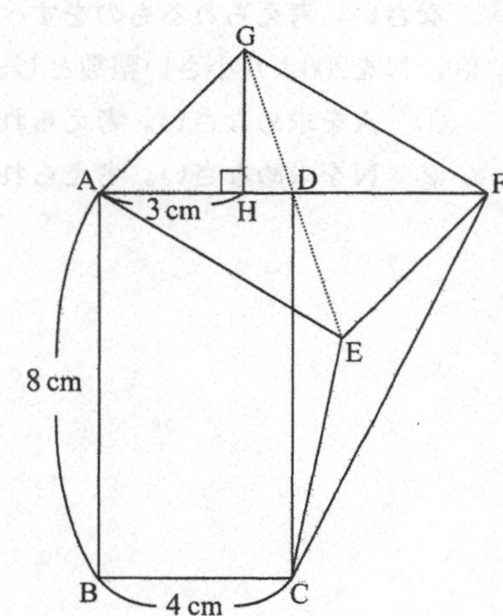

5　川に沿って，下流にＰ地，上流にＱ地があります。２つの船Ａ，Ｂは，Ｐ地とＱ地の間をそれぞれ１往復します。船ＡはＰ地を午前９時に出発し，Ｑ地に着いたところで10分間停(と)まり，Ｐ地に午前11時10分に戻(もど)りました。船ＢはＱ地を午前９時10分に出発し，Ｐ地に着いたところで10分間停まり，Ｑ地に戻りました。船Ａ，Ｂの静水上での速さはどちらも分速120mで，川の流れる速さは分速20mです。

(1)　Ｐ地からＱ地までの道のりは何mですか。

(2)　船Ａと船Ｂが初めてすれちがった時刻(じこく)は午前何時何分ですか。また，２回目にすれちがった時刻は午前何時何分ですか。

(3)　Ｐ地とＱ地の間にＲ地があります。Ｒ地ではx分おきに船Ａ，Ｂ，Ｂ，Ａの順に船が通過しました。

①　xの値を求めなさい。

②　Ｐ地からＲ地までの道のりはＰ地からＱ地までの道のりの何倍ですか。

6　ＡさんとＢさんは壁(かべ)をペンキでぬりました。Ａさんは40分ぬったら10分休む作業をくり返しました。Ｂさんは45分ぬったら15分休む作業をくり返しました。２人は同時に作業を始め，作業を始めてから190分後にちょうど壁の半分をぬりました。そのままのペースで作業を続ければ，作業を始めてから386分後にすべてぬり終える予定でした。しかし，作業を始めてから272分後にＢさんが作業をやめてしまい，そこからはＡさんが１人で作業をしてぬり終えました。

(1)　Ａさんが20分でぬる面積をＢさんは何分でぬることができますか。

(2)　この壁を２人が休みを入れずにぬったとします。２人が同時にぬり始めてからぬり終えるまでに何分かかりますか。

(3)　Ａさんが壁をぬり終えたのは，２人が同時に作業を始めてから何分後ですか。

7　Ｎを整数とします。Ｎの約数のうち10より小さい数を大きい順に左から並べてできる整数をＡ，小さい順に左から並べてできる整数をＢとし，ＡとＢの差をＰとします。

たとえば，Ｎが28のとき，Ａ＝7421，Ｂ＝1247 となるので，Ｐ＝Ａ－Ｂ＝6174 となります。

(1)　Ｎが175のとき，Ｐの値を求めなさい。

(2)　Ｎを２けたの整数とします。Ｐが４けたの整数で，その一の位の数が３となるようなＮを求めなさい。考えられるものをすべて書きなさい。

(3)　Ｎを200より小さい整数とします。Ｐの百の位の数が３となりました。

①　Ａを求めなさい。考えられるものをすべて書きなさい。

②　Ｎを求めなさい。考えられるものを大きい順に４つ書きなさい。

【理　科】（30分）　＜満点：60点＞

1　次の〔A〕,〔B〕の問いに答えなさい。

〔A〕　図１のように，軽くて重さの無視できる，長さ120cmの棒①を，棒の左端から40cmのところでつり下げました。

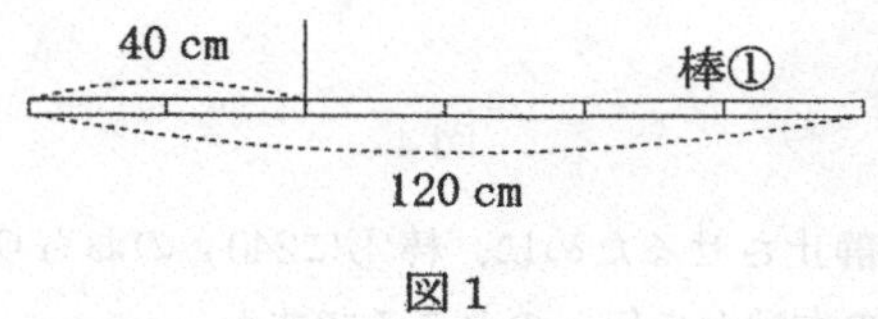

図１

問１　棒①の右端に300ｇのおもりをつり下げ，棒を水平に静止させるために，棒①の左端におもりをつり下げました。つり下げたおもりの重さは何ｇですか。

棒①と同じ棒②を用意し，右端に300ｇのおもりをつり下げた棒①の左端と棒②の右端を，図２のように，糸でつなぎ，棒②の左端を糸でつり下げました。

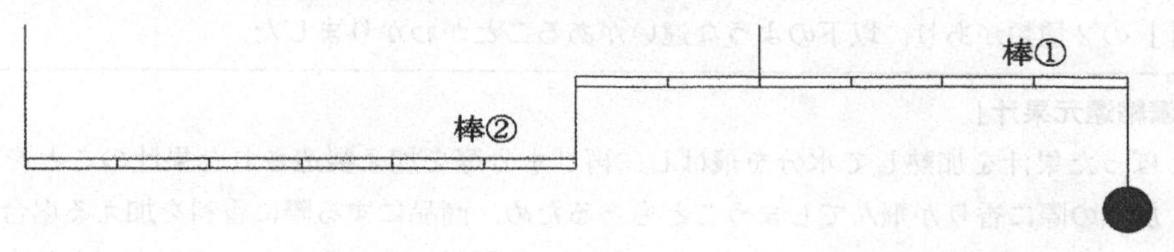

図２

問２　棒①と棒②を水平に静止させるために，棒②の左端から60cmのところにおもりをつり下げました。つり下げたおもりの重さは何ｇですか。

問３　問２でつり下げたおもりをはずし，棒②に720ｇのおもりをつり下げ，棒①と棒②を水平に静止させました。おもりをつり下げた位置は，棒②の左端から何cmのところですか。

〔B〕　図３のように，重さの無視できない，長さ120cmの一様な棒③を，左端から40cmのところでつり下げました。棒③を水平に静止させるためには，右端を180ｇの力で引き上げなくてはなりませんでした。

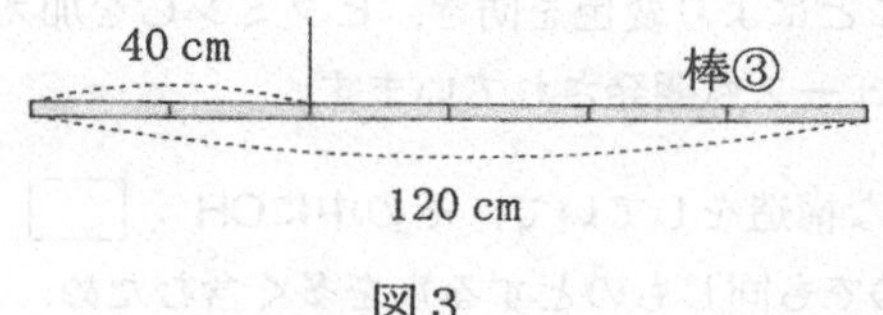

図３

問４　棒③の左端におもりをつり下げ，棒③を水平に静止させました。つり下げたおもりの重さは何ｇですか。

問５　棒③の重さは何ｇですか。

問６　問４でつり下げたおもりをはずし，棒③の左端に1200ｇのおもりをつり下げたとき，棒③を水平に静止させるためには，右端に何ｇのおもりをつり下げればよいですか。

棒③と同じ棒④を用意し，図４のように，棒③の左端と棒④の右端を糸でつなぎ，棒④の左端から40㎝のところでつり下げました。

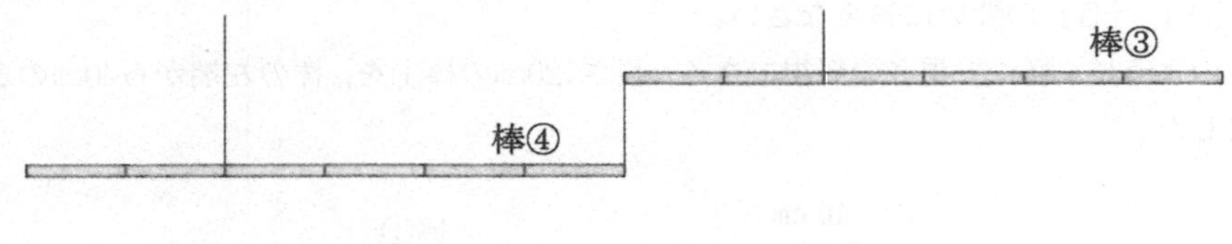

図４

問７　棒③と棒④を水平に静止させるために，棒④に240ｇのおもりをつり下げました。おもりをつり下げた位置は，棒④の左端から何㎝のところですか。

２　次の文章を読み，以下の問いに答えなさい。

Ａ君は，長野県を訪れた際に飲んだりんごジュースがおいしく，そのビンには100%（ストレート果汁）と表記してあったので，その意味を調べました。果汁には「濃縮還元果汁」と「ストレート果汁」の２種類があり，以下のような違いがあることがわかりました。

> **「濃縮還元果汁」**
> しぼった果汁を加熱して水分を飛ばし，再び水分等を加え製造された果汁のことをいいます。加熱の際に香りが飛んでしまうこともあるため，商品にする際に香料を加える場合がありますが，原材料の輸送の費用を下げられるため，低価格で味わえるという利点があります。
>
> **「ストレート果汁」**
> 水分を蒸発させることなく，しぼったそのままの果汁をパックしたものをいいます。果実の味わいをできるだけ生かしながら作ることになるので，果実をしっかり感じられる味わいに仕上がります。

もう一度ビンの表記をよく見ると，原材料のところに「りんご」「酸化防止剤（ビタミンＣ）」と書いてありました。りんご果汁はしぼる際に（　あ　）に触れると変色してしまうため，ビタミンＣを加えているようです。ストレート果汁とはいえ，ビタミンＣの味はすっぱいため，どうしてもりんご本来の味よりもすっぱいジュースに仕上がってしまいます。今では，果汁をしぼる装置を密閉し，（　い　）で満たすことにより変色を防ぎ，ビタミンＣを加えることなく，りんご本来のおいしさを存分に生かしたジュースも開発されています。

ビタミンＣは図１のような構造をしていて，その中にOH（□で囲まれた部分を指し，HOでも同じものとする）を多く含むため，水によく①とけるということがわかりました。これは，水もH－OHという構造を持ち，OHを多く持つ物質を仲間と認識するからです。逆に，OHを持たない物質は水にとけにくく，その代わりに油にとけやすいことがわかりました。

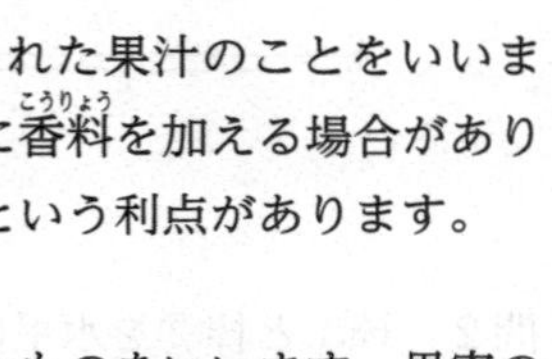

図1　ビタミンＣの構造

食品の科学に興味を持ったＡ君は，高知県にゆずの香りのする卵があることを知り，香りがする理由についても調べてみました。ニワトリのエサにゆずの皮を混ぜることで，ゆずの香り成分が卵に移るというもので，②ゆずの香り成分であるリモネンという物質は水よりも油にとけやすい性質をもち，卵白（らんぱく）には油が存在するため，卵白にリモネンがとけるからです。

このように物質によって液体（水や油など）へのとけやすさに違いがあり，ある物質がとけやすい液体を用いて，その中に物質をとかし出す操作を抽出（ちゅうしゅつ）といいます。たとえば，お茶の葉にお湯を注ぐと，③葉に含まれるカテキンという物質がとけ出すのも身近な抽出の例と言えます。

問１　文中の（あ），（い）に当てはまる気体の名称（めいしょう）を答えなさい。

なお，（あ），（い）はともに空気中に多く含まれる気体です。

問２　下線部①の「とける」と同じ意味で使われているものを，次のア～オからすべて選び，記号で答えなさい。

ア．ハチミツが紅茶にとける。

イ．雪がとけると，春がやってくる。

ウ．食塩を800℃以上の高温にすると，とけて液体になる。

エ．高温にすると，水にとけるミョウバンの量は増加する。

オ．温めたエチルアルコールに葉を入れると，葉の緑色がとける。

問３　下線部②のリモネンの構造を，次のア～エから１つ選び，記号で答えなさい。

ア．

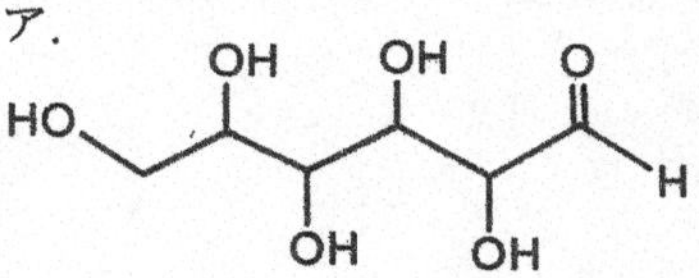

イ．

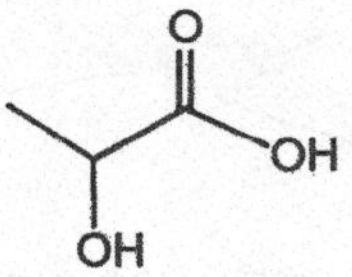

ウ．

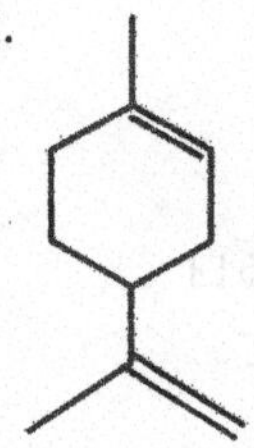

エ．

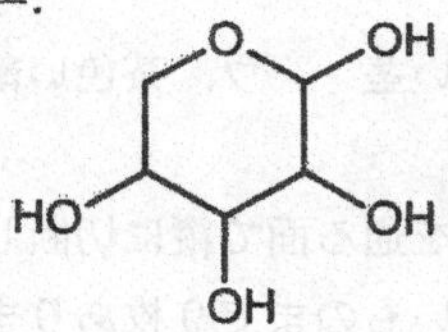

問４　下線部③のカテキンの構造を，次のア～エから１つ選び，記号で答えなさい。

ア．

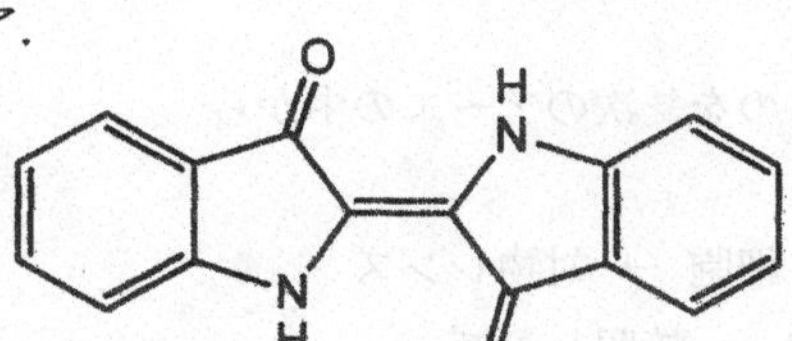

イ．

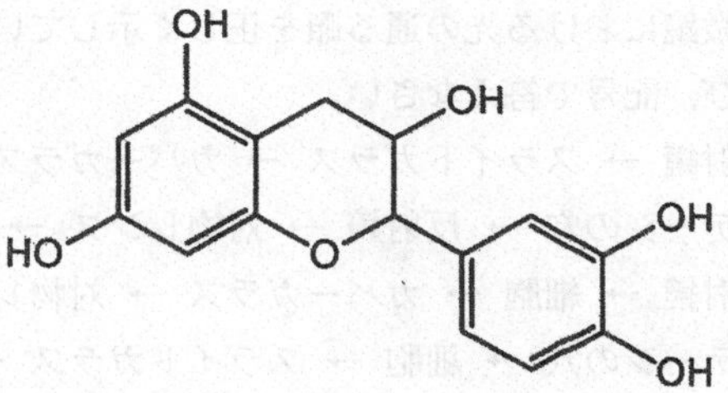

ウ．

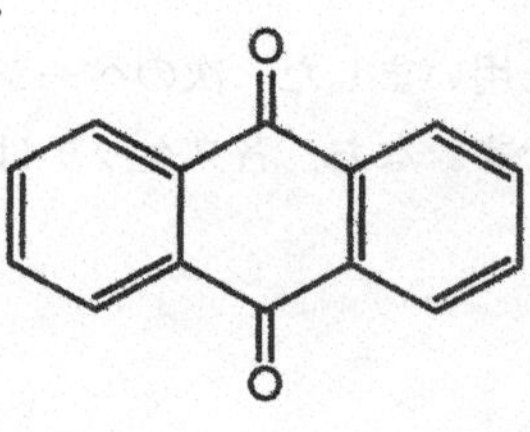

エ．

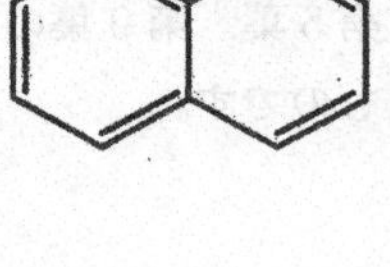

問5　ゆでたブロッコリーと電子レンジで加熱したブロッコリーでは，どちらがビタミンCを多く含んでいますか。理由を含めて説明しなさい。

3　植物の成長について，以下の問いに答えなさい。

植物のからだは，細胞という小さな箱のようなものが集まってできています。玉ねぎを用いて，タマネギの細胞の成長について調べました。なお，玉ねぎはタマネギという植物を成長の途中で収穫したものです。

玉ねぎを，中心を通る面で縦に2つに切断して，断面を観察しました。図1は，そのスケッチです。

図1

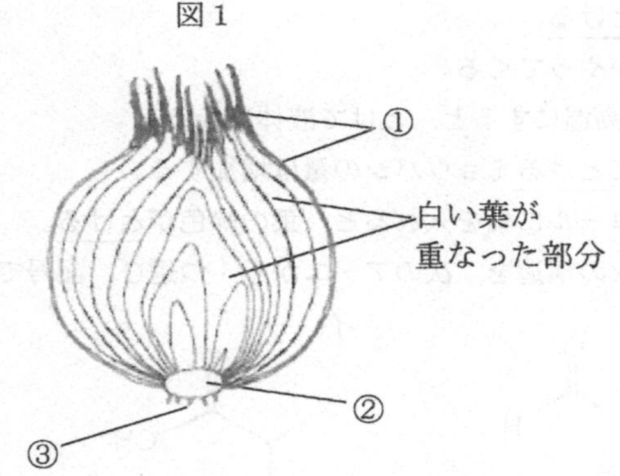

問1　図中の①～③の部分について正しく述べているものを，次のア～ウの中から1つずつ選び，記号で答えなさい。

ア．根のこん跡　　イ．短い茎　　ウ．茶色い薄皮

図2は，図1をさらに中心を通る面で縦に切断したものです。断面に見られる白い葉は，小さいものから大きいものまで9枚ありました。そこで中心から数えて，第1葉，第2葉，……第9葉と名付けました。

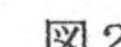

図2

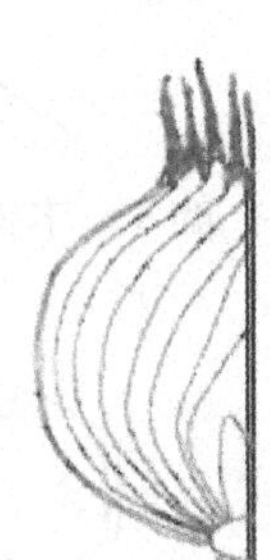

玉ねぎの中で葉が成長していると考えて，それぞれの葉を形づくっている細胞を顕微鏡で観察しました。

問2　顕微鏡における光の通る順を正しく示しているものを，次のア～エの中から1つ選び，記号で答えなさい。

ア．反射鏡 → スライドガラス → カバーガラス → 細胞 → 対物レンズ

イ．ステージの穴 → 反射鏡 → 対物レンズ → 細胞 → 接眼レンズ

ウ．反射鏡 → 細胞 → カバーガラス → 対物レンズ → 接眼レンズ

エ．ステージの穴 → 細胞 → スライドガラス → 接眼レンズ → 対物レンズ

細胞の観察は，それぞれの葉の内側の表面からはぎ取った薄皮を用いました。次のページの図3は，同じ倍率で描いた第1葉，第5葉，第9葉の細胞のスケッチです。なお，各スケッチは，5つ並んだ細胞を同じ方向で描いたものです。

図３

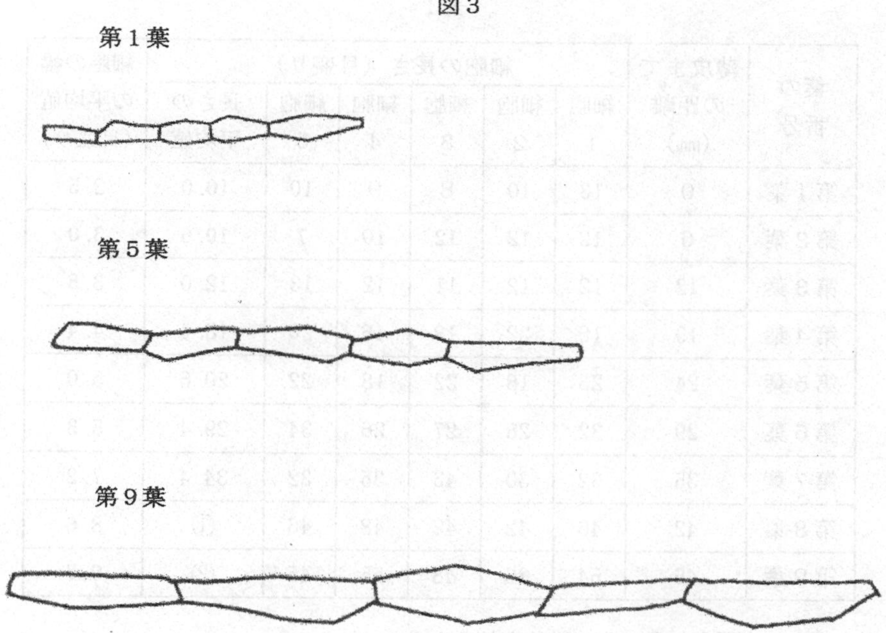

問３　前のページの図２と図３で示した観察結果から考えて，葉の成長と，葉を形づくっている細胞の成長について述べたア～エのうち，まちがった内容のものを１つ選び，記号で答えなさい。

ア．中心部で新しい葉がつくられる。

イ．葉は，内側から外側に向かって，大きくなっている。

ウ．葉の大きさと，葉の細胞の大きさには関係が見られない。

エ．大きい細胞は，外側の葉の方に多く見られる。

顕微鏡の接眼レンズ内に，測定用の目盛りをセットすると，細胞の様子と目盛りを同時に観察することができます。図４は，ある葉の細胞と目盛りのスケッチです。図４において，葉の細胞の長さ（図の横方向で示した大きさ）は22目盛り，幅（はば）（図の縦方向で示した大きさ）は６目盛りと表せます。この方法を用いて，第１葉から第９葉の葉の細胞の長さと幅を測定しました。次のページの表１は測定結果をまとめている途中のものです。

図４

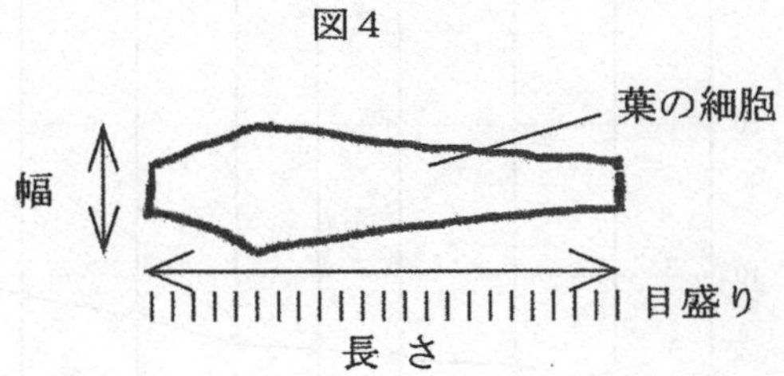

表１

葉の番号	薄皮までの距離(mm)	細胞の長さ（目盛り）						細胞の幅の平均値（目盛り）
		細胞1	細胞2	細胞3	細胞4	細胞5	長さの平均値	
第１葉	0	13	10	8	9	10	10.0	2.5
第２葉	6	12	12	12	10	7	10.6	3.0
第３葉	12	12	12	11	12	13	12.0	3.8
第４葉	19	16	22	18	16	20	18.4	4.4
第５葉	24	23	18	22	18	22	20.6	5.0
第６葉	29	32	28	27	26	34	29.4	5.3
第７葉	35	32	30	43	35	32	34.4	7.2
第８葉	42	46	42	48	48	46	①	8.6
第９葉	46	54	36	48	55	45	②	9.7

問４　表１の中の空所①，②に入る数値を答えなさい。

表１を完成させた後，第１葉から第９葉における葉の細胞の成長をみるために，細胞の幅の変化を図５に示しました。グラフの縦軸（じく）は，葉の細胞の大きさの平均値（単位は目盛り），横軸は中心とした部位からはぎ取った薄皮までの距離（単位はmm）です。

図５

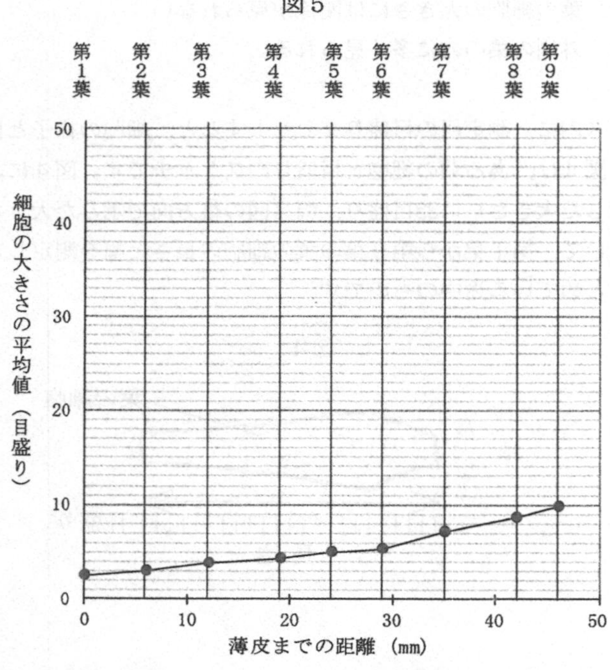

問５　解答用紙のグラフに，各葉を形づくっている細胞の長さの変化を書き加えなさい。

測定した葉の細胞の長さは，各葉の内側の薄皮の上下方向（次の図６の矢印の方向）で示しています。

図６

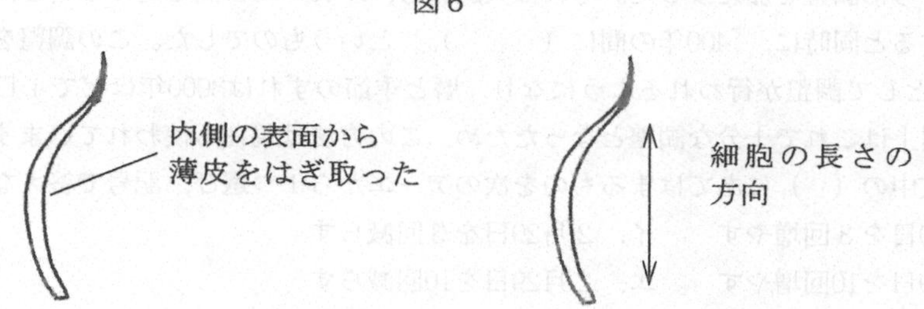

問６　表１と図５から，タマネギの葉の成長のしかたについて，言えることを述べなさい。

４　次の文章を読み，以下の問いに答えなさい。

私たちが使っている暦は，太陽の動きをもとに定められており，太陽暦と呼ばれています。日本では明治６年から採用されました。

北極と南極を結ぶ線を軸として，地球が回転していることを自転といいます。毎日太陽が東から昇り西に沈んでいくように見えるのは，地球の自転が原因です。私たちが使っている「１日」は，太陽が真南の方向に見えたときから，翌日真南の方向に見えるまでの時間を指しています。

地球が太陽のまわりを回ることを公転といいます。公転にかかる時間を，地球が大きな円形の陸上競技のコースを周回しているとして考えてみましょう。地球が１年かけてコースを回り，スタートラインに戻ってくるには，正確には365.2422日の時間がかかります。１月１日０時にスタートし，12月31日24時で１年（＝365日）が経過した時点では，地球はまだスタートラインに戻ってきていないのです。スタートラインに戻るには，さらに0.2422日かかります。これは，時間の単位で表せば約６時間です。翌年の１月１日は，365日が経過した位置から始まるので，スタートラインに戻るには，２周目には２年プラス0.4844日，３周目には３年プラス0.7266日，４周目には４年プラス0.9688日かかることになります。

そのため，１年の日数を365日に固定してしまうと，長い間に暦と地球の位置がずれてきます。このずれは，私たちの生活に暦と季節のずれとして現れます。そこで，このずれを少なくするために，紀元前45年にユリウス・カエサル（ジュリアス・シーザー）が，４年ごとに，２月29日を加える調整方法を導入しました。

問１　１年の日数が365日の年を平年といいますが，下線部のように２月29日を加えた年を何と呼びますか。

問２　本日以降で，次に２月29日があるのは西暦何年ですか。４桁の数字で答えなさい。

問３　世界中から参加者が集まる大きなイベントで，問１の年に行われてきたものを答えなさい。

問４　下線部の方法で調整しても残るずれの日数は，400年間ではどれくらいになりますか。小数第２位までの数値で答えなさい。

下線部の方法では，問４のように暦と季節のずれは残ります。16世紀になるとずれの日数が10日になってしまったので，このずれを解消するために，ローマ法王グレゴリオ13世は，1582年に下線部の方法にさらに調整を加えました。それは大胆（だいたん）にも，ずれの10日間を暦から省き，10月４日の翌日を15日とすると同時に，『400年の間に（　　　）。』というものでした。この調整をすることで，400年を単位として調整が行われるようになり，暦と季節のずれは3000年ほどで１日のずれになりました。実用上はこれで十分な調整となったため，この方法は現在も使われています。

問５　上の文中の（　）にあてはまるものを次のア～エから１つ選び，記号で答えなさい。

ア．２月29日を３回増やす　　イ．２月29日を３回減らす

ウ．２月29日を10回増やす　　エ．２月29日を10回減らす

これまでの研究では，地球の公転の周期はほとんど変化をしていませんが，地球の自転の速さは，だんだん遅（おそ）くなってきていることがわかっています。また，何億年も昔のサンゴの化石を顕微鏡（けんびきょう）で調べると，１日の成長や１年の成長のようすが化石に残っていて，当時の１年間の日数を知ることができます。

問６　昔と比べると，現在の１年間の日数はどう変化したと考えられますか。

【社　会】（30分）　＜満点：60点＞

【１】 次のア～カの文を読み，問いに答えなさい。

ア．こどもたちは，7～８才のころから数年間寺子屋に通い，読み書きやそろばんなど，生活に必要な知識を広くまなぶようになりました。
イ．国をおさめるための律令ができあがりました。戸籍（こせき）によって６才以上であることが確認された男女には，国から口分田が与えられました。
ウ．世阿弥はこどものときに足利義満の前で能を演じ，義満の手厚い保護をうけるようになりました。その後，世阿弥は貴族からさまざまな文化をまなびました。
エ．子育てや出産の様子を表現した土偶（どぐう）がつくられました。また，こどもの手形や足形がついた土版（どばん）がつくられることもありました。
オ．空襲や引きあげで孤児（こじ）になり，生きていくために働くこどもがたくさんみられました。
カ．大阪紡績（ぼうせき）会社がつくられるなど，近畿地方では紡績業がさかんになりました。これらの工場では女性やこどもが多く働いていました。

問１．ア～カの文を時代の古い方から順にならべかえて，記号で答えなさい。
問２．次の①～④の文が示すできごとはア～カの文のあらわす時代のどれと関係が深いか，記号で答えなさい。関係の深い文がないときは記号キで答えなさい。
① 農民たちは稲や地方の特産物を，租や調として納めました。
② 全国から，国会の開設を求める署名が政府に提出されました。
③ 出雲では，四角い形で四すみがつき出ているお墓がつくられました。
④ 国際社会の平和を守るしくみとして，国際連合が発足しました。
問３．アの文について。このころ，寺子屋とともに，各藩の武士のこどもに学問などを教える藩校が全国につくられました。次のうち，藩校にあたるものはどれですか。一つ選び，あ～えの記号で答えなさい。
あ．適塾　　い．足利学校　　う．日新館　　え．開智学校
問４．イの文について。この時代の様子を知ることのできる，天皇から庶民（しょみん）まで，はば広い人びとの歌を収めた歌集を何と言いますか，漢字で答えなさい。
問５．ウの文について。能の合い間に演じられた，日常の会話を用いて民衆の生活などを題材にした劇を何と言いますか，漢字で答えなさい。
問６．エの文について。
⑴ この時代の暮らしを知ることのできる，青森県の遺跡（いせき）の名前を漢字で答えなさい。
⑵ このころ，土器を発明することによってどのようなことができるようになったか，答えなさい。
問７．オの文について。これに関して述べた次の文章を読み，［ A ］・［ B ］にあてはまる言葉を答えなさい。

国から配られる物資ではとても足りず，人びとは満員の列車に乗って農村に買い出しに行ったり，［ A ］といわれる非合法の市場で物資を買ったりしました。校舎が焼けたところで

は，校庭にいすを並べて「 B 教室」で授業がおこなわれるようになりました。

問８．カの文について。次の法律は，過酷な労働をしている女性やこどもを守るためにこの時代の末に公布されたものですが，十分には改善されませんでした。それはなぜだと考えられますか。法律の内容をもとに説明しなさい。

第一条　この法律は次の工場に用いられる。
　一、つねに15人以上の労働者を働かせている工場

第二条　工場の主は12才未満の者を工場で働かせることはできない。
　ただし，この法を施行したときに10才であった者を引き続き働かせる場合はこの限りではない。

第三条　工場の主は15才未満の者や女子について，１日12時間をこえて働かせてはならない。ただし，この法を施行してから15年間に限り，労働時間を２時間以内で延長できることがある。

【２】　次の文章は総務省統計局が発行した『国勢調査100年のあゆみ』からの抜粋です。この文章を読み，問いに答えなさい。

国勢調査は，大正９年（1920年）の⑴第１回調査以来，⑵国の最も基本的で重要な統計調査として実施しており，令和２年(2020年)に⑶100年の節目を迎えることとなります。この間，国勢調査は，国民の皆さまのご理解とご支援のもと，⑷日本の国と地域の人口とその構造，世帯の実態を明らかにし，様々な統計データを社会に提供してきました。

その歴史を紐解き，⑸国勢調査実施に至る足跡をたどると，その道のりは決して平たんではなく，先人達のこの調査にかける意気込みや苦労がひしひしと感じられます。そして我が国で初めて行われた大正９年の第１回国勢調査は，当時，⑹テレビやラジオもありませんでしたが，全国津々浦々まで準備が行き届き，全国一斉に，まさに国を挙げてのものとなりました。関係者の努力もさることながら，国勢調査にかける当時の国民の想いが，調査遂行の大きな原動力になっていました。

それから100年の歳月が流れ，時代も⑺大正から昭和，平成，令和へと変わってきましたが，国勢調査の重要性に変わりはありません。今を知り，⑻よりよい未来をつくっていくために，国民の皆さまの理解を得て，日本国内に住む全ての人と世帯を漏れなく，正確に把握することが必要です。

※　問題の都合上，内容を一部あらためています。

問１．下線部⑴について。第１回国勢調査は1905年に行われるはずが延期となりました。この理由として正しいものを一つ選び，あ～えの記号で答えなさい。

あ．日清戦争のため延期された。　　い．日露戦争のため延期された。

う．日中戦争のため延期された。　　え．西南戦争のため延期された。

問２．下線部⑵について。日本の国勢調査は19世紀の終わり頃，次のページの図１のＡで示された国から人口センサス＊への参加を求められたことがきっかけで始まりました。Ａの国名を答えな

さい。

＊ 人口センサス…人口を数える全数調査のこと

図１

問３．下線部(3)について。現在の韓国の人口は，約100年前の日本の人口と同じくらいです。図２は，アテネ（ギリシャ），シドニー（オーストラリア），ソウル（韓国），東京の雨温図です。ソウルのものを選び，あ～えの記号で答えなさい。

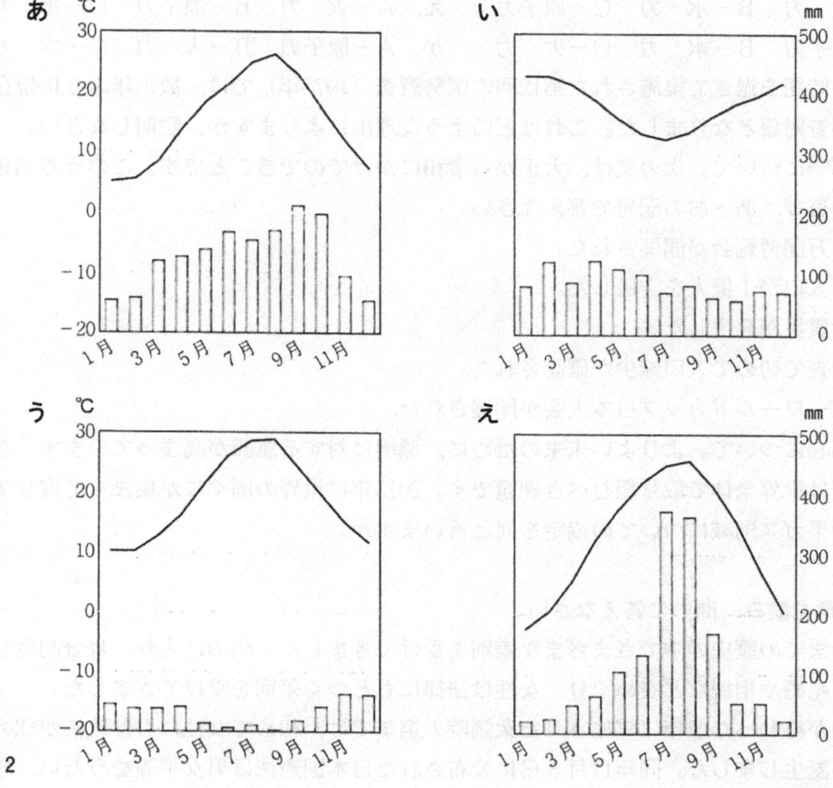

図２

（『理科年表』より作成）

問４．下線部⑷について。第１回国勢調査の日本の人口は，約5596万人でした。2015年の国勢調査の人口は，1920年の人口のおよそ何倍ですか。次から選び，**あ～お**の記号で答えなさい。

あ．1.3倍　**い**．1.8倍　**う**．2.3倍　**え**．2.9倍　**お**．3.4倍

問５．下線部⑸について。国勢調査実施に先だって，「甲斐国現在人別調」という試験調査が行われました。「甲斐国」とは現在の何県に相当しますか。漢字で答えなさい。

問６．下線部⑹について。日本では1953年にテレビ放送が始まり，それ以降，各家庭にテレビが普及しました。日本経済が著しく発展した1950年代後半から，1970年代はじめまでの時期を何と言いますか。漢字で答えなさい。

問７．問６の時期には電力の需要が増大し，水力・火力発電に加えて，原子力発電が開始されました。**表１**は，2017年の日本の発電電力量の内訳です。**A・B・C**の発電方式の組み合わせとして正しいものを選び，**あ～か**の記号で答えなさい。

表１

	A	B	C	太陽光	風力	地熱
発電量 百万 kWh	861,518	90,128	31,278	15,939	6,140	2,145
割合 %	85.5	8.9	3.1	1.6	0.6	0.2

（『日本国勢図会』より作成）

あ．A－水　力　B－火　力　C－原子力　**い**．A－水　力　B－原子力　C－火　力
う．A－火　力　B－水　力　C－原子力　**え**．A－火　力　B－原子力　C－水　力
お．A－原子力　B－水　力　C－火　力　**か**．A－原子力　B－火　力　C－水　力

問８．問６の時期を過ぎて実施された第12回の国勢調査（1975年）では，数十年ぶりに現在の47都道府県が調査対象となりました。これはどのような理由によりますか，説明しなさい。

問９．下線部⑺について。次の文は，大正から令和にかけてのできごとです。このうち昭和のできごとを二つ選び，**あ～お**の記号で答えなさい。

あ．大阪で万国博覧会が開催された。
い．日本の人口が１億人を突破した。
う．関東大震災が発生した。
え．国勢調査で初めて人口減少が確認された。
お．ラグビーワールドカップ日本大会が開催された。

問10．下線部⑻について。よりよい未来のために，環境に対する意識が高まっています。なかでも温暖化防止は世界全体で取り組むべき課題です。2015年に世界の国ぐにが集まって取り決められた，温室効果ガス削減についての協定を何と言いますか。

【３】 次の文章を読み，問いに答えなさい。

女性はこれまでの歴史の中でさまざまな差別を受けてきました。明治に入り，身分制度が廃止されて以降も，結婚や相続などをめぐり，女性は法律にもとづく差別を受けてきました。

太平洋戦争が終わった翌年に実施された衆議院の選挙では，初めて女性にも参政権が認められ，女性の議員も誕生しました。同年11月３日に公布された日本国憲法は男女平等をうたい，政府は男

女を差別してはならないと定めました。また，(1)1954年３月に起こったアメリカの水爆実験による第五福竜丸の被ばく事故を受けて，安全な水と食物を求めた杉並区の女性たちは，原水爆実験禁止を求める署名活動に取り組み，この運動は次第に日本全国にひろがっていきました。

このように女性の社会的発言の機会は次第に増えていきましたが，職場や家庭における男女差別はなかなか無くなりませんでした。

そのような状況を変えるために，(2)日本政府も，女性の社会進出を後押しする取り組みをしてきました。最近では2019年に(3)「政治分野における男女共同参画の推進に関する法律」が公布・施行され，衆議院，参議院および地方議会の選挙において，男女の候補者の数ができる限り均等となることを目指すことが定められました。

少子高齢化が進んでいる現在，(4)女性が仕事を続けながら安心して出産できること，そして，より多くの男性が子育てに参加することが，社会全体で求められています。そのためには，企業の理解と努力も必要です。

問１．下線部(1)について。この活動はやがて，1955年８月６日の原水爆禁止世界大会開催につながりました。この一回目の開催地はどこですか。都市の名前を漢字で答えなさい。

問２．下線部(2)について。以下の①～③は女性の地位向上等を目指して制定された法律を，**ア**～**ウ**はその内容を記した文です。それぞれの法律の内容として正しいものを選び，記号で答えなさい。

①　女性活躍推進法　　②　男女共同参画社会基本法

③　男女雇用機会均等法

ア．女子（女性）差別撤廃条約の批准を目指し，1985年に成立した法律で，企業などは職場における女性差別解消を目指さなければならないと定められた。

イ．1999年に成立した法律で，少子高齢化がすすむなかで，男女の役割分担にかたよりが生じないよう，国と地方公共団体は積極的な取り組みをしなければならないと定められた。

ウ．2015年に成立した法律で，国と地方公共団体，そして多くの人を雇っている企業は，女性が働きやすい環境づくりを目指した行動計画を策定しなければならないと定められた。

問３．下線部(3)に関連して，次の設問に答えなさい。

設問１．次の**表２**は各国議会における女性議員の割合を示したものです。この表中で「日本」「フランス」「スウェーデン」を示しているのは，**あ**～**う**のうちどれですか。正しいものをそれぞれ選び，記号で答えなさい。

表２　各国議会における女性議員の割合

	あ	ノルウェー	ドイツ	イギリス	い	アメリカ	韓国	う
2010年	46.4%	39.6%	32.8%	19.5%	18.9%	16.8%	14.7%	11.3%
2020年	47.0%	41.4%	31.2%	33.8%	39.5%	23.4%	17.3%	9.9%

※いずれも１月１日現在。一院制または下院における女性議員の割合

（内閣府ホームページおよび列国議会同盟ホームページ資料より）

設問２．**表２**中に国名が示されている五カ国のうち，2020年４月の時点で女性が大統領または首相を務めている国を二つ答えなさい。

問４．下線部(4)に関連して，次の設問に答えなさい。

設問１．子育てと仕事の両立を目指して1991年に成立した育児休業法は1995年に改正されました。以下は改正されたのちの法律の正式な名称（めいしょう）です。［A］に入る言葉を漢字二文字で答えなさい。［A］には同じ言葉が入ります。

育児休業，［A］休業等育児又（また）は家族［A］を行う労働者の福祉（ふくし）に関する法律

設問２．次の表３および図３を見て，問いに答えなさい。

表３　育児休業取得率＊の推移

	2010年	2014年
女性	83.7%	86.6%
男性	1.4%	2.3%

＊企業などで働いている人で、自身の出産または妻の出産にさいして、育児休業を申請（しんせい）した人の割合

（厚生労働省『雇用均等基本調査』より）

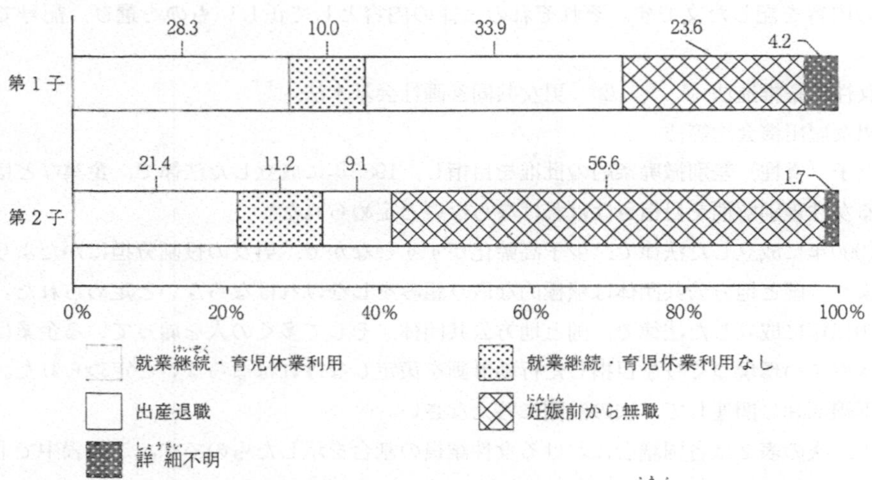

※2010年から2014年の間に出産を経験した夫婦（ふうふ）を対象にした調査

（国立社会保障・人口問題研究所ホームページ資料より）

図３　出産前後の妻の就業変化（第１子出産時と第２子出産時）

問い　育児休業の取得率が表３のような状態になっている背景について，図３からどのようなことがわかりますか。表３・図３それぞれから読み取れることについてふれながら説明しなさい。

闇屋自身も廉太郎の音楽を楽しんでいることがうかがえる一文を［B］文中から探し、最初の五字をぬき出しなさい。

問十 ═══線部ａ「ロトウ」・ｂ「トド（く）」・ｃ「テイド」・ｄ「サッ（する）」ｅ「ジュウライ」をそれぞれ漢字に直しなさい。

二 ※問題に使用された作品の著作権者が二次使用の許可を出していないため、問題を掲載しておりません。

（出典：梨木果歩（なしきかほ）『ほんとうのリーダーのみつけかた』による）

道端の三味線師に怒鳴りかかっていた…この場面の前、酔った新聞屋が大道芸人の三味線師にからんでトラブルになっているところを、通りかかった廉太郎が助けた。その流れで、新聞屋は廉太郎を家に連れてきた。

破落戸…ごろつきのこと。記事のネタを得るために時に強引な取材もする新聞記者は、当時こう呼ばれることもあった。

『憾』…廉太郎の遺作の曲名。

千住宿…現在の東京都足立区千住付近のこと。

問一　――線部①について。三味線のこのような様子から新聞屋についてどのようなことがうかがえるか。これを説明した次の文の《　》を補いなさい。

・新聞屋がこの三味線を《　　》こと。

問二　――線部②について。新聞屋は実際に三味線の腕がたしかなようだ。そのことに廉太郎が気付いていたと思われる一文をここより前の本文から探し、最初の五字をぬき出しなさい。

問三　――線部③について。新聞屋はなぜ東京音楽学校に対して敵対心を抱いているのか。わかりやすく説明しなさい。

問四　[A]文中の二ヶ所の□を補うのに最もふさわしいことばを次の中から選び、記号で答えなさい。

ア　演奏　イ　学問　ウ　生活　エ　病気

問五　――線部④について。この動作が表す心情として最もふさわしいものを次の中から選び、記号で答えなさい。

ア　おこっている　イ　おどろいている

ウ　こまっている　エ　ばかにしている

問六　――線部⑤とはどういうことか。次の中から最もふさわしいものを選び、記号で答えなさい。

ア　若くして人生を終える無念が表れすぎていて、曲調が平板になっている作品だということ。

イ　廉太郎が西洋音楽をきわめる前に人生を終えてしまったことが表れている作品だということ。

ウ　遺作というだけで、廉太郎がこれまでに作った他の名曲に比べれば平凡な作品だということ。

エ　留学の成果として西洋的な響きはあるが、日本的な印象はまったく受けない作品だということ。

問七　――線部⑥について。このように新聞屋が感じた理由として最もふさわしいものを次の中から選び、記号で答えなさい。

ア　西洋音楽に圧倒されていたので、日本文化を単純に良いものとする歌をおめでたいものに感じたから。

イ　音楽にささげた廉太郎の人生を思うと、子どもが遊ぶことばかり考える歌をのんきなものに感じたから。

ウ　廉太郎の短い人生の意味について考えていたので、無邪気に新年を待つ歌をのんきなものに感じたから。

エ　病人を抱えた貧しい暮らしをしているので、幸せな新年が訪れるとする歌をおめでたいものに感じたから。

問八　――線部⑦について。この時の新聞屋の心情について、「もういくつ寝ると…」この歌が廉太郎の作品だと気づいたことをふまえながら、くわしく説明しなさい。

問九　[A] 文中の二ヶ所の〰〰線部について。後の場面では廉太郎のこの思いがかなったことがうかがえる。新聞屋がそのことを喜び、新てくれと」

約束――。以前、家に連れて行ったとき、あの男が何か口にしていた気がする。

「あなたも、瀧さんの生きた意味を見つけてください。我々と共に」

*千住宿への帰り道が夕日に染まる中、新聞屋は冷たい風に羽織を揺らしながら自問していた。

廉太郎のいた意味を見つけると幸田幸は言っていた。そんなこと、できるのだろうか。わずか二十四年足らずで途絶した人生に意味を見出すことなんてできるのだろうか。

家に帰りついた頃には夕暮れの朱がさらに深い色に変じていた。

「帰ったぞ」

戸を開くと、中から笑い声、そしてたどたどしい歌声がした。

もういくつ寝ると　お正月
お正月には凧上げて　独楽を回して遊びましょう
早く来い来い　お正月

そんな、⑥能天気な曲だった。

歌っていたのは妹の鶴で、笑い声を上げていたのは病床にあった母親だった。狭い長屋の一室、腰高屏風で暑さ寒さを防ぐばかりの貧乏たらしい部屋の中は、驚くほどに温かだった。それは、歌を歌う鶴も、歌声を聴く母親も、等しく笑みを浮かべているからだろうか。

「こら、鶴。母上を寝かしてやらんか」

寝床の上で身を起こしている母親は首を振った。

「聴きたいとせがんだんだよ。学校で歌を教わったっていうから」

「学校で？」

「最近、教科書に載ったばかりの曲だっていうから」

見れば、鶴は小さな冊子を開いて歌を口ずさんでいる。目を細め、実に楽しそうに。

ふと、新聞屋はあることに気づいた。この唱歌は口語体で書かれている。それに、短い曲なのに几帳面に三部構成が取られ、eジュウライの唱歌と比べても曲調が速く明朗だ。もしやこれは――。

鈴木から貰った『幼稚園唱歌』をめくる。その中の一頁に、鶴の歌っていたのと同じ歌詞の曲が収まっていた。

「鶴。この歌は好きか」

⑦鼻の奥につんとした痛みが走ったのを堪えて話しかけると、鶴はゆっくり振り返り、小さく頷いた。

「そうか、好きか」

新聞屋は鶴の頭を大きな手で撫でつけた。鶴の黒い瞳の奥に、西洋音楽の深奥に手を伸ばしながらもトドくことのなかった若き音楽家が目に宿していた輝きを見つけ、誰にともなく薄く笑った。

「あいつ、やりやがったのか」

鶴が変な顔をしていたが、特に説明もせずに立ち上がった。折しも、流しの総菜屋の呼び声がした。新聞屋はわずかな銭を手に履物をつっかけて表に出た。

長屋の中から鶴の歌声が聞こえてくる。新聞屋も口三味線でその旋律に寄り添いながら、総菜屋の声のほうに近づいていった。

（谷津矢車『廉太郎ノオト』による）

*御大尽…金持ちのこと。

鶴の小さな手は、あかぎれでがさついている。[　]をしている者の手だ。だが、その指には絃楽器を扱う人間にあってしかるべき胼胝がない。

「当世、音楽は金持ちの余技か、芸者の飯の種だ。うちは金持ちじゃないし、妹にはまっとうな道に進んでもらいたいと思ってる。羽織＊破落戸の俺とは違ってな」

金持ちの余技。新聞屋はそう言ったが、本当にそうだろうか。音楽は、富貴な御大尽と貧乏な人々を分断してしまうものなのだろうか。今、確かに音楽はシャンデリアのぶら下がった大きなホールで演奏されるものだが、それはまだ普及していないからで、もっと音楽が身近なものになれば――。

廉太郎の中で、何かが爆ぜた。そうして現れたものを、廉太郎はそのまま口にした。

「新聞屋さん、決めましたよ。僕は、いつか西洋音楽をこの国に根付かせます」

新聞屋は④鼻を鳴らした。

「そういうところが、おぼっちゃま育ちだってんだ」

何と言われても構わなかった。

たとえば、今こうして目の前で座っている、[　]のために手を荒らしている少女にさえｂトドくような音楽を作ろう。廉太郎はそう決めた。

[B]聴かされた＊『憾』は、良い意味でも悪い意味でも廉太郎の人生を映していた。新聞屋はそこまで西洋音楽に詳しいわけではないが、東京音楽学校のコンサートにも何度も足を運んでいるし、もともと三味線を修めているから音楽の素養もある。だからこそ言えるのは、⑤廉太郎のこの曲は過渡作にすぎないということだった。新聞屋ｃテイドの耳でｄサッすることができるテイドのことを、幸田幸や鈴木毅一が理解していないはずはなかった。

なぜか胸が詰まった。目の前に高い壁が現れたような錯覚に襲われる。新聞屋は首を振った。

「この曲が、瀧のすべてなんですかい。だとすりゃ、何も残さない人生だったってことじゃないですか」

思いのほか己の声が弱々しかったことに、他ならぬ新聞屋自身が驚いていた。

下を向いていた幸田幸がゆっくりと頭を振った。

「違うわ。わたしがそうさせない。わたしだけじゃない。わたしも、鈴木さんも、姉さんも。瀧君に関わった皆も。瀧君のいた意味をわたしたちが絶対に見つける。瀧君の遺したものから、わたしたちはわたしたちの音楽を作り上げてゆく」

顔を上げた幸田幸の表情には、湿ったものは一切残っていなかった。そこには、決然とした覚悟を決めた一人の人の顔があった。

そうだ、と声を上げた鈴木が、ある冊子を差し出してきた。その表紙には、『幼稚園唱歌』とある。

「こちら、進呈します」

「俺にか。受け取りたくねぇですよ」

「そうはいきませんよ。瀧さんからトドいた最期の手紙に書いてあったんです。この本を渡してほしい、その際には『約束を果たした』と伝え

【国語】（五〇分）〈満点：一〇〇点〉

一 次の文章は『荒城の月』などの唱歌の作曲者として知られる明治時代の音楽家、瀧廉太郎を主人公にした小説の一節である。廉太郎は東京音楽学校（今の東京芸術大学）で学びながら、西洋音楽の手法を取り入れた児童向け唱歌の作曲にも取り組んでいた。周囲からも将来を期待され、官費（国が負担する費用）でのベルリン留学まで果たしたが、肺結核のため二十三歳の若さで亡くなった。［A］は東京音楽学校に対してなにかと批判的な記事を書いていた新聞記者（「新聞屋」）とのやりとりの場面である。［B］は廉太郎の死後、遺言にしたがい、友人の幸田と鈴木が新聞屋を招いて廉太郎の遺作を演奏した場面である。これを読んで、後の問に答えなさい。

［A］小さな仏壇の横に三味線が飾られていた。廉太郎に和楽器の知識はないが、楽器の良し悪しはなんとなくわかる。丁寧に漆が塗られ、つんと澄ました乙女のような雰囲気を醸しているその姿は、このうらぶれた長屋にはあまりに不似合いな逸品だった。①ずっと大事に飾ってあるとも見えない。皮の部分、絃の左手側が少し黒ずんでいる。右掌が当たるところだ。

眺めていると、廉太郎の横に腰かけた新聞屋は、不機嫌そうに声を上げた。

「うちの家宝だ。なんでも、お殿様からいただいた拝領品らしい」

病人の枕元に座っていた少女が、その三味線を掲げるようにして新聞屋の許に運んできた。その三味線を受け取ると、新聞屋は糸巻きをいじりながら絃を鳴らして音の調整を始めた。その手つきは乱暴なようでありながら、正確に絃の音を調えている。

「俺の家は、もともとさる藩のお抱え三味線師だったんだ。殿様が三味線狂いの人だったそうでな。俺の祖父が召し抱えられて、親父も仕えたが、廃藩置県をきっかけに追い出されてａロトウに迷って、結局このざまさ。俺は、大名家に仕えていた頃のことは何にも知らない。最初っからしみったれた貧乏生活だ。だが――」

新聞屋は貧乏長屋には不似合いな三味線を掲げた。

「親父は貧乏になってもなお三味線を手放そうとしなかった。三味線しか知らぬ男だからな。②俺にも三味線を仕込んだが、まあ金にならない。俺が新聞社に潜り込んだ頃、親父はお陀仏だ」

新聞屋は腰屏風の向こうで寝息を立て始めている老女を一瞥しながら、抱いたままの三味線をいとおしげに撫でた。

「うちの母親はもともと体が弱くてな。本当だったら、俺も三味線で身を立ててみたかったが、状況が許してくれなかった」

③新聞屋がなぜ東京音楽学校に対して敵対心を露わにしているのかを知った。音楽学校にいる者たちの多くは＊御大尽の子弟だ。かく言う廉太郎とて家老の家の息子、金持ちのぼんぼんと言われても反論はできない。＊道端の三味線師に怒鳴りかかっていたのは、修業のほどが足りないことに対する怒りらしかった。新聞屋は今でも、音楽に対する熱意を持っていて、持て余してしまっている。そんな鬱屈した思いがこの男を突き動かしているのだろう。

何も言えずにいると、母親を寝かしつけたのか、鶴と呼ばれていた少女がこちらにやってきた。

「妹さんには、三味線を教えていないのですか」

大切なことはメモしておこうネ！

T・G

第1回

2021年度

解　答　と　解　説

《2021年度の配点は解答欄に掲載してあります。》

＜算数解答＞

1　(1) $\frac{11}{8}$　(2) 5.2　(3) 0.9　2　(1) 14個　(2) 6.28　(3) 480mL

3　(1) (考え方) 解説参照　(答え) 分速85m　(2) 105m

4　(1) 7人　(2) 50人　(3) 28　(4) 34　5　(1) 4：5　(2) 13.5cm

6　(1) 600g　(2) 350g　(3) 4分48秒

7　(1) ① 4　② 4　(2) 3，4　(3) 7，15，20，27，36，48，64

○推定配点○

1・3・4　各4点×10　他　各5点×12(7(3)完答)　計100点

＜算数解説＞

1　(四則計算)

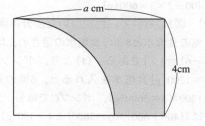

(1) $\frac{8}{6}-\frac{5}{6}+\frac{7}{8}=\frac{11}{8}$

(2) $65\div26+2.7=2.5+2.7=5.2$

(3) $\frac{15}{14}\div\frac{5}{6}\times0.7=0.9$

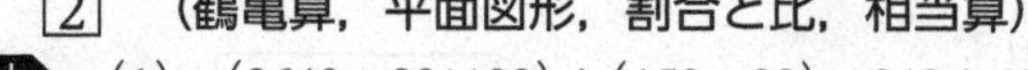

2　(鶴亀算，平面図形，割合と比，相当算)

基本　(1) (2640－90×20)÷(150－90)＝840÷60＝14(個)

重要　(2) 4×4×3.14÷4×2÷4＝6.28(cm)

重要　(3) 右図において，7割の量は(110＋550)×2－60＝1260(mL)　したがって，1日目の量は1260÷7×3－60＝480(mL)

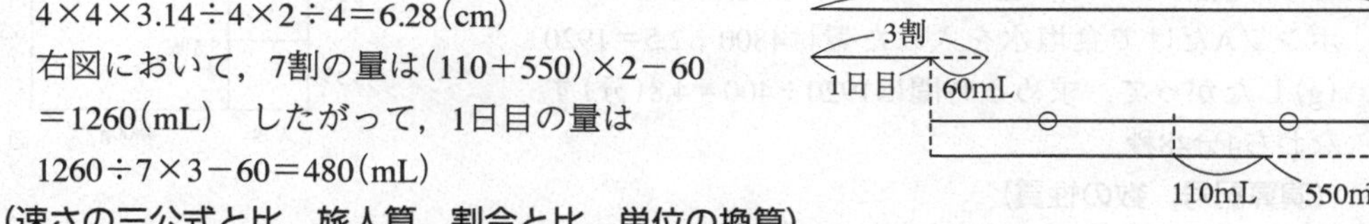

重要　3　(速さの三公式と比，旅人算，割合と比，単位の換算)

(1) (考え方の例)弟の分速を△にすると，兄が歩いた距離は△×9＋10×9＋△×7＋20×7＋△＋25＝△×17＋255であり，これが1700mに相当する。したがって，弟の分速は(1700－255)÷17＝85(m)

(2) (1)より，弟は出発して15分後に85×15＝1275(m)進んでおり，兄は1700÷85－17＝3(分)遅れで出発して，弟が出発した3＋9＝12(分後)に(85＋10)×9＝855(m)進んでいる。したがって，弟は，さらに3分後には1275－{855＋(85＋20)×3}＝105(m)先にいる。

やや難　4　(統計と表，集合，割合と比)

(1) 右表において，両方Cである人数が○の場合，2つの質問について両方A，B，Cと回答した人の全体の人数は○＋3＋(○＋3)×2＋○＝○×4＋9であり，これが37人に等しい。したがって，両方Cである人数は(37－9)÷4＝7(人)

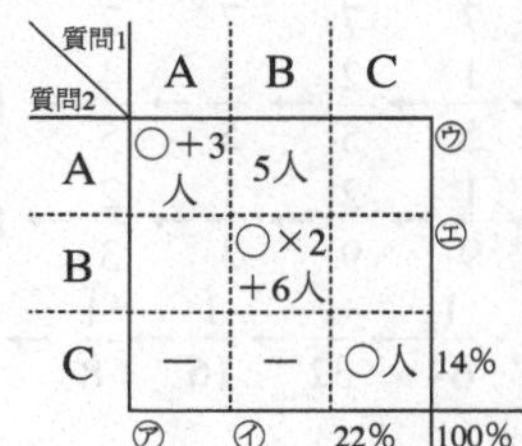

	質問1	質問2
A	㋐%	㋒%
B	㋑%	㋓%
C	22%	14%
合計	100%	100%

(2)　(2)より，1年生の人数は7÷0.14＝50(人)

(3)　(1)より，㋑は5＋7×2＋6＝25(人)，(2)より，25人は1年生の25÷50×100＝50(％)
したがって，㋐は100－(50＋22)＝28(％)

(4)　質問1にCで回答した人数は50×0.22＝11(人)であり，そのうち質問2にAで回答した人数は，(1)より，(11－7)÷2＝2(人)　したがって，㋒は(7＋3＋5＋2)÷50×100＝34(％)

5　(平面図形，割合と比)

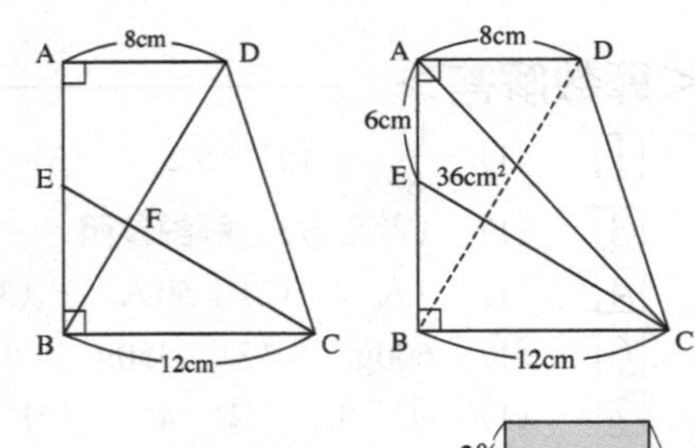

重要　(1)　AB：EBは(6÷8)：(5÷12)＝9：5
したがって，AE：EBは(9－5)：5＝4：5

やや難　(2)　右図において，三角形DBCの面積は三角形ABCに等しく，三角形AECの面積が36㎠である。
したがって，AEの長さは36×2÷12＝6(cm)，(1)より，ABの長さは6÷4×9＝13.5(cm)

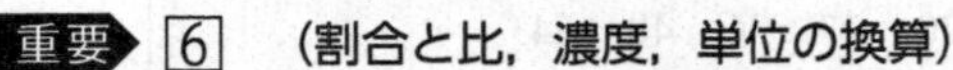

重要　6　(割合と比，濃度，単位の換算)

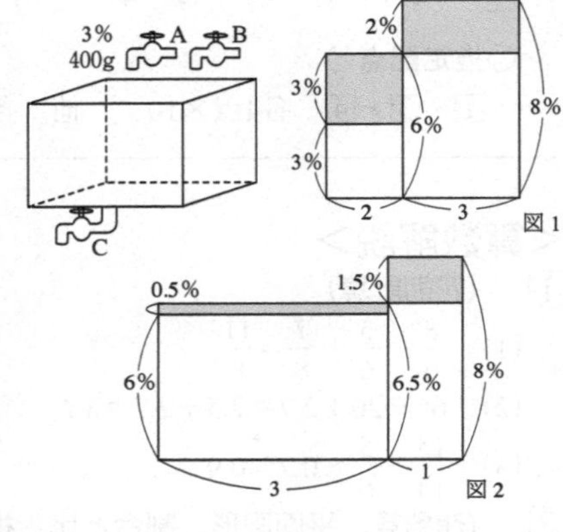

(1)　図1において，色がついた部分の面積は等しく，ポンプAとBが毎分，食塩水を入れる量の比は2:3である。したがって，ポンプBが毎分，食塩水を入れる量は400÷2×3＝600(g)

(2)　図2において，色がついた部分の面積は等しく，6％の食塩水と8％の食塩水の重さの比は(8－6.5)：(6.5－6)＝3：1である。(1)より，ポンプBだけで600×2＝1200(g)食塩水を入れると，6％の食塩水の重さは1200×3＝3600(g)，ポンプCで毎分，食塩水を出す量は{(400＋600)×5－3600}÷4＝350(g)である。

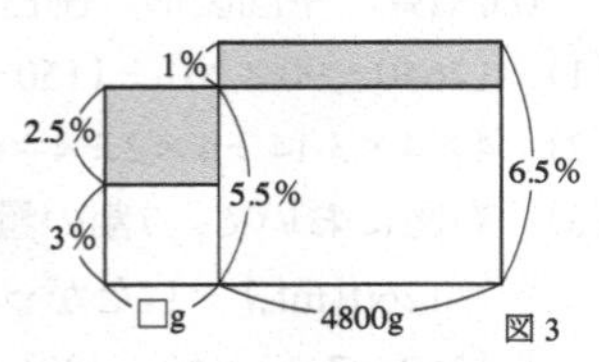

(3)　(2)より，6.5％の食塩水は1200＋3600＝4800(g)であり，図3において，色がついた部分の面積は等しく，ポンプAだけで食塩水を入れた量は4800÷2.5＝1920(g)したがって，求める時間は1920÷400＝4.8(分)すなわち4分48秒

7　(演算記号，数の性質)

基本　(1)　①　$\frac{1}{5}\to\frac{2}{5}\to\frac{3}{5}\to\frac{4}{5}\to 1$　したがって，値は4

②　$\frac{1}{16}\to\frac{1}{8}\to\frac{1}{4}\to\frac{1}{2}\to 1$　したがって，値は4

基本　(2)　$\frac{1}{3}\to\frac{2}{3}\to 1$　または，(1)②より，$\frac{1}{4}\to\frac{1}{2}\to 1$　したがって，Nは3，4

やや難　(3)　以下のように，6回で1になるNは7，15，20，27，36，48，64である。

$\frac{1}{7}\to\frac{2}{7}\to\frac{3}{7}\to\frac{4}{7}\to\frac{5}{7}\to\frac{6}{7}\to 1$　$\frac{1}{15}\to\frac{2}{15}\to\frac{1}{5}\to\frac{2}{5}\to\frac{3}{5}\to\frac{4}{5}\to 1$

$\frac{1}{20}\to\frac{1}{10}\to\frac{1}{5}\to\frac{2}{5}\to\frac{3}{5}\to\frac{4}{5}\to 1$　$\frac{1}{27}\to\frac{2}{27}\to\frac{1}{9}\to\frac{2}{9}\to\frac{1}{3}\to\frac{2}{3}\to 1$

$\frac{1}{36}\to\frac{1}{18}\to\frac{1}{9}\to\frac{2}{9}\to\frac{1}{3}\to\frac{2}{3}\to 1$　$\frac{1}{48}\to\frac{1}{24}\to\frac{1}{12}\to\frac{1}{6}\to\frac{1}{3}\to\frac{2}{3}\to 1$

(1)②より，$\frac{1}{64}\to\frac{1}{32}\to\frac{1}{16}\to\frac{1}{8}\to\frac{1}{4}\to\frac{1}{2}\to 1$

★ワンポイントアドバイス★

④「アンケート表」の表記が一般的ではないため，意味が読み取りにくかったと思われる。例えば，質問1の項目を横に質問2の項目を縦に分類する方法に気づくと簡単になる。⑤(2)「$36cm^2$大きい」の意味が，ポイントになる。

＜理科解答＞

① 問1 40cm　問2 90cm　問3 2.5cm　問4 B
問5 9秒後　A 648cm　B 800cm　問6 0.5秒後

② 問1 ① 酸　② 二酸化炭素　問2 ウ　問3 ア　問4 (1) エ　(2) 7.4%
問5 加熱により二酸化炭素の泡が発生し，衣はふわっとしたが，別の物質が生じたので苦味が強くなった。　問6 右図1

③ 問1 ① 食物連鎖　② 外来生物　問2 ア・エ　問3 ウ・エ
問4 オオクチバスの成魚が，オオクチバスの稚魚や卵を食べていたため。
問5 イ　問6 右図2

④ 問1 19　問2 0.8　問3 エ　問4 ④ ウ　⑤ エ
問5 チバニアン
問6 棒磁石が磁石の性質を失う温度よりも地球の中心部が高温だから。
問7 目的　方位を調べるため。
方法　流れのない水面に浮かべる。

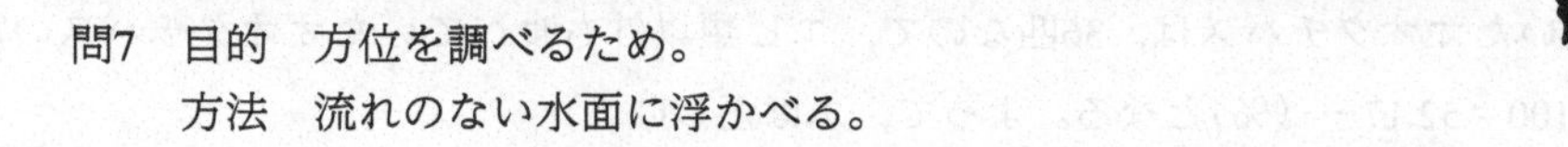

図1

油

図2

○推定配点○

① 各2点×8　② 問1 各1点×2　問2～問6 各2点×6
③ 問1・問2 各1点×4　問3～問6 各2点×4(問3完答)　④ 各2点×9　計60点

＜理科解説＞

① (物理的領域―物体の運動)

問1 2倍の時間では2×2＝4(倍)の距離を進むので，10(cm)×4＝40(cm)である。

問2 3倍の時間では3×3＝9(倍)の距離を進むので，10(cm)×9＝90(cm)である。

基本 問3 $\frac{1}{2}$倍の時間では$\frac{1}{2}\times\frac{1}{2}=\frac{1}{4}$(倍)の距離を進むので，10(cm)×$\frac{1}{4}$＝2.5(cm)である。

重要 問4 レールBの方が同じ距離を進むのにかかる時間が短いので，レールBの方が傾きが大きい。

問5 レールAで聞こえる音は，小球を転がしてから，1秒後，2秒後，3秒後…と続く。レールBで聞こえる音は，小球を転がしてから，0.9秒後，1.8秒後，2.7秒後，3.6秒後，4.5秒後，5.4秒後，6.3秒後，7.2秒後，8.1秒後，9秒後に聞こえ，9秒後にレールAの小球と同時になることがわかる。レールAの小球は9倍の時間を要したので，8(cm)×9×9＝648(cm)進み，レールBの小球は10倍の時間(0.9秒から9秒まで10回鈴の音を鳴らした)を要したので，8(cm)×10×10＝800(cm)進む。

やや難 問6 5秒後に同時に聞こえたので，レールBの小球を転がしたとき，5秒後に最も近い時間は，0.9(秒)×5＝4.5(秒後)である。よって，レールBの小球がスタートしたのは，レールAの小球がスタートしてから，5(秒後)−4.5(秒後)＝0.5(秒後)が最も小さな値となる。

重要 ② (化学的領域―水溶液の性質)

問1 ① 重曹の水溶液はリトマス紙の色の変化からアルカリ性とわかるので，酸性の水溶液を中和することがわかる。　② 重曹は熱を加えると二酸化炭素を発生させる。

問2 塩酸だけが酸性の水溶液で，あとの水溶液はすべてアルカリ性の水溶液である。

問3 重曹水だけが固体が溶けた水溶液で，あとの水溶液はすべて気体が溶けた水溶液である。

問4 (1) 水溶液の濃さはどこでも同じである。

(2) $\frac{8(\mathrm{g})}{100(\mathrm{g})+8(\mathrm{g})}\times100=7.40\cdots$ より，7.4％である。

問5 重傷は加熱すると二酸化炭素と苦い物質ができる。

問6 油に混じりやすい部分が油に結びつくため，解答のような図となる。

3 (生物的領域―生態系)

重要 問1 ① 食べる・食べられる関係を食物連鎖という。

② 本来別の場所に生息していた生物が別の場所に移され，そこで定着した生き物を外来生物という。ブラックバスやセイヨウタンポポなどは外来生物である。

基本 問2 食物連鎖の関係として正しいものは，アとエである。

やや難 問3 ア オオクチバスはエビ類を最も多く食べているので，アは間違いである。　イ オオクチバスは陸生の昆虫も食べているので，イは間違いである。　ウ 胃に内容物が入っていたオオクチバスは，127(匹)－20(匹)＝107(匹)である。そのうち，胃の内容物に魚類が入っているオオクチバスは69匹いるので，$\frac{69(\text{匹})}{107(\text{匹})}\times100=64.48\cdots$(％)のオオクチバスが魚類を食べていたことになる。よって，ウは正しい。　エ エビ類を食べていたオオクチバスは，69匹おり，エビ類以外を食べていたオオクチバスは，36匹なので，エビ類以外も食べていたオオクチバスの割合は$\frac{36(\text{匹})}{69(\text{匹})}\times100=52.17\cdots$(％)となる。よって，エは正しい。

問4 オオクチバスの成魚の減少が，オオクチバスの稚魚の増加の原因であることから，オオクチバスの成魚は，オオクチバスの稚魚や卵を食べていたことが考えられる。

問5 ア 1980年にネコを駆除した後は一時的に少しの回復は見られたが，その後減少しているので，アは正しくない。　イ 2004年にナンヨウネズミの駆除を行ったときの方が，1980年にネコを駆除した後より，繁殖成功率の回復が多いので，イは正しい。　ウ ナンヨウネズミの数に関するデータは書かれていないので，ウは正しくない。　エ ミズナギドリはネコを食べるわけではないので，エは正しくない。

問6 ミズナギドリはネコやナンヨウネズミに食べられ，ナンヨウネズミはネコに食べられる。

4 (地学的領域―大地の活動)

問1 30(℃/km)×6400(km)＝192000(℃)より，19万℃である。

問2 5000(℃)÷6400(km)＝0.78125(℃/km)より，0.8℃である。

問3 $\frac{0.8}{30}=\frac{1}{37.5}$ より，約$\frac{1}{40}$

重要 問4 方位磁針のN極が北極を指すので，北極はS極が存在し，南極はN極となる。

重要 問5 2020年1月に，約77万年前から約13万年前までの期間をチバニアンと呼ぶことが正式決定された。

問6 問題文の中ほどに，棒磁石は600℃ほどで，磁石の性質を失うとある。よって，地球の中心部の温度が，棒磁石が磁石の性質を失う温度よりも高いと考えられる。

問7 磁石で縫い針をこすると縫い針が磁石の性質を持つ。縫い針は水面に浮くので，流れのない水面に磁石の性質をもった縫い針を浮かべると，方位がわかる。

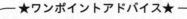

★ワンポイントアドバイス★

問題文や実験結果を丁寧に読み込み，選択肢を選ぶ問題は消去法で対応しよう。

＜社会解答＞

【1】 問1 ウ→ア→イ→オ→エ→カ 問2 ① キ ② エ ③ イ
問3 (1) チンギス＝ハン (2) あ・う 問4 (輸入) あ (輸出) え
問5 聖武天皇 問6 (1) トルコ (2) 栃木(県) 問7 本居宣長
問8 アメリカ軍が沖縄島に上陸し，住民を巻き込んだ激しい地上戦となった。

【2】 問1 近郊[園芸](農業) 問2 い 問3 ① い ② い
問4 A 広く B 機械(化) 問5 ① エ う カ い ② ア お
オ い 問6 い 問7 う 問8 ① (米) え (肉類) う ② 地産地消

【3】 問1 世界保健 問2 い・え 問3 ア ユニセフ[国連児童基金] イ ODA[政府開発援助] ウ ○ 問4 ハンセン(病) 問5 低所得国から高所得国へと国の所得水準が上がるにしたがって，医療費についてその国の政府が支出している割合が高まり，それに応じて自己負担分の割合は減少していく。このように国の所得水準によって，医療負担の在り方が異なることが読み取れる。

○推定配点○
【1】 問1～問7 各1点×12(問1，問3(2)各完答) 問8 2点
【2】 各2点×15 【3】 問1～問4 各2点×6(問2完答) 問5 4点 計60点

＜社会解説＞

【1】 (日本の歴史―対外関係の歴史)

問1 アは元が2度にわたって九州北部にせめてきた(元寇，1274年・1281年)ので鎌倉時代(1185～1333年)のこと，イはポルトガル人の乗った船が種子島へ流れ着き，鉄砲が伝えられた(1543年)ので室町時代(1336～1573年)のこと，ウは天皇が中国に使者を派遣し，それにより鑑真が日本へわたることを決心した(742年)のは奈良時代(710～784年)のこと，エは軍艦エルトゥールル号が和歌山県沖で沈没した(エルトゥールル号事件，1890年)ので明治時代(1868～1912年)のこと，オは幕府が日本のそばに現れた外国船を打ち払うように命じた(異国船打払令，1825年)ので江戸時代(1603～1867年)のこと，カは沖縄を出港して九州に向かった対馬丸が沈められた(対馬丸事件，1944年)ので昭和時代(1926～1989年)のことである。したがって，これらの出来事を古い順に並べると，ウ→ア→イ→オ→エ→カとなる。

重要 問2 ① ベルリンの壁が崩壊(1989年)し，東西ドイツが統一した(1990年)のは平成時代(1989～2019年)なので，文ア～カに関係の深い文はない。 ② 教育勅語が発布されたのは1890年のことなので，明治時代(文エ)である。 ③ 龍安寺の石庭がつくられたのは1499年なので，室町時代(文イ)である。

問3 (1) チンギス＝ハン(1167頃～1227年)は幼名をテムジンといい，1206年に全モンゴル部族を統一してチンギス＝ハンの称号を得て，モンゴル帝国を建国してその初代皇帝(位1206～1227年)になった。ホラズムと南ロシアを征服した後，西夏を服属させて，一大帝国を築いた。
(2) あ 元寇の時に幕府は御家人だけでなく，それ以外の武士に命令して博多湾沿岸一帯に石垣をつくらせたりするなど，多くの武士を動員する体制を整えた。そのため，幕府の力が全国に及ぶようになった。 う 幕府は元寇の危機を乗り切ったが，御家人をはじめとした武士たちは多くの費用を使った。しかしこの戦いで新しい領地を得たわけではないので，幕府はこれらの武士たちに十分に恩賞を与えることができなかった。そのため，これらの武士の中には幕府に不満を持つようになった者もいた。 い・お 大名とは江戸時代に1万石以上の領地を与えられた将軍

直属の武家のことなので，元寇が起こった鎌倉時代に大名はいない。　え　打ちこわしは，江戸時代に生活に苦しむ都市の町人や農民が集団で起こした暴動のことなので，鎌倉時代のことではない。

問4　南蛮貿易は主として16世紀にポルトガル・スペインなどのヨーロッパの人たちとの間で行われ，彼等は日本と中国の貿易の中継もしていた。その主な輸入品は中国産の生糸(「あ」)がもっとも多く，次いで鉄砲・火薬・絹織物・皮革・ガラスなどの当時の戦国大名が欲しがった西洋や中国の物産であった。それに対して輸出品でもっとも多いものが銀(「え」)であり，次いで刀剣・海産物などであった。

基本　問5　中国の鑑真のもとに使者を派遣した時の天皇は，聖武天皇(位724～749年)である。聖武天皇は仏教を深く信仰し，仏教によって国家の安定を図ろうとした。そのために各地に国分寺を建てたり，東大寺の大仏を建立したりした。

問6　(1)　日本を訪れた後，帰国する途中で和歌山県沖において台風に巻き込まれて沈没したエルトゥールル号は，現在のトルコ(当時はオスマン帝国)の軍艦である。トルコ(共和国)は，西アジアのアナトリア半島と東ヨーロッパのバルカン半島東南端を領有する国で，首都はアナトリア中央部のアンカラである。その国土はアジアとヨーロッパにまたがり，北は黒海とマルマラ海，西と南は地中海に面している。　(2)　足尾銅山は，栃木県西部の足尾町にあった銅鉱山である。栃木県は関東地方北部に位置する内陸県である。県庁所在地は宇都宮市で，県内は宇都宮市や小山市・栃木市などの県中央，佐野市・足利市などの県南，那須塩原市や日光市などの県北に分けられる。

問7　本居宣長(1730～1801年)は，伊勢松阪出身の医者である。彼の著作である『古事記伝』(1764～1798年)は歴史書である『古事記』(712年)の注釈書で，彼はこれによって国学を完成させたとされる。

重要　問8　沖縄戦は，太平洋戦争末期の1945年3月～同年6月にかけて沖縄諸島に上陸したアメリカ軍を主体とした連合国軍と日本軍との間で行われた戦いである。アメリカ軍は1945年3月26日に慶良間列島に上陸を開始し，次いで4月1日に沖縄本島に上陸した。以後，主な戦闘は沖縄本島で行われ，組織的な戦闘は日本側の敗北で6月23日に終了した。日本側は約10万人の日本守備軍が全滅し，また同時にほぼ10万人の住民が戦闘に巻き込まれて死亡したとされる。

【2】(地理―流通に関する問題)

基本　問1　近郊農業は大都市周辺において，大都市向けの新鮮な農畜産物を出荷することを目的とした農業で，分類上では園芸農業となる。近郊農業は小規模であるが，土地生産性が高い高度な集約的な農業であり，野菜・果樹・草花などの多種類の作物の栽培が行われている。

問2　宮崎県の2017年のきゅうりの収穫量は67,200トン(12%)で，全国第一位である。なお，「あ」のかんしょは鹿児島県(282,000トン，34.9%)，「う」の肉用牛は北海道(51.7万頭，20.7%)，「え」の豚は鹿児島(132.7万頭，14.2%)が全国第一位である。

重要　問3　①　津軽海峡を横断しているのは，1988年に完成した青森県と北海道を結ぶ青函トンネルである。このトンネルは全長53.85kmの鉄道トンネルなので，自動車を運転して行き来することはできない。なお，「あ」の関門海峡は関門橋，「う」の東京湾は東京湾アクアライン，「え」の鳴門海峡は大鳴門橋で，それぞれ自動車を運転して行き来することが可能である。　②　鉄道の旅客輸送は，通勤や通学などの日常生活を支える重要な交通手段となっているので，自動車(図1の「あ」)に次ぐ2番目の割合(図1の「い」)を占めている。なお，図1の「う」は航空，「え」は水運の旅客輸送の割合である。

問4　アメリカやオーストラリアなどでは，日本とくらべて農地が広く(A)，大型農業機械を使用する機械(B)化が進んでいる，特定の農作物を大量に生産する企業的な農業が行われている。そのため大量の農畜産物を少ない農業従事者(労働力)で生産することができるため，国産の農畜産物よりも安い価格で生産することができる。

重要 問5 ① エ 銚子港は千葉県北東端の利根川河口にのぞむ全国有数の水揚げ量をほこる漁港であり，2017年の水揚げ量は28.1万トンで1位であり，いわしやさんまの漁獲量が多い。 カ 境港は水産資源にめぐまれた漁港として，日本海側における有数の港に数えられるようになった。いわし・さば・あじなどが水揚げされ，1992年には漁獲水揚げ量日本一になったこともある。なお，図2中のアは紋別，イは釧路港(「あ」)，ウは八戸港(「え」)，オは焼津港(「お」)，キは枕崎である。

② ア 紋別の2017年の漁獲量は4万9千トンであり，その中の約50%がほたて貝(「お」)で占められており，オホーツク海における全漁獲量の約20%，北海道内の全漁獲量の約5%を占めている。オ 焼津港は静岡県の中央部に位置する焼津市にある漁港で，遠洋漁業の基地としてかつお類(「い」)やまぐろ類の水揚げ量が多いことやその水産加工業で知られている。2017年の水揚げ高が日本で最も多い漁港である。

問6 チリ(共和国)は南アメリカ大陸南西部に位置し，国土はアンデス山脈西側で南北に細長く(図3の「い」)，首都はサンティアゴである。その領域は東はアルゼンチン(図3の「う」)，北東にボリビア，北はペルー(図3の「あ」)に隣接し，西は南太平洋，南はフエゴ島を挟んでドレーク海峡に面している。なお，図3の「え」はブラジルである。

問7 トレーサビリティとは農産物や水産物の生産，加工，販売において仕入れ先や販売先を記録して，流通の過程の情報を消費者が確認できるようにしたしくみのことである。このしくみは，BSE(牛海綿状脳症)や産地偽装などの問題に対して，食品の安全に対する消費者の信頼を得るためにつくられた。なお，「あ」のアクセシビリティは「利用しやすさ」のこと，「い」のサステナビリティは「持続可能性」のこと，「え」のユーザビリティは「使いやすさ」のことである。

重要 問8 ① 米：日本の食料自給率の中で第二次世界大戦後，米は100%以上の自給率を維持してきた。しかし1995年から米の輸入も一定量(ミニマムアクセス)認めるようになったため，それ以後は100%をやや下回る割合(表1の「え」)になっている。

肉類：肉類も第二次世界大戦後から近い時期は100%の自給率であったが，その後にはしだいに外国からの輸入が増加することで自給率が低下し，現在では自給率は50%程度(表1の「う」)になっている。なお，表1の「あ」は野菜類，「い」は小麦，「お」は果実類，「か」は牛乳・乳製品の自給率のうつりかわりを示したものである。

② 地産地消は地域で生産されたものを地域で消費するものであるが，そのような活動を通じて農業者と消費者を結び付け，消費者の各地域における生産物の消費を促そうとするものである。このような活動は，日本の食料自給率の低下を改善することにつながると考えられる。

【3】 (政治―保健と医療に関連した問題)

基本 問1 世界保健機関(WHO)は世界の人々の健康保持と増進と目的とし，各国に保健に関する事業の指導や技術協力，感染症の発生状況の報告などを行っている。

問2 糖尿病(「い」)やがん(「え」)は，成人病と呼ばれるものである。成人病は不規則な生活習慣の積み重ねにより30歳を超えた頃から年を取るにつれて多くなり，40歳頃から問題となる病気のことである。そのため，5才になる前の子供が亡くなる主な原因となる病気ではない。

重要 問3 ア 誤り。第二次世界大戦の後，栄養不足となっていた日本の子どもたちのために学校給食用の粉ミルクを無償で日本に送ったのは，経済協力開発機構ではなくユニセフである。経済協力開発機構は，先進工業諸国の発展途上国への援助，貿易自由化などを目的に結成された国際協力機構である。 イ 誤り。さまざまな技術協力を行っている青年海外協力隊は，国連平和維持活動ではなく政府開発援助(ODA)である。国連平和維持活動は国連が紛争地域に平和維持軍などを派遣して，事態の悪化や拡大の防止などを行う活動のことである。　ウ　正しい。国境なき医師団は非政府組織(NGO)の1つである。非政府組織は各国政府や国際連合から独立し，民間によってつくられた利益の追求を目的としない国際的な協力組織で，難民・医療・環境・人権などの分野で活動している。

問4　ハンセン病は，らい菌が皮膚や神経細胞内に寄生することで惹き起こされる感染症のことである。この病気は日本ではかつて「らい病」と呼ばれ，かつてはその外見や感染への恐怖心などから患者に対する差別意識が生まれた。そのためこの病気にかかった患者は法律によって強制的に療養所に入れられ，社会から隔離する政策が採られていた。

やや難　問5　図4は国の所得水準別にみた医療費負担の内訳を示したものであるが，ここで特に注目すべき点は，高所得国から低所得国における「政府による支出」と「自己負担」・「寄付」の割合の違いである。「政府による支出」については，高所得国では69%であるにもかかわらず，高位中所得国では57%，低位中所得国では44%，低所得国では24%と国の所得水準が低くなるほど，その割合が減少していることが分かる。他方，「自己負担」については，高所得国では22%であるが，高位中所得国では31%，低位中所得国では40%，低所得国では41%と国の所得水準が低くなるほど，その割合が増加している。また「寄付」についても，高所得国では0.4%であるが，高位中所得国では4%，低位中所得国では12%，低所得国では28%と「自己負担」と同様の傾向となっている。「政府による支出」とは医療費の公的負担，「自己負担」・「寄付」は医療費の私的負担ということになるので，高所得国は医療費の公的負担の割合が高くて私的負担の割合が低く，逆の低所得国は医療費の公的負担の割合が低く私的負担の割合が高いことがわかる。さらに高位中所得国や低位中所得国を加えた比較から，高所得の国ほど医療費の公的負担の割合が高く，低所得の国ほど医療費の私的負担の割合が高くなっており，国の所得水準の違いによって医療費負担の在り方が異なっていることもわかる。

★ワンポイントアドバイス★

地理と歴史の分野はほぼ同じ割合であるが，政治の分野はやや少なめの割合になっている。ただし，説明問題が歴史分野で1～2行，政治分野では4行のものが出題されているので，きちんと準備して臨むようにしよう。

＜国語解答＞

一　問一　手　問二　1　人と人の気持ちのこもったやりとりがあって，人間味が出ている点。　2　次らから次へ　問三　・店員や客が誰であっても，ほとんど無駄なく均質なやりとりができる点。　・必要なことを忘れてしまったり，不快な思いをさせてしまったりすることが減らせる点。　問四　エ　問五　どこでもやっていることを，店でもやっている　問六　カートおじさんの意外な行動にとまどい，お客から物をもらっていいのか迷いながら，短時間で受け取る判断をしたが，彼の気づかいや，気持ちが通じ合ったことを喜び，しかもその喜びがとても大きくなっていく。　問七　店員　問八　心あたたまる喜びがある　問九　カートおじさんは「きちんとしてないのがいやなんだ」という自分の感じ方で行動するが，決して自分のやっていることを他人にもやらせようとはしないし，また，「きちんとしてない」人に対して苦情や文句をいうわけではなさそうだ。自分でやれることを探そうともせず，他人に文句ばかり言ってしまうことがあるので，その点では，カートおじさんの姿を見習いたいと思っている。
問十　a　各段　b　勤続　c　細々　d　雑木林　e　再開

二　問一　a　画期　b　王道　c　起因　問二　ウ　問三　エ　問四　ウ
問五　飛んで火に入る夏の虫(など)　問六　山に住み(など)　問七　鳥類はオスとメスの姿の間に大きな違いがあることが多いのだが，その名前はオスの特徴を捉えて付けられており，メスにとっては自身の特徴が無視された形式だけの名前になってしまっているということ。　問八　つがいになるためにメスに選ばれなくてはならないオスは，捕食者に見つかりやすくなる危険を犯しつつも，エネルギーを用いて健康の証明でもある美しい姿でいる必要があるが，メスの方はその必要がなく，保護色をまとって身を守りつつ相手を選べばよいから。　問九　Ⅰ　先達　Ⅱ　新世代

○推定配点○
一　問一・問十　各2点×6　問二2・問四・問七　各3点×3　問六　6点　問九　8点
他　各5点×5
二　問一　各2点×3　問六　4点　問七・問八　各6点×2　他　各3点×6
計　100点

＜国語解説＞

一　(物語－心情・情景，細部の読み取り，空欄補充，慣用句，漢字の書き取り，記述力)

基本　問一　小学校四年生になり，それほど世話や手間がかからなくなったということだ。そのような意味の慣用句は「『手』がかからない」である。

問二　(1)　——線③にも具体的に述べられているように，レジ係の人には，義務づけられた言葉がある。それ以外の会話が「無駄話」ということになる。たとえば，顔見知りの客に「今日はお一人でお買い物ですか？」のような個人的なあいさつのようなものはしなくなったということだ。そのような対応を嫌う人もいるかもしれないが，話をしたい人からすれば，「人と人とのふれあい」を感じることができる機会である。　(2)　効率を考えた今のシステムでは，個人的なかかわりがないのだから，「バーコードのおかげ……」で始まる段落にあるように，決められたマニュアルにしたがって「次から次へ～」と人が流れていくという印象である。

やや難　問三　問二(1)で考えたように，いわゆる「無駄話」をしたい人，したくない人など客の気持ちはさまざまだ。しかし，マニュアルが決まっていれば，「だれに対しても同じサービスが無駄なく行われる」という利点が考えられる。また，マニュアルには，最低限失礼がないように，まちがいがないように作られているわけだから，それさえ完全に行われれば，「不快感を与えることなく，必要なことを忘れてしまうことがない」という利点もある。

基本　問四　レジ係の何人かは言ったことがあるから「わたしも一度」という表記なのだ。おじさんがやらなくても困らないが，警備員さんがサボっているように見えてしまうだろうなという気持ちはあるのだ。だから，お客さんにそのようなことをしていただくのは申し訳ないという言い方になるように，こちらが仕事でやりますからという気遣いで言ったのだからエである。

やや難　問五　直前の「というより」は，「店だけじゃなく」を否定した言い方である。つまり，店が中心なのではなく，店は，引き続きの行動なのだということだ。おじさんは，店にいる時間より日常生活をしている時間のほうが長い。その長い時間で散らかっているところを片付けているのだ。だから，店でやっている「というより」，「どこでもやっていることを，店でもやっている」と気づいたのである。

問六「いいのだろうか」は，お客さんから物をもらっていいのかどうかという「とまどい」だ。しかし，「時間もかけられないので，いいのだと思う」というように，「短時間でいただくことに

した」ということになる。「むしろ，うれしい」は，空気が乾燥している店内で働く自分たちを気遣ってくれていることは「とまどいより喜びが強かった」ということだ。そして，「むしろはおかしい」というのは，比較の問題という簡単なものではなく，この喜びがとても大きいと感じているのである。

重要 問七 「ありがとうございます」という言葉はマニュアルにもあるお客さまのだれにでも言うことになっている言葉だ。最初の「ありがとうございます」は，のど飴を頂いたお礼として「店員」ではなく，個人として言い，後の「ありがとうございました」は「店員」として，決められたあいさつである。

やや難 問八 この文章の初めから，今のレジ係は，無駄話もせず，効率よくてきぱきと動くようになっていることを話している。だから，お客さんとの人間的なふれあいというものは数少なくなり，次から次へとお客をさばいていく仕事のようになっていることがわかる。そんな中カートおじさんとのやりとりは，うれしくなる心のふれあいであったのだ。

やや難 問九 設問にある二つの行動のほかという条件だが，カートおじさんの行動は，挙げている二つの行動しかない。したがって，それらの行動をする動機や，どのような態度で行っているかを「姿」として考えることになる。「理由もふくめて」という条件にも注意を払おう。この条件を手早く解決するには，自分との比較で書くとまとめやすいと考えられる。

基本 問十 a 「段」は全9画の漢字。3・4画目は2画目の左側に出さない。5画目は出す。 b 「勤」は全12画の漢字。10画目はやや右上方向に書く。 c 「細細」表記でも正答になると思われる。 d 「雑」は全14画の漢字。2画目はまげてはねる。 e 同音の「再会」と混同しないように気をつける。

二 (論説文－細部の読み取り，空欄補充，漢字の書き取り)

基本 問一 a 「期」は全12画の漢字。7画目ははらう。8画目はとめる。 b 「王道」とは，ものごとが進む正当な道という意味と，安易な方法という意味がある。文中では前者の意味合いが強い。 c 「起因」とは，あることが起こる原因になることという意味なので「因」と表記する。

基本 問二 「青」は形声文字,「中」は指事文字,「男」は会意文字である。象形文字は「目」だ。

問三 すべての選択肢の動物が四本足で，漢字としては象形文字だが,「灬」の形を持つものは「ウマ」である。なお,「馬」の部首は「灬(れっか)」ではなく「馬」で分類する。

問四 ア 「何について話しているのか他人に理解してもらえない」が誤りである。 イ 「いったん思考の世界から取り除く」が誤りだ。 エ「その対象が同種のものだとは気付かず」が誤りである。直前の記述や,「鳥」の具体的な例から考えるとウの内容がふさわしいことがわかる。

問五 解答例の「飛んで火に入る夏の虫」以外に，虫がいい，虫酸が走る(むしずがはしる)，虫の息，虫が好かない，虫が知らせる，虫も殺さない，虫のいどころが悪い などがある。

重要 問六 それぞれの特徴に因んでつけられていると説明し，カッコウは鳴き声，オガワコマドリは採集者の名前と並んで「ヤマドリ」を挙げている。これ以降に挙げている鳥については,「最も多い」という形態に由来する命名としているので,「ヤマドリ」は形態ではない。文字通り「山に住み」のような「山」に関する言葉を【 】に入れて，自然に下につながる言い回しで書くことが大切だ。

問七 「鳥類学者である……」で始まる段落に着目する。ここでは，オスの形態に由来した命名が多いと説明されている。これが「男尊」である。メスはオスの姿とは異なっているのに，自分の特徴が無視された命名であることが「女卑」ということになる。

やや難 問八 問七で，命名は男尊女卑と説明しているのに,「メスの立場の優位さ」を解答する設問である。これはオスから見れば「不利」ということになるので，この点に触れないと「優位」の説明が難しいだろう。オスは捕食者に見つかりやすいという危険もあり，エネルギーも使うのに，メスに選ばれるために美しい姿でいる必要があるという内容が不利な点である。これに対して，選ぶ立場にあるメスは保護色でいればいい点が「優位」である。

重要 問九　命名の由来に触れながら，「科学の途が過去の……」で始まる段落にあるように，改めていくことを述べている。着目点は冒頭から二番目の「いつの時代も……」で始まる段落だ。「『新世代』の軽率な行いは『先達』の悩みのタネ」はいつの時代にも言われることだが，Ⅰ「先達」の誤りを改革するのはⅡ「新世代」だということになる。

★ワンポイントアドバイス★

記述を苦手としていたら手も足も出ない。とにかく書いてみるという姿勢で学習を進めよう。

第2回

2021年度
解答と解説

《2021年度の配点は解答欄に掲載してあります。》

＜算数解答＞

1 (1) $\frac{2}{3}$ (2) 0.1 (3) 8　2 (1) 62個 (2) 45才 (3) 12人
3 (1) 1500円 (2) 75円 (3) (考え方) 解説参照 (答) 300円
4 (1) 24cm^2 (2) 6cm^2
5 (1) 7000m (2) (初めて) 午前9時35分 (2回目) 午前10時45分
(3) ① 35 ② $\frac{5}{24}$倍
6 (1) 30分 (2) 308分 (3) 462分後
7 (1) 594 (2) 16，32，64，88
(3) ① 521，531，9731 ② 195，190，189，170

○推定配点○
7 各5点×4　他 各4点×20　計100点

＜算数解説＞

1 (四則計算)

(1) $\frac{52}{39}-\frac{6}{39}-\frac{20}{39}=\frac{2}{3}$

(2) $0.4-\frac{1}{7}\times 2.1=0.1$

(3) $2.25\times\frac{32}{9}=\frac{9}{4}\times\frac{32}{9}=8$

2 (割合と比，過不足算，年令算，消去算，平均算)

基本 (1) 人数…(17＋1)÷(7－5)＝9(人)　おかし…7×9－1＝62(個)

重要 (2) 現在の母の年令を③，子どもの年令を①にすると，③＋5と①＋5の比が5：2であり，③＋5と①×2.5＋5×2.5＝①×2.5＋12.5とが等しく，①×0.5が12.5－5＝7.5(才)に相当する。したがって，現在の母の年令は7.5×2×3＝45(才)

(3) 右図において，色がついた部分の面積が等しく，男子と女子の人数比は(85－82)：(82－78)＝3：4である。したがって，男子は28÷(3＋4)×3＝12(人)

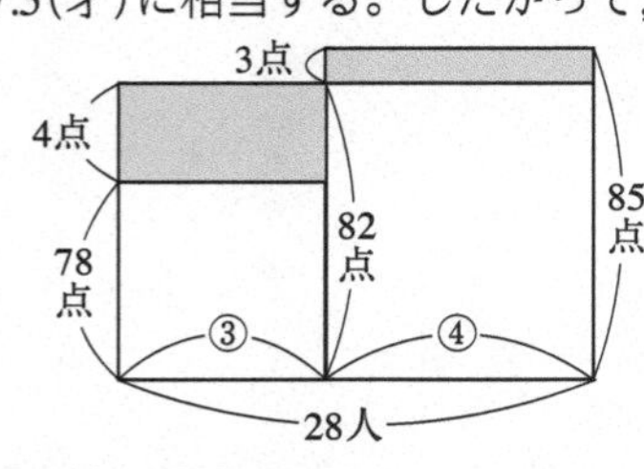

3 (割合と比，相当算)

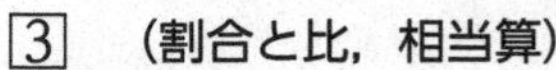

基本 (1) 5550÷(1＋2.7)＝1500(円)

重要 (2) (1)より，2＋3＋4＝9(冊)と残金5550－1500＝4050(円)が3人の冊数と残金である。したがって，9÷3＝3(冊)と4050÷3＝1350(円)が，(1)より，1冊と1500円に等しく，1冊は(1500－1350)÷(3－1)＝75(円)

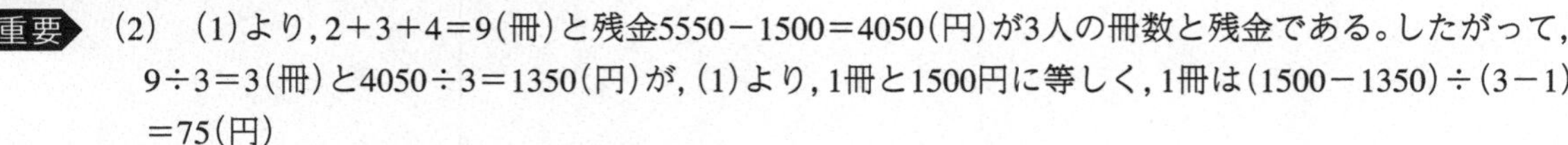

(3) (考え方の例) (1)より，Bは1500－75＝1425(円)からペンを4本買って，Dは1425－75×2＝1275(円)からペンを2本買った。また，1425円と4本分の差と，1275円と2本分の差の比が1:3であり，1425×3＝4275(円)と4×3＝12(本分)の差が1275円と2本分の差に等しい。したがって，1本の価

格は(4275－1275)÷(12－2)＝300(円)

4 (平面図形，相似)

(1) 下左図より，平行四辺形の面積は4×3×2＝24(cm²)

やや難 (2) 下右図において，三角形EKFとAHGは合同，三角形FLKとFCJは相似であり，相似比は3:8である。したがって，LKは3×4÷8＝1.5(cm)，ELも3－1.5＝1.5(cm)であり，三角形ECFの面積は1.5×8÷2＝6(cm²)

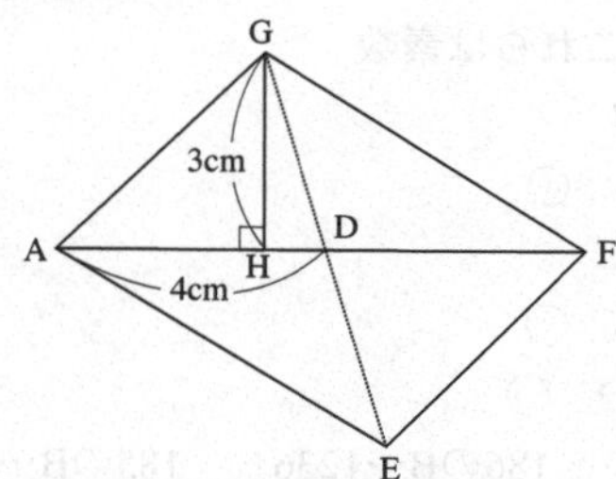

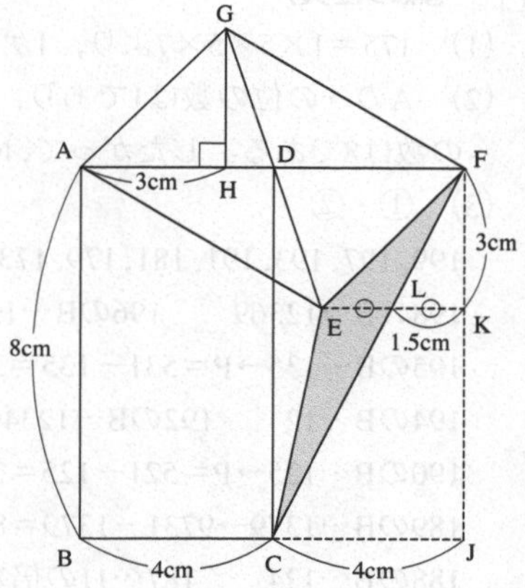

重要 5 (速さの三公式と比，流水算，割合と比，単位の換算)

(1) 上りの速さと下りの速さはそれぞれ，分速120－20＝100(m)，分速120＋20＝140(m)であり，上り，下りの時間の比は140：100＝7：5である。また，船Aの上り・下りの時間は11時10分－10分－9時＝2時間＝120分である。したがって，船Aの上りの時間は120÷(7＋5)×7＝70(分)，PQ間は100×70＝7000(m)である。

(2) 1回目…右のグラフにおいて，頂点アを共有する2つの三角形は相似であり，相似比は1:1である。したがって，アの時刻は(9時＋10時10分)÷2＝9時35分　　2回目…(10時20分＋11時10分)÷2＝10時45分

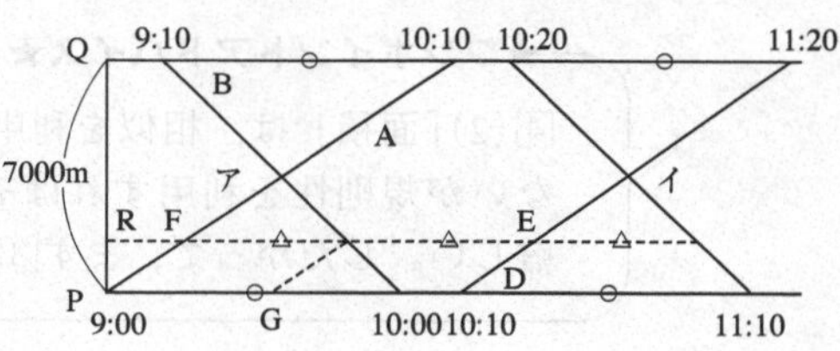

(3) ① 右のグラフにおいて，四角形PDEFは平行四辺形であり，PG：GDは1：1である。したがって，PGの時間xは，(2)より，35分

② 右図において，三角形PJアとGJKは相似であり，PJ：GJは60：25＝12：5である。したがって，PR間の距離はPQ間の距離の$5\div(12\times2)=\frac{5}{24}$(倍)

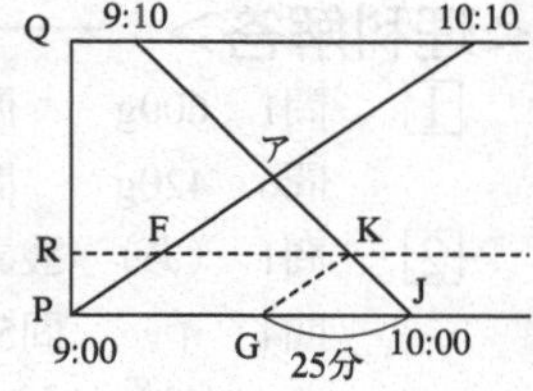

重要 6 (仕事算，割合と比，規則性，消去算)

(1) Aさん，Bさんがそれぞれ1分でぬる面積をア，イとする。

Aさんが190分までにぬった時間…40×4＝160(分)

Bさんが190分までにぬった時間…45×3＋10＝145(分)

Aさんが386分までにぬった時間…40×7＋36＝316(分)

Bさんが386分までにぬった時間…45×6＋26＝296(分)

したがって，ア×160＋イ×145がア×316÷2＋イ×296÷2＝ア×158＋イ×148に等しく，ア×(160－158)＝ア×2がイ×(148－145)＝イ×3に等しいので，Aさんが20分でぬる面積をBさんは30分でぬる。

(2) (1)より，ア＝3，イ＝2とすると，ペンキをぬる面積の全体は3×316＋2×296＝1540

したがって，休まずにぬる時間は1540÷(3＋2)＝308(分)

(3) Bさんが272分までにぬった面積…2×(45×4＋32)＝424

残りの面積…(2)より，1540－424＝1116

したがって，1116÷(3×40)＝9…36より，50×9＋40÷120×36＝462(分後)

⑦　(数の性質)

基本　(1)　175＝1×5×5×7より，1ケタの約数は1，5，7である。したがって，751－157＝594

やや難　(2)　Aの一の位の数は1であり，差Pの一の位の数が3であるから，Nに含まれる1ケタの約数の最大の数は8である。したがって，Nが2ケタの整数でPが4ケタになる整数は16, 32, 64, 88の4個である。

(3)　①・②

199, 197, 193, 191, 181, 179, 173…これらは素数

198のB…12369　　196のB…1247

195のB…135→P＝531－135＝396　○

194のB…12　　192のB…123468

190のB…125→P＝521－125＝396　○

189のB…1379→9731－1379＝8352　○

188のB…124　　187…11の倍数　　186のB…1236　　185のB…15　　184のB…1248

183のB…13　　182のB…127　　180のB…1234569　　178のB…12　　177のB…13

176のB…1248　　175のB…157　　174のB…1236　　172のB…124　　171のB…139

170のB…125→521－125＝396　○

したがって，Nは195，190，189，170，Aは521，531，9731

★ワンポイントアドバイス★

④(2)「面積」は，相似を利用するが簡単ではない。⑥「仕事算」は，簡単ではないが規則性を利用すればそれほど複雑ではない。⑦「約数」は，(2)・(3)が難しい。したがって，まず③までを優先して，解きやすい問題から取り組もう。

＜理科解答＞

① 問1　600g　　問2　1200g　　問3　100cm　　問4　360g　　問5　720g
問6　420g　　問7　100cm

② 問1　(あ)　酸素　　(い)　窒素　　問2　ア・エ・オ　　問3　ウ
問4　イ　　問5　ゆでるとお湯にビタミンCが溶け出すので，電子レンジで加熱したものの方が，ビタミンCを多く含む。

③ 問1　①　ウ　　②　イ　　③　ア　　問2　ウ　　問3　ウ
問4　①　46.0　　②　47.6　　問5　右図
問6　葉の細胞が主に長さの方向に伸びることで外側の葉の成長が起こる。

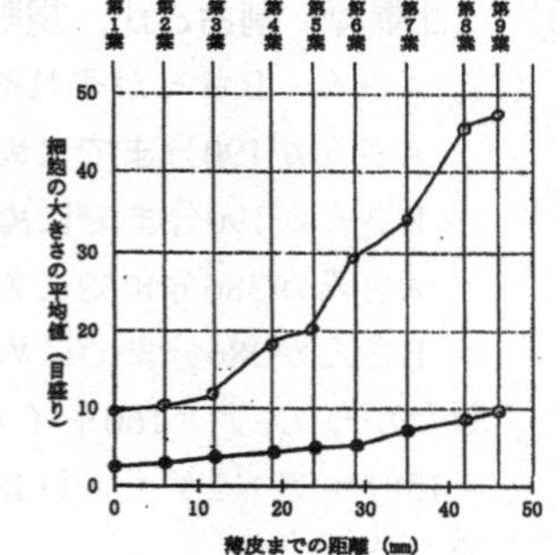

④ 問1　閏年　　問2　2024年
問3　オリンピック・パラリンピック　　問4　3.12
問5　イ　　問6　だんだんと少なくなってきた。

○推定配点○

① 各2点×7　　② 問1～問4　各2点×5(問2完答)　　問5　3点

③ 問1～問4　各2点×7　　問5・問6　各3点×2

④ 問1～問5　各2点×5　　問6　3点　　計60点

＜理科解説＞

重要 [1] (物理的領域—てこ)

問1　40(cm)：80(cm)＝1:2より，重さの比は2:1＝□(g)：300(g)となり，左端につるしたおもりは600gとなる。

問2　棒①と棒②をつなげた糸には600gの力がかかっているので，棒①と棒②を水平に静止させるためには，棒②の真ん中に1200gのおもりをつり下げればよい。

基本 問3　棒①と棒②をつなげた糸には600gの力がかかっている。棒②に720gのおもりをつり下げると，棒②の左端のひもにかかる力は720(g)－600(g)＝120(g)である。棒②の左端のひもにかかる力が120g，右端にかかる力が600gなので，かかる力の比は1:5となり，おもりをつるす位置の比は5:1となる。よって，720gのおもりは棒②の左端から120(cm)×$\frac{5}{5+1}$＝100(cm)につるせばよい。

基本 問4　180(g)×80(cm)＝□(g)×40(cm)より，360gである。

基本 問5　棒の重心に(この場合，棒の真ん中に)棒の重さがすべてかかるので，360(g)×40(cm)＝□(g)×20(cm)より，棒の重さは720gである。

基本 問6　1200(g)×40(cm)＝720(g)×20(cm)＋□(g)×80(cm)より，420gである。

やや難 問7　棒④の右端の糸にかかる力は360gであり，そのうち，棒④の重さは720(g)×　＝180gである。そのため，240gのおもりのうち，棒④の右端の糸にかかる力は360(g)－180(g)＝180(g)となる。(下図)　よって，240gのおもりは，棒④の左端の糸に240(g)－180(g)＝60(g)の力をかけることになる。したがって，下図より，240gのおもりは，棒④の左端から40(cm)＋80(cm)×$\frac{3}{3+1}$＝100(cm)のところにつるせばよい。

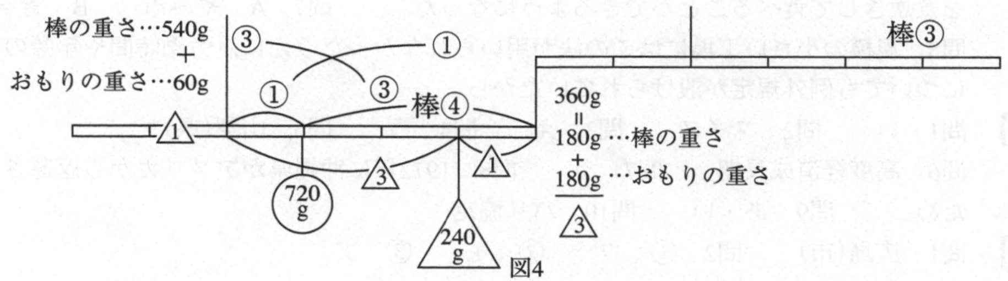

図4

[2] (化学的領域—物質の性質)

重要 問1　(あ)　りんご果汁は酸素に触れると変色する。　(い)　窒素は他の物質と反応しにくいので変色を防ぐことができる。

問2　水に溶けると同じ意味で使われているのは，アとエとオである。イは氷が水に変化することであり，ウは食塩という固体が液体に変化することである。

問3　OHがあると水に溶けやすくなるので，リモネンはOHのないウである。

問4　カテキンはお湯に溶けるので，OHがあるイである。

問5　ブロッコリーはゆでると，ビタミンCがお湯に溶け出すので，電子レンジで加熱したブロッコリーの方がビタミンCを多く含んでいる。

重要 [3] (生物的領域—植物)

問1　①は茶色い薄皮，②は短い茎，③は根の痕跡である。タマネギの大部分は葉に栄養がたくわえられたものである。

問2　光は反射鏡で反射し，細胞を透過し，カバーガラス，対物レンズ，接眼レンズに続く。

問3　細胞が大きいと葉も大きくなっているので，ウは間違いである。

問4　①　(46＋42＋48＋48＋46)÷5＝46.0　②　(54＋36＋48＋55＋45)÷5＝47.6
問5　小数第1位の値は目分量で，だいたいの位置に印をつける。
基本　問6　グラフを見ると，細胞の横幅より，細胞の長さの方がより長くなることがわかる。

4　(地学的領域―太陽と月)
問1　1年が366日になる年を閏(うるう)年という。
問2　閏年は4年ごとにあるので，2020年の次の閏年は2024年である。
問3　閏年にオリンピックやパラリンピックが行われる。
やや難　問4　4年間で1(日)－0.9688(日)＝0.0312(日)ずれるので，400年間では，4(年間)：0.0312(日)＝400(年間)：□(日)より，3.12日ずれる。
やや難　問5　400年間で約3日ずれるので，400年の間に2月29日を3回減らせばよい。
問6　地球の自転の速さがだんだん遅くなってきているので，昔と比べると現在の1年間の日数はだんだんと少なくなってきたと考えられる。

★ワンポイントアドバイス★
見たことのない問題でもあわてずに，丁寧に問題を読む訓練をしよう。

＜社会解答＞

【1】 問1　エ→イ→ウ→ア→カ→オ　問2　①　イ　②　カ　③　キ　④　オ
問3　う　問4　万葉集　問5　狂言　問6　(1)　三内丸山(遺跡)　(2)　木の実を煮炊きして食べることができるようになった。　問7　A　やみ市　B　青空
問8　規模の小さい工場にはこの法が用いられなかったうえに，労働時間や年齢の制限についても例外規定が設けられていたから。

【2】 問1　い　問2　スイス　問3　え　問4　う　問5　山梨(県)
問6　高度経済成長期　問7　う　問8　1972年に沖縄県がアメリカから返還されたため。　問9　あ・い　問10　パリ協定

【3】 問1　広島(市)　問2　①　ウ　②　イ　③　ア
問3　(設問1)　日本　う　フランス　い　スウェーデン　あ　(設問2)　ドイツ・ノルウェー　問4　(設問1)　介護　(設問2)　表3より，いずれの年においても女性と比べて男性の育児休業取得率が非常に低い。その背景として図3より出産に際して退職する女性が多く，また多くの場合その後も無職のままとなっている。このように育児の負担の多くを女性が担っていることがわかる。

○推定配点○
【1】　問1～問7　各2点×12(問1は完答)　問8　3点
【2】　問1～問7　各1点×7　問8　2点　問9・問10　各1点×2(問9完答)
【3】　問1～問4設問1　各2点×9(問3設問2完答)　問4設問2　4点　計60点

<社会解説>

【1】 (日本の歴史—子供に関する問題)

問1 アの数年間寺子屋に通って，読み書きやそろばんなどを学んだのは江戸時代(1603～1867年)，イの律令ができあがって，戸籍によって口分田が与えられたのは飛鳥時代(592～710年)後半～奈良時代(710～784年)のこと，ウの世阿弥が足利義満の前で能を演じて，義満から手厚い保護を受けるようになったのは室町時代(1336～1573年)，エの子育てや出産の様子を表現した土偶がつくられたのは縄文時代(前14000年ごろ～前10世紀ごろ)，オの空襲や引き上げで孤児が発生したのは昭和時代(1926～1989年)，カの大阪紡績会社がつくられたのは明治時代(1868～1912年)のことである。したがって，これらの事柄を古い順に並べると，エ→イ→ウ→ア→カ→オとなる。

重要 問2 ① 農民たちが稲や地方の特産物を租や調として納めたのは飛鳥時代後半～奈良時代のことなので，関係が深い文は「イ」である。 ② 全国から国会の開設を求める署名が政府に提出されたのは1874～1881年なので，関係が深い文は明治時代の「カ」である。 ③ 出雲の四角い形で四すみがつき出ているお墓(四隅突出型墳丘墓)がつくられたのは弥生時代(前4世紀頃～後3世紀頃)後期のことなので，関係の深い文はない(「キ」)。 ④ 国際連合が発足したのは1945年のことなので，関係が深い文は昭和時代の「オ」である。

問3 日新館は会津藩の藩校で，1803年に会津若松城の西隣に建設された。日本最古のプールや天文台を備えた全国有数の藩校であり，戊辰戦争やその後に活躍する人材を多数輩出した。なお，「あ」の適塾は蘭学者・医者の緒方洪庵が江戸時代後期に大坂に開いた私塾，「い」の足利学校は現在の栃木県足利市にあった中世の高等教育機関，「え」の開智学校は明治時代に学制によって長野県に創立された小学校である。

基本 問4 『万葉集』は奈良時代の770年頃にまとめられた日本最古の和歌集で，仁徳天皇のころから奈良時代までの約4500首の和歌が集められている。

問5 狂言は猿楽から発展した日本の伝統芸能で，猿楽を洗練させた笑劇である。能は舞踏性が強い音楽劇であるのに対して，狂言は物まねや道化的な要素を持ち，写実的な人物表現を通じて人間性の本質や弱さを描くことで笑いをもたらす演劇である。

重要 問6 (1) 三内丸山遺跡は，前3500年ごろから約1500年間にわたって存在した。この遺跡は青森県で発見された縄文時代の大規模な集落遺跡で，多くの住居跡や土器，栗を栽培した跡などが確認された。 (2) 縄文時代には旧石器時代の狩猟によって得られた獣の肉を主食とする生活から，狩猟・漁労に加えてトチノミやドングリなどの植物質の食料を組み合わせた食習慣に変化した。トチノミやドングリなどの木の実は食用とするためには加熱や煮込みなどの加工が必要であり，獣の肉や魚のように直接火であぶるのは困難であるため，煮炊きするための調理器具として土器が必要とされたと考えられる。

問7 A やみ市は，物価を統制する体制の下で物資が不足した状況において統制から外れた非合法につくられた市場のことである。日本では1923年の関東大震災後や1939年に価格統制令が出された後，配給の不足を補うためにやみ市が形成された。太平洋戦争後の混乱期には，国民生活に必要な認識から「やみ市」と呼ばれるようになった。 B 青空教室とは太平洋戦争時のアメリカ軍の本土空襲により，校舎などを焼かれた学校が戦後，屋外で行った授業のことで，戦後の数年間に全国でみられた。

やや難 問8 設問中で示された法律は，明治時代末の1911年に公布された工場法である。この法律は工場労働者の保護を目的にしたもので，1947年に労働基準法が施行されたことで廃止された。工場法は日本における近代的な労働法の最初のもので，工場労働者の就業制限や業務上の傷病・死亡に対する補償などを規定していた。ただし，第一条にみられるように規模の小さい工場にはこの法律が用いられることはなく，第二条の年齢の制限や第三条の労働時間についても例外規定が設けられていたことなど，労働者の保護という点では十分なものではなかった。

【2】 (日本の地理―国勢調査に関する問題)

基本 問1 日露戦争は，1904～1905年にかけて日本とロシア帝国間で行われた戦争である。朝鮮半島と満州の利権をめぐる両国の争いが原因で，満州南部や遼東半島を主戦場とし，日本近海でも海戦が行われた。最終的にはアメリカ合衆国の仲介によってポーツマス条約が結ばれたことで終結した。したがって，この日露戦争によって，1905年に行われるはずの国勢調査は延期となった。なお,「あ」の日清戦争は1894～1895年,「う」の日中戦争は1937～1945年,「え」の西南戦争は1877年の出来事である。

問2 スイス連邦はヨーロッパ中部に位置し，周辺をドイツ，フランス，イタリア，オーストリア，リヒテンシュタインに囲まれた内陸国で，首都はベルンである。国民はドイツ系，フランス系，イタリア系，ロマンシュ系からなり，1815年に永世中立国として認められた。産業としてはアルプス山麓での移牧，精密機械・医療品などの高度技術産業が発達している。

重要 問3 ソウル(韓国)の気候は温暖冬季少雨気候(雨温図の「え」)で，降水量は少なく，大陸の影響から大陸性気候を，三方を山に囲まれた盆地状に位置していることから内陸性気候の特色を持っている。春と秋は短く，3月になると急速に気温が上昇して一気に春めき，秋の訪れも早く11月には紅葉が始まり，朝晩は氷点下になる日も出てくる。なお，設問中の「あ」は東京,「い」はシドニー（オーストラリア),「う」はアテネ(ギリシャ)の雨温図である。

問4 2015年の国勢調査の人口は約1億2709万人で，1920年(第1回国勢調査)の人口は約5596万人である。そのため2015年の国勢調査の人口は，1920年の人口のおよそ2.3倍(1億2709万人÷5596万人≒2.27)となる。

問5 山梨県は中部地方に位置し，県庁所在地は甲府市で，かつての「甲斐国」に相当する。県の南を富士山，西を赤石山脈，北を八ヶ岳，東を奥秩父山地など標高2000～3000mを超す山々に囲まれた内陸県である。

基本 問6 高度経済成長は1950年代後半から1970年代前半まで続いた，経済成長率が年平均10%を越える成長をした時期のことである。この期間中の1968年には，国民総生産(GNP)が資本主義国の中でアメリカ合衆国に次いで世界2位となった。

問7 表1のAは現在(2017年)の日本の発電電力量の中で最も多く，割合も80%以上なので火力発電，Bは日本の発電電力量の中で10%弱を占めているので水力発電，Cは水力・火力・原子力の中で日本の発電電力量と割合が最も低いので原子力発電である。

重要 問8 沖縄県は第二次世界大戦後の1945年にアメリカ合衆国の統治下に入り，1972年に返還されるまでアメリカ合衆国の施政下にあった。そのため1945年から1970年まで日本の国勢調査は沖縄県では行われていないので，沖縄県の人口は含まれておらず，1975年の第12回の国勢調査から現在の47都道府県が調査対象となった。

問9 昭和時代は，1926～1989年の時期である。「あ」の大阪で万国博覧会が開催されたのは1970年,「い」の日本の人口が1億人を突破したのは1967年,「う」の関東大震災が発生したのは1923年,「え」の国勢調査で初めて人口減少が確認されたのは2005年,「お」のラグビーワールドカップ日本大会が開催されたのは2019年である。したがって，昭和のできごとは「あ」の大阪で万国博覧会が開催と「い」の日本の人口が1億人を突破したことである。なお,「う」の関東大震災が発生したのは大正時代(1912～1926年),「え」の国勢調査で初めて人口減少が確認されたのは平成時代(1989～2019年),「お」のラグビーワールドカップ日本大会が開催されたのは令和時代(2019年～)である。

基本 問10 パリ協定とは，フランスのパリで開かれた第21回気候変動枠組条約締約国会議(COP21)において，2015年12月12日に採択された国際的な協定である。この協定は京都議定書(1997年)以来の気候変動に関する国際的な枠組みであり，気候変動枠組条約に加盟している196ヵ国すべてが参加し，先進国だけでなくすべての国が温室効果ガスを削減することが決められ，2020年以降の地球温暖化対策が定められている。

【3】 ((政治ー女性差別に関連した問題)

基本 問1 原水爆禁止世界大会は，1954年3月に南太平洋のビキニ島付近の海域で，アメリカ合衆国が行った水爆実験によって第五福竜丸の乗務員が被爆したこと(第五福竜丸事件)を契機にして，全国的に原水爆禁止の署名運動が広がった。その運動を引き継いで，1955年8月6日に世界で最初の原爆投下地である広島市で第1回原水爆禁止世界大会が開催された。

重要 問2 ① 女性活躍推進法は女性が働きやすい環境づくりを企業に求める法律で，2015年に成立し，10年間の期限を持つ法律として2016年4月に施行された。これにより国や地方公共団体，多くの人を雇っている企業は，女性が働きやすい環境づくりのための行動計画を策定することになった。
② 男女共同参画社会基本法は，少子高齢化が進む中で，男女の互いの人権が尊重され，男女が対等な立場で政治や職場に参画することでそれぞれの責任を果たす社会を作るために1999年に制定された法律である。 ③ 1985年に制定された男女雇用機会均等法では，労働者の募集・採用・配置・昇進・降格・解雇などにおいて性別を理由とする一切の差別的な取扱を禁止している。

問3 (設問1) 2020年の各国議会の女性議員の割合で，193ヵ国の中で日本は9.9%(表2の「う」)で166位であった。また先進7ヵ国(G7)の中ではフランスが39.5%(表2の「い」)で27位，イタリアが35.7%で35位，アメリカ合衆国が27.3%で67位，100位以下は日本のみであった。スウェーデンは従来から女性議員の割合が高く，2020年でも47%(表2の「あ」)と約半数を占めている。
(設問2) 表2の中のノルウェー，ドイツ，イギリス，アメリカ，韓国の5ヵ国の中で，2020年4月の時点で女性が大統領または首相を務めているのはドイツとノルウェーである。ドイツのアンゲラ・メルケルは，2005年から第8代のドイツ連邦共和国の首相を務めている，ドイツ史上初めての女性首相である。ノルウェーのエルナ・ソルベルグは2013年から首相を務める，ノルウェーで2人目の女性首相である。なお，2020年4月の時点でイギリスはジョンソン首相(任2019年7月～)，アメリカはトランプ大統領(任2017年1月～2021年1月)，韓国は文在寅大統領(任2017年5月～)でいずれも男性政治家である。

やや難 問4 (設問1) 「育児休業，介護休業等育児又は家族介護を行う労働者の福祉に関する法律」は，育児・介護に携わる労働者について定めた法律で，略称は育児介護休業法である。この法律は育児休業法として1991年に成立したが，さらに急速に高齢化が進んだことで，介護が大きな社会問題となり，1995年に介護休業を育児休業と並んで法律に盛り込む改正がなされた。
(設問2) 表3から育児休業取得率は，女性が2010年の83.7%から2014年の86.6%，男性が2010年の1.4%から2014年の2.3%と共に増加しているが，いずれの年も女性の取得率が非常に多いことがわかる。この背景として図3の出産前後の妻の就業変化から，第1子の出産に際して「出産退職」している女性が全体の3分の1程度いる。また第2子の出産に際しては「妊娠前から無職」の女性が全体の3分の2程度になっていることから，第1子の出産後には無職のままになっている女性が多いと推測できる。このことから育児の負担の多くを女性が担っており，その結果として，出産後の女性の就業は男性に比べて大変少なくなっていることがわかる。

★ワンポイントアドバイス★

地理・歴史・政治の各分野の設問数はほぼ同じ割合であるが，各分野ともにその長さには多少の違いがあるものの説明問題が出題されているので，日頃から自らの言葉で文章を書いて説明する練習をしておくようにしよう。

＜国語解答＞

一　問一　普段からよく弾いている　問二　その手つき　問三　音楽への熱意をいまだに抱えながらも貧しさのために音楽の道では生きられない自身の現実に対する鬱屈した気持ちから，金銭に恵まれ，苦労もなく気楽に音楽を学んでいそうな東京音楽学校の人々をうらやみ，腹立たしく思っているから。　問四　ウ　問五　エ　問六　イ
問七　ウ　問八　新聞屋は廉太郎の人生をかなしいものに感じていたが，鶴が楽しそうに口ずさんでいる歌が廉太郎の作品だと気づき，西洋音楽を根付かせるという廉太郎の思いがかない，その音楽が庶民の心に届いたことを感じて心打たれるとともに，改めてその早い死に悲しみを覚えている。　問九　新聞屋も口　問十　a　路頭
b　届く　c　程度　d　察　e　従来

二　問一　a　接　b　精神　c　要求　問二　エ　問三　ヘレンへの愛情や哀れみが，それでも彼女をどうすることもできないのだというあきらめの境地にいたって，彼女を刺激せず，好きにさせようという教育の放棄をもたらし，それが彼女に悪影響を及ぼしているのだということ。　問四　ウ　問五　仲間に入れてもらいたいという本能のために卑屈になる気持ちと，群れの中の相手の機嫌をとるために思ってもないことを言ってしまう自分を嫌悪する気持ち。　問六　みえ　問七　イ
問八　チーム，自分　問九　エ　問十　掘り起こす

○推定配点○

一　問一　5点　問三　6点　問八　8点　問十　各2点×5　他　各4点×6
二　問一　各2点×3　問三　7点　問五　6点　他　各4点×7　計　100点

＜国語解説＞

一　(物語－心情・情景，細部の読み取り，空欄補充，漢字の書き取り，記述力)

重要　問一　――線①中に，「大事に飾ってあるとも見えない」とあり，線直後に，「右掌が当たるところ」とある。このことから，飾り物ではなく，掌が触れるところが黒ずんでよごれている三味線とわかる。つまり，日常的に使われている，三味線なので「弾いている」ということになる。

問二　――線②以前というのだから，新聞屋が三味線に触れる箇所を探す。少女が運んできて新聞屋は受け取っているという箇所になる。受け取り調整を始めたのだが，「その手つきは～正確に弦の音を整えている」ことから腕は確かだと感じたのである。

重要　問三　――線③直後からの内容に着目する。新聞屋は「音楽に対する熱意を持っていて，持て余してしまっている」ということから，普通以上の熱意を持っていることがわかる。しかし，東京音楽学校に通う人たちを見れば，のんきに気楽に音楽に関わっているようにしか見えない。そんな人たちが行っていて，貧しさのために音楽の道をあきらめなければならない鬱屈した気持ちでいるのだ。

基本　問四　「あかぎれ」とは，冬場に乾燥や水仕事などで，皮膚が赤くはれたり，出血したりする症状

である。この場合少女は台所仕事や洗濯など「生活」の仕事であかぎれができているのである。

問五　問三で考えたように，東京音楽学校に通う人たちをうらやみながらも，ばかにする一面も持っている。——線④直後の「～おぼっちゃま育ちだってんだ」が，金持ちの道楽と「ばかにしている」一面である。

問六　「過渡」とは，古いものから脱して新しいものへ移り変わる途中という意味の言葉である。[A]で廉太郎は，「新聞屋さん，決めましたよ。～西洋音楽をこの国に根付かせます」といっている。——線⑤は，廉太郎が亡くなり，彼の作品である「憾」を聞いている場面である。「過渡作」というのだから，新しいもの，つまり，西洋音楽を感じさせるものではあるが，なるほど日本に根付く西洋音楽だと感心するレベルにまで達している作品だとは思わなかったのだ。それが完成する前に亡くなってしまったことを感じるのだからイである。

問七　自宅に帰り鶴の歌声を聞く以前まで，幸田氏のいう，廉太郎のいた意味などを考えながら帰途についていた新聞屋である。イとウにしぼられるだろうが，「子どもが遊ぶことばかりを考える歌」だという認識ではなく，「いた意味」という深いものに対して，ずいぶんのんきな歌だという印象を持ったのである。

やや難　問八　「鼻の奥につんとした痛み」とは涙ぐみそうになるという意味の言葉である。廉太郎の「憾」を聞いて，「過渡作」だという印象しか受けられなかった。つまり，生前廉太郎が言っていた「根付かせる」までにはいたっていないと感じていたのだ。だから，早く亡くなりかわいそうな人生だと考えていた。ところが，幼い鶴が楽しそうに歌っているのを聞いて，根付いていることを感じたから，「あいつ，やりやがったのか」と思ったのである。しかし，それだけならうれしさであって，「鼻の奥につんとした痛み」を感じることはない。廉太郎の根付かせたい希望がかないはじめていることを知り，改めて早い死を悲しんでいるのである。

問九　鶴が楽しそうに歌う姿を見て，廉太郎がなしえたことを思いながら，総菜屋の呼び声に表に出たという流れだ。するとそのとき，「新聞屋も口三味線で～」鶴の歌っていた歌の旋律を口ずさんでいたということだ。口ずさんでいること自体が廉太郎の音楽を楽しんでいるということになる。

問十　a　一般的には「路頭に迷う」と一つの語で言うことが多く，生活の道をなくし，住む家もなく，ひどく困るという意味になる。　b「届」は全8画の漢字。6画目は上に出す。　c「程」は全12画の漢字。12画目は上の線より長く書く。　d「察」は全14画の漢字。9画目の始点は8画目の始点につけない。　e「従」は全10画の漢字。部首は「彳(ぎょうにんべん)」，「イ」と間違えないようにする。

二　**(論説文－細部の読み取り，指示語の問題，空欄補充，漢字の書き取り，記述力)**

問一　a「接」は全11画の漢字。8画目は5画目より長めに書く。　b「精」は全14画の漢字。11画目はとめる。12画目ははねる。　c「求」は全7画の漢字。3～6画目は1画ずつ書く。「水」にしない。

問二　映画の具体的なシーンでは，イやウのような場面が感動したものだろうが，言ってみれば「どうでもいいようなこと」をヘレンができたことで「自分たちの群れに帰ってきた感動」という流れである。筆者はその感情に心打たれたのだからエである。

やや難　問三　——線②直前にあるように，それまでのヘレンは人として生きるルールを完全に無視した生活をしていた。もちろんわざとではなく，そのようにしか生きられなかったのだが，ヘレンへの愛情と哀れみや諦めで，ヘレンが好きなようにさせておくしかなかった状態だったのである。しかし，そのように好き勝手にさせている態度がかえってヘレンが人として生きていくことのじゃまをしていると考えたのである。

問四　ウとエにしぼられる。エの後半のような心配もあったかもしれないが，この文章では，「一人残していく」ことに触れてはいない。ヘレンが「自分たちの群れに帰ってきた感動」を覚えた母親だから，心配は「人間らしく生きていけるかどうか」ということなのでウである。

重要 問五　――線④冒頭の「そういう」が何を指し示すかという事実上指示語の問題とも言える。「ですから……」で始まる段落からが着目点である。人が，仲間に入れてもらいたい気持ちは当然なのだから，仲間に入れてもらいたくて卑屈になる気持ちがあるが，相手の機嫌をとるためにとった自分の行動に自己嫌悪を覚えてしまうことが葛藤である。

問六　直後にある「いいかっこしないといけない」が着目する言葉になる。このような気持ちを「『みえ(見栄)』を張る」という。

問七　自分がやってしまったことを，「やっちまったよー」と見る自分ということだ。このように，自分のことを自分でない人から見るような視点を客観的立場で見るというのでイである。

問八　「自分のなかの……」で始まる段落の最終文に「これは，個人，ということです。」とある。この文の「これ」が示しているのは「チーム・自分」である。

問九　――線⑦直後からの内容から考える。批判は「理想をもっているからできること」であり「客観的な目をもつこと」ということだからエを選ぶことになる。

問十　直前は「今言うところの」だ。2を含む段落の冒頭は「一つには，……」で始まっている。つまり，その直前の「自分のなかに自分のリーダーを掘り起こすって，どうやって？」という疑問に対する方法の一つ目ということだ。だから，「今言うところの『掘り起こす』」ということはこういう意味ですという終わり方になっている。

★ワンポイントアドバイス★

記述を書くにあたっては，課題文をしっかり読み込む必要がある。あせらず読み込むようにしよう。

2020年度
★★★★★★★★★★★★★★★★★★★★★★★★★
入　試　問　題

2020年度

桐朋中学校入試問題（第１回）

【算　数】（50分）　＜満点：100点＞

1　次の計算をしなさい。

(1)　$4\frac{2}{3}-3\frac{4}{5}-\frac{5}{12}$

(2)　$2.4\times(7.2-5.7)-2.7\div1.8$

(3)　$1.6\times\frac{5}{6}+\left(3.75-1\frac{2}{3}\right)\div1\frac{7}{8}$

2　次の問いに答えなさい。

(1)　容器にジュースが入っています。兄は全体の30％を飲み，弟は残りの$\frac{2}{7}$を飲んだところ，容器に残ったジュースは750mLでした。兄が飲んだジュースは何mLですか。

(2)　ある仕事を仕上げるのに８人で作業すると12日かかります。この仕事を，はじめに８人で作業して，途中から10人で作業したところ，仕上げるのに合計で11日かかりました。８人で作業したのは何日ですか。

(3)　３つの辺の長さが４cm，５cm，６cmの三角形があります。この三角形の外側を辺にそって半径１cmの円がすべらずに転がって１周します。このとき，円が通過した部分の図形の面積は何cm^2ですか。ただし，円周率は3.14とします。

3　２日間のお祭りで，ペットボトルのお茶を売りました。このお茶を，２日目は１日目よりも１本あたり18円値下げして売ったところ，２日目に売れた本数は，１日目に売れた本数よりも180本増え，１日目に売れた本数の$\frac{5}{3}$倍となりました。また，２日目の売り上げは１日目の売り上げよりも5940円増えました。２日目はこのお茶を１本いくらで売りましたか。答えだけでなく，途中の考え方を示す式や図などもかきなさい。

4　下の表のように，２つの袋Ａ，Ｂに赤玉，青玉，黄玉が何個かずつ入っています。Ａから青玉を９個取り出しＢに入れ，Ｂから赤玉を５個と黄玉を２個取り出しＡに入れると，Ａに入っている赤玉，青玉，黄玉の個数の比とＢに入っている赤玉，青玉，黄玉の個数の比は同じになります。表の㋐～㋓にあてはまる数はそれぞれいくつですか。

（単位　個）

	赤玉	青玉	黄玉	合計
袋A	㋐	㋑	50	223
袋B	95	96	㋒	㋓

5 右の＜図１＞で，㋐～㋘に１から９までの整数を１つずつ書き入れます。㋐㋑㋒，㋒㋓㋔，㋔㋕㋖，㋖㋗㋐の順に並べてできる４つの３けたの整数の和をＳとします。

＜図２＞では，４つの整数は569，982，237，715です。

(1) ＜図２＞で，３と４を入れかえると，入れかえた後のＳの値は入れかえる前のＳの値よりどれだけ大きくなりますか。

(2) ＜図２＞で，５と６を入れかえると，入れかえた後のＳの値は入れかえる前のＳの値よりどれだけ大きくなりますか。

(3) ＜図２＞で，１から９までの整数のうち，２つの数を入れかえたところ，入れかえた後のＳの値は入れかえる前のＳの値より30だけ大きくなりました。入れかえた２つの数はどれとどれですか。

(4) ＜図２＞で，１から９までの整数のうち，２つの数を入れかえたところ，入れかえた後のＳの値は入れかえる前のＳの値より182だけ小さくなりました。入れかえた２つの数はどれとどれですか。

㋐	㋑	㋒
㋗	㋘	㋓
㋖	㋕	㋔

＜図１＞

5	6	9
1	4	8
7	3	2

＜図２＞

6 右の図の長方形ABDCと長方形CDEFで，辺ABの長さは８㎝，辺ACと辺CEの長さは３㎝です。点Ｐは点Ａを出発し，辺AB上を毎秒２㎝の速さで点Ｂまで移動し，すぐに折り返して，辺AB上を同じ速さで点Ａまで移動します。点Ｑは点Ｄを出発し，辺DC上を毎秒１㎝の速さで点Ｃまで移動します。点Ｒは点Ｅを出発し，辺EF上を毎秒１㎝の速さで点Ｆまで移動します。３点Ｐ，Ｑ，Ｒは同時に出発し，点Ｐが点Ａに着いたとき，３点は同時に止まります。

(1) 点Ｐが点Ａを出発してから２秒後の三角形PQRの面積は何㎠ですか。

(2) ３点Ｐ，Ｑ，Ｒが１直線に並ぶのは，点Ｐが点Ａを出発してから何秒後ですか。

(3) 三角形PQRの面積が10㎠となるのは，点Ｐが点Ａを出発してから何秒後ですか。考えられるものをすべて書きなさい。

7 次の３つの条件㋐～㋒がすべて成り立つように，正方形を２本の直線によって４つの長方形に切り分けます。

㋐長方形の辺の長さを㎝で表すと，辺の長さの値はすべて整数となる。

㋑４つの長方形の面積はすべて異なる。

㋒４つの長方形の面積を小さい順に a ㎠，b ㎠，c ㎠，d ㎠とすると，a と d の最大公約数は１，b と c の最大公約数も１である。

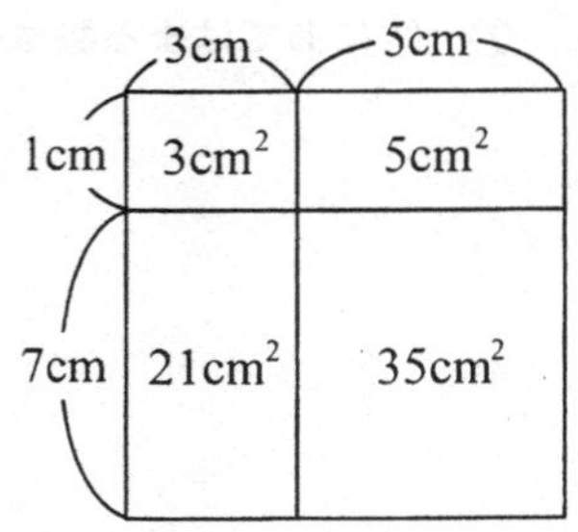

たとえば，正方形の１辺の長さが８cmのとき，前ページの図のように４つの長方形に切り分けると，a，b，c，d はそれぞれ３，５，21，35であり，３と35の最大公約数は１で，５と21の最大公約数も１です。

⑴　正方形の１辺の長さが12cmのとき，d の値はいくらですか。

⑵　正方形の１辺の長さが18cmのとき，d の値はいくらですか。考えられるものをすべて書きなさい。

⑶　d の値が255のとき，正方形の１辺の長さは何cmですか。

【理　科】（30分）　＜満点：60点＞

1　次の文章を読み，以下の問いに答えなさい。なお，答えが割り切れない場合は，小数第２位を四捨五入し，小数第１位まで求めなさい。

「木片（もくへん）が水に浮（う）かび，鉄の釘（くぎ）が水に沈（しず）むのは，木片の方が鉄の釘より『軽い』からだ」と言われることがありますが，これは正しくありません。小さな鉄の釘と大きな材木を比べれば，小さな鉄の釘の方が『軽い』にもかかわらず，鉄の釘は水に沈み，材木は水に浮かびます。そのため，水に沈むか浮かぶかを考えるときには，そのものの『重さ』ではなく，『同じ体積で比べた重さ』を比較（ひかく）します。

１cm^3あたりの重さを密度といい，g/cm^3という単位で表します。水の密度は１g/cm^3で，これより密度の小さい木片は水に浮き，密度の大きい鉄の釘は水に沈んでしまいます。

下の表はいくつかの金属について，体積と重さを測定し，密度を計算したものです。

	体積（cm^3）	重さ（g）	密度（g/cm^3）
金属①	5	55	11
金属②	10	79	（c）
金属③	（a）	90	9.0
金属④	20	（b）	7.9
金属⑤	30	81	2.7

問１　表の中の（a）～（c）にあてはまる数値を答えなさい。

問２　金属①～⑤のうちで，同じ体積で比べた時に最も重いものはどれですか，①～⑤から選び，記号で答えなさい。

問３　金属①～⑤のうちで，同じ重さで比べた時に最も体積が大きいものはどれですか，①～⑤から選び，記号で答えなさい。

問４　密度が異なるものは，別の物質と考えられます。金属①～⑤の中で，同じ物質と考えられるものはありますか。無いときには「×」，あるときには同じ物質の組み合わせを①～⑤の記号で答えなさい。

下の表はいくつかの木片について，体積と重さを測定したものです。

	体積（cm^3）	重さ（g）
木片⑥	100	40
木片⑦	150	75
木片⑧	150	105
木片⑨	200	160
木片⑩	200	140

問５　木片⑥～⑩のうちで，密度が最も大きいものはどれですか，⑥～⑩から選び，記号で答えなさい。

問６　木片⑥～⑩のうちで，密度が最も小さいものはどれですか，⑥～⑩から選び，記号で答えなさい。

金属①と木片⑥を貼り合わせたものを物体Ａとします。このとき，全体では体積が105cm^3で重さが95ｇとなります。

問７　物体Ａは水に浮きますか，沈みますか，理由をつけて答えなさい。

金属②と木片⑦を貼り合わせたものを物体Ｂ
金属③と木片⑧を貼り合わせたものを物体Ｃ
金属④と木片⑨を貼り合わせたものを物体Ｄ
金属⑤と木片⑩を貼り合わせたものを物体Ｅとします。

問８　物体Ｂ～Ｅのうち，水に浮くものはありますか。無いときには「×」，あるときにはＢ～Ｅからすべて選び，記号で答えなさい。

問９　ピンポン球のように，内部に空洞があるアルミニウムでできた球があります。アルミニウムの球の重さは108ｇです。これが水に浮かぶとすると，内部にある空洞の体積は何cm^3より大きいと考えられますか。アルミニウムの密度は2.7ｇ/cm^3とし，内部の空洞の空気の重さは無視して計算しなさい。

２　次の文章を読み，以下の問いに答えなさい。

気体が水に溶けるとき，その溶ける量に関して，次の３つのことが知られています。

＜１＞　溶ける気体の量（重さ）は，水の量（重さ）に［ あ ］。
＜２＞　溶ける気体の量（重さ）は，水温が高いほど［ い ］なる。
＜３＞　溶ける気体の量（重さ）は，その気体の圧力（気圧）に比例する。

ただし，＜３＞の関係は，水に溶けにくい気体でのみ成り立ち，水によく溶ける気体では成り立ちません。また，圧力の大きさはhPa（ヘクトパスカル）という単位で表されます。

問１　文中の［ あ ］，［ い ］にあてはまる語句の組合せとして正しいものを次のア～カから選び，記号で答えなさい。

	あ	い
ア	比例する	大きく
イ	比例する	小さく
ウ	反比例する	大きく
エ	反比例する	小さく
オ	関係ない	大きく
カ	関係ない	小さく

問２　＜３＞の関係が成り立つ気体を次のア～オからすべて選び，記号で答えなさい。

ア．塩化水素　　イ．水素　　ウ．アンモニア　　エ．窒素　　オ．酸素次に，二酸化炭素が水にどれくらい溶けるかを考えてみましょう。ただし，二酸化炭素は＜３＞の関係が成り立つものとします。

空気の78％は［う］，20％は［え］，１％がアルゴンという気体で，二酸化炭素は0.04％含まれています。空気全体の圧力が1000hPaのとき，二酸化炭素の圧力は，［お］hPaとなります。

ある温度において，１kgの水に溶ける二酸化炭素の重さは，二酸化炭素の圧力が1000hPaのとき，1.32ｇです。従って，この温度で１kgの水に1000hPaの空気が触れているとき，水に溶ける二酸化炭素の重さは，［お］hPaの値を用いて計算すると［か］ｇとなります。

問３　文中の［う］，［え］にあてはまる気体を次のア～オから選び，それぞれ記号で答えなさい。

ア．塩化水素　　イ．水素　　ウ．アンモニア　　エ．窒素　　オ．酸素

問４　二酸化炭素を発生させるのに必要なものを次のア～クから２つ選び，記号で答えなさい。

ア．二酸化マンガン　　イ．銅　　ウ．アルミニウム　　エ．大理石

オ．水酸化ナトリウム水溶液　　カ．塩酸　　キ．過酸化水素水　　ク．アンモニア水

問５　文中の［お］にあてはまる数値を答えなさい。ただし，次の式を用いて求めるものとします。

気体の圧力＝空気全体の圧力×その気体の割合

例　空気全体の圧力が200hPaのとき，アルゴンの圧力は

200×0.01＝２hPa

問６　文中の［か］にあてはまる数値を答えなさい。ただし，［か］の値は，小数第５位を四捨五入し，小数第４位まで求めなさい。

問７　炭酸飲料のペットボトルの飲み口には，図のような溝が縦に入っています。この溝には，どのようなときに，どのような役割がありますか。二酸化炭素という言葉を使って説明しなさい。

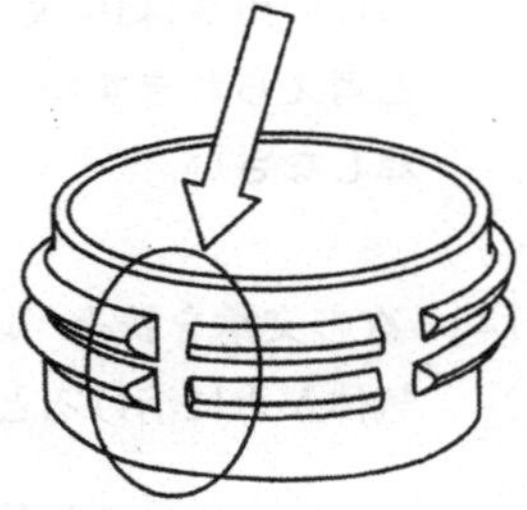

３　以下の問いに答えなさい。

背骨を持つ動物を脊椎動物といい，からだのつくりなどの特ちょうによって，ほ乳類・鳥類・は虫類・両生類・魚類の５つに分けられます。

問１　脊椎動物のうち体外受精であるものを，次のＡ～Ｅからすべて選び，記号で答えなさい。

Ａ．メダカ　　Ｂ．カエル　　Ｃ．スズメ　　Ｄ．イヌ　　Ｅ．トカゲ

問２　卵生ではなく，親と似た姿で生まれる生まれ方（たい生）であるものを，次のＡ～Ｅからすべて選び，記号で答えなさい。

Ａ．ツバメ　　Ｂ．ゾウ　　Ｃ．フナ　　Ｄ．ヘビ　　Ｅ．サンショウウオ

問３　下の文章は，たい生であるヒトの生まれ方について説明した文章です。文中の（①）～（④）に入る語句を答えなさい。

受精卵からたい児になる過程は，母親の腹部にある（　①　）で行われる。母親は，たい児の成長に必要な栄養分と呼吸に必要な（　②　）をたいばんに送り，たい児は（　③　）を通してそれらを受け取る。たい児は，いらない物質を（　③　）を通してたいばんに送り，母親に渡す。

母親の（　①　）から出てきたたい児は，成長に必要な栄養分を母乳から得るようになり，自分の（　④　）を使って（　④　）呼吸を行うようになる。

同種の生物間でもからだのつくりにはちがいがあり，性はその大きな要因の１つになります。動物の性がどのように決まるか，多くの動物を対象とした研究が行われ，性の決まり方にはいくつかあることがわかりました。例えば，ヒトなどの多くの動物では，精子と卵に含(ふく)まれる物質の組合せによって性が決まります。また，一部のは虫類では，卵の特定の時期の温度によって性が決まります。この一部のは虫類における性の決まり方を「温度依存型(いぞんがた)性決定」といいます。

図１はアカミミガメにおける，性が決まる時期の温度とオスの出現率（生まれた子の中でのオスの割合）の関係を示したグラフです。

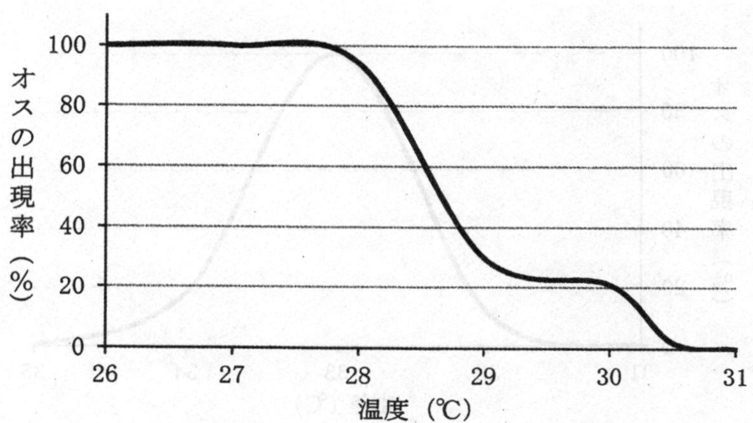

問４　図１において，正しいものを次のア～ウから１つ選び，記号で答えなさい。

ア．29℃のとき，メスの出現率は40％を下回る。

イ．31℃のとき，オスは出現せずにメスだけが出現する。

ウ．27℃のときのオスの出現率は，30℃のときの約４倍である。

図２はワニガメにおける，性が決まる時期の温度とオスの出現率の関係を示したグラフです。

図２

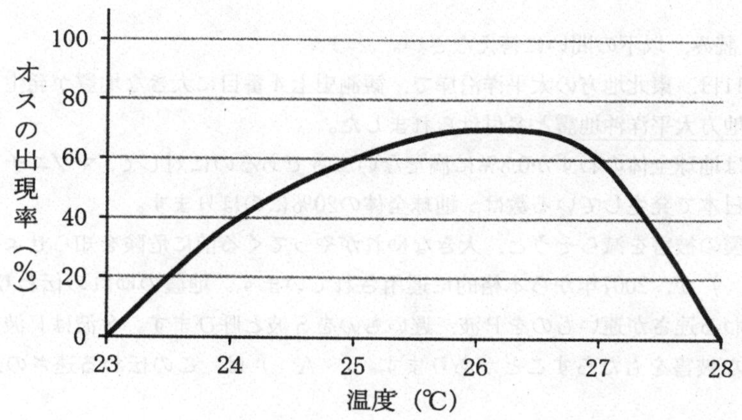

問５　前ページの図２において，正しいものを次のア～ウからすべて選び，記号で答えなさい。

ア．24℃のときと27℃のときのメスの出現率は同じである。

イ．24.5℃のとき，出現するオスとメスの個体数はほぼ同じになる。

ウ．温度に関わらず，メスは出現する。

図３はミシシッピーワニにおける，性が決まる時期の温度とオスの出現率の関係を示したグラフです。

図３

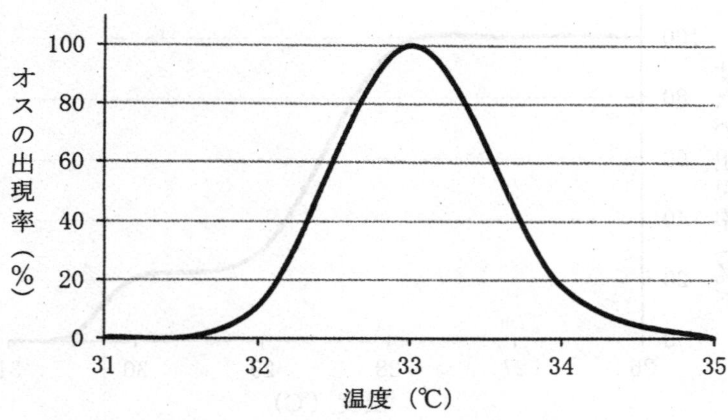

問６　図１～３において，正しいものを次のア～エからすべて選び，記号で答えなさい。

ア．ミシシッピーワニと比べたとき，アカミミガメは低温でオスとなる。

イ．オスの出現率が50%を越える温度の範囲は，ミシシッピーワニよりワニガメの方が広い。

ウ．アカミミガメとミシシッピーワニは，31℃のときメスの出現率が０%となる。

エ．ミシシッピーワニは，温度が33℃から１℃変化するとメスの出現率が80%以上になる。

問７「温度依存型性決定」によって性別が決まる種にとって，地球の温暖化や寒冷化は種の存続に悪い影響を与えるのではないかと心配されています。この悪い影響として考えられることを説明しなさい。

4　次の文章を読み，以下の問いに答えなさい。

2011年３月11日，東北地方の太平洋沿岸で，観測史上４番目に大きな地震が発生しました。この地震は，東北地方太平洋沖地震と名付けられました。

日本の面積は地球全体のわずか0.3%に満たない広さであるのに対して，マグニチュード６以上の大きな地震が日本で発生している数は，地球全体の20%にのぼります。

少しでも地震の被害を減らそうと，大きなゆれがやってくる前に危険を知らせようとする仕組みである（　Ａ　）が，2007年から本格的に運用されています。地震のゆれの伝わり方には，２種類あります。伝わる速さが速いものをＰ波，遅いものをＳ波と呼びます。Ｓ波はＰ波に比べてゆれが大きく，大きな被害をもたらすことがあります。（　Ａ　）は，この伝わる速さの違いを利用しています。

問１　兵庫県南部地震により引き起こされた災害は，阪神淡路大震災と呼ばれています。文中の下線部の地震により引き起こされた災害の名称を漢字６文字で答えなさい。

問２　地震が発生した際に心配される現象を，次のア～オからすべて選び，記号で答えなさい。

ア．地盤沈下や隆起　　イ．高潮　　ウ．津波　　エ．液状化現象　　オ．落雷

問３　文中の（Ａ）に入る最も適切な語句を，次のア～オから１つ選び，記号で答えなさい。

ア．大地震注意報　　イ．避難指示　　ウ．緊急地震速報

エ．大地震警報　　オ．緊急地震警報

問４　140km離れた場所の地表付近で地震が発生しました。最初のゆれを感じてから，大きなゆれがやってくるまで何秒かかりますか。ただし，Ｐ波は秒速７km，Ｓ波は秒速４kmで地面の中を伝わるものとします。

問５　問４の地震のゆれが伝わる速さよりも遅いものを，次のア～エからすべて選び，記号で答えなさい。ただし，速さは最も速い場合を考えなさい。

ア．新幹線の速さ　　イ．光の速さ

ウ．台風の進む速さ　　エ．ジェット旅客機の速さ

問６　私達が（Ａ）を受け取ったとしても，（Ａ）が十分にその役目を果たせないことがあります。それは，どのような場合ですか。理由も答えなさい。

【社　会】（30分）　＜満点：60点＞

【１】次のア～カの文を読み，問いに答えなさい。

ア．このころ，インフルエンザが世界的に流行し，日本でもスペインかぜと呼ばれて多くの人が亡くなりました。このとき，第一次世界大戦が行われていました。

イ．このころ，コレラが日本で流行しました。ちょうど日本が修好通商条約を各国と結び，異国船の往来がさかんなときだったので，人々のなかには，外国人がこの病をもたらしたのではないかと考える者もいました。

ウ．このころ，「疫瘡」（皮膚にできものができる病気）が流行しました。平城京の人々にも広がり，多くの役人や貴族が命を落としました。

エ．このころ，香港でペストが広まっており，原因調査におもむいた北里柴三郎はペスト菌の発見に成功しました。このとき，日清戦争が行われていました。

オ．このころ，「人々が病に苦しみ，これを銭病と呼んだ」という記録が残っています。宋銭の輸入とともに流行した病のため「銭病」と呼ばれたものと考えられています。このころ，平清盛を中心とする平氏が中央の政治をおこなっていました。

カ．このころの日本の流行病の様子を記録や文書から知ることはできませんが，人骨を調べてみると結核が流行していたことがわかっています。このころ，有力な者は古墳とよばれる墓に葬られました。

問１．ア～カの文を時代の古い方から順にならべかえて，記号で答えなさい。

問２．次の①～④の文が示す出来事はア～カの文のあらわす時代のどれと関係が深いか，記号で答えなさい。関係の深い文がないときは記号キで答えなさい。

①豪族たちが大和政権をつくり，その中心となった人物は大王と呼ばれた。

②日本の成り立ちをしめした「日本書紀」が完成した。

③高倉天皇の子どもが安徳天皇として即位した。

④25才以上の男性すべてに選挙権が認められた。

問３．アの文について。このころ，民衆運動が全国に広まって内閣が倒れました。この民衆運動を何というか，答えなさい。

問４．イの文について。

⑴　修好通商条約にもとづいて貿易が開始された後，日本から欧米諸国に一番多く輸出された品物を答えなさい。

⑵　修好通商条約によって貿易港となった５港のうち，すでに和親条約で開かれていた港の名前を一つ答えなさい。

問５．ウの文について。

⑴　平城京をつくるときに参考にしたといわれる唐の都の名前を答えなさい。

⑵　次のページの図１の平城京の復元模型をみて，アの門の名前として正しいものを次のあ～えから一つ選んで記号で答えなさい。

あ．南大門　　い．朱雀門　　う．天安門　　え．応天門

図１

問６．エの文について。日清戦争の直前に日本はイギリスと条約を結びました。この条約の内容について説明しなさい。

問７．オの文について。平氏一族が厚く敬った神社の名前を答えなさい。

問８．カの文について。日本最大の古墳の名前と，その古墳がある都道府県名を答えなさい。

【２】 次の文章を読み，問いに答えなさい。

『アイシャの１日』という動画を知っていますか。この動画は(1)ユニセフによって，水の大切さを伝えるためにつくられました。アイシャは［ 1 ］大陸東部にある(2)エチオピアで暮らす13才の少女です。彼女と家族は，(3)水道のない生活をしていて，近くで水を手に入れることもできません。そのため，(4)朝早くから往復８時間をかけて水くみに出かけますが，そこで手に入る水も茶色くにごった水です。

(5)日本は世界のほかの国々と比べて降水量が多く，(6)生活や文化などが水と深く関わっていると言えますが，世界には水資源に乏（とぼ）しい国もあります。国連は水の大切さを訴（うった）えるため，1992年の総会で毎年３月22日を「世界水の日」と定めました。国連広報センターのホームページによれば，2015年の時点で(7)世界人口の29％が安全に管理された飲料水の供給を受けていないとされています。

水資源の豊かな日本ですが，実は多くの「水」を輸入しています。例えば(8)小麦の多くを輸入していますが，小麦１キログラムを生産するのに約2000リットルの水が必要とされています。つまり小麦を栽培（さいばい）するために消費した水も，実際には輸入したとみなすことができます。これを仮想水，もしくは［ 2 ］ウォーターと呼んでいます。

1961年，人類として初めて有人宇宙飛行に成功した⑼ソ連（当時）の宇宙飛行士ガガーリンは，「地球は青かった」と表現しました。地球は水の惑星なのです。

問１．下線部⑴について。ユニセフが意味するものを次から選んで，あ～おの記号で答えなさい。

あ．国連教育科学文化機関　　**い**．国連世界食糧計画　　**う**．国連児童基金

え．国境なき医師団　　**お**．青年海外協力隊

問２．［ 1 ］にあてはまる語句を答えなさい。

問３．下線部⑵について。エチオピアはコーヒーの原産地のひとつです。世界でもっとも多くのコーヒー豆が生産されているのはブラジルですが（2016年），次に多いのは東南アジアのある国です。その国を下の**図２**から選び，あ～おの記号で答えなさい。

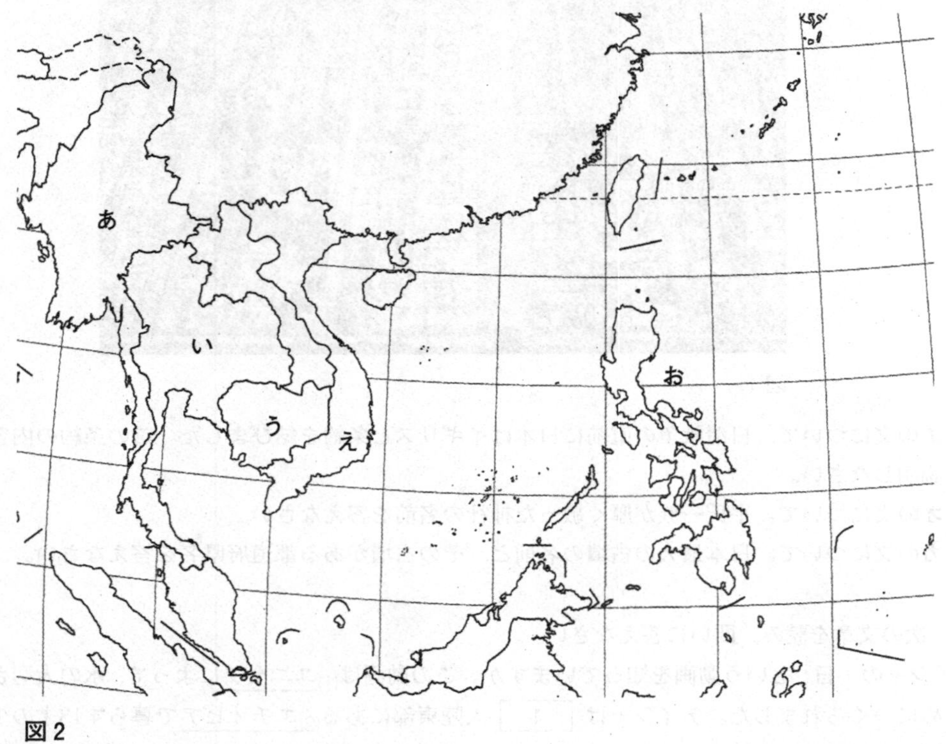

図２

問４．下線部⑶について。日本の水道普及率は100％に近く，必要不可欠なものとなっていますが，「平成」の間に相次いだ地震などの自然災害による断水で，水道の大切さが改めて認識されました。あ～うの地震は，いずれも平成の間に発生したものです（気象庁が定めた名称で，年号は省略した）。発生した順に古い方からならべかえて，記号で答えなさい。

あ．熊本地震　　**い**．東北地方太平洋沖地震　　**う**．兵庫県南部地震

問５．下線部⑷について。13才の子どもにとって，この水くみの問題点は何ですか，説明しなさい。

問６．下線部⑸について。次のページの**図３**に示した雨温図は，網走市，熊本市，那覇市，松本市のものです。このなかから松本市のものを選び，あ～えの記号で答えなさい。

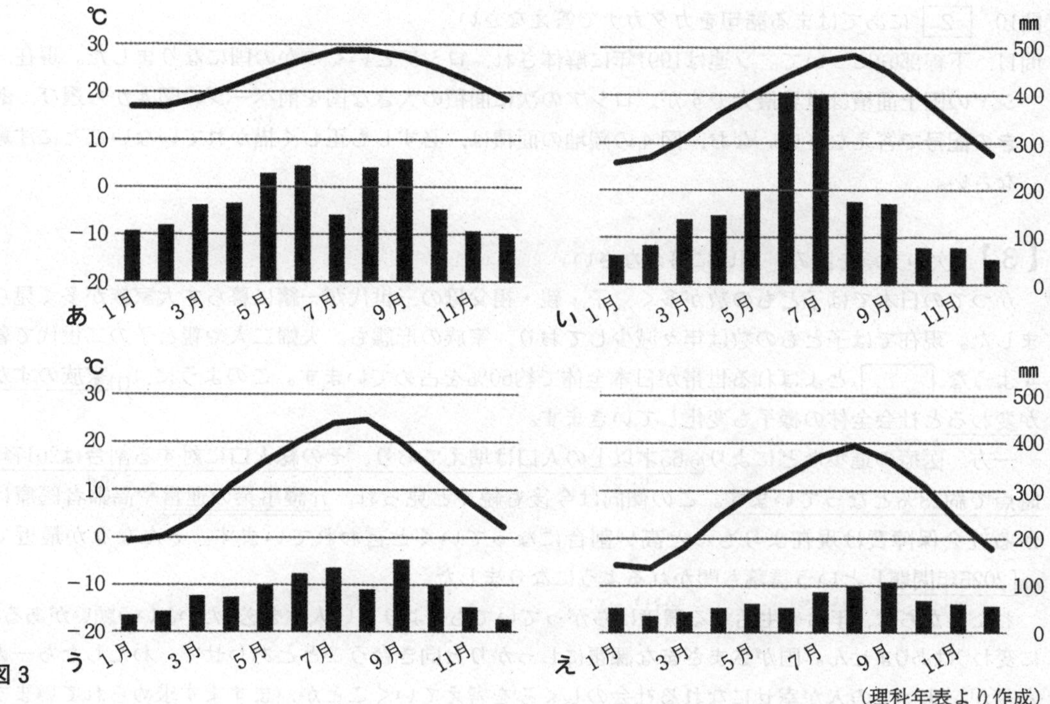

図３

（理科年表より作成）

問７．下線部(6)について。水資源の多い日本には，水害の危険性の高い地域も多く，水が生活と深く関わっています。濃尾平野の南西部では，水害から人々の生活を守るため家屋や耕地などを堤防（ていぼう）で囲んだ集落が見られます。こうした集落を何と呼びますか，答えなさい。

問８．下線部(7)について。2015年の世界人口は約73億4900万人で，世界人口の29％は約21億人となります。以下に示した国は世界の人口上位５か国です。このなかから人口の合計が21億人を超（こ）えるようになる二つの国を選び，あ～おの記号で答えなさい。

あ．アメリカ合衆国　　い．インド　　う．インドネシア　　え．中華人民共和国　　お．ブラジル

問９．下線部(8)について。日本の小麦輸入先３位までの国（2017年。順位は問わない）を以下の図４からすべて選び，あ～きの記号で答えなさい。

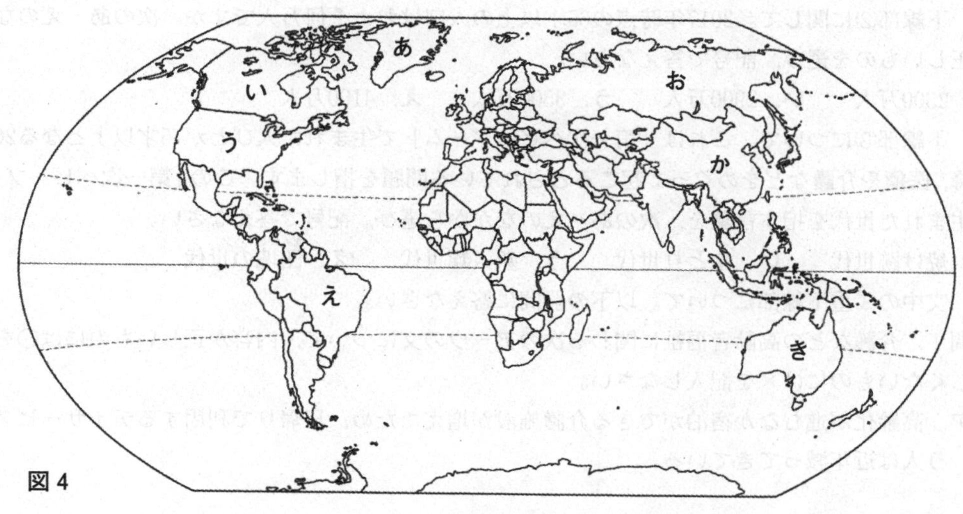

図４

問10. [2] にあてはまる語句をカタカナで答えなさい。

問11. 下線部⑼について。ソ連は1991年に解体され，ロシアといくつかの国になりました。現在，ロシアの国土面積は世界最大ですが，ロシアの次に面積の大きな国を前ページの**図４**から選び，**あ**～**き**の記号で答えなさい。なお，**図４**の陸地の面積は，必ずしも正しく描(えが)かれていないことに注意しなさい。

【３】 次の文章を読み，問いに答えなさい。

かつての日本では子どもの数が多く，子・親・祖父母の三世代が一緒(いっしょ)に暮らす大家族が多く見られました。現在では子どもの数は年々減少しており，家族の形態も，夫婦二人や親と子の二世代で暮らすような [　　　] とよばれる世帯が日本全体で約60％を占(し)めています。このように，⑴家族のすがたが変わると社会全体の様子も変化していきます。

一方，医療(いりょう)の進歩などにより⑵65才以上の人口は増えており，その総人口に対する割合は2017年の時点で約28％となっています。この傾向(けいこう)は今後も続くと見られ，介護(かいご)事業の運営や高齢(こうれい)者医療にかかる社会保障費は現在よりもっと高い割合になっていくと言われています。そんななか最近では⑶「2025年問題」という言葉も聞かれるようになりました。

わたしたちは，年齢(ねんれい)や生活する環境(かんきょう)はちがっていても，よりよい人生を送りたいという願いがあることに変わりはありません。国がさまざまな課題にしっかりと向き合うこととあわせて，わたしたち一人ひとりが，すべての人が幸せになれる社会のしくみを考えていくことが，ますます求められています。

問１．文章中の [　　] にあてはまる最も適切な語を漢字３字で書きなさい。

問２．下線部⑴に関して。結婚(けっこん)をめぐる法律は戦後になって大きく変わりました。次の**あ**～**え**のうち，現在の法律で定められているものはどれですか。正しいものを二つ選び，記号で答えなさい。

あ．男性と女性が結婚する場合，夫婦の姓(せい)は，男性または女性いずれかの姓を選んで，夫婦ともに同じ姓にして戸籍(こせき)をあらたに設ける。

い．男性と女性が結婚する場合，夫と妻は，結婚する前のそれぞれの姓をそのまま用いて，戸籍上の姓とすることが認められている。

う．結婚は，その当事者である男女が合意して成立する。

え．結婚すると妻は夫の戸籍に入らなければならず，姓も夫と同じになる。

問３．下線部⑵に関して。2017年時点の65才以上の人口はおよそ何万人ですか。次の**あ**～**え**のなかから正しいものを選び，記号で答えなさい。

あ．2300万人　　**い**．2900万人　　**う**．3500万人　　**え**．4100万人

問４．下線部⑶について。これは「第一次ベビーブーム」で生まれた人びとが75才以上となる2025年以降，医療や介護などをめぐって起こるとされている問題を指します。この「第一次ベビーブーム」で生まれた世代を指す言葉を，次の**あ**～**え**のなかから選び，記号で答えなさい。

あ．焼け跡(あと)世代　　**い**．ゆとり世代　　**う**．新人類世代　　**え**．団塊(だんかい)の世代

問５．文中の二重下線部について。以下の設問に答えなさい。

設問１．介護などの高齢者福祉(ふくし)に関わる次の**ア**～**ウ**の文について，内容が正しいものには○を，正しくないものには×を記入しなさい。

ア．高齢化が進むなか宿泊(しゅくはく)ができる介護施設(しせつ)が増えたため，日帰りで利用するデイサービスを使う人は近年減ってきている。

イ．ひとり暮らしの高齢者の家を訪問して，相談や援助をおこなう民生委員は，法律にもとづき，厚生労働大臣からの委嘱を受けて仕事をしている。

ウ．政府による介護保険のしくみは，人口の高齢化が予想されるようになった1980年代に，年金保険のしくみの改正とあわせて，あらたに作られた。

設問２．以下の**表１**は，働き手の往来や商品の輸出入等を自由におこなうとする経済連携協定にもとづき，日本が受け入れた「看護師候補者」「介護福祉士候補者」の国籍とその人数を示したものです。**表１**のＡ・Ｂにあてはまる国名の組み合わせとして正しいものを，次の**あ**～**お**のなかから選び，記号で答えなさい。

表１　経済連携協定にもとづく看護師候補者と介護福祉士候補者の推移

（2008年度～2018年度　単位＝人）

入国年度		2008	2009	2010	2011	2012	2013	2014	2015	2016	2017	2018	累計
看護師候補者	A	104	173	39	47	29	48	41	66	46	29	31	653
	B	−	93	46	70	28	64	36	75	60	34	40	546
	ベトナム	−	−	−	−	−	−	21	14	18	22	26	101
	合計	104	266	85	117	57	112	98	155	124	85	97	1300
介護福祉士候補者	A	104	189	77	58	72	108	146	212	233	295	298	1792
	B	−	190	72	61	73	87	147	218	276	276	282	1682
	ベトナム	−	−	−	−	−	−	117	138	162	181	193	791
	合計	104	379	149	119	145	195	410	568	671	752	773	4265

（厚生労働省ホームページ資料による）

あ．Ａ＝インドネシア　Ｂ＝フィリピン　　**い**．Ａ＝中国　Ｂ＝インドネシア
う．Ａ＝韓国　Ｂ＝フィリピン　　**え**．Ａ＝中国　Ｂ＝ミャンマー
お．Ａ＝韓国　Ｂ＝ミャンマー

問６．文中の二重下線部について。次の**表２**・**表３**に関して，以下の設問に答えなさい。

表２．介護施設で仕事をしている人の数（いずれも10月１日時点の人数）

2001年	2006年	2011年	2016年
420,500人	507,794人	530,245人	566,747人

表３．介護が必要と認定された人の数（年間の認定者数）

2001年度	2006年度	2011年度	2016年度
298万人	440万人	531万人	632万人

（**表２**・**表３**ともに『日本国勢図会』より作成）

設問１．**表２**からわかること，および**表３**からわかることについて，それぞれ答えなさい。

設問２．現在，日本の介護事業はどのような状況にありますか。設問１で答えたことについてふれながら，説明しなさい。

（山田太一『夕暮れの時間に』による。ただし、途中を省略した部分がある。）

［注］　アラン、サルトル…ともにフランスの哲学者

問一　══線部ａ～ｃのカタカナを漢字に直して書きなさい。

問二　――線部①について。「私」はどのような態度でトイレに向かっていたか。本文中の表現を用いながら簡潔にまとめなさい。

問三　――線部②について。「私にうなずき」とあるが、ここで女性が伝えたかったことは様々に考えられる。次の説明の中でふさわしくないものをひとつ選び、記号で答えなさい。

ア　私の間違いは大きなことではないから心配しなくてもよいということ。

イ　私の間違いについては自分の胸にしまっておくから安心してよいということ。

ウ　私の間違いはたまに起こりうることだから、落ち込まなくてもよいということ。

エ　私の間違いはあまりにこっけいで、恥ずかしいことだと思った方がよいということ。

問四　――線部③について。「その笑顔」が「私」に何をもたらしたのか。本文中から一〇字前後でぬき出して答えなさい。

問五　――線部④について。これは他人に対するどのような接し方か。わかりやすく説明しなさい。

問六　――線部⑤について。私がそのような気持ちになった理由として、最もふさわしいものを次の中から選び、記号で答えなさい。

ア　その笑顔には苦しみが多い世の中を批判し、それを変えようとする意志があったことに気づいたから。

イ　その笑顔には他人に対する思いやりが込められており、それによって励まされたことに気づいたから。

ウ　その笑顔には義務を果たし続けることの大切さが感じられ、それに教えられていることに気づいたから。

エ　その笑顔には世の中全体を考える視点があり、悩んでいるのは自分だけでないということに気づいたから。

問七　文中の【Ａ】を補うのに最もふさわしいと思われる表現を、文中から七字でぬき出して答えなさい。

問八　――線部⑥について。言い換えると「どういう時代」と考えられるか。次の中で最もふさわしいものを選び、記号で答えなさい。

ア　グローバル化が進んで多くの人々がめまぐるしく行き交う時代。

イ　人々が激しく対立し、簡単に解決しないことが次々と出ている時代。

ウ　各地で大規模な自然災害が発生し、利害を越えた協力が必要な時代。

エ　科学が発達する一方、環境が汚染されて人類生存の危機が叫ばれる時代。

問九　文中の【Ｂ】を補うのに最もふさわしいと思われる表現を、次の中から選び、記号で答えなさい。

ア　頑固さ　　イ　真面目さ　　ウ　若々しさ　　エ　柔軟さ　　オ　貪欲さ

問十　――線部⑦について。私がそのように思っているのはなぜか。本文全体をふまえながら、また「その笑顔」がどういうものであるのかをあきらかにしつつ、説明しなさい。

わなかったけど、と⑤その笑顔で私の中に生まれた幸福感の意味がはっきりしたような気持ちになった。

アランは続けてこんなことをいっている。

「われわれは、なにかというとほんのささいな原因に対してでも、すぐ不平をいう。そして、また、本当の苦しみを背負わなければならないような状況になると、それを示す義務があるかのように考える」しかし、われわれはもっと「悠然と生命をとらえなければならぬ。大げさな悲劇的ないいまわしでわれわれ自身の心をひきさいたり、それを伝染させて他人の心をひきさいたり、しないようにしなければならぬ。それだけではない。すべては互いに関係あるのだから。人生のささいな害悪に対して、その話をしたり、それをみせびらかしたり、誇張してはいけない。他人に対しても親切にすること。これこそ真の慈愛である。ひとの生きるのを助け、自分の生きるのを助けること、これこそ真の慈愛である。親切はよろこびだ」

ここまで「ねばならぬ」【　A　】という筋道でまとめられると、上機嫌も硬直してしまいそうだし、思い出の笑顔は「親切」というようなものではなかった、もっと自然なあたたかさだったと思うけれど、世の中には「機嫌のよさ」というようなことに最上級の値打ちを見つけている人がいると知ったのは喜びだった。

とはいうものの、⑥9・11、アフガニスタン、イラク、パレスチナという時代に「上機嫌」を第一位にもって来るような道徳論はどうも穏和すぎて力のないもののようにも思え、いつの間にかそのアランを口にすることもなく、思い出の「笑顔」を人にいうことも少なくなってしまっていた。

シカゴのことがあってから五年後（一九六六年）、サルトルが日本へ来て一ヵ月ほど滞在した。

「日本で印象的なことのひとつは」と日本人たちとの座談会で、サルトルがいっている。

「多くの日本人の生活が苦しく、大衆の生活は非常にきびしいはずなのに、街で出会う顔の多くには微笑みをたたえた陽気さが漂っていることです。フランスでは生活は同じくらいにきびしい、いや、ある点では日本より楽なのに、群衆は疲れきって、陰気です」

さすが「機嫌のよさ」を道徳上の義務の第一位にあげたアランの国の話だけあって、相当群衆は陰気のようだが、日本も似たようなものではないかと思ったのを憶えている。まだ「戦後」の空気があちこちに残っていて、人々はとげとげしていて、ちょっとしたことで口論になったり、殴り合いになったり、酒を呑むと自分をいじめるように泥酔する人が多かった。それを「陽気」だといえば、まあ一種の活気にはちがいないと今となっては思うけれど、「微笑みをたたえた陽気さ」なんて、どこにあるんだ、と思っていた。笑顔に飢えていた。しかし、なにより私自身が見知らぬ人のしたことに咄嗟にいきいきと反応し、笑顔を向け、うなずいてみせるなどという【　B　】からは、ほど遠く、次第に「シカゴの笑顔」は、私の理想になっていた。

見知らぬ人に、さらりと笑顔を向けること。

それは難しい。とりわけ日本では難しい。

⑦しかし、私の中に四十数年、数秒の笑顔が消えずにいるところを見ると、小さなことに見えて、笑顔のあるなしは、相当大きなことなのかもしれない、といいつのりはしないが、今でも思い続けている。

て、大股にトイレに向かっていった。

トイレは、古色のついた白いタイル貼りの大きなアーチ型の入り口があり、そこを入ると左右に男女それぞれの入り口があるのだが、そこまでもそれぞれゆったりとアプローチがある贅沢な造りで、私はどういうものか迷いもなく左に曲がって、入り口寸前でそれが女性用だと気づき、すましてくるりと向きを変えた。

するとあとからやって来た二十歳前後の女性と向き合う形になった。といっても、両方で立ち止まったというようなことはなく、たちまちすれちがったのだが、その女性がくるりと向きを変えた私を見て、五、六歩は離れていただろうか、とても可笑しそうに吹き出すように笑ったのである。自分はどうしたかは思い出せない。②ともあれ女性は笑いながら私にうなずき、たちまちすれちがって女性用に入ってしまった。

③その笑顔がとてもよかった。

邪気のない笑いで、それはたとえば、目の前で小学校三、四年の男の子が同じ間違いをしてすまして引き返すのを見た大人の女性がつい笑ってその子にうなずくというような状況に近いけれど、そういう上下がなかった。もっとaタイトウで、友人が思わず笑ってうなずいたような親密さが過り、あっという間にいなくなってしまった。

あけっぴろげなのに、同時に目の中に節度もはじらいもあったように思うのは、あとから加えた空想かもしれないが、私は男性用に入りながら、たぶん笑顔になっていたと思う。小便をしながら、思いがけないほどの幸福感がこみあげて、また少し笑ったと思う。

その女性がとりわけ美人だったというようなことはない。bヨウシより何より、とてもいい人柄とすれちがったという後味が残った。

そんなことは、どこにでもありそうだが、これがない。以後の欧米旅行でも、中国やインドでも。勿論日本でも、あの笑顔には出会わない。とりわけ東京では、見知らぬ人cドウシが微笑してうなずくなどということはほとんどないから、④同じようなことがあっても気づかぬふりをするか、「ドジ」というように避けて通るというような事ばかりである。咄嗟に楽しそうに笑ってうなずいてすれちがうというように、外側に気持ちがひらいていない。

と書きながらも、小さなことを大げさにいっているような気持ちになるが、数秒の笑顔が私の頭にとりついて四十年余りもたってしまった。その笑顔と、そのあとにこみあげた幸福感が、私をいくらか支配し続けているというように思う。

街を歩くのに、機嫌よく歩こうと不機嫌に歩こうと無論自由だが、どちらかといえば機嫌よく歩いた方がいいのではないか、と思ってしまうところが、私にはある。その笑顔体験のせいだと思う。

暗い気持ちの人には、他人の機嫌のよさは不快かもしれないのだから、機嫌がよければいいというものではないと思うのだが、暗い顔で歩いている自分に気づくと、反射的に機嫌のよさを装おうとしてしまうところがある。ごく些細なことが、思いがけなく他人の気持ちの底に残るというようなことを考えるのも、いくらかその笑顔の記憶のせいだと思う。

ある時——といっても随分昔のことになるが、アランを読んでいたら、こんな文章に出会った。『人生論集』である。

「なにかのはめで道徳論を書かざるをえないことになれば、わたしは義務の第一位に上きげんをもってくるに違いない」（「上きげん」）

その時も、シカゴの女性の笑顔が甦った。道徳かあ、道徳とまでは思なさい。

ア　両親と血がつながっていないことだけは、何としても秘密にしておきたい気持ち。

イ　みんなと同じ日本の小学生だったふりをして、それで通用するのか試したい気持ち。

ウ　のみ込みが早くて特別に優れていることは、みんなにとけこむために隠したい気持ち。

エ　自分の生い立ちがみんなと違っていることで、特別な存在になることをいやがる気持ち。

問五　本文中の【A】を補うのにふさわしいことばを、五字前後で考えて答えなさい。

問六　本文中の【B】を補う表現として、次の中ではどれが最もふさわしいか。記号で答えなさい。

ア　人間なんてちっぽけな存在で、くよくよする意味はない

イ　生まれたところの違いなんてたいしたことじゃない

ウ　国と国とが争うなんて、本当にばかげている

エ　この地球だけがすべてだと考えることはおろかだ

問七　――線部⑥に関連して。今から思うと「恵まれている」と考えられる過去のことがらを示す一文を本文中からさがし、最初の五字をぬき出して答えなさい。

問八　――線部⑦「そんな考え方もできるって気づけた」とあるが、それに対して以前はどういう考え方をしていたのか。その考えの内容を表現した一文を本文中からさがし、最初と最後の五字ずつをぬき出して答えなさい。

問九　本文中の【C】を補うのにふさわしい五字以内のことばを、本文中からぬき出して答えなさい。

問十　さて、君自身は中一の最初の授業で問いかけられたとしたら、何をあずけたいと答えるだろうか。その理由とともに、くわしく述べなさい。（自分自身について考える力、君自身の内側から出てくる発想、それを伝える表現力を中心に採点します。）

問十一　＝線部ａ～ｃのカタカナを漢字に直して書きなさい。

二　次の文章を読んで、後の問に答えなさい。

いつでも、どこにでもありそうなことなのだが、七十年の歳月を生きてみると、四十三年前に、たった一度だけだったという、忘れられない笑顔がある。

それはもう出来事ともいえない数秒の経験だが、その笑顔は私の目の裏に焼きついて、時がたっても消えず、むしろ次第に濃くなって行くようなのである。

昭和三十六年（一九六一）のシカゴというところまではははっきりしているのだが、そのビルがなんだったのかは記憶にない。誰もが行き来できる公共のビル――たとえば大きな鉄道の駅のメインホールのようにも思うのだが、その時のシカゴで高架を走る電車には乗ったが、大きな鉄道の駅に入った記憶がない。

ともあれ私は、ホールのようなところを横切って①トイレに向かっていた。まだアメリカの豊かさと日本の貧しさがくっきりしていた時代で、ほとんど日本人旅行者を見かけないアメリカを、二十代の私はいくらか白人にでもなったような気持ちで、バカにされまいと身構えてもい

す。ｂクンレンを続けながら出番を待つばかりだったのですが、運よく早い段階で行けることになりました。宇宙から地球を眺めるのが楽しみです。青いって本当でしょうか？　きっと地球はひとつの球体でしかなく、国境なんか見えないし、【　Ｂ　】と証明されるでしょう。

月に行く日が決まってから、「今こそあずかりやにあずけたいものはないか」と考えました。当時より、ものはいっぱい持っています。思い出もそれなりにできました。その中からこれはあれはと考えました。それでもやはり、あずけたいものはありませんでした。

ふと思ったんです。あずけたいものがないことは、恥ずべきことではないんじゃないかと。⑥ひょっとしたらぼくはものすごく幸せで、恵まれているのではないかと。

⑦そんな考え方もできるって気づけたことがうれしくて、先生に伝えたいと思い筆をとりました。

中一の時からぼくの中にはｃツネにあずかりやの存在がありました。「困った時はそこへ行こう」となぜだか思っていました。ふるさとのないぼくにとって、それにかわるような存在だったのかもしれません。他人のものを受け入れ、あずかってくれる場所がある。そのことが心に余裕のようなものをくれていたような気がします。思えばぼくを育ててくれた両親も、【　Ｃ　】なのですからね。

いつかあずかりやの店主と話をしてみたい。今はそんなふうに思っています。

先生に本当のことを伝えられて、すっきりしました。

では、行ってきます。

（大山淳子『あずかりやさん－桐島くんの青春－』による。）

［注］養子縁組……もともとは他人であるが、法律上、親子としての関係を結ぶこと。

問一　――線部①・②に関連して。「ぼく」の場合、国語が苦手で文章を書くのが苦手であると思っていたのは、どのような事情があるからなのだろうか。本文中のことばを使いながら、わかりやすくまとめなさい。

問二　――線部③について。みんながとまどった理由として、次の中ではどれが最もふさわしいか。記号で答えなさい。

ア　何かをあずけるなどということはこれまで考えたこともなく、簡単には答えが見つかりそうもないから。

イ　先生の問いかけがどこまで本気なのかわからず、変なことを言うと怒られるかもしれないと思ったから。

ウ　「あずかりや」などというお店は現実感がなく、実際に存在するようにはとても考えられなかったから。

エ　一日で百円かかるということは、長い期間あずけると自分では払うことができなくなると想像したから。

問三　――線部④「先生は先生だから」ということばの説明として、次の中ではどれが最もふさわしいだろうか。記号で答えなさい。

ア　先生というものは、すべてのことを見ぬく目があるはずだから。

イ　先生というものは、必ず生徒の両親と話をしているだろうから。

ウ　先生は生徒と違って、ある程度の情報を持っていただろうから。

エ　先生は生徒を区別するために、生徒の違いに敏感なはずだから。

問四　――線部⑤のように考えるのは、その根底にどのような気持ちがあるからだろうか。次の中で最もふさわしいものを選び、記号で答え

【国　語】〈五〇分〉〈満点：一〇〇点〉

一　次の文章を読んで、後の問に答えなさい。

先生、お元気ですか？

初めてお[a]タヨりします。ぼくは中学時代、先生に国語を教えてもらいました。

担任のクラスにはなったことはないし、ぼくはあまり優秀な生徒ではなかったので、先生はぼくのことを覚えてらっしゃらないと思います。

正直言うと、①国語は苦手な教科でした。でも先生の授業は覚えています。特に印象的だったのは、中一の最初の授業です。先生は、ちょっと変わったお店（あずかりや）の話をしてくれました。その店は一日百円で何でもあずかってくれるというのです。

さて君たちは何をあずけたい？

先生はぼくたちに問いかけました。そしてそれは宿題となりました。次の授業でひとりひとりが発表するのです。あずけたいものと、その理由。ひとりの持ち時間は一分です。原稿用紙一枚も要らないくらいです。②文章を書くのが苦手なぼくにとっては、ありがたい分量でした。

③みんなその宿題にとまどいながらも、考えるのが楽しかったみたいで、昼休みに話題になりました。新学期だし、それがクラスのみんなへの自己紹介になります。だから、みんなをあっと言わせるような答えを考えて、笑いをとろうとするものもいました。実際、とても面白いことを言った奴がいて、ぼくもみんなも大笑いしたのですが、今はそれが何だったのか、思い出せません。ちなみにそいつはそのあと学級委員になりました。

みんなあずけたいものはいろいろで、大好きなゲームを試験中だけあずけるとか、そういうのもありました。

ぼくは「ランドセル」と言いました。理由は「もう使わないから。親は処分すると言うけど、大切な思い出だから捨てられない」と言いました。あたりさわりのないことを言ったので、誰の記憶にも残ってないだろうけど、ぼくの記憶には残りました。罪悪感があったからです。

あれは嘘です。ぼくはランドセルを持っていません。背負ったこともありません。④先生は先生だから知っていたかもしれないけれど、ぼくはよその国で生まれ育ちました。

十歳の時に養子縁組をして日本にやってきました。二年間は両親のもとで日本語を学びました。ぼくはのみ込みが早くて、書くのは苦手だけどしゃべるのは大丈夫になったので、中学から公立の学校へ入学しました。ぼくはそれをクラスのみんなに知られたくなくて、⑤普通をよそおいたくて、嘘をつきました。

それに、あずけたいものがなかったんです。ぼくが持っているものは、すべて両親から与えられたもので、制服も靴も鞄も文房具も新品だし、とても大切に思えて、そばに置いておきたかったんです。

あずけたいものがないことをぼくは恥じていました。【　A　】こともぼくは恥じていました。恥じているから、ずっと記憶に残ります。それから毎年春になると、あずかりやのことを考えるようになりました。

なぜ今ごろになって、あれは嘘でしたとわざわざこうして手紙に書いているかというと、ぼくは来週、月に行くのです。これは嘘ではありません。いくつもの試験を通過して、二年前に宇宙飛行士に選ばれたので

MEMO

大切なことはメモしておこうネ！

2020年度

桐朋中学校入試問題（第２回）

【算　数】（50分）　＜満点：100点＞

1　次の計算をしなさい。

⑴　$2\frac{1}{6}-1\frac{2}{3}+\frac{3}{4}$

⑵　$0.8\times9.5-(5.2-1.7)\div1.4$

⑶　$\left(1\frac{1}{5}+0.5\times1.35\right)\div\left(2\frac{1}{8}-1.75\right)$

2　次の問いに答えなさい。

⑴　兄と弟は，家から840mはなれた学校に歩いて行きました。弟が家を出発してから２分後に兄が家を出発したところ，２人は同時に学校に着きました。弟の速さが毎分60mのとき，兄の速さは毎分何mですか。

⑵　３つのみかんＡ，Ｂ，Ｃの重さを比べました。Ａの重さはＢの重さの$\frac{2}{3}$倍，Ｂの重さはＣの重さの$\frac{5}{4}$倍でした。ＡとＣの重さの差が17ｇのとき，Ｃの重さは何ｇですか。

⑶　右の図の直角三角形ABCで，BD:DC＝２：１で，三角形EBDの面積は28㎠です。AEとEDの長さの比を求めなさい。

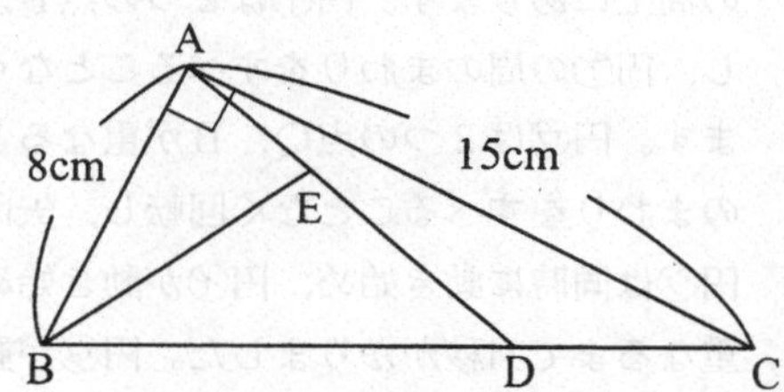

3　ある中学校では，全校生徒のうち，Ａ町に住んでいる生徒は50%，Ｂ町に住んでいる生徒は25%です。男子生徒のうち，Ａ町に住んでいる生徒は60%，Ｂ町に住んでいる生徒は16%です。女子生徒のうち，Ａ町に住んでいる生徒は149人，Ｂ町に住んでいる生徒は127人です。この中学校の全校生徒の人数は何人ですか。答えだけでなく，途中の考え方を示す式や図などもかきなさい。

4　異なる６つの整数

8，17，10，13，22，n

について考えます。これらの数のうち，最も大きい数と最も小さい数を除いた４つの数の平均をＡとします。

⑴　nが14のとき，Ａの値を求めなさい。

⑵　６つの数の平均がＡの値と等しいとき，nの値を求めなさい。考えられるものをすべて書きなさい。

5　右の<図>のような直方体の形をした水そうがあり，ポンプAで水を入れ，ポンプBで水を出します。最初に，空の水そうにAだけを使って，水面の高さが水そうの高さの$\frac{3}{8}$になるまで水を入れました。次に，Bだけを使って，15分間水を出しました。最後に，AとBを同時に使って，水そうを満水にしました。水そうに水を入れ始めてから満水にするまでにかかった時間は75分で，それまでの時間と水面の高さの関係をグラフに表すと，右の<グラフ>のようになります。

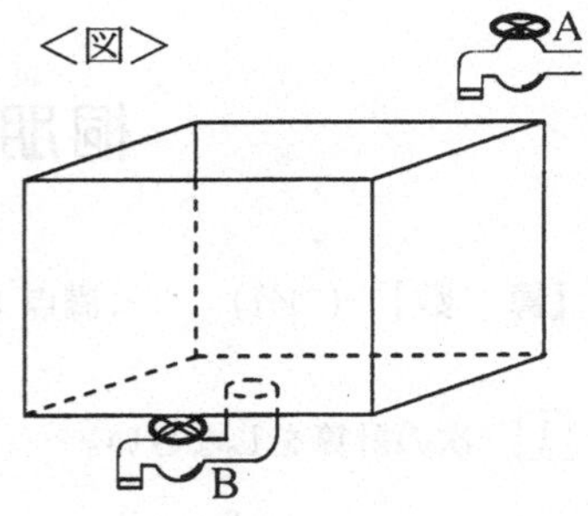

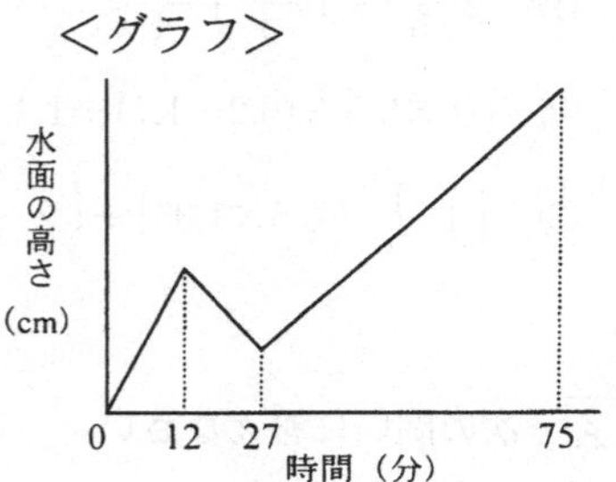

⑴　ポンプAだけを使って空の水そうを満水にするのに何分かかりますか。

⑵　ポンプBだけを使って満水の水そうを空にするのに何分かかりますか。

⑶　空の水そうに水を入れ始めてから27分後の水面の高さは18cmです。水そうの高さは何cmですか。

6　右の図のように，半径が20cmの円㋐，半径が５cmの円㋑，半径が５cmの円㋒があります。円㋑は円㋐の内側にあり，円㋒は円㋐の外側にあります。ABは円㋐の直径で，点P，Qはそれぞれ円㋑，㋒の周上にあります。円㋑は２つの点P，Aが重なるところから出発し，円㋐の周のまわりをすべることなく回転し，矢印の方向に動きます。円㋒は２つの点Q，Bが重なるところから出発し，円㋐の周のまわりをすべることなく回転し，矢印の方向に動きます。円㋑と円㋒は同時に動き始め，円㋑が動き始めてから点Pが点Aと初めて重なるまで24秒かかりました。円㋒が動き始めてから点Qが点Bと初めて重なるまで56秒かかりました。

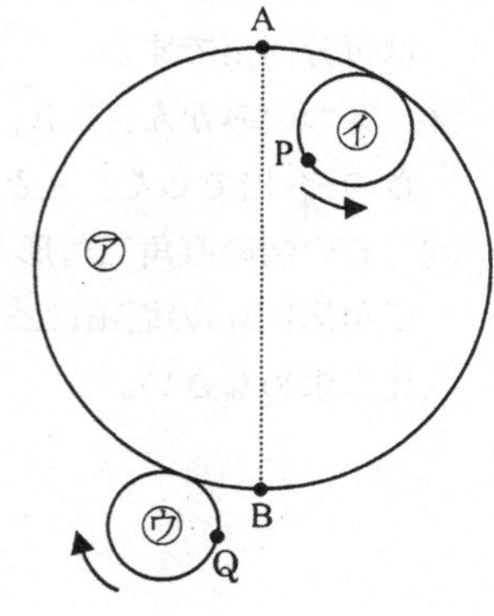

⑴　円㋑が動き始めてから56秒後までに，点Pは円㋐の周と何回重なりますか。

⑵　４つの点A，B，P，Qを頂点とする四角形が初めて正方形になるのは，円㋑と円㋒が動き始めてから何秒後ですか。

⑶　円㋐の中心，円㋑の中心，P，Qの４つの点が初めて一直線に並ぶのは円㋑と円㋒が動き始めてから何秒後ですか。

7　１辺の長さが１cmの立方体がいくつかあります。これらのすべての立方体には，１つの面に５，その向かい側の面に４が書いてあり，残りの４つの面はすべて何も書いてありません。いくつかの立方体を，次の㋐，㋑が成り立つようにすき間（ま）なく並べ，１つの直方体をつくります。

㋐　同じ数字が書いてある面どうし，何も書いていない面どうしを重ねる。
㋑　直方体の６つの面のうち，数字が現れる面は２面だけにする。

つくった直方体について，表面に現れるすべての数の和をＳとします。たとえば，＜図１＞のような直方体をつくるとＳの値は18となります。

⑴　＜図２＞の直方体についてＳの値を求めなさい。

⑵　縦４㎝，横５㎝，高さ６㎝の直方体をつくったときに考えられるＳの値のうち，最も大きいＳの値と最も小さいＳの値を求めなさい。

⑶　縦５㎝，横８㎝，高さ９㎝の直方体をつくったところ，Ｓの値が430になりました。この直方体の表面に現れる５は全部で何個ですか。

⑷　縦３㎝，横10㎝の直方体をつくったところ，Ｓの値が180になりました。この直方体の高さは何㎝ですか。考えられるものをすべて書きなさい。

＜図１＞

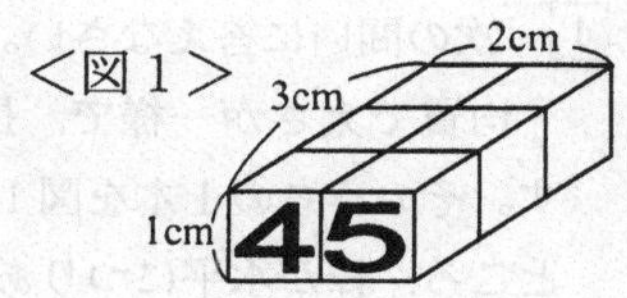

＜図２＞

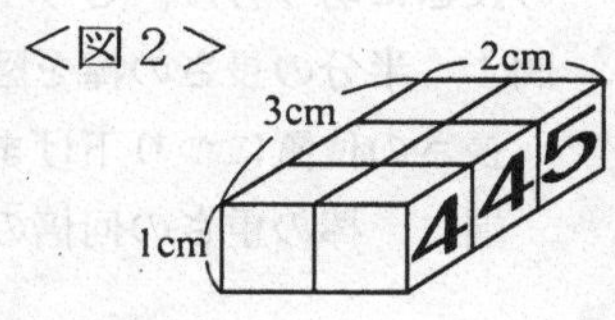

【理　科】（30分）　＜満点：60点＞

1 次の問いに答えなさい。なお，答えが分数のときは小数に直さず，約分して答えなさい。

図１

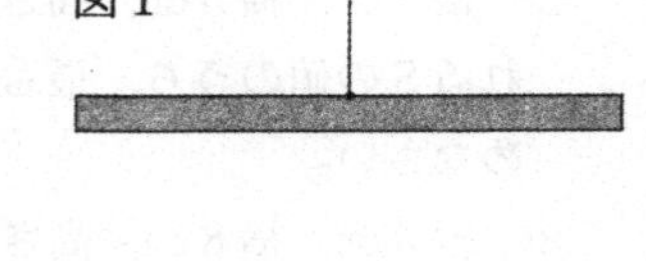

均質で太さが一様で，長さと重さが等しい棒が何本かあります。そのうちの１本を図１のように，棒の中心を糸でつり下げたところ，棒が水平につりあいました。残りの棒のうち１本を半分の長さに切り分け，もう１本を$\frac{1}{3}$の長さに切り分けました。

問１　半分の長さの棒を図２のように，中心から右に，棒の$\frac{1}{4}$の長さの位置につり下げました。つりあわせるためには，棒の左端に，棒の重さの何倍のおもりをつり下げればよいですか。

図２

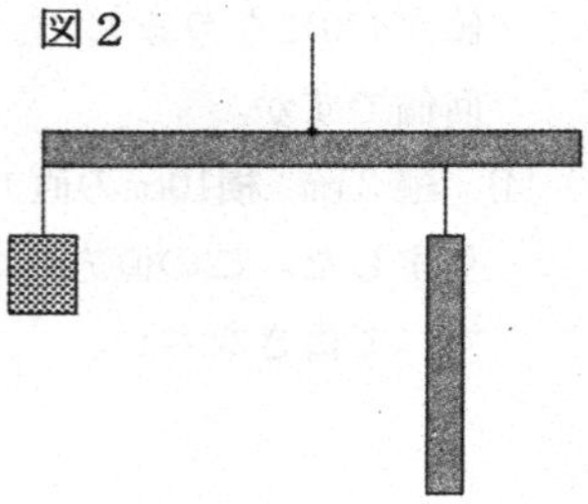

問２　問１で左端につるしたおもりをはずし，図３のように，棒の左側に$\frac{1}{3}$の長さの棒をつり下げてつりあわせました。棒の左端からつり下げる位置までの長さは，棒の長さの何倍になりますか。

図３

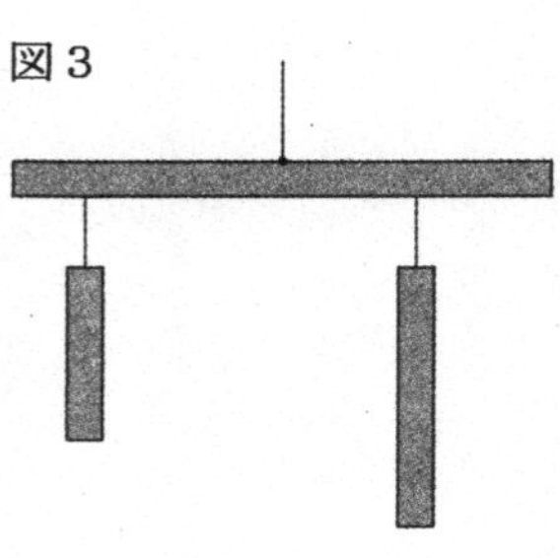

問３　半分の長さの棒を，図４のように，棒の右側に横にしてのせ，もう１つの半分の長さの棒を左側につり下げて，つりあわせました。棒の左端からつり下げる位置までの長さは，棒の長さの何倍になりますか。

図４

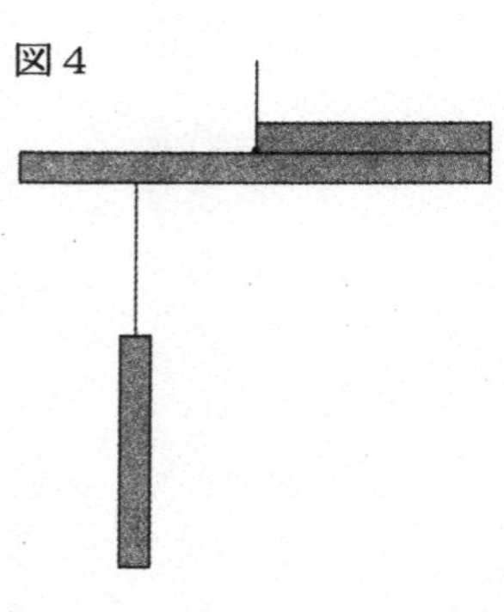

問４　図４の状態から，$\frac{1}{3}$の長さの棒を右端をあわせて，半分の長さの棒の上に，図５のように置きました。さらに，棒の左側に$\frac{1}{3}$の長さの棒をつり下げてつりあわせました。棒の左端から$\frac{1}{3}$の長さの棒をつり下げる位置までの長さは，棒の長さの何倍になりますか。

図５

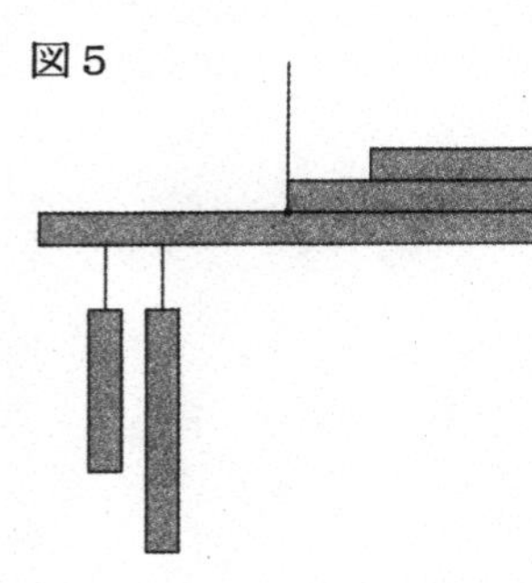

問５　前ページの図５の状態から，左側につり下げた２本の棒を，図６のように縦につないでつり下げてつりあわせました。
棒の左端からつり下げる位置までの長さは，棒の長さの何倍になりますか。

図６

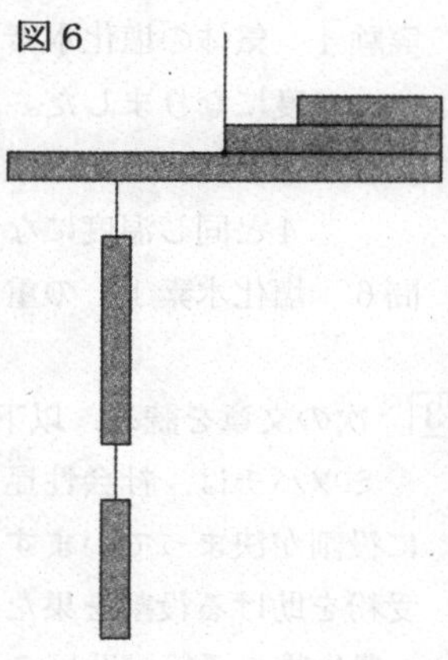

2　次の文章を読み，以下の問いに答えなさい。なお，答えが割り切れない場合は，小数第２位を四捨五入し，小数第１位まで求めなさい。

様々な物質を水に溶（と）かすと温度が変化することが知られており，以下のような実験を行いました。なお，実験前の水と実験器具の温度は，実験室の室温と同じだったとします。

実験１　硝酸（しょうさん）アンモニウム10ｇを水100ｇに溶かしたところ温度が下がり，３分後にはｘ℃で一定でした。

実験２　硝酸アンモニウム10ｇを水1000ｇに溶かしたところ温度が下がり，３分後にはｙ℃で一定でした。

実験３　硝酸アンモニウム40ｇを水1000ｇに溶かしたところ温度が下がり，３分後にはｚ℃で一定でした。

問１　実験１でつくった硝酸アンモニウム水溶液（すいようえき）の濃度（のうど）は，何％ですか。

問２　実験１でつくった水溶液55ｇと，実験３でつくった水溶液260ｇをまぜた水溶液の濃度は，何％ですか。

問３　実験１での温度変化のグラフは，右のようになりました。実験３での温度変化のグラフはどのようになりますか。解答欄（かんとうらん）に書きなさい。なお，定規を使う必要はありません。

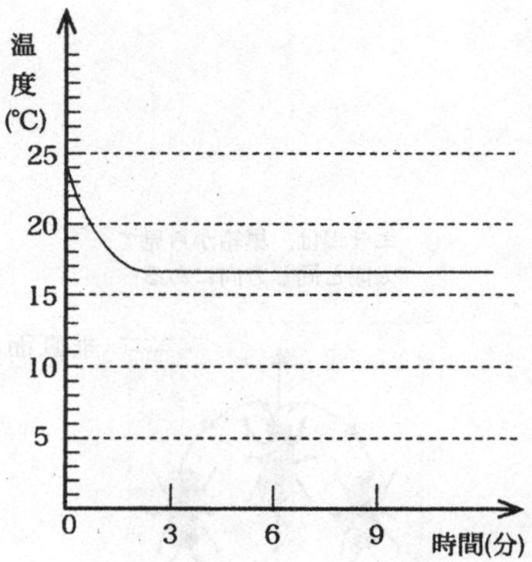

問４　実験室の室温は，何℃ですか。

問５　ｘ～ｚの大小関係はどのようになりますか。正しいものを次のア～カからすべて選び，記号で答えなさい。

ア．ｘはｙより大きい。
イ．ｙはｘより大きい。
ウ．ｙはｚより大きい。
エ．ｚはｙより大きい。
オ．ｚはｘより大きい。
カ．ｘはｚより大きい。

実験４　気体の塩化水素を25Ｌとって，水1000ｇに溶かしたところ，温度が上がり，３分後にある温度になりました。

実験５　気体の塩化水素を3.7ｇとって，水1000ｇに溶かしたところ，温度が上がり，３分後に実験４と同じ温度になりました。

問６　塩化水素１Ｌの重さは，何ｇですか。

3　次の文章を読み，以下の問いに答えなさい。

ミツバチは，社会性昆虫（こんちゅう）と呼ばれる，集団で生活する昆虫の１種で，女王バチや働きバチのように役割が決まっています。働きバチは，エサとして植物の蜜（みつ）や花粉を集めます。その過程で植物の受粉を助ける役割を果たしています。この役割のおかげで，生態系は豊かで安定したものとなり，(A)<u>農作物</u>の受粉が助けられ農業の生産性が上がっています。そのため，ミツバチが減少してしまうと，生態系や農業に大きな被害（ひがい）を与（あた）えることになります。

問１　下線部(A)の農作物のうち，アブラナに最も近いものを次のア～エから１つ選び，記号で答えなさい。

ア.トマト　　イ．ソバ　　ウ．ブロッコリー　　エ．リンゴ

働きバチは，蜜や花粉があるエサ場を見つけると，巣に戻（もど）りエサ場の方向を太陽の位置を基準に，他の働きバチに伝えます。その伝え方は特徴的（とくちょうてき）で，８の字を描（えが）きながら，まるで踊（おど）るように伝えるので，８の字ダンスと呼ばれています。この８の字ダンスは巣箱の垂直面で行われ，図１のように，垂直面の上向き方向（重力と反対の方向）と８の字の中央直進の方向がなす角度が，太陽とエサ場の角度（太陽を基準としたエサ場の方向）を示します。

図１

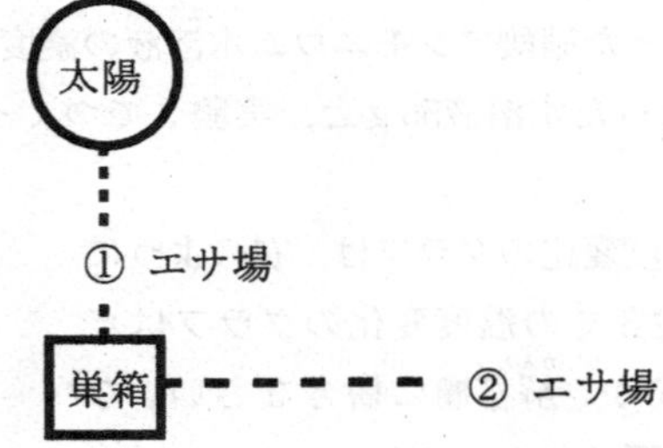

① エサ場は，巣箱から見て太陽と同じ方向にある

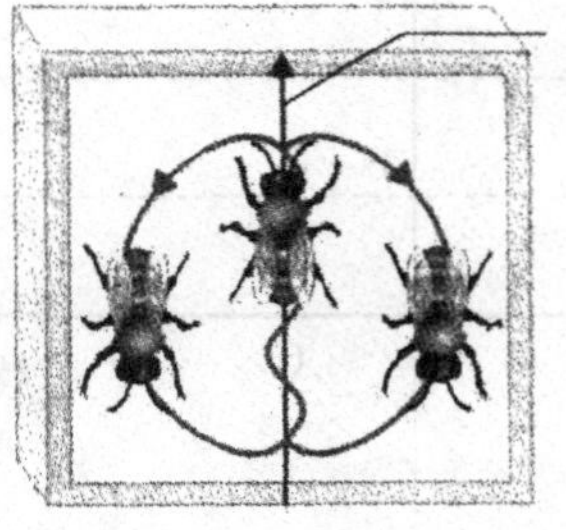

垂直面の上向き方向

② エサ場は，巣箱から見て太陽に対し90°右方向にある。

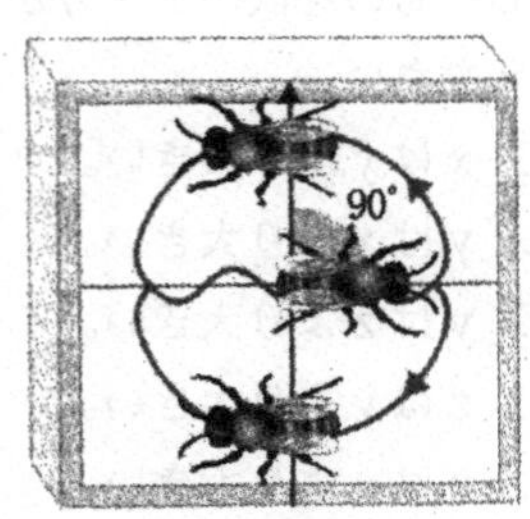

問２　⑴　巣箱から見て太陽と反対方向にエサ場があるときの８の字ダンスが示す方向を表す模式図として正しいものを次のア～カから選び，記号で答えなさい。

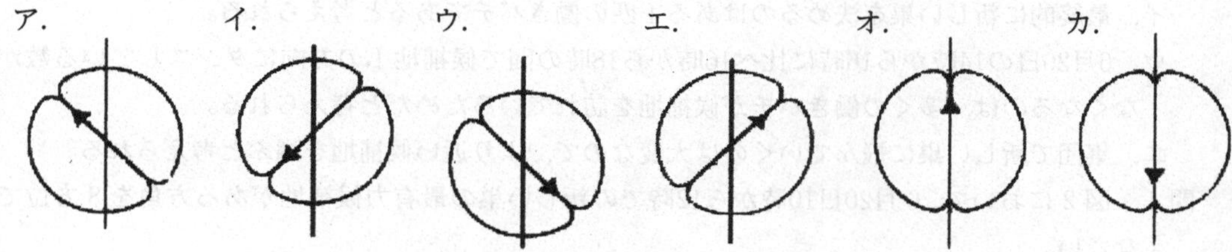

⑵　巣箱から見て太陽に対し135°左方向にエサ場があるときの８の字ダンスを⑴のア～カから選び，記号で答えなさい。

⑶　前ページの図１における①のような８の字ダンスを正午に行ったときのエサ場の方角を次のア～クから選び，記号で答えなさい。

ア. 北　イ. 南　ウ. 東　エ. 西　オ. 北西　カ. 南西　キ. 南東　ク. 北東

ミツバチは晩春から初夏にかけて集団を分けて別の巣を作ります（このことを分蜂といいます）。巣を変えるミツバチは木の枝などに集まってかたまりをつくり，数時間から数日間一緒にぶら下がっています。この間，働きバチが新しい巣の候補地を探して共有し，新しい巣を選びます。候補地を共有するときにも８の字ダンスが行われます。

図２はある集団における分蜂の際の８の字ダンスの結果を図で示したものです。矢印はダンスが示す候補地の実際の方角と距離（矢印が長いと候補地までの距離が長いことを示します）を，矢印の幅は候補地の方角にダンスをした（候補地を支持した）ミツバチの数を表しています。また，候補地はアルファベットで区別されています。図２では，6月19日から分蜂が始まり６月21日に新しい巣が決まり，候補地Ｉがある南に飛び立っています。

図２

6月 19日			6月 20日
13時 - 15時 B, A 北	15時 - 17時 F, D, E, C	17時 - 19時 D, G	10時 - 12時 D, K, H, J, G, I
6月 20日			6月 21日
12時 - 14時 J, G, I	14時 - 16時 L, K, M, I	16時 - 18時 L, K, I	7時 - 9時＊ L, I ＊南へ飛び立つ

問３　前ページの図２において，次のア～エの文章から正しいものを１つ選び，記号で答えなさい。

ア．新しい巣になり得る候補地が見つかったら，すぐに飛び立っていくと考えられる。

イ．最終的に新しい巣を決めるのはある１匹(びき)の働きバチであると考えられる。

ウ．6月20日の14時から16時に比べ16時から18時の間で候補地Ｉの方向にダンスしている数が少なくなるのは，多くの働きバチが候補地を訪(おとず)れているためだと考えられる。

エ．集団で新しい巣に飛んでいくのは大変なので，より近い候補地を選ぶと考えられる。

問４　図２において，6月20日10時から12時での新しい巣の最有力候補地がある方角を８方位で答えなさい。

前ページの調査からミツバチは新しい巣の候補地を評価して選んでいることがわかりました。次にミツバチが好む巣を調べるために，以下の実験を行いました。

異なる２つの地点Ｘ・Ｙに巣箱の容積と出入り口の面積を変えることのできる人工の巣箱を同じ時刻に置き，ある集団のミツバチがどちらの巣箱に多く訪れるかを時間ごとに調べる実験を行いました。その結果を図３に示します。図３中の縦の破線は地点Ｘと地点Ｙの両方または地点Ｘの巣箱の条件を変えた時刻を示します。なお，実験は用いた巣箱以外に新しい巣となる候補地が周囲にない環境(かんきょう)で行われています。

図３

地点Ｘ

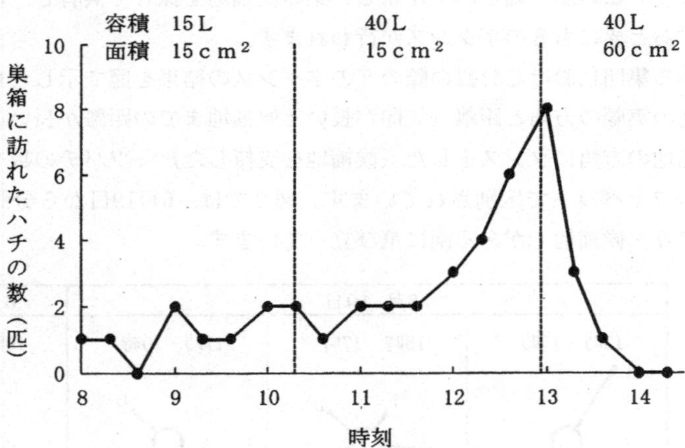

地点Ｙ

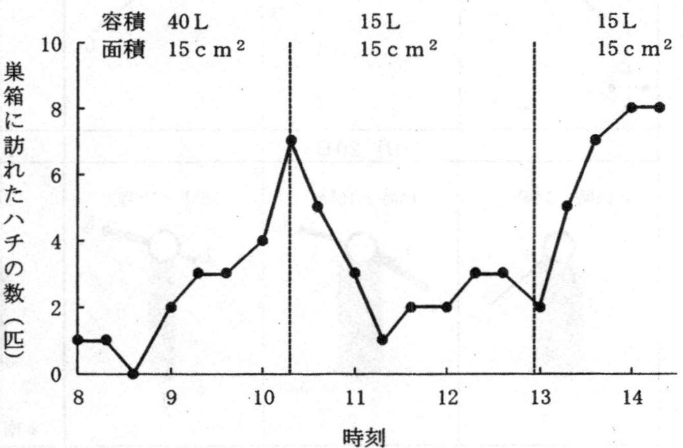

問５　前ページの図３において，次のア～オの文章から正しいものをすべて選び，記号で答えなさい。

ア．10時には，地点Ｙよりも地点Ｘに多くの働きバチが訪れている。

イ．１匹の働きバチにおいて，一度良い巣箱がないと判断した地点には再度訪れることはない。

ウ．巣箱の容積は15Ｌよりも40Ｌの方を好む。

エ．巣箱の出入り口は15㎠よりも60㎠の方を好む。

オ．巣箱の容積よりも出入り口の面積の方がミツバチにとって重要である。

現在，世界中で蜂群崩壊症候群（CCD）と呼ばれるミツバチの減少が報告されていて，生態系や農作物への影響が心配されています。1990年代にヨーロッパ諸国で始まったＣＣＤは，アメリカ・中国・カナダでも報告されており，日本にも広がっています。

CCDの原因の１つに(B)ミツバチの神経がおかしくなり，方向感覚が乱れてしまい，巣に戻れなくなる働きバチが増加することが挙げられています。この考えの根拠の１つとして，CCDが起きた巣では，女王バチやさなぎは残っていますが働きバチはいなくなってしまい，働きバチの死がいも見つからないという特徴があります。

問６　CCDの原因はいくつもあると考えられていますが，下線部(B)における原因として最も適切なものを次のア～エから選び，記号で答えなさい。

ア．天敵の増加　　イ．森林伐採　　ウ．農家の減少　　エ．農薬の散布

4　次の文章を読み，以下の問いに答えなさい。

2020年７月24日～８月９日にオリンピック，そして８月25日～９月６日にパラリンピックが東京で開催されます。下の表はオリンピック開催都市であるアテネと東京の最近のある年の８月の気温をまとめたものです。

開催都市名（緯度）	最高気温の月平均値	最低気温の月平均値
アテネ（北緯37度）	32.8 ℃	23.8 ℃
東京（北緯36度）	32.5 ℃	24.6 ℃

（気象庁ホームページより引用）

同じ８月に行われたアテネオリンピック女子マラソンは35℃を超える酷暑の中でスタートし，世界記録保持者ポーラ・ラドクリフといった強豪選手達も出遅れる過酷なレースとなりました。湿度が高かったこともあり，メダリストは全員ゴール後に嘔吐してしまったそうです。上の表を見ると，東京とアテネは同様の気象条件なので，今年のオリンピックは厳しい大会になると心配されています。

７月末から９月にかけては台風の接近や上陸が多く，東京の湾岸地域では，気圧の低下による海水面の吸い上げや，台風に吹き込む風による海水の吹き寄せが起こり，高潮の被害も心配されます。

やり投げやハンマー投げなどの競技では，重力の影響に打ち勝って，より遠くへ投げることが必要になってきます。重力の大きさは万有引力（以下引力と略す）と遠心力という２つの要素によって決まります。引力は，地球と物体の間に生じる引き合う力です。17世紀のイギリスの物理学者（　①　）が，リンゴが落ちるのを見てひらめいたという話が有名です。引力は，物体が地球の中心から遠ざかるほど小さくなっていきます。

遠心力は，回転している物体が回転の外側に向かって引っ張られる力です。遠心力の大きさは，回転軸からの距離が大きくなるほど大きくなります。また，回転軸上では０になります。

地球の回転軸である自転軸は，（　②　）点と（　③　）点を通っているので，（　②　）点と（　③　）点では遠心力は生じません。一方赤道上では，自転による遠心力は地球上で最も（　④　）くなります。この引力と遠心力という２つの力では，圧倒的に引力の方が大きいので，（　②　）点や（　③　）点での重力の大きさに比べると，赤道上の重力の大きさは，わずかに（　⑤　）くなっています。

問１　８月の東京の気候を表す語句を２つ答えなさい。それぞれ漢字２文字で答えなさい。

問２　アネテオリンピックは，かなり気温が高い中で競技が行われましたが，前回2016年８月に開催されたリオデジャネイロオリンピックでは，暑さについてあまり心配されませんでした。その理由を説明しなさい。

問３　下線部について，これにどのような条件が重なると東京の湾岸地域の高潮の水位が，より上がることにつながりますか。２つ答えなさい。

問４　文中の（①）～（⑤）にあてはまる人名や語句を答えなさい。

問５　ウエイトリフティングや走り高跳びなどの競技では，重力が小さい程良い記録が出るとすると，地球上のどのような場所で競技会が行われると良い記録が出ると考えられますか。次のア～エから１つ選び，記号で答えなさい。

ア．極地方の海岸近くにある競技場
イ．極地方の標高の高い場所にある競技場
ウ．赤道上の海岸近くにある競技場
エ．赤道上の標高の高い場所にある競技場

【社 会】（30分）＜満点：60点＞

【１】 次のア～カの文を読み，問いに答えなさい。

ア．藤原氏によって平泉に中尊寺金色堂が建てられました。４本の巻柱(まきばしら)や仏像が並ぶ内部には，螺鈿(らでん)細工などのすぐれた工芸技術を生かした装飾(そうしょく)がほどこされていました。
イ．日本は明を征服(せいふく)しようとして，２度にわたり朝鮮に攻めこみました。朝鮮から日本に連れてこられた焼き物の職人によって，朝鮮の技術が伝えられました。
ウ．フランス人技術者ブリューナの指導のもと，富岡に製糸場が建設されました。この製糸場は，［　　］機関を用いる最新式の機械を備え，世界でも最大規模の工場でした。
エ．大陸や朝鮮半島から，争いをのがれて，日本に多くの人が移住してきました。その人たちは，用水路やため池の作り方，はた織りや焼き物作りなどの技術，さらに漢字や仏教を日本に伝えました。
オ．日本の経済は急速に発展し，産業の各分野では，さまざまな技術革新がすすみました。各家庭には，テレビや洗濯機(せんたくき)，冷蔵庫などの電化製品が普及(ふきゅう)しました。
カ．厳しい身分制度のもと，百姓や町人とは区別された人々がいました。この人たちは差別を受けながらも，皮革業などで，すぐれた技術を用いて生活に必要な用具を作り，社会を支えました。

問１．ア～カの文があらわしている時代を古い方から順にならべかえて，記号で答えなさい。
問２．ア・ウの文中の下線部「平泉」と「富岡」の位置を図１のあ～きから選び，それぞれ記号で答えなさい。

図１

問３．次の①～④の文は，前ページの**ア**～**カ**の文のあらわす時代のどれと関係が深いか，記号で答えなさい。関係の深い文がないときは，記号**キ**で答えなさい。

① ３月１日に，朝鮮独立をめざす人々のあいだで大きな抵抗（ていこう）運動がおきましたが，日本はこれを武力でおさえこみました。

② 全国各地から年貢米や特産物などが運びこまれた大阪は，商業の中心地となったことから，「天下の台所」とよばれました。

③ 岩倉具視らを中心とする使節団が，不平等な条約の改正を目的に，アメリカやヨーロッパに向けて出発しました。

④ 茶の湯が好まれ，大阪城内に金ぱくをはった茶室がつくられました。

問４．**ア**の文について。次の①～③は**ア**の文の出来事より前と後どちらのことですか。**ア**の文より前ならば**A**を，後ならば**B**を記入しなさい。

① 源頼朝は朝廷から征夷大将軍に任命されました。

② 藤原道長は娘３人を天皇のきさきにし，政治の実権をにぎりました。

③ 執権の北条時宗は御家人たちを九州に集めて，元の大軍と戦いました。

問５．**イ**の文について。その後，朝鮮との関係は対馬藩を通じて改善されました。日朝の交流中に日本が朝鮮からおもに輸入したもの，朝鮮におもに輸出したものを，次の**あ**～**お**からそれぞれ一つずつ選び，記号で答えなさい。

あ．鉄砲　　**い**．黒砂糖　　**う**．海産物　　**え**．銅　　**お**．木綿

問６．**ウ**の文について。［　　］にあてはまる語句を答えなさい。

問７．**エ**の文について。こうした技術や漢字，仏教などを伝えた人々のことを何といいますか，答えなさい。

問８．**オ**の文について。経済が発展した日本は，その後，初めて国民総生産額が世界第２位となりました。この時の世界第１位の国を答えなさい。

問９．**カ**の文について。この差別された人々に関して，後の政府はどのような改革を行いましたか。また，改革の後も残った問題点は何ですか。それぞれ説明しなさい。

【２】 次の文章を読み，問いに答えなさい。

日本の政治・経済の中心である東京と，(1)自動車工業がさかんな中京工業地帯の中心である名古屋との間には，東海道新幹線や東名高速道路等の高速交通網（もう）が整備されています。リニア中央新幹線が開業すると，二つの都市が約40分で結ばれることになります。

リニア中央新幹線は品川駅から，(2)神奈川・山梨・静岡・長野・岐阜の各県を通過し，名古屋駅へと向かいます。途中，静岡を除く各県に一つずつ駅が設置され，品川駅の次の駅は(3)神奈川県相模原市につくられる予定です。

山梨県の一部区間はすでに「山梨リニア実験線」として建設が完了し，営業運転に向けた走行試験が行われています。この区間の先には(4)甲府盆地があり，さらに甲府盆地の向こうには(5)南アルプスがそびえています。南アルプスを(6)トンネルでぬけながら，静岡県の北の端（はし）を通過して(7)長野県に入ります。長野県の駅は，天竜川流域にある飯田市に建設される予定です。飯田市を過ぎると，中央アルプスをぬけて(8)岐阜県南部を西へ進み，愛知県に到達（とうたつ）します。

リニア中央新幹線は名古屋駅まで開業した後，大阪市まで全線開業する予定です。全線開業後

は，⑼品川駅から約440㎞離れた大阪市まで１時間ほどで到着できるようになります。こうした所要時間の短縮によって，東京・名古屋・大阪の各都市の結びつきが強化されることが期待されています。

問１．下線部⑴について，次の①・②の問いに答えなさい。

① 次のア～エの文は，日本の自動車産業について説明したものです。内容が正しいものには○を，正しくないものには×を記入しなさい。

ア．自動車組み立て工場では，自動車作りの全工程をロボットが担っている。

イ．自動車組み立て工場の周辺には，関連部品を製造する工場がみられる。

ウ．自動車を含む輸送用機械の出荷額が第一位の都道府県は，愛知県である。

エ．自動車会社は，すべての自動車の組み立てを日本国内で行っている。

② 右の表１は，自動車生産台数の上位５か国を示しています（2015年）。あ～うは，日本・中国・韓国のいずれかです。このうち，日本を示すものを一つ選び，記号で答えなさい。

表１

国名	乗用車	商用車	合計
あ	21143	3424	24567
アメリカ	4163	7943	12106
い	7831	1448	9278
ドイツ	5708	325	6033
う	4135	421	4556

（単位　千台）

（『データブック オブ・ザ・ワールド2018』より作成）

問２．下線部⑵について。リニア中央新幹線が通過する県を図２のあ～すからすべて選び，通過する順に記号で答えなさい。なお，発着地の東京都と愛知県については，すでに解答らんに記されています。

図２

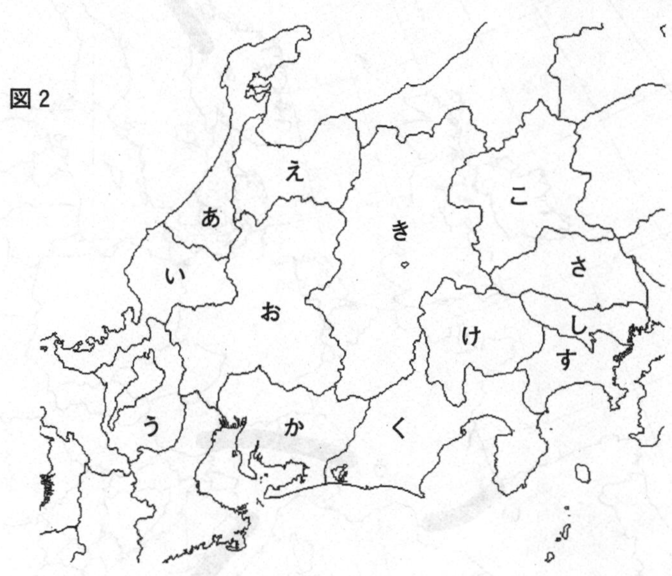

問３．下線部⑶について。神奈川県相模原市は，2010年４月に県内で三つめの政令指定都市となりました。神奈川県内にある相模原市以外の政令指定都市を次のあ～おから二つ選び，記号で答えなさい。

あ．小田原市　　い．鎌倉市　　う．川崎市　　え．横須賀市　　お．横浜市問４．下線部⑷について。甲府盆地では果樹の生産がさかんに行われています。下の表２のあ～えは，ぶどう・みかん・もも・りんごの生産量上位５県と，その生産量を示しています（2015年）。このうち，ぶどうを示すものを一つ選び，記号で答えなさい。

表２

あ	
青森	470
長野	157
山形	51
岩手	49
福島	26

（単位　千トン）

い	
山梨	41
長野	28
山形	18
岡山	16
福岡	8

（単位　千トン）

う	
山梨	39
福島	27
長野	16
和歌山	9
山形	8

（単位　千トン）

え	
和歌山	160
愛媛	121
静岡	101
熊本	75
長崎	54

（単位　千トン）

（『データブック オブ・ザ・ワールド2018』より作成）

問５．下線部⑸について，次の①・次ページの②の問いに答えなさい。

①　南アルプスと呼ばれる山脈の名称（めいしょう）を答えなさい。

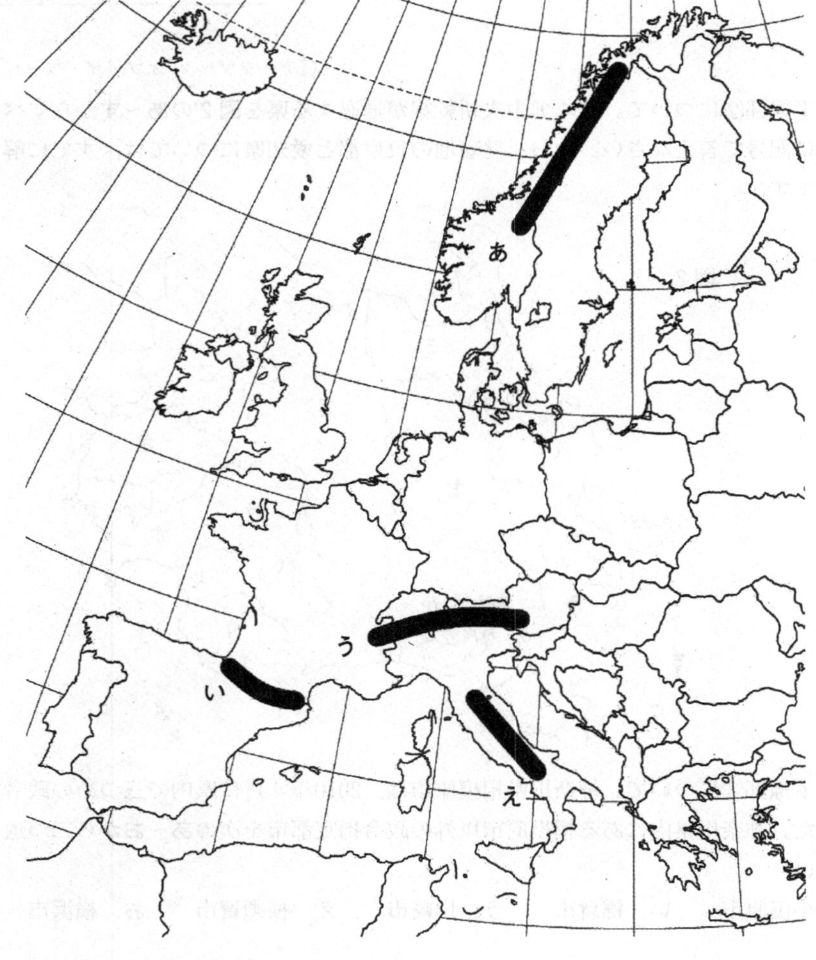

図３

② 南アルプスを含む「日本アルプス」の名称は，ヨーロッパにあるアルプス山脈に由来するものです。前のページの図３のあ～えからアルプス山脈を示すものを一つ選び，記号で答えなさい。

問６．下線部⑹について。ヨーロッパのある二国間を結ぶユーロトンネルは，高速列車が通過するトンネルとして有名です。ユーロトンネルが結ぶ二つの国の組み合わせとして正しいものを一つ選び，記号で答えなさい。

あ．ドイツとフランス　　い．スペインとフランス

う．イタリアとフランス　え．イギリスとフランス

問７．下線部⑺について。長野県の旧国名を解答らんに合うように漢字で答えなさい。

問８．下線部⑻について。岐阜県南部の多治見市や土岐市，となり合う愛知県北部の瀬戸市では，ある日用品がさかんに生産されてきました。ある日用品とは何か，次のあ～えから一つ選び，記号で答えなさい。

あ．毛織物　い．陶磁器（とうじき）　う．刃物（はもの）　え．和紙

問９．下線部⑼について。東京駅から，新幹線を使わずに鉄道で１時間かけて移動した場合，到達できる範囲（はんい）は約50kmです。東京駅から約50kmのところにある市として最もふさわしいものを次のあ～えから一つ選び，記号で答えなさい。

あ．熱海市　い．宇都宮市　う．高崎市　え．八王子市

問10．中国の上海市ではすでにリニア鉄道の営業運転が行われています。図４のあ～えから上海市を示すものを一つ選び，記号で答えなさい。

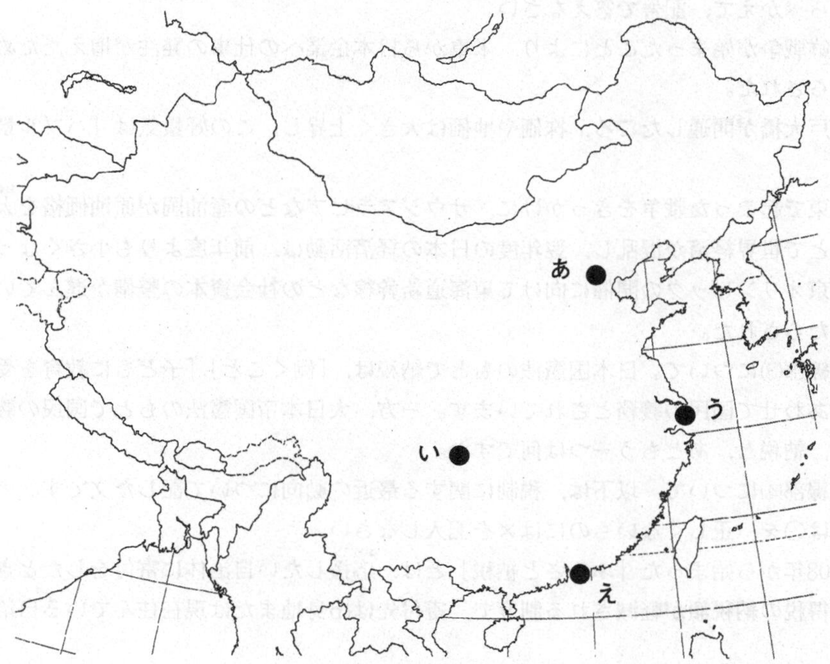

図４

【３】次の文章を読み，問いに答えなさい。

私たちは，暮らしぶりの良し悪しを，よく「景気」という言葉を用いて表現します。この(1)景気について政府は，年ごとの経済活動の大きさを金額で算出しており，その変化は(2)「景気拡大」とか「景気後退」などと表現されます。経済活動の大きさは，企業が生産した金額や一般家庭が消費した金額を足し上げて算出します。一般に，好景気の時，企業はたくさん生産してより多くの利益をあげますし，一般家庭は，所得が増えて，より多くの金額を消費します。逆に不景気の時，企業は生産を抑え，一般家庭は消費を抑えたりします。

(3)政府は，企業が得た利益や個人が得た所得に税を課します。企業が，得られた利益から国に納める税金は法人税です。一方，個人が，得られた所得から国に納める税金は所得税です。また消費税は，取引全般にかかる税金で，企業も個人も支払います。

この(4)税金の制度について，(5)財務省は，少子高齢化がすすむ日本の将来を考えて，消費税率の引上げを柱とした税制の改革をする，としています。一方で，消費税は所得の低い人たちにとって負担感が強くなるので，生活必需品など特定の取引については別途の税率を設定すべきだ，という声も聞かれます。

私たちの社会を維持していくうえで，税金はとても大切です。今後，どのような税制が望ましいのか，私たち一人ひとりが考えていかなければなりません。

問１．下線部(1)について。景気動向などの調査は，首相が主任の大臣を務めている国の行政機関が担当しています。この行政機関の名称を，省略せずに漢字３字で答えなさい。

問２．下線部(2)について。以下は，戦後の日本の景気について記した文です。これらを古い方から順にならべかえて，記号で答えなさい。

あ．朝鮮戦争が始まったことにより，米軍から日本企業への仕事の発注が増えたため，好景気がもたらされた。

い．瀬戸大橋が開通したころ，株価や地価は大きく上昇し，この好景気は「バブル景気」と呼ばれた。

う．中東で起こった戦争をきっかけに，サウジアラビアなどの産油国が原油価格を大幅に引上げたことで世界経済が混乱し，翌年度の日本の経済活動は，前年度よりも小さくなった。

え．東京オリンピックの開催に向けて東海道新幹線などの社会資本の整備が進んでいき，好景気がもたらされた。

問３．下線部(3)について。日本国憲法のもとで納税は，「働くこと」「子どもに教育を受けさせること」とあわせて国民の義務とされています。一方，大日本帝国憲法のもとで国民の義務とされたことは，納税と，あともう一つは何ですか。

問４．下線部(4)について。以下は，税制に関する最近の動向について記した文です。内容が正しいものには○を，正しくないものには×を記入しなさい。

ア．2008年から始まった「ふるさと納税」とは，応援したい自治体に寄付をしたときに，住民税や所得税の納税額が軽減される制度で，寄付先は出身地または現在住んでいる自治体に限られる。

イ．2019年１月から「国際観光旅客税」(通称「出国税」)があらたに導入され，外国人・日本人にかかわらず，日本出国時に税金を払うことになった。

ウ．消費税率の10%への引上げはこれまで延期されていたが，2019年10月に実施された。

問５．下線部⑸および下の**図５**・次ページの**図６**に関連して，以下の問いに答えなさい。

設問１．以下は，**図５**から読み取れる内容について記した文です。内容が正しいものをすべて選び，記号で答えなさい。

あ．5月３日に日本国憲法が施行されてから60年が経過した年度では，法人税の税収額は消費税の税収額を下回っていたが，この年度以降の３年間では，世界的な好景気を背景として法人税の税収額は増加した。

い．5月15日に沖縄が本土に復帰してから41年が経過した年度では，消費税の税収額と法人税の税収額の差は小さかったが，この翌年度から消費税率が引上げられたため，以後，両者の差は拡大した。

う．消費税は平成元年４月１日に導入され，その税率は導入から８年後に引上げられた。これにより，税率が引上げられた年度の消費税の税収額は増えた一方，法人税の税収額は前年度を下回ったので，両者の差は縮まった。

設問２．財務省は「社会保障の安定財源の確保と財政健全化の同時達成」への第一歩として，消費税率の引上げを柱とする税制改革を行う，としています。財務省が税制改革を実施するにあたり，消費税率の引上げを柱としようとしているのはなぜですか。**図５**および**図６**からわかることについてふれながら，「景気」・「税収」という言葉を必ず用いて説明しなさい。

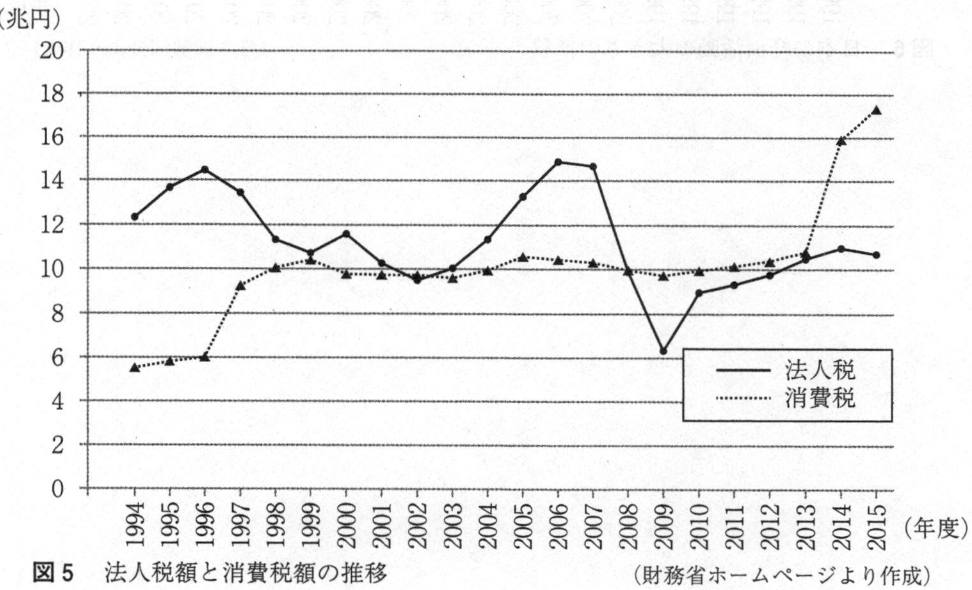

図５　法人税額と消費税額の推移　　（財務省ホームページより作成）

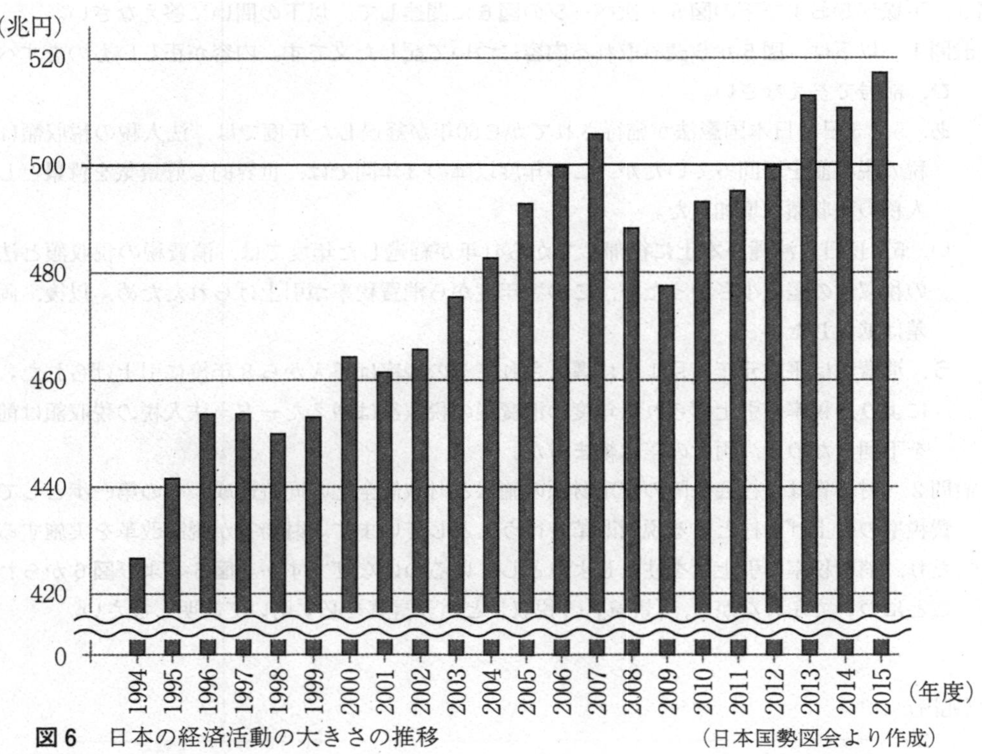

図６　日本の経済活動の大きさの推移　（日本国勢図会より作成）

イ　衰えていく「祖父」の姿に寂しい気持ちを抱きつつも明るく振る舞う「父」を気の毒に思っている。

ウ　暗くなりがちな「僕」を笑わせ、なんとか元気づけようとしてくれている「父」を誇らしく思っている。

エ「僕」を気遣いながら、辛さを見せずに「祖父」の思わしくない状況を話す「父」に温かみを感じている。

問四　——線部②とあるが、「祖父」はここでどのような間違いをしているのか。わかりやすく説明しなさい。

問五【２】を補うのにふさわしいことばを考えて答えなさい。

問六　——線部③とあるが、かつてとは異なる「祖父」の姿をよく表すひと続きの二文がある。その部分を本文中から探し、最初の五字をぬき出しなさい。

問七　——線部④「伴侶」の、ここでのことばの意味として最もふさわしいものを次の中から選び、記号で答えなさい。

ア　夫　イ　妻　ウ　父　エ　母　オ　子　カ　孫

問八【３】を補うのにふさわしい十字以内のことばを本文中から探し、ぬき出しなさい。

問九　——線部⑤とあるが、その理由として最もふさわしいものを次の中から選び、記号で答えなさい。

ア　自分のことを本気でしかってくれる貴重な人がいなくなってしまったから。

イ　大切に思えるようになった「祖父」がもういないのだと改めて感じたから。

ウ　かけがえのない家族の葬儀にすら参列できない自分を情けなく思ったから。

エ　これからはいったい誰のために本を書けばいいのかわからなくなったから。

問十　——線部⑥とあるが、筆者が「がっかり」したのはなぜか。わかりやすく説明しなさい。

問十一【４】を補うのに最もふさわしいことばを次の中から選び、記号で答えなさい。

ア　涙　イ　謝罪　ウ　安心　エ　感動　オ　気落ち

出撃することになっていた。しかし戦後、日本が他国を傷つけたことに b ムネを痛め、戦争に関して改めて調べ直すことにした祖父は、硫黄島、沖縄、オーストラリアなどに直接足を運び、現地の人に話を聞いて慰霊に回っていたという。赤十字とユニセフには若い頃から少額ながら毎年寄付し、死ぬまで続けていた。博打を嫌い、囲碁や将棋もできるがしない人だった。「優劣が人を不平等にする」という c シンネンの元だったという。

「じゃあなんであんなにいつも役所に怒りに行ってたん？」

「理不尽だったり、不平等なルールで自分や仲間が損していたりすると我慢できない人だったんだよ。だから役所に話を聞きに行って納得できるまで戦ってくるんだ」

⑥自分が思っていた祖父とはあまりにもかけ離れていて、少しも本質を見抜けていなかった自分にがっかりする。と同時に、自分にそれほど素晴らしい祖父がいたことを喜ばしくも思った。祖父の話をする父も、どことなく誇らしげだった。

最後に岡山を訪れた日、父はそのまま残るというので、僕は母と二人で d シンカンセンに乗って東京に帰った。その車内で、「じいちゃん亡くなったら親父、泣くかな」と僕が母に尋ねると、母は「泣くに決まってるじゃない。あぁ見えて泣き虫なんだから」と答えた。祖父はゆっくりと衰えていったので、父はある程度覚悟しているように見えた。だから母の返答は僕にとって意外だった。

「まじかよ、親父の泣き顔とか、見たくねぇな」

本音を言えば、仕事で葬儀にも法事にも行けないと知ったとき、僕は少しだけ【　4　】した。父の弱った姿を見ずに済むと思ったのだ。

タクシーの車内で訃報を受けたとき、父のことを一番に心配した。僕は父に、「父さん、気持ち大丈夫？」と返した。普段親父と呼んでいたはずが、なぜかそう呼べなかった。

父からは「大丈夫ですよ」と返信があった。なぜか敬語だった。

あぁ、なんか、家族っぽい。

タクシーの窓から東京の夜空を見上げ、僕はぼんやりそう思った。

（加藤シゲアキ『できることならスティードで・Ｔｒｉｐ４　岡山』による）

＊訃報……人が亡くなったという知らせ。
辟易……ひどく迷惑して、うんざりすること。
認知症……物事の判断がしづらくなり、物忘れなどが多くなってしまう症状のこと。
釈然とせず……迷いや疑いが晴れず、すっきりとしないこと。
サゲ……笑い話の締めくくり。「落ち」。
鬼籍に入った……亡くなったこと。
予科練……旧日本海軍の練習生のこと。

問一　══線部ａ～ｄのカタカナを漢字に直して書きなさい。

問二　【１】を補うのに最もふさわしいことばを次の中から選び、記号で答えなさい。

ア　値しなかった　　イ　堪えなかった　　ウ　及ばなかった
エ　見えなかった

問三　——線部①のような「父」の姿を、筆者はどのように受け止めているか。最もふさわしいものを次の中から選び、記号で答えなさい。

ア　本当は泣いてしまいたいはずなのに、それをこらえている「父」に気持ちの強さを感じている。

が改めて「あんたの孫じゃ」と祖父に説明した。すると「仕事は何しとるんじゃ？」と聞いてきたので、「歌ったり踊ったりかな」と答えた。祖父の顔は＊釈然とせず、父が横から「本も書いとるんじゃ」と付け加えた。すると祖父の表情の変化から僕を思い出したことが窺えた。

「そうじゃった。なんて言うたかのぉ、映画になった」「『ピンクとグレー』だよ」「本にはのぉ、映画になる本とならん本がある。映画になるっちゅーのは、すごいことじゃ」

そして祖父はこう言った。

「すまんのぉ、もういろんなことを忘れてしもーとるんじゃ」

それから「ねむとーなった」と言って横になった。まだ施設に来て十五分ほどしか経っていなかった。横たわる祖父は目をしばしばさせながら「みんな集まってくれて、こんな日は二度と来んじゃろな」と呟いた。

すると祖父がふと、祖母の方に布団から手を出した。それは祖母の手を求める仕草だった。祖母はそれに応え、そっと手を重ねた。

「おばあちゃんの手は変わらずあったかいのぉ」

「いろんなこと」を忘れても、何度も何度も触れ、握った祖母の手の温もりだけは覚えているのだろう。

「おじいちゃんは昔から冷え性じゃったからなぁ」

窓から差し込む柔らかい西日が二人を包んでいた。その姿を見る父の瞳は心なしか潤んでいた。そういう僕も、なるべく気づかれないよう目元を拭った。

祖父はそれから本当に眠った。祖母は手を重ねたまま、「困った人じゃのぉ」と呆れていた。仕方なく帰る準備をし、祖母が最後に「ほいじゃけ、帰るけぇの」と祖父に話しかけた。

寝ぼけ眼の祖父に僕も改めて「じゃあね、おじいちゃん」と声をかけると、祖父は僕を見て再び、【　３　】と言った。まるで落語の＊サゲのような返しに思わず笑ってしまった僕は、「また来るね」と言って明るい気分で施設を後にした。そして祖父が呟いた通り、「こんな日」は二度と来なかった。

これが祖父との最後の会話だった。そして祖父との最も濃い思い出になった。

その後も父は帰省する度よく祖父の写真を送ってくれた。写真で見る祖父は日に日に衰えていき、最後には口から物を食べられなくなるほどだった。

そしていよいよ介護施設から危篤を伝えられた父は、すぐに岡山に戻った。到着後、最初に父から送られてきた祖父の写真は呼吸器をつけた姿で、意識はすでになかった。

数日後、祖父は静かに＊鬼籍に入った。

訃報を受け、すぐにカレンダーで葬儀や法事に行けそうか確認したが、どうにも調整がつかなかった。父にメールで「行けなくて申し訳ない」と伝えると、「お前の仕事柄そんなことは分かってる」とすぐに返事があった。それからも父は葬儀の様子を送ってくれた。棺に入った祖父は頬にaワタを詰め、死化粧をしていた。それは今までに見たことないほど穏やかで安らかな表情だった。怒りっぽかった祖父はもうどこにもいなかった。その写真を見たとき、好きではなかったはずの祖父のことが不思議と愛おしくなり、⑤また虚しくなった。

法事を終えた後、父から祖父について色々教えてもらった。戦時中、十六歳で＊予科練に志願した祖父は、終戦が一年遅ければ特攻隊として帰省するようになり、神戸に住む叔母と交代で祖父母の面倒を見ていた。しかし祖父に＊認知症の気が見られたため、いよいよ施設に預けざるを得なくなったそうだ。

弱りゆく父親を目の当たりにするのはきっと辛かったに違いないが、①父は会ってくるたび祖父とのことを面白可笑しく話し、茶化した。特に僕が気に入ったエピソードは、祖父が父に「お前の息子二人おるやろ。最近はどうしとんじゃ」と尋ねた話だった。僕は一人っ子なので、いよいよ孫の顔もわからなくなったと思った父は、「誰と間違えとるんじゃ」と言い返したところ、「②歌って踊る方と、書く方がおるじゃろ」と話したらしい。ちなみに祖父は読書家だったため、書く方の孫が好きなようだった。

父はそういった話をいくつもしてくれたが、最後には必ず「【　2　】」と言った。僕自身も、実際に対面したら祖父は「歌って踊る方」と「書く方」のどちらだと思うのか単純に興味があったので、なるべく早いうちに会いに行こうと思っていた。

そして昨年、広島でライブを終えたあと地方に残り、両親と待ち合わせして五年ぶりに総社を訪れることにした。

岡山駅から車でおよそ一時間、その間に車窓からいくつもの桃や葡萄の木が目に入る。遠くに備中国分寺の五重塔が覗けば到着は間近だ。実家の近くに川があり、そこでよくいとこザリガニ釣りをした。懐かしい記憶が一気に蘇ってくる。

祖父に会いに行く前に、まず祖母を迎えに行った。祖母も、父や叔母がいない日は実家ではなく、祖父とは別の介護施設にいた。二人が違う介護施設に入居しているのは症状の違いや空き部屋の問題だそうで、祖父母が顔を合わせるのは今日のように父が来た時のみ、それも毎回ではなく、多くても月に一回ほどだという。

祖母は僕の顔を見るとにっこりと笑みを浮かべ嬉しそうに「ようきてくれたなぁ」と言った。介護職員の方も「いつもお孫さんの自慢をしています」と言ってくれ、それだけでもわざわざ足を運んだ甲斐があった。

祖母を連れ、祖父の施設へと向かった。エントランスを潜るとテーブルでゆっくりとご飯を食べる一人の老人がいた。白い粥を掬うその腕は細く、背中は曲がり、視点は定まっていなかった。

父が「別人みたいやろ」とぼそっと言った。かつて漲っていた覇気はどこにもなかった。祖父の姿に衝撃を受けた僕は、どう声をかけていいのかわからず、父はそれに気づいたのか、僕を連れて祖父の元へ近づいた。そして耳元に口を寄せ、「親父、シゲが来たで」と大きな声で言った。祖父が僕を見上げた。そしてじっと見つめ、静かな声でこう言った。

「どちらさまですか」

歌って踊る方でもなく、書く方でもなく、祖父は僕のことがわからなくなっていた。正直なところ、こうなると予想はついていた。つよがりではない。③祖父が変わったように、僕も祖父の知っている姿とはきっと変わっているのだ。

しかし、僕らの後ろから遅れて歩いてきた祖母の姿を見つけたときは違った。祖父は顔を綻ばせ、それまでぼんやりしていた瞳を爛々とさせた。どれほどのことを忘れても、生涯を共にした④伴侶だけは認識できることに僕はうっかり感動した。

それから五人で祖父の部屋へ行き、家族写真を撮った。そのときになってもなお、祖父は僕のことを認識できていないようだったので、父答えなさい。

ア　みんな同じロボットなら、感情がないのでいじめは起きない

イ　みんな同じロボットなら、話し合いがなくてもわかり合える

ウ　いじめのもとである一人一人の違いは、人間を生きづらくする

エ　いじめのもとである一人一人の違いは、人間の面白みでもある

問八　――線部⑤について。

(1)「この宿題」とはどのような内容か。五十字以内で説明しなさい。

(2) いじめをなくす活動はそもそも中島さん自身が行っていたもので あり、樹木さんの手紙はその活動を支えるものとは言いがたい面が ある。それなのに、中島さんが「樹木さんから与えられたこの宿題」 と表現しているのはなぜか。本文の冒頭の〰〰線部「希林さんは恩 人です」にも着目しながら、わかりやすく説明しなさい。

問九　═══線部a～cのカタカナを漢字に直して書きなさい。

二　次の文章は、歌手の加藤シゲアキさんが書いたものである。これを読んで、後の問に答えなさい。なお、＊印のあることばには注を付けてある。

父方の祖父が亡くなった。享年九十一だった。その＊訃報を受けたのは六月下旬の深夜、港区からタクシーで帰っている最中だった。

僕の親類は長寿の人が多く、身内の死を経験したのはこのときが初めてだった。どうしていいかわからず、僕はとりあえず目を瞑り、手を合わせて、祖父のことを思った。

父方の祖父母は岡山県の総社市に住んでおり、僕が幼少期の頃は夏になるとよく家族全員でその父の実家に帰省していた。中学に上がってからは学業と芸能の仕事でなかなか帰るタイミングがなかったが、それでも母方の実家である秋田よりは訪れる機会は多かった。

しかしながら祖父とした会話をほとんど覚えていない。思い出という思い出もあまりなかった。一緒に風呂に入った際に戦争の話をされたことがあったが、それもどういった内容だったか全く思い出せず、今となってはとても後悔している。

もしかしたら僕は祖父が苦手だったのかもしれない。

祖父はとても活動的かつ感情的な人だった。県庁職員として働いていた祖父は、定年退職してからもアパートを経営したり、兼業していた農業を続けたりといつも忙しくしていた。行政や社会に不満を募らせ、常に誰かに怒っていて、文句を言いに市役所に乗り込んだ、というのは日常茶飯事で、そのことを自慢げに話す祖父に家族は皆＊辟易していた。だからか祖父と父が衝突する場面も多々あり、しかも総社のきつい方言で罵り合うので、その光景は見るに【　1　】。父だけでなく、祖母とも叔母ともよく言い合いになっていた。

しかし祖父は僕にはとても優しかった。同年代のいとこたちはよく怒られていたのに、なぜか僕は一度もなかった。それでも祖父を好きになることがどうしてもできなかった。

とにかく激しい祖父だったが、介護施設に入るほど弱ったと知ったのは、ほんの二、三年前だった。父方、母方含めた祖父母四人の中で最も元気に思えたその祖父が、一番最初に介護施設に入居したのはあまりにも意外だった。

施設に入る前、祖父の体調が思わしくないとわかってから父は頻繁に

じめの問題と向き合い続ける覚悟です。

「どうせやるなら最後まで。どうせやるなら最後までと、樹木さんは常に言っていました。途中でやめたらダメだと。だから、⑤樹木さんから与えられたこの宿題を、コツコツ最後までやり続けます」

（樹木希林さんの手紙）

中島啓幸さん

ひとりひとり違って生まれる　当然　差別がある

いじめは　ちがいから起きる

わたしも人をいじめたし　いじめられたし

それを亡くそうたって――ねぇ

はてしのない道のりです

二〇一六・八・五　樹木希林

追伸　じゃあさ　皆で　同じ形の　ロボット人間に――

――それじゃ　つまりませんネェ

（NHK『クローズアップ現代＋』＋『知るしん』制作班著『樹木希林さんからの手紙　人生上出来！と、こらえて歩こう』による）

＊クルー……ここでは、「スタッフ」の意味。

「全身がん」……樹木希林さんは、二〇一三年に全身にがんが広がっていることを自ら公表していた。

療育……障害を持つ子どもが社会的に自立することを目的として行われる医療と保育。

撲滅……完全に絶やすこと。すっかりなくしてしまうこと。

森繁久彌……俳優。（一九一三年～二〇〇九年）

問一　[A]を補うのに最もふさわしいことばを次の中から選び、記号で答えなさい。

ア　往年　イ　積年　ウ　通年　エ　晩年

問二　[B]を補うのに最もふさわしいことばを次の中から選び、記号で答えなさい。

ア　囲む　イ　悲しむ　ウ　しのぶ　エ　いたわる

問三　――線部①について。「生半可」とは「中途半端であること。不十分であること」という意味だが、中島さんは、どんなことに対してどういう点で「生半可じゃない」と思ったのか。わかりやすく説明しなさい。

問四　――線部②で、樹木さんはどんな思いを持っているのだろうか。その説明としてふさわしいものを次の中から二つ選び、それぞれ記号で答えなさい。

ア　困っている　イ　失望している　ウ　同情している　エ　心配している　オ　腹を立てている

問五　――線部③に関連して。中島さんは、いじめに関わる活動だけでなく、その他のことにも、「本気」で一生懸命に取り組む人であるようだ。その姿・行動がよく表われている部分を本文の【※】より前の部分から一文で探し、最初の五字をぬき出して答えなさい。

問六　――線部④について。この発言には省略された部分があり、わかりやすい表現とはなっていない。発言の意図を明確にするために、「そういう罪があるのよ」の前に三字以上七字以内のことばを補いなさい。

問七　[C]を補うのに最もふさわしい表現を次の中から選び、記号でいじめをなくす活動に取り組む中島さん。樹木さんbドクトクの言葉なら、子どもたちの心に響くのではと期待していました。

しかし、樹木さんは②表情をくもらせました。

「中島さん、いじめをなくすってすごいことだけど道がcキビしすぎるんじゃないですか、と。生きていること自体、いじめと差別がうようよしているんだから絶対になくならないよ、と言われました」

それでも中島さんは、いじめをなくすために何か行動したい、樹木さんなりの考えを書いてほしいと、お願いし続けました。

「③本気か？というのを必ず問いますからね、希林さんは。ナイフのような鋭さもある人でした。だから私も〝樹木希林に負けてたまるか〟と、挑戦的な目でにらみつけていたと思います。

中島さんの覚悟にふれた樹木さん。和室に向かい、机の前に座り込み、静かに原稿と向き合い始めました。

じっと考え込んだり、立ち上がってうろうろしたり。別の用事を挟みながらも、随分と長い時間また考え、最後は一気に手紙を書き上げました。

「まるで、一筆一筆、命がけで書いているようでした」

自分も人をいじめたことがある、と告白した手紙。

「樹木さんは学生の頃、不登校の時期があったと言っていました。芸能界に入ってからは、単なる上下関係ではないけど、いじめられたり、いじめたこともあったそうです。④そういう罪があるのよ、と」

中島さんは、手紙を書き上げた樹木さんにかけられた言葉が、今も忘れられないといいます。

「人間がいる限り、いじめや差別はなくならないのよ。それでもコツコツやっていれば、よい方向に向かうんじゃない。だから頑張りなさいとおっしゃって、手紙を渡されました」

はてしのない道に挑もうとする、中島さんへのエールでした。

樹木さんが亡くなる直前の二〇一八年夏、中島さんは旭川市の教育委員会に樹木さんのメッセージを託しました。市内の小中学校に配り、樹木さんの言葉を子どもたちに考えてもらうためです。

私たちは中島さんと会った翌日、旭川市忠和中学校の生徒会を訪ねました。生徒たちは、樹木さんの言葉をどう受け止めたのか。八人の生徒全員が真っ先に反応したのは、「追伸」として添えられた短い言葉でした。

追伸　じゃあさ　皆で同じ形のロボット人間に――

――それじゃ　つまりませんネェ

「確かにみんなロボットなら、いじめは起きないかもしれないけど、考え方が違うからこそ、生まれる何かもある」

「みんなそれぞれ違うから、みんな違う意見で、話し合いもできる。みんな同じロボットだったら、話し合いにならないよね」

［　C　］。それが、生徒たちが受け取った、樹木さんからのメッセージでした。生徒会のメンバーは、この言葉を全生徒にどう伝え、考えてもらうのか、一時間以上議論を重ねていました。

樹木さんからの手紙を預かった中島啓幸さん。残りの人生をかけ、い

【国語】（五〇分）〈満点：一〇〇点〉

一　次の文章は、俳優の樹木希林さんが送った手紙について取材した、テレビで番組の制作ディレクターが書いたものである。これを読んで、後の問に答えなさい。なお、＊印のあることばには注が付けてある。

過去の映像、本、新聞などの資料を調べていると、意外な記事にたどり着きました。北海道新聞の、地域の人物を紹介する小さな欄。樹木さんからの手紙を持った男性の写真が目に留まりました。旭川市で、いじめをなくすために活動しているという男性でした。

「樹木さんから手紙を受け取ったと新聞でaハイケンしたのですが……」

「希林さんは恩人です。希林さんのことなら、何でも協力します」

連絡先を調べ、突然電話をかけた私に対し、快く引き受けてくれた男性。中島啓幸さん（四十九歳）との出会いでした。

電話でおおまかな話を聞き、翌日さっそく＊クルーと共に旭川へ。九月中旬の北海道はもう肌寒く、空気も澄み渡り、どこまでも青空が広がっていました。樹木さんは亡くなる一年前の二〇一七年九月、中島さんに会うため旭川を訪れていました。「＊全身がん」を抱えていた［Ａ］の樹木さんは、この広大な景色を見て何を思ったのか。そして、体調がよくない中でも会いに行った中島さんとは、どんな人なのか。

旭川空港から車を走らせ一時間。到着したのは、障害がある人たちの＊療育施設。すでに上着が欠かせない気温の下、額に汗しながらひときわ大きな声で利用者に声をかける男性の姿……中島さんでした。

「私は幼い頃、いじめられたことがあるんです。だから、弱い立場にある人の助けに、少しでもなれないかなって」

施設で介護の仕事をしながら、地域のいじめ＊撲滅活動にも取り組む中島さん。どうやって樹木さんと知り合ったのか。

「実は私、＊森繁久彌さんと文通していたんです。熱烈なファンレターを送ったら返事をくれて、以来十七年間。で、森繁さんが亡くなったあと森繁さんを［Ｂ］イベントで希林さんにお会いして。

〝あなたのこと、森繁さんから聞いていました。十何年も文通していたなんてすごいわね〟と声をかけてもらい、それで交流が始まったんです」

初めての手紙のやりとりは二〇一三年。樹木さんはいつも、本名の「内田啓子」として手紙を送っていました。体調のこと、人生について……内容はさまざまだったそう。

「私が以前、ちらっと話した、介護の仕事で人をおぶったりするから、足がしびれてつらいという話を希林さんは覚えていて、それをとても気遣ってくれました。お仕事も含め、普段からたくさんの人々と交流がある希林さんですが、私の話をちゃんと覚えていてくれて、一人一人を大事にしてくれる。①生半可じゃないですよね」

【※】

二〇一六年夏。樹木さんの自宅を訪ねた中島さんは、あるお願いをしました。

「いじめをテーマに、子どもたちへのメッセージを書いてほしい」

第1回　**2020年度**

解答と解説

《2020年度の配点は解答欄に掲載してあります。》

＜算数解答＞

1　(1)　0.45 $\left[\frac{9}{20}\right]$　(2)　2.1　(3)　$2\frac{4}{9}$

2　(1)　450mL　(2)　7日　(3)　42.56cm²　3　60円

4　㋐　73　㋑　100　㋒　62　㋓　253

5　(1)　10　(2)　91　(3)　1と4　(4)　3と5

6　(1)　9cm²　(2)　3.2秒後　(3)　$1\frac{13}{15}$秒後，$6\frac{2}{3}$秒後

7　(1)　77　(2)　143，187，221　(2)　28cm

○推定配点○

1，2，4　各4点×10　他　各5点×12(5(3)・(4)，7(2)各完答)　計100点

＜算数解説＞

1　(四則計算)

(1)　$4\frac{1}{4}-3\frac{4}{5}=4.25-3.8=0.45$

(2)　$2.4\times1.5-1.5=1.4\times1.5=1.4+0.7=2.1$

(3)　$\frac{8}{5}\times\frac{5}{6}+\left(3\frac{9}{12}-1\frac{8}{12}\right)\times\frac{8}{15}=\frac{4}{3}+\frac{25}{12}\times\frac{8}{15}=\frac{4}{3}+\frac{10}{9}=\frac{22}{9}$

2　(割合と比，相当算，仕事算，鶴亀算，平面図形，図形や点の移動)

重要　(1)　兄弟が飲んだジュースの量は全体の$0.3+(1-0.3)\times\frac{2}{7}=0.5$(倍)であり，兄が飲んだジュースの量は$750\div(1-0.5)\times0.3=450$(mL)

基本　(2)　$(10\times11-8\times12)\div(10-8)=7$(日)

基本　(3)　右図において，おうぎ形の中心角の和は$360\times3-(180+90\times2\times3)=360$(度)　したがって，求める面積は$2\times(6+5+4)+2\times2\times3.14=42.56$(cm²)

【別解】　おうぎ形の中心角の和が，三角形の外角の和360度に等しいことを利用する。

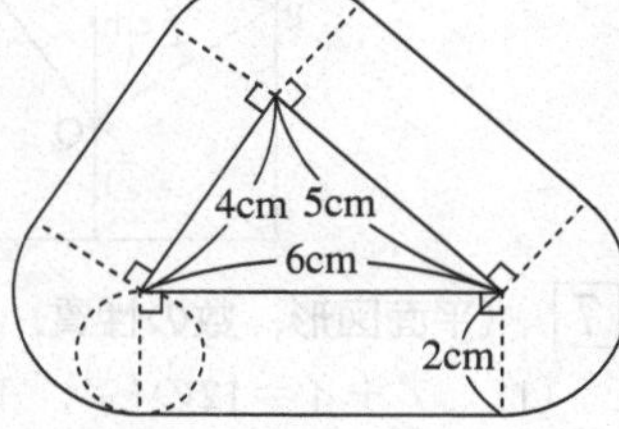

重要　3　(割合と比，売買算，相当算)

1日目の本数…$180\div\left(\frac{5}{3}-1\right)=270$(本)　2日目の本数…$270+180=450$(本)

2日目の180本の売り上げ…$5940+18\times270$(円)

したがって，2日目の1本の売り値は$(5940+18\times270)\div180=33+27=60$(円)

やや難　4　(統計と表，割合と比)

(単位　個)

	赤玉	青玉	黄玉	合計
袋A	㋐	㋑	50	223
袋B	95	96	㋒	㋓

A，Bの間で玉をやり取りした後，Bの赤玉と青玉の個数の比は$(95-5):(96+9)=90:105=6:7$になり，Aの赤玉と青玉の個

数の和は223－9＋5＋2－(50＋2)＝169(個)になった。したがって，初めのAの赤玉の個数㋐は169÷(6＋7)×6－5＝78－5＝73(個)，青玉の個数㋑は169－78＋9＝100(個)であり，やり取り後のAの赤玉と黄玉の個数の比は78：(50＋2)＝3：2であるから，初めのBの赤玉の個数㋒は90÷3×2＋2＝62(個)，初めの合計㋓は95＋96＋62＝253(個)

5 (平面図形，数の性質)

5	6	9
1	4	8
7	3	2

基本 (1)　40－30＝10

基本 (2)　650－560＋6－5＝91

重要 (3)　十の位だけ入れかわればよいので，1と4

やや難 (4)　差が2である5と3を入れかえると，569＋237＋715－(369＋257＋713)＝200－20＋2＝182

6 (平面図形，図形や点の移動，速さの三公式と比，割合と比)

基本 (1)　図1において，CQは(2＋1)×2÷2＝3(cm)　したがって，三角形PQRは{8－(3＋1×2)}×6÷2＝9(cm^2)

重要 (2)　図2において，(1)より，Pが④進むと，CQは③であり，CDは③＋②＝⑤である。したがって，この時刻は8÷(3＋2)×2＝3.2(秒後)

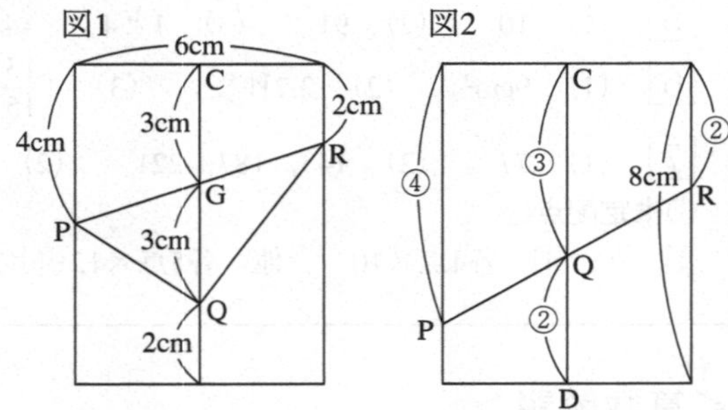

やや難 (3)　図3において，三角形PQRが10cm^{2}のとき，JQは10×2÷6＝$\frac{10}{3}$(cm)　したがって，①は$\left(8-\frac{10}{3}\right)\div(3+2)\times2=\frac{28}{15}$(cm)，この時刻は$\frac{28}{15}$秒後である。図4より，4秒後の三角形PQRは3×4÷2＝6(cm^2)，図5より，5秒後には{1＋(2＋1)÷2}×6÷2＝7.5(cm^2)であり，1秒で7.5－6＝1.5(cm^2)ずつ面積が増える。したがって，10cm^{2}になるのは4＋(10－6)÷1.5＝$6\frac{2}{3}$(秒後)

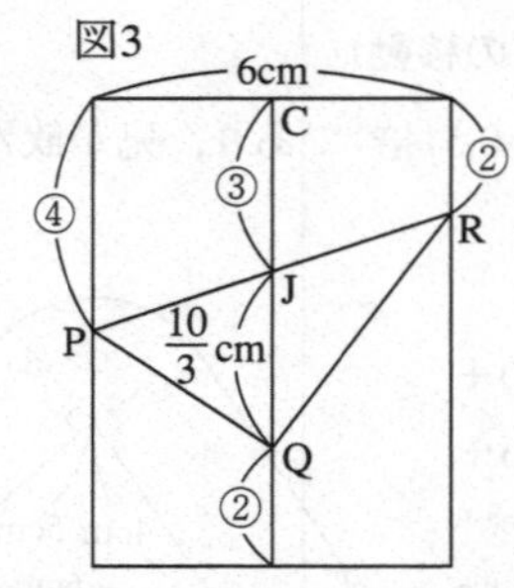

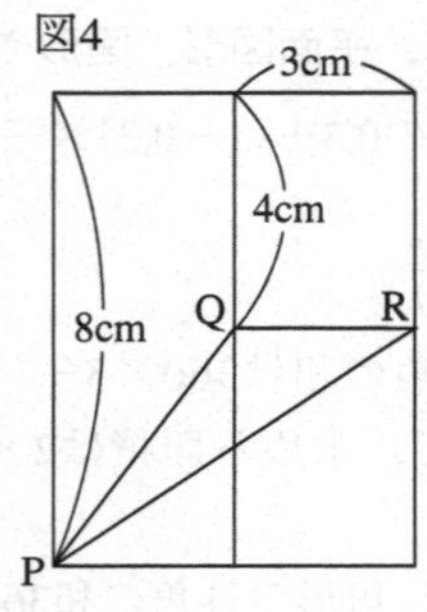

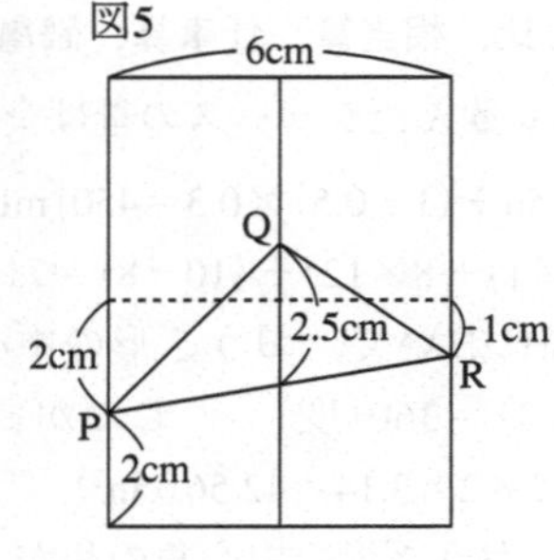

重要 7 (平面図形，数の性質，場合の数)

(1)　ア＋イ＝12の(ア，イ)の組のうち，最大公約数が1(たがいに素)の場合は(1，11)，(5，7)であり，図Aより，d＝77

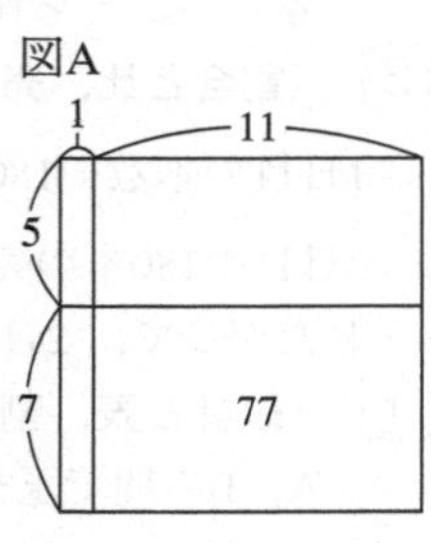

(2)　(1)と同様に，(1，17)，(5，13)，(7，11)があり，図Bより，d＝143，187，221

(3)　d＝255＝5×3×17であり，dは正方形のなかの最大の長方形の面積であるから255＝15×17である。17－15＝2より，2つの奇数の差が2で，3，5の約数を持たない15までの奇数の組は11，13である。したがって，正方形の1辺は11＋17＝13＋15＝28(cm)

図B

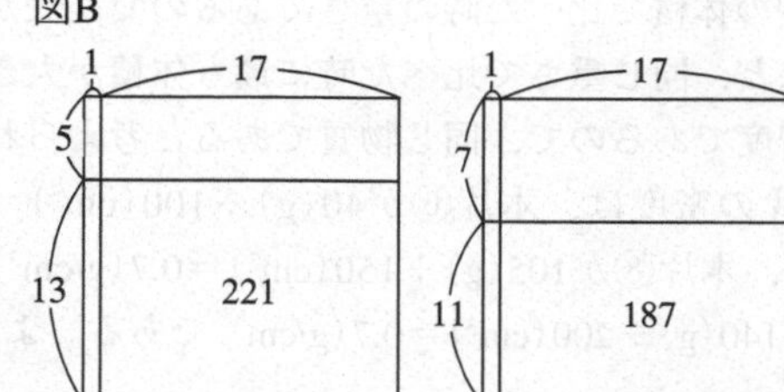
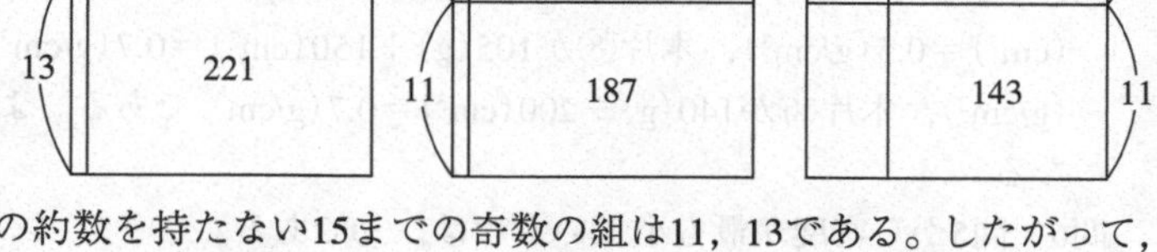

★ワンポイントアドバイス★

特に難解な問題はないが，解き方がわかる解きやすい問題を優先して解いていこう。したがって，まず，[1]「四則計算」，[2]「小問群」で着実に得点すべきである。[6](3)「面積10cm²」の2回目の時刻は，毎秒の面積変化を利用する。

＜理科解答＞

[1]　問1　(a)　10　(b)　158　(c)　7.9　問2　①　問3　⑤　問4　②と④
問5　⑨　問6　⑥　問7　物体Aの密度が1より小さいので，物体Aは水に浮く。
問8　B，E　問9　68cm³

[2]　問1　イ　問2　イ，エ，オ　問3　う　エ　え　オ　問4　エ，カ　問5　0.4hPa
問6　0.0005g　問7　ペットボトルのフタを開けるときに，二酸化炭素を逃がして，ペットボトルのフタが飛んでしまうような危険を防ぐ役割。

[3]　問1　A，B　問2　B　問3　①　子宮　②　酸素　③　へその緒　④　肺
問4　イ　問5　イ，ウ　問6　ア，イ，エ　問7　オスとメスの比率の偏りが続き，子孫を残せなくなる。

[4]　問1　東日本大震災　問2　ア，ウ，エ　問3　ウ　問4　15秒　問5　ア，ウ，エ
問6　地震がごく近くで発生した場合，大きなゆれが先に来たり，ゆれに対応する時間がとれないから。

○推定配点○

[1]　問1～問6　各1点×8(問4完答)　問7～問9　各2点×3(問8完答)
[2]　各2点×8(問2・問4各完答)
[3]　問1・問2　各1点×2(問1完答)　問3～問7　各2点×8(問5・問6各完答)
[4]　各2点×6(問2・問5各完答)　計60点

＜理科解説＞

[1]　(物理的領域－密度)

重要　問1　(a)　90(g)÷9.0(g/cm³)＝10(cm³)　(b)　20(cm³)×7.9(g/cm³)＝158(g)
(c)　79(g)÷10(cm³)＝7.9(g/cm³)

重要 問2　密度とは，1cm^{3}の体積で比べた時の重さであるので，表から①とわかる。

基本 問3　密度が小さいほど，同じ重さで比べた時に最も体積が大きくなるので，⑤である。

重要 問4　②と④は同じ密度であるので，同じ物質であると考えられる。

重要 問5　それぞれの木片の密度は，木片⑥が40(g)÷100(cm^3)＝0.4(g/cm^3)，木片⑦が75(g)÷150(cm^3)＝0.5(g/cm^3)，木片⑧が105(g)÷150(cm^3)＝0.7(g/cm^3)，木片⑨が160(g)÷200(cm^3)＝0.8(g/cm^3)，木片⑩が140(g)÷200(cm^3)＝0.7(g/cm^3)である。よって，密度が最も大きい木片は⑨となる。

重要 問6　問5から密度が最も小さい木片は，⑥である。

基本 問7　105cm^{3}で95gの物体Aは，水の密度(1g/cm^3)より，小さくなるので，水に浮く。

基本 問8　物体Bは160cm^{3}で154g，物体Cは160cm^{3}で195g，物体Dは220cm^{3}で318g，物体Eは230cm^{3}で221gである。このうち，水の密度1g/cm^{3}より小さくなるのは，物体BとEである。

やや難 問9　アルミニウム108gの体積は，108(g)÷2.7(g/cm^3)＝40(cm^3)である。水に浮かぶためには水の密度1g/cm^{3}より軽くなればよいので，内部にある空洞を含めたアルミニウムの体積が108cm^{3}より大きくなればよい。よって，内部の空洞の体積が，108(cm^3)－40(cm^3)＝68(cm^3)より大きいと，アルミニウムの球は水に浮く。

重要 **2** **(化学的領域―機体の性質)**

問1　溶ける気体の量は，水の量に比例する。また，気体は，水温が高いほど水に溶けにくい。

問2　〈3〉の関係が成り立つ気体は，水に溶けにくい気体である。よって，水素，窒素，酸素が該当する。

問3　空気の78％は窒素，20％は酸素である。

問4　二酸化炭素は，塩酸と炭酸カルシウムが含む物質(選択肢の中では大理石)が反応すると発生する。

問5　$1000(\text{hPa})\times\dfrac{0.04}{100}=0.4(\text{hPa})$

問6　1lgの水に溶ける二酸化炭素量のおもさは，二酸化炭素の圧力が1000hPaのとき，1.32gなので，二酸化炭素の圧力が0.4hPaのときに溶ける二酸化炭素の重さは，$1.32(\text{g})\times\dfrac{0.4(\text{hPa})}{1000(\text{hPa})}=0.000528$(g)より，0.0005gである。

問7　ペットボトルのフタの縦の溝は，ペットボトルを開けた時にペットボトル内から外に二酸化炭素が出ていくための穴である。

重要 **3** **(生物的領域―動物)**

問1　体外受精を行うのは，魚類，両生類である。

問2　たい生で仲間を増やすのは哺乳類である。

問3　たい児は子宮内で育つ。たい児の成長に必要な，酸素，養分などは，母体のたいばんからへその緒を通じて受け取り，たい児が出す不要物もへその緒を通じてたいばんに送り，母体に送られる。たい児は，誕生したときに泣くことで肺呼吸を行うようになる。

問4　ア　29℃のとき，オスの出現率が25％くらいなので，メスの出現率は75％ほどである。よって，アは間違いである。　イ　31℃のとき，オスの出現率が0％なので，メスだけ誕生する。よって，イは正しい。　ウ　27℃のとき，オスの出現率が100％で，30℃のときは20％なので，出現率は5倍である。よって，ウは間違いである。

問5　ア　24℃のときのオスの出現率は40％ほどで，27℃のときは60％である。よって，アは間違いである。　イ　24.5℃のときのオスの出現率はほぼ50％なので，イは正しい。　ウ　どの温度でも，オスの出現率が100％になることはないので，ウは正しい。

問6　ア　オスの出現率が100%になる温度が，ミシシッピーワニよりアカミミガメのほうが低温なので，アは正しい。　イ　オスの出現率が50%を超えるのは，ミシシッピーワニが約32.4℃～約33.6℃，ワニガメが約24.5℃～約27.3℃なので，イは正しい。　ウ　アカミミガメも，ミシシッピーワニもは31℃のとき，メスしか生まれないので，ウは間違いである。　エ　ミシシッピーワニは33℃のとき，メスの出現率は0%で，34℃のとき，80%になるので，エは正しい。

問7　ミシシッピーワニやアカミミガメは温度によってオスしか誕生しなかったり，メスしか誕生しなかったりするので，子孫を残すことができなくなる可能性が考えられる。

4　(地学的領域ー地震)

問1　2011年3月11日に発生した観測史上4番目に大きな地震を東日本大震災という。

重要 問2　地震が発生すると，地盤沈下や隆起，津波，液状化現象などの現象が心配される。高潮は台風の際の被害である。

問3　小さなゆれを伝える伝わる速さの速いP波を感知し，大きなゆれをもたらすS波がくることを事前に知らせる仕組みを緊急地震速報という。

基本 問4　140(km)÷4(km/秒)－140(km)÷7(km/秒)＝15(秒)

問5　選択肢の中で，地震のゆれが伝わる速さよりも早いのは，光の速さだけである。

基本 問6　震源地に近い場所では緊急地震速報が出ても，地震に備える時間が足りないことが考えられる。

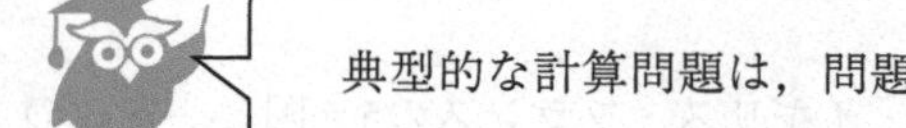

★ワンポイントアドバイス★

典型的な計算問題は，問題文を見ただけで解き方が浮かぶように訓練しよう。

＜社会解答＞

【1】　問1　カ→ウ→オ→イ→エ→ア　　問2　①　カ　②　ウ　③　オ　④　ア
問3　米騒動　　問4　(1)　生糸　　(2)　函館　　問5　(1)　長安　　(2)　い
問6　イギリスの日本に対する領事裁判権を撤廃すること。　問7　厳島神社
問8　(古墳)　大仙古墳　　(都道府県)　大阪府

【2】　問1　う　　問2　アフリカ　　問3　え　　問4　う→い→あ　　問5　(例)　水くみに時間がかかり，学校に通えない。　　問6　う　　問7　輪中　　問8　い・え
問9　い・う・き　　問10　バーチャル　　問11　い

【3】　問1　核家族　　問2　あ・う　　問3　う　　問4　え　　問5　(設問1)　ア　×　イ　○　ウ　×　　(設問2)　あ　　問6　(設問1)　(表2)　介護事業に従事している人は，この間，1.3倍強増えている。　(表3)　介護を必要としている人は，この間，2倍強増えている。　(設問2)　介護事業に従事している人の増え方が，介護を必要としている人の増え方に追いついておらず，人手不足が心配される。

○推定配点○

【1】　各2点×14　　【2】　問1～問4・問6～問11　各1点×10(問8・問9各完答)　　問5　2点
【3】　各2点×10(問2・問6設問1各完答)　　計60点

＜社会解説＞

【1】(日本の歴史ー流行病の歴史)

問1　文章アはスペインかぜと呼ばれたインフルエンザが流行した時に第一次世界大戦(1914～1918年)が行われていたので大正時代(1912～1926年)のこと，イはコレラが日本で流行した時に日本が修好通商条約を各国と結んだ(安政の五ヵ国条約，1858年)ので江戸時代(1603～1867年)のこと，ウは「疫瘡」が流行して平城京の人々にも広がったので，奈良時代(710～784年)のこと，エは香港でペストが広まっていた時に日清戦争(1894～1895年)が行われていたので明治時代(1868～1912年)のこと，オは「銭病」が流行した時に平清盛(1118～1181年)を中心とする平氏が中央の政治を行っていたので平安時代(794～1185年)のこと，カは古墳に葬られた有力者の人骨から結核の流行がわかったので古墳時代(3世紀後半～7世紀)のことである。したがって，これらの出来事を古い順に並べると，カ→ウ→オ→イ→エ→アとなる。

問2　①　豪族たちが大和政権をつくり，その中心となった人物が大王と呼ばれたのは，古墳時代(文章カ)である。　②「日本書紀」が完成したのは720年のことなので，奈良時代(文章ウ)である。　③　高倉天皇の子どもを安徳天皇として即位させたのは平清盛なので，平安時代(文章オ)である。　④　25才以上の男性すべてに選挙権が認められた(普通選挙)のは1925年のことなので，大正時代(文章ア)である。

基本　問3　米騒動(1918年)は，第一次世界大戦の影響による好景気で米の価格が値上がりしたこと，およびロシア革命に干渉するためにシベリア出兵(1918年)を見越した米の買占めを原因として発生した。この騒動が発生したのは富山県の漁村であったが，しだいに全国に騒動が広がったので，最終的には軍隊を動員して鎮圧された。

問4　(1)　日本は1858年にアメリカ・オランダ・ロシア・イギリス・フランスの5ヵ国と，安政の五ヵ国条約と呼ばれる修好通商条約を結んだ。これによって始まった貿易で主に輸出されたものは生糸や茶であったが，その中で一番多く輸出されたのは生糸で約80%，次いで茶が約10%である。　(2)　日米修好通商条約(1858年)で開港されたのは，函館・神奈川(横浜)・長崎・新潟・兵庫の5港である。他方，日米和親条約(1854年)で開港された2港は下田と函館である。したがって，日米和親条約ですでに開かれていたのは，函館である。

問5　(1)　平城京は710～784年の都であり，元明天皇(位707～715年)によって唐(618～907)の都の長安にならって奈良に造営された。碁盤の目のように広い道路で区切られ，北方の中央に平城宮が置かれていた。この都には北から南に向けて朱雀大路という大通りがあり，その東側を左京，西側を右京とよんだ。　(2)　朱雀門は，平城京の平城宮や平安京の平安宮といった条坊都市の宮城(大内裏)において南面する正門のことで，宮城(大内裏)の外側の12門の中で最も重要な門である。朱雀門から都城正門の羅城門に続く大路を朱雀大路という。なお，「あ」の南大門は仏教寺院や都城などの南に面した正門，「う」の天安門は中華人民共和国の北京市にある城門，「え」の応天門は朱雀門の真北にある朱雀門より小さい門である。

重要　問6　明治時代に入って日本は条約改正をすすめ，その結果，1894年の日清戦争開戦直前に外相の陸奥宗光はイギリスと日英通商航海条約を結ぶことに成功した。この条約で，イギリスは日本に対する領事裁判権を撤廃した。

問7　厳島神社は，現在の広島県にあたる安芸国の一の宮である。この神社は航海の守護神とされ，平氏の棟梁であった平清盛の崇敬を受けて平氏の氏神のようになった。

基本　問8　大仙古墳は大阪府堺市にある日本最大規模の前方後円墳で，全長486m，高さ35mである。

【2】(地理ー水資源に関する問題)

基本　問1　ユニセフとは国連児童基金(UNICEF)のことで，1946年に設立され，発展途上国や戦災・災害で被害をうけている世界の国の児童の命と健康を守るための援助を目的とした機関である。なお,「あ」の国連教育科学文化機関(ユネスコ)は教育・科学・文化面での協力を通じて世界平和を促進する国連の専門機関,「い」の国連世界食糧計画は1961年に国連と国連食糧農業機関(FAO)が取り上げた食糧援助計画,「え」の国境なき医師団は被災者や難民の緊急医療活動にあたる非政府組織(NGO),「お」の青年海外協力隊は日本の国際協力機構(JICA)の事業の1つである。

問2　エチオピアはアフリカ大陸東部にあり,東をソマリア,南をケニア,西を南スーダン,北西をスーダン,北をエリトリア,北東をジブチに囲まれた内陸国である。人口は約1億200万人(2016年)で,首都はアディスアベバである。

問3　ベトナム(図2の「え」)はインドシナ半島東部に位置し,国土は南北に細長く,北は中華人民共和国,西はラオス,南西はカンボジア(図2の「う」)と国境を接している。また,東と南は南シナ海に面し,フィリピン(図2の「お」)やボルネオ島やマレー半島と面している。なお,図2の「あ」はミャンマー,「い」はタイである。

問4　「あ」の熊本地震が起こったのは2016(平成28)年,「い」の東北地方太平洋沖地震が起こったのは2011(平成23)年,「う」の兵庫県南部地震が起こったのは1995(平成7)年である。したがって,これらの地震を発生した順に並べると,「う」→「い」→「あ」となる。

重要　問5　水は人間が生きていくために必要であるものだけでなく,安全でない水は様々な病気のもとにもなっている。アフリカのエチオピアなどの国において,水くみの仕事は多くの場合,女性,とくに学校に通う時期の少女の仕事になっている。彼女たちは水くみに1日数時間も使っているので,学校に通う時間がなく,そのことで学習の機会を奪われている。このように水の問題は生命の問題であるとともに,子どもの教育や発達に関係する問題にもなっている。

問6　松本市は冬と夏の気温差が大きく,年間の降水量が比較的少ない中央高地の気候に属している。したがって,図3中で1月と8月の平均気温の差が最も大きく,平均降水量も夏季の期間が冬季に比べると多いが,全体的には少ない図3中の「う」があてはまる。なお,図3中の「あ」は那覇市,「い」は熊本市,「え」は網走市である。

基本　問7　輪中は集落の周囲を堤防で囲んだ地域のことで,濃尾平野を流れる木曽川・長良川・揖斐川の下流地域でみられる。人々が普段生活したり,建物が建っている場所は川の水面より低い場所にあるので,堤防によって洪水から家・耕地を守っている。

問8　2015年の各国の人口は,「あ」のアメリカ合衆国が約3億2177万人,「い」のインドが約13億1105万人,「う」のインドネシアは約2億5756万人,「え」の中華人民共和国が約13億7605万人,「お」のブラジルは約2億0785万人である。したがって,これらのなかから人口の合計が21億人を超えるようになる二つの国の組み合わせは,「い」のインドと「え」の中華人民共和国(約13億1105万人＋約13億7605万人≒約26億8710万人)となる。

問9　図4中の「あ」はグリーンランド(デンマーク),「い」はカナダ,「う」はアメリカ合衆国,「え」はブラジル,「お」はロシア,「か」は中華人民共和国,「き」はオーストラリアである。これらの国の中で日本の小麦輸入先3位までの国は,アメリカ合衆国(50.4%),カナダ(30.7%),オーストラリア(17.5%)(2017年)である。

問10　バーチャルウォーター(仮想水)とは,主に農産物や畜産物の生産のために必要とした水の量を農産物や畜産物の輸出入に伴って売買されているとして捉えたものである。世界的に水不足が深刻な問題となる中で,このようなバーチャルウォーターの移動の不均衡が問題視されるようになってきている。

基本　問11　図4中の国々の国土面積(2017年)は「あ」のデンマークが4.3万km^2,「い」のカナダが998.5万km^2,「う」のアメリカ合衆国が983.4万km^2,「え」のブラジルが851.6万km^2,「お」のロシアが

1709.8万km^2,「か」の中国が960万km^2,「き」のオーストラリアが769.2万km^2である。したがって,ロシアの次に面積の大きな国は図4中に「い」のカナダである。

【3】(政治ー家族と介護に関連した問題)

基本 問1 核家族とは普通,①1組の夫婦のみ,②1組の夫婦とその子供,③父親または母親の一方とその子供のいずれかで構成される家族のことで,高齢者や若者の1人暮らしは入らない。日本におけるこのような家族の形態は,第二次世界大戦後から広まり始めた。核家族は親族間のプライバシーが守られやすく,引っ越しや家の改造などの住居の変更なども容易であるが,親子三世代などの大家族と比べて,家事や育児などの分担がしにくい点がある。

問2 あ 男性と女性が結婚する場合,夫婦の姓は男性(夫)または女性(妻)のいずれかの姓を選んで称することが民法750条で規定されている。また,結婚後に夫婦が称する姓を届け出なければならない(戸籍をあらたに設ける)ことが,戸籍法74条で定められている。 い 男性と女性が結婚する場合,夫と妻が結婚する前のそれぞれの姓をそのまま用いて,戸籍上の姓とすることは認められていない。 う 日本国憲法第24条1項に「婚姻は,両性の合意のみに基づいて成立し」とあり,結婚は,その当事者である男女が合意して成立することになる。 え 結婚すると夫婦は男性(夫)または女性(妻)のいずれかの姓を選んで称して新たな戸籍を設けることになるので,必ずしも妻が夫の戸籍に入り,姓も夫と同じになることはない。

問3 現在の日本の総人口は約1億2670万人(2017年)で,65才以上の人口は約27.7%を占めているので,その人口はおよそ3500万人(約1億2670万人×0.277≒3509万人,「う」)となる。

問4 「第一次ベビーブーム」が起きた時期に生まれた世代を団塊の世代(「え」)という。この世代は第二次世界大戦直後の1947～1949年に生まれ,学生運動が最も盛んな時期,高度経済成長,バブル景気などを経験している。なお,「あ」の焼け跡世代は団塊の世代の前の昭和1桁の時期に生まれた世代,「い」のゆとり世代は1987～2004年に生まれた世代,「う」の新人類世代は主に1961～1970年に生まれた世代のことである。

重要 問5 設問1 ア この文は誤っている。高齢化が進んで宿泊ができる介護施設が増えたことは事実であるが,日帰りで利用するデイサービスを使う人が近年減ってきていることはない。 イ この文は正しい。民生委員は厚生労働大臣から委嘱されて,市町村内の担当する地域の住民の生活状態を把握し,援助を必要とする者がその有する能力に応じて自立した生活ができるように相談や援助を行っている。したがって,ひとり暮らしの高齢者の家を訪問して,相談や援助も行っている。 ウ この文は誤っている。介護保険法は,介護保険制度を整えるために1997年に制定されたものである。介護保険制度とは,40歳以上の国民が納める保険料と国や地方共団体からの資金をもとにして,介護を必要とする人に介護サービスを受けるのに必要な費用を支援する制度である。したがって,政府による介護保険のしくみは,1980年代に作られたわけではない。

設問2 現在,日本はシンガポール・チリ・オーストラリア・ヨーロッパ連合(EU)などの16の国や地域と経済連携協定を結んでいる(2019年)。この協定にもとづいて看護師候補者と介護福祉士候補者として受け入れを行っているのは,インドネシア(表1のA)・フィリピン(表1のB)・ベトナムの3国からの人々である。なお,中の中国,韓国,ミャンマーとは経済連携協定を結んでいない。

やや難 問6 設問1 表2は,2001～2016年にかけての介護施設で仕事をしている人の数の推移を示している。それによると,2001年の42万500人から2016年の56万6747人へと約1.3倍強に増加していることがわかる。他方,表3は2001～2016年にかけての介護が必要と認定された人の数の推移を示している。それによると,2001年の298万人から2016年の632万人へと約2倍強に増えていることがわかる。 設問2 表2と表3のデータを比べると,2001～2016年にかけて介護施設で仕事をしている人の数も介護が必要と認定された人の数もともに増加しているが，介護が必要と認定された人の数の増加が介護施設で仕事をしている人の数の増加を上回っていることがわかる。日本の人口は年々高齢化していくことが明らかなので，介護が必要と認定された人の数は今後も増加することが予想される。したがって，介護施設で仕事をしている人の数がそれに対応できるように増加していかなければ，将来は介護分野において人手不足が発生することが予想される。

★ワンポイントアドバイス★

地理と政治の分野はほぼ同じ割合であるが，歴史分野の出題はやや多くなっている。各分野の設問に1～2行の説明問題が含まれているので，しっかりと自らの言葉で表現できるように普段から練習を怠らないようにしよう。

＜国語解答＞ 《学校からの正答の発表はありません。》

一　問一　よその国で生まれ育ち，両親のもとで二年間だけしか日本語を学んでいないから。　問二　ア　問三　ウ　問四　エ　問五　嘘をついた　問六　イ　問七　ぼくが持っ　問八　あずけたい～ていました　問九　あずかりや　問十　僕は五百枚以上集めたトレーディングカードをあずけたい。親からはなぜそんな物のために小遣いを使ってしまうのかと言われている。けれどぼくにとっては宝物。手に入れるために買い方も工夫したし，欲しいカードを持っている友達とは必死で交換の交渉をしてきた。でも，シリーズを全部集めたくなる気持ちがだんだんと強くなる。「物」を欲しがってばかりのようで，自分でも最近は少し変なのかなと感じる時がある。今は集めてきた物を手放すのが恐ろしいけれど，少し距離をとって，自分にとって本当に大事なものかどうか考えてみたい気もする。だから，自分をためすためにあずけたいと考えた。　問十一　a 便　b 訓練　c 常

二　問一　a 対等　b 容姿　c 同士　問二　バカにされまいと身構えながら取り繕った態度。　問三　エ　問四　思いがけないほどの幸福感　問五　他人が失敗すると，関わらないようにするか，見下し嫌悪するような態度。　問六　イ　問七　してはいけない　問八　イ　問九　エ　問十　その笑顔は他人の行動に気を配り，あたたかく見守る自然なもので，相手に幸福感を与えるものである。しかし，それは日常的に簡単に出会えるものではなく，自分自身も容易にできることではないと思い，あらためてその貴重さと意義を実感しているから。

○推定配点○

一　問一　6点　問九　5点　問十　12点　問十一　各2点×3　他　各3点×7

二　問一　各2点×3　問二・問五　各6点×2　問四・問七　各4点×2　問十　12点　他　各3点×4　計100点

＜国語解説＞

一　(物語ー心情・情景，細部の読み取り，空欄補充，ことばの意味，漢字の書き取り，記述力)

重要　問一　「十歳の時に……」で始まる段落が着目点になる。「ぼく」は外国で育ち，養子縁組で日本に来たのだ。二年間両親に日本語を教えてもらったといういきさつがある。しゃべるほうは大丈夫

だが，書くのは苦手だったと思い返している。この点をまとめることになる。

問二　――線③直後から考える。「考えるのが楽しかったみたい」と感じていたし，自己紹介代わりのようなものだから，みんなをあっと言わせるような答えを考えてなど，とにかく「考える」という行動をしている。色々考えることを楽しんでいたのだからアだ。

問三　イとウで迷うところである。「ぼく」が外国で育ち養子縁組で日本に来たという事情であるので，イの「両親と話している」こともじゅうぶん考えられるが，本文中からは，両親と話し合ったという事実は読み取れない。「クラスのみんなに知られなくなくて」とあるので，生徒は「ぼく」にどんな事情があるのかを知らないのだ。しかし，先生なら，両親と話したかもしれないことをふくめて，もしかしたら，書面などの方法でも，生徒の情報をして知っているだろうということが「先生は先生だから」であるのでウを選択する。

問四　ア 「両親と血のつながりがないことを何としてもかくしたい」ということではない。
イ 「通用するか試したい」が誤りである。　ウ　たまたま日本語をしゃべることはのみ込みがよかったとあるが，それを「特別優れている」と思っているわけではない。　エ　持ってもいなかったランドセルの話題にするのは，クラスのみんなと同じであることを意識したものだ。つまり，自分だけ特別な事情をかかえている子であることを知られるのを避けたかったのだからエが適切である。

重要　問五 「ぼくは『ランドセル』と……」で始まる段落に着目する。誰の記憶にも残っていないだろうが，ぼくの記憶に残るのは「罪悪感」があったからとしている。【A】直後に「恥じているから記憶に残る」とあるのだから，「罪悪感」を恥じていると言い換えることができる。「罪悪感」は，「嘘をついたこと」である。

問六　地球はひとつの球体でしかなく，国境なんか見えないが，直前の言葉だ。そもそも，「ぼく」が大人になるまで罪悪感を持ったのは「嘘をついた」ことだ。その嘘をつく原因となったのは，自分が他の子とは違った事情を持った子であるということだった。当時，気にしていたのは，自分は日本で生まれた子ではないということだ。それを思い直しているのだからイである。

重要　問七　――線部だけで考えず，――線⑥前後をしっかり読み込むことが大切だ。恵まれていることとは，「あずけたいものがないこと」である。今ならそう思えるが，当時の「ぼく」は「あずけるものがない」ことを恥じて嘘をついたのだった。したがって，当時の「あずけるものがない」状態の理由こそが，今思えば「恵まれている」ことになる。当時，「あずけるものがない」と感じたのは，「ぼくが持っているもの～そばに置いておきたかったんです。」という思いだ。

問八　問七と関連している設問だ。当時の「ぼく」が嘘をついたのは「あずけたいものがないことを僕は恥じていました。」と告白している。

問九　両親をたとえている言葉が入ることになる。中一のころからずっと心の中に存在していた「あずかりや」のことを「他人のものを～あずかってくれる場所」ととらえている。この部分を自分と両親に置き換えて考えると，自分の子どもではない，つまり，他人の子どもである「ぼく」を育ててくれた，すなわち，あずかってくれた両親は「あずかりや」だと表現しているのである。

やや難　問十　どのような話題を選ぶかはそれぞれだから，これが正解という話題はない。しかし，方向性として誤りになるのは，「あずかりや」を，不要なものを置いておく物置のように取り扱うことだ。捨ててもいいけれど，あずかっておいてくれるならとりあえず置いておこうというような話だと，この文章の内容からはずれてしまうだろう。

基本　問十一　a 「便」は全9画の漢字。8画目を上につき出さないように書く。　b 「訓」は全10画の漢字。9画目はとめる。　c 「常」は全11画の漢字。1～3画目の向きに注意する。

二 (随筆―心情・情景，細部の読み取り，空欄補充，漢字の書き取り，記述力)

基本 問一 a 「対」は全7画の漢字。3画目ははらう，4画目はとめる。 b 「容」は全10画の漢字。4・5画目は3画目につけない。 c 「士」全3画の漢字。3画目を，はっきりと2画目より短く書くように意識する。

問二 「ともあれ私は……」で始まる段落に，その時どのような様子でトイレに向かったのかが述べられている。「バカにされまいと身構えて」とある。また「大股に」は，堂々とということを表すこともできる言葉だが，この場合，見た目は堂々としていたかもしれないが，背後には「バカにされたくない」という気持ちがあるのだから，自然な堂々とした態度ではない。そのように「装って」ということだ。

基本 問三 「ふさわしくないもの」という条件に注意する。四十三年前の出来事を七十歳過ぎでも覚えて幸福感を感じさせる話だ。笑顔そのものは，「邪気のない……」で始まる段落で述べられている。ア・イ・ウは，後にずっと思い続ける幸福感に結びつくが，エは恥を知りなさいという厳しいものであるのでふさわしくない。

重要 問四 「あけっぴろげ……」で始まる段落が着目点である。結局，男性用トイレに入り用を足しながら「思いがけないほどの幸福感」がこみあげて，また少し笑ったとある。

問五 「気づかないふりをするか」と「『ドジ』というように避けて通る」のそれぞれを「どのような接し方」といえるのかを説明することになる。

問六 問三で考えたことがヒントになる。問三は「ふさわしくないもの」を選んだが，逆に考えれば，選ばなかった選択肢は「ふさわしい」ということになる。これらの選択肢に共通するのは「思いやりがあり，励まされた」ということになるのでイだ。

問七 アランの「われわれは，……」の言葉の中から考える。【A】直前が「ねばならぬ」で，このように，「する義務・責任がある，するのが当然である」という強い意味を強要されると「上機嫌も硬直しそうだ」と言っていることから考えると，【A】にも，義務を強要されるような表現が入ると考えられる。アランの言葉に「してはいけない」とある。

問八 9.11は，アメリカでの同時多発テロの発生日である。アフガニスタン・イラク・パレスチナも，戦火が広がる地域のことだ。これらに挙げられているのは「激しい対立」である。

基本 問九 「咄嗟にいきいきと反応し」という表現に着目する。とっさの出来事に対応できるということは「柔軟性」があるからである。

やや難 問十 「笑顔」を大事なものであるととらえていることは文章全体でわかる。ただし，この場合どのような「笑顔」であるかを説明しておくことは大切だ。問三，問六で考えたように，ここでの「笑顔」は，他人の行動に気を配り，温かく見守り，そして相手に幸福感を与える笑顔だ。それは実体験からわかっていても，「さすが『機嫌のよさ』を……」で始まる段落にあるように，なかなか出会うことも，まして，自分自身で簡単にできるようになるものではないことも実感している。だからこそ，なおさら貴重で大切だと思うのである。

★ワンポイントアドバイス★

記述に苦手意識を持っていると手も足も出ない設問である。失敗を嫌がらず何度も書いて練習を重ねよう。

第2回

2020年度

解 答 と 解 説

《2020年度の配点は解答欄に掲載してあります。》

＜算数解答＞

1 (1) $1\frac{1}{4}$ (2) 5.1 (3) 5 　2 (1) 毎分70m (2) 102g (3) 3：7

3 748人 　4 (1) 13.5 (2) 2，20，23

5 (1) 32分 (2) 72分 (3) 108cm

6 (1) 9回 (2) 42秒後 (3) 21秒後

7 (1) 26 (2) (最も大きいS) 300 (最も小さいS) 160 (3) 70個
(4) 2，6，7

○推定配点○

各5点×20(4(2)，7(4)各完答) 計100点

＜算数解説＞

1 (四則計算)

(1) $2\frac{11}{12}-1\frac{8}{12}=1\frac{1}{4}$ (2) $7.6-\frac{5}{2}=5.1$

(3) $(1.2+0.675)\div\frac{3}{8}=(9.6+5.4)\div3=5$

2 (速さの三公式と比，旅人算，割合と比，倍数算，平面図形)

基本 (1) 840÷(840÷60－2)＝70(m)

重要 (2) Cの重さを3×4＝12にすると，Aの重さは$12\times\frac{5}{4}\times\frac{2}{3}=10$であり，12－10＝2が17gに相当するのでCの重さは17÷2×12＝102(g)

重要 (3) 右図において，三角形ABEの面積は8×15÷2÷3×2－28＝12(cm^2) したがって，AE：EDは12：28＝3：7

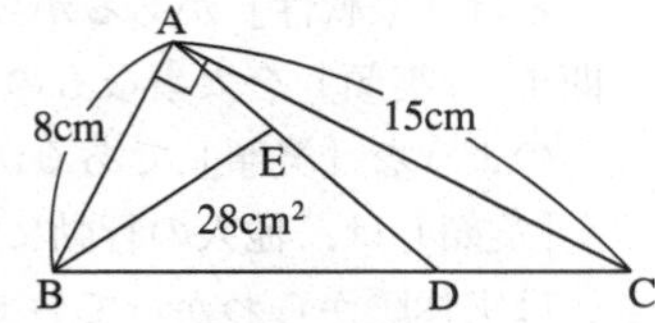

重要 3 (割合と比，消去算)

60％：16％＝15：4，149＋⑮と127＋④の比が50：25＝2：1であり，(127＋④)×2＝254＋⑧が149＋⑮に等しい。したがって，⑮は(254－149)÷(15－8)×15＝225(人)，全校生徒は(225＋149)÷0.5＝374×2＝748(人)

4 (平均算，割合と比)

基本 (1) (17＋10＋13＋14)÷4＝54÷4＝13.5

重要 (2) nが最小のとき…A＝(8＋17＋10＋13)÷4＝48÷4＝12，n＝12×6－(48＋22)＝2　nが最大のとき…A＝(48－8＋22)÷4＝15.5，n＝15.5×6－(48＋22)＝23　nが最小でも最大でもないとき　A＝(48－8＋n)÷4＝(40＋n)÷4が(48＋22＋n)÷6＝(70＋n)÷6に等しい。したがって，40＋nと70＋nの比が4：6＝2：3であり，右図より，nは(70－40)×3－70＝20

5 (立体図形，平面図形，割合と比，グラフ)

基本 (1) グラフより，12分で$\frac{3}{8}$まで水が入るので満水になるのは
$12\div\frac{3}{8}=32$(分)

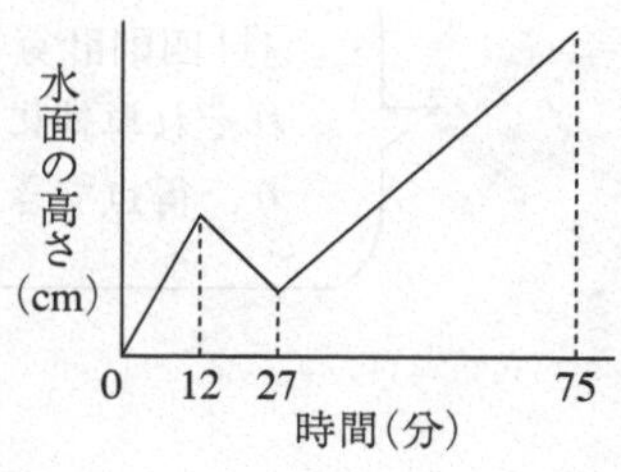

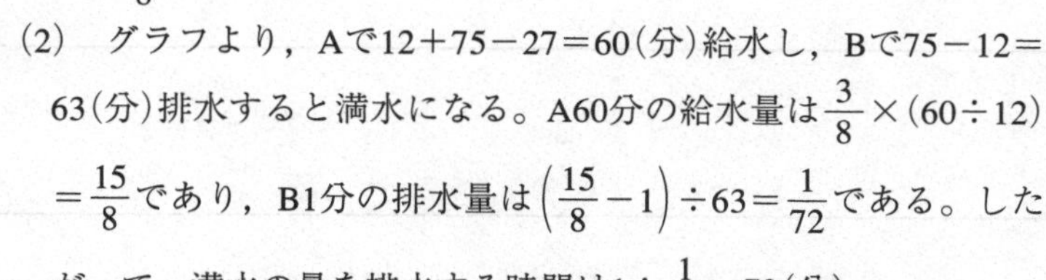

やや難 (2) グラフより，Aで$12+75-27=60$(分)給水し，Bで$75-12=63$(分)排水すると満水になる。A60分の給水量は$\frac{3}{8}\times(60\div12)=\frac{15}{8}$であり，B1分の排水量は$\left(\frac{15}{8}-1\right)\div63=\frac{1}{72}$である。したがって，満水の量を排水する時間は$1\div\frac{1}{72}=72$(分)

(3) (1)・(2)より，27～75分でたまる水量は$\left(\frac{1}{32}-\frac{1}{72}\right)\times(75-27)=\frac{5}{6}$である。したがって，水そうの高さは$18\div\left(1-\frac{5}{6}\right)=108$(cm)

重要 6 (平面図形，図形や点の移動，速さの三公式と比，旅人算，数の性質，規則性)

(1) ㋑が1周すると，Pは㋐の周と$20\div5=4$(回)接するので，$\frac{56}{24}=\frac{7}{3}$(周)すると，$4\times\frac{7}{3}=9\frac{1}{3}$より，9回接する。

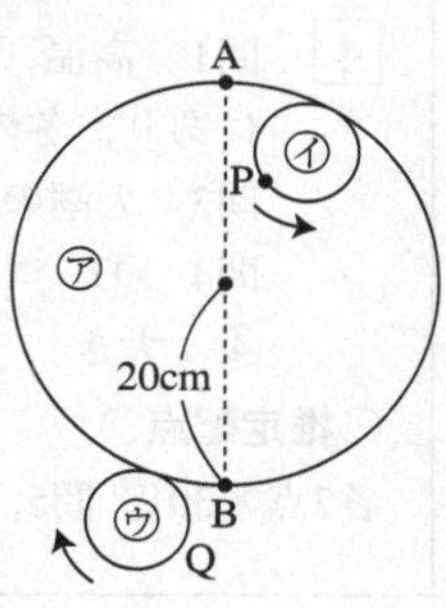

(2) P…$24\div4=6$(秒)で$\frac{1}{4}$周，$6\times3=18$(秒)で$\frac{3}{4}$周，$6\times5=30$(秒)で$\frac{5}{4}$周，$6\times7=42$(秒)で$\frac{7}{4}$周，以下，同様である。

Q…$56\div4=14$(秒)で$\frac{1}{4}$周，$14\times3=42$(秒)で$\frac{3}{4}$周，以下，同様である。

したがって，42秒後に正方形AQBPができる。

(3) (2)より，Pを通る㋑の直径の延長線は$6\div2=3$(秒)ごとに㋐の中心を通り，Qを通る㋒の直径の延長線は$14\div2=7$(秒)ごとに㋐の中心を通る。したがって，$3\times7=21$(秒後)にQ－㋑の中心－P－㋐の中心が一直線に並ぶ。

7 (立体図形，平面図形，数の性質，場合の数)

基本 (1) 直方体の左面にも右面と同じ数が並ぶので，$(4\times2+5)\times2=26$

基本 (2) 最大：5cm×6cmの面に5だけが並ぶようにする…$5\times5\times6\times2=300$
最小：4cm×5cmの面に4だけが並ぶようにする…$4\times4\times5\times2=160$

重要 (3) $430\div2=215$であり，5cm×9cmの面に4だけが並ぶとき，数の和は$4\times5\times9=180$　したがって，5は全部で$(215-180)\times2=70$(個)

やや難 (4) $180\div2=90$であり，3cm×10cmの面に4だけが並ぶときも$4\times3\times10=120$で不適
□cm×3cmの面に数が並ぶとき…$4\times□\times3=12\times□$が90以下，$5\times□\times3=15\times□$が90以上の□は6，7
□cm×10cmの面に数が並ぶとき…$4\times□\times10=40\times□$が90以下，$5\times□\times10=50\times□$が90以上の□は2

★ワンポイントアドバイス★

①「四則計算」, ②「小問群」で着実に得点することが先決である。③以下は, それぞれ単純に解ける問題ではないが, 少なくとも(1)は基本問題レベルの問題であり, 得点できる。その他については, 解きやすい問題を優先して解こう。

＜理科解答＞

1 問1 $\frac{1}{4}$倍　問2 $\frac{1}{8}$倍　問3 $\frac{1}{4}$倍　問4 $\frac{1}{6}$倍　問5 $\frac{13}{60}$倍

2 問1 9.1%　問2 4.8%　問3 右図　問4 24℃
問5 イ, ウ, オ　問6 0.148g

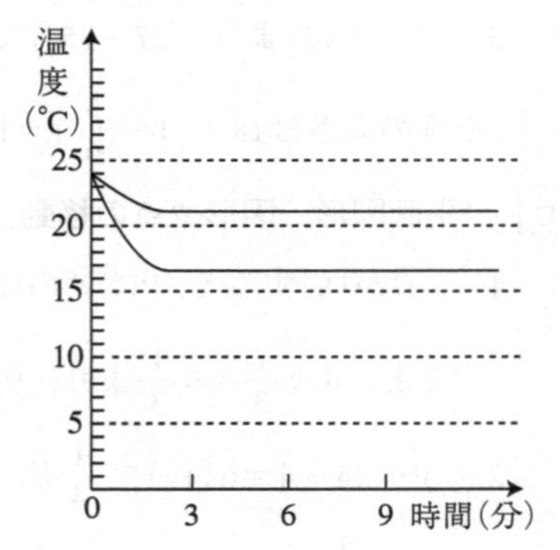

3 問1 ウ　問2 (1) カ　(2) イ　(3) イ
問3 ウ　問4 南東　問5 ウ, オ　問6 エ

4 問1 高温, 多湿　問2 リオデジャネイロは南半球にあり, 冬の時期の実施だったから。
問3 大潮の時期, 満潮の時間帯
問4 ① ニュートン　② 北極　③ 南極
④ 大き　⑤ 小さ　問5 エ

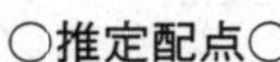
○推定配点○

各2点×30(②問5, ③問5各完答)　計60点

＜理科解説＞

1 (物理的領域―てこ)

基本 問1 □(分の重さ)×$\frac{1}{2}$(の長さ)＝$\frac{1}{2}$(の重さ)×$\frac{1}{4}$(の長さ)より, 棒の左端には棒の重さの$\frac{1}{4}$倍のおもりをつりさげればよい。(図ア)

基本 問2 $\frac{1}{3}$(分の重さ)×□(の長さ)＝$\frac{1}{2}$(の重さ)×$\frac{1}{4}$(の長さ)より, □は$\frac{3}{8}$となる。よって, 左側につるした$\frac{1}{3}$の長さの棒は, 棒の左端から棒の長さの$\frac{1}{2}-\frac{3}{8}=\frac{1}{8}$(倍)の位置につるせばよい。(図イ)

やや難 問3 図ウのように, 右側にのせた$\frac{1}{2}$の棒の重さとの釣り合いを考えればよい。よって, $\frac{1}{2}$(分の重さ)×□(の長さ)＝$\frac{1}{2}$(の重さ)×$\frac{1}{4}$(の長さ)より, □は$\frac{3}{4}$となるので, 左につるした棒の位置は棒の左端から棒の長さの$\frac{1}{2}-\frac{1}{4}=\frac{1}{4}$(倍)となる。

やや難 問4 問3のてこはつりあっているので, 問4で新たに加わった分だけを考えればよい。右側に新たにのせた$\frac{1}{3}$の棒は支点から$\frac{1}{2}-\frac{1}{6}=\frac{1}{3}$の位置にあるので, $\frac{1}{3}$(分の重さ)×□(の長さ)＝$\frac{1}{3}$(の重さ)×$\frac{1}{3}$(の長さ)より, □は$\frac{1}{3}$となる。よって, 左につるした$\frac{1}{3}$の棒の位置は棒の左端か

ら棒の長さの$\frac{1}{2}-\frac{1}{3}=\frac{1}{6}$(倍)となる。(図エ)

やや難　問5　図オのように$\left(\frac{1}{2}+\frac{1}{3}\right)$(の重さ)×□(の長さ)$=\frac{1}{2}$(の重さ)×$\frac{1}{4}$(の長さ)$+\frac{1}{3}$(の重さ)×$\frac{1}{3}$(の長さ)より，□は$\frac{17}{60}$となるので，左につるした棒の位置は棒の左端から棒の長さの$\frac{1}{2}-\frac{17}{60}=\frac{13}{60}$(倍)となる。

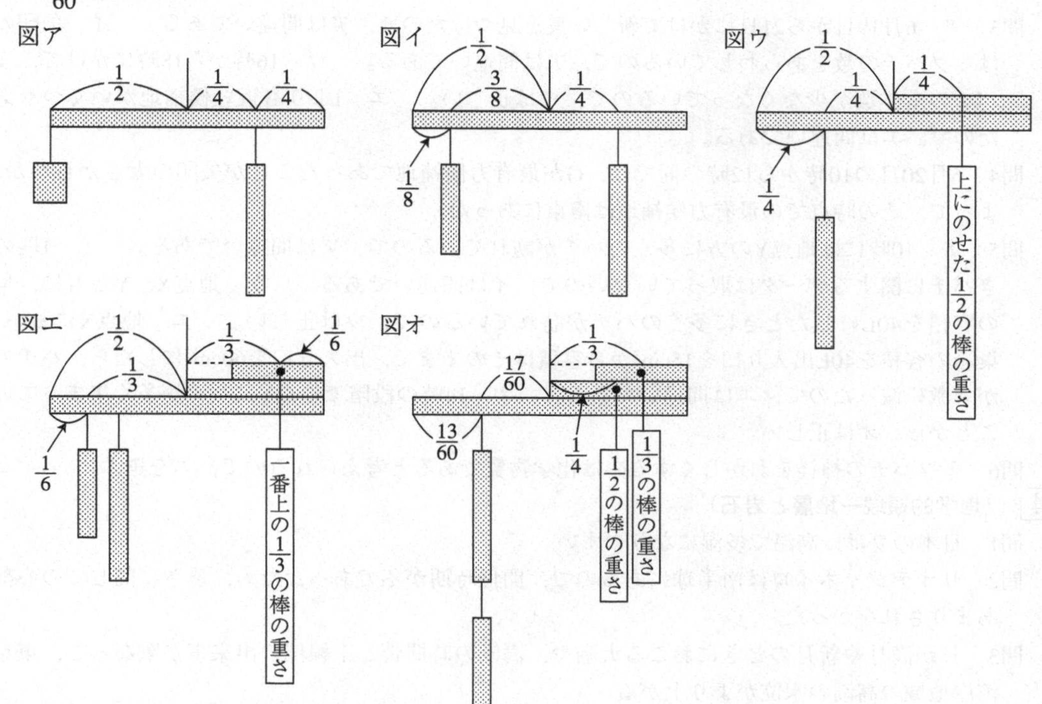

2　(化学的領域―ものの溶け方)

基本　問1　$\frac{10(g)}{10(g)+100(g)}\times100=9.09\cdots$より，9.1%である。

やや難　問2　実験1は，硝酸アンモニウム：水＝10：100＝1：10，実験3は硝酸アンモニウム：水＝40：1000＝1：25の割合の水溶液である。よって，実験1でつくった55gの水溶液には水が50g，硝酸アンモニウムが50gふくまれており，実験3でつくった260gの水溶液には水が250g，硝酸アンモニウムが10g含まれている。よって，$\frac{5(g)+10(g)}{55(g)+260(g)}\times100=4.76\cdots$より，4.8%の濃度となる。

やや難　問3　水100gに硝酸アンモニウム10gを溶かすと，3分間で水温が，24(℃)−16.5(℃)＝7.5(℃)下がることがわかる。実験3は実験1とくらべると，水量が10倍，硝酸アンモニウムが4倍なので，3分間で水温は，$7.5(℃)\times\frac{1}{10}\times4=3(℃)$下がる。

重要　問4　「実験前の水と実験器具の温度は，実験室の室温と同じ」と問題文にあるので，実験室の室温は24℃である。

やや難　問5　xは16.5℃，yは$24(℃)-7.5(℃)\times\frac{1}{10}=23.25(℃)$，$z$は21℃である。よって，イ，ウ，オが選べる。

基本　問6　実験4と5で，3分後の温度が一緒になったことから，塩化水素25Lの重さが3.7gだとわかる。よって，塩化水素1Lの重さは3.7(g)÷25(L)＝0.148(g/L)である。

3 (生物的領域ー植物)

問1 ブロッコリーはアブラナ科の植物である。

基本 問2 (1) 太陽(真上)と反対方向にえさ場があるので,8の字ダンスが真下を向いているカを選ぶ。(2) 太陽に対し135°の位置なので,8の字ダンスで左下を示しているイを選ぶ。 (3) 正午に太陽の向きにエサ場があるというダンスを行っているので,エサ場の位置は南の方向にあるとわかる。

基本 問3 ア 6月19日から21日にかけて新しい巣を見つけたので,アは間違いである。 イ 矢印の幅はミツバチの数をあらわしているので,アは間違いである。 ウ 16時から18時にかけて,ミツバチの全体数が少なくなっているので,ウは正しい。 エ Iよりも近い候補地がいくつもあったので,エは間違いである。

問4 6月20日の10時から12時の間では,Gが最有力候補地であったことが矢印の太さからわかる。よって,その時点での最有力候補地は南東にあった。

基本 問5 ア 10時には地点Yの方に多くのハチが訪れているので,アは間違いである。 イ 1匹の働きバチに関するデータは取っていないので,イは間違いである。 ウ 地点X,Yともに,巣箱の容積を40Lにしたときに多くのハチが訪れているので,ウは正しい。 エ 地点Xにおいて,巣箱の容積を40L出入り口を15cm^{3}から容積はそのままで,出入り口を60cm^{3}にしたら,ハチの数が急激に減ったので,エは間違いである。 オ 14時の段階で地点Yにハチが多く集まっていることから,オは正しい。

基本 問6 ミツバチの神経をおかしくするのは化学物質であると考えられるので,エを選ぶ。

4 (地学的領域ー地層と岩石)

重要 問1 日本の夏は,高温で多湿になりやすい。

基本 問2 リオデジャネイロは南半球にあるので,開催時期が冬であったため,暑さに関しての心配はあまりされなかった。

基本 問3 月が満月や新月のときにおこる大潮や,満潮の時間帯と下線部の出来事が重なると,東京の湾岸地域の高潮の水位がより上がる。

問4 ① 引力はニュートンが発見した。 ②・③ 自転軸は北極と南極を通っている。 ④・⑤ 地球の自転による遠心力は赤道で最も大きい。そのため,赤道上の重力の大きさは北極点や南極点と比べるとわずかに小さくなる。

基本 問5 引力は地球の中心から遠ざかるほど小さくなるので,重力の大きさがわずかに小さい赤道上の標高の高いところにある競技場で,ウエイトリフティングなどの競技で良い記録が出ると考えられる。

★ワンポイントアドバイス★

難しいと思った問題を後回しにする方法を,普段から心がけよう。

<社会解答>

【1】 問1 エ→ア→イ→カ→ウ→オ 問2 (平泉) い (富岡) え 問3 ① キ ② カ ③ ウ ④ イ 問4 ① B ② A ③ B 問5 (輸入品) お

(輸出品) え　問6 蒸気　問7 渡来人　問8 アメリカ　問9 「解放令」を出して新しく平民としたが，住む場所や結婚，就職などの差別はなくならなかった。

【2】 問1 ① ア × イ ○ ウ ○ エ × ② い
問2 (愛知県)←お←き←く←け←す←(東京都)　問3 う・お　問4 い
問5 ① 赤石(山脈)　② う　問6 え　問7 信濃(国)　問8 い　問9 え
問10 う

【3】 問1 内閣府　問2 あ→え→う→い　問3 兵役の義務　問4 ア × イ ○ ウ ○　問5 (設問1) い，う (設問2) 図5・図6より，法人税は，景気が良くなると税収が増えていき，景気が悪くなると税収は減っていくことがわかる。一方，消費税は，景気の良し悪しに左右されず税収が安定しており，法人税より財源確保の見通しが立てやすいから。

○推定配点○
【1】 問1～問8 各1点×15　問9 2点　【2】 各2点×15(問3完答)
【3】 問1～問5設問1 各1点×7(問5設問1完答)　問5設問2 6点　計60点

＜社会解説＞

【1】 (日本の歴史ー技術の進歩に関する問題)

問1 文章アの藤原氏によって平泉に中尊寺金色堂が建てられたのは11世紀後半なので，平安時代(794～1185年)，イの日本は明を征服しようとして，2度にわたり朝鮮に攻め込んだのは安土桃山時代(1573～1603年)，ウのフランス人技術者ブリューナの指導で富岡に製糸場が建設されたのは明治時代(1868～1912年)，エの大陸や朝鮮半島から日本に多くの人が移住して技術や文化を伝えたのは古墳時代(3世紀後半～7世紀ごろ)，オの日本経済が急速に発展し，各家庭にテレビや洗濯機，冷蔵庫などの電化製品が普及したのは昭和時代(1926～1989年)，カの厳しい身分制度のもと，百姓や町人とは区別された人々がいたのは江戸時代(1603～1867年)のことである。したがって，これらの事柄を古い順に並べると，エ→ア→イ→カ→ウ→オとなる。

問2 (平泉) 平泉(図1中の「い」)はかつての奥州藤原氏の根拠地で，中尊寺金色堂・毛越寺・無量光院などが建立されて仏教文化が栄えた。 (富岡) 群馬県の富岡(図1中の「え」)に官営の製糸場が建設された理由としては，①元来から養蚕が盛んな地域で，そのため生糸をとるために必要な繭の生産も周辺で盛んで，原料の繭の確保が容易であったこと，②工場の建設のための，広い平らな土地や豊富な水が確保できたこと，③外国人が指導する工場建設に対する，地元の同意が得られたことなどが主要な要因とされる。なお，図1の「あ」は函館，「う」は佐渡，「お」は京都，「か」は広島，「き」は北九州である。

問3 ① 3月1日に朝鮮独立をめざす人々のあいだで大きな抵抗運動がおきたのは，1919年の大正時代(1912～1926年)のことである。したがって，文ア～カの中には関係が深い文はない。
② 大阪が「天下の台所」とよばれていたのは，江戸時代(文カ)である。 ③ 岩倉具視らの使節団がアメリカやヨーロッパに向けて出発したのは，明治時代(文ウ)のことである。 ④ 茶の湯が好まれ，大阪城内に金ぱくをはった茶室がつくられたのは，安土桃山時代(文イ)のことである。

基本 問4 ① 源頼朝が朝廷から征夷大将軍に任命されたのは1192年のことなので，文アの11世紀後半より後のことである。 ② 藤原道長(966～1027年)が政治の実権をにぎったのは11世紀前半なので，文アの11世紀後半より前のことである。 ③ 執権の北条時宗が元の大軍と戦ったのは

1274年と1281年のことなので，文アの11世紀後半より後のことである。

重要 問5　対馬藩は江戸時代の鎖国下で朝鮮との交流の窓口であるとともに，朝鮮との貿易を認められていた藩である。藩主は宗氏であり，朝鮮の釜山に倭館を設けて家臣を常駐させていた。この貿易で日本が朝鮮から主に輸入したものは木綿(「お」)・朝鮮にんじん・絹織物であり，朝鮮へ主に輸出したものは銀・銅(「え」)であった。

問6　蒸気機関は，ボイラーで発生した蒸気を利用して起こした運動を動力に変える装置である。蒸気機関には蒸気をシリンダーに導いて，ピストンを往復運動させる往復動型のものと，蒸気で羽根車を回すタービン型のものがある。この機関は18世紀にイギリスのニューコメンが実用化し，さらにワットが改良を加えたことで大きく，安定した動力が得られるようになった。

基本 問7　渡来人とは4～6世紀頃にかけて，中国や朝鮮半島から日本に移り住んだ人々のことである。彼らの移住は2波に分かれ，第1波は4～5世紀初めに楽浪郡や帯方郡に住んでいた漢民族が渡来して大和政権に貢献し，第2波は5～6世紀に百済系の人々が渡来して飛鳥文化の成立に貢献した。彼らは堅い土器の製造技術，養蚕・機織などの技術，漢字，仏教，儒教などを日本に伝えた。

問8　日本の経済が発展した高度経済成長は1950年代後半から1970年代前半まで続いた，経済成長率が年平均10%を越える成長をしていた時期のことである。この期間中の資本主義国の中で国民総生産(GNP)が世界第1位の国はアメリカ合衆国であるが，日本も1968年には国民総生産がアメリカ合衆国に次いで世界第2位となった。

やや難 問9　明治政府は，1871年に解放令を出して，百姓や町人とは区別されていた「えた・ひにん」などの身分を廃止し，すべて平民とした。しかし他の身分の人々がこれら「えた・ひにん」と呼ばれた人々と同じとされることを嫌って，彼らのことを「新平民」と呼んで職業，結婚，住居などの多くの面で差別する習慣が根強く残った。このことは，政治・慣習的な諸問題を多く含んだ社会問題であり，現代では世系差別と地域差別を合わせて「同和問題」と呼ばれている。

【2】（日本の地理―リニア中央新幹線に関する問題）

重要 問1　①　ア　この文は誤っている。自動車の組み立て工場では自動車作りの全工程ではなく，多くの工程をロボットが担っているが，ロボットなどの機械ができない工程は人間が手で作業を行っている。　イ　この文は正しい。自動車工業には，自動車の組み立て工場とその部品を作っている下請けの多くの関連工場がある。自動車組み立て工場の周辺には，関連部品を製造する工場があり，これらの関連工場から運ばれてくる2～3万個の部品が，ベルトコンベアによる流れ作業で組み立てられている。　ウ　この文は正しい。愛知県の工業出荷額は乗用車・トラック・バス・オートバイなどの輸送機械の出荷額が全体の半分近くを占め，自動車・オートバイを含む輸送用機械の出荷額は都道府県で第一位であり，都道府県別の割合でも全体の約4分の1を占めている。　エ　この文は誤っている。自動車会社はすべての自動車の組み立てを日本国内で行っていることはなく，1980年代以降はアメリカ合衆国やアジアの海外の工場で組み立てる現地生産を進めて，2007年以降は日本車の海外生産が国内生産を上回っている。しかし日本国内でも国内市場向けの自動車生産は盛んで，2018年の日本の生産台数は世界第3位である。　②　2015年の自動車生産台数の上位5か国は，中国(表1の「あ」)・アメリカ・日本(表1の「い」)・ドイツ・韓国(表1の「う」)の順である。しかし，近年ではインドやメキシコも急速に生産台数を増やしている。

問2　図2中の県で神奈川は「す」，山梨は「け」，静岡は「く」，長野は「き」，岐阜は「お」である。なお，図2中の「あ」は石川，「い」は福井，「う」は滋賀，「え」は富山，「か」は愛知，「こ」は群馬，「さ」は埼玉，「し」は東京の各都県である。

問3　政令指定都市とは，政令で指定された人口50万人以上の都市のことである。1956年に横浜・名古屋・京都・大阪・神戸の5市が初めて指定され，次いで北九州・札幌・川崎・福岡・広島・

仙台・千葉・さいたま・静岡・堺・新潟・浜松・岡山の各市が指定され，最近では2010年4月に相模原市，2012年4月に熊本市が指定されたことで政令指定都市は全部で20市となった。他方，これらの都市の都道府県の区分は北海道が札幌，宮城県が仙台，新潟県が新潟，千葉県が千葉，埼玉県がさいたま，神奈川県が横浜・川崎・相模原，静岡県が静岡・浜松，愛知県が名古屋，京都府が京都，大阪府が大阪・堺，兵庫県が神戸，岡山県が岡山，広島県が広島，福岡県が北九州・福岡，熊本県が熊本である。したがって，神奈川県内にある相模原市以外の政令指定都市は，川崎市(「う」)と横浜市(「お」)である。なお，「あ」の小田原市，「い」の鎌倉市，「え」の横須賀市はいずれも神奈川県内の都市である。

基本 問4　2015年のぶどうの生産量上位5県は，山梨・長野・山形・岡山・福岡(表2の「い」)の各県である。なお，表2の「あ」はりんご，「う」はもも，「え」はみかんの生産量上位5県である。

重要 問5　①　赤石山脈は長野県・山梨県・静岡県にまたがって連なる山脈で，南アルプスとも呼ばれ，飛驒山脈(北アルプス)・木曽山脈(中央アルプス)と共に日本アルプスと総称される。この山脈には日本第2位の高さの北岳(3193m)をはじめ，9つの3000m級の山がある。②　アルプス山脈はアルプス・ヒマラヤ造山帯に属し，ヨーロッパの中央部を東西に横切る山脈(図3中の「う」)である。この山脈はオーストリアとスロベニアを東端とし，イタリア・ドイツ・リヒテンシュタイン・スイスの各国にまたがり，フランスを南西端としている。その最高峰はモンブラン（4810m）で，フランスとイタリアの国境をなしている。なお，図3中の「あ」はスカンディナビア山脈，「い」はピレネー山脈，「え」はアペニン山脈である。

問6　ユーロトンネル(英仏海峡トンネル)は，グレートブリテン島のイギリスとヨーロッパ大陸のフランス(選択肢の「え」)の二国間のドーバー海峡(英仏海峡)を結ぶ，高速列車が通過する鉄道用海底トンネルである。このトンネルは海底部の総距離は37.9kmで世界第1位であるが，陸上部を含めた全長は50.5kmで世界第3位である。なお，ドイツ(「あ」)・スペイン(「い」)・イタリア(「う」)は，いずれもヨーロッパ大陸内の国である。

問7　長野県はかつての地方行政区分で信濃国と呼ばれ，東山道に属していた。平安時代末期から鎌倉時代初期にかけて，南宋から帰国した僧侶によって「信州」と呼ばれるようになった。

基本 問8　岐阜県南部の多治見市や土岐市，愛知県北部の瀬戸市は，日本を代表する陶磁器(「い」)の産地である。この地域は良質の陶土が産出されるため，鎌倉時代から焼物生産が行われてきたが，19世紀初めに有田焼の技法を導入して急速に発展した。

問9　各都市の東京都心からの距離は，「あ」の熱海市は107.7km，「い」の宇都宮市は129.5km，「う」の高崎市は125.7km，「え」の八王子市は47.7kmとなっている。したがって，東京駅から約50kmのところにある市は八王子市となる。八王子市は東京都の多摩地域南西部にあり，人口は約57万人(2020年)で，東京都で唯一の中核市に指定されている。

問10　上海市(図4中の「う」)は，長江河口の南岸にある直轄市である。都市の大部分が長江の三角州に位置し，中国一の貿易量を有する上海港があり，中国最大の商工業都市である。なお，図4中の「あ」は北京(ペキン)市，「い」は成都(チャントゥー)市，「え」は香港(ホンコン)である。

【3】（政治ー日本の景気と税収に関連した問題）

問1　内閣府は国の行政機関である1府12省庁の1つで，内閣の重要政策に関する企画・立案・調整などを行っている。内閣総理大臣を主任の大臣とし，自らを助ける内閣府特命担当大臣を置くことができる。

重要 問2　「あ」の朝鮮戦争（1950～1953年）が始まったことにより，日本に好景気がもたらされた「特需景気」は1950年代，「い」の「バブル景気」は1980年代後半から1990年代初頭，「う」の中東で起こった戦争をきっかけに世界経済が混乱した第1次石油危機は1970年代半ば，「え」の東京オリンピック(1964年)の開催に向けて好景気がもたらされた「オリンピック景気」は1960年代前半のことである。したがって，これらの事柄を古い方から順に並べると，あ→え→う→いとなる。

問3　大日本帝国憲法では臣民に対して，第20条で兵役の義務，第21条で納税の義務が定められていた。また,「教育勅語」には教育の義務が定められており，この3つの義務が「臣民の三大義務」とされていた。

重要　問4　ア　この文は誤っている。2008年から開始された「ふるさと納税」は日本の個人住民税制度の1つで，日本国内の任意の地方自治体に寄付することにより，寄付した金額のほぼ全てが免除されるものである。したがって，寄付先が出身地または現在住んでいる自治体に限られることはない。　イ　この文は正しい。2019年1月から国際観光旅客税(出国税)という間接税が導入され，日本人・外国人を問わず，日本から出国する際に1回につき1000円が徴収されることになった。この税収は，日本の旅行情報の充実化や観光地での外国語表示の整備などに使用されることになっている。　ウ　この文は正しい。消費税は2014年4月にそれまでの5%から8%に引き上げられた後，二度にわたって延期されてきたが，2019年10月に8%から10%に引き上げられた。

やや難　問5　(設問1)　あ　この文は誤っている。文中の「5月3日に日本国憲法が施行されてから60年が経過した年度」は，日本国憲法の施行が1947年なので，その年度は2007年度である。図5から2007年度の部分をみると，法人税の税収額は約15兆円，消費税の税収額は約10兆円なので，法人税の税収額は消費税の税収額を下回っていない。また，この年度以降の3年間(2008～2010年)では，2008と2009年は法人税の税収額が減少している。　い　この文は正しい。文中の「5月15日に沖縄が本土に復帰してから41年が経過した年度」は，沖縄の本土に復帰が1972年なので，その年度は2013年度である。図5から2013年度の部分をみると，法人税と消費税ともに税収額は約10兆円でやや消費税が多い状態である。しかし翌年度(2014年度)は法人税が約11兆円であるのに対して，消費税は約16兆円と両者の税収額の差は拡大している。　う　この文は正しい。消費税は平成元年(1989年)に税率3%で導入され，その8年後の平成9年(1997年)には5%に増税された。図5から1997年度の部分をみると，消費税の税収額は前年度の約6兆円から約9兆円に増えているが，法人税の税収額は前年度の約14兆円余りから約13兆円に減少しているので，両者の税収額の差は縮まっている。　(設問2)　図5の「法人税額と消費税額の推移」と図6の「日本の経済活動の大きさの推移」を見比べると，法人税は日本の経済活動が大きくなる時期には税収額が増えているが，逆に経済活動が小さくなると減少しているように，その税収額の増減が経済活動の動向に左右されている傾向があることがわかる。他方，消費税は1997年と2014年のように税率が引き上げられた際には税収額が増えているが，それ以外の時期には税収額は全体的にほぼ横ばいで変化が小さいことがわかる。このことから法人税は景気の動向に左右されて税収額が安定しないが，消費税は景気に左右されることなく毎年一定額の税収が見込めて比較的税収額が安定していることがわかる。そのため財務省は税制改革を実施するにあたり，財源確保の見通しが付けやすい安定財源である消費税の税収額を頼りにし，その消費税率の引上げを柱としようとしている。

★ワンポイントアドバイス★

地理と政治の分野では日本のことだけに限らず，世界に関することでも時事問題に関連付けられた出題が多いので，日頃からテレビや新聞などによって世の中の動向はきちんとおさえるようにしておこう。

＜国語解答＞

一　問一　エ　問二　ウ　問三　樹木さんはたくさんの人々と交流があるのに，自分がちらっと話したことを覚えていて気遣ってくれたことに対して，一人一人を大事にするという姿勢が徹底しているという点で「生半可じゃない」と思った。　問四　ア・エ
問五　すでに上着　問六　私にだって　問七　エ　問八 (1) いじめをなくすのは大変むずかしいことだが，良い方向に向かうよう，あきらめずに取り組み続けること。
(2) 樹木さんは，いじめをなくす活動に否定的であるのに，中島さんの覚悟を知り，願いを聞き入れ，真剣に手紙を書き，エールも送ってくれた。中島さんは，樹木さんの言葉や手紙によって，自分の活動への理解を深めることができたし，樹木さんの期待に応えたいという思いも強くなった。その結果，人生をかけて取り組み続けるというほどに，覚悟を決めることができたから。　問九　a　拝見　b　独特　c　厳

二　問一　a　綿　b　胸　c　信念　d　新幹線　問二　イ　問三　エ　問四　歌手と執筆の仕事をしている孫が一人いるだけなのに，それぞれの仕事をする二人の孫がいると思い込んでいる間違い。　問五　だから会えるうちに会っとけ　問六　エントラン
問七　イ　問八　どちらさまですか　問九　イ　問十　自分の強い信念と他人を思いやる心とから時として激しい振る舞いをすることもある「祖父」に対し，感情的で自分勝手な困った人であるという印象を持ち，理解しようともせずにいた自分のおろかさに気がついたから。　問十一　ウ

○推定配点○

一　問三・問八(1)　各6点×2　問五　4点　問八(2)　8点　問六　5点
問九　各2点×3　他　各3点×5

二　問一　各2点×4　問四　6点　問五・問八　各5点×2　問十　8点　他　各3点×6

計100点

＜国語解説＞

一　(随筆ー細部の読み取り，指示語の問題，空欄補充，漢字の書き取り，記述力)

問一　「往年」とは，過ぎ去った昔という意味の言葉。「晩年」は，一生の終わりのころの時期という意味の言葉である。2017年は，「亡くなる一年前」とあるので「晩年」である。

基本　問二　直前が，「亡くなった森繁さんを」である。遠く離れた人，亡くなった人を懐かしく思い出す，追悼(ついとう)することを「しのぶ」という。

やや難　問三　「私が以前，……」で始まる話の中でまとめることになる。「どんなことに対して」については，樹木さんは普段からたくさんの人々と交流がある忙しい人であるということが前提であり，そんな樹木さんが，自分がちらっと話したことを覚えていてくれていて，気遣ってくれるということが「どんなこと」になる。そのような樹木さんの対応を「一人一人を大事にしてくれる」と実感したことが「どういう点」にあたる部分である。平易な言葉で言えば，こんなに大勢の人に会う人が，自分のちょっとした言動を覚えていてくれるなんて，人を大事にするということにおいては相当たいしたもんだということになる。

重要　問四　「中島さん，いじめをなくす……」で始まる樹木さんの発言から考えると，樹木さん自身は，いじめはなくすことは難しいと考えているのである。だから，いじめをなくす活動に熱心に取り組む中島さんに対して，まず，「困ったな」と考えたのだ。そして，同じ理由で，そんな難しい

ことに取り組もうとしている中島さんを「心配」したのだ。

問五　【※】以前にある中島さんの様子，行動を探すことになる。「旭川空港……」で始まる段落に着目する。中島さんは，障害のある人たちの療育施設で働いているのだ。「すでに上着……」で始まる一文に，療養施設で額に汗しながらひときわ大声で利用者に声をかけている」姿がある。

やや難　問六　――線④をふくむ言葉の直前に「自分も人をいじめたことがある，と告白した手紙。」とある。「そういう罪がある」というのは，樹木さんの告白である。したがって，最低字数制限である3字なら「私には」という解答も書ける。が，樹木さんは，自分の反省だけでいじめをなくすことは難しいと感じているわけではない。「人間がいる限り，いじめや差別はなくならない」という信条なのである。つまり，「だれだって」そういう気持ちを抱え持っているというだ。そのような視点をふくむには「私にだって」という，誰にでも起きるというニュアンスを加えたい。

問七　樹木さんの「それじゃ　つまりませんネェ」を受けて，生徒たちが話し合ったのは「確かに～生まれる何かもある」ということだ。アは，確かに言えることだが，「生まれる何か」の部分がまったくない。したがって，「生まれる何か」を「人間の面白み」としているエを選択する。

やや難　問八　(1)　最終段落が着目点になる。「どうせやるなら最後まで・途中でやめたらダメ」が心情の中心になる。しかし，この心情だけで解答を構成してしまうと，「樹木さんからのこの宿題」の「この宿題」部分に対応しない。中島さんは「いじめをなくす」という課題に取り組むのだから，この点に触れていなければならない。樹木さんは，いじめをなくすことは難しいと言いながら応援してくれているという前提に立てば，「難しいけれどあきらめずに最後までやる」ことが宿題である。　(2)「時」の流れをきちんと押さえよう。「恩人です」という発言は，樹木さんとの出会い，関わり，その関わりから中島さん自身が得たことの一連の出来事が終了した後の発言である。まず，なぜ「恩人」だと思うのかを考えよう。「樹木さんからの手紙……」で始まる段落に，「残りの人生をかけて～向かい合い続ける覚悟」とある。これが，樹木さんと中島さんとの関わりの中で，中島さんが得たことになる。つまり，このような気持ちにさせてくれた恩ということだ。これを恩と感じるのは，最初から樹木さんも大賛成で応援しますという立場ではなかったいきさつが関係している。樹木さんはいじめをなくすことは難しいという立場を明らかにしている。それでも続けるのかというのが「本気か？」という樹木さんからの問いであった。その問いに負けないように自分自身の本気度を表すことができたことも振り返ってみれば恩である。中島さんの本気度を感じた樹木さんが，応援してくれた重みを感じるから，残りの人生をかけて取り組もうと思ったのである。

基本　問九　a 「拝」は全8画の漢字。4～7画目は4本なので注意する。　b「独」は全9画の漢字。3画目は右側につき出さない。　c「厳」は全17画の漢字。1～3画目の向きに注意。13画目は右側につき出さない。

二　(随筆ー心情・情景，細部の読み取り，空欄補充，漢字の書き取り，記述力)

基本　問一　a 「綿」は全14画の漢字。7画目と9画目はつける。　b 「胸」は全10画の漢字。9画目は一筆でおる。2画で書いて，全11画の漢字にしない。　c「念」は全8画の漢字。3画目は1・2画目につけないように書く。　d 「幹」は全13画の漢字。8画目を「日」の中にまで書き入れない。

問二　祖父と家族の誰かがきつい方言で罵り合うのだから，聞きたくない状況である。「聞くに堪えない」がそのような，聞きたくない状況を表す言葉である。

問三　――線①直前に「辛かったに違いないが」とあるので，「僕」は父の悲しさを知っている。父にしてみれば悲しいのだから，悲しく語るのが本来である。しかし，わざわざ「面白可笑しく茶化す」のは，「父はそういった話をいくつもしてくれた」という表現でわかるように「僕」に悲しみを伝えることを避けたいという気遣いであるのでエだ。

重要 問四 「僕」は一人っ子である。それなのに二人いるというのが間違いのポイントである。「僕」は,「歌って踊る」仕事と,「書く方」の仕事と分けることができる二つの仕事をしているのだ。それぞれの仕事をしている二人の孫がいると間違っているのだ。

問五 直後にある「僕自身も～思っていた」が着目点だ。「僕自身も」と「も」を使っているということは,父が言うことを自分自身も同じように思っていたということになるので,ポイントとしては「会いに行け」という内容である。

問六 実際に祖父の見舞いに訪れる場面から考えることになる。「祖母を連れ……」で始まる段落に祖父の姿を目にする場面がある。「エントランス～視点は定まっていなかった」の二文について,父は「別人みたいやろ」といっているのだから,「エントランス」からの二文がこれまでと違う祖父の姿だ。

基本 問七 「僕」のことはわからなくなってしまっていたが,祖母を見ると瞳を爛爛とさせたとある。祖父と祖母の関係は夫婦なのだから,祖父からみれば祖母は「妻」である。

問八 直前に「再び」とある点,「まるで落語のサゲのような返し」とある点に着目する。訪れたとき祖父は,祖母のことは認識したが,「僕」のことはわからなかった。しばらくして,きちんと思い出したらしい会話をしたにもかかわらず,帰る挨拶をすると,「再び」「どちらさまですか」と返事をするのが,落語の締めくくりのような笑い話のようだということだ。

問九 「虚しい」は実質,内容がないという意味をふくむ場合に使う語である。身体に限らず,心がこもっていないような言葉を,虚しい言葉のようにも使う。――線⑤の場合は,亡くなった祖父を「愛おしく」思うのと同時に,もう祖父はこの世にいないのだと改めて実感したということでイである。

やや難 問十 まず,「自分が思っていた祖父」については,課題文中からいくつか見つけられる。その中で,「祖父はとても活動的……」で始まる段落は,祖父についての描写だけである。また,「訃報を受け,……」で始まる段落に「怒りっぽかった祖父」という表現も見受けられる。次に,「あまりにもかけ離れ」た祖父は,「理不尽だったり……」という父の言葉から知る祖父の人物像である。そして,「本質」は,父が述べる祖父にあるのだと気づいたのである。そんなこともわからず「困った人だ,怒りっぽい人だ」と思い込んでいた自分自身に「がっかり」したのだ。

重要 問十一 親父の泣き顔など見たくないと思っていたという直前と,直後の「父の弱った姿を見ずに済む」が着目点になる。葬儀に出席できない申し訳なさと同時に,見たくない父の姿を見なくて済むという「安心」があったと告白しているのだ。

★ワンポイントアドバイス★

記述を苦手としたままでは得点は期待できない設問の作りだ。まずは,書くことから始めよう。

大切なことはメモしておこうネ！

データ対応

収録から外れてしまった年度の
問題・解答解説・解答用紙を弊社ホームページで公開しております。
巻頭ページ＜収録内容＞下方のＱＲコードからアクセス可。

※都合によりホームページでの公開ができない内容については，
次ページ以降に収録しております。

とばで説明しなさい。

問六 ――線部⑤「出征していくことの本当の意味」について述べた次の文の空欄にあてはまることばを答えなさい。Ａ・Ｂは本文の【※】より後の部分から三字以内でぬき出し、Ｃは自分で考えて五字以内で書くこと。

出征する者は、戦地に身を置く以上、死と背中合わせにならざるをえないＡにあり、自分の大事な人たちと二度と会えないかもしれないのに、Ｂという思いをＣことさえできないまま別れていかなくてはならないということ。

問七 〰〰線部について。この喜劇の「主役」だというのは、トンカチ兵のこっけいな姿が、どのようなことに目を向けさせるからだろうか。本文全体から考えて、わかりやすく説明しなさい。

出征というのは、こんなにも寂しいものなのか。

そう思ったのは、どうやら僕だけではなかった。

いつもは戦争ごっこをしてはしゃぎまわっている子どもたちも、帰り道は、皆、おし黙って、しんとしていました。

運命という言葉もまだ知らなかったけれど、国民の模範だと思っていた兵隊たちの静かな、厳しい表情から直感的に何かを感じとっていたのでしょう。

学校でどう教わろうと、そうして⑤出征していくことの本当の意味を、子どもたちでさえ無言のうちに見抜いていたのだと思います。

僕が、田辺先生のつくった劇でトンカチ兵を演じたのは、まさにこの頃のことなのです。見ようによっては、軍隊を揶揄しているととられかねない筋で、今思っても、よくあんな劇をやれたなあと驚いてしまいます。

（かこさとし『未来のだるまちゃんへ』より。ただし、途中を省略した部分がある。）

＊尋常高等小学校一年…現在の小学校五年

＊揶揄…からかうこと

問一　＝＝線部ａ～ｃのカタカナを漢字に直して書きなさい。

問二　――線部①の「母が編んだ縞のセーターを着て」「足もとはやっぱり裸足だった」という表現から、どのような生活ぶりを思い出していることがわかるか。次の中で最もふさわしいものを選び、記号で答えなさい。

ア　母親の心遣いも知らないまま、身なりなど気にもしないで過ごしていたこと。

イ　友達と夢中で遊んでいるときは、物を大事にすることも忘れてしまったこと。

ウ　親から愛情は注がれていたが、他の子どもたちと同じように貧しかったこと。

エ　比較的豊かな家に生まれたものの、誰とも分け隔てなくつきあっていたこと。

問三　――線部②「ワリにあわない」の意味は次のうちのどれか。記号で答えなさい。

ア　役柄にふさわしくない

イ　苦労しただけの甲斐がない

ウ　納得できない

エ　みっともない

問四　――線部③「痛烈な風刺」とあるが、どのようなことを遠回しに批判しているのか。次の中から最もふさわしいものを選び、記号で答えなさい。

ア　お腹のすいている兵が、隊長に対してそのことを言い出せないでいること。

イ　いつもいばっている人が、食べ物やお菓子を勲章だと勘違いしていること。

ウ　大人たちが、子どもとおなじように食べ物やお菓子で争いがちであること。

エ　身分の高い人が、餓死していく人達がいることにおかまいなしであること。

問五　――線部④について。筆者は、田辺先生がどのような思いから「こんな反骨精神」を持つようになったと考えているのか。自分のこそっくり同じ話というわけではないのですが、『飢餓陣営』もやっぱり兵隊が出てくるユーモラスな喜劇で、賢治の書いた戯曲の中でもよく知られた一作です。

兵隊たちは皆、くたびれておなかをすかせているのに、彼らをさんざん待たせて現れたバナナン大将だけは、どこかでごちそうを食べてきたようで、おなかいっぱい。それどころか、軍服に果物の肩章やお菓子の勲章（くんしょう）をぶらさげている。それを見た兵隊たちは「ぜひ勲章を見せてほしい」と頼んで、みんなでそれを食べてしまいます。

観客はそれを観て笑うわけですが、東北地方を長く、繰り返し襲った冷害は、時に餓死者が出るほどひどいもので、この戯曲が書かれた大正十一（一九二二）年の前年にも、大きな被害が出ています。花巻の農学校で教鞭（きょうべん）をとっていた宮澤賢治が、このことを知らなかったはずがありません。『飢餓陣営』は喜劇のｂテイサイをとっているけれども、そこには③痛烈（つうれつ）な風刺（ふうし）がこめられていたのです。

だとすれば、僕が演じたトンカチ兵も、ただ笑わせるだけの喜劇ではなかったはずです。

昭和五（一九三〇）年から昭和九（一九三四）年にかけて東北地方を中心に発生した飢饉（ききん）は、昭和東北大飢饉と言われています。（中略）

思えば、飢えて死んでいく人たちを知らぬふりのバナナン大将の物語は、あの頃、まさに現実のものとなりつつあったのです。

劇の指導をしたのはもちろん担任の田辺先生でした。

赤ちゃんに優しくおっぱいをあげていたあの優しい先生の、④どこにこんな反骨精神が潜（ひそ）んでいたのか。いや、むしろ幼い子どものいる母親だからこそ思うところがあったのかもしれません。

【※】

僕が武生で育った大正十五（一九二六）年から昭和八（一九三三）年の八年間というのは、金融恐慌（きんゆうきょうこう）、張作霖爆死事件、満州事変、上海事変、国際連盟脱退と、時局はやがて日本が戦争へと突き進む前奏曲のような時期でした。（中略）「事変」と呼ばれていたけれど、それは明らかに戦争でした。

町内会の知らせで、戦地に向かう兵隊たちを見送りに行ったあの時のｃコウケイを、僕は忘れることができません。

出征（しゅっせい）する兵隊たちを見送るのは、僕にとって初めてのことでした。

「何時の列車だから、近くの者は皆、駅に来るように」

学校でそう言われて、子どもたちは一旦（いったん）、家に帰ってから駅に向かいました。

寒い駅の裏側に、三十人くらいは集まっていたでしょうか。手に手に旗を持って待っていると、その列車がやってきました。

鯖江（さばえ）から舞鶴（まいづる）に向かい、船で外地に出征していくのです。

手を振る兵隊たちはみんな、もう一方の手に真新しい白布に包まれた鉄砲を持っていました。その鮮やかな白さが、今も目に焼きついています。

集まった人たちは、大人も、子どもも「万歳（ばんざい）！」「万歳！」と声をあげ、しきりに旗を振ったけれど、兵隊たちは、笑っている人はひとりもいなくて、誰も彼も、寂（さび）しい顔をしていました。

後に連なる貨物列車からは、軍馬が顔を突き出していて、馬でさえ寂しい長い顔をしているように見えました。

【国語】〈五〇分〉〈満点：一〇〇点〉

一　※問題に使用された作品の著作権者が二次使用の許可を出していないため、問題を掲載しておりません。

二　次の文章を読んで、あとの問に答えなさい。

僕の手元に、武生東尋常高等小学校の一年生の頃のクラス写真が残っています。

今のように写真を撮るのも撮られるのも日常的という時代ではありませんから、坊主頭、おかっぱの少年少女たちは、こちらをじっと見返すような顔で居住まいを正して、いささか緊張気味に写っています。そしてよく見ると、子どもたちは、みんな、裸足です。学校まではゴム靴を履いてきても、校内や遊ぶ時は靴を脱いだのです。

当時のゴム靴は、親指のところが擦れて、よく穴が開いてしまう。だからと言って、またすぐに新しいものを買ってもらえるはずもない。大事にしなきゃと思って、みんな、裸足になった。鬼ごっこなんかをする時も、まず靴を脱いで、裸足になって駆けていきました。

セピア色の写真の中の僕は、①母が編んだ縞のセーターを着て、担任の田辺先生とともに神妙な顔で後列に写っていますが、足下はやっぱり裸足だったはずです。

着物姿でそっと首をかしげている田辺先生は、とても優しくて、いい先生でしたから、子どもたちにも人気がありました。

（中略）

一年生の終わりには、クラスで劇を上演することになりました。

「右向け、右！」

隊長役の子が号令をかけると、整列している兵隊たちは、一斉にくるりと向きを変えます。でも中にひとり、うすらとんかちがいて、間違えてみんなとは違う方向に向きを変える。

観客は、それを観て笑うわけです。

そして僕はなんの役だったかと言えば、最初は隊長の役だったのに、途中でａヨケイなことを言う子がいて、うすらとんかちに格下げになりました。

くるりとあさっての方向に向きを変えるたびに、みんなにドッと笑われて「こんなはずではなかったのに」と憮然としていた。ようやく右左を覚えたところなのに、号令がかかる度、その反対をして、みんなの笑いものになるなんて②ワリにあわない。なんで自分だけがこんな目にあわなきゃならないんだと情けないやら、悔しいやら、釈然としませんでした。

「隊長の役は一郎君の方がいいと思います」

そう言ったのは、代々続いている病院の一人娘でした。せっかく気分よく隊長を演じていた僕にすれば「あいつめ！　なんてことを言うんだ」とウラミ骨髄で、思わずにらみつけてしまったくらいです。

この劇の主役が、ほかでもない、僕が演じたこのトンカチ兵だったと気づいたのは、ずっと後のことです。

あの時のお芝居の原作はないかと探すうちに行きついたのが、宮澤賢治が花巻農学校の先生をしていた頃に書いた『飢餓陣営』という戯曲でした。

ようなものであるというのか。わかりやすく説明しなさい。

問六　本文中の《A》～《E》には「ある」か「ない」のどちらかが入る。その組み合わせとして最もふさわしいものを次の中から選び、記号で答えなさい。

ア　A　ある　B　ある　C　ある　D　ない　E　ある
イ　A　ある　B　ない　C　ない　D　ある　E　ある
ウ　A　ない　B　ない　C　ある　D　ない　E　ない
エ　A　ない　B　ある　C　ない　D　ある　E　ない

問七　本文中の《F》を補うのにふさわしいことばを、「ゆまちゃんとは逆」であるとはどういうことかをおさえて十五字以内で答えなさい。

問八　〰〰線部１「心持ち」・２「れっきとした」の意味をそれぞれ答えなさい。

問九　――線部⑤とあるが、筆者は「ネイティブの発音では」とまとめてしまうことのどのようなところをおかしいと感じているのか。本文中のことばを用いて説明しなさい。

問十　――線部⑥について。何のためだと筆者は言うのか。最もふさわしいものを次の中から選び、記号で答えなさい。

ア　アメリカにいても日本語を忘れないため。
イ　日本語の多様な豊かさを大切にするため。
ウ　日本の標準語の発音にも注意させるため。
エ　方言も外国語の一種だと気づかせるため。

でも、妻などにとっては、"Not Good"！　なんか、日本語っぽい！という言葉。

確かに、アメリカ英語では"I don't like it"「それ嫌い」のような、もっと直接的で、はっきりした言い方をする。それに比べて"Not Good"は少し遠回しな言い方で、どこか日本っぽい。

ちなみに同じ英語でも、妻の母はイギリス人なので、アメリカ英語よりも、ずっと遠回しな言い方をしてくる。

時々遠回しすぎて、わからないことさえある。

「健二さん、あの、台所の、水の、あれを、心持ち、多すぎないようにするのも…」と、ずーっと遠くから回してくる。

英語について、よく「＊ネイティブの発音」という言葉が使われる。

⑤「ネイティブの発音では」とトクイげにまとめてしまう、あの感じ、苦手だ。

あの「ネイティブの発音」というのは、アメリカ北東部出身の、大学出の人がするような発音のことを言うと思う。

でも、それを「ネイティブの発音」と呼ぶのは、まるで関東出身の大学出の標準語だけを「ネイティブの発音」と言っているようなもの。

熊本ネイティブも、富山ネイティブも、土地言葉でも標準語でも、もちろんれっきとした日本語ネイティブの発音。

英語の場合も、スコットランドの人、ジャマイカの人、それぞれ全然違う発音だけど、みんなれっきとしたネイティブの英語。

なので、あの「ネイティブの発音」という言葉は、「アメリカ標準語の発音」くらいにしませんか。

⑥ジャマイカの人が傷つくから、なんて意味では全然なくて、僕らの、日本語のために。

（小沢健二「日本語と英語のあいだで」による）

＊ニュアンス…ことばなどの微妙な意味合い。

＊ネイティブ…「ネイティブ・スピーカー」（「その国に生まれ、その国の言葉を話す人」）の略。「ネイティブ」は「その土地の人」という意味。

問一　═線部ａ～ｃのカタカナを漢字に直して書きなさい。

問二　──線部①とはどういうことか。最もふさわしいものを次の中から選び、記号で答えなさい。

ア　幼いころに同時に二つの言葉を学ぶことによって、息子の持つ言葉の知識が豊富なものになっているということ。

イ　それぞれの言葉のおもしろさを比べながら、息子も「僕」も言葉の世界の持つ奥深さを味わっているということ。

ウ　息子が二つの言葉を使い分けて物事を複数の角度からとらえようとしていることが、「僕」にわかるということ。

エ　息子の言葉の身につけ方から、「僕」がそれぞれの言葉の特徴やあり方に考えをめぐらすようになるということ。

問三　──線部②とあるが、**本文中にある例以外で**「音に『する』をつけて」作られた動詞の例を挙げ、どういう意味の動詞であるかも答えなさい。

問四　──線部③とあるが、りーりーの世界では「アム」と「甘い」とは何によってつながっていると筆者は思っているのか。最もふさわしいものを次の中から選び、記号で答えなさい。

ア　味　　イ　意味　　ウ　ひびき　　エ　歯ごたえ

問五　──線部④とあるが、日本語の擬音語は子どもたちにとってどのんな、音にするをつけて、無限に動詞を作っている」なんて状態はない。

最近、村上春樹さんの「風の歌を聴け」をアメリカで翻ａヤクしたテッド・グーセン氏によると、彼は日本の擬音語の＊ニュアンスが捉えにくい時、幼かった娘さんに聞くのが常だったと言う。「ぴちゃぴちゃ」は雨みたい、「ぱりぱり」は、おせんべい！　などと、子どもだった娘さんは教えてくれたそうだ。

擬音語は、日本の子どもたちの遊び場。日本は狭いと言うけれど、④擬音語の遊び場はとても広い。

枝を「ポッキンする」。プールの中へ「ドボーンする」。クレヨンで絵を描くなら、「グルングルンする」。誰かを指差して、「ビッする」

そして、またベーグルをアムする。

近所に住んでいる、お母さんが日本人、お父さんがアメリカ人の女の子、ゆまちゃんはりーりーと同い年。みんなが「りーりー、りーりー」と呼ぶ中で、ゆまちゃんだけは「りおんくん、りおんくん」と言って走ってくる。

彼女も、英語と日本語を話す。

ゆまちゃんはよく、「あるない」と言う。例えば、冷蔵庫に牛乳がない時なら「牛乳、あるない」

これはおそらく、英語の「ＢＥ動詞を否定する」というパターンから来ている。「イズ・ノット」とかの、あれ。

冷蔵庫を開けて牛乳がなければ「ミルク・イズ・ノット・ヒア」、つまり「ミルク・イズ」までで「牛乳は、ある」と言って、それを「ノット」のところで「ない」とひっくり返して、「ある、はない」。「牛乳、ある、はない、ここに」

その発想で、ゆまちゃんは「牛乳、あるない」と言っているらしい。

発想が英語で、言葉が日本語。

ゆまちゃんの「あるない」は、哲学的なことも考えさせる。

「ある」と「ない」は、二つのｂアイハンする状態なのか。それとも、《　Ａ　》は、『《　Ｂ　》が《　Ｃ　》』状態なのか。つまり、《　Ｄ　》を意識しなければ《　Ｅ　》もないのか。

贅沢な暮らしをしている人は、どこへ行ってももの足りないと感じるらしいけれど、それは「ある」を知っているから、「ない」を感じるのか。

「あるない」

あるいは、逆に「ない」は、実は『ないという状態』がある」のか？

「ないある」なのか？

確かに「牛乳がない」を「ゼア・イズ・ノー・ミルク」と言うのは自然だけど、それは「ノー・ミルク」つまり「ない牛乳」が、ある。

「ないある」

待てよ、すると、「あるある」とは？

今度、ゆまちゃんに聞いてみようと思う。

りーりーの場合、ゆまちゃんとは逆に、《　Ｆ　》。

"Not Good"「よくない」という言い方をする。

え？　"Not Good" のどこがおかしいの？　と思うくらい、僕ら日本語ネイティブにとって、"Not Good" という発想は普通。

は、実は公平とは言えないように感じている。

エ　東京に行くか行かないかを決めさせようとする母は、自分に対して大人としての責任を求めているのだと思うが、将来のことを決めるのは子どもの自分には荷が重く、急に大人扱いをするのではなくまだ子どもとして見てほしいと感じている。

問四　――線部④について。

Ａ　「見栄を張る」という言葉の一般的な意味を答えなさい。

Ｂ　「僕」の場合の「見栄を張る」とはどういうことだったのか。Ａとの違いがわかるように説明しなさい。

問五　――線部⑤について。この時の「保」は、どのような気持ちだったのだろうか。その後の「保」の行動も考えに入れて想像し、くわしく説明しなさい。

問六　次の一文は、もともと本文中にあったものである。元にもどすのに最もふさわしい箇所をさがし、その直前の五字をぬき出して答えなさい。

　不安な人を安心させる魔法のような不思議な力があったのである。

問七　――線部⑥について。「僕」が「息が止まる」ほどの気持ちになったのはどうしてだろうか。くわしく説明しなさい。

問八　本文中の《　》を補うのに最もふさわしいことばを、次の中から選び、記号で答えなさい。

ア　不安が大きい　　イ　生活が苦しい

ウ　故郷が恋しい　　エ　仲間が欲しい

問九　＝＝線部ａ～ｅのカタカナを漢字に直して書きなさい。

二　次の文章を読んで、後の問に答えなさい。

　息子の名前は、アメリカの語順で、日本の漢字とカタカナを使って「凜音・小沢・コール」というところで落ち着いている。２歳半になる凜音・小沢・コールは、みんなに「りーりー」と呼ばれている。

　彼は、英語と日本語を同じくらいに話す。①その彼が言葉を覚える様子から、言葉について多くを学ぶ。

　まず、日本語の「じゃぶじゃぶ」とか「バンバン」とか、そういう擬音語はすばらしい。そして「じゃぶじゃぶする」「バンバンする」というように、②音に「する」をつけて動詞が作れる。

　頭をぶつけるという意味で、「あたまをゴンする」。台所にいれば、鍋から鍋へ「お豆をザーする」

　毎日を満たす「擬音語＋する」の中でも、りーりーが大好きな言葉は、「アムする」。食べる、という意味。

　ある時、彼はなぜかヒソヒソ声で言う。

「パパ、ちょっと話が」

「…ベーグル、アムしたい」

　ベーグルはニューヨーク名物のパンだが、「アム」はベーグルにぴったりの言葉。粘りのある、もちもちのベーグルをアムする。③「アム」は、彼の世界では「甘い」ともつながっていると思う。

　同じことを、彼は英語では **"I wanna eat bagel"** と言う。食べるは「イート」で、大人の言い方と同じ。でも、日本語なら「ベーグルをアムする」「クッキーをバクバクする」「パンをパクパクする」など、子どもならではの言い方を楽しめる。

　英語も擬音語は美しく、豊かだけれど、日本語のように「子どもがみ汽車の窓を開け放ち、ぼうっと実家の青い瓦屋根（かわらやね）を見ていた時だった。ちょうど上り坂の、六地蔵と呼ばれる付近に母校、西北小学校の正門に通ずる細い道があった。

そこで十五人ほどの小学生の集団が汽車に向かって手を振っていた。子どもの頃はみんなそうだった。汽車がくると手を振った。あてのある誰かに手を振るのではなく、普段通りの、いつもの挨拶（あいさつ）だった。そういう時代だった。

その時、その子ども達が急に大きな紙を拡（ひろ）げた。その紙には黒く太い文字で『佐田君がんばれ』と書いてあった。

⑥息が止まった。

西北小学校の松延修三校長先生と担任だった松下康子先生が子ども達の後ろに立って、一緒に手を振っていることに気づいた。

「先生、先生、ありがとう！　ありがとう！」

窓から身を乗り出して手を振ったら、涙がこぼれた。ぽろぽろ、ぽろぽろ溢（あふ）れた。

遠ざかってゆく先生と子ども達と『佐田君がんばれ』の文字が見えなくなった後、僕は d イチモクサンにトイレに走り込んで声を出して泣いた。涙が後から後からこぼれた。自分の嗚咽（おえつ）が外に聞こえないかと困ったほどだったが、僕はこの時に、もう二度と《　　　　》という理由では泣かない、と決めた。保の泣き顔と『佐田君がんばれ』は僕の e セスジを伸ばした。

（さだまさし『ちゃんぽん食べたかっ！』による。ただし、途中（とちゅう）を省略した部分がある。）

問一　――線部①「その辺」とは、どういうことを指しているのか。最もふさわしいものを次の中から選び、記号で答えなさい。

ア　家族が不安定な状況にあるこの時期に、自分一人が遠くに離れてしまってもよいのか、ということ。

イ　子どもが一人だけで暮らすのは大変なので、結局は父や母に迷惑をかけてしまうだろう、ということ。

ウ　まだ子どもなので働くわけにもいかず、一人でやりくりして生きることに自信が持てない、ということ。

エ　我が家の経済状態を考えると、自分が別の場所で生活をすることは大変な負担になるだろう、ということ。

問二　――線部②について。どういうことが「今まで例のない光栄なこと」だと言うのだろうか。自分のことばでわかりやすくまとめなさい。

問三　――線部③について。この時の「僕」の気持ちの説明として最もふさわしいものはどれか。次の中から選び、記号で答えなさい。

ア　東京に行くか行かないかを決めさせようとする母は、確かに自分の考えを尊重してくれてはいるが、判断能力があるように見えても自分ではそう思えないし、そもそも子どもの判断には限界があるのに決めさせるのは無理があると感じている。

イ　東京に行くか行かないか、自分の意見を聞いてくれる母は他人の考えを尊重する人だと思うが、他の子どもと比べて大人びて見えたとしても家族の気持ちまで考えて決めることができるわけもなく、自分勝手な決定になるはずだと感じている。

ウ　東京に行くか行かないか、まだ子どもである自分の意見まで聞いてくれた母は分け隔（へだ）てのない考えの持ち主に見えるが、他の子どもと比べて判断能力があるという理由で自分だけを特別扱いするのら僕の下宿を探し、そこへ落ち着かせてから長崎に帰るのだ。ということは僕は一人でそこから東京に残るのである。弟の繁理や妹の玲子は少し不安そうにしていたが、父は一人、ひどく機嫌が良かった。カステラと九十九島せんぺいと一口香を幾つかずつ買ってきては窓越しに母に渡し、誰それにはこれを、と指示した。

「鳥栖の駅でかしわうどんば食べなさい。折尾ではかしわめしがよか」

などとあれこれ言いながら落ち着かなそうに汽車の窓と土産物屋を往復した。

本当に「なんとかなる」のだろうか。

僕はそんな邪気のない父の笑顔を途方に暮れて見つめていた。

りりりりりりとベルが鳴った。

「離離離離離離」という文字が僕の頭の中で鳴った。

「握手しよう」と平山の裕ちゃんが言った。窓越しにみんなと握手をした。男の子も女の子も、泣き出す子がいたけど、僕は泣かなかった。

僕はひどい泣き虫なんだけど、ここで泣いてはいけないような気がしたのだ。だってこれから東京へ出たら、僕には色んなことが待ち受けているはずで、出発の時に泣いてしまったら、これから先、一生泣いていなきゃならないことになる、と思ったのだ。

ふと気づくと、さっきまで⑤口をとがらせ、機嫌の悪いワニが拗ねたような三白眼でこちらを見ていた保の姿が見えなくなっていた。

ごしゃーん、と汽車が動いた。

弟と妹と窓越しに握手をした時には少し泣きそうになったが、父の嬉しそうな笑顔を見た時、力が抜けた。もしかしたら本当になんとかなるかもしれない、と思ったのだ。父の笑顔にはそういう奇妙な力があった。

「ホームでは走らないでください！」というアナウンスが流れる中、友だちも兄弟もゆっくり動き始めた汽車の脇で段々小走りになった。

長崎駅の一番ホームは薄暗くて長い。雲仙号は名残を惜しむようにゆっくりとゆっくりと加速してゆく。

ホームの先の方で保が待っていた。保の姿が見えなかったのは、一足先にホームの先まで行って僕を見送るつもりだったからだ。

「あ、保」

すでに汽車はかなりの速度になっていたが、保の顔がゆっくりとこちらを見るのが解った。保のこんな顔を見るのは初めてだった。

保は爬虫類ではなくて人間らしい顔を涙で濡らし、歯を食いしばるように手を振っていた。ちぎれるほど手を振り、泣きじゃくりながらホームの一番端っこの柵の所まで追いかけてくると、そこでうずくまるようにしゃがみ込んだ。

「あんた、危なかよ」

僕は窓から身体を大きく乗り出して手を振り続けていたが、母にたしなめられて座席に座り直した。泣きじゃくりながらその場にうずくまる保の姿がいつまでも目の底に残った。

涙がこぼれそうになったが、泣いてはいけない、と深呼吸をした。

長崎駅を出た汽車は浦上駅の先から緩やかな坂を上る。住吉町のbウラテを少し走ると左手の丘の上に実家の青い屋根が見える。

「ホラ、家の見えるよ。あんた、夏までcミオサめやね」

「うん。夏休みまでミオサめやね」

【国　語】（五〇分）〈満点：一〇〇点〉

一　次の文章を読んで、後の問に答えなさい。

父も母も、小学校を卒業したばかりの僕を東京へ出してなんとかなると思ったのだろうか？

いや、子どもが独り暮らしをする心配のことばかりではない。だって、下宿生活をするには下宿代だって要るわけだろうし、父は勤め人ではないから月々きちんとお金が入ってくるわけではないのだ。

実は子どもながらに僕の心配は①その辺にあった。

まあ「なんとかなる」は我が家のaカクンのようなものだからさほど驚くことではないのかもしれないけれども、何しろ父は諫早水害で材木を全部流されてしまって自分の材木店を閉めることになって以来、ずっと運が悪い。一人で材木の仲買のような仕事をしていたかと思うと、友だちの仕事を手伝わされては人の好さの果ての保証かぶりを繰り返すような有様で、子どもの目から見ても、家計がひどく心配だったのだ。

僕は「毎日学生音楽コンクール西部（九州・山口県）大会」で小学五年生の時に三位、六年生の時に二位入賞を果たした。

四～五歳頃から、また小学校に入ってからは夏休みごとに長崎から東京へ出かけて、日本一と言われる名伯楽、鷲見三郎先生にヴァイオリンを教わっていたが、鷲見先生が僕のコンクールでの入賞をたいそう喜ばれて、中学になったら東京へ出て来て自分の元へ通ったらどうか、とおっしゃったのだ。

これには僕の両親は元より、物心つく以前からのヴァイオリンの恩師井上将英先生まで「②今まで例のない光栄なこと」とすっかりその気になってしまっていた。いや、それでも考えれば考えるほど、なんとかなるとは思えないことだった。

「マー坊、あんた行きたいと？　行きたくないと？」母はそう僕に聞いた。

行くか行かないかを本人に決めさせる。③それは一見民主的なんだけども、この場合はどうも違う気がする。確かに他の子どもに比べてしっかりした風に見える子どもではあったろうけれども、実はそう見えるだけであって、決してしっかりなんかしていないし、それに、どう見えようと、子どもは子どもなのだ。

それでも、東京になど行かぬと言えば親は安心するのかもしれないという思いと、いや、行くと言った方が喜ぶのではないか、という思いの狭間で僕は迷いに迷った。もしかしたら僕はこうして本心と違うところで④見栄を張ったのかもしれない。

つまり僕は見栄っ張りなのだ。これから後も、相手の気持ちを測りすぎて見栄を張り、そのせいで結局自分が追い込まれることの繰り返しの人生になる。

それで、行ってみようと思う、と答えた。

僕の旅立ちの日はまだ学校の春休みの最中、というよりも中学校の入学式の前だったので、保をはじめ、小学校の時に仲良しになった友だちが男子女子合わせて七人も長崎駅まで見送りに来てくれていた。

急行雲仙号で、母と二人の旅立ちだった。もちろん母は東京へ着いたようとすること。

エ　物事を善悪の二つに分類せずに、あいまいな状態で受け止めようとすること。

問四　〰〰線部について。筆者が本文中で述べている学校は、どのような点で「最低の学校」ということになるのか。本文前半の内容をふまえて分かりやすく説明しなさい。

問五　――線部③について。ここでの「大人」とは、どのような人のことか、説明しなさい。

問六　――線部④・⑤について。「全部疑ってかかる」と「頭から信じない」の違いは何か、説明しなさい。

問七　――線部⑥とはどういう意味か。最もふさわしいものを次の中から選び、記号で答えなさい。

ア　信じてよいものかどうかは永遠に分からないと考えて、

イ　信じてよいものかどうか、ひとまず判断を下さないで、

ウ　信じられるものであると取り急ぎ仮定して話を進めて、

エ　信じられるものであると考え、何よりも敬意を払って、

問八　――線部⑦について。筆者が、「多声的な環境（かんきょう）」を「贈（おく）り物」だと考えているのはなぜか。その理由として最もふさわしいものを次の中から選び、記号で答えなさい。

ア　様々な考え方を示し、期待と愛情を伝えることで、読者の学ぶ意欲が飛躍（ひやく）的に高まっていくはずだから。

イ　様々な考え方を示し、あえて混乱させる方法をとることで、結果的には読者が知性を磨（みが）くことになるから。

ウ　様々に示された考え方に触（ふ）れることで、読者は自分の将来が可能性に満ちあふれていると実感できるから。

エ　様々に示された考え方を主体的に受け止めることで、読者が新しいものを生み出す可能性が生じるから。

期間に成熟することを求められている時代」のことです。③すぐ大人にならないと生き延びることが難しい時代のことです。そういう状況にみなさんは投じられています（気の毒ですけど）。

もっと安定的な時代でしたら、大人たちの言うことを、わからないなりに黙って聞いて従っていれば、それほど大きなリスクを背負うことはないのですけれど、転換期は違います。転換期というのは、大人たちの大半が今何が起きているのかを実は理解できていない状況のことです。だから、大人たちが「こうしなさい」「こうすれば大丈夫」と言うことについても、とりあえず全部疑ってかかる必要がある。今は「＊マジョリティについて行けばとりあえず安心」という時代ではないからです。社会成員の過半数がまっすぐに崖に向かって行進しているということだっておおいにありうるのです。

ですから、この本に書かれていることだって（今僕が書いているこの言葉を含めて）、みなさんは基本的には「④全部疑ってかかる」必要があります。「大人の言うことだから信じる」という態度も「大人の言うことだから信じない」という態度も、どちらも単純すぎて、知的成熟にとっては何の役にも立ちません。だから、まず疑ってかかる。でも、疑うというのは「排除する」とか「無視する」ということとは違います。「頭から信じる」でもなく、「⑤頭から信じない」でもなく、⑥信憑性をとりあえず「かっこに入れて」、ひとつひとつの言葉を吟味するということです。そうすればおそらくみなさんは「なんとなく、身にしみ入る言葉」と「なんとなく、違和感がする言葉」を識別できるはずです。それくらいの判断力は生物である限りはそなわっています。原生動物だって、「自分を食べに来る捕食者」と「自分が食べる餌」の区別くらいはできます。原生動物に出来ることが人間に出来ないはずはない。まずはそこから始めて欲しいと思います。

本の内容については、とりあえずどうでもいいです。理解できなくても、共感できなくても、別に僕はいいです。それよりも、世の人たちは「中高生に向かって言いたいことがあれば言って下さい」というリクエストにずいぶんいろいろな文体で、いろいろな回答をしてくるものだな、という事実をまずそのまま受け止めて欲しいと思います。そして、⑦この多声的な環境こそが僕たちからみなさんへの「贈り物」なのだということを（いつか、でいいですから）分かってくれたらうれしいです。

（内田樹『転換期を生きるきみたちへ』による）

＊ブレークスルー……難関を突きやぶること、飛躍的に前進すること

＊マジョリティ……多数派

問一　══線部ａ～ｃのカタカナを漢字に直して書きなさい。

問二　——線部①とは、学校に関して言えばどのような学校のことか。本文中——線部①よりも後の部分から五十字前後の表現をさがし、初めと終わりの五字をぬき出して答えなさい。

問三　——線部②について。ここでの「二項対立」とはどういうことを表しているか。最もふさわしいものを次の中から選び、記号で答えなさい。

ア　対立する二つの要素のいずれかにあてはめて、物事を整理しようとすること。

イ　対立する二つの要素を合わせた新たなものとして、物事を理解しようとすること。

ウ　物事を善悪の二つに分類して、どちらを選ぶか個人個人考えさせ

に、窓をaヤブっても、床に穴を掘っても、脱走するとは思いますが）。僕は①そういう「閉所的」な空間に耐えることができません。どんな場所であれ、そこで公式に信じられていることに対して「それ、違うような気がするんですけど」という意思表示ができる権利が確保されていること、それが僕にとっては、呼吸して、生きていけるぎりぎり唯一の条件です。

勘違いしないで欲しいのですが、「僕の言うことが正しい」と認めて欲しいわけではないのです。僕が間違っている可能性だってある（だってあるどころかたいていの場合、僕は間違っています）。それでも、みんなが信じている公式見解に対して、「あの、それ、違うような気がするんですけど」と言う権利だけは保証して欲しい。「僕が正しい」とみんなに認めて欲しいのと違うのです。ただ、正しい意見に対して、「それは違うと思う」と言っても処罰されない保証を求めている、それだけです。

教師も生徒も、全員が同じ正しさを信じていて（信じることを強いられていて）、異論の余地が許されていない学校は、知的な生産性という点から言うと、最低の場所になるでしょう。そういう学校から、多様な個性や可能性をbソナえた若者たちが次々と輩出してくるということは決してないと僕は思います。というのは、知的な生産性というのは「正しい／間違っている」という②二項対立とは別のレベルの出来事だからです。

ほんとうに新しいもの、＊ブレークスルーをもたらすものは、いつだって「思いがけないもの」です。そんなものが存在するとは誰も思っていなかったものです。それが、そんなところから何かが生まれるなんて誰も思ってもいなかった場所から生まれ出てくる。そういうものなんです。いつだって、そうなんです。ほんとうに新しいものは、思いもかけないところから生まれてくる。

ですから、知的生産性という点からすると、学校が多産であるためには、「そんなところから何か価値あるものが生まれて来るとは誰も予測していなかった場所」がたくさんあることが必要だということです。薄暗がりとか、用途のわからない隙間とか、Ａ地点からＢ地点にゆく場合の最短ルートとは別の迂回ルートとか、坐り込んだら気分よくて立てなくなってしまうソファーとか、意味もなく美しい中庭とか……そういう「何の役に立つのかよくわからないもの」たちが群生しているのが知的空間としては極上だと僕は思います。これは僕が長く生きてきて得た経験的確信です。

ですから、この本もまた一つの学校のようなものだと思って読んで頂ければ僕としては、とてもうれしいです。この本には「公式に共有された正しいこと」はありません。書き手たちの唯一の共通了解点は「中高生たちに今すぐ伝えたいことがある」という現状認識だけです。それだけは共通しています（それが共有されなければ、そもそも寄稿してくれません）。でも、「伝えたいこと」は全員ばらばらです。僕はそれでいいと思います。というか、「それがいい」と思います。

この学校では、いろんな先生が、いろんな教科を、いろんなcクチョウで教えています。教育方法も、教育目標も、全員が違います。共通するのは、全員がみなさんの知的な成熟を願っているということです。

タイトルにある「転換期」というのは、世の中の枠組みが大きく変化する時代のことです。みなさんの事情に即して言えば、転換期とは「短に一瞬力をこめた。都大路で結果を出した自分も、おそらく注目選手になっているのだ。ラジオもきちんと伝えているだろう。

残り一キロのｅカンバンが見えた。

⑤さあ、ここから、連呼してくれ！　おれの名前を絶叫してくれ！

瞬太は、スパートをかけた。

（まはら三桃『白をつなぐ』による。ただし、途中を省略した部分がある。）

問一　本文中の【１】～【７】を補うのに最もふさわしい語を、それぞれ次の中から選び、記号で答えなさい。ただし、同じ記号は一度しか使えないものとします。

ア　声　イ　口　ウ　目　エ　眉　オ　顔　カ　手
キ　足　ク　胸　ケ　体力　コ　体つき　サ　心

問二　――線部①と同じような母親とのつながりを感じさせる一文を、本文の後半からさがし、その最初の五字をぬき出して答えなさい。

問三　――線部②について。「どちらにしても腹が立った」のはなぜだろうか。次の中から最もふさわしいものを選び、記号で答えなさい。

ア　自分がやったいたずらなのに、母親の目が見えないことと結びつけて言われることが、我慢できなかったから。
イ　ほかの子も同じことをしているのに、まるで自分一人だけが悪いことをしているように評価をされてしまうから。
ウ　これまで自分の母親も普通だと思って暮らしてきたのに、目が見えないということで差別されていると感じたから。
エ　大好きな母親を悲しませることはしてこなかったつもりなのに、母親を責めたてるような言い方がとてもつらいから。

問四　――線部③に関連して。瞬太の「わだかまり」は、どういうものからどういうものへと変化したのだろうか。できるだけくわしく説明しなさい。

問五　――線部④について。このときの「母親」の気持ちを想像して、くわしく説明しなさい。

問六　本文中の《　》を補うのにふさわしいことばを考えて、五字以上十字以内で答えなさい。

問七　次の一文は、もともと本文中にあったものである。元にもどすのに最もふさわしい箇所をさがし、その直前の五字をぬき出して答えなさい。

かなうことなら、母親自身にもその顔を見せてやりたいくらいだった。

問八　――線部⑤について。このように願う瞬太の気持ちを、くわしく説明しなさい。

問九　＝線部ａ～ｅのカタカナを漢字に直して書きなさい。

二　次の文章は、筆者が多くの人に呼びかけて、寄せられた文章を編集してできた『転換期を生きるきみたちへ』のまえがきの一部である。これを読んで、後の問に答えなさい。

この世に「最低の学校」というのがあるとすれば、それは教員全員が同じ教育理念を信じ、同じ教育方法で、同じ教育目標のために授業をしている学校だと思います（独裁者が支配している国の学校はたぶんそういうものになるでしょう）。でも、そういう学校からは「よきもの」は何も生まれません。これは断言できます。とりあえず、僕は、そんな学校に入れられたら、すぐに病気になってしまうでしょう（病気になる前昨年末の都大路を終えて、瞬太は母親に手紙を書いた。

母親には、ずっとわだかまりを持っていた。陸上に明け暮れていた中学時代は、それにかこつけて、あまり家にもいなかった。そして逃げるように有明学院の寮に入った。

けれども逃げたからといって、③わだかまりが消えたわけではない。試合に勝っても、記録が伸びても消えはしなかった。むしろ、勝てば勝つほど、強くなればなるほど、自分の中で大きくなっていった。

ただし、向けられる方向は明らかに変化している。自分に向けられているのだ。同時にあんなにとがっていた母への気持ちが、ずいぶんやわらかくなっているのに、瞬太は気づいている。

試合で結果が出るようになって、気持ちに余裕ができたのかもしれない。寮生活を始めたことも大きい。

なにしろ瞬太にとっては面倒くさくてしょうがない掃除や洗濯が、母親にとっては見えなくてもできることだと気がついたのだから。

ともかく母親に、ありがとうと言いたくなった。そして、心配ばかりかけてきたことを、あやまりたくもなった。

瞬太の新しいわだかまりは、それらを素直に表現できないことになっていた。

点字は、小学校のころ練習をしたことがある。ふだん母親は、パソコンの音声ガイドを使って文章を作るが、相手の目も見えないときには、やはり、点字を打って手紙を書くこともある。

家にある点字キットの使用法を母親に教えてもらい、小さなころはよく母親に手紙を書いた。

プラスチック製の点字器に紙をはさんで固定する。そこにｄセンヨウの点筆で点を打っていくと、点字で文章が書ける。

母親に手紙を書くのは、十年ぶりだった。

いつもおうえんありがとう。おかげで、ここまでつよくなれました。でも、これからもがんばります。いつまでもげんきで。

時間がかかるので、短文しか書けなかったが、もともと文章を書くのは苦手な瞬太にとっては、ちょうどよかった。

正月に帰ったときに渡した。あんなうれしそうな母親の顔を見たことはなかった。

④母親は手紙を指先で読んだ。さもいとおしそうに。くりかえし、くりかえし。瞬太が家にいた三日間、肌身離さずさわっていたので、寮に戻るころには凹凸がなくなっているのではと、思ったくらいだ。

あ、まずっ。

瞬太はあわてた。17番と28番のナンバーカードが見えているではないか。長野の後藤と兵庫の選手がいつの間にか、前に出ていたらしい。

瞬太は二人の間から前を確認する。テレビ局の中継車から、カメラはまだはっきりと見えて安心する。

瞬太はラジオの前にいるはずの両親を思った。瞬太の家では、応援をするときには、テレビの音を消し、ラジオで音声を補うスタイルだ。そして父がときどき映像を説明する。こうすると、まるで《　　》みたいだと母親は目を細める。

注目選手になると、アナウンサーも情報を持っていて、名前や様子を細かく伝えてくれているはずだ。

瞬太は先ほど自分にかけられた、沿道からの応援を思い出し、こぶし自分のいたずらと、母親の目が見えないのは、なんの関係もないのに、いちいち母親を持ち出されるのは、うっとうしいと感じるようになった。

高学年になると、いたずらの質はちょっと派手になってきた。知恵も【　４　】もついた分だけ、当然と言えば当然だが、瞬太に関しては、違う評価がなされた。ほかの子も一緒にやっているのに、一人だけ、

「瞬太くんのお母さんは、目が見えないから」

と言われるのだ。母親の目が見えないことをいいことに、子どもが悪さをしていると言いたいのか、目が見えない母親だから、満足に子どもを育てられないと言っているのかはわからなかったが、②どちらにしても腹が立った。

だが、それよりも悔しかったのは、そんな世間の評価に対して母親が、なにも言い返さなかったことだ。貼られたレッテルを受け入れたように押し黙り、そればかりか、人の目を必要以上に気にするようになった。家にこもりがちになり、それまでかかさず来てくれていた授業参観にも、運動会にも来てくれなくなった。寂しさと悔しさで、瞬太は【　５　】がかきむしられるようだった。

そして、決定的なことが起こった。

瞬太が小学校六年生のときのことだ。瞬太は、物陰に隠れるようにして携帯電話をかけながら、泣いている母親の姿を見た。

相手は担任の先生のようだった。担任の先生からの電話は、固定電話にかかるのが常なので、自分のほうから電話をかけたのだろう。母親は【　６　】を忍ばせるようにして、こう言っていた。

「瞬太のいたずらが過ぎるのは、私の目が見えないからでしょうか」

きいた瞬間、瞬太はみぞおちの内側に、とがった氷を押し当てられたような気がした。

自分はそこまで、母親を追いつめてしまったのか、と思ったからではない。その言い方に、母親が自分の側に立ってくれていない気配を感じたからだ。

母親は自らのハンディをバリケードにしながら、おれを責めている、と思った。先生から「お母さんのせいではないですよ」と、言ってほしかったのだろう。母親は、自分だけ助かろうとしている。そう感じた。

今では、あのときの母親の苦しみが、多少なりとも理解できる。母だってぎりぎりの精神状態で、誰かに救いを求めたかったのだろう。そうしなければ、とてもやっていけなかったのだろう。

だが当時の瞬太には、ただただつらいことだった。だからますます荒れた。母とはほとんど口をきかなくなった。

初めて会った熊沢は、事情を知らなかったのか、「おれの母ちゃん、目、見えねえし」という瞬太の反論に一瞬黙った。が、すぐににたっと、笑った。そしてこう言った。

「高校の県大会からは、ラジオ中継もあるぞ」

瞬太は目を見開いた。その目が熊沢の瞳に吸いつく。太い眉の下のどんぐりまなこ。口は笑っているのに、磁石みたいに真っ黒な目は真剣そのもので、どこか不気味なほどだった。

沢田瞬太、十二歳。ここが、陸上地獄への第一歩だった。

次の日から瞬太は、小学校が終わると、その【　７　】で有明学院に通うことになった。放課後の練習に参加することになったのだ。

【国語】（五〇分）〈満点：一〇〇点〉

一　次の文章を読んで、後の問に答えなさい。

沢田瞬太は、有明学院高校陸上部の三年生で駅伝の選手。高校駅伝の全国大会である昨年末の「都大路」で活躍し、今回は、都道府県対抗の全国男子駅伝に福岡県の代表として選ばれ、そのチームの第一区走者を任された。以下は、その駅伝を走りながら、回想している場面である。

瞬太に陸上をすすめたのは、小学校のときの教頭先生だった。交番からの帰りのことだ。交番に呼ばれるのは、初めてのことではなかった。もっと本格的に、警察署で取り調べを受けたこともある。

夜更けの公園で爆竹を鳴らす。線路に置き石をする。人の家の屋根から屋根へと飛び移る。盗みや人に手出しをすることはしなかったが、瞬太は地域でも有名な「悪がき」の ａヒットウ格だった。そして、最後までつかまらない逃げ足の速さでも有名だった。

「お前は、その足の速さを生かせ。おれが話をつけてやる」

そして連れていかれたのが、有明学院高校の陸上部だった。陸上部の監督が教頭先生の後輩に当たる人だったらしい。

熊みたいな人だな。

それが、熊沢という監督に対する第一印象だ。色黒で、がっしりとした【　１　】は、名前のとおり、のっそりとした熊みたいな感じだった。

瞬太は初めて行った有明のグラウンドを一周走らされた。全力疾走で一周走ると、熊のような監督は、こう言った。

「家族に心配ばかりかけとらんで陸上をやれ。お前が頑張っている姿を見たら、お母さんも喜ぶぞ」

だが瞬太は、そんな熊沢にふてぶてしい目を向けた。

「おれの母ちゃん、目、見えねえし」

瞬太の母親は、全盲だ。若いころは、かすかな視力があったものの、結婚をするころには、光も感じなくなっていたらしい。当然、生まれてきた瞬太の【　２　】も知らない。それでも母親は、父親の手助けを得ながら、瞬太を育ててきた。料理も毎日作ってくれるし、時間はかかるが、掃除や洗濯もできる。

母親は失われたｂキノウを、工夫と努力でなんとか補いながらも生活している。生活にｃシショウはないし、瞬太のほうもそれが普通だと思っていた。

①小さなころの瞬太は、母親のことが大好きで、買い物や病院への付きそいなど、自分にできることはなんでも手伝った。

そんな気持ちが、少し変わってきたのは、小学校四年生くらいのときだろうか。

もともとやんちゃなところがある瞬太が、ちょっといたずらをしただけで、周りの人が大げさに【　３　】をひそめることに気がついたのだ。しかも、自分になされる注意には、全部「お母さん」という単語がくっついていた。

「お母さんを悲しませるな」

「お母さんに申し訳ないと思え」

「お母さんは一生懸命なのに」

「お母さん」

「お母さん」

問六　――線部④とほぼ同じ内容を表現している一文を、Ⅱの文中からさがし、その最初の五字をぬき出して答えなさい。

問七　――線部⑤は、どのような「勘違い」をするというのか。次の中で最もふさわしいものを選び、記号で答えなさい。

ア　自分の生活は、人類の歩みなどとは関係がない。
イ　自然を破壊してきたことを自分は反省している。
ウ　他の生物に比べると、自分の脳は発達している。
エ　世界に対して自分はとても良いことをしている。

問八　本文中の【B】を補うのに最もふさわしいことばを、次の中から選んで記号で答えなさい。

ア　愛情の尊さ　　イ　成功する喜び
ウ　環境の重要性　　エ　植物の魅力

問九　本文中の【C】を補うのに最もふさわしいことばを、次の中から選んで記号で答えなさい。

ア　行ったり来たり　　イ　持ちつ持たれつ
ウ　急がば回れ　　エ　どっこいどっこい

問十　本文中の【D】を補うのにふさわしいことばを、10字以内で考えて答えなさい。

問十一　Ⅰの文中の〰〰線部では二種類の「失敗」が話題になっている。君自身は今、どちらの「失敗」が大切だと考えているだろうか。君自身の経験を例にしながら、できるだけくわしく述べなさい。なお、どちらの立場で書いても、そのことで採点が左右されることはありません。

心配してしまうことがあるのです。

〝環境を守らなければ〟という正義感や、〝このままでは地球が危ない〟という危機感を煽るだけで、本当に世界は変わるのでしょうか。

たとえば、目の前に困っている人がいたとします。そのとき、〝この人を助けなければ〟という正義感で助けるのと、家族や恋人が困っていて、〝愛する人を助けたい〟という気持ちで助けるのとでは、圧倒的に後者のほうが大きな力が動くはず。

そう、愛の力は正義感を超えるのです。だから僕は、環境や自然のことを守りたいのであれば、その必要性を述べることよりも、まずは好きになってもらうことがいちばん大切なのではないかと考えたのです。

ｃフクザツなデータを片手に環境破壊への警告を訴える人は世の中にたくさんいますが、植物や自然が大好きな自分がすべきことは、植物に対する愛情の量を増やすことだろうと思いました。そしてそのための手段として最もｄユウコウなのは、植物を使ったいろいろなプロジェクトに取り組み、次々と成功させ、いろいろな角度から一人でも多くの人に【　Ｂ　】を伝えることだと思っています。

それが遠回りのようで近道であり、よっぽどリアルだと考えるからです。

Ⅳ

植物が、花に香りを持たせたり蜜を出したりする理由は、虫などをおびき寄せれば受粉しやすいと知っているからです。植物が果実を甘くする理由は、食べたらうまいと鳥に知ってもらえたら、食べてもらって糞としてバラまいてもらい、自分の種（子孫）を、より遠くに運んでもらえるからです。

植物は自分の周りにいるものをいかにうまく利用するかを、考えて生きています。

でもここで大事なのは、植物は決して自分だけが得をしようとしているわけではなく、鳥や動物、虫たちに食料を提供したり、住処を提供してあげたりして、【　　Ｃ　　】の関係を本能レベルで作り出しているということです。

人間や動物は、常に【　　Ｄ　　】を無意識に考えて行動しているものです。しかし植物は、他者にメリットを与えることが自分のためにもなると知っています。そうすることでお互いに良い関係を末永くつづけることができるのを、身をもって証明してくれているのです。

植物は地球上で、動物や人間より遥かに長い時間を生きながらえてきました。そのｅジッセキから来る説得力に勝るものはありません。

（西畠清順『教えてくれたのは、植物でした』による。）

問一　═線部ａ～ｅを、それぞれ漢字に直して書きなさい。

問二　──線部①のようにしたのは何のためだろうか。それを表している一文を、Ⅰの文中からさがし、その最初の五字をぬき出して答えなさい。

問三　──線部②について。ここにふさわしい四字熟語になるように、空欄部分を漢字で答えなさい。

問四　──線部③について。なぜ「うっかり」という表現が使われているのだろうか。わかりやすく説明しなさい。

問五　本文中の【Ａ】を補うのに最もふさわしいことばを、Ⅱの文中から10字前後でさがし、ぬき出して答えなさい。

ありました。

アルゼンチンの広大な国土には、コットン、サトウキビ、ソルゴとよばれるaコクモツ、トウモロコシ、豆などのプランテーションが広がっていて、その間を4WDで走っていると、〝のどかで美しい景色やなぁ〟と③うっかり思いそうになります。この農場を作るために、想像を絶する量の美しい植物が切り倒されているという現実を棚にあげて……。

隣町では、二〇〇〇ヘクタールの森が切り開かれて農場になり、そのおかげで野生のピューマも住むところがなくなったそうです。だからペドロさんの森や農場のほうへやってきていたのです。また、アルゼンチンではあまりにも大きな土地を切り開いて農場を作るせいで、雨が降らなくなったということも知りました。

いっぽうの僕は、たった四本の木を採取しにそこまでやってきて、地元の人を雇い、協力してできるだけ木を傷めないよう精魂込めて必死に日本に運びました。

これらは非常にbタイショウ的ですが、かといって、たった数本の木を大事に運ぶ自分と、何万本という木を切り倒して農場を作るアルゼンチンの農家を対比して、農家を悪者扱いしたいわけではありません。もしかしたら、そこで育った野菜が知らず知らずのうちに僕の口に入っている、つまり自分が恩恵を受けている可能性だってあるからです。

木を切ったり掘ったりして運ぶ僕の仕事よりも、建築家が建物をひとつ建てたり、行政が新しい道を切り開いたり、ディベロッパーが山を開発するほうがよっぽど植物を殺しているし、かわいそうだ、というつもりもありません。だって、建物にも道路にも【　A　】からです。

結局、誰もが動物や植物の命の犠牲の上で生きているのであり、それがまぎれもない人間の営みなのです。

動物にせよ、植物にせよ、どの命を奪うとかわいそうで、どれがかわいそうではないという話は本当に難しい、と、ペドロさんが僕をもてなすために朝いちばんに捌いて焼いてくれた豚の肉を食べながら、考えていました。

Ⅲ

「そら植物園」の事務所には、講演会やトークイベント、テレビやラジオ出演の依頼が多数寄せられます。お話をさせていただく機会に恵まれたときは、これだけはいわないでおこうと誓っていることがあります。それは、〝自然や環境のことを思いやりましょう〟という類の話です。

植物を扱う仕事をしている以上、「自然」や「環境」などというキーワードは避けて通れないものです。

自分がたくさん植物を育てているのをいいことに、環境破壊を行ってきた人類を悪者にして〝自然や環境を思いやりましょう〟と自分を良く見せるのは簡単ですが、④そもそも人類の歴史というのは、自然を破壊しつづけてきた歴史そのもの。自分の生活のすべてが、今までの人類の歩みの上に成り立っているのです。ですから人類が今まで行ってきた環境破壊に対して、自分は無関係であるという資格は誰にもないと、僕自身も思っています。

ただし他の生物に比べて発達した脳を持つ人間が〝自然や環境を思いやりましょう〟という言葉を口にしたときに得られる、あのなんともいいがたい正義感が、時に⑤人々を勘違いさせてしまうのではないか、と

「おばあちゃん」が、ここでそれを自分の隣に寝かせたのはなぜだろうか。くわしく説明しなさい。

問八　═══線部ａ～ｃを、それぞれ漢字に直して書きなさい。

二　次の文章は、植物に関わる活動を積極的に続けている西畠清順さんが書いたものである。これを読んで、後の問に答えなさい。

Ⅰ

皆さんは、『課外授業　ようこそ先輩』というＮＨＫの番組をご存じでしょうか。さまざまなジャンルで活動する人が、自分の母校の小学校の一クラスの生徒を対象に、二日間にわたって授業を行うという内容です。

まだまだ残暑が残る九月の暑い日でした。先生役として出演依頼があった僕の農場に、生徒たちは元気にやってきました。授業で実際にやってもらおうと決めたのは、畑に地植えされた「お化け鶏頭」というインドの花を掘り起こして植木鉢に移植するという、いわば植物の手術みたいなミッションです。お化け鶏頭は生徒たちの背丈ほどもある、大きな花です。

草花を移植するには、テクニックが必要です。それも時期や品種によってさまざまです。

初日、僕は①わざと何もやり方を教えずに、自分たちで考えて実践してもらいました。みんな力を合わせて、用意された道具や園芸資材を使って一生懸命に植え替えをしてくれました。

そして二日目、彼らは②□□揚々と農場へやってくるのですが、そこで待っていたのは、元気がなくなったり枯れそうになっているお化け鶏頭たち。希望に満ちた子どもたちの表情に、一瞬にして落胆の色が浮かびます。

普通、園芸の先生や講師なら誰しも、「どうやったら植物をうまく育てられるか」ということをさまざまな方法で教えます。ですが僕は逆に、まず、「自分が大事に思っている植物を、枯らしてしまったときのショック」を伝えたかったのです。

その後、僕は植物の生きるメカニズムを説明して、正しい〝手術〟の方法を教えました。子どもたちの飲み込みはすばらしいものでした。二日目の手術はみな、大成功に終わったのです。

誰かに何かを教えたいときには、初めから丁寧に教えるのが効率がよいとは限りません。失敗は成功のもとといいますが、〝失敗してもいいからやってみよう〟という失敗と、〝絶対成功させてやる！〟という気持ちのもとでの失敗は、まったく別物なのだと思います。後者の失敗では大きなショックを味わいますが、そこから学ぶことは非常に大きいのです。

あの授業は、そういうことを如実に物語っているのかもしれません。

Ⅱ

アルゼンチンとボリビアの国境あたりにある森で一週間ほど仕事をしているとき、ペドロさんに、ピューマに気をつけたほうがいいよ、とアドバイスを受けました。最近そのあたりで家畜が食い殺されているそうです。

僕が辿り着いたパラボラッチョ（酔っぱらいの木）が自生している森は、宿からどこまでもつづく農場の間を抜け二時間ほど走ったところにて、おばあちゃんは窓の外を見て、ちいさな声で言った。

「あたし、もうそろそろいくんだよ。それはそれでいいんだ。これだけ生きられればもう充分。けど気にくわないのは、みんな、美穂子も菜穂子も沙知穂も、人がかわったようにあたしにやさしくするってこと。ねえ、いがみあってたら最後の日まで人はいがみあってたほうがいいんだ、許せないところがあったら最後まで許すべきじゃないんだ、だってそれがその人とその人の関係だろう。相手が死のうが何しようが、むかつくことはむかつくって言ったほうがいいんだ」

おばあちゃんはそう言って、酸素マスクを口にあてた。⑤くまのぬいぐるみを、自分の隣に寝かせて、目を閉じた。くまと並んで眠るおばあちゃんは、おさない子どもみたいに見えた。

（角田光代『さがしもの』による。）

問一　――線部①とあるが、「私」がこのように迷っているのはなぜだろうか。「私」の思いをわかりやすく説明しなさい。

問二　本文中のＡ・Ｂを補うのにふさわしい漢字一字をそれぞれ答えなさい。

問三　――線部②「案の定」のことばの意味を答えなさい。

問四　――線部③の「母」の様子を、「私」はどのように感じているだろうか。最もふさわしいものを次の中から選び、記号で答えなさい。

ア　「おばあちゃん」に死なれたくないという気持ちはわかるものの、おろおろするばかりで、ありそうもないことで自分を責めることしかできない「母」に頼りなさを感じている。

イ　「おばあちゃん」の言い方は確かに厳しく、気持ちの良いものではないものの、それにいちいち傷ついて「私」に助けを求める「母」の気の弱さに腹立たしさを感じている。

ウ　「おばあちゃん」に鉢のことを言われたときにはその話を受け流していたものの、それが現実となってしまった今では事実を受け止め、反省しようとする「母」の責任感の強さを感じている。

エ　「おばあちゃん」とは昔から仲が悪く、言い争いばかりしていたものの、先が長くないことがわかってからはなるべく我慢するようにしている「母」のやさしさを感じている。

問五　次の一文はもともと本文中にあったものである。元にもどすのに最もふさわしい箇所（かしょ）を本文中の［※］より後の部分からさがし、その直前の10字をぬき出しなさい。

それで、それまで入ったこともなかった古本屋にも、足を踏み入れていたというのに。

問六　――線部④とあるが、「おばあちゃん」が「すごくおかしそうに笑った」のはなぜだろうか。最もふさわしいものを次の中から選び、記号で答えなさい。

ア　中学生の「私」が大人のような口を利きながら怒っていることに、無理をしている様子が見て取れたから。

イ　「私」が自分の言うことには何でも従う子どもだと思っていたので、言い返してきたことが意外だったから。

ウ　家族の自分への接し方の変化に困惑していたが、自分は自分のままでいいのだと気付き、ほっとしたから。

エ　自分に遠慮（えんりょ）のある家族の中で、はっきりと思いをぶつけてくる「私」の率直さがかえって嬉しかったから。

問七　――線部⑤について。ぬいぐるみなんかいらないと言っていた

「あの人は昔からそうなのよ。私のやることなすことすべてにけちをつける。よかれと思ってやっていることがいつも気にくわないの。私、何をしたってあの人にお礼を言われたことなんかないの」

　タクシーのなかで泣く母は、クラスメイトの女の子みたいだった。母の泣き声を聞いていると、心がスポンジ状になって濁った水を吸い上げていくような気分になる。

　あああ、と私は思った。これからどうなるんだろう？　本は見つかるのか？　おばあちゃんは死んじゃうのか？　おかあさんとおばあちゃんは仲良くなるのか？　なんにもわからなかった。だって私は十四歳だったのだ。

　クリスマスを待たずして、おばあちゃんは個室に移された。点滴の数が増え、酸素マスクをはめられた。それでも私はまだ、おばあちゃんが死んでしまうなんて信じられないでいた。病室では笑っている母は、家に帰ると毎日のように泣いた。③おばあちゃんが個室に移されたのは、私が鉢植えを持っていったからだと言って泣いた。

※その年のクリスマスは冷え冷えとしていた。私が夏から楽しみにしていた母のローストチキンは黒こげで食べられたものではなかったし、ケーキに至っては砂糖の量を間違えたのかまったく甘くなかった。クリスマスプレゼントのことはみんな忘れているようで、私は何ももらえなかった。

　そうして例の本も、私は見つけられずにいた。

　クリスマスプレゼントにできたらいいと思って、私はさらに遠出をして本屋めぐりをしていたのだが、そのなかの一軒で、年老いた店主が、たぶん絶版になっていると教えてくれた。昭和のはじめに活躍した画家の書いた、エッセイだということも教えてくれた。

　黒こげチキンの次の日、冬休みに入っていた私は朝早くから病院にいった。見つけられなかった本のかわりに、黒いくまのぬいぐるみを持っていった。

「おばあちゃん、ごめん、今古本屋さがしてる。かわりに、これ」

おばあちゃんはずいぶん痩せてしまった腕でプレゼントのｂホウソウをとき、酸素マスクを片手でｃハズしてずけずけと言う。

「まったくあんたは子どもだね。ぬいぐるみなんかもらったってしょうがないよ」

　これにはさすがにかちんときて、個室なのをいいことに、私は怒鳴り散らした。

「おばあちゃん、わがままがすぎるっ。ありがとうくらい言えないのっ。私だって毎日毎日本屋歩いてるんだから。古本屋だって、入りづらいのにがんばって入ってるんだから。古本屋に私みたいな若い子なんかいないのに、それでも入ってって、愛想の悪いおやじにメモ見せて、がんばってさがしてるんだからっ。それにっ、おかあさんにポインセチアのお礼だって言いなよっ」

　おばあちゃんは目玉をぱちくりさせて私を見ていたが、突然笑い出した。私の覚えているよりは数倍弱々しい笑いではあったけれど、それでも④すごくおかしそうに笑った。

「あんたも言うときは言うんだねえ。なんだかみんな、やけにやさしいんだもん、調子くるってたの。美穂子なんかあたしが何か言うと目くじらたてて言い返してきたくせに、やけに素直になっちゃって」

　美穂子というのは私の母である。はずした酸素マスクをあごにあて

【国　語】（五〇分）〈満点：一〇〇点〉

一　次の文章を読んで、後の問に答えなさい。

中学二年生の「私」は、ある日学校から帰ると泣いている母の姿を目にする。母から、その母である「おばあちゃん」の余命が長くないことを告げられた「私」は、次の日から「おばあちゃん」の病院に通うようになる。あるとき、「私」は「おばあちゃん」からある一冊の本をひとりで探してきて欲しいと、聞いたことのない著者名とタイトルが書かれたメモを渡される。

その日から私は病院にいく前に、書店めぐりをして歩いた。繁華街（はんかがい）や、隣町や、電車を乗り継いで都心にまで出向いた。いろんな本屋があった。ａザツゼンとした本屋、歴史小説の多い本屋、店員の親切な本屋、人のまったく入っていない本屋。しかしそのどこにも、おばあちゃんのさがす本はなかった。

手ぶらで病院にいくと、おばあちゃんはきまって落胆（らくたん）した顔をする。何か意地悪をしているような気持ちになってくる。

「あんたがその本を見つけてくれなけりゃ、死ぬに死ねないよ」

あるときおばあちゃんはそんなことを言った。

「死ぬなんて、そんなこと言わないでよ、縁起でもない」

言いながら、はっとした。私がもしこの本を見つけださなければ、おばあちゃんは本当にもう少し生きるのではないか。ということは、見つからないほうがいいのではないか。

「もしあんたが見つけだすより先にあたしが死んだら、化けて出てやるからね」

私の考えを読んだように、おばあちゃんは真顔で言った。

「だって本当にないんだよ。新宿にまでいったんだよ。いったいいつの本なのよ」

①本が見つかることと、このまま見つけられないことと、どっちがいいんだろう。

そう思いながら私は口を尖（とが）らせた。

「最近の本屋ってのは本当に困ったもんだよね。少し古くなるといい本だろうがなんだろうがすぐひっこめちまうんだから」

おばあちゃんがそこまで言いかけたとき、母親が病室に入ってきた。おばあちゃんは［A］をつぐむ。母はポインセチアの鉢（はち）を抱えていた。手にしていたそれを、テレビの上に飾り、おばあちゃんに笑いかける。母はあの日から泣いていない。

「もうすぐクリスマスだから、気分だけでもと思って」母はおばあちゃんをのぞきこんで言う。

「あんた、知らないのかい、病人に鉢なんか持ってくるもんじゃないんだよ。鉢に［B］付くように、病人がベッドに寝付いちまう、だから縁起が悪いんだ。まったく、いい年してなんにも知らないんだから」

母はうつむいて、ちらりと私を見た。

「クリスマスっぽくていいじゃん。クリスマスが終わったら私が持って帰るよ」

母をかばうように私は言った。おばあちゃんの乱暴なもの言いに私は慣れているのに、もっと長く娘をやっている母はなぜか慣れていないのだ。

②案の定、その日の帰り、タクシーのなかで母は泣いた。またもや私は、ひ、と思う。

MEMO

大切なことはメモしておこうネ！

T-G

解答用紙集

○月×日 △曜日　天気(合格日和)

◆ご利用のみなさまへ
＊解答用紙の公表を行っていない学校につきましては、弊社の責任において、解答用紙を制作いたしました。
＊編集上の理由により一部縮小掲載した解答用紙がございます。
＊編集上の理由により一部実物と異なる形式の解答用紙がございます。

人間の最も偉大な力とは、その一番の弱点を克服したところから生まれてくるものである。──カール・ヒルティ──

東京学参株式会社

桐朋中学校（第1回）　2024年度

◇算数◇

※ 137%に拡大していただくと，解答欄は実物大になります。

1

(1)		(2)		(3)	

2

(1)	円	(2)	m	(3)	cm

3

(1)	個

(2) <考え方>

(答) 赤玉　　　個，青玉　　　個

4

(1)	回目の得点が　　点高い	(2)	点	(3)	点

5

(1)	分	(2)	分　　秒

6

(1)	最も長い時間　秒	(2)	最も長い時間　秒	(3)	最も長い時間　秒
	最も短い時間　秒		2番目に長い時間　秒		2番目に長い時間　秒

7

(1)		(2)		(3)	

桐朋中学校（第1回）　2024年度

◇理科◇

※ 156％に拡大していただくと，解答欄は実物大になります。

1　問１　問２　問３

問４　問５ ①　②

2　問１ 塩酸　水酸化ナトリウム水溶液　問２

問３　g　問４　問５　問６　g

問７

3　問１　%

問２

問３　問４　問５

問６

4　問１　問２　問３

問４　問５（１）　万km^2

問５（２）　万km^3　（３）　m

桐朋中学校(第1回)　2024年度

◇社会◇

※ 156%に拡大していただくと，解答欄は実物大になります。

【1】

問 1 □ → □ → □ → □ → □ → □

問 2 ① □ ② □ ③ □ ④ □ ⑤ □

問 3 （1） □ （2） □

問 4 □

問 5 □ 造

問 6 □

問 7 □ 半島

問 8 □

【2】

問 1 ① □ ② □ ③ □

問 2 □

問 3 □

問 4 竿燈まつり □ ねぶた祭 □

問 5 □

問 6 □

問 7 □

問 8 □

問 9 国の組み合わせ □ 果物の名称 □

問10 □

【3】

問 1 1 □ 2 □ 3 □

問 2 □

問 3 ア □ イ □ ウ □

問 4 □

問 5 □

◇国語◇

桐朋中学校(第1回)　2024年度

※143%に拡大していただくと、解答欄は実物大になります。

一

問一

問二

問三

問四

問五

問六

問七

問八

問九 a れ b c

二

問一 a b c d

問二

問三

問四

問五

問六

問七

問八

問九

問十

問十一 1 2

桐朋中学校（第2回）　2024年度

◇算数◇

※ 133％に拡大していただくと，解答欄は実物大になります。

1

(1)		(2)		(3)	

2

(1)	cm	(2)	倍	(3)	A 円	B 円

3

(1)	分　秒後

(2) <考え方>

(答)　m

4

(1)	$a=$ ，$b=$ ，$c=$	(2)	毎秒　cm^3	(3)	個

5

(1)	cm^2	(2)	cm

6

(1)	枚	(2)	白いタイル　枚	黒いタイル　枚
(3)	Nの値	枚数の和　枚		

7

(1)		(2)	㋐	㋑	㋒	㋓
(3)						

桐朋中学校(第2回)　2024年度

◇理科◇

※ 152%に拡大していただくと，解答欄は実物大になります。

1 問1 [ ] kg [ ] cm 問2 [ ] cm 問3 [ ] g

問4 式 [ ] 答え [ ] g

2 問1 X [ ] Y [ ] Z [ ] 問2 (あ) [ ] (い) [ ]

問3 (1) [ ] (2) [ ] (3) [ ] 問4 [ ] 個分

問5

問6

3 問1 [ ] 問2 [ ] 問3 [ ]

問4 [ ] 問5 [ ]

問6 ① [ ] ② [ ] ③ [ ] ④ [ ]

4 問1

問2 [ ] 万年後 問3 [ ] 問4 [ ]

問5

桐朋中学校(第2回)　2024年度

◇社会◇

※ 169%に拡大していただくと，解答欄は実物大になります。

【1】

問 1 □ → □ → □ → □ → □ → □

問 2 A □ B □ C □ D □ E □ F □

問 3 ① □ ② □ ③ □ ④ □

問 4 □ 問 5 □

問 6 □ 問 7 □

問 8

【2】

問 1 ① □ ② □ 問 2 □

問 3 ア □ イ □ 問 4 □

問 5 ① □ ② □ 問 6 □

問 7 ① □ ② □ 問 8 □

問 9 ① 約 km ② ア □ イ □ ウ □

【3】

問 1 ① □ ② □ 問 2 □

問 3 □ → □ → □ → □ 問 4 □

問 5 ① A 上がる ・ 下がる B 買い控(ひか)える ・ より多く買う

C 増える ・ 減る

②

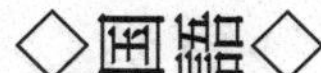

◇国語◇

桐朋中学校（第２回）　２０２４年度

※１４７％に拡大していただくと、解答欄は実物大になります。

一

問一

問二

問三

問四

問五

問六

問七

問八

問九　a　b　c　d

二

問一　a　b　c　d

問二

問三　Ⅰ　Ⅱ　Ⅲ　Ⅳ

問四

問五

問六

問七

桐朋中学校(第1回)　2023年度

◇算数◇

※ 137%に拡大していただくと，解答欄は実物大になります。

1

(1)		(2)		(3)	

2

(1)	個	(2)	人	(3)	cm^2

3

(1)	分

(2) <考え方>

(答)　人以上

4

(1)	円	(2)	円

5

(1)	km
(2)	時　分　秒

(3)

R駅発	Q駅行き	P駅行き
5時		
6時		
7時		

6

(1)	a=　，b=　，c=	(2)		(3)	

7

(1)	①	②	③
(2)			

桐朋中学校（第1回）　2023年度　◇理科◇

※ 156%に拡大していただくと，解答欄は実物大になります。

1 問1 [　] 個　問2 [　]　問3 [　]

問4 [　] 個以上　問5 [　] 個以上 [　] 個以下

2 問1 [　]　問2 [　|　]　問3 [　] %　問4 [　] g

問5 (1) [　] g　(2) [　] g

(3) 名前 [　]　温度 [　] ℃

3 問1 [　]　問2 [　]　問3 [　]

問4 [　]　問5 [　]　問6 [　]

問7 [　]

4 問1 [　]　問2 [　]　問3 [　]

問4 A [　]　B [　]　C [　] 日

問5 [　]

桐朋中学校(第1回)　2023年度

※ 156%に拡大していただくと，解答欄は実物大になります。

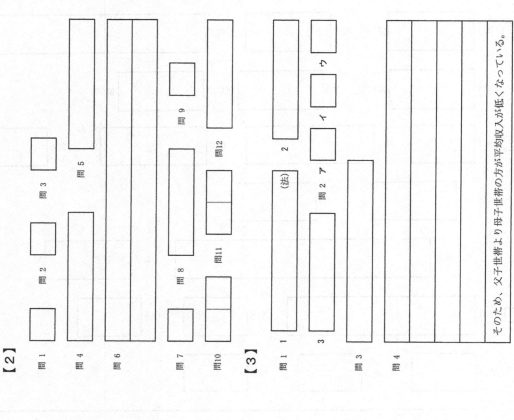

◇社会◇

【1】

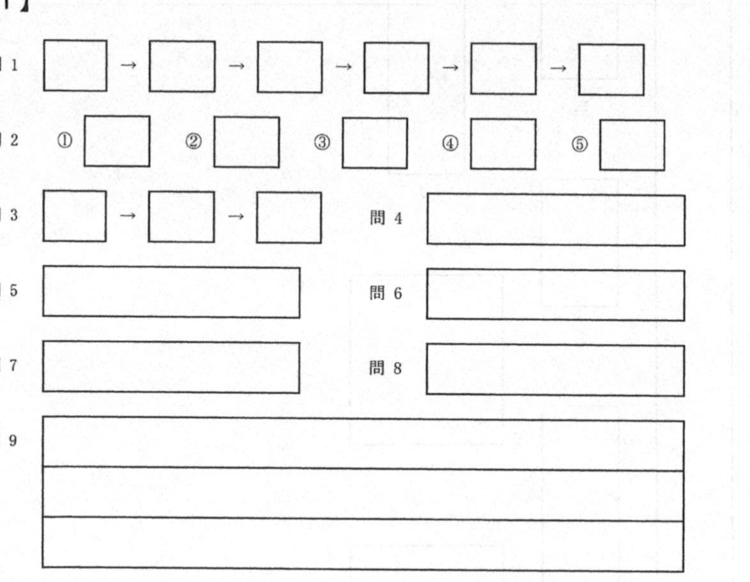

問 1 □→□→□→□→□→□

問 2 ① ② ③ ④ ⑤

問 3 □→□→□

問 4

問 5

問 6

問 7

問 8

問 9

【2】

問 1　問 2　問 3

問 4　問 5

問 6

問 7　問 8　問 9

問10　問11　問12

【3】

問 1　1 (法)　2

3

問 2　ア　イ　ウ

問 3

問 4

そのため、父子世帯より母子世帯の方が平均収入が低くなっている。

2023年度

桐朋中学校(第1回)

※143%に拡大していただくと、解答欄は実物大になります。

◇国語◇

一

問一

問二

問三

問四

問五

問六

問七

問八

問九

問十 a b c む

二

問一 a b c く d

問二

問三

問四

問五

問六

問七

問八

問九

問十

桐朋中学校(第2回)　2023年度

◇算数◇

※ 133%に拡大していただくと，解答欄は実物大になります。

1

(1)		(2)		(3)	

2

(1)	分後	(2)	人	(3)	周の長さ cm	面積 cm^2

3

(1)	L	(2)	ウ :	エ :

4

(1)	g	(2)	円

(3) ＜考え方＞

(答) (B の重さ) : (C の重さ) = :

5

(1)	$a =$, $b =$	(2)	$x =$, $y =$

6

(1)		(2)		(3)	

7

(1)	A = , B =	(2)	
(3)	最も大きくなるとき A = , B =	2 番目に大きくなるとき A = , B =	

桐朋中学校（第2回）　2023年度

◇理科◇

※ 152%に拡大していただくと，解答欄は実物大になります。

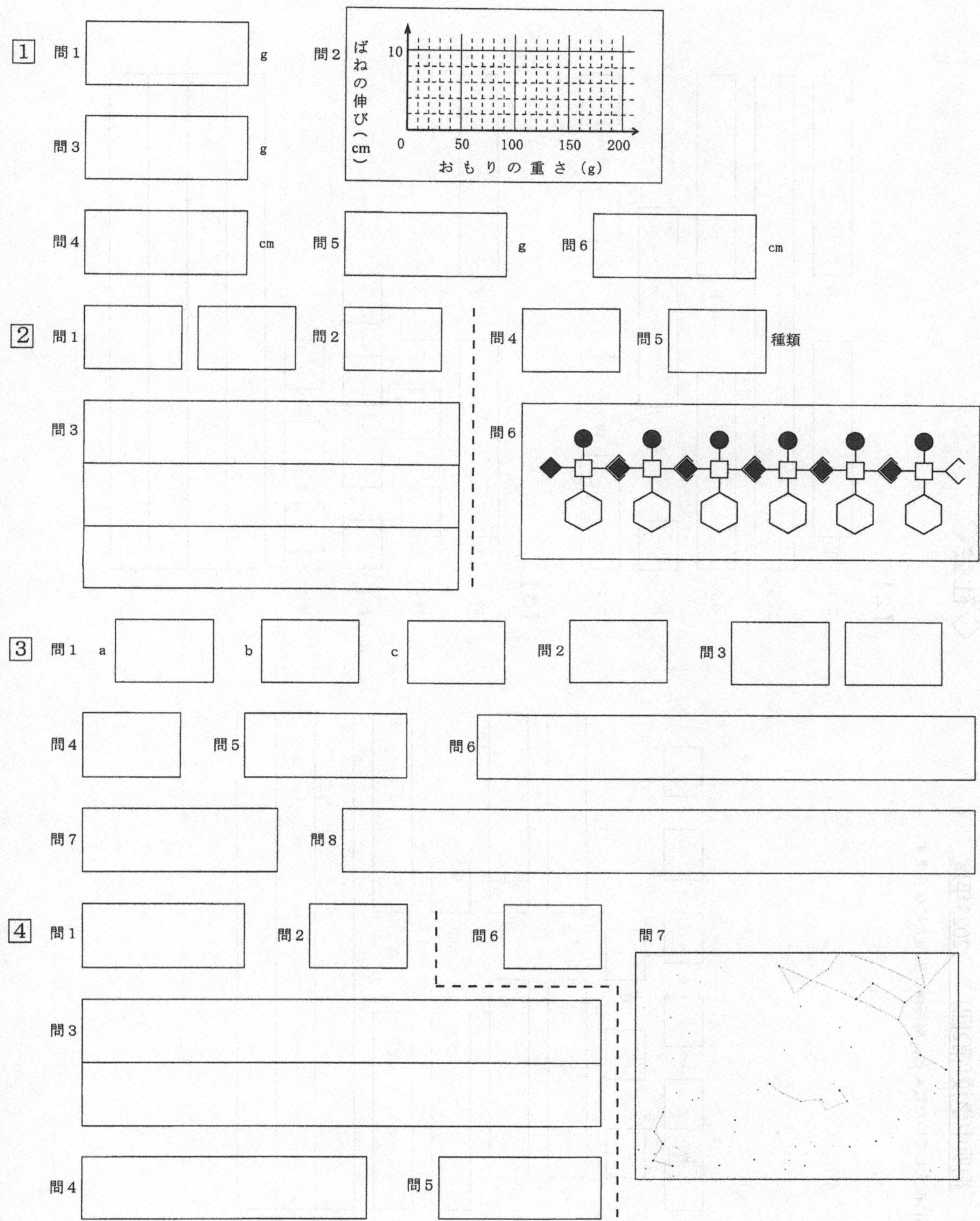

桐朋中学校(第2回)　2023年度

◇社会◇

※ 169%に拡大していただくと，解答欄は実物大になります。

【1】

問 1 □ → □ → □ → □ → □ → □

問 2 ① ② ③

問 3 ① ②

問 4 ① の乱 ②

問 5　問 6

問 7 学徒隊　問 8 ①

問 8 ②

【2】

問 1 ① ②

問 2

問 3　問 4

問 5　問 6

問 7　問 8 ドイツ　日本　問 9

【3】

問 1 1　2

問 2 A　B　C

問 3 □ → □ → □ → □

問 4 ア　イ　ウ

問 5

◇国語◇

2023年度　桐明中学校（第２回）

※147％に拡大していただくと、解答欄は実物大になります。

一

問一

問二

問三

問四

問五

問六　Ⅰ　Ⅱ

問七

問八

問九

問十

問十一　A　B　C　D　E

二

問一　A　B

問二

から。

問三　Ⅰ　Ⅱ　Ⅲ

問四

問五

問六

問七

桐朋中学校（第1回）　2022年度

◇算数◇

※ 141％に拡大していただくと，解答欄は実物大になります。

1

(1)		(2)		(3)	

2

(1)	枚	(2)	個	(3)	cm

3

(1)	本	(2)	m

4

(1) (A さんの速さ) : (B さんの速さ) = ：

(2) <考え方>

(答) m

5

㋐	㋑
㋒	㋓
㋔	㋕

6

(1) 長さ

(2) 1 cm

(3) 個数

1 cm

7

(1)		(2)	

(3)

桐朋中学校(第1回)　2022年度

◇理科◇

※ 167%に拡大していただくと，解答欄は実物大になります。

1 問1 [　　] m　問2 [　　] 秒

問3 【信号機B】の点灯の様子

赤色電球
青色電球
0　30　60　90　120　150　180　時間（秒）

問4 A [　　] 秒　B [　　] 秒

問5 ① [　　]　③ [　　]
② [　　]　④ [　　]

2 問1 [　　|　　|　　]

問2 ① [　　]　② [　　]　問3 [　　]

問4 [　　] [　　]　問5 [　　]　問6 [　　] [　　]

問7 [　　]

3 問1 [　　]　問2 [　　]　問3 [　　]

問4 X [　　]　Y [　　]　Z [　　]　問5 [　　]

問6 [　　]　問7 [　　]

4 問1 [　　]　問2 (1) [　　]　(2) [　　]　(3) [　　]

問2 (4) [　　]　問3 [　　]　問4 [　　] 分

桐朋中学校(第1回)　2022年度

◇社会◇

※ 167%に拡大していただくと，解答欄は実物大になります。

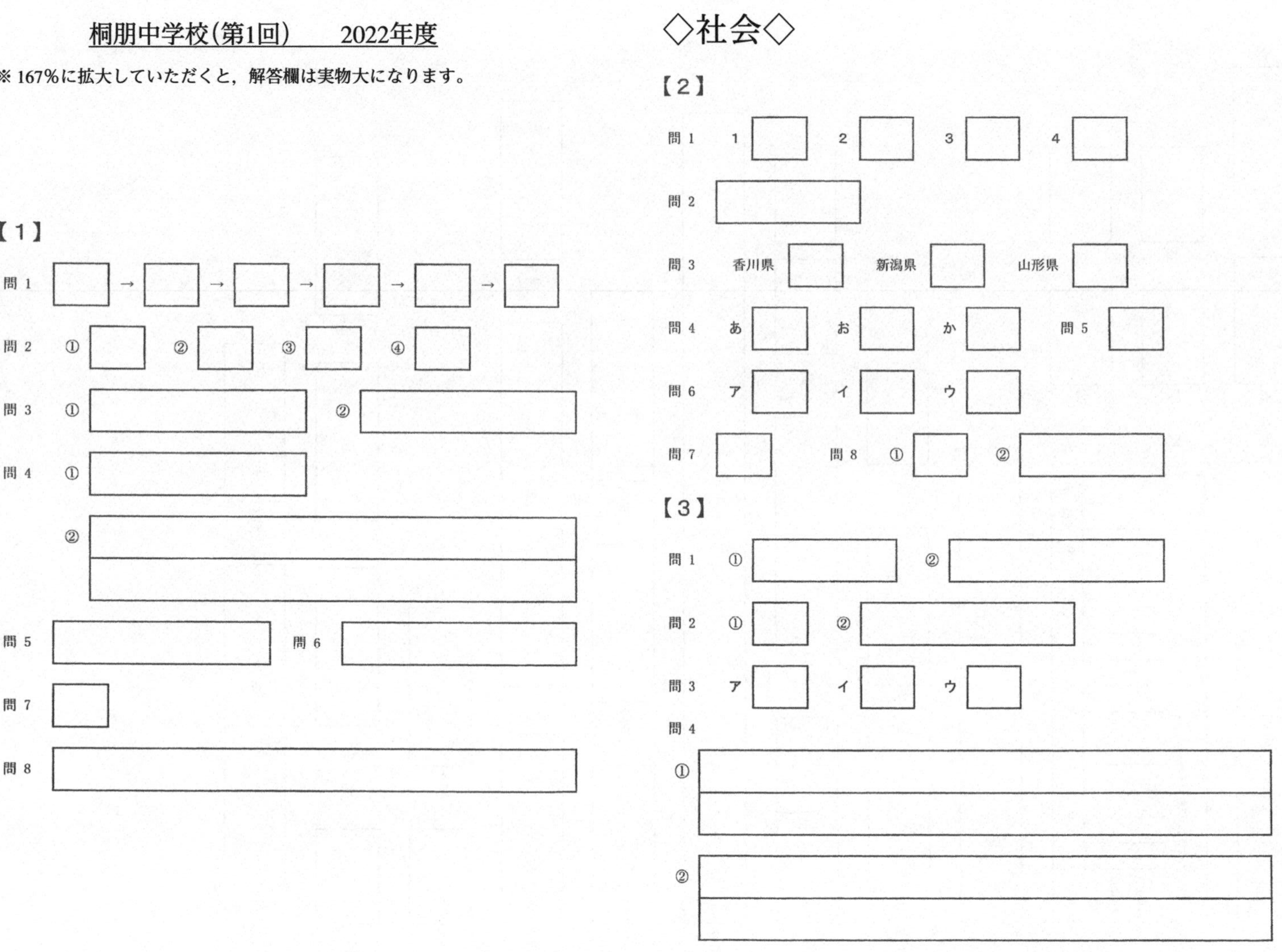

2022年度 桐朋中学校(第1回)

◇国語◇

※154%に拡大していただくと，解答欄は実物大になります。

一

問一

問二

問三　問四　問五　問六

問七　問八　問九

問十

問十一

問十二　a　b

二

問一　a　b　c　d

問二

問三

問四　問五　問六

問七　問八

問九

桐朋中学校（第2回）　2022年度

◇算数◇

※ 145％に拡大していただくと，解答欄は実物大になります。

1

(1)		(2)		(3)	

2

(1)	個	(2)	cm	(3)	

3

(1)	さん	匹	(2)	匹

4

<考え方>

（答）個数　個，費用の合計　円

5

(1)	cm	(2)	cm

6

(1)	（㋐の道のり）：（㋒の道のり）＝　：	(2)	分速　m
(3)	㋐の道のり　m	バスの速さ　分速　m	

7

(1)		(2)	
(3)	キにあてはまる数字	コにあてはまる数字	

桐朋中学校（第2回）　2022年度

◇理科◇

※ 167％に拡大していただくと，解答欄は実物大になります。

1 問1 [　] 秒　問2 ① [　] ② [　] ③ [　]

問2 ④ [　]　問3 [　]　問4 [　] 秒

問5 [　] 秒　問6 [　]

2 問1 [　] [　]　問2 [　]

問3 ① [　] ② [　] ③ [　]

④ [　] ⑤ [　] ⑥ [　]

3 問1 [　]　問2 トカゲ [　] ネコ [　]　問3 [　]

問4 [　]　問5 [　]　問6 [　]

問7 [　]　問8 [　]

4 問1 [　]　問2 [　]

問3 ① [　] ② [　] ③ [　]

問4 [　]

問5 [　]

桐朋中学校(第2回)　2022年度

※161%に拡大していただくと，解答欄は実物大になります。

◇社会◇

【1】

問1　→　→　→　→　→

問2　①　②　③　④

問3　①　②

③

問4

問5

問6　遺跡

問7

問8　①

②

【2】

問1

問2

問3

問4　海里水域

問5

問6

問7

問8

問9

問10

【3】

問1　1　2

問2

問3　ア　イ　ウ

問4　①　A　B　C

②

桐朋中学校（第２回）　２０２２年度

◇国語◇

※１５２％に拡大していただくと、解答欄は実物大になります。

一

問一

問二　問三　問四

問五　1　2

問六　Ⅰ　Ⅱ

問七

問八

問九

問十　A　B　C　D

二

問一　A　まり　B　C

問二　Ⅰ　Ⅱ　Ⅲ

問三

問四　問五

問六

問七　問八　1　2

問九

桐朋中学校(第1回)　2021年度

◇算数◇

※ 141%に拡大していただくと，解答欄は実物大になります。

1

(1)		(2)		(3)	

2

(1)	個	(2)		(3)	mL

3

(1) <考え方>

(答) 分速　　　m

(2)	m

4

(1)	人	(2)	人	(3)		(4)	

5

(1)	AE : EB = 　：	(2)	cm

6

(1)	g	(2)	g	(3)	分　　秒

7

(1)	①	②	(2)	
(3)				

桐朋中学校（第1回）　2021年度

◇理科◇

※ 156％に拡大していただくと，解答欄は実物大になります。

1　問1 ___ cm　問2 ___ cm　問3 ___ cm　問4 ___

問5 ___ 秒後　A ___ cm　B ___ cm　問6 ___ 秒後

2　問1 ① ___ ② ___　問2 ___　問3 ___

問4 (1) ___ (2) ___ %

問5

問6

油

3　問1 ① ___ ② ___　問5 ___

問2 ___ ___　問3 ___

問4

問6

4　問1 ___　問2 ___　問3 ___　問4 ④ ___ ⑤ ___

問5

問6

問7

目的	
方法	

桐朋中学校（第1回）　2021年度

※ 156％に拡大していただくと，解答欄は実物大になります。

◇社会◇

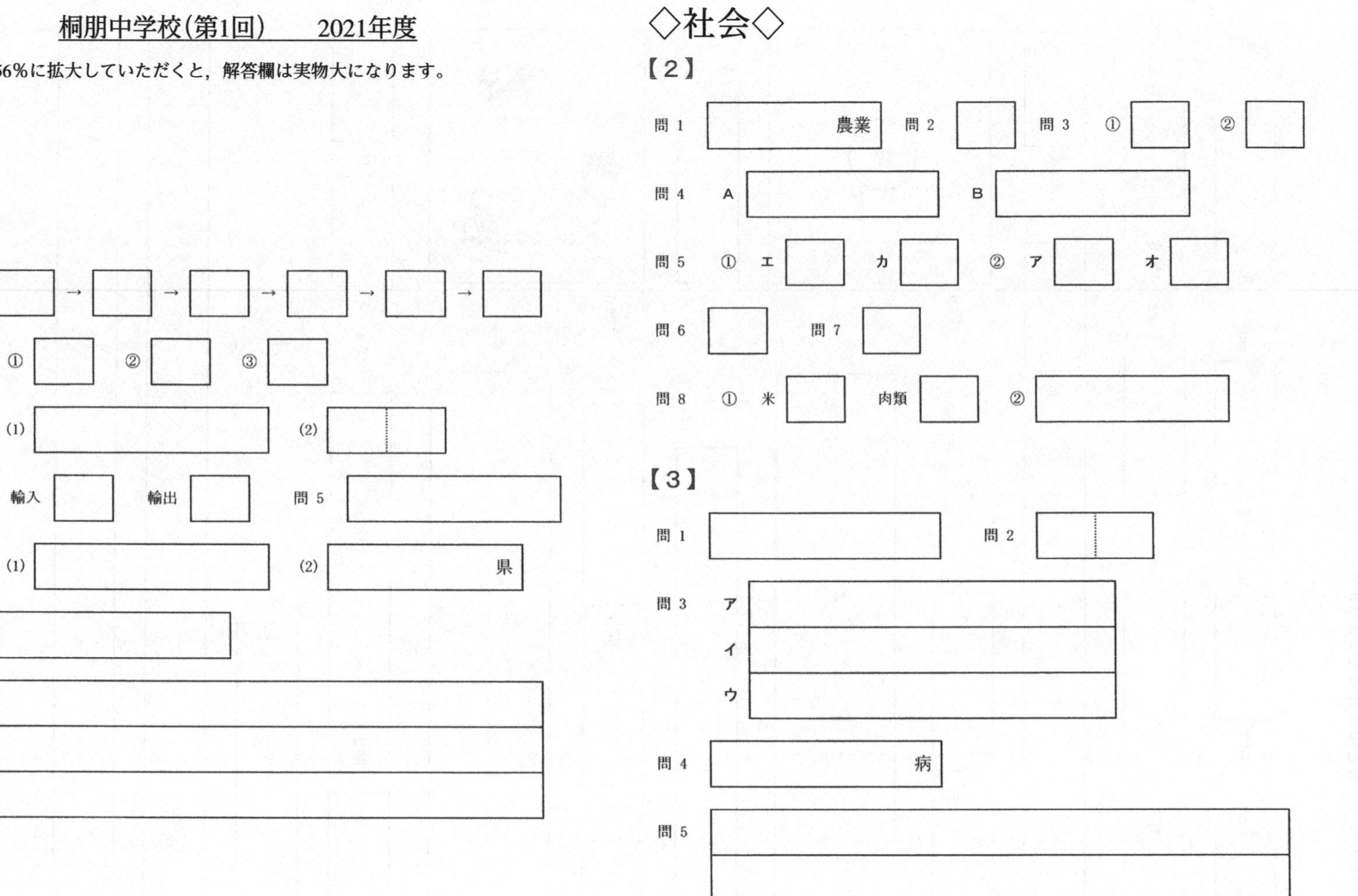

【１】

問 1 →→→→→

問 2 ①　②　③

問 3 (1)　(2)

問 4 輸入　輸出　問 5

問 6 (1)　(2) 県

問 7

問 8

【２】

問 1 農業　問 2　問 3 ①　②

問 4 A　B

問 5 ① エ　カ　② ア　オ

問 6　問 7

問 8 ① 米　肉類　②

【３】

問 1　問 2

問 3 ア

イ

ウ

問 4 病

問 5

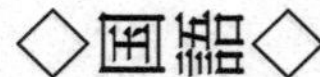

桐朋中学校(第1回)　2021年度

※145%に拡大していただくと、解答欄は実物大になります。

一

問一

問二 1 2

問三

問四

問五

問六

問七

問八

問九

問十 a b c d e

二

問一 a b c

問二

問三

問四

問五

問六

問七

問八

問九 I II

桐朋中学校(第2回)　2021年度

◇算数◇

※ 139%に拡大していただくと，解答欄は実物大になります。

1

(1)		(2)		(3)	

2

(1)	個	(2)	才	(3)	人

3

(1)	円	(2)	円

(3) ＜考え方＞

(答)　円

4

(1)	cm^2	(2)	cm^2

5

(1)	m	(2)	初めてすれちがった時刻 午前　時　分	2回目にすれちがった時刻 午前　時　分
(3)	①	② 倍		

6

(1)	分	(2)	分	(3)	分後

7

(1)		(2)	
(3)	①	②	

桐朋中学校(第2回)　2021年度

◇理科◇

※ 156%に拡大していただくと，解答欄は実物大になります。

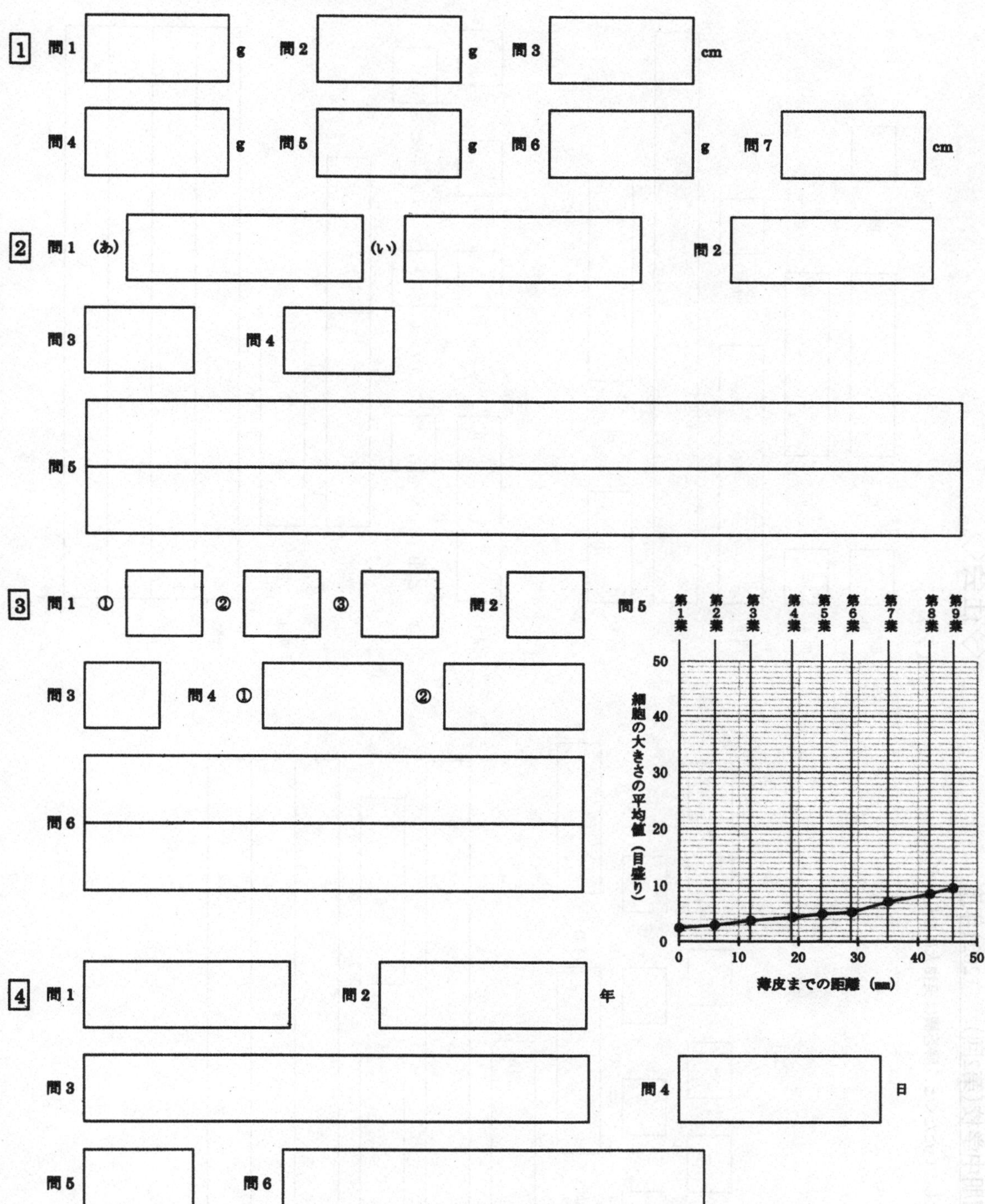

桐朋中学校(第2回)　2021年度

◇社会◇

※ 156%に拡大していただくと，解答欄は実物大になります。

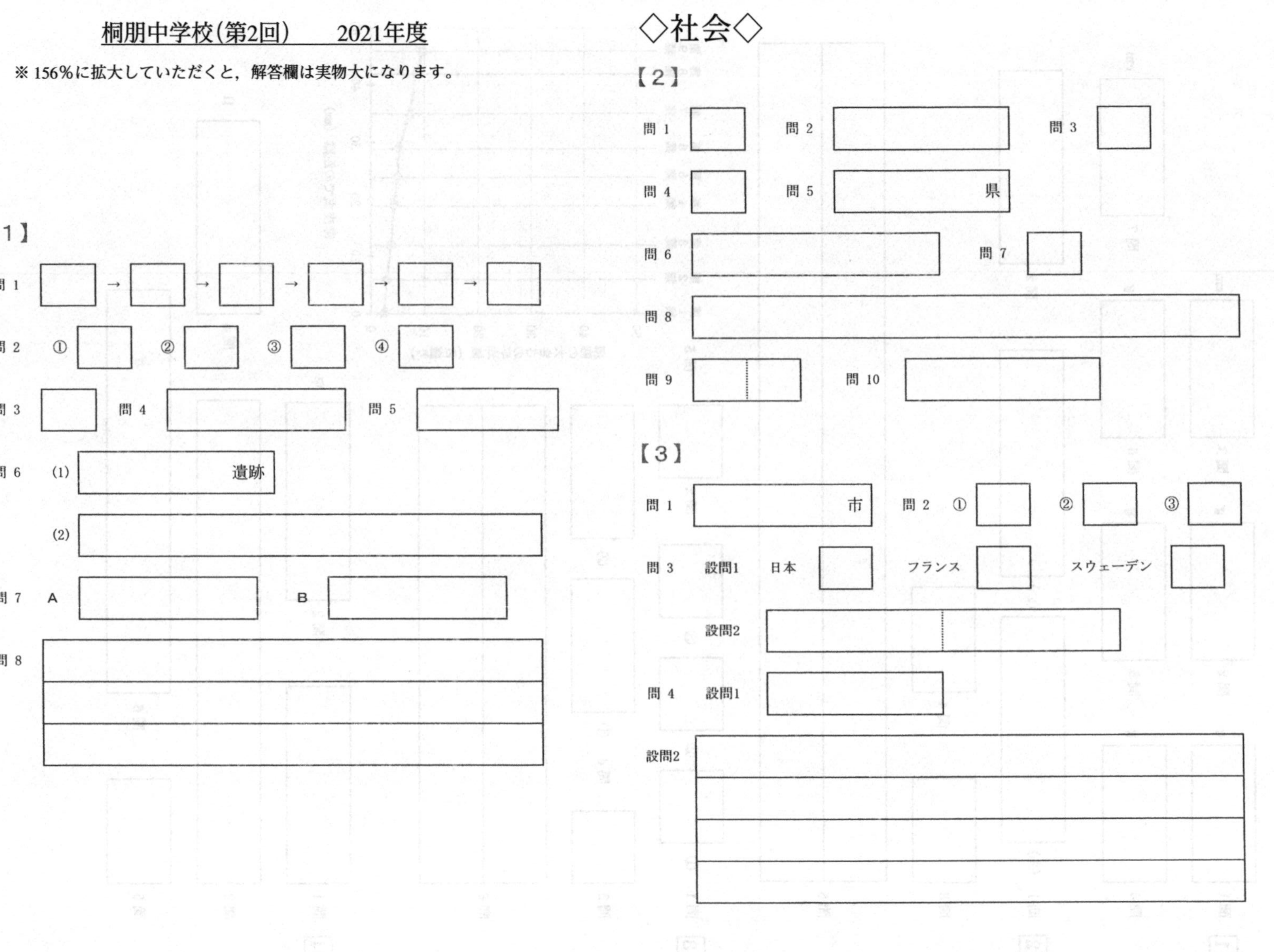

2021年度 桐朋中学校(第2回)

※152%に拡大していただくと、解答欄は実物大になります。

◇国語◇

一

問一

問二

問三

問四　問五　問六　問七

問八

問九

問十　a　b　く　c　d　する　e

二

問一　a　して　b　c

問二

問三

問四

問五

問六　問七　問八　問九

問十

桐朋中学校（第1回）　2020年度

◇算数◇

※ 136%に拡大していただくと，解答欄は実物大になります。

1

(1)		(2)		(3)	

2

(1)	mL	(2)	日	(3)	cm^2

3

<考え方>

円

4

㋐	㋑	㋒	㋓

5

(1)		(2)		(3)	と
(4)	と				

6

(1)	cm^2	(2)	秒後	(3)	

7

(1)		(2)	
(3)	cm		

桐朋中学校(第1回)　2020年度

◇理科◇

※ 157%に拡大していただくと，解答欄は実物大になります。

1

問1 (a)　(b)　(c)

問2　問3　問4　問5　問6

問7

問8　問9　cm³より大きい

2

問1　問2　問3 う　え

問4　問5　hPa　問6　g

問7

3

問1　問2

問3 ①　②　③　④

問4　問5　問6

問7

4

問1　問2　問3

問4　秒　問5

問6

理由

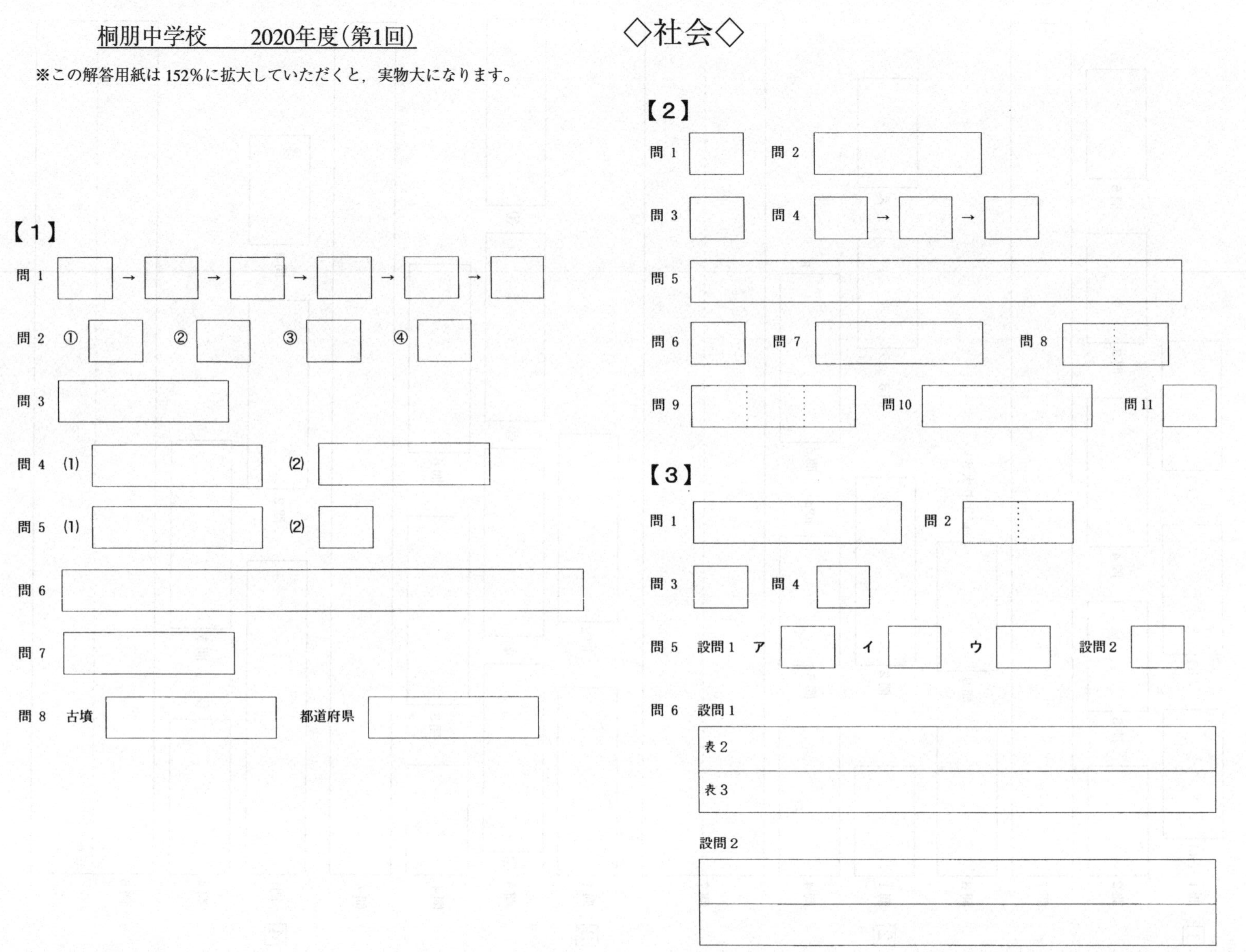
桐朋中学校　2020年度(第1回)
◇社会◇
※この解答用紙は152%に拡大していただくと，実物大になります。
【1】
問1 → → → → →
問2 ① ② ③ ④
問3
問4 (1) (2)
問5 (1) (2)
問6
問7
問8 古墳 都道府県
【2】
問1 問2
問3 問4 → →
問5
問6 問7 問8
問9 問10 問11
【3】
問1 問2
問3 問4
問5 設問1 ア イ ウ 設問2
問6 設問1
表2
表3
設問2

◇国語◇

桐朋中学校（第１回）　２０２０年度

※１４５％に拡大していただくと、解答欄は実物大になります。

一

問一

問二　問三　問四　問五　問六

問七

問八　～　。

問九

問十

問十一　a　り　b　c　に

二

問一　a　b　c

問二

問三　問四

問五

問六　問七　問八　問九

問十

桐朋中学校（第2回）　2020年度

◇算数◇

※ 136％に拡大していただくと，解答欄は実物大になります。

1

(1)		(2)		(3)	

2

(1)	毎分　　m	(2)	g	(3)	AE : ED = 　　：

3

＜考え方＞

人

4

(1)		(2)	

5

(1)	分	(2)	分	(3)	cm

6

(1)	回	(2)	秒後	(3)	秒後

7

(1)		(2)	最も大きいS	最も小さいS
(3)	個	(4)		

桐朋中学校（第2回）　2020年度　◇理科◇

※ 152％に拡大していただくと，解答欄は実物大になります。

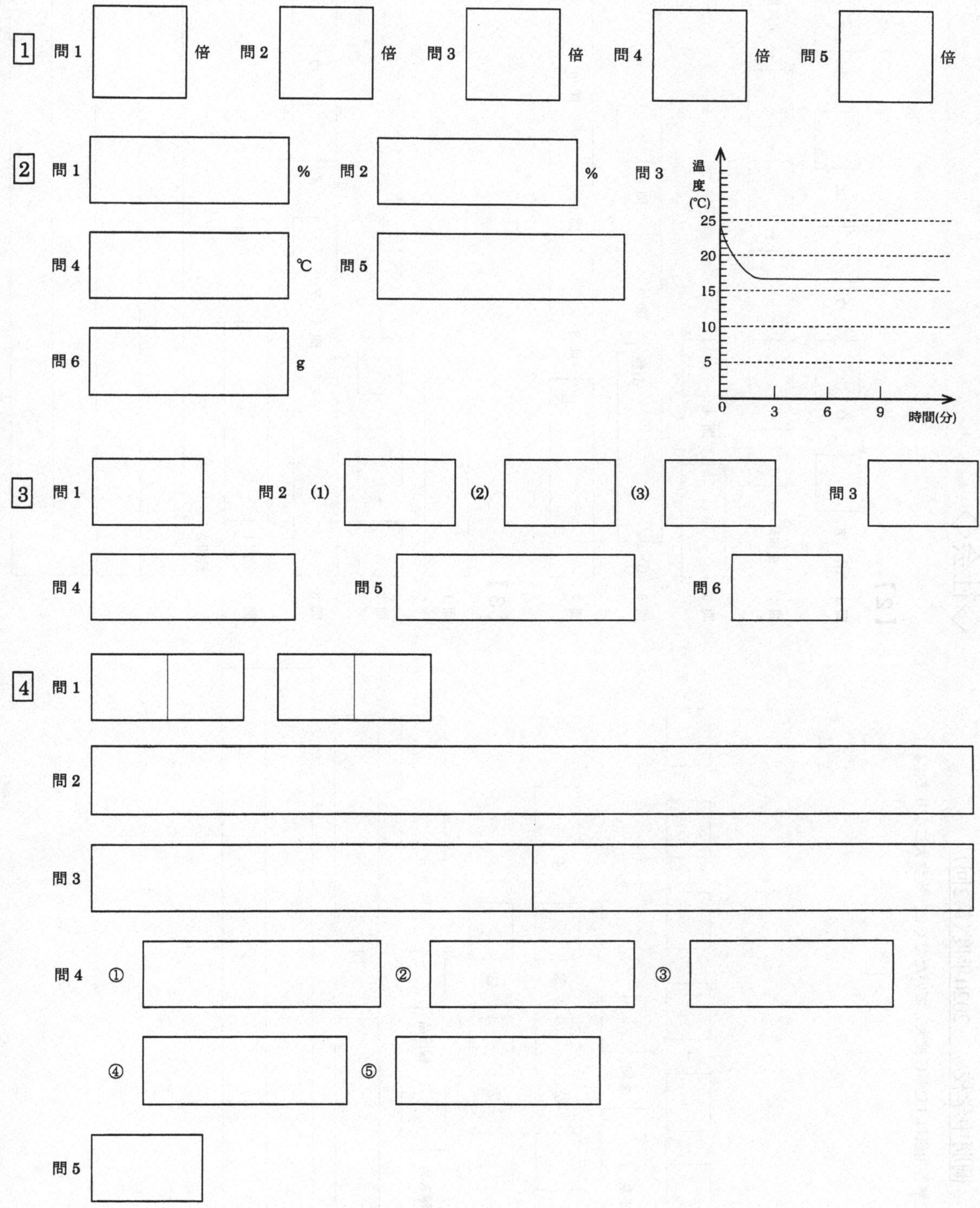

桐朋中学校　2020年度(第2回)

※この解答用紙は152%に拡大していただくと，実物大になります。

◇社会◇

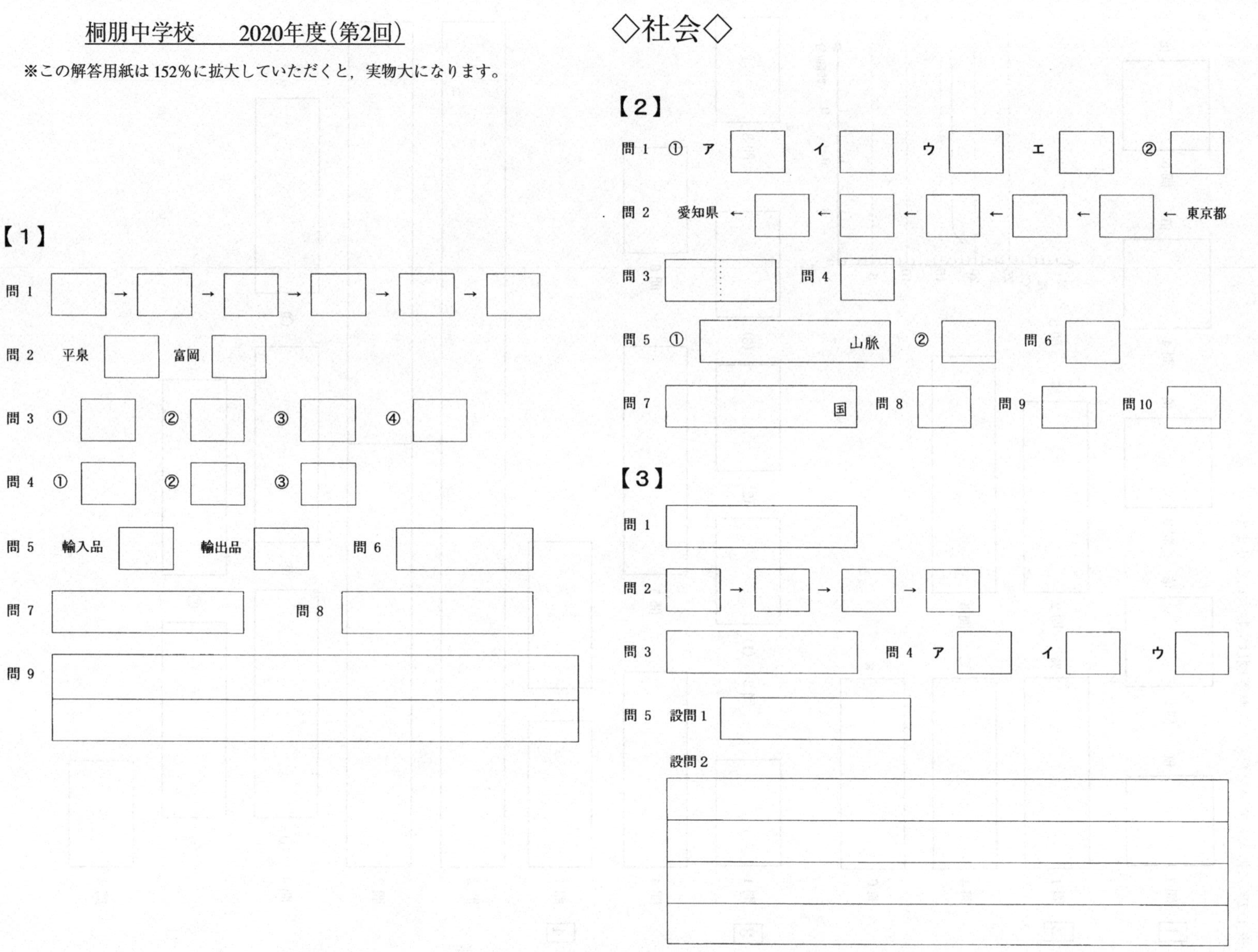

【1】

問 1 □ → □ → □ → □ → □ → □

問 2 平泉 □ 富岡 □

問 3 ① □ ② □ ③ □ ④ □

問 4 ① □ ② □ ③ □

問 5 輸入品 □ 輸出品 □ 問 6 □

問 7 □ 問 8 □

問 9 □

【2】

問 1 ① ア □ イ □ ウ □ エ □ ② □

問 2 愛知県 ← □ ← □ ← □ ← □ ← □ ← 東京都

問 3 □ 問 4 □

問 5 ① □ 山脈 ② □ 問 6 □

問 7 □ 国 問 8 □ 問 9 □ 問 10 □

【3】

問 1 □

問 2 □ → □ → □ → □

問 3 □ 問 4 ア □ イ □ ウ □

問 5 設問 1 □

設問 2 □

◇国語◇

桐朋中学校（第２回）　２０２０年度

※147%に拡大していただくと、解答欄は実物大になります。

一

問一　問二

問三

問四　問五

問六　そういう事があるのよ　問七

問八 (1)

(2)

問九 a　b　c し

二

問一 a　b　c　d

問二　問三

問四

問五　問六

問七　問八　問九

問十

問十一

東京学参の
中学校別入試過去問題シリーズ

＊出版校は一部変更することがあります。一覧にない学校はお問い合わせください。

東京ラインナップ

あ　青山学院中等部(L04)
麻布中学(K01)
桜蔭中学(K02)
お茶の水女子大附属中学(K07)
か　海城中学(K09)
開成中学(M01)
学習院中等科(M03)
慶應義塾中等部(K04)
啓明学園中学(N29)
晃華学園中学(N13)
攻玉社中学(L11)
国学院大久我山中学
（一般・CC）(N22)
（ＳＴ）(N23)
駒場東邦中学(L01)
さ　芝中学(K16)
芝浦工業大附属中学(M06)
城北中学(M05)
女子学院中学(K03)
巣鴨中学(M02)
成蹊中学(N06)
成城中学(K28)
成城学園中学(L05)
青稜中学(K23)
創価中学(N14)★
た　玉川学園中学部(N17)
中央大附属中学(N08)
筑波大附属中学(K06)
筑波大附属駒場中学(L02)
帝京大中学(N16)
東海大菅生高中等部(N27)
東京学芸大附属竹早中学(K08)
東京都市大付属中学(L13)
桐朋中学(N03)
東洋英和女学院中学部(K15)
豊島岡女子学園中学(M12)
な　日本大第一中学(M14)
日本大第三中学(N19)
日本大第二中学(N10)
は　雙葉中学(K05)
法政大学中学(N11)
本郷中学(M08)
ま　武蔵中学(N01)
明治大付属中野中学(N05)
明治大付属八王子中学(N07)
明治大付属明治中学(K13)
ら　立教池袋中学(M04)
わ　和光中学(N21)
早稲田中学(K10)
早稲田実業学校中等部(K11)
早稲田大高等学院中学部(N12)

神奈川ラインナップ

あ　浅野中学(O04)
栄光学園中学(O06)
か　神奈川大附属中学(O08)
鎌倉女学院中学(O27)
関東学院六浦中学(O31)
慶應義塾湘南藤沢中等部(O07)
慶應義塾普通部(O01)
さ　相模女子大中学部(O32)
サレジオ学院中学(O17)
逗子開成中学(O22)
聖光学院中学(O11)
清泉女学院中学(O20)
洗足学園中学(O18)
捜真女学校中学部(O29)
た　桐蔭学園中等教育学校(O02)
東海大付属相模高中等部(O24)
桐光学園中学(O16)
な　日本大中学(O09)
は　フェリス女学院中学(O03)
法政大第二中学(O19)
や　山手学院中学(O15)
横浜隼人中学(O26)

千・埼・茨・他ラインナップ

あ　市川中学(P01)
浦和明の星女子中学(Q06)
か　海陽中等教育学校
（入試Ⅰ・Ⅱ）(T01)
（特別給費生選抜）(T02)
久留米大附設中学(Y04)
さ　栄東中学(東大・難関大)(Q09)
栄東中学(東大特待)(Q10)
狭山ヶ丘高校付属中学(Q01)
芝浦工業大柏中学(P14)
渋谷教育学園幕張中学(P09)
城北埼玉中学(Q07)
昭和学院秀英中学(P05)
清真学園中学(S01)
西南学院中学(Y02)
西武学園文理中学(Q03)
西武台新座中学(Q02)
専修大松戸中学(P13)
た　筑紫女学園中学(Y03)
千葉日本大第一中学(P07)
千葉明徳中学(P12)
東海大付属浦安高中等部(P06)
東邦大付属東邦中学(P08)
東洋大附属牛久中学(S02)
獨協埼玉中学(Q08)
な　長崎日本大中学(Y01)
成田高校付属中学(P15)
は　函館ラ・サール中学(X01)
日出学園中学(P03)
福岡大附属大濠中学(Y05)
北嶺中学(X03)
細田学園中学(Q04)
や　八千代松陰中学(P10)
ら　ラ・サール中学(Y07)
立命館慶祥中学(X02)
立教新座中学(Q05)
わ　早稲田佐賀中学(Y06)

公立中高一貫校ラインナップ

北海道　市立札幌開成中等教育学校(J22)
宮　城　宮城県仙台二華・古川黎明中学校(J17)
市立仙台青陵中等教育学校(J33)
山　形　県立東桜学館・致道館中学校(J27)
茨　城　茨城県立中学・中等教育学校(J09)
栃　木　県立宇都宮東・佐野・矢板東高校附属中学校(J11)
群　馬　県立中央・市立四ツ葉学園中等教育学校・
市立太田中学校(J10)
埼　玉　市立浦和中学校(J06)
県立伊奈学園中学校(J31)
さいたま市立大宮国際中等教育学校(J32)
川口市立高等学校附属中学校(J35)
千　葉　県立千葉・東葛飾中学校(J07)
市立稲毛国際中等教育学校(J25)
東　京　区立九段中等教育学校(J21)
都立大泉高等学校附属中学校(J28)
都立両国高等学校附属中学校(J01)
都立白鷗高等学校附属中学校(J02)
都立富士高等学校附属中学校(J03)
都立三鷹中等教育学校(J29)
都立南多摩中等教育学校(J30)
都立武蔵高等学校附属中学校(J04)
都立立川国際中等教育学校(J05)
都立小石川中等教育学校(J23)
都立桜修館中等教育学校(J24)
神奈川　川崎市立川崎高等学校附属中学校(J26)
県立平塚・相模原中等教育学校(J08)
横浜市立南高等学校附属中学校(J20)
横浜サイエンスフロンティア高校附属中学校(J34)
広　島　県立広島中学校(J16)
県立三次中学校(J37)
徳　島　県立城ノ内中等教育学校・富岡東・川島中学校(J18)
愛　媛　県立今治東・松山西中等教育学校(J19)
福　岡　福岡県立中学校・中等教育学校(J12)
佐　賀　県立香楠・致遠館・唐津東・武雄青陵中学校(J13)
宮　崎　県立五ヶ瀬中等教育学校・宮崎西・都城泉ヶ丘高校附属中学校(J15)
長　崎　県立長崎東・佐世保北・諫早高校附属中学校(J14)

公立中高一貫校「適性検査対策」問題集シリーズ

作文問題編　資料問題編　数と図形編　生活と科学編　実力確認テスト編

私立中・高スクールガイド
THE 私立（ザ）
私立中学＆高校の学校生活がわかる！

〈ダウンロードコンテンツについて〉

本問題集のダウンロードコンテンツ、弊社ホームページで配信しております。現在ご利用いただけるのは「2025年度受験用」に対応したもので、**2025年3月末日**までダウンロード可能です。弊社ホームページにアクセスの上、ご利用ください。

※配信期間が終了いたしますと、ご利用いただけませんのでご了承ください。

中学別入試過去問題シリーズ

桐朋中学校　2025年度

ISBN978-4-8141-3171-6

[発行所] 東京学参株式会社

〒153-0043　東京都目黒区東山2-6-4

書籍の内容についてのお問い合わせは右のQRコードから　⇒ 

※書籍の内容についてのお電話でのお問い合わせ、本書の内容を超えたご質問には対応できませんのでご了承ください。

2024年5月23日　初版